이승만 대통령 공식 사진

이승만의 옥중 동지들. 앞줄 왼쪽부터 이승만·강원달·홍재기·유성준·이상재·김정식. 뒷줄 왼쪽부터 안명선(안경수의 자)·김린·유동근·이승인(이상재의 자), 부친 대신 복역했던 소년.

이승만과 함께 감옥에서 성경 공부를 하던 옥중 동지들. 중앙에 서 있는 어린이는 아버지 이승만을 찾아온 아들 이봉수.

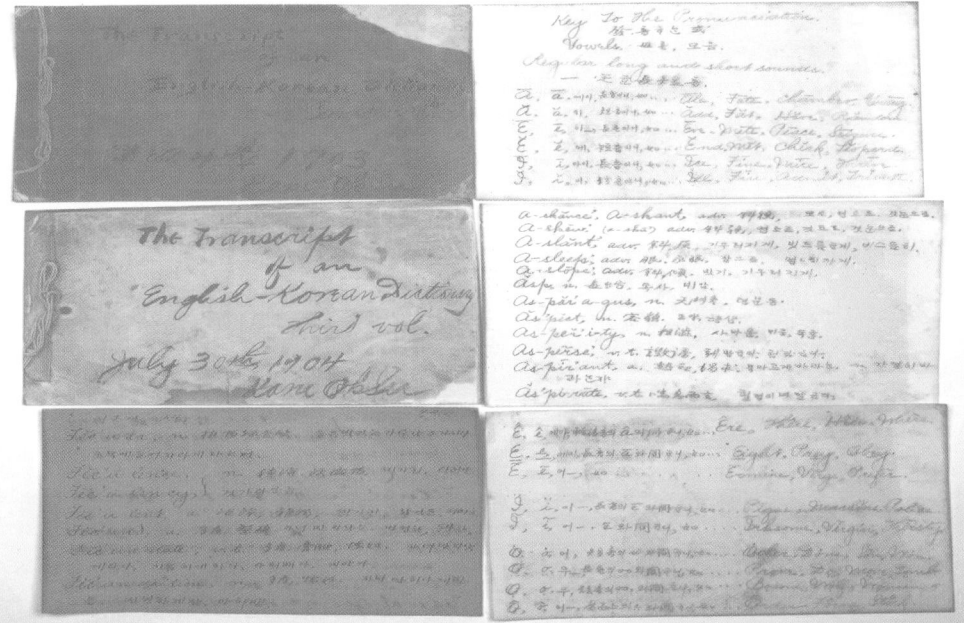

▲이승만이 1903년 초부터 1904년 7월까지 감옥에서 집필한 영한사전 원고. 러·일전쟁이 발발하자 《독립정신》 집필을 위해 중단.
▶이승만이 조지워싱턴 대학을 졸업할 무렵(1907. 7).
▼이승만이 미국대통령 시어도어 루스벨트를 회견했을 때 외교관으로 정장한 모습(1905. 8).

◀프린스턴대학에서 정치학 박사학위를 받았을 때의 모습(1910. 7).

▲박용만이 트렁크 밑창에 감춰 가지고 온 《독립정신》 노끈원고를 풀어보고 있는 이승만.
▼《독립정신》 초판본. 로스앤젤레스에서 출판된 이승만의 첫 작품(1910).

▲ 필라델피아에서 한인자유대행진을 마친 '한인대표자대회'의 참석자들. 왼쪽에서 첫 번째가 정한경, 세 번째가 이승만, 중간에 태극기를 들고 있는 여인이 노디 김양(1914. 4. 16).
▶ 제네바 국제연맹 본부 앞에 선 이승만(1933. 5. 2).
▼ '대한공화국 대통령' 이승만의 공식 사진(1920).

제헌헌법 서명을 마친 후 찍은 기념사진(1948. 7. 17).

동부전선 시찰 시 지프에 올라 즉흥 연설을 하고 있는 이 대통령(1951).

▲미국을 공식 방문한 이승만 대통령이 미 상하양원 합동회의에서 연설하는 장면. 이 대통령은 여기서 기립박수를 포함 모두 33회의 박수를 받았다(1954. 7. 28).

▶경무대 대통령 집무실에서 손수 타자를 치는 이 대통령(1953).

◀우리나라 최초의 판유리 생산품을 살펴보는 이 대통령 (1958. 1. 10).

▼6·25전쟁이 끝나가는 1953년 7월, 북한에서 돌아온 국군포로들을 문산까지 나가 맞이하는 이 대통령 내외.

◀국내 최초 연구용 원자로인 TRIGA MARK II 기공식에서 이 대통령(1959. 7. 14).

▼이 대통령이 우리나라 최초의 시멘트 시제품을 살펴보고 있다. 왼쪽부터 문경시멘트 이정림, 상공장관 김일환, 오른쪽은 대한시멘트 이동준(1957. 11. 27).

나라세우기X파일
이승만 없었다면 대한민국 없다
로버트 올리버 지음/박일영 옮김

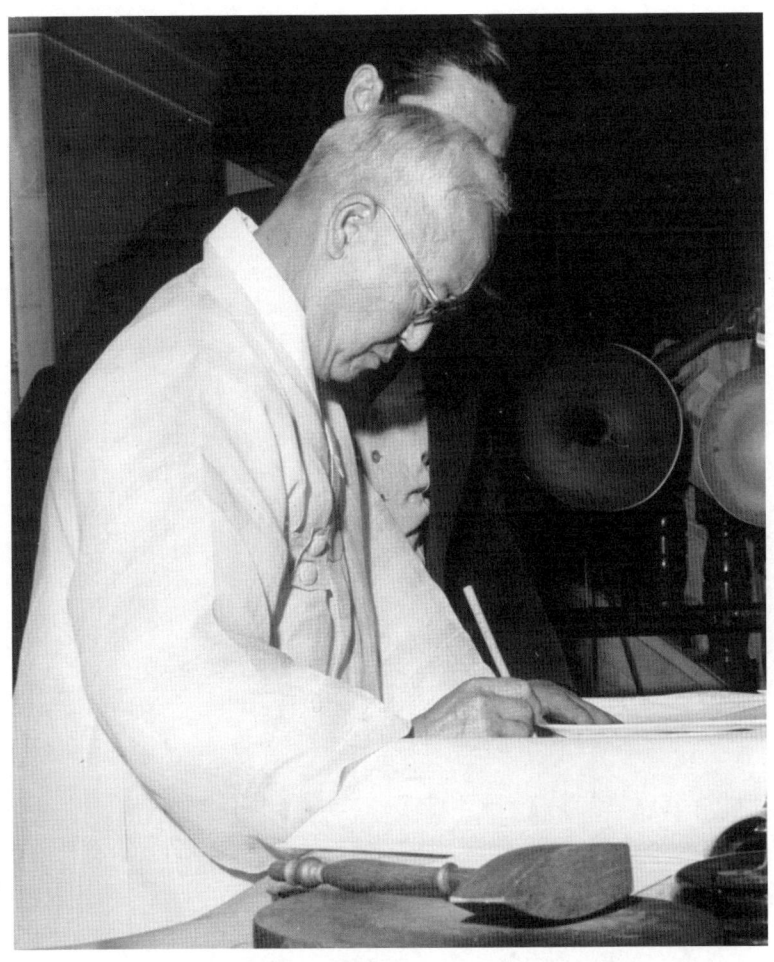

1948년 7월 17일 국회의장 이승만 박사가 대한민국 헌법에 서명하고 있다.

＊원제:Syngman Rhee and American Involvement in Korea(1942~1960)—A Personal Narrative

머리글

　이승만 X파일의 근거가 된 편지모음의 일부는 1950년에서 1953년까지 프랑스 파리의 어느 방송국에서 이승만 대통령을 전쟁 상인으로 묘사하여 보려는 시도 아래 진행된 선전 활동 과정에서 공산주의자들이 멋대로 고치고 적당히 인용한 모습으로 공개된 일이 있었다.

　1950년 6월 서울이 공산군에 의해 점령되었을 때 경무대(景武臺)에 보관 중인 이 대통령의 문서철이 적의 수중에 들어갔으며 얼마 뒤 모스크바에 있는 소련 관리들의 이용물이 되었다. 나에게 보낸 이승만의 편지와 내가 그에게 부친 편지 사본들로 묶어진 완전한 편지모음은 현재 안전하게 보관 중이며 한국의 현대사나 국제관계 연구자들이 사용할 수 있도록 언젠가는 적당한 도서관에 맡겨질 것이다. 나에게 보낸 그의 편지를 보면 이승만 박사는 때때로 자기 자신을 3인칭으로 불렀다는 사실을 알게 될 것이다. 그 이유는 자신의 동기와 정책을 국무부나 신문기자에게 설명하기 위해 주로 나에게 지침을 내릴 목적으로 편지를 썼기 때문이다. 그는 나의 발언이 자기 뜻에 맞도록 되기를 바라면서 편지를 썼던 것이다.

　독자들은 그가 나에게 보낸 편지에다 '파기할 것—인용 불가', '보관 불필요', 또는 '타인 공람 불가' 등의 표시를 한 것까지 내가 이 책에 포함한 사실을 주목할 것이다. 한·미관계의 역사에 대해서 근거가 확실한 설명을 하려면 이런 것들이 없어서는 안 될 것이라고 생각했기 때문에 나는 그런 편지들을 보관해 두었던 것이다. 이 편지들이 쓰인 지 50~40여 년이 흘러간 이 시점에서 희미하고 불완전한 기록을 명백하게 밝힐 뚜렷한 효과를 생각할 때 지금이야말로 편지모음 출판의 적기라는 생각이 든다. 나는 편지를 임의로 고친 일이 없다. 모든 편지가 조급하게 그리고 심리적 부담 아래 쓰였기 때문에 철자의 잘못이나 문법에 크게 어긋나는 것들은 바로잡았다. 더러 생략된 구절이나 짧게 언급된 것은 정성들여 해명했다. 이 박사에게나 나에게 또는 다른 사람들에게 시대의 흐름에 따라 험담이 되는 한이 있더라도 나는 편지모음이나 기타 기록의 정확한 내용을 양심껏 보존했다. 기록의 진가는 그 정확성에 달려 있다고 믿는 까닭이다.

　이 책의 기록들은 대한민국 수립의 중요한 시기에 일어난 한·미관계에 관한 아주 개인적인 이야기이다. 그것은 이승만이나 그의 측근자들의 시각에서 바라본 사건·인물, 그리고 상황에 대한 상세한 기록이며 지금까지 밝혀지지 않았던 이야기를 말해 주고 있다. 이것이 불가피한 결정이나 필요한 행동에 참여했던 핵심 인물들마저도 난처하게 만든 외교적 정치적 상황을 두드러지게 한 착잡한 문제들을 말하는 '조금도 틀림없는' 이야기라고 나는 주장하지 않겠다. 역사적 진실은 결코 단순하지 않다. 그것은 여러 가지 다른 각도에서 보거나 해석하게 하는 수많은 측면을 가지고 있다. 이승만 대통령이 '옳거나' 필요한 것으로 느낀 것은, 한국 내에 있는 그의 정치적 동지나 미국 그리고 국제연합 동맹국들에게는 때때로 '옳지 못하고' 때로는 그저 '멋대로 하는 것' 같이 보였다. 다만 매우 복잡하고 말썽 많은 관계 속에서도 한국의 온당한 주장을 대변하려고 노력했던 우리 주변에서 펼쳐진 여러 가지 상황에 대한 하나의 비공개 기록으로서 이 이야기는 근거가 있고 정확하다고 나는 주장하려는 것이다.

　나는 이승만이 맞서야 했던 문제에 동참하여 당신의 근본적인 동기와 의도하는 바에 대한 아주 솔직하고도 충분한 의견을 나 자신이 친숙하게 알고 있기 때문에 이 책은 날마다 그리고 달마다 진행 상황에 대한 매우 완전하고도 자세한 기록 문서에 근거를 둔 것이다. 내가 이해하기에 이 책은 근본적으로 그의 이야기이다. 이미 발간된 해리 트루먼, 딘 애치슨과 존 포스터 덜레스 두 국무장관, 더글러스 맥아더 장군, 마크 클라크 장군, 그리고 그 밖의 인물들의 이야기와 함께 이 책 또한 역사가들이 정당한 비중을 두고 평가해야 할 이야기인 것이다. 궁극적인 역사의 진리는 사건과 그 마지막 결과를 놓고 최종적으로 평가되어야 하는 것으로서 여러 다른 관점으로 뭉쳐진 하나의 혼합물이 되어야 한다.

　험담가들은 이승만의 목표가 옳았다 하더라도 이를 성취하는 그의 방법에 가끔 잘못이 있었다고 되풀이 말해 왔다. 그의 방법이 때로는 적당치 못했거나 너무나도 시기를 잘못 택한 즉흥적 처사였다는 것도 사실이다. 정치 지도자들에게 흔히 그렇듯이 그 이유가 그의 지배력이 미치지 않는 곳에 있었기 때문이다. 제2차 세계대전 뒤 어려운 시기에 국가 간의 관계 재조정이 어지러운 속도로 펼쳐졌다. 미국과 소련은 전시 동맹국 관계에서 냉전의 적대국으로 대립하게 되었다. 미·일 두 나라 관계는 증오에서 협력으로 급속한 전환을 보였다. 중국 본토의 종주권은 국민당으로부터 공산당의 지배로 옮겨갔다. 신생 국제연합은 어렴풋이나마 공산·반공, 그리고 제3세계권으로 뭉쳐졌다. 전환의 소용돌이 속에서 한국은 하나의 국가가 아니라 담보물이나 볼모 같은 존재로 전락했다. 한국을 위해서는 합리적이고 정당한 일이 세계적 추세와는 흔히 상극을 이루었다. 성취시킬 필요가 있는 과업은 받아들여야 할 운명의 제약을 심하게 받았다.

대한민국의 공공연한 적대 국가뿐만 아니라 진정한 우방과 동맹국까지 포함하여 세계 열강국들은 이승만이 성취하고자 하는 과업에 공동 보조를 취하며 반대했다. 북한·소련, 그리고 중공은 이승만 정부에 맞서서 적극적으로 투쟁을 펼쳤다. 미국·영국, 그리고 인도는 이승만의 기본 계획과 중요 정책의 많은 부분을 봉쇄하고 억제하고 거부했다. 이승만은 적과 동지의 협공을 받았다. 그는 있는 힘을 다하여 모든 수단과 책략을 활용했다.

4반세기에 걸쳐 그가 집권하게 되고 대권을 행사하는 동안 그의 사사로운 벗이요 국제문제에 대한 의론 상대가 된 것은 나에게 베풀어 준 특별한 대우였다. 모든 기간을 통해서 우리는 그가 부닥쳐야 할 문제점과 인물들에 대해 자유롭게 자주 아무런 격의 없이 서로의 생각과 심정을 주고받았다. 해마다 여러 달 동안 1주일을 넘기는 일 없이 쓴 몇 통의 긴 편지에 이르기까지 주고받은 편지들이 두툼하게 세목별로 정리된 편지모음에 실려 있다. 내가 해마다 몇 개월 간씩 한국에서 그와 함께 일하는 동안 가깝게 나눈 이야기들이 많았다. 이 책에는 편지글이 광범위하게 인용되었다. 사사로운 회고담은 사건이 일어날 때마다 적어 두었던 일기장과 집으로 보낸 편지에 근거한 것이다. 따라서 이 이야기들은 일상적인 당시의 기록이다.

이런 경험들을 지금 뒤돌아 보는 일은 역사에 대한 호기심 이상의 것이다. 제2차 세계대전 이래 가장 중요한 외교정책 과제 중의 하나를 놓고 그 기록을 풍부하게 만드는 것은 진실로 가치 있는 일이다.

　미국은 어찌하여 본의 아니게 아시아 본토에 뿌리를 내리게 되었는가? 국제연합은 왜 역사상 최초로, 그리고 지금까지 오직 단 한번 전쟁에 직접 개입했는가?

　정책 결정의 원인을 조사하고 무엇이 정책 결정을 낳게 했는지를 관찰하며 그 당시뿐만 아니라 오늘날에도 일반에게 밝히지 못하고 흔히 정도를 벗어난 방법으로 해결 방안을 모색했던 말썽 많은 방법들을 묘사하는 일은 계몽적인 가치가 있다. 이승만 대통령이 대한민국 대통령직의 사임을 강요받은 1960년으로부터 충분한 시간이 흘러간 지금 한·미관계에 얽힌 그의 이야기를 거리낌 없이 말할 수 있는 때가 온 것이다.

　오늘까지도 아직은 여기에 들려 줄 이야기가 어떤 민감한 감정의 상처를 남기게 할는지 모른다. 설사 그렇게 된다 하더라도 사건의 전개 과정에서 내가 본 그대로를 아무런 편벽됨이 없이 알리는 것은 나로서 옳은 일이라고 생각된다. 나는 외국 국가 원수의 참모로 근무한 미국 사람으로서 내 자신의 역할을 되도록 객관적으로 보고한다. 기록이 밝히고 있듯이 나는 때때로 옳았고 때로는 잘못도 있었다. 이승만 또한 잘못이 있고 어떤 것은 매우 심각한 잘못으로 밝혀지기도 했다. 미국과 국제연합 회원국의 그 당시 정책 수립자들 또한 그들 나름의 결점이 있어 잘못을 저지른 반면에 비범한 장점으로 우리 모두가 자랑할 만한 업적을 남기기도 했다.

　이 책에서 검토된 그런 외교 문제와 전쟁 문제에 관계되는 미국인·한국인, 그리고 다른 나라 시민들도 이 기록이 오늘날 세계가 당면한 많은 상황과도 무관하지 않다는 것을 알게 될 것이다. 강대국과 약소국 간의 관계는 무엇인가? 이런 관계는 어떻게 발전하고 처리되는가? 어떤 압력이 작용하며 그에 대처하는가? 이런 물음은 중동·아프리카·동남아시아, 그리고 세계 도처의 복잡한 상황에서 오늘날 중요한 의미를 지니고 있다. 대한민국 건국 초기에 일어난 사건들은 국제문제 분규가 계속 펼쳐짐에 따라 현장 여러 곳에서 결단을 내려야 할 결정 사항들을 우리 모두가 보다 현명하게 대처하도록 도움을 줄 것이다.

　이 기록을 통해서 내가 느꼈던 것과 같은 진정한 모습으로 좀더 뚜렷하고 직접적으로 이승만은 부각될 것이다. 그를 보는 나의 눈은 더없이 우호적이었다.

그것 또한 외부의 제삼자에게 허용된 것보다는 훨씬 더 친숙한 관계에 근거한 것이다. 더구나 그가 지휘한 여러 계획에 참여한 한 사람의 부하로서 나는 더 없이 강렬하게 그가 때때로 차지했던 고독한 자리의 중요성을 깨닫고 있었다. 그의 어려움과 실수는 내가 개인적으로 참고 견뎌야 했던 불리한 조건이었다. 앞으로의 기록은 진정 순수하고 생생한 이승만을 보여 주었으면 하는 것이 나의 바람이다.

이 기록이 평가를 받을 때 한 가지 결과로써 한국 정치사와 한·미 외교사에 이승만 대통령의 역할이 재평가되었으면 한다. 이승만도 큰 결점이 없었던 것은 아니다. 그러나 그것은 한국의 정적이나 동지도 마찬가지이고 그가 상대했던 군이나 민간의 주요 미국 관리도 그렇고, 이 책에 묘사된 여러 사건의 전개 과정에서 중요한 영향력을 끼친 영국·소련·인도, 그리고 두 중국의 지도자들 또한 마찬가지였다. 이런 여러 지도자들처럼 그 또한 위대한 능력과 뛰어난 장점을 지니고 있었다.

일반적으로 한국 문제라고 이름 붙여 내려온 사건들로 엮어진 상황의 전반적인 복잡성을 솔직하고도 박식한 눈으로 생각해 볼 때만이 비로소 하나의 균형잡힌 견해가 생길 수 있다. 이런 견해는 이 책 각 장을 구성하고 있는 상세한 기록을 드러냄으로써 도움을 얻게 되리라 믿는다. 우리는 과거를 올바르게 이해함으로써만이 현실에 효과적으로 대처할 수 있고 미래의 도전에 성공적으로 맞설 수 있는 것이다.

이 책을 쓰는 데 도움을 준 사람들에게 깊은 감사를 드린다. 나의 아내 마가렛 놀 올리버는 이 책을 꼭 써내야 한다고 10년간이나 거듭 부드럽게 그리고 끈질기게 권했다. 그녀는 또한 이 책의 근거가 된 비망록과 서간집을 체계 있게 연대순으로 정리하는 작업을 격려해 주며 안내로서 도왔다. 장마다 순서대로 기술되어 나감에 따라 아내는 초고를 읽고 훌륭한 교정원이 되어 조언을 해준 결과 어설픈 표현들을 많이 수정할 수 있었다. 또한 이승만 대통령 부부와의 모든 관계나 코리아 퍼시픽 프레스와 한국 조사 홍보처 운영 등에 있어서 주요한 역할을 맡아 주었다. 그녀는 장기적이고 빈번한 나의 출타를 너그러이 용서했으며 저녁 늦은 시간이나 주말에 일 때문에 생기는 심리적 공백을 또한 너그럽게 참아 주었다. 보통 같으면 그들에게 돌렸어야 할 시간을 나의 여러 가지 직무에 빼앗겼으니 아들 로버트나 데니스가 한창 자라나던 성장기를 통해 나를 이해하고 뒷바라지 해준 일 또한 각별히 고맙지 않을 수 없다. 두 아들은 모두 고맙게도 국제 관계 연구에 발을 들여놓아 국내외의 특수 분야에 깊이 있는 유대 관계를 맺게 되었다.

샌디에이고의 변호사 존. P. 놀은 이 책을 쓰도록 건실한 기여를 해 주었는데 그는 처음 두 장의 초고를 읽고 나서는 서술의 대상이 된 상황과 인물들에 대해서 거의 무지에 가까운 독자들에게 뜻을 전하려면 이야기를 좀 더 재미있게 꾸며야 한다고 설명하면서 "이래서는 안 되겠는걸" 단호하게 못을 박았다. 뒷날 그는 완성된 원고를 읽고 나서 이제는 괜찮겠다고 찬성해 주었다. 원고 내용이 지닌 뚜렷한 의미를 체크하기 위해 가장 도움이 되게 원고를 읽어 준 그 밖의 유능하고 해박한 인사로는 펜실베이니아 주립 대학교 문과 대학 부학장 해롤드 J. 오브라이언, 중동 및 동남아에서 여러 해 동안 전문가의 경험을 쌓은 국제 경영 상담역 윌리엄 F. 애커맨이 있다. 버지니아주 알렉산드리아에 사는 사서관이오 나의 오랜 친구 캐타린 M. 스토우크스 박사 또한 원고의 대부분을 읽고 도움말을 주었다. 또한 원고 일부에 대해 도움을 준 인사로 미카엘 C. 샌더스키와 명지대학교 교수 이인수(李仁秀) 박사가 있다. 그중에서도 원고 수정에 이해와 격려와 현명한 조언을 아끼지 않은 오랜 친구이자 동료인 패트 오브라이언에게 나는 특별한 고마움을 표한다.

펜실베이니아대학교 정치학 교수 이정식(李庭植) 박사의 큰 도움에 대해서도 나는 기쁜 마음으로 감사를 드린다. 20세기 한국 민족주의 부흥기 전공의 저명한 한국학자로서 이 박사는 나의 원고를 하나도 빼지 않고 읽었을 뿐 아니라 원고의 근거가 되는 서간집의 대부분을 검토하면서 자신의 깊은 지식과 건전한 판단으로 나에게 유익한 도움을 주었다. 그의 힘찬 격려와 박식하고 사려깊은 비평에 대해 나는 깊은 사의를 표한다.

이 책에 밝혀져 있듯이 내가 한국과 관련을 맺고 있던 기간 중 나를 가르쳐 주려고 헌신적으로 도움을 베풀어 준 한·미 두 나라의 많은 인사들에게도 나는 무한한 감사를 느낀다. 평범한 교수 생활에서 얻을 수 있는 체험보다 훨씬 광범위한 맥락에서 나의 생애를 발전시킬 기회를 만들어 준 이승만(李承晩) 박사에게 감사한다.

　나의 대학 일을 한·미 두 나라의 국제 관계 업무에 연결시킬 기회를 마련해 준 펜실베이니아 주립대학교 역대 총장, 문과대학장 벤 유에마 박사와 밀턴 아이젠하워 그리고 에릭크 워커 여러분에게도 나는 덕을 입었다. 앞으로의 이야기에서 역할이 드러나 있는 많은 인사들에게도 감사를 드린다. 이 책에는 나오지 않지만 진행 과정에서 그들의 공헌이 특히 건설적이었던 더 많은 사람들에게도 나의 감사의 뜻은 마찬가지이다. 많은 사람들로부터 여러 가지 도움과 격려를 받은 것은 나로서는 큰 행운이었다.

　마지막으로 신생 대한민국의 역사적 출범을 밝히는 이 이야기를 시작하는 데 관심과 지원을 아끼지 않은 제3공화국 고위 관리와 지도급 인사들의 정중한 도움에 대해서도 기쁜 마음으로 사의를 표한다.

로버트 올리버

한국 독자들에게

한국 문제에 대한 미국의 '관여' 그것도 특히 대한민국 건국 초기에 있어서의 한·미관계에 대해 오늘날까지도 위태롭고 잘못된 해석이 남아 있음을 봅니다. 과거의 지도적 인물들이나 사건들을 올바르게 묘사할 뿐 아니라 현재나 미래에 걸쳐서 우리가 다루어 나가야 할 여러 가지 문제나 애로를 밝히기 위해서라도 역사를 정확하게 기록하는 일은 중요합니다.

한국·미국 간의 수호조약 체결은 두 나라의 이익을 크게 도왔을 뿐 아니라 동북아시아의 주요 지역을 공산 침략으로부터 막아내는 하나의 보장책으로서도 크게 도움이 되었습니다. 이런 동맹 관계의 세계적 중요성 때문에 그 성격과 이해득실을 정당하게 해석하는 일 또한 역사적 의미가 있다고 생각합니다.

한국(1942~1960)의 초창기에 대해서는 사실상 여러 가지 관점에서 많은 저술이 이루어졌으나, 유독 그 주역을 맡았던 이승만 박사만이 제외되어 왔습니다. 지금 이 책은 그런 이야기를 마무리지으려는 것입니다. 특별히 한·미간의 미묘하고도 중요한 관계에서 이승만의 정치 생활을 형성하고 이끌어온 여러 가지 결정, 행동, 감정, 그리고 동기 등에 대한 상세한 월간 또는 일일 보고서가 이 책에 담겨 있습니다.

이승만 대통령과 가까운 친구요 고문역이었던 나에게 비친 그대로 막후에 숨겨졌던 이야기와 측근들로부터의 이야기가 여기 담겨 있습니다. 내가 이승만 박사를 처음 만난 것은 1942년 9월 중순쯤 워싱턴에서의 일이었습니다. 그날로부터 1965년 그가 세상을 떠날 때까지 우리 사이는 가깝고도 서로가 믿는 사이였습니다. 1946년 12월 10일 그는 나에게 시러큐스대학교 교수직을 그만두고

"우리의 모든 운동을 이끌어 가는데 도움을 주도록"

서면으로 청하면서

"몇 가지 중요한 계획을 결정짓는데 당신의 조언을 필요로 한다"

고 덧붙였습니다. 그로부터 8년이 지나 제네바 정치회담이 실패한 뒤 이 대통령은 다음과 같은 편지를 보내왔습니다.

> 내가 샌프란시스코 기자회견에서 고문관이 없다고 말한 것은 분명히 당신을 두고 한 말은 아니었소······. 물론 내가 올리버 박사는 예외로 하고 고문관을 아니 두고 있다고 각별히 이야기를 했더라면 더 좋았을 것이오. 그러나 이런 말까지 하지 않더라도 당신은 이해할 것이라고 나는 생각했소. 이제 우리와 당신과의 관계에 대한 개인적인 생각이 어떤지를 알고 싶소. 내 개인의 희망으로는 귀하가 전적으로 시간을 내서 우리의 대업을 위해 이바지할 수 있도록 펜실베이니아 주립대학의 교수직을 사임했으면 하오. ······우리는 과거에도 그랬거니와 지금도 귀하가 우리의 일을 도와주기를 바라고 있소.

1959년 3월 이 대통령은 한·미간에 서로 도움이 되는 관계를 발전시키는 데 도움이 된 봉사의 증거로서 대통령 기장을 수여하기 위해 나를 서울로 초청했습니다.[1] 대한민국 대통령이 이방인인 미국 사람을 고문관으로 둔 뜻은 무엇이겠습니까?

주한 미국 점령군 사령관 존 R. 하지 장군은 1947년에 미·소 신탁통치안에 반대하며 한국의 독립공화국 수립을 위한 이 박사의 노력을 돕는 "올리버를 교수형에 처해야 한다"고 공식으로 성명했습니다. 나의 저서 《신화 속의 인물 : 이승만》이 출간된 뒤인 1954년 소련의 공식 간행물 〈신자유〉지는 나의 역할이야말로 이승만이 미국의 괴뢰임을 말해 주는 '증거'라는 이야기를 실었습니다. 이와 같은 공격이 얼마나 비현실적인가하는 것을 존 힐드링 장군이 국무부의 피점령 국가 담당 차관보에서 은퇴한 뒤인 1949년 1월 6일에 쓴 편지에 밝히고 있습니다.

> 한국 문제를 정직하게 처리하는 일······. 다시 말해서 신탁통치 협정이 잘

---

[1] 편집자 주(본문 페이지 참조)

못이었다는 점을 공개적으로 분명히 선언하는 일은, 소련의 비위를 건드릴까 두려워 이미 저지른 잘못을 고집하는 것보다 더욱 중요하다는 생각을 가지고 관리나 언론인들을 한 사람씩 차례로 설득해 나간 것은 이승만, 올리버, 그리고 임병직(林炳稷)의 끈질기고도 참을성 있는 노고였습니다.

그것은 하나의 위대한 십자군운동이었습니다.……

이런 개인적인 서신을 인용하는 나의 목적은 순전히 한반도가 또 하나의 공산 세력의 식민지로 철의 장막 속에 말려들어가지 않도록 하기 위해 이승만 박사가 수행한 성공적인 운동에 참여한 일이 나의 특권이었다는 사실과 그런 긴밀하고도 성실한 관계를 밝히려는 것입니다. 이 책에서는 그런 관계의 성격과 목적 그리고 진행 과정이 충분하고도 솔직하게 설명되어 있습니다.

그렇다면 그 성과는 무엇이었습니까?

이승만 대통령과 그의 측근들의 관점에서 본 대한민국 건국 초기의 미국의 '간섭' 과정이 이 책에서 모두 순서대로 묘사되어 있습니다. 그것은 기밀에 속하는 외교 투쟁의 내막을 가까이 볼 수 없는 '외부 관측통들'이 때로는 멋대로 해석하여 왔던 하나의 역사이기도 합니다. '간섭'의 과정을 외부에서 볼 때 그 시대나 사상에 대해 이상하게도 왜곡된 해석이 나타나기도 했습니다. 그 한 가지 예로서 이승만은 '미국의 앞잡이'이며, 따라서 대한민국은 순전히 한반도에서 미국에게 군사 기지를 제공하기 위하여 수립되었다고 하는 끈질긴 선전을 들 수가 있습니다. 또 하나의 실례는 어떤 정부 간행물에 요약된 바와 같은 한국의 일부 학자들의 역사적 해석이 그것입니다.

한국 분단은 열강들에 의하여 정해졌지만 한국 사람들 자신이 통일의 목표를 달성하려는 투쟁 속에 굳게 단결되었더라면 미소관계가 1946~1948년 사이만큼 악화되기 전인 1945년 말에는 적어도 한국인들 스스로 분단을 막을 수 있었을 것이다.[2]

---

[2] 1976년 평화통일 연구소 간행 김세진(金世珍) 엮음 《한국의 통일 : 자료집 및 소개문편》 p. 35 참조.

사건이나 사건의 진전에 관련된 이 박사의 역할에 대한 기록으로서뿐만 아니라 비록 약소국가이기는 하지만 중요한 동맹 관계에 있는 정부의 당당한 국가 원수를 강대국이 다룰 경우의 외교 문제에 대한 하나의 계몽적인 사례 연구로서도 이처럼 결정적인 시기의 한·미 관계는 커다란 의의가 있다 하겠습니다. 뒤에 이어질 상세한 기록은 공화국의 수립과 1950년 공산 침략으로부터의 방어, 그리고 필수적인 경제 원조의 제공 등에 대하여 이승만 대통령이 미국을 찬양하고 고맙게 여기면서도 그는 결코 그들의 '앞잡이'가 아니었다는 사실을 결론적으로 밝혀 주고 있습니다.

사실상 신탁통치는 물론이고 한국전쟁을 국가의 통일보다 분단의 복귀로 몰고간 '해결책의 한계와 모순' 등을 포함한 기본적인 미국 정책에 대한 노골적인 그의 반대는 그의 정권을 타도하고 그를 체포하려는 미국의 '이승만 제거 작전(Ever Ready Plan)'을 자아내게 했습니다. 1942년부터 이 대통령을 대통령직에서까지 물러서게 한 1960년까지 국무부나 국방부의 미국 관리들은 그를 자기들 정책의 방해자로 생각했습니다. 그리고 그것은 사실이었지만 그러나 만일 그들의 정책이 성공했더라면 남한은 지금 동북아에서 공산 침략을 저지하는데 불가결한 보루가 아니라 공산 식민지의 일부가 되어 있을 것입니다.

한국 사람들은 계속되는 분단의 비극을 마땅히 슬퍼함직하지만 남한의 5천만 국민이 오늘날 김일성의 탄압 아래 신음하게 되었더라면 그 슬픔은 훨씬 더 심각했을 것입니다. 되돌아 보건대 이승만 박사의 역할은 한국 국민의 최대 이익과 자유세계 안전보장을 위해 한량없는 가치가 있었음이 명백합니다. 이 점이 앞으로 전개될 당시의 사건 묘사에서 보여줄 '새로운 역사'의 줄거리입니다.

내가 이승만 박사를 처음 만났을 때 그의 나이는 67세요 나는 겨우 33세였습니다. 그 무렵 나는 한국에 대해 거의 아는 것이 없었습니다. ……이것은 미국의 일반 국민도 마찬가지였고, 서방측 동맹국의 교육자나 모든 고위 정부 관리들도 매한가지였습니다. 한국의 전통적 우방인 중국은 대부분 일본 점령하에 들어가 있었고 버마 보급로의 폐쇄로 말미암아 잠시 서방측이 버린 바 되어 있었습니다.

소련 연방은 제정 러시아 때보다도 극동에서 영향력 행사나 영토 확장에 더욱 혈안이었으며, 막강한 군사력 외에도 아시아 공산당들의 실질적인 도움을 받고 있는 터였습니다. 이런 모든 역경에도 이승만 박사는 한국 고유의 독립을 되찾으려는 자신의 십자군운동을 끈질기게 이끌어 나갔습니다. 나는 그의 신념과 그의 능력에 강하게 매혹되었으며 최선을 다하여 그를 돕기로 결심을 굳혔습니다. 그를 처음 만난 때로부터 40년, 비극적인 한국전쟁으로부터 30년, 그리고 이승만 대통령이 고국을 떠나간 지도 20년 이상의 세월이 흘렀습니다. 기밀 속에 가리웠던 기록들은 이제 햇빛을 보아도 되리라 생각됩니다. 그 시대의 역사가 옳게 풀이되기 위해서 이 기록들이 제자리를 찾아야 합니다. 그것이 이 책을 펴내게 한 이유입니다.

이 책《이승만 없었다면 대한민국 없다》를 한국어로 옮기는 헌신적인 작업에 2년 3개월을 바친 박일영 선생에 대해 나는 깊은 고마움을 느낍니다. 이 책이 묘사하고 있는 상황들에 의해서 자신의 운명이 크게 좌우되어온 한국 국민들에게 나의 진실한 기록들이 쓸모 있게 되기를 본인은 옮긴이와 함께 바라마지 않습니다.

캘리포니아주 샌디에이고에서
로버트 올리버

나라세우기X파일
이승만 없었다면 대한민국 없다
차례

머리글 로버트 올리버…11
한국 독자들에게 로버트 올리버…18
1 암담했던 워싱턴 시절(1942~1946년)…25
2 서울의 여름(1946년)…50
3 실망과 불화의 대립(1946년 겨울~1947년)…77
4 신탁통치 찬반의 고비(1947년 가을)…106
5 워싱턴의 한국 로비(1946~1950년)…128
6 국제연합의 수상한 움직임(1947년 겨울~1948년)…159
7 어둠에서 광명으로(1948년 봄)…183
8 정부 수립(1948년 여름)…216
9 대혼란 속의 행정(1948년 8~12월)…240
10 대한민국의 시련(1949년 봄)…269
11 남하하는 철의 장막(1949년 7~12월)…296
12 공산군의 남침(1950년 6월)…328
13 38도선 이남(1950년 여름)…348
14 압록강까지(1950년 겨울)…378
15 실수의 대가(1951년)…407
16 성채 내부의 분열(1950~1952년)…437
17 헌정의 위기(1951~1952년)…465
18 반공 포로 석방(1952~1953년)…479
19 판문점 휴전(1953년 7월)…491
20 어지러운 외교 무대(1954년)…517
21 폐허를 딛고 경제 부흥으로(1950~1960년)…539
22 격동의 건국기를 넘어서(1959~1960년)…566

옮긴이의 글 박일영…580

國富兵強
永在自由

1
암담했던 워싱턴 시절
(1942~1946년)

워싱턴 DC는 재미있는 이방인들을 만나게 되는 곳이다. 조지타운의 메사추세츠 거리 위쪽에서 둘로 갈라지는 골목길이나 코네티컷 한길 또는 16번가 윗거리 아담하게 자리한 이국풍 식당이라든가 무성한 나무들에 가리워진 집에 들어앉아 미국 벗 사귀기에 열중하는 외국 사람들. 국회 의사당 복도나 베란다, 그리고 하원이나 상원의 여러 사무실 건물에서 언제든지 이들을 마주칠 수 있다. 내가 망명 임시정부 대통령 이승만(李承晩)을 만난 곳도 워싱턴이었다. 40년간 그는 러일전쟁(1904~1905) 강화 조약에서 일본에게 빼앗긴 자기 나라 한국의 옛 자유를 되찾으려는 필생의 성전(聖戰)을 위하여 관심과 지원을 얻어 보려고 미국 벗들 사귀기에 늘 정성을 기울여 왔었다.

나 또한 식량관리계획처 책임자로 전시의 톱니바퀴와 같은 관료 세계에서 문서를 뒤적이는 일보다는 무엇인가 전환점을 찾으려던 터였다. 그 노력이 비록 풍차에 싸움을 거는 돈키호테처럼 보이더라도 나의 기질 역시 이 박사 못지 않게 국제적 불의를 바로잡아 보겠다는 점에서 일맥상통하고 있었다. 미래는 우리가 숨 쉬고 있는 공기처럼 맑고 밝아 보이기도 했다. 대서양헌장은 선포되었고 우리 모두가 싸워서 얻으려는 것은 궁핍과 두려움으로부터 벗어나 종교와 언론을 마음대로 선택할 수 있는 4대 자유였다. 싸워야 할 악이 있었고 이겨야 할 선한 생명의 승리가 있었다. 가만히 앉아 있을 때가 아니었다. 희망찬 전진이 하나의 생활 양식으로 되어 있었다.

많은 정책과 인물이 때로는 이상스럽게 서로 얽혀서 엮어지게 마련이다. 프랭클린 루스벨트·이승만·트루먼·애치슨 그리고 맥아더의 시대에는 온 세계에 기다란 그늘을 드리운 여러 가지 결정이 내려졌다. 이렇게 얽힌 사건들은 이제 아이젠하워와 덜레스를 포함한 다음 단계의 지도자들이 처리하도록 넘겨졌다. 아직도 많은 쟁점들이 미해결로 남아서 원대한 문제점과 분쟁들을 싹트게 하며 그 여파가 오늘에 미치고 있다.

역사적 난제나 모순을 풀기 위해 제시된 해결책은 명확하거나 결정적인 것이 거의 없는 법이다. 역사적 사건들을 관찰하고 판단하는 시각들은 다양하다. 이 특별한 개인적인 역사 기록의 줄거리도 그런 관찰과 판단의 일면을 보여주고 있다. 이 기록은 1942년부터 이승만이 세상을 떠날 때까지 나 자신과 이 박사와의 밀접한 교분에 근거를 둔 것이다. 그 초점은 좁혀져 있지만 또 그 때문에도 이승만의 등장과 대통령 행적에 대한 이런 개인적인 고찰은 한국의 성격뿐 아니라 미국 외교 정책의 역학 관계에 대한 내부적 관찰의 일면을 보여준다.[1)]

내가 이승만을 만났을 때 그는 벌써 67세의 고령이었다. 그러나 그의 활달하고 활기찬 모습에는 한국의 독립을 소생시키려는 결실없는 50년의 투쟁이 나타나 보이지 않았다. 전시하의 워싱턴에서는 점심 식사 시간이 어떤 형태로든 회의로 활용되는 일이 많았기 때문에 우리의 만남도 일상적인 일이었다. 그러나 이 모임은 성격이 좀 달랐다.

배경은 백악관과 옛 국무부에 접한 라파에트 공원 광장에서 벗어난 코네티컷 거리 아랫쪽에 있는 '솔의 콜로니알 카페테리아'였다. 이 간이 식당은 급한 점심을 들면서 의견 교환과 정책 비교를 겸하는 중급 관리들에게 인기가 있었다. 때는 1942년 9월 중순이었다. 펜실베이니아주 루이스버그시 장로 교회 담당인 에드워드 장킨 목사의 소개로 이 박사를 만나도록 초대받은 나는 그곳에 있는 바크넬 대학교 교수직을 떠나 한동안 쉬고 있었다. 장킨은 선교사인 부모가 살던 한국에서 태어났으며 한국 국민과는 평생 벗이 된 터였다. 그는 이 박사를 한국 독립의 지도자요 대변자로 먼 발치에서 알고 있었다.

---

1) 동일한 주제 분야—대한민국 수립과 한미 관계—에 대한 외부적 고찰로는 세심하고도 문헌 고증이 잘 된 연구서인 조순승 저, 《1940~1950년대 세계 정치 속의 한국:미국의 책임을 평가함》을 참조할 것. 1967년, 버클리, 캘리포니아 대학 간행. 같은 주제에 대한 2권의 비판 서적으로는 1967년, 캠브리지, 하버드 대학 출판부 간행의 그레고리 핸더슨 저, 《선풍 속의 정치:한국》과 1973년, 뉴욕, 판데온 출판사 간행의 프랭크 보드윈 저, 《1945년 이래의 한미 관계:유례없는 관계》 등이 있음.

이 박사는 그때 이미 그의 두 번째 저서 《일본의 내막을 벗긴다》를 내놓고 있었다. 그는 이 책에서 일본 사람들을 그들의 섬으로 몰아넣기 위해 미국이 영도력을 발휘하라고 호소했다. 15장으로 엮어진 이야기에서 그는 '궁극적으로 미·일간의 충돌이 불가피하다'는 자신의 신념을 뚜렷하게 설명했다. 소련이 레닌그라드와 스탈린그라드에서 나치스 독일의 공격을 격퇴하려고 싸우는 동안 일본은 머지않아 시베리아 연해주를 점령하든가, 영국이 유럽에 묶여 있고 미국이 아직 전쟁에 대비하지 못하고 있는 동안 남태평양으로 밀고 내려올 것이라는 예언을 제시하며 그의 책은 결론을 맺고 있다.

그는 주로 한국에 관한 이야기를 많이 했다. 내가 한국에 대해서 거의 무지에 가깝다는 것을 알고 4천 년 한국 역사를 설명하면서 유럽보다 훨씬 앞서서 한국은 금속 활자와 나침판과 4절지 112권에 이르는 전문 사전 등을 개발했다는 이야기를 들려주었다. 또한 중국이나 일본 글자와는 전혀 다른 고유한 26개 문자 '한글'의 창제와 러일전쟁 뒤 일본에 의한 한국 강점에 대해서도 설명했다.[2]

한국 국민들은 절망적으로 압제를 받았으며 국어 사용도 금지되었고 심지어는 자신의 성명이나 문화·행동과 사고방식에 이르기까지 일본식으로 하도록 강요되었다고 그는 말했다. 잘 선택되고 흠잡을 수 없는 낱말들을 구사하며 그는 힘들이지 않고 똑똑하게 말을 이어나갔다. 그러나 그 낱말들도 그의 온몸에서 풍기는 표현에는 비할 수 없었다. 그는 표정이 풍부하고 눈이 빛났으며 입과 눈 가장자리의 선은 넘치는 해학과 열의를 나타내었다. 내가 받은 큰 인상은 억제된 위엄이며 뚜렷하기는 하지만 주제넘지 않은 냉정과 자신감이었다. '자신을 통제할 수 있는 그는 큰 인물'이라는 생각이 들었다. 그는 또한 나의 말을 경청했으며 주요한 목적의 하나가 나의 반응의 깊이를 재보려는 듯 그의 이야기들은 확신에 차 있으면서 동시에 질문의 뜻을 담고 있었다. 그는 의사소통에 신경을 쓰고 있음이 분명했다. 그리고 그는 의사 전달에 능했다.

내가 한국의 민주주의와 독립을 위한 그의 오랜 투쟁 생활에 대해서 알게

---

2) 1953년 5월에 간행된 백낙준(白樂濬) 저 한국 개관 제2집 《한국의 문화》 pp. 3~6;1954년 을유문화사 간행 김원용(金元龍) 저, 《초기의 한국 활자》 p. 15 및 수를 매기지 않은 도판과 한국말 원본;1960년, 서울, 학원사 간행(공동 집필) 한국의 지리·국민, 그리고 역대 문화 등 참조.

된 것은 그 뒤의 일이다.[3]

1875년 3월 26일 보수적인 유교 집안에 태어난 어린 소년 이승만은 서울에 있는 한 미국인 선교사 학교에 비밀히 입학하기 위하여 집을 몰래 빠져나왔다. 부모님에게는 놀라운 일이었지만 그는 기독교인이 되었고 영어를 배우고 자유와 평등이라는 서양 사상을 몸에 익혔다. 스무 살 나이에 그는 몰락하는 왕정의 민주적 개혁을 부르짖는 가두 선동가가 되어 있었다. 1897년 궁궐 앞에서 학생 연좌 동맹 휴학을 주도하다가 체포되어 6개월간의 모진 고문 끝에 종신형을 받았다. 감옥에서 이승만은 죄수들을 가르치며 《독립 정신》이라는 책을 썼는데 이 원고는 국외로 흘러나와 로스앤젤레스에서 출판되었고 한국 근대화 운동의 성서가 되었다.

1904년 러일전쟁에 한국이 개입된 결과로 한국의 국왕은 모든 정치범들에게 특사령을 내렸다. 이승만은 미국으로 건너가 6년 동안에 조지 워싱턴 대학교에서 학사 학위, 하버드 대학교에서 유럽 역사로 문학 석사 학위, 그리고 프린스턴 대학교에서 정치학으로 박사 학위를 받았다. 그는 우드로 윌슨의 벗이 되었으며 제1차 세계대전이 일어난 뒤 윌슨이 공해의 자유를 유지하는 정책을 옹호함에 있어 자신의 박사 학위 논문인 〈아시아에서의 미국의 중립 정책〉을 인용한 사실을 자랑했다. 1910년 이 박사는 YMCA의 한 조직원이 되어 한국에 돌아왔다. 그가 한국인의 독립심을 은밀히 고취시키고 있음을 확신한 일본인들의 박해로 그는 1912년 하와이로 떠났고 거기서 한국계 미국인 학생들을 가르치는 감리교 학교 교장이 되었다.

'솔의 카페데리아'에서 나눈 첫 대화를 통하여 나는 1919년 3월 1일의 '독립 만세 사건'을 알았다. 100만 명이 넘는 한국 사람들이 일본으로부터의 독립을 요구하며 평화적 시위를 벌인 이 사건은 모한다스 간디가 유명한 '바다로 향한 소금의 행진'이라는 한국과 비슷한 무저항 전술로 영국의 인도 강점에 반대하여 싸운 해보다 10년 넘게 앞섰던 일임도 알았다. 이 만세 사건의 결과 대한민국 임시정부가 조직되었다. 서울과 시베리아와 만주에서 각각 열린 애국 지도자들의 회합에서는 이승만을 이 망명정부의 수반으로 선출했다. 이승만은 내

---

[3] 자세한 이야기는 본인의 저서 《이승만:신화 속의 인물》을 참조할 것. 1954년, 뉴욕, 도드 미드 출판사 간행.

각을 조직하기 위해 하와이를 떠나 망명정부가 있는 상해로 갔다. 그와 끈질기게 정상의 자리를 겨루던 안창호(安昌浩)와 김규식(金奎植)은 내무장관(뒷날 국무총리 서리)과 외무장관에 앉았다.[4]

그 뒤에 이승만은 워싱턴 DC로 돌아와 대한민국 구미위원부라고 부르는 사무소를 설치했다.

그다음 25년간 그는 망명정부에 대한 외교적 지지를 얻는 일과 미국 사회에서 한국에 대한 일반 대중의 이해와 동정을 사는 두 가지 주요 목표를 추구했다. 별다른 자금이나 지원도 거의 없는 상태에서 성공을 거두기는 어려웠다. 한국은 일본의 '특수 보호 지역'으로서 다시 조선이라 불리게 되고 '잊힌 나라'가 되어 그 이름은 몇몇 미국 사람과 유럽 사람들에게만 겨우 알려져 있었다.

붐비는 간이 식당의 점심 식탁에 앉아 음식 쟁반을 조심스레 받치고 지나치는 손님들에 부대끼면서 한국의 화려했던 옛 이야기와 현대의 비극에 관한 이 박사의 옛 이야기를 경청하고 있던 나는 말소리를 높였다.

"왜 이런 이야기를 써서 책으로 내지 않으세요? 미국 사람들이 이런 사정을 알기만 하면 도와줄 텐데요."

그의 대답에는 속셈이 있었다.

"나는 작가가 아닙니다. 당신이 그 일을 맡으면 어떻겠습니까?"

나는 그의 의도적인 이 말을 거역할 수 없었다. 그 뒤 여러 주일이 흐르는 동안 나는 그에게뿐만 아니라 나에게도 평생의 벗으로 지내게 된 다른 한국 사람들을 사귀게 되었다. 구미위원부에서 일하는 이 박사의 가장 가까운 조력자 임병직(林炳稷) 대령·사학자이며 작가인 정한경(鄭翰景) 박사·장기영(張基永)·김세선(金世旋)·이원순(李元淳)과 그의 부인 매리 여사 등 모두 헌신적으로 따르는 사람들이다. 나는 또 다른 한국 사람 김용중(金龍中)을 만났는데 이 사람은 한국 독립운동에 대한 이 박사의 주도권에 끈질기게 도전한 사람이며 그 뒤에 나는 허풍과 자신 있는 태도 때문에 국무부 안의 비교적 하부층에 벗들을 얻고 있었던 또 다른 경쟁자 한길수(韓吉洙)를 만났다. 워싱턴의 변호사 존 W. 스태거스, 노련한 기자 J. 제롬 윌리엄스, 아이다호주 포카텔로시의 신문 발행인

---

[4] 이 시기의 한국 독립지도자 간의 관계 연구서가 20년 뒤에 출간되었다. 1963년, 버클리, 캘리포니아 대학 출판부 간행 이정식(李庭植) 저, 《한국 민족주의와 정치》 참조.

프레스톤 M. 굿펠로 대령 등 이 박사의 절친한 미국 벗들을 나는 사귀었다. 이때 낙하산으로 하느냐 잠수함으로 하느냐 하는 문제는 아직 미정이지만 한국민들의 공장이나 철도의 태업 등과 같은 항일 투쟁을 격려하고 지도하기 위해 한반도에 '투입'되기로 예정된 100여명의 한국계 미국인 특공대를 모집 훈련하는 하나의 특수 계획에 이 박사와 같이 일하도록 펜타곤(국방부)은 굿펠로를 배치시켰다. 제2차 세계대전의 비극적인 상황 속에서 국가가 없어지고 생기는 드라마의 핵심에 걸맞게도 이 계획은 아주 감동적인 것이었다.

나는 이 박사보다 25년 연하의 부인, 아름답고 활발하고 매력 있는 프란체스카 도너를 알게 되었다. 이 박사가 부인을 제네바에서 만나 구혼한 것은 1933년 국제연맹이 일본의 만주 강점을 토의하는 자리에 참석했던 때의 일이며 1934년에 그는 뉴욕에서 부인과 결혼했던 것이다. 그때부터 줄곧 부인은 그의 반려자요 협력자요 비서로서 그의 생활의 완전하고도 중요한 일부가 되어 있었다. '당신의 동포가 나의 동포요, 당신의 길이 나의 길'이라고 한 구약성경의 '룻'을 연상시킬 정도로 그들은 내가 아는 어느 부부보다도 더 완전한 배필로 결합되어 있었다. 이 박사와 같이 그 부인도 나의 벗이 되었고 한국과 그 국민을 내부까지 속속들이 알도록 나를 가르쳐 주었다.

그의 간청에 감동되어 나는 한국에 관해 연구하고 글을 썼다. 나의 첫 기사가 1943년 3월 7일자 〈워싱턴 포스트〉지에 실린 '일본의 가장 오랜 적국 : 한국'이란 제목의 긴 특종 기사이다. 이 기사가 나간 뒤 8월 8일, 12월 12일, 그리고 이듬해 7월 30일 다른 기사가 계속 발표되었다. 정한경과 합작으로 〈아시아 아메리카〉지 1943년 3월호에 나는 '돌보지 않은 맹방 : 한국'을 썼고 〈월드 어페어스〉 1943년 6월호에는 '미국이 잊은 나라 : 한국'을 썼다. 1944년 5월 워싱턴 DC의 퍼블릭 어페어스 출판사는 나의 책 《잊혀진 나라 : 한국》을 출판했다. 미국 대중이 한국에 대해 모르는 것은 알 기회가 없었기 때문이라고 우리는 결론지었다.

한국에 대하여 견문이 없던 나는 그 지식을 여러 책에 의존하거나 그 땅에 살았던 경험이 있는 인사들의 회고담이나 주관에 의존했다. 1905년 10월 7일자 〈아웃루크〉지에서 나는 시어도어 루스벨트 대통령의 벗 조지 케넌이 쓴 어떤 기사를 발견했다. 그의 견해는 루스벨트에게 큰 영향을 미쳤고 어찌하여 미국이 1882년 한·미 조약 때 맺은 우리의 서약을 바로 어기고 한·일 합방에 동의했는가에 대한 이유를 밝히는 데 도움이 되었다.

케넌은 1905년의 한국을 다음과 같이 신랄하게 묘사하고 있다.

현존하는 한국 정부의 활동 실태는 간단하게 다음과 같이 요약될 수 있을 것이다. 정부는 국민으로부터 그들이 간신히 생계를 위하여 벌어들이는 모든 것을 간접 또는 직접으로 수탈하며 실제로 되돌려 주는 것은 아무것도 없다. 생명 재산에 대한 아무런 적절한 보호책도 제공하지 않는다. 눈에 뜨일 만한 아무런 교육 시설도 제공하고 있지 않다. 도로 건설도, 항만 개량도 하지 않는다. 해안에 등대도 없다. 도로의 청소와 위생에 대하여 아무런 관심도 기울이지 않는다. 전염병의 예방이나 단속 방안도 취하고 있지 않다. 무역과 산업을 장려하는 노력도 없다. 가장 저속한 미신을 장려하고 있다. 현대에 거의 유례가 없을 정도로 인권 문제를 다루는 데 있어 거짓과 부정과 배신과 잔인성과 세상을 비웃는 만행을 일삼는 본보기를 국민에게 보임으로써 그들을 타락시키고 풍속을 문란시키고 있다.

내가 이 구절과 또 이와 비슷한 내용들을 이 박사에게 보여 주었더니 그는 이렇게 대답했다.

"당신은 왜 내가 7년간의 옥고와 고문을 겪었다고 생각하십니까? 내가 항쟁한 것이 바로 이런 형편들에 대한 것입니다. 그리고 지금도 나는 일본의 한국 지배가 많은 점에서 나을 것이 없고 어떤 점들은 그보다도 더 악화되었기 때문에 싸우고 있는 것입니다."

이 무렵 워싱턴에서 이 박사의 지위는 이상스러웠다. 그가 대표한다고 주장하는 정부는 승인되어 있지 않았다. 워싱턴의 관리들이 알고 있는 한 이 박사는 압제하에 있는 한국민을 대변한다고 주장하는 몇몇 한국 사람 가운데 겨우 한 사람에 지나지 않았다. 열심히 일하며 장래에 대비하여 근검 절약하면서도 그의 독립운동을 지지하기 위하여 바치는 하와이·로스앤젤레스 한국 교포들의 자금은 너그럽고 정성이 있기는 했으나 빈약했다.

그가 하고자 한 일은 두 가지였지만 이 박사가 받은 돈으로는 로비 활동이나 홍보 공작 그 어느 한 가지를 뒷받침하기에도 부족했다. 있는 돈으로 그는 자기가 할 수 있는 최선을 다했을 뿐이다.

　1942년 1월 2일 존 스태거스 그리고 J. 제롬 윌리엄스와 함께 이 박사는 당시 코델 헐 국무장관의 특별보좌관이었던 알저 히스와 극동 문제 담당 국장 스탠리 혼베크 박사를 만나러 국무부를 방문했다. 그는 나치스 점령하의 유럽으로부터 도망 나온 여러 망명정부와 마찬가지로 자기 정부에게도 똑같은 승인과 원조를 주도록 미국에 요구했다. 히스 보좌관은 그럴 수 없다고 했다. 그의 말은 미국 정부로 볼 때 이 박사가 실제로 한국 국민의 지지를 받고 있는지 알 방법이 없다는 것이었다. 이때 이 박사는 종전 뒤 미국 관리들이 실시할 선거에서 지도자를 선출한다는 조건을 붙여 대한민국을 승인해 주도록 요청했다. 이 제안으로 불안한 침묵 속에 잠기게 되었을 때 그는 왜 이와 같은 승인 절차가 긴요하게 요구되는가를 설명했다. 그는 지적하기를 소련은 시베리아 무역 통상의 돌파구로서 사계절 얼지 않는 한국 항구들을 장악하려고 반세기 넘는 세월을 노려왔다고 했다. 한국 독립을 미국이 미리 승인함으로써 이런 움직임에 대하여 먼저 손을 쓰지 않으면 일본 패망 뒤 소련이 반드시 끼어들어 한국을 강점할 것이라고 그는 단언했다.

　알저 히스는 이 박사의 청산 유수와 같은 진술을 가로막으며 자기는 미국의 주요한 전시 동맹국의 하나인 소련을 공격하는 것을 조용히 앉아 들을 수 없다고 몰아부쳤다. 한국에서 일어나는 문제에 대한 해결은 일본 패망 이후로 미루어야 한다고 그는 말했다. 이 박사 자신이 말한 바와 같이 소련의 기본 정책에 어기는 선취 특권 행위를 미국은 취하지 않으려는 것이 분명했다. 그러나 이 박사는 히스가 소련의 앞잡이 노릇을 하고 있다는 의심은 품지 않았고 다만 미국 정책이 이렇게 젊고 이토록 세계 문제에 미숙한 사람에 의하여 결정적으로 이루어지고 있다는 사실을 개탄하며 상심 속에 국무부를 떠났다. 이 박사는 또한 프랭클린 D. 루스벨트 대통령과 윈스턴 처칠 내각의 당시 외무장관 앤소니 이든 등이 앞으로의 한국 지위를 이오시프 스탈린과 협의하에 해결하려고 남겨 놓은 채, 될 수 있으면 적당한 시기에 소련을 태평양전쟁에 끌어들이기로

조용히 합의하고 있었다는 사실을 의심하지도 못했다.[5]

이런 일들이 말하자면 세계적 규모의 장기판에서 열강 정치의 주역들이 엮어 내는 포석(布石)이었다. 당시 다른 망명정부에 아낌없이 공급하던 무기 대여 원조를 한국도 받아내서, 중국 침략에 동원된 막대한 지상군 부대를 유지하기 위해 한국을 통과하는 일본의 보급로를 쳐부수는 수단을 강구할 수 있도록 적어도 한국에 필요한 승인을 얻기 위해, 이 박사는 전쟁 기간 중 직접으로, 또는 동정적인 국회의원들을 통하여 국무부를 자주 괴롭혔다.[6] 그는 쉽게 폭파할 수 있는 20여 개의 주요 터널이 표시된 상세한 한국 철도 지도를 제시했다. 아이오와주 출신 가이 질레트 상원의원은 1941년 12월 18일과 22일 두 번에 걸쳐 그의 사무실을 찾아온 이 박사에게 진주만 폭격 뒤에도 여전히 국무부는 한국 독립운동의 승인이나 원조가 일본에 대한 공격이며 따라서 한국을 승인하면 도쿄에 있는 미국 외교관들의 안전한 귀국을 더욱 어렵게 만들 것으로 생각한다고 알려 주었다.

미국이 귀중한 한국인의 전시 봉사를 거절한 것은 일본을 건드리게 될까 두려워한 때문이 아닐 것이라고 이 박사는 분명히 느꼈을 것이다. 이미 한창인 전쟁보다 더한 공격이 어디 있겠는가? 이 박사는 한국인들의 자원봉사를 미국이 거절한 진정한 이유는 한국에 대한 소련의 진짜 속셈을 미국이 알아차렸기 때문이라고 믿었다. 국무장관을 지낸 코델 헐이 뒷날 펴낸 회고록을 보면 1943년 3월 27일 루스벨트가 헐에게 암시하기를 '한국은 중국·미국 그리고 참전국 한 두 개의 국가가 참여하는 국제 신탁 통치하에 두게 될 것'이라고 한 사실이 들어 있다. 1943년 여름, 태평양전쟁협의회의 한 모임에서 루스벨트는 중국 외무장관 쑹쯔원(宋子文)에게 한국인들의 저항 운동의 가치를 평가하도록 요구했다. 쑹쯔원은 이 박사에게 30만 재일 교포에게 영향력이 미치고 있다고 주장하는 한길수(韓吉洙)와 제휴하도록 설득했으나 헛수고였다. 서로가 서로를 인정하지 못하는 제휴에서 무슨 지도력이 나올 수 있겠느냐고 이 박사는 반박했다.

---

5) 루스벨트·이든 회담은 1943년 3월 초에 열렸고 같은 달 말에 루스벨트는 회담 내용을 코델 헐 국무장관에게 알렸다. 1963년 간행 1943년도 외교문서 제3권 p. 37(미국 국무부편 미국의 외교관계 '1943년 3월 27일 국무장관 대담 각서') 참조.
6) 앞의 책 제3권 p. 1096 참조.

쑹쯔원은 한국인들이 너무 분열되어 있기 때문에 지원을 받을 만한 가치가 없다고 루스벨트에게 성급하게 보고했다. 승인이나 무기 대여 원조를 받을 어떤 기회도 이제는 완전히 떠나버렸다. 설상가상으로 소련의 한반도 침투를 위한 문호는 엉성하게 열려 있었다.

북쪽의 소련 점령군과 남쪽의 미국 점령군 간에 한국을 38도선으로 분단한 근본 원인은 어떻게든 소련을 태평양전쟁에 끌어들이려는 루스벨트의 결심 때문이었다. 그렇게 되면 일본은 결국 즉시 여기저기로부터 동시에 공격을 받게 될 것이었다. 이런 결과를 얻기 위해 한국이 치러야 할 대가는 루스벨트가 보기에 그리 비싼 것이 아니었다. 그러나 이와 같은 진행은 당연히 비밀 유지가 되어야 했다.

루스벨트와 처칠과 장제스(蔣介石)가 저마다의 문제와 계획들을 토의하기 위하여 만났던 카이로에서 1943년 12월 1일 발표된 선언에 비로소 준비 중이던 계획에 대한 최초의 명백한 조짐이 드러났다. 이 회의가 끝났을 때 그들이 발표한 공동 성명은 외교상의 애매모호한 표현을 지니고 있었다.

"한국민의 노예 상태를 염두에 두고 전술한 바 3대 열강 국가는 적당한 과정을 밟아 한국이 자유롭게 되고 독립이 될 것을 정한다."

이런 미사여구의 이면에 무슨 뜻이 숨어 있었는가?

이 박사는 워싱턴 DC에서 그 선언을 읽으며 무거운 예감을 느꼈다. '적당한 절차를 거쳐' 이 말은 한국의 고유한 독립을 회복시킨다는 밝은 약속처럼 볼 수도 있지만 그런 의미와는 정반대되는 내용을 허용하는 하나의 외교적인 둔사(遁辭)였던 것이다. 이런 말투를 가지고는 한국의 독립이 다년간 오랫동안 영원히 지연될 수도 있는 것이다. 만일 그와 반대로 루스벨트가 일본 항복 직후에 조속한 한국 독립을 허용할 용의가 있었다면 한국의 애국적인 지도자들과의 협력을 보류하거나 그들에게 무기 대여 원조를 거부할 이렇다할 이유가 없었을 것이다. 그런데 실상은 이런 원조나 협력을 얻을 수 없었으니 말이다.

하나의 희망적인 해석은 섬너 웰스(Sumner Welles)가 쓴 한 신디케이트 신문 칼럼이었는데 그는 카이로 선언을 이렇게 논평했다.

"한국 독립의 회복으로 20세기 최대 범죄의 하나가 바로잡히게 될 것이며 태평양에 세워질 새로운 국제 체제에 또 하나의 안정 요인으로 작용할 것이다."

이 말은 바로 이 박사가 국무부에 대하여 호소하려는 표현을 적절하게 요약한 것이다. 그러나 코델 헐을 미워하고 미움도 받았던 웰스는 이미 정부에 영향력이 있는 사람이 아니었다.

　한국은 사실상 한동안 연합국 관리들의 목록에서 탈락되고 일반 국민의 관심으로부터도 잊힌 존재였다. 1944년 한해는 6월 6일에 감행된 프랑스의 노르망디 침공과 함께 '유럽의 해'가 되었다. 아시아를 위한 정책을 고려할 시간도 기회도 없었다. 한국 대표부는 쓸쓸한 곳이었고 이 박사는 한문 서예를 즐기는 그의 오랜 취미를 살려 가며 이원순과 때때로 바둑을 두는 시간을 가졌다.

　1945년 정초의 한동안은 다시 한국이 협의 대상으로 의제에 오르게 되었다. 2월 3일부터 11일까지 루스벨트와 처칠 그리고 스탈린이 얄타에 모여 주로 동유럽의 전후 계획을 의논했다. 루스벨트가 간단한 보고서를 지참했는데 그 일부에는 다음과 같이 씌어 있었다.

　"한국의 군사적 점령과 과도적 국제 행정 또는 신탁 통치 실시가 결정될 경우 어떤 국가들이 이에 참여해야 하는가 이 문제에 관해서 영국과 중국 정부 간에 어떤 양해가 성립되어야 하고 사태 진전에 따라서는 소련 정부와도 양해가 되는 것이 바람직하다."

　한국에 관한 교섭에서 루스벨트에게 지침이 되도록 마련된 토의 자료는 다음과 같은 놀라운 줄거리를 담고 있었다.

　"극동에서의 소련 입장은 소련의 태평양전쟁 참가 여부에 상관없이 과도적 국제 행정에 그들이 대표권을 가지도록 하는 것이 합당한 처사로 보일 만큼의 위치를 점하고 있다."[7]

　2월 8일 저녁 루스벨트와 스탈린이 따로 만나 토의하는 가운데 한국의 신탁 통치는 미국·소련·중국 관리들이 감독하며 필요하다면 영국도 참여하도록 루스벨트가 제안했다. 이런 신탁 통치가 2, 30년은 계속 운영될 것으로 그는 가정했다. 스탈린은 흐뭇한 기분이었다. 그는 러시아가 한반도에 일 년 내내 해면이 얼지 않는 항구를 갖게 되는 것은 '어렵지 않을 것'이라 말하고 '국제화된 자유항 설정에 반대하지 않을 것'이라고 했다. 그는 또 루스벨트에게 영국 사람들의

---

7) 미국의 외교 관계:외교 문서;1943년 말타와 얄타회담, 워싱턴, 1955년, 미국 정부 인쇄청 발행, pp. 358~361 참조.

감정을 상하지 않도록 그들을 신탁 통치에 끌어들여야 한다고 말했다. 토의를 끝내면서 장제스 정부에 공산주의자들을 끌어들이도록 장제스를 설득하는 데 보다 큰 진전이 있어야 한다고 역설한 것은 스탈린이 아니라 바로 루스벨트였다.[8]

소련이 압력을 넣거나 요구할 필요가 없었다. 루스벨트는 스탈린이 바라는 바가 무엇이라는 것을 빨리 눈치챘던 것이다. 그들 사이의 회담 내용을 담은 기록이 출판된 것은 스탈린과 루스벨트가 죽고 없는 10년 뒤의 일이다.

내가 시러큐스 대학교에서 가르치기 위해 워싱턴을 떠난 뒤인 3월 9일 이 박사 부부는 조금 흥분된 어조로 나에게 편지를 보내왔다.

루스벨트 부인이 쓴 한 기사를 동봉합니다. 누가 되었든 우리 임시정부에 대해 말한 것은 이번이 처음입니다. 우리는 그 부인에게 편지를 써서 개별적으로 방문하여 사의를 표할 수 있겠는지를 문의했습니다. 며칠 전 그 부인으로부터 목요일 오후 4시에 우리를 만나겠다는 통지를 받았습니다.

우리는 목욕일에 그녀를 만나러 갔습니다. 이 박사가 귀하의 책을 한 권 선사했습니다. 우리는 그저 우호적인 말을 나누려는 생각이었는데 그 부인은 바로 "당신들은 무기 대여 원조를 얻으려는 겁니까?" 물어 왔습니다. 이 박사는 우리가 일본에 대한 항쟁에 동참하려고 얼마나 여러 번 미국 정부의 원조를 교섭하여 왔으며 지금까지 단 1달러의 원조, 단 한 자루의 다이나마이트도 받지 못했다는 이야기를 그 부인에게 들려주었습니다.

이 박사는 루스벨트 대통령이 우리에 대하여 무엇인가 잘못 전해 듣고 있다 생각하며 그렇지 않다면 이럴 수가 있겠느냐고 말했습니다. 루스벨트 부인은 대통령에게 이야기하겠노라고 약속했습니다.

그 부인의 기사를 논평하는 편지를 써 보낼 수 있었으면 합니다. 이것은 다만 한 가지 제안에 지나지 않습니다. 귀하가 이 편지를 되도록 빨리 받아 보았으면 해서 이렇게 서둘러 써 보냅니다.[9]

---

8) 앞의 책 pp. 770~771
9) 루스벨트 부인은 계속 우호적이었고 열심히 도우려고 했다. 1945년 4월 9일 그녀는 나에게 이렇게 써보냈다. '이번 여름 귀하가 하이드 파크 도서관에 오신다면 그때 저를 만나시지요. 저

이 글이 이 박사 부부와 내가 나눈 첫 편지였다. 그 뒤 많은 편지가 계속된다. 며칠 뒤 이 박사는 국제연합 창설을 위해 샌프란시스코에 모일 기자들과 대표들 그리고 워싱턴 관리들에게 배포할 수 있도록 한국 문제를 설명한 책자를 써 줄 수 있겠는지 물어왔다. 다른 일에 쫓겨서 내키지 않는다고 나는 대답했지만 적당한 사람을 찾아내지 못한다면 내가 해보겠노라고 답했다. 그 책의 저술이 진행 중이던 4월 9일 그는 나에게 다음과 같이 써보내왔다.[10]

내가 이미 말한 바와 같이 귀하가 우리를 위해 이 책을 써 줄 수 있다는 것이 매우 기쁩니다. 나는 이로 인하여 귀하에게 큰 희생이 없기를 바랄 뿐입니다.

국무부 관리들은 일본 사람들에게서 들은 이야기로 한국 사람들을 판단하는 버릇이 있습니다. 그들은 아직도 한국인이 무력하고 무가치하다고 생각합니다. 이것이 문제입니다. 그 결과 이 사람들은 한국 사람을 유순하고 무감각하고 줏대 없는 인간으로 취급합니다.

그러나 한국 사람들은 오래도록 참아왔던 모욕을 잊지 않고 있습니다. 그들은 1905년 자기들을 일본의 멍에를 지도록 몰아넣은 미국 정치가들의 배신 행위에 분개하고 있습니다. 만일 미국 정치가들이 그들을 또다시 다른 나라의 굴레 속에 몰아넣는다면 한국 사람이 미국에 대해 비우호적이 되더라도 아무도 한국인을 비난할 수 없을 것입니다. 이런 일이 과연 한국인들 사이에 선의를 낳고 미국과의 관계를 증진시키는데 도움이 되리라고 생각하십니까? 이런 일이 극동 평화에 도움이 되리라고 생각하십니까?

국제연합이 강제로 한국인들을 한 지배자로부터 다른 지배자로 바꾸도록 음모를 꾸미는 동안 어째서 한국 사람들은 왜놈에게 대항하여 궐기해서 죽

도 6월 18일부터 계속 거기에 머물게 될 것입니다.' 유감스럽게도 나는 바빠서 이 초대에 응하지 못했다.
10) 나는 정규적인 대학교 직책 외에도 드라이든 출판사(Dryden Press)에서 출간된 나의 첫 저서 《효과적인 화법》의 수정 작업에 몰두하면서 같은 학교의 야간 강의를 '겹치기' 하고 있었고 일요일 마다 시러큐스연합교회에서 강론을 맡고 있었다. 나는 또한 기금 모집 운동에 쓰일 시러큐스대학교의 연재물 책을 집필 중에 있었다. 그리고 3개월간 톨리(Tolley) 총장 요청으로 대학의 신설 출판부 부장서리 직을 수행중이었다. 더 많은 일은 내가 원하지 않았다.

음을 당해야 한다고 생각합니까?

설사 미국이 볼 때 한국 사람들이 대단한 투쟁을 할 능력이 없으며 따라서 그들에게 무기 대여 원조 기금에 따른 어떤 원조도 제공할 가치가 없다고 생각하더라도 한국 국민들에게 공정함을 보여 주기 위해서는 민주 진영의 군수 창고로부터 하다 못해 소액의 원조나 2,3천 발의 소총 탄환이라도 적은 선물이나마 제공해야 옳다는 점을 고려해야 할 것입니다. 그런 일은 고사하고 한국은 지금 공동 교전국에조차 포함되어 있지 않습니다. 그러므로 공식적으로는 한국 사람들이 미국의 적으로 되어 있습니다. 왜 그래야 합니까? 이 정도에서 내가 입을 다무는 것이 좋겠습니다. 이와 같은 불공평과 모욕을 생각하기 시작하는 순간 나는 자제력을 잃게 됩니다. 나는 정말 신이 어떻게 처신해야 할지 도무지 모르겠습니다.

국무부의 소인배 월급쟁이들이 동양 정세에 관해 모든 그릇된 정보를 제공하는 이른바 '전문가'들입니다. 고관들은 이 '그릇된' 정보에 근거하여 그들의 정책을 세우고 있습니다. 그 결과는 어떻습니까? 진주만 참사와 같은 재앙뿐입니다.

나는 이제 충분히 얘기를 했다고 생각합니다. 이 편지에 표현된 어떤 생각도 이야기를 서술해 나가는 귀하의 계획에 영향을 미치지 않도록 해주십시오.

거듭 말하거니와 우리를 위해서 당신이 이 주제를 다룰 수 있다는 것을 우리는 행복하게 생각합니다. 왜냐하면 훌륭한 작품이 나오리라고 믿기 때문입니다.

이 박사가 반대한 국무부 직원으로는 부모님이 선교사인 평양 태생의 조지 맥큔(George McCune) 박사가 있었다. 맥큔은 한국 실정에 각별히 정통했고 한국인의 대일 적대 감정을 잘 이해했다.[11] 그러나 맥큔은 같은 평양 출신인 안창호와 흥사단(興士團)의 동지들 그리고 한인국민회 인사 등 독립운동 지도자를 자

---

11) 오언 래티모어(Owen Lattimore)가 이끄는 태평양관계협회 제10차 대회를 위하여 맥큔은 한 연구서를 편집하고 있었는데 이 책이 1950년 하버드 대학교 출판부에서 펴낸 그의 저서 《현대 한국》이다.

처하는 그 밖의 한국 사람들에 대해서는 동정적이었다. 《한국의 진상》이라는 책을 쓰면서 나는 미국 정부가 추구하는 정책에 대하여 '소인배와 월급쟁이들'을 비난하지 않았다. 오히려 이 책은 "소련을 아시아 지역의 전쟁에 끌어들이려고 애쓰는 일부 사람들의 관점에서 본다면 한국 승인 문제는 한국에 대한 소련의 요구가 표명될 때까지는 보류되어야 했는지도 모른다"라고 지적했다. 승인 보류에 대한 또 하나의 중요한 구실에 답하여 이 책은 "뛰어난 권위를 지닌 한국의 대변자가 없다고 주장하는 국무부의 현 정책 때문에 심해진 분열과 불화, 다시 말해서 애국적 집단 간의 분쟁은 이런 승인을 통하여 오히려 줄일 수 있을 것이다"라고 했다.

4월 11일 이 박사는 "짧은 시간에도 귀하는 훌륭하게 일을 해냈으며 그 내용은 바로 우리가 바랐던 그대로를 잘 표현해 주었습니다" 하고 전해 왔다. 한 달 뒤에 그는 국제연합을 조직중인 각국 대표에게 들려줄 통일된 의견을 작성하기 위하여 한국인들을 진두 지휘하고 있던 샌프란시스코로부터 편지를 보내 왔는데 〈뉴욕타임스〉의 전면 광고를 포함하여 2, 3개의 주요 일간지에 이 책에 대한 대대적인 광고를 낼 계획을 밝히면서 이를 위해 한국 사람들이 3000불 정도를 모금할 것으로 생각한다고 덧붙였다.

5월 14일 이 박사는 상원의원 오원 부류스터(Owen Brewster)·월터 F. 조지(Walter F. George), 그리고 하원의원 클래어 E. 호프만(Clare E. Hoffman)에게 전문을 띄웠는데 이들은 모두 그의 주장에 동조하는 사람들이며 그 내용의 일부는 이러했다.

"트루먼 대통령은 한국을 소련의 지배하에 넘겨준다는 얄타비밀협정을 통고 받았다. 이 협정에 대한 정보의 근거를 우리는 확신한다……."

포츠담에서 7월에 소련이 대일전에 돌입한다면 트루먼은 소련의 북한 점령에 곧 동의하도록 되어있었다. 당시에 일어나고 있던 많은 일들이 후일까지 세상에 알려지지 않은 채로 묻혀 있었다.[12]

---

[12] 포츠담 회담의 준비를 위해 트루먼은 태평양전쟁 참가를 위한 소련의 여러 조건에 대해 스탈린과 협의를 갖도록 해리 홉킨스(Harry Hopkins)를 모스크바에 파견했다. 5월 28일 두 사람은 한국 문제를 토의하고 스탈린은 한국에 실시할 4개국 신탁 통치가 반드시 있어야 한다는 점에 분명한 동의를 표했다. 1960년 워싱턴 미 국무부 발행 《미국의 외교 관계:외교 문서 1945년도 베를린 회담(포츠담 회의)》 제1권 pp. 310~315 참조.

한편 국제연합이 조직되고 있던 샌프란시스코에서는 분위기가 들뜬 가운데 희망에 부풀어 있었다. 미국은 국제연맹 당시처럼 국제기구에 방관적 태도로 임한 것이 아니라 이 기구의 창설을 주도했다. 이 기구가 잘되어 가자면 소련의 협력을 확보하는 일이 중요했다. 어떤 대가도 지불하기에 조금도 아깝지 않았다. 민주와 공산 국가 간의 협력이 꼭 필요했다. 이것은 미래에 대한 세계적인 하나의 본보기였다.

완전한 본보기의 매우 적은 부분이 되는 한국은 새로운 제도의 운영 가능성을 높이기 위하여 터무니없이 많은 대가를 치르도록 되어 었었다.

동부 유럽 여러 나라들과 같이 한국도 좌우 합작 방식을 수락하도록 강요되었고 신탁 통치도 마찬가지였다.

국무부의 격려와 성원에 힘입어 한국의 민족주의 각파 사람들은 '한국통일위원회'를 구성하게 되었다. 이 기구에 기대되었던 것은 공산주의자들과도 협력하는 범한국연립정권의 수립에 찬성을 얻어내는 일이었다. 충칭(重慶)에서는 중국 정부의 착실한 지원하에 김구가 대한민국 임시정부 주석직에 있었다. 옌안(延安)에서는 공산주의자들로 구성된 한국독립연맹이 활발했다. 이곳 미국에서는 한국에 어떤 형태로든 하나의 정권을 수립하기 위하여 미국과 국제연합의 지지를 얻는 유효한 수단으로 한길수와 김용중이 연립정부를 찬성했다.[13]

이승만이 연립정부안의 수락을 거부한 것은 그에게 있어 연립 방식은 한국을 공산주의에 내맡기는 것을 의미하기 때문이며 그렇기 때문에 그는 한국통일위원회를 깨뜨렸다. 그 자신의 제안은 한국인이 자유 선거에서 자주적인 정부를 택하도록 한국인들의 자유의사에 맡기는 것이다. 한 씨와 김 씨에 의해 대변되는 연립 방식은 또한 미국의 정책이기도 했기 때문에 이승만의 주장은 통일위원회에 의해 거부되었다. 이 박사는 국무부 관리들의 비난과 한국인 정적들의 혹평을 받으며 샌프란시스코를 떠나 워싱턴으로 돌아왔다. 나는 시러큐스로부터 워싱턴으로 비행하여 연립파에 가담하도록 그에게 설득을 시도했는데 동부 유럽에서 명백히 실패하기까지는 이 방식이 세계적인 협력과 평화로

---

13) 미국 안의 각종 한국인 단체에 대한 충분하고도 권위있는 설명으로는 1974년, 뉴욕, 오세아나 출판사 간행 김형찬(金炯燦) 및 웨인 패터슨(Wayne Patterson) 저, 《미국 속의 한국인》을 참조할 것.

이어지는 탄탄대로처럼 보였기 때문이다. 온 생애를 일본의 한국 지배에 대항하며 투쟁해온 자신이 이제 소련의 지배를 찬성하며 일생을 마칠 수는 없다고 하면서 그는 거부했다. 내가 그에게 이런 태도는 독립운동에서의 그의 영도력이 끝장난 것을 뜻한다고 경고했더니 그는 내 말이 아마 옳을는지도 모른다며 스스로 깨닫고 있노라고 했다.

그리고 그는 이렇게 덧붙였다.

"아내와 나는 충분히 얘기를 나누었습니다. 우리 자신의 이익을 위해 한국을 파느니보다 나는 차라리 아이오와주의 조그마한 양계장으로 은퇴하겠습니다."

나는 그의 결정이 잘못된 것 같다고 생각하면서도 자기가 옳다고 생각하는 일에 대한 그의 용기와 헌신에 감탄하며 시러큐스로 돌아왔다. 중대한 사건들이 뒤를 이어 일어났다. 7월에는 포츠담에서 트루먼 대통령이 스탈린과 함께 소련 군대가 북한을 점령하도록 일정을 짰다. 8월 6일 미국은 히로시마에 첫 원자탄을 투하했고 8월 9일에는 제2탄을 나가사키에 던졌다. 8월 10일 소련은 신속한 행동 개시로 군대를 만주에 보내고 북한으로 남하시켰다. 8월 15일 일본은 항복했다. 오키나와 주둔 미 24군단을 지휘하던 존 R. 하지(John R. Hedge) 중장은 휘하 6사단 및 40사단을 이끌고 남한 점령을 시작하기 위하여 9월 8일 인천항에 상륙했다. 하지 중장과 동행할 예정으로 있던 훈련된 군정 요원들은 캘리포니아에 남아 5주일 뒤까지는 한국에 도착하지 못했다.[14]

하지는 거의 아무런 정책 지침을 받은 바 없었고 자기에게 배정된 몹시 신중을 요하는 직무에 대해 아무런 준비도 없었다. 인천항 부두에 나온 환영 위원회 사람들을 만났을 때 그는 거친 태도로 그들을 밀어내며 "나에게 한국 사람들은 일본 사람과 똑같은 고양이 새끼들이기 때문에 나는 그들을 똑같은 방법으로 다루겠다." 선언했다.[15]

일제 통치에 항거하여 한국 내에서 용기 있게 투쟁을 해온 두 독립 지도자 여운형(呂運亨)과 박헌영(朴憲永)은 조선인민공화국(본디는 조선건국준비위원회)

---

14) 1951년 콜럼비아 대학 킹스 크라운 출판부, 뉴욕시 발행. E. 그랜트 미드(E. Grant Meade) 저, 《한국의 미 군정》참조.

15) 하지의 한국 도착에 관한 일반적인 이야기로는 웨스턴 리저브 대학교(미발표) 학위 논문 이원설(李元卨) 저, 《1945~1948년 남한의 사회 정치 구조에 끼친 미국 점령 정책의 충격》을 참조할 것.

이라고 부르는 지하 조직의 한국연립정부를 자기들이 이끌고 있다고 하지에게 통고하면서 이 정부는 온 국민을 대표하는 40개 정당의 광범위한 세층을 대변하고 있다고 주장했다. 도쿄(東京)에서는 더글러스 맥아더(Douglas MacArthur) 장군이 '뜻밖의' 소련군의 한반도 진입에 맞서기 위해 '즉흥적인' 방법으로 38도선 분단을 선언하는 일반 명령 제1호를 발표했다. 이것은 한·미 관계에 새로운 단계를 전개시킬 불길한 시작이었다. 속임수가 정책 속에 깊숙이 짜여들어 있었다.

태평양전쟁 막바지에 워싱턴에 있던 이승만은 희망과 혼란 그리고 좌절감이 뒤섞인 심정으로 몇 달을 보냈다. 엘리너 루스벨트(Eleanor Roosevelt)는 그에게 길을 터 주려고 자기가 할 수 있는 일을 했다. 루스벨트 부인은 이 박사 부부와 함께 이야기를 나눈 뒤 3월 12일자 신문의 신디케이트 칼럼에 이렇게 썼다.

"나는 그 전에는 이 박사를 만나본 일이 없지만 그의 얼굴에는 아름다운 정신이 빛나고 그의 동포들이 오랜 세월 겪어왔을 인내심이라고나 할까 그런 것이 그의 잔잔한 표정에 번득이고 있었다."

그가 지닌 인내심은 쓰라린 시련을 겪어야만 했다.

1945년 6월 11일자로 나와 다른 벗들에게 보낸 짧은 글에서 그는 독립 운동의 영도권 문제를 논했는데 쑹쯔원은 충칭에 본부를 둔 임시정부 내각에 대해 우선적으로 고려하도록 확약받으려고 국무부와 교섭중이었으며 김구·김규식·김약산. 그리고 조소앙 등은 모두가 공산주의자들과의 합작을 위한 연합국 측 안을 수락할 용의가 있었다.

이 박사는 일반 대중의 지지가 필요함을 절실하게 느끼고 있었다. 9월 13일 그는 나에게 다음과 같은 글을 적어 보냈다.

일반 대중의 감정이 조금 바뀌었으며 나는 귀하의 기사가 마침내는 〈리더스 다이제스트〉에 다시 실리도록 하기 위해 보다 인기있는 잡지에 소개 되게끔 각별히 노력해 주기 바랍니다. 나는 나대로 이곳에서 사람을 물색하여 월간 〈차이나〉에 기사를 쓰도록 해보겠습니다.

어제와 그저께 〈뉴욕타임스〉에 실린 사설들을 보았는지요? 오늘 아침 워싱턴 포스트에 나온 사설 1부를 여기에 동봉합니다. 미국 사람들은 이들 기사에 의해 크게 영향을 받게 되리라고 나는 확신합니다. 두 기사가 모두 한국의 조속한 독립을 찬성하는 내용이오.

그러고 나서 그는 끝부분에 이런 말을 덧붙였다.

동봉한 메모는 우리가 미국 사람들에게 꼭 밝혔으면 하는 생각들을 제시한 것입니다. 그들은 한국 사람들 모르게 한국 사람들에게 저지른 몇 가지 죄과를 반드시 알아야 할 것입니다.

이 박사는 연립안이 실시되기 전에 한국으로 돌아갈 수 있기를 특히 바라고 있었다. 그는 여권을 신청했고 9월 5일에 국무부는 여권을 발급했다. 그는 또한 한국 입국을 위해 군의 허가를 요청했고 맥아더 장군은 신속하게 이를 허가했다. 그러나 '주미 한국고등판무관' 자격으로 이 박사에게 허가서가 발급되었음을 국무부가 알고 그의 여권은 취소되었다. 이 박사가 한국으로 돌아가는 노선과 여행 수단에 관하여 협의가 진행되는 가운데 시간이 또 늦추어졌다.

이 박사가 미국 군용기 편으로 도쿄로부터 10월 16일 마침내 서울에 이르렀을 때 미군 점령 지역은 혼란 상태에 있었다. 공산주의로 기울어져 있던 허헌(許憲)이 이끄는 인민공화국이 스스로 합법 정권임을 선포하고 국민이 따라 줄 것을 요구했다. 김구도 임시정부를 내세우며 이와 비슷한 주장을 발표했다. 이 무렵까지 54개 정당이 미 군정사령부에 등록되었다. 하지 장군이 '한국 사람들은 동양의 아일랜드인이며 정치 의식이 대단해서 신호가 떨어지기 무섭게 싸움이 붙을 태세에 있다'고 한 실태 보고서를 가지고 자기 요원들에게 브리핑했다.

그 무렵 열렬한 환영을 받으며 한국으로 되돌아온 옛 선교사들이 지방 행정이나 일본인의 대기업을 맡은 장교들의 고문관으로 취임했는데 한국 말을 할 줄 아는 미국인이 옛 선교사들 말고는 거의 없었다. 인구의 약 3%를 헤아리는 일본인은 모두 체포되어 일본으로 강제 송환되는 중이었다. 한국 사람들은 어느 분야에서도 관리면에 경험이나 훈련이 부족했다. 정부 운영의 방법을 아는 사람은 남한을 통틀어 어떤 집안, 어떤 국적을 막론하고 한심할 정도로 찾아보기가 어려웠다. 그 당시 중학교 이상의 교육을 받은 한국 사람은 2만 5000을 넘지 못했다.

더구나 한국에서의 국제 공약은 무척 애매한 상태였다. 미·소 두 나라 사이의 충돌 방지 외에는 도대체 38도선 분단이 무슨 목적에 쓰이며 얼마 동안 계속될 것인지 아무도 아는 사람이 없었다. 하지 장군은 미국의 점령 목적이 '질병과 불안을 방지하기 위한 것'임을 스스로 다짐하는 기본 훈령을 가지고 있었다. 그 외에는 아무것도 없었다. 남북 지역 간의 정상적 우호 관계를 시작하려는 노력의 하나로 하지는 소련 사람들이 같은 양의 석탄을 답례로 보내주리라는 생각을 가지고 한 화차분의 보급 물자를 북한으로 보냈다. 그 답례는 고사하고 그들은 열차를 압류했다. 한국 문제의 조속한 해결은 가능하지 않다는 것이 차츰 분명해졌다. 이 박사가 이르렀을 때 그는 혼란 밖에 찾아볼 것이 없었다.[16]

일주일 뒤인 10월 21일 새벽 5시 30분 그는 침대에 앉아 나에게 다음과 같은 글을 적어 보냈다.

대외비

나는 아직 조선 호텔에 있소. 나의 도착이 발표된 이래 온 국민은 야단 법석인 것 같소. 수백 명이 호텔 현관에 몰려와서 나와 만날 기회를 달라 요구하고 있소. 하지 장군과 나는 준비가 되기까지는 나의 도착을 발표하지 말자고 합의를 보았으나 다음 날 아침 장군이 찾아와서 미국 신문 기자들이 사실을 알고 기자 회견을 요구해 왔다고 말했소. 그래서 우리는 덕수궁으로 달려가 하지 장군과 아놀드 장군(남한 군정장관 육군소장 A.V. 아놀드)이 나를 에스코트하여 기자 회견에 들어가게 되었고 장군이 나를 소개했소. 그리하여 나는 영어와 한국말을 번갈아 쓰면서 이야기를 했소. 그때부터 지금까지 군중은 바깥 문전에 모여 있고 나는 일분 간의 휴식도 얻지 못했소. 어제 오

---

16) 1945년 11월 18일 국무부 회보 p. 813에 지적되어 있듯이 하지는 북한의 소련군사령관과 함께 국부적 문제를 해결함에 있어 자유 재량이 부여되었으나 소련군사령관은 독자적인 결정을 내릴 권한이 없었던 것이 분명하다.

후에는 그들에게 어서 돌아가 각자 자기 일들을 해야 한다고 소리지르지 않을 수 없었소.

장군의 귀번으로 나는 3층에 큰 방 하나, 벗 몇 사람과 식사가 가능한 별개의 식당 하나, 회합을 위한 큰 회의실 하나, 그리고 내가 사용할 리무진 승용차 한 대를 가지고 있소. 스미스 중위가 내 부관이고 소총으로 무장된 헌병 2명이 나의 경호원이오. 글을 쓸 시간이 없기에 아침 5시 30분에 잠에서 깨어나 내 침대에서 이 글을 적고 있소. 얼마 뒤면 윤치영(尹致暎)이 여기 올 것이고 그 뒤를 다른 사람들이 따를 것이오. 이 사람들이 동대문 밖에 큰 집을 한 채 사서 내가 이사할 수 있도록 준비를 하고 있소. 언덕 위에 있는 그 집이 나는 좋소. 하루 이틀 안에 그리로 갈 수 있기를 바라고 있소.

공산 그룹(김구와 어설프게 손잡고 있는 김원봉(金元鳳)이 이끄는 공산계 한국 국민 혁명당을 말함)을 제외하고 충칭의 김구와 그 밖의 인사들을 데려올 계획을 우리가 하고 있소. 모든 정당이나 국민들은 단결하여 나를 밀고 있소. 여운형(呂運亨)과 그의 동생은 내가 자기들에게 바라는 어떤 일이든지 하겠노라 말하고 있소.

던(Dunn)을 포함하여 여섯 사람이 군의 허가를 신청했으나 장군은 그들에게 기다리도록 명하고 윤병구(尹炳求)만 오도록 허가되었소. 장군이 우리의 좋은 벗 프레스턴 굿펠로 대령을 한국에 보내도록 준비 중에 있소. 국무부가 당초의 정책을 바꾸지 않는 한 사태가 악화될 것이라는 등의 내용을 담아 국무부로 보낸 그의 성명서 사본을 장군이 나에게 보내왔소. 오늘 오후 나는 각 정당 단체들과 회의를 가지겠으며 그들이 중앙위원회를 구성하기 바라고 있소. 이 모든 일 중에 가소로운 부분은 공산당이 나를 수반으로 해서 정부를 조직한 일이오. 나는 그들에게 소련이 나를 반공주의자라고 공격하는 마당에 내가 공산 지도자가 되었으니 큰 영광이라고 말했소.

사람들이 이미 모여들고 있으니 이만 줄이고 오늘 이 편지를 보낼 수 있어야 하겠는데 언제 이 유명한 삼인조(이승만·김구·김규식)가 덕수궁에서 자리를 함께 할 수 있게 되는지요. 하지 장군이 나를 만나러 도쿄에 왔을 때 내가 들어가 머물 옛 궁궐 집을 마련하겠노라고 말했으나 나는 그러지 말라고 했소. 이 편지를 존(스태거스)에게도 읽어 주시오.

이틀 뒤인 10월 23일 이 박사는 저명한 정치 지도자들이 참석한 회의를 주재하고 여기에서 대한독립촉성중앙위원회가 조직되었다. 신탁 통치 거부는 만장일치였고 연사들은 한국 독립이 고려된 바 없다고 한 트루먼 대통령의 9월 논평을 '중대한 모욕'이라고 비난했다. 다른 연사들은 한국인들의 독립 주장을 강조하기 위해 하나의 민간 불복 운동을 시작할 것을 제안했다. 그런 가운데 한국의 운명을 결정하게 될 국제적인 여러 정책들에 대한 이 박사의 저항은 강화되어가고 있었다. 11월 12일 그는 나에게 다음과 같이 썼다.

군사 전략이 구체적으로 계획되던 얄타나 테헤란에서는 일본의 해상 운송을 저지시키기 위해 어뢰 부설이라든가 다른 모든 필요한 작업을 위해 38도선까지 미 해군이 동해를 순시하기로 합의를 보았었소. 미국이 일본과 한국 점령의 준비 없이 원자탄을 쓰게 되었을 때 소련 사람들은 자기들이 언제 38도선까지 밀고 내려가겠다는 시간만을 미국 정부에 통고했을 뿐이오. 국무부도 군 당국도 미리 아무것도 알고 있지 못했고 다만 기정 사실을 통보받았을 뿐이었소.

한편 이 박사 부인은 서울에서 그와 합류할 수 있게 준비를 끝내가고 있었다. 이 박사는 자기와 한국에서 함께 일할 수 있게 나를 초청하는 방법을 모색 중이었다. 12월 17일 이 박사 부인은 다음과 같이 적어 보냈다.

저는 이 달 말께 아니면 늦어도 1월에는 길을 떠나 2월 초순에는 한국에 도착할 것입니다. 제가 이 박사한테 선생님이 교육고문직이나 공식적인 일을 맡게 되도록 우리의 가장 친한 벗 하지 장군과 의논해 달라고 하겠습니다. 이 박사는 그들이 많은 고문관을 필요로 하고 있으며 선생님에게 적격인 분야에서 한 사람을 필요로 할 것은 틀림없다고 내게 말씀했습니다. 항공편의 우선권과 무료 항공 여행의 특권 이외에도 선생님이 떠나 계신 동안 선생님의 가족에게 흡족하게 제공될 급료를 보장해 드릴 것입니다.
한국 사람들이 지급하는 봉급은 한국 화폐일 것이고 선생님이 밖으로 송금할 수 없기 때문에 가족들에게는 별로 가치가 없을 것입니다. 그러나 군정청에서 지급되는 봉급은 이곳 가족에게 송금이 되도록 선생님이 조치할 수 있을 것으로 믿습니다. 이 박사는 선생님의 일을 소중히 여기고 있으며 선생님의 봉사에 대한 대가는 충분히 보상받을 수 있을 것으로 알고 있습니다. 그곳의 화폐 가치를 저희가 모르기 때문에 액수는 말씀드리기 어렵습니다. 선생님의 가족이 보살펴지는 한 선생님이 잘 처리해 나갈 수 있으리라고 저는 믿습니다.

이 박사는 저에게 보낸 편지에 존 카터 빈센트(John Carter Vincent)가 신탁 통치에 대한 자기 주장을 관철하기 전에 선생님이 한국에 나오실 수 있기를 진심으로 바라고 있다고 썼습니다.[17] (최고 정책들이 '소인배들'에 의해서 작성되고 있다고 의심하는 이 박사의 심정을 나타내는 또 하나의 예증). 물론 박사님이 그렇게 빨리 오실 수 없으리라고 생각되지만 너무 늦기 전에 오시기 바랍니다. 이 박사의 말씀과 같이 "만일에 불가능하다면 신탁 통치안이 확정된 뒤라도 올리버 박사는 우리의 반대 투쟁을 도울 거요" 말씀하셨습니다.

사실상 미·소 두 나라 정부의 수뇌부에서 이미 원칙상의 합의를 본 바 있었던 신탁 통치안은 1945년 12월 27일 모스크바회의에서 공식으로 발표되었다. 이를 이행하기 위하여 북한의 소련점령군사령부를 대표하는 이반 치스차코프(Ivan Chistiakov) 대장과 남쪽의 A.V. 아놀드(A.V. Arnold) 소장이 이끄는 미·소공동위원회가 설립되었다. 이 공동위원회는 12월 말 이전에 그 첫 모임을 가졌으나 소련측이 38도선에 연하여 강경한 철의 장막을 유지할 것을 고집하는 바람에 바로 해산되었다. 더 이상의 회합은 1946년 5월까지 열리지 않았으며 그때까지 미·소간에는 어떤 겉치레의 협력조차 엿볼 수 없었다.

1946년 1월 3일 한국으로 가는 교통편을 기다리고 있던 이 박사 부인이 시애틀로부터 나에게 편지를 보내왔다. 이즈음 이미 이 박사와 하지 장군의 관계는

---

17) 1975년 10월 21일자 국무부 회보 p. 57에 보고된 바 대로, 빈센트(Vincent)는 외교정책협회 토론 석상의 한 연설에서 "한국은 오랫동안 일본 통치하에 있었으므로 자치 정부를 운영할 즉각적인 준비가 되어있지 못하다. 그러므로 우리는 한국이 자기 나라의 독자적인 행정을 인수할 준비가 될 수 있는 일정 기간 동안 신탁 통치를 받을 것을 주장하는 바이다. 그 기간이 얼마가 소요될지는 여러분이나 내가 말할 수 없다. 그러나 그 기간은 짧으면 짧을수록 좋은 것이다" 했다.

긴장되어 가고 있었다. 그들을 갈라놓은 문제는 해결될 수도, 무시할 수도 없는 것이었다. 이 박사는 '한국 독립의 조속한 실현'을 서약했고 하지 장군은 한국 신탁 통치에 대한 미·소 정책의 이행을 공언한 바 있었다. 두 사람은 모두 협력하지 않는 '불합리' 때문에 비난의 소리를 들어왔다. 그러나 이런 상황에서 그들이 협력할 수 있는 중간 지대가 어디에 있단 말인가? 이 박사 부인의 편지에는 다음과 같은 구절이 들어 있었다.

저는 선생님에게 이 박사가 발표한 성명서 한 통을 보내드립니다. 그는 하지 장군에게 이 성명서를 보여주었습니다. 처음에는 하지 장군이 찬성한 듯 싶었으나 곧 이 박사에게 그것은 다만 당신을 해롭게 할 뿐이라고 말했습니다. 아시다시피 이 박사는 자신에게 해가 되는 것에 마음을 쓰지 않습니다. 선생님은 이 성명을 어떤 형태로나 사용하셔도 좋습니다. 제가 한 가지 두려운 것은 이 박사의 생각이 늘 그러하듯이 그 내용이 너무 앞을 내다본 것이 아닌가 하는 점이지만 얼마쯤 수정을 가한다면 선생님은 훌륭히 성공시킬 수 있을 것입니다.

이 박사의 성명서는 한국 독립 촉진을 위한 수단 방법을 창출하기 위해 즉각적인 비상국민회의 설치를 요구했다. 이 회의는 2월에 실제로 소집되어 주요한 한국의 정치 지도자들로 구성된 하나의 조직체인 남조선민주의원 설립으로 이어졌다. 이 조직체의 공식 기능은 하지 장군에게 계속적으로 정치적 조언을 제공하고 한국민의 여론을 대변하는 일이며 모스크바 신탁통치협정에 대한 순종의 필요성을 받아들이도록 한국 국민의 '교육'을 돕는 것 등이었다. 이 후자의 기능은 물론 미국 정부의 승인을 받기 위한 명분이었다. 이승만은 의장으로 선출되었고 김구와 김규식은 상임부의장으로 선출되었다. 여운형은 민주의원 의원직을 수락했으나 두 번에 걸친 공산주의자들의 납치와 탈퇴 '설득'이 있은 뒤 스스로 그 자리를 물러났다. '설득 공작'에서 그의 납치자들이 그와 논쟁을 벌이는 동안 여운형은 남산의 어떤 벼랑 위에 감금되어 있었다. 민주의원 가운데 어느 의원도 신탁 통치를 수락할 뜻이 없었다. 이 민주의원은 한국을 위해 계획된 국제 간의 정책에 대한 그들의 반대를 역설하면서도 한국 지도자 간의 불화를 가속화하고 극대화시키는 그런 조직체로 급격하게 변모되어 갔다.

한편 국제연합은 이미 활동을 시작했으며 자유주의 세력이 이 새로운 기구에 거는 기대는 자못 컸다. 세계를 갈라 놓은 불화는 씻어 없애고 쟁점은 타협점을 찾고 충돌은 일치된 합의로 대치되어야 할 것이었다. 한마디로 말해서 세계를 갈라 놓은 근본적인 쟁점은 해결되는 것이 아니라 은폐되려는 것이었다.

한국에서 그리고 워싱턴에서 어둠은 사라지는 것이 아니라 오히려 더 짙어만 가는 듯했다. 일본의 패망은 진정 한국에 식민지 시대의 종말을 가져왔다. 제2차 세계대전의 폐막과 국제연합 창설은 온 인류에게 건설적인 협력을 위한 새로운 기회를 안겨주었다. 그러나 갈등의 뿌리는 깊숙이 심어졌다. 이승만과 한국 독립운동가들에게는 어려움이 더욱 날카로워지고 문제들은 더욱 늘어만 갔다. 우리가 워싱턴에서 경험한 어두운 시기는 악화 일로에 있는 한국 정세에 비하면 그래도 평화로운 서막이었던 것이다. 베를린·로마·도쿄를 연결하는 추축국(樞軸國: 제2차 세계대전 때 일본·독일·이탈리아가 맺은 삼국동맹을 지지하여 미국·영국·프랑스 등의 연합국과 대립한 여러 나라)에 대한 연합국의 압도적 승리는 연합국 수뇌들간의 심각한 불화 때문에, 그리고 루스벨트가 소련의 뜻대로 근본적인 양보를 통해 대서양헌장을 망쳤기 때문에 몹시 허망한 것으로 이미 명백하게 드러났다. 분명해진 것은 제2차 세계대전이 매우 빠르게 민주 진영과 공산 세력간의 냉전으로 이어져가고 있다는 사실이었다.

국제 협력의 정신이 발전되면 그때 비로소 '어떤 방법으로든' 해결하도록 모든 기본적인 문제들을 남겨둠으로써 한국에 애매하고도 미결 상태인 대립 관계를 초래한 루스벨트·스탈린의 협정 때문에 한반도는 세계적인 미·소 대립의 초점이 되었다. 자신의 아무런 잘못도 없이 한국은 처음에는 냉전의 싸움터가 되었고 다음에는 현대사 가운데 가장 처절한 무력 충돌의 싸움터로 등장했다.

이것이 이승만이 다루려고 하는 상황이었다. 이 문제들을 다루는 데 그가 나의 도움과 충고를 구하고 있는 사실에 대해 내가 당황한 것도 무리가 아니다. 그러나 우리 모두가 이에 대한 대비가 되어 있지 못했던 것과 같이 첩첩이 쌓인 이 문제들을 풀기 위해 온 세계 고위 당국자들 또한 불행하게도 아무런 준비를 갖추고 있지 못한 것이 사실이었다.

2
서울의 여름
(1946년)

　1946년 연초만 하더라도 이 박사가 볼 때 하지 장군은 '우리들의 절친한 벗'이었다. 그러나 그 해가 다가기 전에 이런 우호 관계는 깨지고 두 사람은 공개적으로 맞서게 되었다. 이 박사는 개인적으로는 국무부에 대해서, 공개적으로는 언론을 통해서, 장군이나 군정 당국을 비난하기 위해 한국을 떠나 워싱턴에 비행함으로써 하지 장군에 도전하고 나섰다.

　격변하는 정세는 한국에 국한되지 않았다. 이 해 3월 5일 미주리주 풀턴(Fulton)에 있는 어떤 작은 대학에서 행한 중대 연설을 통해 윈스턴 처칠은 그 때까지 널리 감지되어 온 사실을 공식적으로 표명하면서 국제연합에 구현된 국제 협력의 원대한 희망은 좌절되었다고 했다. 그는 말하기를 유럽 대륙을 가로질러 하나의 '철의 장막'이 드리워져서 유럽 전역을 감옥으로 만들었으며, '자기들의 힘과 주의 주장을 끝없이 팽창시키려는' 소련의 목적 때문에 전 세계는 위협을 받고 있다고 했다.

　한국에서는 임시정부가—4개국 신탁 통치 아래 민주적인 방식으로 선출될—주도하는 한반도 통일을 이룩하기 위해 소련의 합의를 얻어 내려는 미국 정책이 갈팡질팡이었으나 아직 포기 상태는 아니었다. 4월 18일 미·소공동위원회는 '공고문 제5호'를 발표했는데, 이 속에서 양측은 국가 통일에 관해 '협의 대상'이 될 수 있는 한국인이라면 우선 (1) 한국의 신탁 통치를 요구하는 모스크바협정을 수락하고 (2) 임시정부 선출 방법, 공직 취임 자격 및 정부 기능에 관한 위원회 결정을 준수할 것 등을 밝힌 선언문에 서명한 자에 한하도록 합의 보았음을 알리고 있었다.

　이렇게 되면 결국 공산주의자들과 그 협력자들만이 이런 선언문에 서명하게 될 것이므로 미국 사람들은 어려운 문제에 당면했다.

그들은, 모스크바협정 거부를 의미하는 신탁 통치 하의 한국 통일 희망을 포기하든가 아니면 한국의 민족주의 지도자들에게 강제로라도 공고문 제5호에 밝힌 조건들을 수락하도록 하지 않으면 안 되었다. 후자의 방법이 하지 장군이 추구하도록 요구된 불행스러운 과정이었다. 이 박사는 당연히 그 조건들과 정책에 대하여 완강하게 반대했다. 소련의 수락 없이는 한국 문제의 해결책이 있을 수 없다는 주장대로 미국이 계속 묶여 있는 한 한국의 민족주의자들과 미 군정 당국의 협력은 불가능했기 때문이었다.

그 결과 1946년이 밝으면서 실질적으로 모든 사람들이 받아들이고 있었던 이 박사의 독립운동 정신은 그 해가 끝나기 전에 미국 정책 수립자들의 도전을 받고 거부의 대상이 되고 있었다. 영향력 있는 많은 한국 지도자들도 그것을 의심하고 있었고 거부했다.

한 해 동안에 많은 일이 잘못되어 갔다. 그중의 어떤 것들은 이 연극을 풀어 나가는 여러 연기자들의 잘못 때문이었다. 그러나 실패에 대한 책임의 대부분은 공산주의자와 반공주의자가 협력과 타협과 연립 방식을 통하여 서로 합의에 이를 수 있으리라는 환상에 있었다. 결국에 가서는 전 세계적으로 그런 희망이 아직은 실효를 나타낼 것처럼 보였을지 모르나 당시의 냉전 상황에 비추어 볼 때, 공산주의자와 한국의 민족주의자들의 상반된 목표를 고려할 때 미국이 선택한 과정은 현실적인 정책이라기보다는 희망 없는 환상이었다.

5월 8일 공동위의 소련측 대표단장 테렌티 슈티코프(Terenti Shtykov) 장군은 하지 장군을 방문하여 "나는 모스크바로부터의 명령에 의하여 토의를 중단하고 북한으로 귀환한다"고 불쑥 말을 꺼냈다. 그는 하지 장군에게 '주요한 이유는 소련이 한국의 가까운 이웃이기 때문이다. 그래서 소련은 한국 내에 소련에게 충성스러운 하나의 임시 민주 정권을 수립하는 데 관심이 있다'라고 말했다.[1]

그렇다면 미국 정책 수립자들은 이토록 미련스럽게 표현된 소련의 목표에 등을 돌리고 그 대신 순수한 한국의 독립을 위하여 순수한 한국의 애국자들

---

[1] 1957년 필라델피아, 펜실베이니아 대학교 출판부 간행 칼 버거(Carl Berger) 저, 《한국 문제》 p. 69 참조.

과 협력해야만 한다는 다짐을 보다 분명하게 하는 것이 더 옳았다. 그러나 그들은 아직도 양보와 화해로 이룩될 세계에 대한 '샌프란시스코의 환상'에 사로잡혀 있었고 모스크바 결정에서 합의된 바 계획을 수행해야 한다는 느낌 때문에 정신이 없었다.

한국은 미·소 경쟁의 냉혹한 와중에 끼어 있었다. 1946년에서 1947년 동안 한국은 두 열강의 미래 관계를 결정지을 초점으로 점차 명백하게 드러났다. 이 박사는 기회가 있을 때마다 중국의 옛 속담을 인용했다. '고래 싸움에 새우 등 터진다'고. 1946년 이래 이 박사의 정책 투쟁을 주목하거나 참여했던 많은 인사들은 이 박사가 완벽한 솜씨를 가지고서도 자신의 역할을 다하지 못한 것으로 결론지었다. 하지 장군 또한 외교면에서 부족하다고 널리 비난의 대상이 되었다. 사실상 이승만이나 하지가 처신을 바꾸거나 김규식·김구·여운형, 또는 워싱턴의 정책 수립자들이 태도를 바꾸었다 해도 큰 차이가 생기지 않았을 것이다. 제2차 세계대전 이후의 한국은 그 이전의 오랜 역사를 통해서도 사실상 그러했듯이 이 나라를 둘러싸고 있는 야망에 찬 열강들의 싸움터가 될 수밖에 없었던, 동북아시아에서 묘한 위치를 차지하고 있었다. 더욱 중요한 사실은 한국 문제가 전후 미·소 관계의 결과로 빚어진 점이었다. 국제연합의 테두리와 관점에서 세계를 보는 정치 철학을 가정한다면 한국에서의 '타협' 노력은 해가 뜨는 일 만큼이나 필연적이고, 아니 더 정확히 말하자면 해가 지는 일 만큼이나 피할 수 없는 일이었다. 그렇다고는 하더라도 북한에서는 소련 사람들이 압력을 덜 받고 있었다는 사실은 주목할 만하다. 이것은 이들 한국의 소련 동조자들이 마르크스주의 이론가였음을 의미하지 않는다. 그것과는 거리가 멀었다. 이데올로기는 그들에게 별로 의미가 없었다. 그들은 '만국의 프롤레타리아가 단결'하도록 돕는 일에도 흥미가 없었다. 그와 반대로 그들의 공산주의적 경향은 민족주의적인 데가 있었다. 그들은 자기 국가의 주권 회복을 지지하는 사람을 구하고 있었는데 그런 벗을 얻기는 어려웠다.

한국 전체가 최소한 한 세대 동안은 '친공적'이었다. 일본에 의한 1910년의 한일병합 이후 소련은 표면상 한국의 민족주의자들이 사귀어 온 유일한 벗이었다. 미국은 1903년의 영·일 동맹에 밝힌 바 영국 노선을 대체로 따르고 있었는데, 그 취지는 일본이 동북아시아 유일의 열강이고 이 지역의 안정과 평화는 일본 지배에 달려있다는 것이었다. 우드로 윌슨이 '민족 자결권'을 선언한 1919~1920년대에도 미국에는 한국 독립의 주장을 지지하는 어떤 조짐도 보이지 않았다. 그런 가운데 1925년 서울에는 조선공산당이 조직되었다. 소련은 시베리아로 들어오는 한국의 애국자들을 환영하고 시베리아와 만주의 망명객들을 도왔다. 일본에 항거하는 한국의 유격대와 태업 활동은 소련 말고는 어느 곳으로부터도 도움을 받지 못했다. 훗날 한국의 민족주의 운동을 도운 중국의 지원은 중국 자신이 일본과 전쟁에 돌입한 이후에 중국 공산주의자들이나 국민당 정부로부터 온 것이다. 한국 전역에 걸쳐 일어난 친공적인 감정은 이유가 있었고 이 감정은 참으로 활발했다.[2]

북한에서는 일본 항복 이전에 이미 소련의 지령 하에 중앙인민위원회가 조직되었다. 소련군이 북한을 점령했을 때 그들은 군사 정부를 세우지 않고 그 대신 한국인들로 조직된 인민위원회를 소련군 산하에 두고 지휘 감독했다. 1946년 2월 9일 인민위원회는 5인 간부회의가 이끄는 23인조 임시 인민위원회로 대체되었다. 두 기관의 의장은 소련 육군에서 소령 계급까지 진급했으나 북한 주민에게는 김 장군으로 소개된 김일성(金日成)을 공식으로 소련군이 임명했다. 미·소공동위원회가 5월에 서울에서 재개되는 것과 때를 같이하여 김일성은 전 인민에게 자유·평등·정의, 그리고 번영을 약속하는 20개조로 된 '미래 한국 정부의 기본 정책'이라는 한 문서를 발표했다. 한편 남한에서는 미 군정 하에 공산당의 전적인 자유가 보장된 가운데 북한과 '통일'을 내세우며 정치 선전 활동을 본격적으로 펼쳤다. 이런 여건들은 민주주의를 위하여 희망적이지 못했다.

1946년이 시작되었을 때 이 박사에게는 그의 10월 환국을 장식했던 환영 일색의 분위기랄까 도취감은 이미 대부분 사라졌음이 분명했다. 그를 절대적으로 지지하며 그의 주위에 모여들었던 정치인들은 서로가 다른 원칙과 정책뿐만 아니라 적대적인 지도자들을 통합하는 연립정부를 세우기 위해 이 박사가 하나의 타협적인 정강 정책과 계획을 내놓으리라고 기대가 컸다. 그러나 이제

---

[2] 이 점은 한국 공산주의에 관한 현재까지의 두드러진 연구 서적에 잘 전개되고 뒷받침되어 있다. 1972년, 버클리, 캘리포니아 대학교 출판부 간행, 로버트 A. 스칼라피노(Robert A. Scalapino)와 이정식(李庭植) 공저, 《한국 공산주의》 2권 제1장과 기타 여러 곳 참조.

와서는 이미 70을 넘어선 그의 나이에 비추어 볼 때 그들의 대부분이 그에게 바란 것은, 다만 그의 이름과 명성이 자기들 자신의 목적에 이용될 수 있도록 하나의 상징적인 원로 징객으로서 의례적인 명목적 존재가 되어 달라는 바람이었다. 하지 장군이나 그의 국무부 고문관들 또한 이 박사에게 아첨하여 겉치레뿐인 높은 자리를 주어 그를 우대하고 자기들 계획에 대해 한국인의 지지를 얻어내는 하나의 수단으로 그를 이용할 수 있으리라고 자신 있게 믿었다.

그러나 자기들의 목적을 위해 이 박사를 이용하려고 한 사람들의 생각이 비현실적이라면 그의 생각 또한 현실적인 것은 못 되었다. 그는 한국민이 자기를 독특한 지도자요 대변자로 생각한다는 점에 자신이 있었고, 그 생각은 대체로 옳았음이 사실로 입증되었다. 그는 또한 자기가 택하는 방향으로 어디든지 한국 사람들이 따라올 것이라는 더욱 애매한 하나의 신조를 간직하고 있었다. 그렇기 때문에 그는, 미 군정 당국은 한국 문제에 대한 자신의 해결 방안을 억지로라도 받아들이지 않을 수 없으리라고 믿었던 것이다. 이와 같은 가정은, 기본적으로는 결국 자기 주장으로는 정당하다는 것이 증명되지만 여러 달 동안 대립과 좌절을 겪을 수밖에 없었다.

늘어나는 불목과 공개적인 충돌을 겪는 긴 세월 동안에도 이 박사는 굽히지 않고 의연한 자세를 유지하며 자기가 승리할 수 있고 또 승리하게 되리라는 자신감을 가지고 일관했다. 타협은 필연적으로 공산주의에 대한 항복을 가져온다고 믿었기에 그는 원칙적으로 거부했고, 타협은 자기의 성격과 맞지 않기 때문에 또한 거부했다. 확신은 그의 전 생애를 뒷받침해 준 강철의 방파제였다. 이것이 없었다면 고루한 왕권 반동 주의에 대한 그의 첫 항쟁이 시작된 이래 50년간 용기를 꺾은 여러 가지 실패에 직면할 때마다 그는 자포자기했을 것이다. 그러나 그의 비판자들, 심지어는 그의 벗들도 그를 외골수로 생각했다. 또한 이 완고함이 바로 그의 한국인 경쟁자들이나 미국 당국자들과 국내외 언론이 그에게 던진 주된 공격거리였다.

가장 중요한 것은 이 박사가 철저하게 품었고 귀국시에도 그대로 지니고 있었던 반공주의 감정이 미국 정부의 연립 정책과 정면으로 충돌했을 뿐아니라 한국 사람들에게 팽배했던 감정과도 정반대였다는 사실이다. 이 박사가 오래지 않아 알아낸 사실은 소련 공산주의에 대한 우호적인 감정이 남한에 널리 유포

되고 있다는 점이었다.[3]

앞으로 출판 예정인 미 군정에 관한 가장 엄밀한 연구서는 '국내외에 전개되었던 독립운동은 주로 공산주의자들이 이끌었음'을 지적하고 있고, "이들 공산주의자의 지하 조직 노동자들이 핵심을 이루지 않은 지방은 거의 찾아볼 수가 없었다"고 밝히고 있다.[4] 일반적인 전술에 따라 공산주의자들은 집중적으로 신문이나 영화관을 장악하고 학교에 침투하고 노동조합과 지역 사회의 농민조합 등과 긴밀히 협동하는 방법을 썼다. 이로써 이 박사는 반공주의가 한국에서는 결코 당연하게 받아들여지지 않는다는 사실을 깨달았다.

1장에서 언급되었듯이 10월 16일 이 박사가 돌아왔을 때 공산주의자들도 그를 환영하는 사람들 가운데 끼어 있었고 그들은 사실상 그에게 자기들 정당의 명목상의 영수직을 주었다. 한국 문제 해결을 위해 소련과 협력하겠다고 공언한 뜻에서 볼 때 미국 당국은 강력한 친공 세력이었다. 머지않아 1950년에 매카시즘(McCarthyism) 선풍에 휘말려 들게 되어 있었던 미국 내의 반공주의 감정과는 날카롭게 대조적으로 남한의 미 군정 당국은 공산당을 하나의 합법적 정당으로 인정했다. 1945년 11월 21일 이 박사가 공산주의에 대해 강력한 공격을 시작하기 위해서 한국 방송망을 활용하게 되었을 때 그 일은 하지 장군을 놀라게 했고 충격마저 주었다. 12월 27일 모스크바에서는 한국에 신탁 통치를 부과시킨다는 협정을 발표했다.

하지 장군과의 긴밀한 제휴 관계를 끊어야 한다고 통절하게 느낀 이 박사는 이틀 동안 외부와의 연락을 끊고 들어앉아 있었다. 12월 29일 이 박사는 모든 한국인은 신탁 통치를 거부하고 이를 받아들이지 않을 단호한 결의를 표명해

---

3) '좌익' 학자들은 1945년 한국에서 공산주의적인 정신 자세가 우세했음은 의심할 여지가 없다고 보고 있다. 이와 같은 결론을 뒷받침하는 하나의 주목할 만한 연구서는 1967년 프린스턴 대학교 출판부 간행 서대숙(徐大肅) 저, 《1918~1948년 기간의 한국 공산주의 운동》이 그것이다. 〈신좌익 평론(New Left Review)〉 편집인 존 할리데이는 전술 부분 《유례없는 관계(Without Parallel)》 속의 '국제연합과 한국'이라는 자신의 수필에서 성실하게도 "1945년 한국에 관한 중심적 정치 상황은 한국이 도전받지 않는 국가적 주체 의식을 가지고 전 인구의 압도적 다수의 지지를 받는 하나의 영웅적(원문 그대로) 좌익 혁명 운동을 진행하는 유일한 국가였다"라고 선언한다. p. 110 참조. 할리데이의 태도는 편견이 있더라도 그의 결론은 한국인의 감정을 반공으로 돌리려는 운동에서 이 박사가 맞서야 했던 막중한 과업의 비중을 밝혀주고 있다.
4) 이 그랜트 미드(E. Grant Meade)의 저서, 《한국에서의 미 군정》 앞의 책 p. 38, p. 42 참조.

야 한다고 비장한 발표를 했다.

총파업이 시작되었다. 중앙청은 난방이 끊겼고 수도관은 파열되었다. 쓰레기는 수거되지 않았다. 인분(人糞)이 공공 건물 바닥까지 드러나 보였다. 버스와 전차는 운행을 중지했다. 시위 행렬이 주요 도시의 거리를 휩쓸었다. 하지 장군은 질서 회복을 위하여 '신탁 통치는 확정된 것이 아니며 한국 사람들의 훌륭한 협력을 얻을 수만 있다면 신탁 통치는 불필요한 것이 될 것'이라고 발표문을 내도록 했다. 그러나 신탁 통치가 실상은 미국의 정책으로 공고되었던 것이기 때문에 이와 같은 성명서는 한국 사람들의 의심과 혼란을 더할 뿐이었다.

그 뒤 몇 주일 동안 이 박사는 병환으로 거의 꼼짝을 못했다. 1946년 2월 23일 그는 나에게 다음과 같은 편지를 써 보냈다.

나는 이제 침실 밖으로 나올 수 있을 만큼 원기를 회복했음을 알릴 수 있어 기쁩니다. 나는 두 달 반 이상을 침실에 갇혀 있었고 그동안은 편지를 쓰지 못했습니다…….

이제부터는 계속 편지를 귀하에게 쓸 수 있을 것입니다. 굿펠로 대령은 한국을 위해서 큰 일을 하느라고 당지에 머물러 있습니다. 겨우 최근에 와서 우리는 조직을 끝내는 데 성공했고 우리의 본부는 덕수궁에 있습니다. 어제는 민주의원 모임을 열기 위하여 세 번째 덕수궁 출입을 했습니다. 나는 내 등골을 스치는 한기를 느끼며 집으로 돌아왔고 지금 몸을 덥히고 있습니다. 나는 아직도 의사와 간호원의 간호를 받고 있으나 차차 회복중입니다.

일이 어떻게 진행되어 가는지 귀하에게 알려드릴 작정입니다. 우리가 이곳에서 하고 있는 것과 마찬가지로 귀하도 계속 선전 분투하여 주기 바랍니다.

굿펠로(Goodfellow) 대령은 5월 24일 퇴역시까지 서울에 머물러 있었다. 이 박사와 다른 한국의 지도자들이 미 군정 당국의 '자문 역할'을 담당할 민주의원 창설에서 보여주고 있듯이 그의 주요한 공헌은 이 박사와 하지 장군 사이의 협력 관계가 다시 이어지도록 다리 역할을 하는 데 있었다.

미국 당국이 한국에 신탁 통치를 펴내기 위해 소련과 합의하겠다고 언약한 바 있었고, 공산주의자들을 제외한 모든 한국 사람들은 이 박사와 함께 나라의 독립을 위해 몸을 바치고 있는 이상 양측이 협력할 소지는 거의 찾을 길이 없었다. 1월 3일 한국의 공산주의자들은 신탁 통치 지지를 공식 선언함으로써 남한에서 미국 정책을 지지하는 조직이나 정당은 유일하게 공산주의자들뿐이라는 이상스러운 판국을 빚어냈다. 자연히 남쪽의 작은 도읍이나 농촌 지역 전역에 걸친 이런 공산당의 연합은 한국의 항일운동을 지원한 공산당의 역사와 함께 친소 감정의 증대를 초래했다.

건강이 충분히 회복되자 이 박사는 남한 일대에 걸친 유세 여행을 떠났으며 매일 1회 또는 여러 차례 군중들에게 연설을 했다. 연설 사이사이에 그는 지방 지도자들과 협의를 가졌다. 그의 주제는 언제나 같은 것으로, 다시 말하면 공산주의는 콜레라 질환과 비슷한 것이라는 내용이었다. 빨갱이와의 타협이나 협력은 불가능한 것이다, 유일한 선택의 길은 공산 독재 정치에 항복하거나 대항하여 싸우는 길이다는 등. 한국 민족주의가 살아남을 수 있는 유일한 구원의 길은 신탁 통치의 거부를 포함하여 전적으로 공산주의를 몰아내는 길뿐이었다.

한국에서 국민 감정의 밀물을 뒤엎고 때마침 강화된 공산주의 거부 운동을 시작한 것은 바로 이 박사에 의한 이 운동이었다. 서울에 돌아와서도 그는 연속적으로 행한 주간 방송 연설을 통해서 같은 운동을 계속했다. 한국민에게 확신을 가지도록 한 그의 성공은 괄목할 만한 것이었다. 한국에 있는 많은 미국인들도 개인적으로는 그의 운동에 박수를 보냈다. 그러나 신탁 통치에 관한 모스크바협정 실시를 추구할 의무를 지닌 관리들은 분개하고 노발대발했다.

개인적으로 나에게 1946년 여름이 특기할 만한 까닭은 처음으로 내가 한국에 나가 직접적인 지식을 얻을 기회가 주어졌기 때문이다. 1945년 9월 19일 이 박사가 워싱턴으로부터 내게 편지를 보내 왔었는데 "귀하가 대학을 그만두고 우리들의 홍보 업무에 전적으로 매달릴 수 있겠는지의 여부"를 이 박사 자신이 한국으로 귀국하기 전까지 확인하고 싶다는 내용이었다. 그때 교직을 떠나는 것은 나에게 어려운 결정이지만 "이곳에서의 저의 일과 관련된 하나의 보충적인 활동으로서 저는 최선을 다하여 계속 맡은 일을 열심히 해 나가겠습니다"

하고 회답을 드린 일이 있었다. 이 박사는 또한 나를 위해 미 군정청에 어떤 일자리를 찾을 수 있을 것이라고 써 보내기도 했었다. 시러큐스 대학교 봄 학기가 끝나갈 무렵 이 박사는 돈 많은 방적업자이며 서울 보성전문, 후일의 고려대학교를 세운 김성수(金性洙) 씨와 의논하여 내가 일련의 강의를 하러 나올 수 있도록 절차를 마련해 주었다. 그 해 여름 내가 적어놓은 비망록은 제2장 후반부의 자료가 되었다. 그 이유는 내용이 이 책 뒷 부분의 설명보다도 그 당시 눈에 비친 여러 가지 상황을 더 잘 드러내 주고 있기 때문이다.

1946년 6월 3일 내가 서울에 이르렀을 때 '정치적으로는 정세가 교착 상태에 있었고 모든 일은 이 박사에게 유리하게 서서히 진행 중에 있는 것'처럼 보였다. 다음 날 아침 나는 하지 장군과 그의 차석으로 남조선 군정장관으로 있던 아처 L. 러치(Archer L. Lerch) 장군과의 모임에 불려 나갔다. 나의 비망록에 기록되어 있듯이 "두 사람은 나와 이야기를 나누기 위하여 많은 시간을 할애했고 또한 나를 만나고 싶어했던 것 같다. 이 두 사람은 모두 내가 큰 도움을 줄 수도 있고 크게 해로울 수도 있다고 느끼고 있음이 분명했다. 그들은 모두 이 박사가 과대망상으로 거의 제정신이 아니라고 말한다. 사실상 하지 장군은 어떤 정신병 의사에게 이 박사와 다소 은밀하게 면담을 가지도록 일을 진행시킨 바도 있다. 그들은 그가 개인적으로 이야기를 나눌 때에는 매우 유쾌하고 좋은 사람이지만 공식 모임에서는 아주 난폭한 사람이 되어 소련과 한국의 공산주의자들을 비난함으로써 자기들의 일 처리를 더욱더 어렵게 만들고 있다고 말한다. 하지 장군은 이 박사가 군정에서의 쓸모 있는 역할은 이제 끝났다고 생각하며 자기는 이 박사를 공개적으로 비난함으로써 그를 망신시켜야 할는지도 모르겠다고 말했다."

그리고 나서 하지 장군은 나를 향해 아주 진지하게 말했다.

"우리가 당신을 한국에 들어오도록 한 단 한 가지 이유가 있습니다. 우리는 당신이 이 박사에게 어떤 통제를 가할 수 있기를 바라고 있습니다. 당신이 그렇게 하지 않으면 그의 생애는 끝난 것이고 한국 통일을 위한 소련과의 합의에 도달해야 할 어떤 기회도 그가 이미 망쳐버렸는지도 모릅니다. 이 박사는 한국 정치가들 중에서 너무나 위대한 인물이며 그렇기 때문에 나는 그가 유일한 인물이라고 말하기까지 합니다. 그러나 그가 공산주의에 대한 공격을 멈추지 않는 한 그는 한국 정부 내에서 어떠한 자리도 차지하지 못할 것입니다."

나의 비망록은 그 당시 한국에서의 몇 가지 대조적인 것들을 묘사하고 있다.

오늘 오후 나는 보성전문학교에서 몇 시간을 보냈다. 학교는 변두리 교외에 위치하고 있으나 신식 고딕 스타일에 맞추어 화강암으로 지은 두 개의 아주 훌륭한 건물로 되어 있고 매력적인 캠퍼스 속에 배치되어 있다. 외형상으로는 미국의 대학들과 매우 비슷하게 보였다. 러치 장군 사무실에 돌아가야 할 때까지 나는 한 건물의 내부를 거쳐갈 시간을 가졌다.

이 학교는 분명히 미국 대학보다 훨씬 민주적으로 운영되고 있다. 나의 강의를 마련하려고 교장과 단둘이 만나는 대신 모든 교수진을 교장실에 불러들였고 여기서 그들은 평상시에도 학문적인 문제들을 관례적으로 이렇게 토의 결정한다는 그런 모습을 보이며 격의 없고 활발한 토의를 시작했다.

자연히 몇몇 교수가 앞장서고 다른 사람들이 넌지시 뒤따르지만 내가 말할 수 있는 한 이것은 계급의 우월이라기 보다는 자생적인 영도력 때문이었다. 교수진은 매우 유능한 듯했다. 그들 중 영문학의 이인수(李仁秀) 교수는 런던에서 6년간 공부했고 석사 학위도 받았다. 철학 교수 한 분은 또 다른 몇 분과 함께 미국 대학의 철학 박사 학위를 가지고 있다. 몇몇 분은 일본의 여러 대학의 학위를 가지고 있는 것으로 짐작되는데 그들은 굳이 말하지 않았다. 이들은 모두 항일 투사들이며 이 나라를 오늘날 이 꼴로 만든 것은 일본 사람들 때문이라고 비난한다.

이 박사는 순회 연설차 지방에 나가 있다. 이 박사 부인은 그를 수행하고 있고 보성학교로 오는 도중 우리는 이 박사 댁에 잠시 들렸다. 집은 매우 멋이 있고 벽을 뒤로하여 꽤 넓은 마당이 있는데 여기에 여러 가지 관목과 연못과 그 사이로 작은 시냇물이 흐르도록 조경과 식목을 했고 집 뒤로는 산이 솟아있다. 적어도 6,7명의 경관이 집의 경비를 맡고 있었다.

건물은 모든 한국 집이 다 그런 것처럼 단층집이며 외부에서 보면 매우 멋이 있어 보인다. 우리는 들어가지는 않았다.

6월 12일 집으로 보낸 편지에 나는 한국에서 이 박사 부부와 처음 대면한 나의 인상을 간단히 적어 보냈다.

　월요일 저녁 나는 이 박사의 리무진 승용차로 안내되어 가서 그와 그의 부인과 함께 식사했다. 부인의 안색은 좋지 않았고 매우 야윈 데다가 어느 때 보다도 신경이 예민했다. 이 박사는 남편이 가는 곳이면 어디든지 부인이 동행할 것을 주장하고 있고 이 박사 부인도 한국의 남자들은 자기들이 참석하는 어떤 연회에도 부인들을 함께 참석시켜야 한다고 주장한다. 이와 같이 한국 사람의 관습을 타파하는 일과 부인 자신이 서양 사람이라는 사실, 부인의 신경질적인 긴장감이 모두 하나로 합쳐 부인을 일반적으로 싫어하게 만들고 있다. 이 박사 부인은 이것을 잘 깨닫고 있지만 그래도 자기는 외곬으로 밀고 갈 결심이다. 부인은 한국 여성의 지위 향상을 위해 큰 역할을 할 기회가 왔다고 느끼고 있고 또 정말 그렇게 하겠다는 것이다. 부인은 나에게 기생들을 불러들이는 연회 석상에는 참석을 거절하고 그 사람들을 아내와 함께 오도록 정중하게 타일러 주라는 말을 해 주었다. 이 박사 부인은 또 가정에서는 한국 부인들이 절대적이라는 것과 한국 부인들은 미국 부인들보다 남편에게 더 큰 영향력을 가지고 있다고 말하고, 따라서 해야 할 가장 중요한 일은 한국 부인들의 신임과 존경을 받는 일이라고 말했다. 그래야만 남편들을 올바른 길로 이끌어 갈 수 있을 것이며 또한 여성들이 이미 정치 집단으로 뭉쳐져 있기 때문에 기회만 주어진다면 그들이야말로 민주주의 제도의 참다운 방파제가 될 것이라고 말하면서 언제나 여자를 존대하고 가장 좋은 좌석에 앉도록 해야 한다고 주장하여 여러 모임에서 남자들을 화나게 했노라고 했다.
　이 박사는 매우 건강하며 어느 때보다 얼굴빛이 좋아 보였다. 그는 표면상 조용하지만 쉽사리 화를 내며 잠을 잘 주무시지 못하고 매우 쉽사리 사나운 흥분 상태로 변한다. 이분은 하나의 상징적 존재로 큰 역할을 담당하고 있고 이 점에서 그는 과장된 표현이 부족할 정도로 위대한 봉사를 수행중에 있다. 사람들이 어찌나 그에게 모여드는지 보면 놀랄 일이다.
　그의 연설은 분명히 압도적 효과를 거두고 있다. 이분은 사람들에게 이렇게 외친다.

"나는 50년 전에 여러분에게 나를 따라 뭉쳐줄 것을 역설했습니다. 여러분은 그때 거절했으며 그 결과 여러분은 얼마나 고통을 당했는지 보십시오. 지금 나는 여러분에게 단결을 호소하고 있으며 나의 영도 아래 우리는 이제 위대하고 자유로운 국가를 이룩할 것을 약속합시다."

이 효과는 시나트라를 무색케 할 것이오. 방대한 군중 20만에 달하는 남녀 노소가 땡볕이나 큰비 속에서도 그를 보거나 혹은 그의 연설을 들으려고 몇 시간이고 서 있다고 이 박사 부인은 이야기하고 있다.

이 박사는 정치적 색깔이야 어떻게 되었든 자신이 모든 계층의 한국 사람들과 벗이 되기를 바란다고 말했다. 그리고 그분은 또 나에게 무슨 말을 들려 주더라도 입을 다물고 그저 듣기만 하고 미소로써 답하며 '대단히 좋습니다'라고만 하라는 것이다. 이 말은 나의 바라는 바와 꼭 들어 맞는 것이어서 나는 안심이 되었고 기뻤다. 자기와 뜻이 맞지 않는 사람들로부터 나를 격리시키려 하거나 아니면 나로 하여금 사람에게 영향력을 미치게 해 주기를 이 박사가 바라고 있지나 않을까 걱정하고 있었던 터이다. 사실에서는 남의 도움 없이도 사람들에게 감화를 주어 움직이게 할 수 있다는 자신의 능력을 이분은 절대적으로 믿어 의심치 않으며 또 그분은 잘 해나가고 있다고 말할 수가 있겠다.

이 박사는 소련 문제에 관해서는 미국이 선전포고를 하는 길밖에는 다른 구제 방법이 없다고 생각하고 있다. 당장에 그렇게 하지 않는 것은 지극히 어리석은 짓이라고 느끼고 있다. 그가 보기로는 우리가 소련의 야심을 눈감아 줌으로써 과거에 일본을 키워준 것과 똑같이 침략 세력을 고지식하게 길러주고 있다는 것이다. 그것은 지당한 말이며 미국 사람들도 절대 다수가 이 점에 동의하고 있는 것 같다. 한편 하지 장군이나 러치 장군은 소련의 협력을 얻는 데 모든 노력을 다 기울이도록 명령받고 있으며 따라서 그들은 점점 이 박사가 살 속에 박힌 가시처럼 생각하게 되는 것이다.

6월 23일 나는 인상에 남은 일과 겪은 일들을 더 기록했다.

웨인 가이징거(Wayne Geisinger) 소령과 경기도 군정관 앤더슨(Anderson) 대령과 함께 나는 서울 북방 50마일 떨어진 개성(開城)으로 차를 몰았다. 우리는 즐겁게 이야기를 나누었다. 이 박사는 3시간 뒤에 뒤따라 오게 되어 있었지만 길거리에는 이 박사를 환영하려는 사람들이 줄지어 있었다. 나는 "다른 한국 지도자가 저와 같은 군중을 끌어낼 수 있을까요" 하고 물었다. 그들은 "천만의 말씀이오. 다른 한국인 지도자는 어림도 없죠. 다른 지도자 중엔 한 사람의 졸병도 끌어낼 사람이 없소"라고 말했다. 이 말은 과장된 표현이지만 하지 장군이 자기의 공개적인 비난 하나로 이 박사를 몰락시킬 수 있다는 것은 어리석은 것이며, 이 박사는 여전히 한국의 실권자임에 틀림없다.

지난 12월 이 박사가 영향력을 행사했을 때 아놀드(Arnold) 장군이 그에게 대들었다는 이야기를 가이징거가 내게 들려 주었다. 국무부의 습관대로 그가 이 박사에게 '내가 보기에는 당신도 그저 하나의 한국 사람일 뿐이오. 당신은 그 누구도 대표하고 있지 않소'라고 말했다. 이 박사는 즉각 서울 시민에게 '나라의 명절'을 지키라고 요구했다. 사흘간 서울에서는 일하는 사람이 한 사람도 없었다. 화부가 석탄을 실어가버려 불을 일굴 수가 없었다. 호텔과 사무실의 라디에이터는 얼어붙었다. 사람들이 2마일이나 늘어서는 대대적인 시위 행진을 벌여 남대문에서 중앙청까지 꽉 찼으며 길거리는 양쪽 길가까지 넘쳤다. 아놀드 장군은 헐떡이며 이 박사를 불러들여 잘못했노라고 빌었다. 이 박사는 민주의원 의장에 선출되었다. 그로부터는 아무도 그의 실력을 의심하지 않았다.

가이징거와 앤더슨은 한국을 공산화로부터 구출한 대부분의 공을 이 박사에게 돌리고 있다. 나는 한국신문협회 회장 김동성(金東成) 씨와 긴 이야기를 나누었다. 그는 아무 곳에도 편들지 않는 영리한 사람이지만 정세 판단에 빈틈이 없었다. 그는 나에게 인민공화국 영수인 여운형을 '형편없는 멍청이'라고 일러주었다. 이 박사는 공산주의자를 너무 때리고 있고 그가 공산당이라고 몰아붙이고 있는 사람들이 사실은 그렇지 않다고 생각하고 있었다.

그러나 그는 이 박사가 기본적으로는 옳고 그야말로 참다운 한국의 지도자임에 틀림 없다고 믿고 있었다……

개성에서 나는 38도선 이북으로부터 내려온 일본 피난민들을 서울로 그리고 다시 일본으로 송환되기 전에 엿새 동안 격리 수용하는 수용소를 안

내받았다. 그 당시 거기에는 겨우 2000여 명밖에 없었다. 7000명의 수용능력을 가지도록 세워졌으나 때로는 1만 4000명까지 수용한 일이 있단다. 아주 편리하게 되어 있고 대개 쌀과 납짝 보리로 된 식사도 충분하다. 이들은 모든 수단 방법을 다 써서 여기로 들어왔다. 상당히 많은 사람들이 산길을 넘어 200마일 또는 400마일을 걸어서 왔다. 소련인들은 일본 피난민들이 북한 지역에서 빠져나가지 못하게 하지만 재산을 모두 버리고 떠나면 비공식적으로 눈감아 주고 있다. 늙은이 몇몇이 매우 불쌍한 형편에 놓여 있다. 그들은 크게 불평이 없다. 더러는 시달림을 받지만 많은 사람들이 크게 고통받고 있는 것은 아니다. 북쪽 사람들은 점점 들뜨고 불안해하고 있다고 이 사람들이 말한다. 38도선은 개성에서 북쪽으로 겨우 1마일 지점에 있다. 우리 측의 마지막 초소가 있는 언덕에서는 시가지가 내려다보인다. 개성 수원지는 소련 지구에 들어있다. 현재까지는 아직 수문을 닫지 않았다.

6월 28일 이 박사는 하지 장군이 김규식 영도하에 하나의 과도 정부를 세울 것처럼 느껴진다고 나에게 이야기해 주었다. 이 박사는 자신이 이런 임시정부를 영도하고 싶은 생각은 없노라고 나에게 일러 주었다.

한국 사람들의 여론에 비추어 볼 때 그런 과도 정부는 불신임을 당할 것이 분명하다고 그는 느끼고 있다. 자기가 지지하고 나설 때에만 지탱될 수 있을 것으로 자신하고 있다. 따라서 그는 뒷전에 서서 선거 때가 오기를 기다릴 계획인데 그때에는 압도적으로 당선될 자신을 가지고 있다. 그의 견해가 옳을지는 모르지만 이와 같은 선거가 몇 년 간 연기될는지도 모를 일이다. 한편 과도 정부가 수립되는 것은 여러 가지 면에서 도움이 되어야 한다. 한 가지 예로서 한국인들이 외부 세계와 무역 거래가 가능하도록 환율제를 만들 수 있어야 하기 때문이다.

7월 2일 나는 이 박사와 같이 김규식의 집을 방문했다. 지성인임이 분명하지만 내가 느낀 그는 기운이 없어 보였고 인상에 남는 것이 없었다. 그는 팔방미인 격인 능력을 정치적으로 이용하고 있다. 1주일 후인 7월 8일 나는 아주 색다른 한국인을 만났다.

오늘 저녁 나는 김극로(金克魯)라는 한 방문객을 만났는데 이 사람은 일리노이 대학교에서 공과 교육을 받고 7년간 워바슈(Wabash) 철도에서 일한 적이 있다. 1930년 이래 한국과 중국에 머물면서 철도와 광산에서 일했다.

이 사람은 내가 한국에 도착하기 전에 2개의 공산당 신문에 보도되었던 바 대로 내가 한국에서 산업을 진흥시키는 데 관심을 가진 미국 금융인이라는 인상을 가지고 나를 만나보러 온 것이다. 나는 점잖게 그를 깨우쳐 주고 나서 그의 생각을 말해보라고 권했다. 내가 대화를 가졌던 다른 한국인들과는 달리 그는 정치에는 관심이 없었다. 그는 신탁 통치가 되든 안 되든 미 군정이 존속하든 말든 상관않는데, 어쨌든 한국의 구제는 무슨 사업이든 산업이 발달되는 데 달렸다고 느끼고 있다. 그러나 현재와 같이 불균형된 통화 사정하에서는 어떠한 지엽적인 산업을 일으키기에 필요한 자본을 투자하도록 사람들을 설득하기가 몹시 힘들다고 지적한다…… 그는 나를 이곳 여러 공장에 안내하겠다고 약속했으나 과연 그렇게 할는지 나는 모르겠다. 그는 내가 좋은 투자 대상을 물색중이 아님을 알고 실망했다.

김극로 씨에 관한 또 한 가지 점은 정치가가 아닌 하나의 사업가로서 그는 현 체제에 대하여 심각하게 반대하고 있다는 사실이다. 그는 말하기를 몇몇 미군 장교는 현재 수행중인 자기 직책에 자격을 갖추었지만 그 밖에는 바랄 것이 없을 만큼 무능하다는 것이다. 그러나 자격이 있든 없든 그들간의 일반적인 경향은 자기들 직책에 대응하는 한국인 부·처장들을 그저 회의에 불러 놓고 할 일과 그 방법을 꼼꼼하게 일러 주는 것뿐이다. 그는 그들 중의 어느 한 사람도 의견 교환을 위하여 회의를 소집하는 것을 본 일이 없다고 말한다. 그들 대부분은 마치 아무것도 모르는 어린애들에게 타이르듯 얼굴에 참을성 있는 표정을 지어 가며 말에 힘을 주어 쉬운 단어를 써서 자기들의 생각을 설명한다. 한국 사람이 어쩌다 자기 자신의 생각을 표시하려고 발언을 할 때마다 그 장교는 단순히 이 사람이 지금까지 설명한 내용을 이해못한 것으로 여기고 이야기 내용 전부를 다시 되풀이하려고 처음부터 시작한다. 김극로 씨는 이와 같은 일 처리 방법에 대해 크게 반대하고 있다. 한국인들이 무엇을 생각하고 있는지 알아 보려는 노력은 하지도 않고 장기적인 정책 결정조차 이런 방식으로 이루어지고 있다고 그는 말한다.

이틀 뒤인 7월 10일.

   글쎄 나 자신이 우쭐한 느낌이 든다. 공산주의자들이 내게 좀더 관심을 기울일 만한 가치가 있다고 생각했음인지 또 하나의 '올리버 사건'이 일어났다. 몇몇 공산계 신문이 톱 기사로 하지 장군이 내게 7월 15일까지 한국을 떠나도록 명령을 내렸다고 내가 말한 것으로 인용 보도했다. 이것은 내가 한국인들을 착취하려고 혈안이 된 굉장한 재벌을 대표하고 있다고 한 자기들 당초의 공격이 사실임을 '입증'하려는 것이며, 이 박사가 이 교섭에 관여하고 있다는 취지로 이 기사는 그 내용을 풀이해 나갔다. 내가 이 사실을 처음 안 것은 이에 관한 이야기를 나누기 위해 하지 장군이 오늘 오후에 나에게 들어오라고 사람을 보냈을 때다. 그는 매우 명랑하고 우호적이었으며 혹시 내가 추방된다는 뜻으로 잘못 이해할 수도 있는 무슨 말을 무심코 한 일이 있는지를 알고자 했다. 나는 그런 일이 없었다는 것과 공산당 기자는 만나 본 일조차 없다고 그에게 확언했다. 그러자 그는 취소문을 찍어내야 하겠다고 하며 명예훼손 혐의로 몇 놈을 감옥에 처넣어야 할지도 모르겠다고 말했다.

7월 11일:

   공산당의 공격에 대한 취소문이 오늘 발표되었다. 편집자가 그저 탁상에 앉아 모든 이야기를 꾸며낸 것이라고 했다. 러치 장군은 나에게 명예훼손으로 사적인 소송을 제기하라고 역설하며 조언을 들어 보도록 나를 자기 수석 법률 보좌관에게 보내주었다. 보좌관의 말은 물론 내가 소송에 이길 수 있을 거라고 했지만 6개월간은 그 때문에 재판에 매달려야 할지도 모르고 그동안은 내가 한국에 부득이 머물러야 한다는 것이다. 나는 점잖게 손을 떼어 버렸다.

또 다시 7월 12일.

재미있는 저녁을 보냈다. 한국의 군정에 관한 국방부의 전사 담당 윌리엄스(Williams) 소령을 방문했다. 내가 오늘 저녁은 밖에서 하자고 말했더니 그는 나의 초대를 받아들였다. 그는 콜럼비아 대학교 교수였고 대학에 동양 문명 특강을 개설한 사람이다. 그전에 그는 2년간 스크랜튼(Scranton)의 키스톤(Keystone) 초급 대학 학장이었다. 내가 미처 알지 못한 사실들을 많이 깨우쳐 주지는 못했지만 그래도 대화 자체가 내게는 마음의 불편을 덜어주는 재확인을 의미한다.

　그렇다면 한국 사람들에 대한 나의 인상들이 군정 당국자들에 대한 나의 인상만큼이나 정확하다고 할 때 나는 과히 멀리 빗나가 있지 않다는 것이다.

7월 18일 :

　오늘 저녁 나는 군정청 수석공보장교인 그린(Green) 대령과 마시고 떠들며 2시간을 보냈다. 나는 제정신이고 그는 그렇지 못했었기에 말하자면 유리한 입장이었다. 그는 내가 공표하지 않기로 하고 기억해둘 만한 비밀 얘기를 들려 주었는데, 군정 운영의 방법으로 심히 중요한 사항이다. 그들은 여러 가지 설문을 놓고 정기적으로 여론 조사를 실시하고 있다.

　최근에는 한국 지도자 여러 사람에 대한 것을 했다. 인구의 70%가 이 박사 지지로 나타났다. 그러나 이것이 군정청의 정책과 일치하지 않기 때문에 러치 장군이 그린에게 강제로 그 조사 결과를 조작해서 이 박사 지지표가 과반수도 못 되는 듯이 보이도록 했다. 또 한 가지 문제를 들자면 지방행정직을 위한 지방 선거가 각 도에 벌어졌는데 공산당은 아무 곳에서도 21% 이상의 득표를 보인 곳이 없고 겨우 15%의 후보자를 뽑았을 뿐이었다.

　이런 사실도 소련을 달래기 위해 공산당을 동등하게 인정한다는 군정청 정책 때문에 보도가 안 되도록 빼 버렸다. 이 박사가 감정적으로 되는 것도 무리가 아니다. 그러나 그는 이런 특수한 사실을 모르며 나는 그에게 말하지 않기로 약속을 한 것이다.

7월 19일 :

    나는 오늘 아침 9시부터 계속해서 회의에 들어가 있었는데 오늘 저녁 것은 특별히 비밀을 폭로하는 모임이었다. 자세한 내용에 대해서는 비밀을 지키도록 나는 서약을 해놓고 있었다. ……

    군정청에서는 하나의 왜곡되고 자가당착적인 궤변을 전개시키고 있다. 이 박사가 한국 국민의 진정한 대표자라는 믿음을 군정 지도자들은 점차 인식하게 되었지만 동시에 이들은 이 박사가 공산주의를 맹렬히 공격하고 있기 때문에 집권을 허용하지 않겠노라고 소련에게 스스로 언질을 준 바 있었다. 그래서 이 박사가 국민의 지지를 못 받고 있는 것으로 보이려고 더욱더 어려운 술책을 억지로 꾸미고 있다. 그들은 기본적으로는 정직한 사람들이기 때문에 자기들 스스로 만들어 낸 올가미 속에 몸부림치는 모습을 보는 것이 유쾌한 일은 아니다. 나는 때때로 이 모든 혼란이 속으로부터 역겨워서 차라리 안 들었더라면 싶어진다. 간간이 생각하는 것은 적어도 그 일부분의 이야기라도 토론할 수 있는 위치로 되돌아갔으면 하고 간절히 바라게 된다.

7월 20일 :

    오늘은 변영태(卞榮泰) 교수의 방문을 받았다. 내가 보기에 그는 에르큘 포와로(Hercule Poirot)가 혹시 알아차릴지도 모를 거드름을 약간 드러내는, 작은 기러기를 연상케하는 사람이다. 눈빛이 끊임없이 반짝이며 입가에는 미소를 머금고 있으나 자기 나라가 공격을 받고 있다고 느끼면서는 몽구스(Mongoose)의 고양이 모양으로 표변했다. 어느 쪽인가 하면 변 교수는 간단한 이야기도 너무 심각하게 받아들이는 편이었는데 그것이 이점이 되는 것은 처리할 문제가 있을 때면 그가 언제나 앞장서서 뛸 용의가 있음을 의미하기 때문이다. 일제강점기 여러 해 동안 그는 중학교에서 영어를 가르쳤으며 익살맞으면서도 상대방을 꼼짝 못하도록 끌어당기는 화려한 능변 때문에 그의 영어는 남다른 데가 있었다. 미·소공동위원회에 대한 한국인의 반응을 나에게 일러주며 그는 '우리들은 잔치에 한 몫 끼지도 못하면서 그리스 신화에서 보듯이 다모클레스(Damocles)의 칼 아래 앉아 있소. 그 잔치는 물론 남의 잔치란 말이오. 공정과 정의의 이름으로 우리가 묻노니 신탁 통치라고 부르는 이 초라하고 소름끼치는 위선적 노예 제도를 얻기 위해 우리는 과연 무엇을 했소?' 했다. 그와 나는 군정을 지지하는 한국인의 종류를 검토하고 세 부류로 나누어보았다.

  1. 공산주의자와 소련 동조자들 : 이들은 군정하에서 언론과 행동의 자유가 보장되어 있다. 사실상 군정은 그들의 숫자가 보장받을 만한 것 이상의 지위와 권위를 그들에게 확보시켜 주어야 한다고 고집하고 있다. 공산주의자의 활동은 자유롭게 보장되어 있지만 한국 정부가 들어서면 마음대로 안 될 것을 이 사람들은 두려워하고 있다.
  2. 일제 협력자 : 일본인과 가장 가까이 그리고 성공리에 협력했던 한국인들은 군정이 끝나는 것을 두려워하고 있다. 이들은 한국 정부가 수립되면 바로 자기 나라 사람들이 자기들에게 복수할 것이라고 걱정한다. 물론 모든 한국 사람이 적어도 살아남으려면 일본인과 어떤 식으로든 협력할 것을 강요받았다. 그러나 협력의 정도에서는 결정적이고 명백한 차이가 있다.
  3. 아첨배 : 몇몇 한국인은 군정청에서 자기들이 흔히 차지하리라 기대했던 것보다 훨씬 고위직을 얻은 바 있었다. 상당히 많은 사람들이 현재에도 있다. 자기들 동포 사이에서 이들의 영향력은 적지만 군정장교들 사이에서는 군정이 유지 운영되도록 실질적인 도움이 될 만큼 그 영향력이 크다.

  오늘 늦게 나는 한국이 처해 있는 상황에 관하여 가장 우울하고 답답한 회견을 가졌다. 나는 하지 장군 사령부를 구성하는 24군단 재정과장 스타이거(Stygger) 대령과 한국의 국제 통화 환율을 정하는 진행 사항에 관해서 이야기를 나누었다. "뭐라고요?" 그는 격하게 말했다. "우리는 아직 일본을 위해서도 정한 바가 없소!" 그의 반응이 너무나 강조적이고 진지했지만 이것은 한국이 일본보다 훨씬 열등하고 훨씬 덜 중요하다는 그의 신념을 드러낸 것이다. 나는 노골적으로 그가 정말 그렇게 생각하느냐고 물었다. 그는 헛기침을 하며 어깨를 으쓱하더니 난처한 입장이 된 것을 당장 알아차리고 입을 다물고 말았다. 그러나 아주 우울한 사실은 모든 계통을 통틀어 이곳이나 도쿄의 맥아더 사령부나 멀리 워싱턴에서도 그것이 틀림없는 그들의 태도이다.

"일본이 중요하다. 그들의 문제는 해결해 주어야 한다. 한국은 보잘것없는 존재이다. 다른 일들을 돌볼 때까지 한국 문제는 그저 선반 위에 올려 두어도 좋다."

이곳 군정 당국자들 전체를 통하여 들리는 말은 '한국은 우선 순위 계통의 맨 끝에 붙어있다'는 것이다. 인원 배치, 보급품, 정책 조정 등 모든 면에서 얻을 수 있는 것은 무엇이든 그곳 일본인이나 군정 당국자들을 위해 일단 도쿄에서 알맹이를 빼고 겨우 남은 찌꺼기나 다른 데서 필요치 않은 것들이 한국까지 온다. 온당한 해결책이 곧 있을 것이라는 희망을 나는 더욱 못 느끼겠다.

내일은 이 박사 부부가 점심을 하러 내게 배정된 숙소가 있는 이곳으로 올 것이다. 나와 숙소를 함께 쓰고 있는 군정장교 반 잰트(Van Zant) 소령과 나는 몇 가지 좋은 음식을 구했으므로 훌륭한 식사를 마련할 수 있을 것이다. 그러나 여기 머무는 동안 그의 안전 문제를 걱정해야 한다. 지난 수주일 동안 한국 지도자들에 대한 2건의 암살 기도가 있었다. 그리고 이 박사 귀국 이래 그가 식사를 위해 개인 집에 나들이하는 것은 이번이 처음이어서 이것은 하나의 특별한 경우가 된다. 따라서 이런 사건에 대비한 특별 경호 제도가 이루어져 있지 않았다. 우리는 마지막으로 군정청에 요청하여 내일 이 장소를 경비하도록 헌병을 배치시켰다. 어리석은 짓으로 보이겠지만 현실적으로 불길한 느낌을 지울 수 없기 때문이며, 어쨌든 이 박사는 현재까지 특별 경호가 필수적일 만큼 가장 중요한 한국 사람이다.

7월 22일:

오늘은 내가 마음에 드는 그런 날이었다. 나는 일찍 시내로 나와 오전 중 내내 장교들과 회견도 갖고 몇 가지 귀중한 자료도 얻으면서 보냈다. 오후에는 반 나절을 오로지 이 박사와 함께 보냈다. 그는 나에게 시러큐스 대학교를 그만두고 이곳에 나와 머물도록 강력히 권했다. 그는 다른 사람들도 미국에서 그 일은 할 수 있는 것이지만 자기는 이곳에서 나를 필요로 하고 있다고 말했다. 달리 쓸만한 사람이 없다고도 말했다. 나는 특별히 그가 한국을 위한다는 관점에서 단호한 태도를 보였을 때 딱 잘라 '못하겠소' 하기는 어려웠으나 그래도 완강히 버티었다. 오늘 저녁 이 문제를 곰곰 생각하며 나는 한 해결책이 될 수 있는 방법을 찾아보았다. 이 박사에게는 전문가집단이 필요하다. 나는 몇몇 젊은 장교와 변 교수를 식사에 초대하고 하루 저녁 대화를 나누었다. 이 모임은 매우 활기있었다. 그들은 지성인이고 건장하다. 한 사람은 리처드 워너메이커(Richard Wanamaker) 대위이고 다른 이는 데이비드 코윈(David Cowin) 중위였다. 코윈 중위는 30세가 못 되었으나 외국 통상 국장이고 전에는 파리 주재 미국 대사관 통상 담당 고문관으로 있었다. 그는 프랑스와 독일, 프린스턴에서 교육을 받았고 마음이 착하다. 이런 그룹이야말로 바로 이 박사가 필요로 하는 것이라는 생각이 떠올랐다. 이에 관해서 나는 그에게 이야기하기로 했다. 이런 그룹은 이 박사에게 조언과 정보를 제공할 수 있을 것이고 토론에서 그의 마음을 민감하게 할 기회를 줄 수 있을 것이다. 그리고 나는 미국으로 돌아가 거기서 일할 수 있는 것이다.

7월 24일 :

 이 박사 부부는 다른 이야기를 하기 위하여 집에 왔고 내일은 나의 사회적 지위가 개선될 것이다. 이 박사 부인은 나를 왕비의 동생에게 소개하려고 하는데 그는 아마도 대단한 격식을 차려 자기 누님이 아직도 왕족의 지위를 누리며 살고 있는 왕궁으로 나를 안내할 것이다. 이 박사는 이제는 나의 미국 귀환에 대해 단념했고 사실상 그의 현재 심정은 내가 서둘러 돌아갔으면 하는 것이다. 그렇지만 그는 먼저 만일의 사태에 대비하여 자기가 발표하도록 보관해 두려고, 군정을 반박하는 하나의 정중하면서도 공격조의 논설을 내가 써주기를 바라고 있다. 그는 또한 미국에서 모금 활동을 도울 책 하나와 한국의 학교 건립을 위한 기금 모집에 도움을 줄 책 하나를 더 써주었으면 하고 바라고 있다. 시간을 헛되이 보내서는 안 될 것 같아 보인다.

7월 26일 :

오늘 오후 나는 김규식 씨와 이야기를 나누며 거의 2시간을 보냈다. 처음에는 서로를 의심하며 조심스럽게 입씨름을 했다. 그러나 우리는 매우 친숙한 사이가 되었다. 그는 선량한 마음을 가진 사람이며 소식통이고 신중하며 분명히 정치가다운 폭을 가진 사람이다. 그러나 그는 이 박사와 같은 매력적인 호소력은 없다. 아무리 애써보아도 공산주의자들과 일한다는 것은 거의 불가능하다는 사실을 이 사람도 굳게 믿고 있다. 임시정부 수립 계획에 관해 여운형 및 그의 일파와 하나의 협약을 어렵게 이룬 뒤에도 그들은 5개 항의 새로운 요구 조건을 가지고 어제 회의에 임했다.

그리고 그들의 최종적인 합의 사항을 밝히는 공동 성명을 통하지 않고는 자기들이 취할 어떠한 입장도 쌍방이 공표하지 않기로 양해했음에도 공산주의자들은 즉각 자기들의 5개 요구 조건을 신문에 발표해 버렸다. 그래서 김규식은 그들보다 한수 더 앞질러 월요일에 그들에게 제출할 예정으로 8개 항의 반대되는 제안들을 작성하는 동시에 신문 발표도 함께 하려는 것이다. 연립 방안이 오래 갈 것 같지 않아보인다. 김규식은 내가 하는 일에 대하여 꽤 이야기를 들어 알고 있었다. 나에게 그런 인상을 주려고 물론 노력했겠지만 김규식은 이 박사의 충실한 지지자처럼 보였다. 이 박사와 마찬가지로 그 사람도 너그러운 경찰 경비 병력을 배정받고 있다.

7월 27일 :

오늘 아침 나는 보내온 차에 실려 하지 장군의 자문위원회 역할을 하는 민주의원 회의에 안내되었다. 이 박사는 그 기관의 의장이었으나 오늘 아침 회의는 공산주의자들과의 합의를 위한 작업 계획을 토의하기로 되어 있기 때문에 그는 참석하지 않았다. 나는 의원 회의에 소개되고 연설을 하라는 청을 받아 혁명적 활동을 선동한다는 비난을 받지 않도록 무해 무득한 내용의 연설을 했다. 어떻든 내가 소개되었을 때 요란한 박수 소리가 터졌고 연설 뒤에 또 다른 박수를 받았다. 몇몇 의원이 밖에까지 나와서 개인적인 인사말을 해주었다. 그중에서 유일한 여성 의원은(다른 또 한 사람의 여성 의원은 결석이었다) 뜨거운 눈물을 흘리면서(전설적인 동양 여성의 냉정은 어디로 갔는가?) 북한에 있는 자기 가족에 대하여 이야기하는 가운데 그들로부터 아무 소식도 못 듣고 있다고 했다. 월남한 북한 출신 학생들은 먹을 것도 머물 곳도 없으며 심한 고생을 하고 있다고 그 여성 의원은 말을 이었다. 그분은 내게 미국으로 돌아가면 소련 사람들을 당장 한국으로부터 몰아내는 일이 얼마나 중대한 것인지 그 사실을 사람들에게 이야기해 주도록 호소했다. 나의 중요한 일은 이 사람들이 내 영향력이 얼마나 보잘것없는 것인가를 깨닫도록 하는 것이다. 차라리 이 사람들을 미국에 집단으로 보내서 자기들의 견해를 밝히게 할 수 있는 길은 없을까!

7월 29일 :

이 박사 부부가 어제 아침나절 무렵에 잠깐 들러 2개의 방이 증축되는 대로 한 달 안에 이사할 예정인 집으로 나를 안내했다.[5]
이 집은 한강 변의 높은 낭떠러지 위에 성벽으로 둘러싸인 모양으로 자연스럽게 자리하고 있다. 이 집은 지금 그들이 머물고 있는 곳만큼 마음이 끌리지는 않지만 좀더 넓기는 하다. 정원도 마찬가지다. 손질이 끝나면 매우 훌륭할 것이다. 우리는 그곳에서 소풍 겸 점심을 들었는데 더러 산들바람도 불어 왔고 시내에서는 아마도 가장 시원한 곳의 하나가 될 것이다.

7월 30일 :

오늘 오후 나는 남한 어느 곳이든 여행이 허락되는 '여행 명령서'를 받았다. 그리고 금요일 밤 부산행 열차 예약을 마쳤다. 그러니까 한반도의 남단

---

5) 서울에서 간행된 허정(許政) 저, 《나의 회고록》에 따르면 이 집은 약 30명 가량의 실업인들이 이 박사 부부를 위하여 매입한 집이다.

으로 내려갈 수 있게 된 것이 확실하다. 많은 것들을 볼 수 있도록 여행 중 아무 차나 얻어 탈 수 있게 되었으면 싶다. ……

오늘 저녁에는 반 잰트(Van Zant) 소령과 내가 왕실의 척손인 윤 박사와 민 씨와 함께 이 박사 부부의 식사 손님이 되었다. 그 두 사람은 모두가 아주 점잖은 신사로서 출입문에서도 먼저 들어가라고 고집하는 등의 태도였다. 내가 한국에 관해 글을 쓴다는 사실을 이 사람들은 분명히 전해 듣고 있는 듯 매우 깍듯했다. 왕실의 권위가 뚜렷한 하나의 본보기를 보는 듯했다. 기분이 좋아진 이 박사는 첫날 한국 역사 중에서 몇 가지 고담을 들려주었다.

어제는 화폐 위조 사건으로 공산 지도자의 재판 개정과 관련하여 시청 근방의 시가지에 약간의 소요가 있었다.[6]

8월 1일 :

오늘 저녁 이 박사 댁에서 또 저녁 식사가 있는데 이번에는 김규식 씨 부처와 김구 씨가 참석하게 된다.

이 박사는 나의 경험으로 보아도 언제나 훌륭한 주인 노릇을 했는데 부드러우면서도 자기를 내세우지 않고 유머가 넘쳐 있었다. 그는 오늘 밤도 가끔 하던 식대로 한국 역사를 말하며 무용담과 충절에 얽힌 이야기들을 엮어가며 산골짜기에 살던 조선 때 어느 농부가 산 위에 사는 지주와 눈이 마주치면 공자의 말씀대로 불경하다고 생각할까 봐 일생 동안 산 위를 바라보기 위해 눈을 위로 치켜 본 일이 없다는 우스갯소리들을 들려주었다. 항상 그러했듯이 그는 또한 훌륭히 남의 말을 잘 듣는 사람이었는데 들려주는 말에 대해 아주 열심히 귀를 기울이기도 하고 농담을 하면 재빨리 웃으며 반응을 보이든가 짓궂은 말로 응대도 곧잘 했다. 김구 씨는 조용하게 무감각

---

6) 미군 군표 인쇄기가 서울의 공산당 본부 지하실에서 작동중 발견되었다. 공산주의자들로 짜여진 큰 군중이 모여 재판은 이러저러한 방식으로 진행시켜야 한다고 요구하며 시위를 했다. 그 시위는 난투극으로 변하여 한국 경찰의 우두머리가 팔을 비틀려 관절이 빠지고 3명의 사망자와 35명의 부상자를 냈다. 그러나 워낙 큰 도시이고 보니 나도 시내에 나와 있었지만 사건이 일어난 뒤까지도 그런 일이 있었는지 조차 모르고 있었다.

한 태도 그대로였고 김규식 씨는 이 박사가 이야기를 더 계속하도록 공손하게 기분을 북돋아주었으며, 나 자신으로 말하면 입을 열기보다는 참석한 인물들을 비교하는 일에 너무도 관심이 깊었다. 이 박사 부인과 김규식 씨 부인은 조용히 웃음만 지을 뿐 별로 말이 없었다.

8월 3일 :

부산에서의 첫날 하루만으로도 내가 이곳에 내려온 여행의 정당한 가치가 입증된다. 군정청 지사인 벤튼(Benton) 대령은 점심 식사 후 나를 데려다 주도록 자기 차와 운전사를 배치했고 4시까지 우리는 시골로 차를 몰고 나가 작은 마을에 들어가 몇몇 가정을 방문했다. 4시에 대령을 다시 만나 일본으로의 선편을 기다리는 일본인 3600명을 보기 위해 부두로 차를 몰았다.

저녁 식사 뒤 벤튼 대령과 실바(Silva) 대위와 나는 한국과 군정에 관해서 기탄없는 얘기를 나누었다. 내가 이른 결론에 그들이 동의하는 것을 알고 나의 느낌은 격려되는 바 있었다. 단 한 가지 그렇지 않은 것이 있다. 벤튼 대령의 이야기는 이 도시에서는 공산당이 대다수를 점하고 있다는 것이다. 이 지방이 남한에서는 주요한 공산당 지역이라 함은 내가 이미 아는 사실이었지만 내가 알고 있는 정보에 의하면 그것은 이곳 인구의 20% 이상을 차지하지 못한다는 것이었다. 저녁 늦게 나는 이 점에 관하여 다른 장교들과도 이야기를 나누었다. 그들은 모두 이곳에서는 공산주의자들이 15% 이상의 득표를 얻지 못할 것이며 이 박사가 쉽게 압도적으로 선거에 이길 것이라고 강하게 느끼고 있었다.

이날 오전 중에는 마을을 방문하고 한 수의학 실험소를 돌아보며 지냈는데 장비는 좋지만 직원들은 훈련이 미숙했다. 다음 며칠간은 마산(馬山)과 그 주변의 시골로 가게될 것이다.

오늘 오후 나는 한센병 환자 수용소를 처음이자 마지막으로 찾아갔다. 그곳은 자연 환경은 아름답지만 황폐하고 쓸쓸한 산골짜기에 있었는데 일본군이 버린 군대 막사 치고는 커다란 창고 모양의 건물이었으며 매력없고 완전하게 집모양을 갖추지도 못한 곳에 수용소가 들어 있었다. 총인원 500여

명의 문둥이들이 여기에 살고 있다. 100명 단위로 한 건물에 수용되어 다른 한국인처럼 개인의 사생활이 전혀 보장되지 않은 채 멍석 바닥에서 잠자고 있다. 많은 사람이 가족과 함께 있으며 많은 수의 아이들이 있는데 대부분이 이 병에 감염될 것이다. 우리는 약 150명이 참석하며 그곳 목사가 집례하는 기독교 예배 도중에 도착했다. 그들은 남자가 한쪽에, 또 다른 한쪽에 여자가 들어앉도록 갈라져 있는 막사 하나를 빌려 따로 따로 짚방석에 웅크리고 앉아 있었다. 우리가 막 도착했을 때 그들은 매우 구슬픈 찬송가를 부르고 있었고 더러는 울고 있었다. 그러자 대단히 긴 기도가 진행되고 그중의 대부분은 자기 얼굴을 땅에 납짝 업드린 채 상당수가 감리교 야외 집회 때와 아주 비슷하게 자주 '아멘' 소리를 외치며 합세하는 것이었다.

그다음으로 우리는 그들의 거처로 가서 콩과 쌀을 끓이고 있는 큰 취사장을 돌아 보았다. 그곳의 문둥이들은 모두가 명랑했고 슬퍼하는 사람들은 교회로 가는 것이 분명하다. 우리는 최악의 모습으로 침대에 누운 자를 보지 못했다. 그렇지만 우리는 많은 것을 보았다. 코, 귀, 손가락, 발가락이 썩어 달아나고 모양이 퇴색되고 일그러져 있는 여러 가지를 말이다. 나는 더 눈을 돌리고 싶지 않다. 돌아오면서 우리는 입을 많이 열지 않았다. 적어도 나 자신은 비누를 흠뻑 풀어 뜨거운 목욕을 했더니 그것이 그렇게 기분 좋을 수가 없었다.

저녁을 먹고 나서 벤튼 대령과 나는 방금 일본으로부터 들어 온 한 선박에서 양육되는 1500명의 한국 사람들을 보러 부두로 내려갔다. 이들은 떼지어 짐 검사를 실시하는 장소를 통과하여 신속하고 효과적으로 콜레라 예방 주사를 맞고 디디티 가루를 뿌리는 곳을 지나 일부는 하룻밤 숙박을 위해 큰 창고로 안내되는 가운데 더러는 열차에 몸을 실었다. 분주한 하루였.

폭우가 쏟아지는 가운데 부산을 떠나 서울로 돌아왔다. 나는 마지막 차에 몸을 실었다.

8월 7일 :

기찻길은 다시 쓸려 내려갔고 수송편을 얻으려면 앞으로 며칠이 걸릴는지 몇 주일이 걸릴는지 아무도 모른다. 나는 얻어 탈 수가 있었으니 천만다행이다. 내 우비는 도난당했고 집으로 돌아오며 흠뻑 젖었는데 돌아와 보니 집안은 썰렁했다. 반 잰트 소령은 맹장 파열로 입원 중인데 위독한 상태이다. 우리 부엌 물건과 일꾼들은 모두 옮겨가고 없었다. 나는 방법을 마련하여 수송편을 얻은 후 시내의 비젠야(Bizenya) 호텔로 이사했다.

아내와 아들에게 보낸 편지에 급히 감동적으로 적어 넣었던 이런 한국 인상기를 20년 뒤인 이제와서 돌아다 보니 그 내용이 순진하고 겨우 일부만이 옳았다는 것이 명백하다. 그렇기는 하나 이런 심정이 그 뒤의 여러 달 동안 내가 쓰고 행한 많은 일들을 지배한 태도를 길러낸 것이다.

8월 14일 나는 인천항에서 윌리엄 빅토리 호를 타고 요코하마(橫濱)로 향했다. 그다음은 시애틀(Seattle)을 거쳐서 일로 귀국길에 올랐다. 가슴벅찬 느낌이었다. 1946년 한국에서의 여름은 신경이 피로하여 견디기 어려웠다. 이제 나의 일은 이 모든 것을 소화시키고 구제책을 강구하는 데 최선을 다하는 일뿐이었다. 이 박사에게는 고난의 시기가 막 시작되고 있었다.

3
실망과 불화의 대립
(1946년 겨울~1947년)

1946년 9월 나는 시러큐스(Syracuse) 대학교에서 다시 강의를 맡았다. 이 박사와의 교신은 전보다 더 쉬워졌으나 한편으로는 까다로워졌다. 더 쉬워졌다 함은 군정 당국이 그에게 미육군의 특수 우편 제도인 APO를 통해서 개인 우편물 수발의 이례적 특권을 허용했기 때문이며, 더 까다로워졌다 함은 수발되는 모든 편지를 군의 검열관이 읽기 때문이다. 10월 1일 이 박사는 앞으로 자기에게 보내는 편지는 '수발되는 서신을 검열하게 될' 스테크(E.E. Steck) 소령 전교(轉交)로 겉봉을 써보내도록 나에게 알려왔다.

이와 같은 제도는 놀랍도록 상징적인 것이다. 이 박사는 영도력이 남한 전체에 널리 미치고 있는 지도자의 한 사람으로서 확고부동한 하나의 독특한 지위를 점하고 있기 때문에 군정청은 그에게 특수한 신분을 허용할 수 있었을 뿐 아니라 그렇게 하지 않을 수 없었던 것이다. 그러나 그가 미국이 한국에서 공산당과 제휴하기로 공약한 기본 정책에 반대하고 있다는 사실과 그의 대단한 영향력 때문에 그의 행동뿐만 아니라 가능하면 그의 견해까지도 면밀히 감시할 수 있도록 한 것이다.

또 다른 면에서 이 박사의 위치는 뚜렷하게 상징화되었다. 그것은 그 해 가을 몇 달 동안 이 박사 부부를 위해 서울이 내려다보이는 언덕 위에 새 집을 마련했다는 사실이다. 집과 정원은 인상적이고 매력도 있었다. 위치는 극적이고 경치는 장관이었다. 집은 다른 주거지역과 격리되어 높은 돌담으로 둘러져 있었다. 이 박사의 정치적 처지도 그와 비슷했다. 이 때까지 그가 남한 국민의 진정한 지도자라는 사실은 군정청도 인정하고 대부분의 다른 정치인들도 시인할 뿐 아니라 워싱턴 관리들도 인정했다. 이런 사실을 좋아하지 않는 사람들까지도 이 엄연한 현실은 인정했다. 그는 하나의 정치 세력으로 그를 따라잡을 경쟁자가 없는 정점에 서 있었다. 그러나 그는 또한 벽으로 가리워진 외로운 몸이었다.

이 박사와 하지 장군 간의 협력은 부자연스럽고 어색하게 되었다. 원인은 미국이 신탁 통치를 공언하고 이 박사는 이것을 막으려고 작정한 상황에서 하지 장군이 추구할 단 한 가지 길은 다른 지도자를 키워서 대체시킬 노력뿐이었다. 신탁 통치를 지지하는 단 하나의 유력한 인사인 안재홍(安在鴻)은 군정 각 부처에서 인기를 얻고 있는 고문관이었다. 김규식과 여운형은 '남북한을 망라한 좌우 합작'을 위해 협력한다는 서약 아래 좌우 합작위원회를 조직하도록 권장받았다. 내가 한국에 머물고 있었던 1946년 6월 29일 하지 장군은 한국인의 요망 사항을 자기에게 밝혀줄 과도 입법 기관을 수립하되 선거를 그 해 가을에 치를 뜻을 발표한 바 있었다.

한국 사람들에 대한 이 박사의 영향력을 자기의 말을 더 잘 들어주는 정치적 경쟁자에게 넘겨 보려는 하지 장군의 노력은 한때 잘 되어가고 있는 듯이 보였다. 이 박사는 자신의 처지를 더욱 어렵게 만들고 그에게 제약을 가하려는 군정청의 방침을 보다 유리하게 해주는 식으로 처신을 하고 있었다. 엘리너 루스벨트(Eleanor Roosevelt)가 너무나도 길고 지루했던 2년 전인 1944년에 글로 썼던 것과 같은 '아름다운 평온 상태'가 이제는 이따금 깨어지고 있었다. 이 박사는 미국 정책의 성격과 결과를 인식할 때 몹시 마음이 산란하고 따라서 깊은 상심 속에 빠져 있었다.

세계적 추세를 보니 프랭클린 D. 루스벨트(Franklin D. Roosevelt)가 저질렀고 트루먼 대통령으로서는 바로잡을 지혜도 힘도 없는 그런 그릇된 정책 때문에 한국뿐만 아니라 자유 국가들이 대체로 쓸데없이 희생되거나 위험에 처해 있었다.

소련 제국주의는 거침없이 뻗어나고 엄청난 성공을 거두고 있었다. 수개월 동안에 소련 지배하의 공산 정권들이 동유럽 전역에 걸쳐 지배권을 완전히 장악했다. 강력한 이탈리아와 프랑스의 공산당은 정권 인수의 위협을 가하고 있었다. 소련은 북한에 발판을 굳혔다. 중공은 본토 정복 작전을 계속 추구하는 한편 마셜 사절로부터 원조와 격려를 받고 있었다. 일본에서는 공산당이 합법화되어 국민에게 미국 지배의 대안을 제시하는 주요 정치 세력으로 폭넓은 대중의 지지를 얻어내고 있었다. 동남아시아 전역에서 공산주의는 여전히 강화되어 가고 있었다. 인도에서는 영국이 자와할랄 네루의 친공 정책이 득세하는 독립을 허용하도록 몰려 허덕이고 있었다. 이것이 이승만이 풀이한 세계 정세였다.

민주 진영의 자유가 살아남을 유일한 희망은 이 박사의 견해대로 미국이 소련에게 자기의 본래 국경선 안으로 후퇴하도록 강권하는 길밖에 없었다. 이 일을 미국이 해낼 수 있다고 그가 믿고 있는 이유는, 미국이 원자탄을 독점하고 있고 경제적 힘이 아주 우세하기 때문이었다. 그러나 도리어 미국은 급속히 무장 해제를 하고 있고 회유가 아니라 그가 보기에는 항복을 위한 운동을 세계적으로 주도하고 있었으니 이 박사로서는 이것이 하나의 비극적 과오로 보일 수밖에 없었다. 그 당시의 미국 정책을 묘사한 슬로건은 '땅덩어리를 시간과 맞바꾸면서 아시아에서 혼란이 가라앉기를 기다리는 것'이라 했다.

7월도 늦은 어느날 저녁 내가 서울 반도 호텔의 숙소로 하지 장군의 국무부 고문관 한 사람을 찾아갔을 때 이런 슬로건이 의미하는 바를 나에게 풀이하여 주었다. 그는 이 박사의 '위험하고 비현실적인' 정치적 견해를 지지하는 일을 포기하라고 나에게 말했다. 그는 설명하기를 "우리가 아시아에서 해야 할 일은 옆으로 비켜서서 소련의 세력권이 자연적인 팽창의 한계까지 가도록 이를 허용해 주는 것"이라고 했다. 그렇게 되면 그때에야 비로소 우리는 영속성 있는 해결책을 교섭할 수가 있다고 하며 그는 "소련이 한국에 미국 기지를 용납하지 못하는 것은 우리가 쿠바에 소련 기지를 허용하지 못하는 것이나 마찬가지"라는 것이다. 내가 한국을 공산 압제하에 밀어 넣는 하나의 공공연한 정책으로 느껴지는 점에 대해 이의를 제기했을 때 그는 대안을 가지고 맞섰다. "귀하가 원하는 것이 무엇이요? 전쟁이요?" 전쟁이 아니고서는 소련이 동북아시아에서 폭넓은 영향권을 구축하는 일을 막을 현실적 방법이 없었다. 그리고 미국은 전쟁이 앞으로 더 확대되는 일은 어떠한 값을 치르고라도 피하려는 터였다. 미국 국무부 대표들은 이것이 한국에 대한 미국의 정책을 결정짓는 세계적 맥락이라는 점을 나에게 확언했다. 한국은 미국의 관점에서 볼 때 일본보다 훨씬 덜 중요할 뿐 아니라 국무부의 정책 우선 순위 목록에 오른 많은 다른 지역이나 쟁점들보다도 훨씬 낮은 자리에 있었다. 미국 정책 수립자들은 한반도에서 도대체 전쟁이 발생하리라고는 아무도 예측하고 있지 않았다. 무엇 때문에 싸워야 하는가? 또한 미국은 이를 위하여 싸울 만큼 중요한 이해 관계를 한국에 가지고 있지 못했다. 소련 역시 사계절 얼지 않는 항구뿐만 아니라 상당한 지하 자원과 목재와 수력 전기를 가지고 있는 북한을 이미 점령하고 있었기 때문에 전쟁을 할 필요가 없었다.

더군다나 1946년에는 미국 정부 내의 어느 실권자들도 공산당이 폭력으로 남한을 점령하게 되리라고 믿지 않았다. 이런 점이 바로 신탁 통치와 연립 정치가 노리는 목표의 주안점이었다.

이 박사가 차츰 고립이 되어 나갔지만 놀라운 일은 아니었다. 김규식과 여운형은 서로 간에 말썽은 있었지만 그럭저럭 자기들의 좌우합작위원회가 협조 관계를 유지하고 있었다. 김구는 독립 후 대통령직을 확보할 근거를 마련할 하나의 독자적인 세력 거점을 확보하려고 노력 중이었다. 안재홍은 미 군정에 참여한 한국인 고문관들 가운데 자신의 추종 세력을 구축하고 있었다. 표면상 한국 지도자들이 군정에 참여하고 있는 것처럼 보이게 하려고 하지 장군이 조직했던 대한국민대표민주의원은 국민들에게 인정을 받지도 못했고 정책을 좌우할 만큼 영향력을 미치지도 못했다. 미국 정책의 집행이 실패한 원인은 정세 때문이 아니라 이승만 때문이라고 워싱턴 관아에서는 보고받고 있었다. 미국 당국에서는 이 박사가 민주의원 의장의 자격으로 한국 문제에 대한 미·소 간의 정돈 상태를 타개할 '건설적 조치'를 지지하도록 개인적 인기를 발휘해 주리라고 기대를 모았었다. 예를 들면 이 박사가 신탁 통치를 거부할 것이 아니라 신탁 통치가 의미하는 바가 무엇이며 시행 방법은 어떤 것인가를 밝히라고 요구했어야 옳다고 보고 있었다. 또한 자유 선거를 보장할 것과 장차의 독립을 보장해 달라고 요구했어야 한다는 것이다. 다시 말하면 이 박사가 한국의 완전 자치로 이어질 과도적 연립정부, 즉 동유럽에서는 전혀 성공시킨 일이 없는 조직을 미·소 양국이 만들어 낼 것이라고 믿어 달라는 것이다. 이 박사가 보기에 그들이 자기에게 바라는 것은 한국에 군림했던 일본인 상전을 공산 지배자로 바꾸는 일에 동의하라는 것밖에 안 되었다. 이런 일을 그가 못하겠다고 거부한 것은 너무나도 당연하다.

　세계 언론도 그렇고 미국 정책 수립자들의 생각마저 불행히도 한국 문제를 너무나 단순화시켜 판에 박은 표현으로 몰아부쳤다. 그들의 생각에는 모든 한국의 정당과 지도자가 세 종류의 집단으로 분류되었다. 좌측에는 공산주의자가 있었다. 중간에는 최대한의 보장책을 확보한 뒤 공산주의자와의 연립이나 협력을 기꺼이 받아드리려는 중도파가 있었다. 우측에는 신탁 통치나 타협이나 연립이나 간에 모두 거부하는 보수파가 있었다. 반대 발언에서 가장 강경하고 노골적이었던 이 박사에게는 '극우'라는 호가 붙었다. 합리적인 사람은 자연히 중용의 편을 들기 때문에 중도파들은 미국과 세계 여론에 유착하며 꾸준하게 늘어갔다. 이와 동시에 이 박사는 극단적인 반동주의자라고 하는 견해가 크게 유포되어 나갔다. 그의 사회 경제적인 견해가 아무리 진보적이었다 하더라도 소련과 어떤 합의에 도달하고자 하는 노력 앞에서는 아무 영향력이 없었다. 그러나 이 박사에게 유리하게 두 가지 요소가 결국 지배적이라는 사실이 증명되었다. 첫째는 이 박사가 한국민 절대 다수의 지지를 받고 있다는 사실이다. 둘째는 소련과의 '타협을 통한 평화'가 불가능하다는 사실이 널리 퍼지면서 여기에서 비롯된 종잡을 수 없는 미묘한 분위기가 그것이다. 그러나 정책은 왕왕 현실을 뒤따라간다. 한국에서 미국의 정책은 미국의 품위있는 철수가 가능하도록 소련과의 협약을 계속 추구하고 있었다.

　이 박사가 보기에 하지 장군은 한국 독립, 심지어 자유 세계의 생존에까지 영향을 끼칠 치명적이고 불길한 정책들을 추구하는 한편, 가능한 한 이 박사와의 직접 대결을 피하려고 노력하면서도 자신의 목표를 향해 조심스럽게 공작을 꾸며 나갔다. 6월에 가서 하지 장군은 민주 입법의원을 대체하는 국민대표 민주의원을 설립하고 다시 이 박사를 의장직에 앉혔다. 하지 장군이 의원에 제출한 첫 안건 가운데 하나는 남한에 과도 정부를 수립하려는 제안이었다.

　이것은 복잡하게 얽힌 문제였다. 북한 공산주의자들이 이미 이런 제한적인 정권을 운용하고 있었기 때문에 남한에서도 이런 정부를 세우지 않을 도리가 없었다. 남한의 과도 정부는 미국이 한국을 끝내 독립시키기로 공약한 카이로 선언의 충실한 이행을 의미한다는 사실을 한국 사람에게나 소련 사람들에게 밝히게 될 것이었다. 한편 이 정부는 미·소공동위원회가 합의할 어떤 형태의 신탁 통치나 다른 해결책에 방해가 되는 일이 없도록 충분한 제약을 받으며 통제되어야 하는 것이다.

한국에서 평온을 유지하려는 노력은 외부 압력 때문에 흔들리고 있었다. 9월 23일 당시의 상무장관 헨리 월리스는 매디슨 스퀘어 가든에서의 연설에서 자유 세계를 깜짝 놀라게 했는데, 그는 "사회적 경제적 정의를 위한 소련의 이상주의는 전 세계의 거의 3분의 1을 지배할 단계에 있다"고 말했던 것이다. 다음 날 안드레이 그로미코 대사는 국제연합 안보이사회에서 말하기를 '비적성' 국가에서의 미군 및 영국 군대의 존재는 세계 평화에 중대한 위협이 되고 있다고 했다. 소련은 북한에 임시정권을 세우고 소련 군대를 이 지역에서 표면상 철수 또는 철수 예정이라고 주장함으로써 재빠르게 그로미코의 성명을 뒷받침했다. 뒤에 남긴 것은 소련의 군비와 소련의 훈련을 받은 상당수의 한국인으로 구성된 공산군이었다. 소련의 지원 병력은 바로 시베리아 국경 너머에 있었다. 그럼에도 소련의 태도는 점차 미국에게 무거운 압력을 가하며 남한에서의 미군 점령을 종식시키려 들었다.

이 박사가 하지 장군을 찾아갔으나 결국 신랄하고도 결정적인 회담으로 끝나고 말았다. 화제는 남조선 과도 입법의원을 구성하기 위한 현안의 선거 문제였다. 이 박사는 앞으로 선출될 45명에 대한 견제 세력으로 45명의 의원을 관선으로 하려는 하지 장군의 계획을 반대했다. 토론의 말투는 적대적이고 인신공격이 되었다. 하지 장군은 이 박사에게 '권력을 잡도록'할 의사가 없음을 분명히 밝혔다. 이 박사는 그때까지 한국 국민들에게 하지 장군을 옹호하려고 노력하여 왔지만 앞으로는 공개적으로 그에게 맞설 것이라고 응수했다. 하지는, 미국은 결코 협박당하거나 겁내지 않을 것이라고 화를 내며 대응했다. 그는 이 박사가 미국의 계획에 협력하거나 아니면 파멸의 길을 걷게 될 뿐이라고 말했다.

이 모임이 끝난 뒤 이 박사는 공동 전략을 짜내기 위하여 김구 씨를 만나러 갔다. 김구 씨는 충칭에서 활약해 왔던 바 그대로 대한민국 임시정부가 사실상 한국의 합법 정부이며 모든 한국 사람들은 여기에 복종하고 미국 점령군은 철수해야 한다는 내용으로 된 성명서를 발표하자고 제의했다. 그러나 이 박사는,

이것은 충돌을 낳게 될 것이라고 했고 만일에 단 한 사람의 미군 병사라도 한국군과의 싸움에서 살해된다면 이것은 미국의 외교 지원의 끝장을 의미하는 것이며 한국 전체를 내맡기는 결과가 될 것이라고 말했다. 우리들에게 열린 단한 가지 의존책은 미국 정부와 여론의 공정한 정신에 호소하는 길뿐이라고 이 박사는 주장했다. 김구 씨는 이 계획이 소심할 뿐 아니라 소용없는 일이라고 생각했다. 그러나 결국 그는 이 박사에게 그런 호소와 노력의 기회를 주기 위해 몇 주일 동안 방관하고 있겠노라고 했다. 그동안 개인적인 압력은 가중되고 사사로운 기쁨을 찾아볼 수도 없는 시간이 흘러갔다. 이 박사는 남한 전체를 통해 투표구 단위로 위원회를 조직하느라고 몹시도 바쁜 나날을 보냈다. 한편으로 이 박사의 집안은 엉망이었다. 그들의 새 집이 9월 중에는 준비가 되리라고 생각되었지만 지연되고 있었다. 이삿짐을 일부 꾸려 놓았으나 이사를 할 수 없었다. 10월 1일 이 박사 부인은 이렇게 적어 보냈다.

박사님과 저는 건강하며 둘이 과로는 되나 항상 잘 있어요. 새 집은 지금 꾸미는 중이고 성탄절쯤이면 옮겨갈 준비가 되기를 바라고 있습니다. 내부 문제로 집안 살림살이에도 변화가 있습니다. 한때는 일보는 사내아이가 문제였고 다음에는 요리사…… 그런 식으로 말입니다. 아시다시피 우리들에게는 오락이 거의 없으며 한국 영화도 보러갈 수 없고 미국 영화도 못 보고 있습니다. 그러나 장교 가족들이 도착하게 되어 단조로운 생활을 면하게 되었다는 말씀을 드려야 하겠네요. 러치 장군과 부인이 지난 일요일에 베푼 연회에서 뷔페 식사와 함께 전혀 새로운 모습들이 펼쳐졌습니다. 저는 창덕궁 근정전에서 러치 부인과 다른 부인들을 위해 연회를 열어 드렸습니다. 불행히도 비가 왔으나 그럼에도 아주 멋진 자리였습니다.

11월에는 과도 입법의원 선거가 실시되었는데 납세자와 지주들에게 투표를 국한시켜 촌락에서 읍·면으로 다시 각 도 단위로 4단계에 걸쳐 진행되었다. 선거는 모든 단계에서 미 군정 당국의 관리하에 실시되었다. 31개 의석은 김성수가 이끄는 한국민주당, 김구의 한국독립당, 그리고 이 박사의 독립촉성회 등 우익 정당 후보들이 차지했다. 12석은 정당 소속은 없더라도 우익 세력인 무소속 인사들이 따랐다. 제주도(濟州島)의 2석은 좌익 분자의 손으로 넘어갔다. 김규식은 이 선거가 공정치 못하게 실시된 것이라고 하지 장군에게 항의했고 김 박사의 건의를 받아들여 하지 장군은 서울과 다른 1개 도의 선거를 무효로 했다. 그러나 다시 실시된 선거에서도 같은 후보자들이 다시 뽑히는 결과를 가져왔다. 그리하여 하지는 일제강점기에 일본인과 협력했다는 사실을 근거로 김성수를 포함하여 3명의 민선 입법의원을 실격시켰다.

이 박사의 식구들 간에 긴장이 더해갔다. 11월 15일 이 박사 부인은 이렇게 적어 보냈다.

> 할 일은 너무 많고 해낼 시간은 너무 여유가 없다는 똑같은 핑계가 늘 있습니다…… 집안일은 점점 더해가고 기분 전환의 기회가 없습니다. 하찮은 일이지만 집안에 골칫거리가 있습니다. 한식 요리사는 빨래하는 아줌마를 싫어하는데 그 이유는, 그저 이건 이유를 따지는 것조차 무의미한 것으로 생각되는 일이지만 머릿속에 뭔가 굳어버린 것이 있어서 몇 사람의 타고난 성품 탓이고 나는 이 사람들을 함께 일하게 할 방도가 없군요. 그런데 나는 한식 요리사에 크게 의존하고 있는 형편이니 이 딱한 세탁 아줌마는 어떻게 해야 할는지?…… 이 요리사를 꼭 내보냈으면 싶은데 어떻게 했으면 좋을는지 모르겠군요.

이 모든 북새통에도 이 박사는 한국 독립을 위해 더 많은 여론의 지지를 얻도록 애써달라고 미국에 있는 벗들을 격려하는 데 시간을 보냈다. 11월 14일 그는 긴 편지를 나에게 보내 워싱턴에 있는 자기의 다른 동지들, 특히 이 박사 부부가 오래 다닌 파운드리 감리 교회 목사이자 미국 상원 담임목사인 프레드릭 브라운 해리스 목사와 손잡고 일해 줄 것을 당부했다. 편지는 이렇게 계속된다.

> 〈뉴욕타임스〉에 실린 귀하의 기사가 UP통신에 의해 서울의 여러 일간지에 전송되었고 귀하의 모든 주장이 여러 일간지에 충분히 반영되었습니다. 민주의원 회의에 내가 참석했던 며칠 전 아침에 사람들이 말한 그대로 우리 국민들은 그 보도에 굉장히 관심이 있습니다. 사람들은 모두가 그것이 우리

들의 요구대로 잘된 완전한 계획이라고 말하고 있습니다. 나는 이 성명서가 미국에서 모든 신문에 실릴 만큼 우리들의 영향력이 충분하다면 얼마나 좋겠나 싶은 마음입니다.

그가 지적한 이 기사는 11월 10일자 〈뉴욕타임스〉 일요판에 실린 장문의 편지를 말한다. 이 기사는 주로 미·소 협력 관계의 '불행한 실패'와 미 군정의 단점을 논한 것이었다. 이 박사가 말한 '계획'은 "미국은 어떻게 해야 하는가?" 하는 질문에 대한 해답이었다.

우리는 한국에서의 미 군정을 해산시키고 그 대신 38도선 이남에 순수한 한국 정부를 수립해야 한다. 우리는 더 이상의 한국에 대한 소련 침략을 저지시킬 하나의 방패로서 하지 장군 지휘 아래 군대를 남한에 남겨 두어야 한다. 우리는 강제라도 소련이 북한에서의 철수 약속을 지키도록 최선의 노력을 다해야 하며 그래야만 이 나라가 통일될 수 있는 것이다.
우리는 한국의 국제연합 가입을 후원해서 자신의 문제를 호소할 수 있도록 해 주어야 한다. 우리는 일본에게 적용되고 있는 것과 같은 제약에서 한국만은 즉각 제외되도록 해야 한다. 국제 환율에 맞도록 한국의 화폐 제도를 만들어 수입 행위가 가능하도록 해 주어야 한다. 그리고 우리는 남한의 경제 재건을 물질적으로 도와 그 나라에 합당한 번영을 이루도록 해 주어야 한다.

이 계획은 지난 여름 우리들의 대화에서 발전시킨 바 그대로 이 박사의 견해를 요약한 것이다. 나는 여기에다 '한국의 공산화를 막는 주요 방패는 이승만 박사'라고 하는 나의 확신에다 '그러나 이 박사는 현재 불리한 처지에 있다는 사실을 기억해 두어야 한다'는 경고까지 덧붙였다. 11월 14일 편지에서 이 박사는 이렇게 계속하고 있다.

아무 일이 없다면 이달 20일께 입법의원은 첫 회의를 시작하게 될 것이오. 우리는 이번 선거가 성공이었다고 생각하고 있으며 선출된 입법의원들이 누구든 상관없이 우리는 의원을 통제할 입장에 놓이게 될 것이오. 그들은 서로 간에 여러 가지 계획에 대한 토의를 시작하고 있으며 미국 사람들이 다른 인물을 정부 수반으로 물색 중이기 때문에 내가 정부를 이끌어 주기를 원하고 있소. 물론 하지 장군은 내가 과도 정부의 수반이 된다면 미·소공동위원회의 모임을 재개하기 위해 자기가 소련을 불러들이기가 더욱 어려워질 것으로 느끼고 있소.

김규식 박사는 이미 많은 잘못을 저질렀기 때문에 일반 대중이 그 사람을 자기들의 영수로 받아들이지 않을 것이오. 그러나 나는 정부에 들어가기를 원하지 않는데, 그 이유는 내가 뒤에 남아서 정부를 후원하는 것이 더욱 도움이 될 것이기 때문이오. 만일 내가 정부에 들어가서 두 손이 묶인다면 나로서는 어렵게 되겠고 발언을 할 사람이 따로 누가 있겠소. 내가 평시민으로 남아있는 한 나는 더 많은 일을 할 수 있는 것이오.

이 편지에 나타나 있는 바와 같은 막후 역할을 이 박사가 받아들일 입장은 오래가지 못했다. 이런 역할은 그의 사람됨이나 한국 실정 어느 면에서 보아도 적절하지 못했다. 하지 장군과의 관계나 김규식·여운형 제휴 세력과의 관계로 보아도 만일 그가 정부 밖에서 야인으로 남는다면 과도 정권에 대해서 큰 영향을 줄 수가 없었을 것이다. 또한 이 박사의 기질로 보아도 입법의원의 직능 구성을 어떻게 할 것인가 하는 문제에서도 그는 결코 뒷전에 물러앉아 있지 않았을 것이다.

의원에 선출된 45명의 민선의원들이 이 박사에게 새 입법부에 대한 강력한 지배권을 부여하게 될 것임을 하지 장군이 알게 되자 그는 김규식 박사에게 부탁하여 자기가 임명직인 45명의 의원을 고를 수 있게 후보자 명단을 만들어 달라고 했다. 그 사람들은 모두 김규식 지지자들이었다. 90명 중 겨우 52명이 참석한 가운데 12월 12일 입법회의는 첫 모임을 열었는데 대부분이 김규식 파로서 서울에 거주하고 있기 때문에 지방에서 올라온 사람들은 거의 없었다. 이 입법 회의의 첫 조치는 김규식을 의장으로 선출하는 일이었다. 다음으로는 안재홍의 부표(否票)만을 빼고 전원이 신탁 통치를 비난하는 결의문을 채택했다. 그 뒤 얼마 안 가서 하지 장군은 미 군정의 지침 아래 한국 문제를 관할하기 위하여 자신이 이름을 붙인 이른바 집정간부회의(Korean Directorate)를 설치하고 안재홍을 책임자로 임명했다.

드라마를 엮어나가는 어떤 참가자도 상대방을 다독거릴 기분에 있지 못했다. 모두가 배신감을 느낄 정도로 악용되었다고 생각했다. 하지 장군과 김규식은 이 박사가 부당하게 선거에서 이겼다고 느꼈는데 그 이유는 지주들과 지방 유지들이 이 박사가 천거한 후보자들을 밀었다는 것이다. 이 박사는 김구를 간신히 설득하여 임시정부의 종주권을 '선포하려는' 그의 결심을 포기가 아니라 연기하도록 했다. 여운형은 자기와 김규식이 좌우합작위원회에서 작성한 계획이 무시되고 김규식이 입법회의를 부당하게 지배하고 있다고 생각했다. 이 박사는 그들이 이런 분위기를 이용해서 선거 결과를 무시하고 무효화시키려는 것으로 믿었다. 현실적으로 한국에 관한 모스크바협정의 범위 내에서는 묘책의 여지가 거의 없기 때문에 참여 인사들 어느 누구도 자기들이 모두 함께 설 수 있도록 받아들일 만한 해법을 찾아낼 수가 없었다.

한국에서 진행 중인 정책과 계획에 대해 공식적으로 반대하고 항의하기 위하여, 이 박사가 워싱턴을 방문하는 절차상의 협력을 부탁하러 이 박사 자신이 하지 장군 사무실을 방문했을 때 이 박사와 하지 사이에는 또 다른 신랄한 대립이 빚어졌다. 하지는 '자기 머리를 딛고 넘어'가려는 이 박사의 의도에 '기분이 상한다'고 말했다. 그는 자기 정치 고문들이 국무부에서 파견되어 있고 자기도 무전으로 항상 워싱턴과 접촉을 계속하고 있노라고 말했다. 그는 선언하기를 워싱턴 당국에 말할 필요가 있는 사항은 서울에서도 보낼 수 있다고 했다. 이 박사는 김구와의 신의 때문에, 만일 자기가 미국의 정책을 바꾸도록 직접 호소하기 위해 미국에 가지 않는다면 김구가 군정 통치권에 공개적으로 도전함으로써 남한을 소용돌이 속에 몰아넣게 되리라는 말을, 하지에게 하지 않았다. 다만 그는 자기가 꼭 가야만 하고 또 갈 것이라고 주장했을 뿐이다.

한국 신문들은 앞으로 있을 여행을 11월 25일자로 보도했다. 민주의원은 이 박사의 사명을 돕기 위해 50만 원(그때 환율로는 약 1만 달러)을 모금했다. 12월 1일 이 박사는 도쿄로 날아갔고 거기서 맥아더 장군은 그가 워싱턴으로 갈 수 있도록 군용 수송기편을 마련해 주었다. 이 박사는 잠시 호놀룰루에 들렀다가 12월 7일 미국 수도에 도착했다. 그는 칼튼 호텔에 큰 방을 잡고 나에게 시러큐스 대학교에서 여기로 와달라고 전화를 걸어왔다.

워싱턴에서 이 박사는 서울에서보다는 눈에 뜨이게 훨씬 우호적 분위기가 감돌고 있음을 알았다. 남한, 서독, 그리고 오스트리아의 미군 지구 점령에 대한 책임을 국방부에서 국무부로 이관하는 준비가 이미 크게 진전을 보이고 있었다. 과도 입법의원에 임명직을 앉힘으로써 하지가 실질적으로 선거를 무효화 하게끔 비민주적이고 부당하고 어리석은 행동을 취했다는 강한 반응이 언론인과 미국 관리들 사이에 퍼져 있었다. 더구나 이 무렵에 와서는 소련의 범 세계적 목표에 대한 미국의 당황과 놀라움 때문에 기본적으로 정책 변경이 요구되었다. 전쟁의 승리를 위하여 공동으로 대처했던 국가들이 평화를 이룩하는 데는 분명히 공동으로 대처하고 있지 않았다. 하나의 새로운 정세 판단이 필요했다.

존 R. 힐드링 장군이 점령국 담당 국무차관보라는 새로운 직책에 임명되었다. 그는 더글라스 맥아더 장군의 벗이며 장차 이승만을 남한 국민의 지도자로 대접하고 싶어했다. 칼튼에 있는 이 박사의 객실은 어떻게 보면 비공식 대사관의 면모를 풍기고 있었다. 그러나 우호적인 분위기가 성과를 남도록 생산적인 것은 아니었다. 공식 정책은 서서히 변화하는 것이고 자주적인 한국 정부가 수립될 일정이나 어떠한 보장 조차도 이 박사에게 장담할 만한 처지에 있는 사람이 아무도 없었다.

성탄절까지의 2주일 동안 우리는 철저하게 정세를 검토했고 후원이 기대되는 하원의원·행정부관리·민간인 그리고 언론인들을 점검하는 동시에 가능한 행동 방법을 분석해 보았다.

국무부에 건의할 목적으로 우리는 다음과 같은 6개 항의 계획을 준비하고 이에 맞추어 약 4000 낱말로 된 보충 자료를 작성했다.

1. 남한에 과도 정부를 수립하여 한국의 두 지역이 다시 통일될 때까지 활동하도록 하며 그 뒤에 즉시 총선거를 실시할 것.
2. 한국에 대한 미·소 간의 일반적인 합의들을 깨뜨리지 않고 이 과도 정부는 국제연합에 가입되어야 하며 한국 점령, 기타 미결 문제들에 관해 소련과 미국에 직접 교섭하도록 허용할 것.

3. 한국 경제 재건에 도움이 되도록 대일 청구권 문제를 조속히 고려해줄 것.
4. 기타 국가들과 평등 원칙에 입각하여 어떤 국가에도 편중된 혜택을 주지 않도록 전적인 통상권을 한국에 부여할 것.
5. 한국 화폐를 국제환 제도에 따라 안정시키고 제도화할 것.
6. 점령 중에 있는 양국 군대가 동시에 철수할 때까지 미국 치안군이 계속 남한에 잔류할 것.

나는 성탄절을 가족과 함께 지내기 위하여 시러큐스로 돌아왔다. 12월 30일 나는 이 박사로부터 감동적인 편지를 받았다.

설이 지나면 즉시 신임 하원의원들과 접촉할 필요가 있을 것인데 귀하가 여기서 1개월간을 보내면서 그 일을 위해 전적으로 시간을 낼 수 있겠는지 알고 싶소.
겨우 한 달이라는 기간이기에 대학의 일을 떠나달라고 요구하기가 주저되지만 귀하는 이런 요청이 절박함을 깨닫고 있으리라 믿습니다. 귀하가 한국 정세에 관해 기사를 쓰노라고 귀중한 여가 시간을 빼앗기고 있는 사실을 본인이 감사하고 있음을 알아주시기 바라며 신임 하원의원들을 만나는 일과 우리가 하고 있는 일을 잘 이끌고 도와주도록 귀하가 한 달 내내 일에 전념할 대비를 갖추어 주기 바라오. 우리를 위해 한 달이나 대학을 떠나 이곳 워싱턴에서 일하는 데 대한 충분한 보상을 귀하가 받도록 하기 위해 재정상의 대비를 우리가 어떻게 했으면 좋겠는지 바로 나에게 알려 주었으면 좋겠소.

말미에 덧붙인 후기에 "우리들이 매우 중대한 몇 가지 계획을 정하는 데 귀하의 조언을 필요로 합니다"라고 되어 있었다. 문제점은 분명했다. 어떻게 하면 한국독립당의 지지를 잃지 않고 김구를 견제하느냐, 무슨 방법으로 김규식·여운형 제휴 합작에 대항하느냐, 어떻게 하면 국무부의 지원을 확보하면서 신탁통치를 막아내느냐 등이었다. 이런 문제점들은 다만 무수한 과업 중에서 시급을 요하는 항목일 뿐이었다. 남한은 근심 걱정으로 가득 차 있었다. 모든 문제점들은 나열하기에도 긴 시간이 걸릴 것이어서 이 문제점들을 해결하려고 노력하자면 더더욱 시간이 모자랄 지경이었다. 이 박사의 호소는 내가 거절할 수 없는 그런 것이었다. 그리하여 나는 다시 돌아오지 못할 것을 깨닫지도 못한 채 1학기 동안 휴직을 하고 시러큐스 대학교를 떠났던 것이다.

내가 워싱턴에 도착하자 이 박사는 '1개월'의 조건부가 무의미한 것이라고 그저 간단하게 넘겨 버렸다. 그는 자신의 재산 능력으로나 한국의 형편으로는 후하게도 연간 1만 불의 급료를 나에게 제의했다. 한국에서의 생활이 어떤 형편인지 이 박사 부인이 보낸 12월 11일자 편지에는 다음과 같이 나타나 있다.

이 박사가 떠난 뒤 싸늘한 북풍이 몰아치고 사람들은 말못할 정도로 고생하고 있습니다. 한국 사람들은 긍지를 가진 민족이며 이 사람들이 집에서 얼마나 추위에 떨고 있는지 말할 수 없습니다. 이들의 의복은 남루합니다. 시장에는 장갑도 없고 다만 한 켤레 5백 원, 미국 돈으로 5달러짜리 미제 장갑이 더러 암시장에 나와 있을 뿐입니다. 열흘간의 장작을 보내주는데 8000원(80불)을 물고 있는데 여기에는 증기 난방 비용이 포함되어 있지 않습니다. 광부들이 파업 중에 있는 것은 아니지만 석탄을 구하기가 거의 불가능하기 때문입니다. 우리는 다행히 언제든지 구할 수 있지만 값이 워낙 비싸서 아침에는 집안을 덥히고 점심 때부터는 내내 온기없이 보냅니다. 전류가 흐를 때엔 조그마한 전기 난로에 의존하고 있습니다. 지난 사흘 동안은 오후 5시부터 내내 전기가 들어오지 않았습니다. 나는 혼자서 촛불을 밝히고 저녁을 먹었습니다. 멋을 부리고 싶어 그러는 것이 아니지오. 그 뒤로는 잠자리에 들어 쓸쓸히 촛불을 보는 것밖에는 할 일이 없군요.

이 박사 부인의 편지는 워싱턴에서의 우리 임무가 정치적 해결책을 짜내는 일뿐만 아니라 남한 경제 개발의 방법을 찾아내는 데에서도 많은 것을 일깨워 주는 하나의 생생한 충고였던 것이다. 문제점들은 엄청났다. 그 한 가지 예로 한반도의 '38도선' 분단은 경제 파국을 위해 악랄하게 짜여진 듯이 보였다. 북쪽에는 프랑스 전체의 양과 맞먹는 수력 발전 자원이 있었으나 지금 현재 남쪽의 가정과 공장에는 쓸모없도록 되어 있는 것이다. 북쪽에는 13억 4천만 톤의 무연탄과 4억 1천만 톤의 유연탄을 포함하여 한국 전체가 8백 년간 지탱하기에 충분한 석탄 매장량이 있으나 한 톨도 남한이 이용할 수 없는 형편이었다.[1]

북한은 최소한 2천만 톤의 양질 철광석과 추정량 수10억 톤의 유용한 저질 철광석의 매장량에다가 광산, 제련소, 금속 조립 공작소 그리고 종합 비료 공장을 가지고 있다. 진주만(眞珠灣) 사건 이전에는 한국이 북한에서만 거의 전량을 추산해서 전 세계 금 생산량의 3퍼센트를 생산했다. 그리고 대부분의 좋은 농토와 상업 시설과 함께 전체 국민의 3분의 2가 남한에 살고 있었다.

38도선 분단은 사실상 경제면에서 볼 때 머리를 몸에서 쪼개내고 신경 조직을 근육에서 떼어 낸 것과 다를 바 없다. 남한의 침체는 불가피했으며 북쪽은 풍부한 기본 자원과 함께 경제면에서 크게 나은 형편에 있었다.[2]

또 하나의 매우 심각한 경제 문제는 거의 모든 공장, 제작소, 배급소와 소매상, 그리고 모든 농토의 약 54퍼센트가 일본인 소유였다는 사실이다. 북한에서는 추방된 일본인들로부터 소유권을 국가에 귀속시키는 일이 비교적 쉬웠다. 사회주의보다는 오히려 개인 기업을 목적으로 하는 남한에서는 소유권을 개인에게 공평하게 넘겨 주는 방법상의 문제가 뒤얽혀서 까다로웠으며, 정치적으로 폭발성을 띤 문제로 나타나 있었다.

설상가상으로 남한에 있는 대부분의 모든 생산 시설은 총력전을 치룬 일본 사람들에 의해 가능한 한 철저하게 착취되었다. 예를 들면 농토는 적절한 비료의 부족으로 황폐화되었고 철도는 퇴폐일로에 있고 도로는 돌보는 사람이 없고 공장과 사무실 건물은 파손된 채 남아 있고 재고품은 바닥이 났다. 한 마디로 말해 미국 점령군과 남한 주민들은 필요한 기본 원자재와 동력이 끊기고 가동할 만한 시설도 고갈되거나 박탈된 지역을 물려받은 것이다.

셋째로 주요한 경제 문제는 엄청난 문제점들을 바로잡기 위해 건설적인 조치를 취할 수 있는 권위있는 기관이 어디에도 없었다는 사실이다. 미 군정의 기본 훈령은 공동위원회를 통한 소련과의 합의로 미군 철수를 가능케 하려고 노

---

1) 북한의 전기·석탄 및 광물 자원이 앤드루 그래디단제프의 저서에 항목별로 나와 있다.(Andrew J. Gradjdanzev:*Modern Korea*, New York, John Day Co., 1944, Chapter VII.)
2) 1947년 여름까지 공업 생산고는 전쟁전 수준의 20퍼센트밖에 안 되었다. 자세한 분석 내용은 존 루이스의 저서를 참고할 것.(John P Lewis:*Reconstruction and Development of South Korea*, Washington:National Planning Ass'n., 1955.)

력하는 한편 '질병과 사회 불안을 방지'하도록 책임을 지게 되어 있었다. 이 훈령은 장기적인 경제 계획에 종사할 권한을 주지도 않을뿐더러 미군 점령의 범위를 넘어서 어떤 종류의 정책 공약을 확정짓는 권한도 부여하고 있지 않았다.[3]

한편 남한 주둔 미군이 사용할 보급품조차 도입량이 항상 부족했고 믿을만한 것이 없었다. 남한은 '보급선의 종착점'에 지나지 않아 일본 주둔 점령군을 돌보고 난 뒤의 찌꺼기를 얻는 형편이었다. 맥아더 장군 지휘 아래 일본 부흥은 대대적으로 시작되었다. 하지 장군 지휘 아래 남한에서의 경제 계획은 부족한 손동냥식 후생 사업의 범위를 벗어나지 못하는 미미한 진행을 보였을 뿐이다.

문제를 해결하기 위하여 미 군정이 경제 문제를 다룰 만한 권한을 가지고 있지 못할 뿐 아니라, 어떤 한국 사람도 개인으로나 또는 정부로서 그 입장은 마찬가지였다. 안재홍이 이끄는 집정간부회의 역시 기본적이고 지속적인 경제 정책을 작성할 권한을 부여받지 못했으며 책임질 이가 아무도 없었기 때문에 사정은 더욱 악화되었다.

칼튼 호텔의 이 박사 방에서 거론된 화제들 가운데 몇 가지가 이런 것들이었다. 그러나 아무리 그것이 시급한 문제들이었다고 하더라도 보다 더 긴박한 정치 문제에 비하면 그것은 둘째 문제였다. 루마니아, 체코슬로바키아, 그리고 '좌우 합작'을 강요당했던 다른 동구권 국가들에서 보여준 바와 같은 식으로, 소련식 지배 하에 남북한을 바꾸어 놓기 위하여 남한을 북한에 통합시키려는 첫 걸음에 불과하다는 확실한 예상, 다시 말해서 4개국 신탁 통치를 한국에다 강요하려는 협정을 저지시키는 데 우리는 어떻게 대처해 나가는 길이 가장 합리적이 되겠는가?

한국을 독립시켜 경제를 다루는 데 필요한 직권을 마련하는 동시에 세계의 다른 나라들과 외교 관계를 맺고 적절한 군사 방위력을 확보할 하나의 자주적 한국 정부를 남한에 수립하기 위하여 우리는 무엇을 하여야 되겠는가?

하지 장군이나 기타 다른 한국 지도자들과 이 박사의 관계를 개선하기 위하여 우리는 무엇을 해야 하겠는가? 그리고 우리가 어떻게 해서든지 틀어잡아야

---

3) 남한의 '정책적 공백'을 설명한 것으로 조순승의 논문을 참조할 것.(Soon-Sung Cho, 'Hedge's Dilemma(하지의 딜레마)', in Korean Affairs, Vol. IV, No.1, 1965, pp.58-74.)

할 한 가지 긴요한 문제가 있다면 그것은 바로 재정상의 뒷받침이나 유력한 연고 관계없이 한국 정세에 대한 미국의 이해를 분명하게 하는 것이었다. 또한 필요한 동정과 지지를 받게 할 대대적인 홍보 운동을 어떠한 방법으로 전개하느냐 하는 절박한 사정이었다.

한 가지 분명히 필요한 일은 이 박사가 하루속히 한국으로 돌아가는 것이었다. 우리가 1947년 3월 중순에 그의 귀국 계획을 세웠을 때 일을 성취시키는 것은 아주 쉬울 것으로 보였다. 하지 장군은 필요한 군의 신원 확인 필증을 발부하여 그의 재입국을 승인했다. 국방부는 그가 군용기로 귀국할 수 있도록 동의해 주었다. 3월 31일 이 박사는 지시받은 대로 공군 수송 사령부 비행장에 나가 자기 수중에 남은 돈의 거의 전부인 900달러를 도쿄까지의 항공료로 지불했다. 그는 다음 날 오전 8시 출발 예정인 비행기를 배정받았다. 그런데 그날 저녁 들뜨고 당황한 어떤 공군 대령이 내게 전화를 걸어 다른 어떤 해명도 없이 그의 비행이 취소되었다는 말만 전해 주었다.

국무부 하위 관리가 국방부에 전화를 걸어 '공군 수송 사령부 비행기를 자기 마음대로 이용하는 일이 정당화되리 만큼 이 박사의 귀국이 중요하다고 생각하지 않는다'고 말했다는 사실을 알게 된 것은 그다음 날 정오가 다 된 때였다.

힐드링 차관보는 쉽게 접촉이 가능한 것으로 밝혀졌고 아주 동정적인 것도 알았다. 비행 취소로 우리가 당했던 만큼이나 그도 놀라고 당황하고 있는 듯이 보였다. 내가 그의 사무실에 앉아 있는 동안 그는 국방부에 전화를 걸어 국무부는 이 박사의 귀국을 진실로 지원했던 것이라고 말했다. 그러나 국방부 대변인은 그에 대한 항행 취소는 '변경할 수 없는 것'이라고 고집했다. 이 결정의 근원에 대해 우리는 더 이상 캐낼 이유도 시간도 없었다. 칼튼 호텔에 있던 우리는 물론이고 힐드링도 이것을 하나의 수수께끼로 그러나 궁극적인 사실로 받아들였다. 힐드링조차도 이 결정을 좌우할 수 없는 점으로 보아 케네드 C. 로얄 국방장관실과 조지 마셜 국무장관실보다 낮은 곳에서 결정이 나지는 않았을 것이었다. 우리 모두는 이 피할 수 없는 상황에 다만 굴복할 따름이었다.

힐드링 차관보는 여객 노선 개설 준비를 위해 노스웨스트 항공사의 비행기가 곧 도쿄까지 '시험 비행'을 할 모양이라는 것과 국무부 승인 하에 거기에 이 박사를 위한 좌석이 배정되었다고 이 박사에게 곧 전화로 알려왔다. 4월 초에 이 비행은 도중 몇 군데를 예정대로 기착하며 계속되었다. 4월 19일 이 박사는 상하이에서 나에게 편지를 보냈다.

　　21일 월요일에 우리는 서울로 떠나게 될 것으로 생각됩니다. 나의 여행을 위해 요구된 번잡스러운 수속 절차를 모두 설명하려면 기나긴 이야기가 될 것이오. 노스웨스트 항공사 비행기가 4월 8일에야 결국 미네아폴리스를 떠났소. 맥아더 장군과 2시간의 회담을 가진 내가 도쿄로부터 여기 도착하자 중국 관리들에 둘러싸여 각종 연회에 푹 빠져 버렸습니다. 장제스 총통과 부인이 한커우(漢口)로부터 찾아와 우리는 즐겁고도 중요한 좌담을 가졌소. 나의 서울 착륙 허가를 보장한다는 양해 아래 이들은 나를 고국으로 실어 나를 자기들 소유의 항공기를 내게 제공했소.
　　내가 한국에 있는 벗들에게 무전을 쳤더니 서울 주재 중국 영사를 통해 총통이 공식 요청하도록 하지 장군이 요구하고 있다고 전하는 회신을 받는 데 이틀이 걸렸다고 하오. 중국 정부가 즉각 그런 요청을 무전으로 띄웠소. 그랬더니 서울로부터 항공기 번호를 밝히는 또 하나의 허가서를 받아야 한다고 알려왔소.
　　나는 참을 수가 없어서 바로 맥아더 장군에게 무전 연락을 취할 참이었소. 그러나 오늘 오후 중국 외교부가 공식으로 내게 통보하기를 우리들은 21일 월요일 오전 9시에 떠난다는 것이오. 그래서 나는 이제야 집으로 돌아갈 길이 열렸구나 하고 느끼고 있습니다.

　한국 정세는 폭발적이었다. 한국 문제 해결을 가져올 소련과의 합의를 이루기 위하여 미국은 최종적이고도 절박한 노력을 기울이고 있었다. 이것이 이 박사의 귀국을 방해하면서 고의적으로 지연책을 쓴 근본 이유였던 것이다. 그러나 그가 서울로 돌아오는 것을 보기 싫어하는 인물은 하지 장군 하나뿐이 아니었다. 3월 2일 김구는 한국 전역에서 1500명 대표로 구성된 이른바 한국 국민 대표 회의를 소집하고 그들에게 임시 대한민국 수립을 승인하도록 요구했는데 장시간의 신랄한 논쟁 끝에 김구는 이 박사를 지지하는 여론을 자기가 과소 평가해 왔음을 깨달았다. 김구가 대표들에게 한국에 즉각적인 주권을 부여하도록 주장하라고 요구했고, 대표들이 이를 거절하자 김구는 임시정부 의장직을 사임한 것이다. 그리하여 이 박사가 그에 대신하여 선출되었다. 이렇게 해서 간신히 군정 당국과의 험악한 대결은 피할 수 있었다. 이 박사는 조용하게 임시정부를 김구가 의도했던 반란 정부가 아닌 하나의 정당의 위치로 방향을 전환시켰다. 그 후 김구와 이승만은 다시는 서로 협조하고 합작하는 일이 없었다. 한편 김규식은 과도 입법의원에서 여운형의 지원을 얻어 독립적인 한국 정부를 위한 헌법 기초안을 마련하려는 위원회를 봉쇄하고 있었다.

이 박사나 여운형, 김규식 등 여러 애국 지사들의 도움으로 병마개는 터지지 않았지만 내부로부터의 압력은 쌓여가고 있었다.

한편 이 박사는 이런 압력을 덜어 보려는 하나의 노력으로 또 한편으로는 자기의 워싱턴 여행이 성과를 거두게 된 것이라고 지지자들을 안심시키기 위하여 당신이 아직 워싱턴을 떠나기 전인 3월 22일자 신문에 매우 희망적인 성명서를 발표했다. 이것은 그가 힐드링 차관보와 가진 비밀 회담에 근거를 둔 것이었다. 힐드링은 이 신문 발표에 나와 있는 것과 같은 그런 특별한 보장을 했을 것 같지가 않다. 내 자신의 추측으로는 이 박사가 이런 생각의 일부 또는 전부를 힐드링에게 털어 놓았고 힐드링의 일반적인 우정과 한국 독립 촉진을 위해 미국이 가능한 모든 방법을 다할 것이라고 말한 그의 약속, 그리고 이 박사가 밝힌 항목들을 특별히 거절하지 못한 자신의 실수 등으로 말미암아 이 박사에게 그 성명서에 들어 있는 주장들을 자신 있게 내세워도 될 것이라는 생각을 가지게 한 것이 아닌가 한다. 전적으로 그의 의도는 미국이 이 성명을 이의없이 받아들이도록 하거나 딱 잘라서 부인하거나 아니면 다른 계획으로 대치하도록 미국에 압력을 가하려고 했던 것인지도 모른다. 결국 어떤 일이 생겼느냐 하면 미국 정책의 대변자들은 신문사 측의 질문들을 무시하고 조용하게 이 발표문을 불문에 붙이고 말았다. 성명서는 다음과 같았다.

남한의 독립은 곧 하나의 기정 사실로 나타나게 될 것이다.

4천 년의 장구한 독립을 되찾으려는 한국의 오랜 투쟁은 바야흐로 새로운 국면에 접어든 것 같다. 새로운 계획의 근본적인 요소들은 이미 실질으로 합의되었다.

   소련 사람들이 북한에서 철수한다는 스스로의 약속을 지키도록 설득하고 전국의 통일과 완전 독립이 가능하게 될 때까지 이 새로운 계획은 과도 기간동안 한·미 협력의 굳건한 기초를 마련하려는 것이다.

   이 새로운 계획의 기본 요소들은 다음과 같다.

   1. 30일 내지 60일 이내에 잠정적인 독립 정부를 수립한다. 이 정부는 일반적인 배상 결정을 기다려야 하는 적산 처분을 제외하고 한국의 모든 국내 문제에 대하여 완전한 지배권을 가진다.
   2. 과도 독립 정부는 국제연합 회원국 가입을 신청할 때 미국의 지지를 받을 것이며 워싱턴, 기타 수도에 외교 대표부를 둔다.
   3. 남한에서 미국을 대표하기 위하여 대사급의 민간인 고등 판무관을 임명한다. 그는 대통령과 국무장관에게 직접 보고하며 그의 권한은 한국에서 미국군 지휘관의 권한을 승계한다.
   4. 소련군이 철수할 때까지 그리고 통일된 한국 전체를 위한 안정된 정부를 수립하기 위해 총선거가 실시될 때까지 미국 군대는 치안군으로서 남한에 잔류한다.
   5. 국가의 재건을 돕고 비참한 한국 분단으로 인한 경제 파괴를 복구하기 위해 한국에 실질적인 차관 공여를 국회에 요구한다.
   6. 미국의 군사 및 민간 요원들을 과도적인 독립 한국 정부 각 부처의 고문관으로 활용한다.

   이 성명 발표는 두 가지 이유에서 나에게는 전혀 뜻밖의 일이었다. 하나는 내가 알고 있는 한 이것이 사실일 수가 없다는 것이다. 미국 정부는 아직 공식상 또는 절차상 전적으로 모스크바협정에 매어 있었다. 내가 놀란 또 다른 이유는 이 성명의 발표 이전에 의논을 받은 바도, 통지를 받은 바도 없을 뿐 아니라 그 이후에도 이 박사는 그 함축된 의미를 나와 함께 토의하지도 않았기 때문이다. 우리가 지켜온 지금까지의 업무 관계로 보아 너무도 어긋났기 때문에 나로서는 도무지 이것을 이해할 길이 없었다. 그렇지만 나는 임병직 대사가 나보다 훨씬 가까웠던 존 스태거스와 J. 제롬 윌리엄스 등 자기 옛 동지들과 몇 가지 이런 문제들을 계속해서 다루기 원했을 것이라고 생각했고 분명히 이것은 그의 특권이라고 결론지었다. 나는 그저 이 선언이 국무부로부터 공식 반응을 얻지 못했고, 미국 언론의 관심도 거의 끌지 못했다는 사실만을 주목했다. 내가 관찰할 수 있는 한 유일한 목적은 한국 내의 자기 정치적 위상에 영향을 주는 데 있었을 뿐이라는 것이다. 그리고 이것은 나의 직분 밖의 일이었다.

5월 22일 미·소공동위원회가 서울에서 회의를 재개했고 처음에는 더러 성공의 빛을 띠우기도 했다. 위원회의 협의 대상이 되기를 원하는 한국인 단체들로부터 신청이 접수되었다. 여기에는 남한으로부터 39개의 정당과 386개의 사회 단체, 북으로부터는 3개의 정당과 35개의 사회 단체들이 포함되었다. 7월과 8월에는 한국인 단체들에 대하여 무슨 내용으로 협의할 것인가 하는 문제로 위원회는 정돈 상태에 접어들었다.

위원회가 재개되자 하지 장군은 한국인들에게 신탁 통치를 실시하려는 모스크바협정이 '불변의 법'이며 준수되어야 한다고 경고했다.[4]

이 박사는 사실상 연금 상태에 놓이게 되었고 그와 같은 상태는 봄과 여름에 걸쳐 계속되었다. 그의 전화는 철거되었다. 헌병이 배치되어 24시간 근무로 그의 집을 지켰다. 그의 모든 발수신 우편물은 엄격히 검열되었다. 그를 만나려고 한국에 오는 방문객들은 당국이 말리거나 방해를 했다. 그의 주간 라디오 담화와 한국민에 접근하는 모든 수단이 일시 중단되었다. 다만 군정청이 불가능했던 일은 남한 전체에 이 박사가 확립해 놓은 광범위한 정치 조직을 제거하거나 억제하는 일이었다. 군정은 또한 워싱턴에 있던 우리들의 활동도 억제할 수 없었다.

후일에 가서야 이해되거나 인식되기 마련인 수많은 중대 사건들과 마찬가지

---

[4] 1946년 1월 27일 '신탁 통치는 다만 하나의 절차일 뿐이며 한국의 독립이 종국의 목적이기 때문에 필요할 수도 있고 필요치 않을 수도 있다'라고 밝힌 국무부 극동문제담당국장 존 빈센트의 공식 성명과 하지 장군의 주장을 대조해 볼 때 하지 장군이 국무부 견해와 얼마나 다른지를 알 수 있다. 그 보다도 한 달 전에 제임스 번스 국무장관도 이와 비슷한 느낌을 표시한 바 있었다. 하지 장군은 분명 이 메시지를 받지 못했던 것이다. 1946년 1월 27일자 국무부 회보 p. 108 참조.

로 결정적인 전환점이 3월 12일에 이루어졌는데, 그것은 트루먼 대통령이 공산 세력의 진출을 저지하기 위한 자금 4억불을 국회에 요청한 사건이다. 이것이 이른바 '그리스와 터키에 대한 트루먼 독트린(Truman Doctrine)'이었다. 아주 간단하게 이것이 의미하는 바는 소련과의 협력으로 평화를 성취하려는 전후의 노력이 끝났다는 사실이며 그 이후로는 공산 독재 국가에 대항함으로써 평화와 안정이 추구될 것이었다. 하나의 새로운 공기가 팽배했다. 3월이 되어서야 나는 이 박사 부인에게 서신을 띄울 수가 있었다.

"새로운 계획이 바야흐로 실행에 옮겨지려 하고 있고 남한 정부에 관해서 실제적으로 우리가 원하는 바 모두를 우리에게 제공하게 될 것입니다."

힐드링 차관보는 개인적으로 따뜻하게 대해 주었고 자기가 할 수 있는 모든 면에서 도움을 주었다. 나에게는 많은 낙관의 근거가 보이는 듯하여 1947년 여름 내내 나는 이 박사에게 인내로 대할 것과 비록 험난한 시간을 보내고 있다 하더라도 가능한 한 군정에 협력하는 것이 좋겠다고 충고했다. 7월 8일에 나는 그에게 긴 편지를 띄웠는데 다음은 그 대표적인 내용이다.

지금과 같은 주위 형편에서 고위층 사람들이 바라는 것은 물론 미국 계획에 대한 한국 사람들의 완전한 묵종(默從)입니다. 이들은 박사님께서 지연되는 일들을 받아들이고 혼란을 참으며 실책을 용서하기를 바라고 있습니다. 한국의 반공주의가 박사님에 의하여 상징되고 있다는 단 한 가지 이유만으로도 많은 관리들이 다소 혹평한 예가 있다 하더라도 지금은 그 어느 때보다 국무부 안에서 더욱 명성이 높습니다. 이들이 좋든 싫든 박사님은 그들이 원하는 사람이며 또 그래야만 합니다.

이들이 실제로 원하는 것은 공산 세력이 강화되지 않는다는 것을 확신하기에 족하리만큼 박사님이 한국의 반공 정신을 계속 진작시키는 일이며 다만 조용한 가운데 이런 일이 진행되기를 이 사람들은 바라고 있습니다. 바꾸어 말하면 미국의 의도에 맞도록 전적으로 협력하는 데 전심 전력하며 기적적인 힘을 구사하는 하나의 초인이 되어 줄 것을 이 사람들이 바라고 있다는 것입니다. 이들이 한국을 포기하지 않을 것이라고 말할 때에는 진정으로 하는 말입니다. 이들이 '한국은 전 세계적인 무대의 겨우 한 부분에 지나지 않다'고 말할 때 그들이 직접적인 표현을 피하고 완곡하게 말하려고 하는 본 뜻은 어떠한 어려움이 있어도 변함없이 우리 편이 되어 줄 '동방 블럭'의 형성과 더불어 유럽에서 미국의 위치가 상당히 강화될 때까지 한국 문제의 참된 해결은 순연되지 않을 수 없다는 말입니다.

같은 편지에서 나는 국무부의 힐드링이나 다른 관리들과 매일 진행되는 회담 내용은 물론 우리가 수집할 수 있는 모든 정보에 근거를 두고 1947년 중반의 세계 정세가 어떻게 돌아가고 있는가를 그에게 설명해 보려고 했다. 우리가 워싱턴에서 관찰한 상황은 그가 서울에서 고립된 가운데 있으면서 파악한 내용과는 크게 달라 보였다. 우리가 알기로는 이 박사에게 군정과의 관계에서 좀 더 참을성 있고 믿음을 가지도록 권유할 필요가 있었다. 이 박사가 보기에 자기는 워싱턴으로부터 독립을 향한 진전 사항에 관해서 적극적인 약속을 필요로 했고, 그래야만 김구를 따르는 사람들을 견제할 수 있을 것이었다. 이런 목표들을 이루기 위해서 미국은 이제 공산주의자들과의 연립 합작을 추구하던 타협 정책을 바야흐로 포기하려 하고 있다는 사실을 이 박사에게 이해시켜야만 했다. 이 모든 것을 염두에 두고 나는 그에게 7월 8일자로 편지를 썼던 것이다.

다시 사건들이 숙명적인 전환을 하고 있는 것 같습니다. 우리는 모두 한국과 파리 두 곳에서의 진전 사항에 깊은 관심을 가지고 있습니다. 사태 진전은 같은 모양으로 서로 엮어져 가고 있는 듯합니다. 파리에서는 소련이 유럽 경제 부흥을 위한 마셜 플랜을 의도적으로 그리고 심지어는 허세를 부리며 거절했습니다. 한국에서는 모스크바협정이 주로 자기들 요구 조건대로 꾸며졌음에도 소련측은 누가 협의 대상이 되어야 하는가 하는 문제에 관해서 무례하게도 협정을 위반하고 있습니다. 소련이 '단독으로 밀고 나간다'는 돌이킬 수 없는 결정을 내린 것은 논설 기자들도 크게 역설하고 있듯이 분명합니다. 외견상 맥이 풀린 듯이 보인다든지 아니면 극단적인 '인내'일지도 모르는 최근의 미국 정책이 이득을 보고 있다는 사실은 분명해 보입니다. 바꾸어 말해서 우리는 지금까지 소련이 자승자박하도록 내맡겨 왔습니다. 우리는 가능한 모든 것을 양보했는데 소련은 아직도 협력을 거부하고 있습니다.

'하나의 세계'가 '양대 진영'으로 갈라질 것이라는 지금까지의 예언이 바야흐로 현실이 되려하고 있습니다.

이런 정세가 한국에 무엇을 뜻하겠습니까? 일이 더 늦어지고 더 큰 혼란을 의미할지는 모르지만 아무리 일이 잘못된다 해도 한국은 결코 소련에게 넘겨지지 않을 것이고 지령을 받은 연립 정권이 들어서게 되지는 않는다는 것을 우리들의 작은 비망록에 기입해 놓을 수 있다고 생각됩니다. 미국의 관심이 너무나도 유럽에 고정되어 있기 때문에 동양 문제에 대한 중대한 청문회를 가진다는 것은 거의 무망한 것이고 또한 눈꼽만한 관심이 동양에 쏠린다 해도 그것은 일본이거나 인도, 다음으로 중국, 그다음이 인도네시아, 그리고 마지막이 한국이기 때문에 일의 지연을 뜻하게 될 것입니다. 한국의 자유를 좀먹는 악독한 음모가 되었든 단순히 어떤 진실한 종류의 것이 되었든 한국을 위한 전반적인 계획이 아직 있지도 않으며 그 일을 감당할 최고 책임자도 아직 배치되어 있지 않기 때문에 혼란이 예상됩니다.

의회도 한국에 대하여 전혀 관심이 없습니다. 의회에 있는 우리들의 '벗들'까지도 한국에 관심을 갖도록 설득될 가망이 없습니다. 언론계 벗들까지도 지금은 잠시 무관심할 뿐입니다. 그저 유럽 유럽하며 오직 유럽만이 이 사람들 모두의 생각을 점하고 있고 그 생각과 다가오는 대통령 선거뿐입니다. 그러므로 우리들이 지연과 혼란 때문에 정녕 지칠 때까지 얻을 것이 아무것도 없습니다.

그러나 나는 조금 전까지도 그러했지만 한국이 소련의 예속으로 내맡겨지리라고는 여전히 믿지 않습니다.

하지 장군과 미·소공동위원회 미국측 대표단장 브라운 장군에게 내린 지령은 가능한 한 최대한으로 미·소공동위원회를 끌어나가면서 해산을 막고 유명해진 '인내심'을 좀더 발휘할 것이며, 우리 측 최고 지도자들은 소련이 지금은 결단을 내리지 않을 것이라고 믿고 있지만 소련에게 모든 기회를 주도록 할 것과 유럽 문제가 해결될 때까지 공동위원회의 대결을 뒤로 미루되 결코 어떤 중요한 태도는 포기하지 말도록 하라는 내용이라고 본인은 생각합니다.

마지막 항목을 제외하고는 모든 상황이 우리에게 실망을 줍니다. 한국이 그만큼 뒤로 밀리도록 미국이 허용하더라도 마지막 단계에 가서는 우리가 미국의 전폭적이고도 효과적인 지원을 기대할 수 있다고 생각합니다.

돌이켜 보면 이런 판단은 건실했던 것 같다. 한국에서 외부 접촉이 완전 봉쇄되었던 만큼 이 박사에게 일의 지체와 혼란은 분명한 일이었다. 내게는 희망적이라 하더라도 그에게는 분명하지 않았다. 하지 장군의 가장 큰 잘못은 이 어려운 시기에 이 박사를 그렇게도 철저하게 격리시킨 일이었다. 그것은 비밀과 암흑 속에 가리운 최악의 시기였다.

나의 편지에 대하여 이 박사는 7월 20일자로 다음과 같은 '각서'를 보내왔다. 그것은 정부 관리, 언론인, 그리고 영향력 있는 벗들에게 '배경' 설명이 되도록 제삼자의 관점에서 쓴 것이었다. 이와 함께 '남한의 입법의원 선거, 남북한 과도 정부에 대비한 헌법의 채택 등 우리들의 계획을 설명하라'고 한 이 박사의 호소 내용이 추가되어 있었다.

하지 장군의 실패는 그가 한국 사람들의 의사를 고려하지 않은 사실에 있다. 훌륭한 하나의 군인으로서 그는 자기 병사들이 무조건 복종하는 그런 명령을 내리는 습관에 젖어 있다. 그는 한국 사람들이 자기 병사가 아니라는 생각을 결코 버리지 못한다. 한국 사람들은 그의 명령이 자기들에게 유익한지 해로운지 자기들끼리 판단해서 만일 명령이 자기들 이익에 반대된다면 이 사람들은 이것을 거역하는 것이 당연한 일이고 자연의 보편적인 법이다.

하지 장군은 자기가 국민의 진정한 벗이며 국민이 원하는 바를 가져다 주는 사람이라는 것을 국민이 믿도록 하기 위해서 이 박사의 영향력을 이용했다.

이 박사도 처음에는 그를 믿었고 국민에게도 그런 믿음을 갖도록 했다. 그러나 지금 하지 장군이 국민이 원하는 길을 택하여야 마땅하다고 생각하지 않고 있음을 알게 되었을 때 이 박사는 하지 장군에게 더 이상 그를 지지하지 못하겠다고 말했다. 그는 사람들에게 하지 장군의 계획은 되지도 않을 것이기 때문에 자기는 다른 방향으로 움직여 나갈 것이라고 알렸다.

하지 장군은 그를 버리고 그와 대항하는 2, 3개의 집단을 마련할 수 있으리라고 생각했다. 그가 이 박사의 신용을 떨어뜨리려는 시도를 되풀이 하면 할수록 사람들은 이 박사를 더욱 지지하게 되었고 하지 장군에 대한 이들의 반항은 더욱 강렬하게 바뀌어갔다. 이렇게 되니까 그는 이 박사를 반미주의자라느니 반 하지파라느니 하며 비난을 퍼부었다. 한국 사람들은 자기들이 원하는 오직 한 가지 즉 자기들 나라의 독립을 위하여 모든 것을 희생하는 사람을 따른다는 사실을 그는 모르고 있다.

맥아더 장군의 말을 빌리면 '한국인들이 자치 능력이 없다고 말하는 것은 어리석은 말이다. 동물조차도 스스로 돌보는 방법을 알고 있다' 하지 장군은 그런 생각을 하지 않는다. 그는 한국인들을 칼을 만지기에도 너무 어린 애숭이들로 보는 것이다. 자연히 한국인은 여기에 몹시 분개하고 있다. 현명한 부모들도 하지 장군이 한국인을 대하듯 그렇게 자기 자식들을 대하지는 않을 것이다. 하지 장군은 한국 사람들을 위하여 모든 최선을 다하고 있노라고 주장하나 이것이 그의 모든 말썽의 원인이다. 왜 우리는 그들에게 칼을 만지도록 해주지 않는가? 이들은 기어이 그것을 만져야 하겠다고 결심하고 있는 것이다. 이 사람들이 자기 손가락을 다칠는지 모르지만 그러나 손가락을 다칠 정도는 아닐 것이며 이것이 인간 생활 최선의 학습 방법인 것이다.

미국 민주주의도 하룻밤 사이에 생겨나지 않았다. 모든 역사학도들은 미국 사람이 170년의 민주주의 시련기를 특히 재건기를 통하여 얼마나 고난의 시절을 겪어 나왔는지를 알고 있다. 한국 사람들도 당분간 어려움을 겪게 될 것이다. 그러나 대부분의 지도자들은 민주 발전 특히 미국 정부에 대하여 배우는 학생들이다. 그러므로 한국인들은 미국 초창기의 실패를 자기들의 교훈으로 삼아 자기 자신들에게 알맞는 민주주의를 이루는 길을 찾게 될 것이다. 이렇게 해서 이들은 지름길을 갈 수가 있다. 한국인들은 어떤 다른 나라 사람들이 자기들을 위해 할 수 있는 방법보다 훨씬 더 훌륭하게 스스로 자신들을 위해 이것을 해낼 수 있다고 믿고 있다. 이 사람들에게 이것을 시험해 볼 기회를 주어야 한다.

우리 문제들을 처리해 나가는 우리들의 방법이 미국 표준에는 들어맞지 않을 것이다. 그리고 미국식 표준이 한국을 위해서는 필요하지 않을는지도 모른다는 것을 명심해야 한다. 거창한 규모를 가진 방법은 한국에 맞지 않을 것이다. 우리는 전체적인 구조의 기초로부터 시작하여 진화의 과정 속에 점차로 건설해 나가야 한다. 우리는 그 방법을 알고 있다고 믿는다.

만일 미국이, 우리는 이것을 해낼 능력이 없으니까 미국 사람들이 우리 대신 그것을 하겠다고 우리에게 고집한다면, 그들은 오래지 않아 자기들의 잘못을 깨닫게 될 것이다. 첫째로 한국 사람들은 미국의 동기를 오해하고 여기에 저항할 것이다. 마음이 내키지 않은 사람들에게 무엇을 강요하는 것은 미국에게 막대한 재정과 한국인의 호의를 희생하게 만들 것이다. 또 한국 사람들에게는 수많은 유혈극을 치르게 할 것이다. 결과적으로 미국의 무역은 앞으로 오랜 세월 동안 3000만의 고객을 잃게 될 것이다. 그리고 한국 사람들이 극동에서 끊임없는 불안의 씨가 되리라는 것은 틀린 예상이 아니다.

이 각서는 이 박사의 흐트러진 마음의 상태와 그리고 정책으로 빚어진 어려움 때문에 개인을 비난하는 그의 불행한 상황을 충분히 나타내는 한편 정세에 대한 그의 견해가 상당히 바뀌었음을 보여주고 있다. 워싱턴 방문과 힐드링과의 회담 이후 그에게는 이미 한국이 소련에 희생될 것이라는 두려움은 사라졌다. 그리고 그의 관심은 이제 한국 사람들이 자치 능력이 없다는 구실 아래 독립이 지연될 것이라는 생각에 쏠려 있었다.

한국인의 무능은 미 군정 당국자 간의 대화에 항상 등장하는 화제였다. 사실상 식당이나 소규모 공장과 같은 것조차도 한국 사람들은 관리해 본 일이 없다고 했다. 일본인들은 관리 경험을 쌓을 기회를 한국인들에게 거의 주지 않았다. 거기에다 민주주의는 왕조의 역사나 일제강점기를 막론하고 예가 없었던 이들에게는 하나의 새롭고도 생소한 개념이었으며 새로운 방식을 배운다는 것은 쉽지가 않았으니, 겨우 소수의 한국인만이 교육을 받았을 뿐이다. 일제강점기 때 학교에 다닌 소수가 있다 하더라도 이들은 자기나라 말 대신 일본말을 쓰도록 강요되었다.

한편 독립에 대한 이들의 준비 부족은 처리해야 할 막중한 문제들, 즉 앞서 지적된 한심스러운 경제 상태, 화폐를 거의 쓸모없게 만들고 있는 하늘 높은 줄 모르는 인플레, 식료품 기타 생활 필수품 생산이 최소한의 소비 수준에도 훨씬 못미치고 있다는 사실, 국방 수단이라고는 아무 것도 없다는 사실 등과 어울려서 더욱 속수무책이었다. 세계 어느 곳의 정부도 이와 같은 일련의 복합적인 난제들을 적절히 다루어 나갈 수 없었을 것이다. 자치 정부에 대해 아무 것도 아는 바 없는 한국 사람들에게는 독립이 한낱 모험적인 일로 보일 것이 사실이었다. 하지 장군만이 걱정 근심 속에 있는 것은 아니었다.

그러나 한국 사람들은 지배받는 일에 이미 신물이 나 있다. 이들은 조급하게도 몹시 자치를 시작하고 싶어했다.

워싱턴이라는 유리한 지점에서 내다본 정세는 다소 밝게 느껴졌다. 일어나고 있는 몇 가지 사실과 이에 대한 우리들의 반응은 7월 28일 내가 힐드링 차관보에게 쓴 편지에 나타나 있다.

이 박사와 하지 장군 간의 회담을 확보하려는 마셜 장군의 조정은 시의 적절하고 크게 도움이 되리라고 믿습니다. 현 정세에 관한 저 자신의 해석은 사태가 지극히 폭발적이어서 위험하기는 하지만 이 박사는 이 불만을 계속 억제해 나갈 수 있기를 바라고 있습니다. 물론 선거법의 통과로 해서 그는 그런대로 도움을 받고 있습니다.

또한 우리가 '화해 시대'로 접어들려는 조짐이 느껴집니다. 이 박사는 분명 협력하고 싶어하며 긴밀한 한·미 협조가 가능해질 정도까지 정세가 진전되기를 희망하고 있습니다. 다루기 힘든 수레가 올바른 방향으로 굴러가고 있는 듯이 느껴집니다. 이에 대한 상당한 공로는 장군의 것임을 나는 알고 있으며 여기에 대하여 나는 귀하에게 가장 따뜻한 치하를 드리고자 합니다.

희망과 축하가 아마도 성급하지 않았을까? 서울에서는 6월 23일과 7월 26일에 학생들로 구성된 군중이 신탁 통치를 비난하고 미·소공동위원회 소련 대표들에게 돌을 던지며 거리를 휩쓸었다. 7월 19일에는 1945년 인민공화국 수반이었고 공산 분자들과의 합작을 찬성했던 여운형이 자동차로 서울의 큰 길을 달리던 중 암살되었다. 8월 중에는 서울 경찰에 의한 한국의 좌익 지도자 일제 검거와 체포가 단행되었다. 미국 외교 정책의 주류는 실제로 전환을 가져왔고 올바른 방향으로 완만하게 그리고 불확실하게나마 진로를 잡아가고 있었다. 그러나 모래톱과 모래 웅덩이, 역류하는 소용돌이도 많았다. 잇단 사건들은 앞으로도 오랜 세월을 흘러가며 어려움이 많았다는 것을 밝혀줄 것이다.

4
신탁통치 찬반의 고비
(1947년 가을)

　1971년에 출간된《한국 : 하나의 역사》에서 최봉윤(崔鳳潤) 교수는 "하지와 이 박사의 우호 관계는 미국이 이 박사의 테러 전술을 용인하거나 동의할 수 없었기 때문에 깨져 버렸고, 하지는 이 박사의 근본 관심사가 자신이 내건 조건대로 권력을 잡는 데 있다고 믿었다"라고 결론짓는다.[1]
　이것은 한국 사람들을 마치 자기 사병 다루듯 하려는 하지의 군국주의적 경향 때문에 어려움이 생겼다고 결론지었던 이 박사의 주장 만큼이나 진실하다. 1948년 2월 2일 하지 장군은 사실과 어긋나는 자신의 생각을 브라이언 맥마흔 상원의원에게 보낸 한 통의 편지에서 이렇게 쓰고 있다.
　이 박사는 지난 1년 이상 그리고 현재에도 독립 한국을 탄생시키기 위해 미국과 협력하여 일해 오지 않았으며, 사실상 우리의 과업을 더욱 곤란하게 하고 있습니다. 지난해 그는 점령군과 미국 정책에 대해 한국 사람들의 불신을 불러 일으키도록 많은 작용을 해 왔습니다.
　기록이 명백히 보여주고 있듯이 불화의 근본 원인은 정책 자체, 다시 말하면 루스벨트가 소련으로 하여금 태평양전쟁에 참전하도록 유도하려고 노력했던

---

[1] 최봉윤(崔鳳潤) 저,《한국:하나의 역사》버몬트주 랏트랜드, 즈에이치 탓틀 출판사, p. 233 참조. 그의 역사 서적 p. 435에서 최교수는 '이 박사는 미국에 귀화한 시민이었을는지도 모른다'고 추론했는데, 이것은 그가 국무부에 미국 여권을 신청하여 받은 사실이 있기 때문이다. 한국에 대한 일본의 주권이 인정되지 않았기 때문에 그 무렵 '무국적인'이 되었던 이 박사는 '한국 국민'으로서 여권을 발급 받았다. 재미 오스트리아인, 오스트리아계 헝가리인, 그리고 재미 교포들, 다시 말해서 독일·이탈리아 또는 일본 시민권을 거부하는 모든 사람은 특별 케이스로 미국의 보호를 받도록 하는, 1942년 2월 9일자 검찰 총장 프랜시스 비들의 판결에 따라 여권 발급이 인정을 받았다. 상세한 것은 나의 책《이승만:신화속의 인물》pp. 178~180 및 pp. 210~211 참조.

바 얄타회담에서 싹트고 모스크바협정에서 열매를 맺은 정책에 있었다.

기본 정책은 '하나의 독립된 한국을 탄생시키려는 것'이 아니라 한국에 대한 4대국 신탁 통치를 실시하는 것, 즉 지금에 와서 돌이켜 보건대 누구라도 쉽게 알 수 있듯이 소련의 완전 지배를 실현시키는 임시 방편적인 단계를 마련하는 데 있었다. 한국에 자주 독립 국가를 세우려는 이 박사와 하지는 이런 대립 상황에서 성격도 강한 데다가 서로 상대방을 대하는 데 있어 거북스런 오해를 품은 것 같다. 이런 요소들은 부차적인 것이고 한국의 지도자와 미국 당국 간의 관계가 악화된 것은 성격 때문이 아니라 잘못된 정책 때문이었다. 이 문제가 해소되려면 정책을 변경해야만 했다.

때로는 기본 정책과 이것을 집행하는 방식의 구분이 어렵다. 이 시기의 한·미 관계를 쓰는 정치학자들은 1장을 '정책'에 충당하고 또 다른 1장에는 정책의 집행을 위한 '행정 절차'를 별개로 다루어야 할 것이다. 사실상 한국에서의 미국 정책을 집행할 '권한과 수단'을 선택하는 일 자체가 크게 잘못되어 있었다.

하지 장군이 24군단 사령관으로 남한에 진주하여 이를 점령하도록 임명되었을 때부터 남한은 마치 전쟁 중인 군사 지역처럼 하나의 '군사 작전 지역' 취급을 받았다. 하지의 통수 계통은 국무부보다는 국방부에 연결되어 있었다. 그에 대한 명령은 퍼기 보텀(국무부)이 아니라 펜타곤(국방부)으로부터 내려왔다. 인사는 자주 바뀌었지만 국무부 소속의 고문관들이 그에게 배속되어 하지가 하고 있는 일을 국무부에 알렸고 때로는 그의 일 처리나 판단에 영향을 주려고도 했다. 1946~1947년 대부분의 기간에 현실적으로 국무부의 관심은 주로 유럽에 쏠려 있었고 남한은 소련과의 적절한 합의가 이루어질 때까지 정책 결정을 보류하고 국방부 지시 아래 미군의 '점령' 상태로 방치되었다.

명목상 하지 장군은 맥아더 사령부 '휘하'에 있었다. 그러나 맥아더는 비교적 뚜렷한 권한으로 일본을 평정한 뒤 이를 재건하는 하나의 주요 임무를 띠고 있었다. 이것은 그의 의중으로나 워싱턴의 정책상으로나 한국에서 일어날 어떤 사태보다도 우선하는 하나의 책임이었다. 하지 장군은 맥아더에게 자기만이 남한에서 '야전 지휘권'을 가졌다는 그릇된 주장을 했을 것이고, 맥아더는 일본에서 할 일이 많은 데다가 한국 정세의 곤란한 입장을 깨닫고 기꺼이 이 점에 동의했을 것이다.[2] 하지는 한국에 대한 정책을 '집행하도록' 자유로운 재량권을 가졌다. 워싱턴에서는 아무도 그가 취해야 할 전술에 관해 '지령을 내리려고' 하지도 않았고 또 그런 것이 가능하다고 느끼지도 않았다. 국무부는 사실상 어떤 권한이나 책임이 없었다. 다만 국방부의 생각은 '야전군사령관'에게 자기 군대가 작전 중인 지역 주민을 다루는 데 광범위한 자유를 허용해 주어야 한다는 것이었다. 경제 또는 정치·사회적 요소를 군사적 사항과 분리시키려는 것은 소용 없는 일이었다. 즉 그 지역의 군 지휘관은 자신이 당면한 상황에 대처함에 있어 자기 자신의 판단에 따라 최선을 다해야 한다. 이것은 물론 어떤 다른 사람에게 비친 현실이 아니라 자기 자신이 파악한 그대로의 정세를 놓고 분석하지 않으면 안 된다는 것을 뜻한다.

1945년 9월 7일부터 대한민국이 수립된 1948년 8월 15일까지의 전 기간을 통해 존 R. 하지 장군이 일본에서의 더글러스 맥아더 장군처럼 남한에서 미국 정책과 그 집행 수단의 전부를 지배한 핵심 인물이 된 것도 바로 이런 이유에서이다.

이것은 하지 장군의 선택이 아니었다. 남한의 점령을 하명받은 그의 돌연한 임명 이전까지도 그는 이것이 자기의 임무가 되리라는 예상을 한 적이 없었다. 사실상 점령 과업을 위해서 국방부가 최초로 고른 인물은 북지나 방면 미군사령관 앨버트 C. 웨드마이어 중장이었다. 그러나 그는 두 가지 이유로 임명이 안 되었다. 첫째, 그의 군대가 아직은 만주에서 필요했던 데 반해 하지의 군대는 자기들이 싸웠던 오키나와에서 이미 필요 없는 존재가 되어 있었기 때문이고 둘째, 남한으로 가려면 북한을 거쳐가야 하는데 이를 소련이 허용하지 않아 웨드마이어의 군대를 만주로부터 남한으로 이동시킬 수가 없었기 때문이다. 제2의 후보 인물은 제10군사령관 조셉 W. 스틸웰 장군이었다.

---

[2] 예를 들면 하지 장군은 맥아더 장군을 통하지 않고 트루먼 대통령에게 개인적으로 보고서를 보내고 있었다. 해리 S. 트루먼 저, 《시련과 희망의 시대》(1956), 뉴욕주 가든시, 더블데이 출판사 발행, p. 322 참조.
맥아더의 권한은 애매했다. 극동군 총사령관으로서 그의 관할 지역에는 명백히 한국이 제외되어 있었으나, 다만 극동의 미국 육군사령관으로서 그의 권한이 한국을 포함하고 있는 데 불과했다. 실제에 있어서 맥아더는 한국 문제 결정에 관한 한 하지에게 책임이 있다는 하지의 견해에 대체로 동의했다.

하지는 다른 미군 지휘관들이 다 그러했듯이 이런 임무에 대해 훈련이나 경험이 없었다. 그러나 더 중요한 것은 하지가 정치 문제를 다루는 데 필요한 자질이 결여된 인물이었다는 사실이다. 이것은 아주 짧은 시간 안에 충분히 밝혀진 일이었지만 혼란이 뒤얽혀 돌아가는 동안에는 누구의 잘못이며 무엇이 잘못된 것인지 확신을 가지기가 쉽지 않았다.

한국 정세를 둘러싼 먹구름이 일시적인 기분으로 변덕스럽게 밝아진 일이 있으나 이런 장난기는 지나고 난 뒤까지도 뒷맛이 개운치 않았다.

훗날 사람들이 손자들에게 경험담을 이야기할 때쯤에는 회오리바람에 20피트쯤 날린 불상사까지도 매우 싱겁게 들리는 그런 사건이었다고나 할 것인가?

1947년 7월 1일 하지 장군은 자기도 이름을 알고 국민의 존경을 받는 한국의 원로 지도자 한 사람을 한국으로 불러들였다. 그는 50년 전에 미국에서 의학박사 학위를 받은 최초의 한국인 서재필(徐載弼)이었다. 애국자로서의 그의 명성은 1897년 7월 서울에서 그가 독립협회를 창설했다는 사실에 연유하는 것이다. 독립협회는 이승만 자신이 공직 생활을 시작한 단체이며 사회적·정치적 개혁에 힘을 기울인 클럽이었다. 개혁 운동으로 이승만이 감옥에 가 있는 동안 필립 제이슨(서재필 자신이 붙인 미국 이름)박사는 한국을 떠나 의사 개업으로 필라델피아에 정착했다.[3]

한국 민족주의의 상징이요 대표 인물로 이 박사 대신 서재필 박사를 앉히려는 하지 장군의 노력은 자주독립운동을 좌우지하려는 그 노력의 비실제성을 여지없이 노골적으로 드러냈다. 하지는 군정청 고문으로 취임한 한국계 미국인 정치학 교수 임창영(林昌榮)의 설득과 중도파의 찬성에 따라 서재필이 좌우 합작 정책을 지지할 것이고 한국 국민은 그가 이끄는 대로 따라 갈 것이라고 믿었다.

1947년 5월 6일 무렵 이 박사는 나에게 이렇게 써 보냈다.

---

3) 앞의 책 《한국 민족주의 정치론》의 저자이고, 펜실베이니아 대학 정치학 교수이며 1910~1945년 한국 정치 지도자에 관한 최고 권위자인 이정식(李庭植) 박사는 1975년 6월 17일 나에게 이렇게 써왔다. '나는 서재필 박사를 하나의 비극적 인물로 봅니다. 1884년 그가 쿠데타에 참여함으로 말미암아 그의 가족은 모두 처형되었습니다. 그는 1895~1898년에 한국을 개혁하려고 했으나 미국으로 밀려났습니다. 그리고 1919~1921년에 자기의 전 재산을 한국을 위해 바쳤고 끝내는 파산했습니다. 그는 미국 사람이 되어 보려고 하다 환멸을 느낀 사람입니다.'

나는 서재필 박사가 이미 미국을 떠나 서울에 도착했을 것으로 생각했는데, 샌프란시스코까지 왔다가 건강 상태 때문에 되돌아갔다는 것을 알고 놀랐소. 오늘 아침 한 신문에서 그 사람이 자기 건강은 괜찮은데 국방부에서 못 가게 말렸다는 사실을 알리는 성명서를 발표했다는 것이오. 어떤 단체가 그를 환영하려고 준비를 갖추었는데 이제 그들은 실망했소. 일반적인 공기는 그의 방한이 어떤 한 집단을 돕게 되기는 하겠지만 전반적인 정세에 혼란을 가져오리라는 것이오.

서재필의 방한은 이루어졌고 그는 7월 1일 오후 4시 인천(仁川)에 상륙했다. 그는 부두에서 김규식·여운형 그리고 그를 따르는 많은 사람들의 환영을 받았다. 그때 그의 나이 85세였다. 건강은 이미 쇠약해져 있었고 은퇴 생활 밖으로 벗어나기를 싫어했다.

나는 그가 한국으로 돌아오기 꼭 2개월 전 펜실베이니아주 메디어시에 있는 그의 사무실에서 가진 그와의 회견을 생생하게 기억한다. 한국의 국권 회복 운동에 옛날처럼(1895~1898년은 물론 1919~1921년 시기) 다시 적극적으로 참여할 것을 내가 간청하는 동안 그는 이야기가 끝날 때까지 냉랭하게 듣고 있더니 '올리버 박사, 나는 미국 사람이오. 우리 미국인들은 당신네 한국 사람들이 하고 있는 일에 관심이 없소' 하고 말했다. 이 일과 짓궂게도 반대되는 말이 7월 7일 군정청 기자실에서 서재필 박사가 한국 보도진에 보인 첫 기자 회견에서 이어졌다.

질문 : 한국에 대한 박사님의 인상은?
응답 : 나는 아직 아무것도 이야기할 입장에 있지 않지만 나는 기독교인이며 내가 무엇을 하든 애정과 동정과 이해를 가지고 해 나가겠다.
질문 : 특별고문관으로서의 박사님의 임무는?
응답 : 나는 한국인과 미국인 모두에게 조언을 하려는 것이다. 그렇게 함으로써 한국과 한국인에게 봉사하려는 것이다. 나의 충고가 아무런 성과를 가져오지 않는다면 나는 미국으로 돌아갈 것이다.
질문 : 이 박사가 신탁 통치에 반대하는 태도를 어떻게 생각하는가?

응답 : 분명하게 어떤 말을 하기는 매우 어렵다. 그러나 이 박사는 성실한 애국자이고 그의 태도는 한국의 이익을 목적으로 하고 있다고 나는 믿는다. 그러나 말만으로 일이 되는 것이 아니고 결과와 행동이 국민에게 좋은 성과를 가져다 주어야 하며, 결과가 국민에게 해로운 것이라면 그것은 진정한 애국이 아니다.

질문 : 한국에 임시정부를 세우는 데 관해서 미국의 여론은 어떤가?

응답 : 국민 대다수의 의사에 따라 민주적 방법으로 임시정부가 수립되는 것을 미국 사람들은 원한다.

질문 : 6개월 후에는 박사님이 미국으로 돌아가는 것으로 우리는 알고 있다. 그 기간 안에 한국이 완전히 독립되리라고 생각하는가?

응답 : 그것은 말하기 어렵다. 이 기간이 끝난 뒤일지라도 나의 존재가 필요하다면 남아서 내가 할 수 있는 일을 하겠다.

7월 12일 오후 서울운동장에서는 서재필 박사 환영 군중 대회가 열렸고 이 박사·김구·여운형, 그리고 그 외 몇 사람이 연설을 했다. 이 무렵에 날짜가 안 적힌 한 편지에서 이 박사는 하지 장군의 지도자 조작극에 대한 자신의 생각을 나에게 적어 왔다.

서재필 박사는 이따금 나를 해롭게 할 뜻으로 이런 말 저런 말을 했소. 나는 공사간에 이에 대한 답을 하지 않았소. 이런 말들은 다른 사람보다도 서재필 자신을 해롭게 하는 역효과를 낳게 했는데 그것은 그의 말이 사람들에게 그가 서 있는 위치를 정확히 알려 주게 만들었기 때문이오. 국민들이 보기에는 하지 장군이 이 박사의 영향력을 꺾기 위해서 미국 시민인 그를 불러들였다는 것이오. 서재필 박사가 저지른 가장 큰 잘못은 기자 회견 때 그가 '한국 사람들은 비누 한 장 제대로 만들 줄 모르는데 어떻게 자치를 할 수 있겠는가?'라고 말한 점이오.

최근에 시내 전역에 몇 가지 각각 다른 삐라가 살포되고 정부가 수립되면 서재필이 대통령직을 수락할 것을 주장했소. 이 사람들은 이런 삐라로 100만인의 서명을 확보하려는 것이고 많은 중도파 사람들, 좌익 분자, 그리고 불평 분자들이 이 계획을 지지하고 있소. 서재필 박사는 수차에 걸쳐 자기는 한국을 돕기 위해 미국 시민을 포기하게 될 것이라고 공식으로 밝혔소. 이것은 하지 장군이 한국을 떠나기 전의 마지막 책략이오. 그 사람은 자기의 가능한 모든 방법을 다해서 한국 사람들의 일을 간섭할 때까지 간섭하며 평화로이 내버려두지 않겠다는 것이오. 이것은 이 박사와 그의 정책을 불신임하도록 해서 한국을 분열시키려는 지난날 그대로의 책략이오.

서재필 박사는 자기도 모르는 사이에 또 하나의 뒤얽힌 처지에 말려들게 되었다. 1946년 대한적십자사가 조직되었을 때 아놀드 장군이 이 박사에게 총재가 되도록 부탁했다. 조직위원회 또한 이 박사에게 이 기관을 맡아 주도록 요청한 바 있었다. 이때에 하지 장군은 김규식을 적십자사 총재로 지명했고 이 박사도 이 지명을 지지했다. 그러나 위원회 내부에서 심한 분열이 일어나 적십자사는 기능을 못하게 되었다. 김규식은 사임하고 또다시 그 위원회가 이 박사에게 총재직을 제의해 왔던 것이다. 그랬더니 하지 장군 사무실에서 서재필은 미국 시민으로서 미국 국무부의 승인을 얻고 미국 사람들로부터의 기부금 확보로 원조를 받을 수 있을 터이니까 총재직은 그 사람에게 맡겨야 한다고 제의해 왔다. 서재필은 임명을 거절했고 이 단체의 지위는 희미하고 무력하게 되었다.

몇 년 뒤 내가 이 박사의 전기 《신화 속의 인물 : 이승만》 집필을 위한 자료를 수집하는 동안 서재필에게 자신의 견해를 부탁했더니 그로부터 1949년 9월 12일자로 긴 편지가 왔는데 그 속에서 그는 1896년과 1919년에 있었던 자기 자신의 경험들을 회고하면서 다음과 같은 말을 덧붙였다.

나는 귀하가 근년의 이승만 박사 업적에 대해 소상히 알고 있다고 믿습니다. 그는 극복하기 어려운 걸림돌 앞에서도 미국인들 앞에 한국 문제를 드러내는 노력을 결코 중단하지 않았습니다. 그는 일본과의 유화를 추구하는 미국 정책에 어떤 변화를 가져오도록 만들지 못했지만 미국의 대한 정책에 변화를 주게 될 사건이 일어날 것이라는 희망을 결코 포기하지 않았습니다.

일본 자신이 미국으로 하여금 정책을 바꾸도록 만든 일은 기구한 일이며 그 결과 지금은 적어도 한반도의 남쪽 절반은 독립된 공화국으로서 미국의 승인을 받게 되었습니다. 나의 희망은 모든 한국 사람들이 자기 나라를 자립과 자치의 나라가 되도록 재건함에 있어 계속 미국 사람들과 협력해 나가는 일입니다. 이것이 미국 사람들의 친절한 너그러움에 대한 그들의 감사의 뜻을 과시하는 최선의 길이라고 나는 생각합니다.

이것이 그 용감한 노인으로부터의 마지막 정중한 인사였다. 그러나 1947년에는 자기를 끌어들였던 당시의 투쟁을 수행할 기력도 의지도 그에게는 없었다. 조용하게 거의 눈에 띄지 않는 가운데 그는 국민의 이목에서 사라졌다. 대한민국이 수립된 뒤 그는 다시 '형제 사랑의 도시' 메디아의 변두리로 은퇴하고 말았다.[4]

이 박사의 옛 경쟁자 중의 다른 한 사람이 7월에 한국에 들어오면서 금의환향하는 애국자로 공식 환영을 받았다. 이 사람은 워싱턴에서 온 김용중이며 '중도파'와 제휴하고 있었으나 현명하게도 아무런 공식 성명 발표도 삼갔다. 7월 19일 여운형이 암살되던 당시 그는 자동차 뒷 좌석에 여운형과 함께 앉아 있었다. 그는 황급히 미국으로 돌아가 버렸다.

학생들이 7월 서울에서 데모 중인 가운데 아처 L. 러치 장군은 군에서 예편되어 남한 군정장관의 자리를 떠났다. 자기의 최종 보고를 위해 워싱턴에 온 그는 이 박사와 하지 장군 사이의 정돈 상태를 깨려는 마지막 노력을 기울였다. 임병직 대사가 베푼 만찬에서 러치 장군은 정세를 논하며 내가 존 힐드링 국무차관보로부터 받은 다짐과 마찬가지로 미국 정책이 모스크바협정으로부터 자주적인 한국인의 공화국 수립으로 전환하고 있음을 우리들에게 새삼 다짐하려고 최선을 다해 이야기하는 가운데 밤이 늦도록 시간을 보냈다. 그다음날 7월 15일 러치 장군과 나는 이 박사에게 내가 보내야 할 한 통의 적절한 전문(電文)을 작성하기 위해 몇 가지로 고심했다. 나의 서명을 받기 위해 러치가

---

4) 임창영이 쓴 짧막한 찬양 전기 《한국에 드리는 미국 최선의 선물:서재필의 일생》, 뉴욕 윌리엄 프래드릭 출판사 간행, 1952년판, p. 89 참조.

작성한 첫 기초 문안은 다음과 같이 되어 있었다.

 본인은 국무부 및 국방부의 고위 관리들을 만나 이야기했음. 이들 절대다수의 의견은 남한에서 미국 입장을 반대하는 선동은 표면상의 것이라 하더라도 소련을 이롭게 한다는 것임.
 전체 미국 관리들이 한국에서 추구하는 기본 정책에 관해 완전히 합의했기 때문에 하지 장군이 워싱턴의 미국 정부 방침과 어긋나는 정책을 따르고 있다는 박사님의 어떤 성명도 오직 박사님의 몇 가지 오해의 결과일 수밖에 없음. 본인의 의견이나 당지의 모든 박사님의 벗들의 의견도 마찬가지로 중요한 일은 38도선의 제거임. 미국 사람들에 대해 박사님이 반대한다는 보고들은 당지에서의 박사님 명망을 크게 훼손시켜 왔음. 지금까지 본인은 박사님에게 현재의 미국 정책을 지지하도록 충고하는 박사님 벗들과의 합세를 삼갔음.
 본인은 박사님의 현 방침이 잘못 해석될 위험이 있다고 보기 때문에 웨드마이어 장군과의 회담이 있기까지는 그것을 잠시 보류하도록 간청하는 바임. 박사님의 개인적인 희망과 상관없이 미국의 정책이 유일한 자유의 길인 것 같으니까 이제는 미국의 정책을 전적으로 지지한다는 공식 성명을 박사님이 발표한다면 위대한 정치가로서의 박사님의 능력이 돋보일 뿐더러 한국 문제 해결에도 실질적으로 도움을 줄 것임.

이 내용이 결코 통하지 않으리라 함은 명백했다. 한 가지만 보더라도 전문에 서명함으로써 내가 보증하듯이 그것은 이 박사가 정말 미국의 대한 정책을 반대해 왔었다는 하나의 견해를 강조하는 것이 된다. 이 전문은 또한 워싱턴에 있는 그의 벗들도 그의 입장을 반대하고 있다고 주장한 것이다. 이 전문은 또한 이 박사의 전술이 서툴고 현명치 못하여 '소련 사람들에게 유리하도록 하고 있다'고 딱 잘라 말하는 것이다. 그것은 또 미국에서의 이 박사 입장이 매우 악화되어 있다는 판단까지 그 내용에 담고 있다. 더구나 그것은 이 박사의 정책과 행동은 순전히 자기 '개인적인 야욕'에 근거하고 있으며 바꾸어 말하면 그는 미련하게도 자기 자신의 야망을 위해 국민의 행복과 미국과의 동맹 관계를 거

침없이 희생시키려 하고 있다고 가혹하게 암시하고 있는 것이다.[5]

물론 하나의 기본 문제는 어떤 종류의 전문도 비공개적으로 보낼 수 없다는 데 있었다. 우편이나 무전을 통하는 어떤 내용의 것도 군부 계통을 거쳐야 했다. 특히 전문 같은 것은 신문 기자들의 눈을 피할 수 없는 것이고 더구나 이것은 하지 장군의 목적대로 잘 이용이 될 내용이기 때문에 즉각 한국 신문에 공개되어 이 박사가 진정한 애국자가 아니라고 낙인을 찍게 될 것이고 미국 신문에는 그가 훼방꾼이라고 내세우기 위하여 또한 공표될 것이 뻔했다.

나는 러치 장군으로부터 그 전문을 거두면서 그에게 귀하가 초안한 것은 '썩 잘 된' 것이 아니니 내가 곰곰이 다시 생각해 보마고 말했다. 그 내용은 잘못된 것이 있는 반면 옳은 점도 또한 많았다. 신탁 통치를 반대하는 것은 이 박사와 다른 한국의 애국자들의 의무인 동시에 그만큼 하나의 권리이기도 했다. 이와 마찬가지로 소련 영향하에 놓인 동유럽 국가들에서 이미 일어난 일들을 똑똑히 보아 온 많은 충직한 미국인들도 이런 반대의 입장에 가세할 수 있었고 또 가세했다. 그러나 지금은 우리가 워싱턴에서 알고 있듯이 정책이 바뀌는 중에 있었다. 웨드마이어 장군은 현지 조사와 보고를 목적으로 극동으로 향하고 있는 중이었다. 소련에게 더 이상 굴복하는 일은 미국인들에게 불쾌감만 더해 줄 뿐이다. 새로운 신뢰와 더한 인내가 요구되었다. 이런 전문을 보낼 필요가 내게 있다고 나는 느꼈다.

러치 장군과 헤어진 뒤 남은 하루 종일 나는 거의 같은 내용의 전문 초안을 두 개 만들어 보려고 했지만 번갈아 퇴짜를 놓아 버렸다. 결국 다음과 같은 전문을 작성하여 나의 서명으로 발송했다.

한국 정세를 놓고 이곳 국방부과 국무부의 긴장은 대단합니다. 우리의 노력과 박사님의 몇 가지 선언에도 불구하고 관리들은 (한국에서의) 시위 운동이 미국 계획을 반대하는 것으로 생각하고 있고 데모는 소련과의 교섭에서 미국의 입장을 약화시킨다고 느끼고 있습니다. 박사님이 한국 분단의 종식은 물론 될 수 있으면 빠른 시일 안에 선거에 의한 정부 수립을 위해 과거에

---

5) 내 딴에는 그래도 러치 장군을 우호적이고 도우려는 사람으로 생각하고 싶었지만 그가 어떻게 이러한 전문을 꾸밀 수 있었나 싶다.

도 항상 그러했듯이 지금도 한·미 협력을 위하여 싸우고 있다는 성명을 발표하면 당지의 사정에 도움이 될 것입니다. 선거법의 통과와 웨드마이어 사절 파견은 전적인 협력 관계를 가능케 할 새로운 토대가 될 것입니다. 박사님과 웨드마이어 간의 회담은 이런 정신 하에서 긴장 완화에 크게 이바지하고 한국 문제 해결에 실질적인 도움이 될 것입니다.

이에 대해 7월 21일 나는 다음과 같은 회신을 받았는데 이것은 하나의 변명이나 굴복으로 느끼도록 하지 않으면서 우리가 바라던 바의 대강을 성취시킨 내용이었다.

우리는 과거에도 언제나 그러했듯이 지금도 한국 분단의 종식과 선거에 의한 정부 수립을 위해 한·미 협력 관계를 지지함. 하지 장군과 기타 인사들도 총선거 실시에 동의했음. 따라서 우리는 그 일을 준비 중임. 미·소공동위원회 결과가 만족스럽게 되면 우리의 계획은 포기하겠음. 신탁 통치가 발표되었을 때 데모는 시작된 것이고 때때로 반복되었음. 우리는 미국이 우리에게 신탁 통치를 떠맡기려고 한다고 믿지 않음. 아무도 우리가 미국을 반대한다고 말할 수 없을 것임.

이 전문은 워싱턴에 번지고 있던 이 박사에 대한 노여움을 풀어주게 되리라 믿어졌고 사실상 누그러뜨리는 어떤 효과도 있을 듯싶었다. 여기에 말한 선거라 함은 하지 장군의 승인을 얻어 과도입법의원이 의결한 하나의 계획으로서 북한에서 이미 실시 중인 비슷한 정권과 맞서기 위해 남한에서 제한된 자치권을 행사할 과도적인 한국 정부 선거를 목적으로 남한에서 가을 어느 시기에 총선거를 실시하도록 요구한 내용의 것이다. 사건들이 이를 앞지르게 되어 이 선거는 실제로 실시되지 못했다.

이런 여러 가지 현실에 비추어 하지 장군이 트루먼 대통령에게 이승만은 신탁 통치 반대를 앞장서서 주도하고 있으며 미·소공동위원회의 일을 '훼방놓고' 있다고 보고한 것은 불행한 일이다. 참으로 미국이 정세를 새로이 파악해야 할 급박한 필요성이 있었다.

러치 장군이 말한 웨드마이어 사절단은 진정한 희망을 약속하는 듯이 보였다. 1947년 여름 웨드마이어 장군은 조지 마셜 국무장관으로부터 남한과 중국에 가서 미국 정책이 이 두 나라에서 어떤 변화를 필요로 하는지를 결정하도록 '사명'을 위임받았다. 그가 워싱턴으로 귀환한 뒤에 나는 웨드마이어 장군을 그의 집무실에서 만나 그의 사명이 어째서 실패했느냐고 물었다. "나는 내 보고서를 가지고 돌아와서 마셜 장군 책상 위에 놓았소" 하며 웨드마이어는 나에게 "그리고는 그에게 '자, 이제는 당신의 지저분한 일을 끝냈으며 정책 변경이 효과를 나타내도록 하고 우리가 빠져들었던 혼란을 청산합시다'라고 했더니 마셜이 내게 말하는 것이 '여보게, 자네 보고서는 문서철에나 쳐박아넣어야겠어.'" 이것이 웨드마이어 사절의 끝장이었다.[6]

그때까지 한국에는 보다 유리하고 중국에게는 보다 불리하게 정책이 변화 중에 있었다. 그러나 무엇이 일어나고 있는지 일반은 물론 이 박사와 같은 핵심적인 인물조차도 아직 알 수 있는 처지가 못되었다.

1947년 7월에 와서야 국무부는 미·소공동위원회가 별로 효과적이 못된다는 사실을 알고 모스크바협정은 수정되어야 한다고 깨달았다. 한국에 대한 신탁통치는 남한 국민들의 완강한 반대 때문에 벽에 부딪힐 수밖에 없었으며, 또 한편으로는 공산주의자들과의 '합작'이 동유럽에서 과연 무엇을 의미했는가를 뚜렷하게 보여 주었기 때문이다.

미국의 정책 수립자들은 한국에 대한 새로운 접근 방법과 새로운 해결책을 모색 중이었다. 이들이 결정지은 것은 분단으로부터 재통일되는 남·북한에서 총선거가 실시되도록 국제연합의 승인을 얻으려는 일이었다. 갑작스러운 정책 전환은 소련의 비타협 때문이라는 것을 보여줌으로써 합리화될 수도 있다. 그들의 이상적인 생각은 이 박사가 중도파들과 합류하여 범한국적인 좌우 합작 정부에 찬성하는 것이었다. 이들이 느끼기에 이렇게 되면 미국을 따르는 한국

---

6) 이 보고서는 '문서철에서 나와' 10년 후에야 공식 기록에 올랐다. 앨버트 C. 웨드마이어 저, 《웨드마이어 보고서》(1958), 뉴욕 헨리 홀트 출판사 발행 참조.
그보다 앞서 1951년 소용이 닿기에는 너무 늦어 버린 웨드마이어의 '한국 보고서'는 상원 군사위원회에 '참고용'으로 제출되었다.

사람들의 '합리성'을 온 세상에 이해시키게 될 것이다.

이들은 또한 여기에 대해 소련이 '비합리적으로' 반대하리라는 것도 똑같이 확신하고 있었다. 그때에 가서는 세계가 미국이 모스크바협정을 폐기하는 것을 지지하게 될 것이다.

국무부 관리들은 이 박사에게 이런 비밀을 공개할 수 없다고 느꼈기 때문에 이런 전략을 그에게 설명할 수도 없었다. 힐드링 차관보는 정책의 근본적인 변화가 진행 중임을 나에게 적절하게 설명하려고 신경을 쓰면서 이 박사도 이 변경을 기뻐할 것이라고 말했다.

이 박사에게 보낸 이 해 여름의 나의 편지들은 장래에 대한 전망을 믿도록 역설하는 것이었다. 새로운 계획이 어떤 것인지 나도 모르기 때문에 설명할 수가 없었다. 하지 장군 또한 우리보다 더 나은 정보통일 수가 없었고 장차 철회하게 될 정책을 이 박사가 응낙하도록 계속해서 압력을 가했던 것이다. 되돌아보건대 워싱턴의 정치가들만 이 계획 중인 과정을 알 수 있었던 반면, 직접적인 주역들은 눈을 가리운 채 위험스런 가면극에 놀아난 일종의 잔인한 희극이었다. 그 당시 실정은 웃음과는 거리가 멀었다.

7월 13일 이 박사는 긴 편지를 나름대로의 정세 분석을 곁들여 나에게 보내왔는데 다음 발췌 내용이 그런 분위기를 말해 준다.

……하지 장군은 과거에도 그랬고 지금도 여전히 공산분자들과의 협력이 한국 문제 해결에 필수적이라는 것이오. 신탁 통치를 포함한 모스크바 결정은 한국 사람들이 그대로 받아들여야 하는 '불변의 원칙'이라고 그는 주장을 했소. 이것은 자주 독립의 원칙에 어긋나기 때문에 한국 사람들은 수락을 거부한 것이고 자기들이 이른바 '모스크바'결정을 내릴 때 3대국 열강은 한국인과 상의한 바도 없고 미·소공동위가 한국 사람으로 하여금 남한 공산화를 막지 못하도록 '좌우 합작 정부'를 세우려고 하기 때문에 이를 거부한 것이오.

소련과 어떤 합의라도 얻어 보려고 공연한 노력을 기울여 가면서 하지 장군은 모든 민족 진영 단체들의 항의를 무릅쓰고 김규식과 여운형을 공동의 장으로 하는 이른바 '좌우합작위원회'라는 것을 시작했소. 지난 4월 공동위원회 토의 재개를 위한 예비 조치로 그는 신탁 통치에 대하여는 찬반 간에 모든 정치 집회와 시위를 금하도록 그리고 공동위원회 회의 기간 중에는 모든 언론상의 토론도 금하도록 명했소.

　하지 장군은 모든 민족 진영 지도자들에게 신탁 통치 지지를 서약하는 이른바 공보 제5호에 서명하도록 협박과 공갈로 강요했소. 그러면서 하지는 공공연하게 이 박사가 공동위원회를 방해하며 한국 독립을 지연시키고 있다, 이 박사는 반미주의자다, 등등으로 떠들고 있소. 그는 이 박사가 폭력단의 암살 계획에 관여하고 있다고 비난하고 있소.……

그동안 워싱턴에서는 웨드마이어 장군이 '사절단' 임무 수행을 위하여 떠나려는 참이어서 임병직·존 스태거스·J. 제롬 윌리엄스, 그리고 나는 장문으로 된 한국 문제 해결 방안에 관한 각서를 그에게 전달했다. 그 내용의 대부분은 이미 〈뉴욕타임스〉나 딴 곳에 발표된 제안을 풀이한 것이었으며 각서는 2개의 추가적인 건의문 항목으로 끝맺고 있다.

　1. 지금 현재 38도선 이북에 있는 한국 사람들 중에서 약 80%가 이 박사를 지지하고 있고 따라서 반공주의자들이기 때문에, 그리고 다수의 지도적인 북한 국민들이 남한 정부에 포함될 수 있으므로 이 정부가 한국 전체를 통치할 책임을 지는 데 방해를 받아서는 안 된다. 이것이 지금 한국 사람들의 분열을 일삼고 있는 세력을 물리치는 가장 효과적인 방법이 될 것이다.
　2. 하지 장군과 그의 주한 국무부 고문관을 갈아야 한다. 자주 독립의 한국 정부를 수립한다는 공표된 목표 달성을 위해서는 하지 장군은 과거의 잘못 때문에 이미 한국 국민의 신임을 잃었다. 그리고 지난날의 난국 책임이 어디에 있든지 간에 능률적인 한·미 관계의 발전은 상처받지 않은 사람을 앞힘으로써 크게 촉진될 것이다.
　우리들의 건의는 트루먼 독트린과 마셜 플랜에 나타나 있는 바와 같은 미국 정책에 합치된다고 믿는다. 우리는 또한 이 건의가 채택된다면 한·미 협력의 문제는 해결될 것으로 믿는다.

마셜 장관에게 제출한 보고에 들어있던 웨드마이어 건의서는 훨씬 훗날까지 공개되지 않았다. 그의 제안은 비밀 문서철에 이관되었기 때문에 그 당시로서는 그의 현지 보고서가 이와 똑같은 결론으로 이끌었는지 아닌지를 우리로서는 알 길이 없었다.[7]

내가 분명히 알고 있었던 전모는 그가 워싱턴으로 돌아온 뒤 나와의 회담에서 이 박사의 처지를 동정하고 그가 제출해야만 했던 건의 내용을 워싱턴이 고려하지 않은 점에 실망한 사실이다.

한국 내부는 냄비가 끓듯 요란했다. 7월에 소련은 외부 옵서버들의 입국을 허용하지 않은 채 북한으로부터 소련군이 전부 철수했다고 했고, 따라서 이 지역은 전체 한국의 합법 정부라고 재빨리 주장하며 별안간 임시 조선인민공화국 통치하에 들어간다고 발표했다. 서울의 과도 입법의원도 남쪽에서 즉시 선거를 실시하여 한국 정부를 수립해야 한다고 요구함으로써 이에 맞섰다. 김구는 성명서를 발표하여 충칭에서 환국한 임시정부(3월에 자기가 소집한 대한국민 대표의회에서 이 박사를 앉혔으나 아직도 자기가 수반이라고 주장하는)가 사실상 전 한국의 합법 정부라고 주장했다. 이런 혼란 속에 8월 12일 이 박사는 나에게 다음과 같이 적어 보냈다.

김구는 마음속으로 이 박사를 지지하고 싶어하나 중국에 같이 있던 동지들과 귀국 전에 함께 협력해 나갈 것을 약속했기 때문에 그들로부터 떠나기가 그로서는 매우 어렵다고 느끼고 있소. 여기에 지금 어려움이 가로놓여 있는 것이오. 민주의원은 합동 회의 최근 토의에서 자기들이 어디에 어려운 점이 있다는 것을 알아내게 되었으며 국민 감정도 당장 선거를 지지하는 방향으로 나가게 될 것이오. 여론에 따라 김구 자신도 민주의원에 억지로라도 합세하게 될 것을 나는 굳게 확신하고 있소. 국민대표의회는 선거준비위원회 구성을 위한 30명을 남기고 어제 폐회했소.

이 박사를 둘러싸고 있는 긴장의 깊이와 범위는 한국으로 막 떠나려는 정한

---

[7] 후에 밝혀진 바와 같이 그의 건의는 모스크바 결정에 준한 한국 임시정부의 조속한 수립이었다. 미 국무부, 《한미 관계의 역사적 개요》(1962. 11), 워싱턴 간행, p. 66 참조.

경 박사에게 보낸 8월 27일자로 된 나의 편지에 나타나 있다. 그 속에 이런 부분이 나온다.

> 떠나시기 전에 귀하와 이야기할 기회가 있었으면 합니다. 하고 싶은 말이 있으나 서면으로 하기는 주저가 됩니다. 서면 메시지를 휴대하고 한국에 입국하기는 불가능할 것입니다. 그들은 심한 몸 수색을 할 것이며 귀하가 러치 장군과의 우정 때문에 이런 무례한 짓으로부터 보호를 받지 않는 한 이 박사의 벗으로서 귀하는 주의 인물이 될 것입니다. 그러나 예를 들면 귀하가 아무런 문서도 가지고 오지 않았음을 분명히 해 달라고 그가 요구할는지 모릅니다. 그렇지만 도착 후에는 아무도 이 박사와의 대화를 방해할 수 없을 것입니다. 그만한 자유는 남아 있으니까요.

사건들은 급격히 새로운 모양으로 바뀌어 가고 있었다. 8월 11일 마셜 국무장관은 신탁 통치에 관한 모스크바협정을 바꿀 새로운 계획을 채택할 준비 절차로서 즉시 한국 정세를 재검토하자고 몰로토프에게 제안했다. 8월 26일 로버트 로베트 국무장관 서리는 모스크바협정을 재검토하고 한국 정부 수립을 위한 전국 총선거를 그들 감독하에 실시할 계획을 세우기 위하여 4개국 회담(미국·소련·영국·중화민국) 개최를 제안했다. 소련은 이 제안을 거절했다. 9월 17일 마셜 장군은 '한국 독립 문제'를 국제연합 총회 의제에 올리도록 제안했다. 신탁 통치는 이미 '불변의 원칙'이 아니었다.

이런 기본적인 정책 전환에 대하여 한국 지도자들로부터 즉각적인 반응이 나타났다. 이 박사는 널리 흩어진 워싱턴의 활동을 한데 모으기로 결심했다. 9월 10일 그는 국민대표의원 상임위원회로부터 다음과 같은 신임장을 얻어 영·한 양국어로 하여 내게 보내 주었는데 이는 사실상 나를 가공적인 외국 정부의 비공식 대사로 임명하는 것이며 내가 알기로는 이렇게 묘하고도 구름같은 자리를 차지한 최초의 미국인이 아닌가 싶다. 신임장에는 다음과 같이 적혀 있었다.

> 대한국민대표민주의원의 명의와 권한으로 의장인 본인 이승만은, 부여된

권한에 의거 여기에 로버트 T. 올리버를 주미 한국 대표부 고문으로 임명하며 그에게 한국 문제 토의를 위한 전권과 권한을 부여하는 바이다. 각자 전원 그의 언행에 대하여 전폭적인 신임을 요청하며 신임장 이상의 것을 기대하지 말 것임.

서기 1947년, 단기 4280년, 9월 10일
대한국민대표민주의원
의장 이승만

미 군정의 직접 관장하에 있는 남조선과도 정부의 한국인 간부 회의는 9월 25일 만장일치로 '남한의 현 정세에 대처하는 방안'에 관한 선언문을 채택했다. 그 선언의 가장 흥미로운 특색은 워싱턴에서 전개시키고 있던 새로운 정책을 반영시키고 있지 않다는 점이며, 이는 군정과 그의 한국인 앞잡이들이 얼마나 철저하게 '끄나풀 끝'에 달랑 매달려 있었는지를 보여주는 또 하나의 증거이다. '남조선이 극도의 혼란 속에 처해 있음'을 지적하면서 이 선언문은 '진정한 민주주의'에 입각한 '국가적 독립의 완성'을 제의했다.

'진정한 민주주의'는 개인의 가치와 표현의 자유가 가장 신성시되는 정치적 이상을 펴나갈 제도를 뜻한다. 개인의 권리와 사유 재산의 권리는 사회의 공동 이익을 방해하지 않는 한 인정되어야 한다. 인간의 경험과 지식의 도움으로 사회는 다수 지배에 따라 진보적으로 개혁되어 나가야 한다. 그러므로 우리들은 사유 재산의 철폐라든가 사회 변혁을 위한 혁명적인 수단 방법에 반대한다. 나아가서 우리는 봉건주의는 물론 개인이거나 계급이거나 간에 어떤 종류의 독재도 이를 배격한다.

이들 간부 회의 사람들이 민주주의의 의미는 분명히 알고 있었다 하더라도 독립의 목표에 대해서는 덜 분명했다. 이 주제에 관해서 이들은 이렇게 선언하고 있다.

남한의 애국 시민들은 한국의 국가적 독립을 준비하고 완성시키는 수단

이나 대리 기관으로서 군정을 믿고 아끼고 있다. 또한 국민은 한국의 참된 통일은 군정의 노력과 영향으로 이룩될 수 있다고 믿고 있다.

그러므로 우리 3000만 한국인은 군정을 사실상 자기들 자신의 정부로 받아들여 왔으며 또 그렇게 받아들여야 마땅한 것이다. 군정에 충성을 다하고 협력을 다하는 것이 우리의 일이며 그렇게 함으로써 군정이 강화될 것이며 명실 공히 우리들의 정부로 이관될 수 있을 것이다.

남한에서 당면한 정치 정세를 간부 회의 사람들은 다음과 같이 설명하고 있다.

남한의 정치·사회 단체들의 정치 활동을 살펴볼 때 우리는 뚜렷하게 대립한 양대 진영이 있음을 주목하게 된다. 제1 집단은 애국적이고 친미적이며 군정과 협조적이고 건설적이다. 제2 집단은 반한·반미·반군정이고 파괴적이다. 후자를 이른바 좌익이라고 한다. 이들의 범죄 행위는 경찰·사법·군사위원회 및 군사재판소의 여러 기록으로 입증될 수 있다.

위에 말한 불법 단체들을 해산시키고 정치 운동의 정상 상태를 실현시킬 때까지는 그리고 그렇게 하지 않는 한 '불편 부당' '엄정 중립' '중도 노선' '좌우 합작' 등등의 말로 표현된 이론을 안심하고 적용시킬 수가 없다. 준법 상태가 회복된 뒤라야만 '우익' '자유주의' 그리고 '좌익'의 진정한 구분이 가능하다.

이 선언문의 '운용 세칙'은 이상스러운 결론을 제시했다.

최근 공동위원회 소련측 대표는 늦어도 1948년 초까지 소련과 미국 점령군이 각각의 지역으로부터 철수해야 한다는 제안 문서를 미국 대표에게 전해 왔다. 이것은 전혀 예상 밖의 제안은 아니다. 소련이 한반도 전역에서 자기들이 이미 결정해 놓은 계획을 이룩하려는 북한에서의 준비가 완료된 것을 알고 그들의 대표가 이렇듯 외견상으로는 남을 위하는 듯한 동작을 해 온 것이다. 북쪽에서는 모든 무대 장치가 끝나 이제 주연 배우와 그 일당이 남한에 적색 정권을 세우는 공산주의 연극을 펼쳐보려는 것이다.

현존하는 국내적 조건과 국제 정세하에서는 그 문제의 토의조차 시기 상조이다. 다음과 같은 조건들이 이행될 때에 한해서 미군 철수가 안전하게 고려되고 실시될 수 있을 것이다.

(1) 북한의 경제·사회 조건이 해방 전 상태로 회복된 환경에서 국제 감시하에 공정하고 정당한 총선거가 실시되어 남북이 통일될 때.

(2) 경찰 및 방위 병력이 강화되고 통합의 과정을 통해서 장차 통일된 한국 임시정부가 국내 치안 문제를 담당할 수 있을 정도의 상태가 되었을 때.

(3) 외국의 간섭과 침공에 대해 국제연합에 의한 국제적 보장이 제도적으로 마련될 때.

1947년 한 해 동안 어수선한 한국의 정세 속에서 짓궂게 펼쳐진 모든 사태 발전 가운데서도 이상스러운 이 문서는 가장 비뚤어진 웃음거리의 하나로 꼽힌다. 그것은 또 한국 사람들에게 군정을 '믿고 아끼라'고 요구하며 '사실상의 정부'로 받아들이라고 말하고 있다. 또 이 문서는 한국의 주권은 미국 점령군사령관에게 있다고 주장하고 있다.

전국적인 총선거에 입각하여 한국이 재통일되고 정부가 수립된 뒤라 하더라도 이 정부는 여전히 '임시적인' 정부에 지나지 않는다. 명시되지 않은 기간과 분명치 않은 조건 아래 정부는 어떤 하나의 국제적 지배 형태 속에 매어 있어야 한다는 것이다. 이런 지배가 미국에 의한 것인지 미·소 공동의 것인지, 아니면 국제연합의 것인지도 밝히고 있지 않다.

이 문서는 또한 한국인 간부 회의는 모스크바협정에 의한 신탁 통치를 실시하려는 미·소의 노력을 '전적으로 지지해 왔다'고 말하고 있다. 그들은 여전히 미·소 간의 합의를 통해 '임시정부'를 수립하려는 '한국 문제 해결의 평화적 방법'을 희망한다고 했다. '표현의 자유'는 '가장 신성하다'고 하면서 모든 '반국가적'이고 '반미적'이고 '파괴적'인 운동은 금해야 한다고 했다.

이 문서 발표의 시기도 그 내용만큼이나 우스꽝스러웠다. 이것이 채택되기 1주일 전에 한국 신문들은 미국이 선수를 쳐서 한국의 관할권을 미·소공동위원회로부터 국제연합으로 이관하도록 제안할 것이라고 예고했다. 믿기지 않게도 간부 회의의 한국인들은 '주권을 행사하는' 군정으로 하여금 무기한 감독하에 들어갈 '임시' 한국 정부를 수립하도록 하려는 자기들의 제안을 그대로 밀고 나갔다. 이 문서의 취지는 마치 서재필 박사가 한국 사람들은 자치 정부에 대한 준비가 덜 되어 있고 비누 한 장 만들지 못한다고 한 것이 옳다는 것을 증명하려고 꾸민 듯이 보였다. 이 문서는 또한 1946년 6월 '이 박사는 한국의 정치가 중에서도 가장 위대한 정치가이기 때문에 오직 하나 밖에 없는 정치가일는지 모른다'고 한 하지 장군의 판단이 옳았음을 증명하려고 꾸며진 것처럼 보이기도 했다.

간부 회의가 '만장일치' 가결로 발표한 이 문서의 서명자는 조병옥(趙炳玉)과 안재홍(安在鴻)이었다. 강력한 경찰 행정가 조병옥은 군정청 경무부장직에 있었다. 훗날 그는 이 대통령 내각에서 경찰을 관할하는 내무부장관을 지냈고 그 뒤에는 국제연합 주재 대사가 되었다.

1960년 그는 이 박사와의 대통령 경쟁자로 지명되었는데 선거 운동 기간 중 불치의 병인 암에 걸렸음이 알려져 워싱턴의 월터 리드 병원에 입원중 선거 직전에 운명했다. 안재홍은 1946년 12월에 조직된 과도 입법의원의 관선의원이었다. 입법의원이 심의한 최초의 결의 사항인 신탁 통치에 유일한 찬표를 던진 뒤 하지는 그를 남조선 민정장관으로 임명하고 군정하에 설치된 한국인 간부 회의를 이끌도록 했다.

정세가 얼마나 악화되었는지는 그해 가을 〈뉴욕타임스〉 군사 전문가 핸슨 보드윈과 내가 그의 뉴욕 사무실에서 가진 대담에 잘 드러나 있다. 이 신문의 논설 위원 로버트 스미스와 포스터 헤일리, 그리고 주한 특파원 리처드 존스턴과 함께 보드윈도 우리들의 귀한 벗이요 상담역이었다. 이 자리에서 그는 나에게 '이승만과 손을 끊고' 한국의 민족 진영 단체들과의 관계를 모두 청산하라고 성화 같이 재촉했다. 그는 말하기를 '미국 연방 정부는 한국에서 전면 철수하고 소련에게 내어 주기로 결정했다'고 했다. 내가 의아스러운 표정을 짓자 그는 단호하게 이렇게 덧붙였다. '이것은 내 의견이 아니오. 이것은 사실이란 말이오. 이런 정책을 명기한 국방부 문서를 내 눈으로 똑똑히 보았소' 하는 것이다. 나는 그의 사려 깊은 친절에 감사했고 그의 지식과 판단에 대해서도 깊이 존경하고 있었다. 그렇기는 하지만 나는 대답하기를 '문서에 뭐라고 적혀있든 미국은 아시아에서 이리저리 얽어놓은 자신의 공약 때문에 철군이 불가능하다'고 했다. 역사적으로도 그 당시 한국에서 철수하고 소련에게 내맡기는 것은 극동 전역에서 무모하게 물러서는 것과 같은 것이며 나의 확신으로도 그렇게는 하지 않으리라 생각되었다. 보드윈은 어깨를 움찔하고는 화제를 돌렸다. 내가 '배와 함께 침몰'을 각오한다 하더라도 그것은 나 자신이 내리는 선택이었다.[8]

하지 장군이 이 모든 사태에 대해서 어떻게 느끼고 있었는지를 자기 벗에게 한 말 가운데서 보여주고 있는데 자기는 군복을 입고 명령에 복종하는 처지만 아니었던들 '백만 불을 주어도 이 직책에 머물지 않았을 것'이라는 취지의 말을 남겼다.[9]

만일 그리스의 희극 작가 아리스토파네스가 1947년 남한의 정치적 상황에 관해서 각본을 쓰려고 한다면, 풍부한 자료와 이를 뒷받침할, 충분히 흥미진진한 인물들을 찾아낼 수 있을 것이다. 등장한 배우들에게 연기는 희극이라기보다는 오히려 비극이었다. 자주 일어났던 바와 같이 파토스와 유머는 해석이 불가능할 정도로 서로 얽혀 있었다. 때때로 발작적으로 튀어나오는 유머나 익살도 유쾌하기보다는 오히려 잔인했다. 드라마의 주인공들에게는 연기가 한 장면에서 다른 장면으로 뒤죽박죽 급변하기 때문에 숨돌릴 시간도 허용되지 않았다. 잇달아 이어지는 상황의 되풀이 때문에 지루해진 관중들은 때때로 고개를 끄덕이면서도 미국 국민들은 멀고도 생소한 한반도에서 펼쳐지고 있는 상황들로부터 사실상 관심을 돌려 버렸듯이 딴전을 피울지도 모를 일이었다. 연기에 관계하는 사람들에게는 미친듯한 사건의 속도, 갈등과 투쟁의 괴로움, 믿음직한 무대 연출의 막연함과 부족함, 그리고 피차의 역할에 대한 이해 부족 등이 모두 복합적으로 얽혀서 이들을 항상 지치게 하고 마음 조이게 만들었다.

---

8) 보드윈이 말한 문서는 1947년 9월 합동참모본부가 작성한 하나의 '신중한 연구서'이며 그 내용에 보면 이 사람들이 '군사적 안보면에서 한국에 현재 군대와 기지를 확보하는 것은 미국으로 볼 때 거의 전략적 가치가 없다'고 결론짓고 있다. 앞의 책 트루먼 저, 《시련과 희망의 계절》, pp. 325~326 참조.
9월 20일 내각 오찬 석상에서 마셜 국무장관은 자기 동료들에게 자기는 '한국에서 빠져나오는 문제에 대해 면밀한 연구 검토를 시키고 있는 중'이라고 말했다. 조순승 저, 《세계 정치 속의 한국》, p. 228에서 인용.
9) 마크 클라크 장군 저, 《다뉴브강에서 압록강까지》(1954), 뉴욕, 하퍼 앤 브라더스 출판사, p. 15 참조.

워싱턴에 있는 나의 먼 위치에서 정세를 내다보면서 한국의 지위 문제가 새로 국제연합에 제출되는 마당에 9월 22일 내가 이 박사에게 써 보낸 내용과 같이 내게도 감회가 깊었다.

　　회의론자들이 설 땅을 남기지 않을 만큼 박사님이 추구해 온 노선의 슬기가 이제는 너무나도 뚜렷합니다. 그들의 뒷궁리가 박사님의 예견과 거의 같다는 것이 현재 입증되고 있습니다.

찬양이 아마 너무 지나쳤을는지 모른다. 그러나 그 무대와 장면에 서서 연기를 맡았던 다른 배우들의 서투른 솜씨가 이 박사를 더욱 돋보이게 만든 것이다.

5
워싱턴의 한국 로비
(1946~1950년)

　워싱턴에서 로비 활동을 하는 사람들에게 두 가지 큰 질문은 '당신들은 무슨 일을 성취하려 하고 있는가?' 하는 것과 '그 일을 하기 위해 필요한 돈을 당신들은 어떤 방법으로 마련하는가?'이다.
　내가 보기에 우리들의 로비 활동 목표는 한국의 독립을 촉진시키는 일이었다. 이것은 두 가지로 이승만 박사의 명성을 높여 주는 일을 뜻한다. 첫째는 그가 꾸준하게 효과적이고 그리고 일편단심 자기 나라의 자주 독립을 주장해 왔고 신탁 통치다, 공산당과의 합작이다, 소련이 받아들일 수 있는 '임시정부' 수립 방안에 대한 타협이다, 하는 식으로 개인의 한 때 이익을 위하여 국가 목표를 희생시켜 가며 미 군정에 아첨이나 해 가지고는 해결이 안 된다고 주장하는 지도자로서 뚜렷하게 앞장선 존재였기 때문이다. 또한 어떤 이슈든 강력하고 매력 있는 인물과 합치되어 있지 않는 한, 그것을 지지하는 여론을 얻을 수도 없고 집중시킬 수도 없었기 때문이다.
　이런 목적의 정의가 의미한 것은 우리의 과업은 실제 문제에 있어서 두 개의 주제를 엮어서 하나로 제시하는 일이다. 다시 말해서 이승만 박사 영도 아래 될 수 있는 대로 조속한 시일 안에 대한민국이 수립되어야 한다는 것이었다. 이 두 가지 주제가 사실상 불가분하게 결합되어 있음을 우리들은 마음 속으로 아무도 의심하지 않았다. 그리고 하지 장군과 몇몇 국무부 관리들이 다른 방법도 있을 수 있다고 끈질기게 원했음에도 불구하고 미국의 정책 수립자들도 마지 못해 같은 결론에 이르렀다. 미국의 여론이 그러했고, 일반적으로 전 세계의 여론도 마찬가지였다.
　역사의 긴 안목으로 볼 때 이 두 개의 얽힌 주제를 받아들이게 된 것은 다만 그 밑에 깔린 사실들을 잘 반영시킨 것이라고 말할 수 있을 것이다.

한국 국민들은 자주 독립을 다짐했다. 이승만은 사실상 그들이 따르려고 택한 지도자였다. 미국 정부와 미국 국민은 모두가 전 세계 동맹국들과 더불어 하루속히 현혹되었던 공산주의의 합리성이란 환상을 청산하고 동시에 국제연합 테두리에서의 협력도 포기하려던 참이었다. 그러나 만일 우리들이 1945년부터 1948년에 이르기까지 조용하게 기다리면서 사건들이 흘러가는 대로 내버려 두었다면 그 결과가 우리의 기대대로 되었으리라고 믿을 근거는 없었던 것이다.

소련이나 중국의 공산주의자들은 역사의 패턴이 인위적인 작용 없이 형성되도록 기다리고 있지 않았다. 그들의 마르크스 철학은 자유민주주의 붕괴의 '불가피성'과 전 세계 공산주의의 확립을 가르쳤으나 이들은 그런 일이 일어나기를 막연히 앉아 기다리고 있지는 않았다. 오히려 그들은 자유 세계 지도자들과의 외교 군사적 협정을 추구하고 성취하여 그 결과 동유럽 전역을 직접 지배하게 되었고 아시아에서의 공산주의 패권 확립을 위해 꾸준하게 그 기회를 이용했다. 또한 이들은 많은 아프리카 신생국들과 아메리카 대륙에서 '개발'을 갈망하는 많은 기성 국가들에 뚫고들어가 자기들의 이데올로기를 심으려는 노력을 게을리하지 않았다.

우리들의 워싱턴 로비가 활동 중이던 시기에 공산주의가 거둔 대대적 성공은 우리도 목표를 위해 짜낼 수 있는 모든 노력을 기울이지 않는 한 우리의 목적을 성공시킬 수 없다는 사실을 우리들에게 가르쳐 주었다.

우리의 자원은 거의 무(無)에 가까웠다. 우리들 자신의 각오와 하늘이 주신 창의력밖에는 이렇다할 것이 우리에게는 없었다. 이 박사는 자꾸만 더 좋은 성과를 요구하며 우리들에게 자주 잔소리를 했고 우리는 우리대로 어쨌든 더 많은 노력이 필요하다고 믿어 의심치 않았다. 비서 한 사람과 매달 매달 집세를 어떻게 낼까 걱정하는 조그마한 사무실에서 우리는 그래도 우리의 과업을 붙잡고 늘어졌다.

문제들을 잘 보여주는 것은 1947년 5월 6일자로 이 박사가 내게 보낸 편지이다. 편지 속에 그는 군정에 '비협조적'이라 해서 미국 관리들과 미국의 언론들로부터 받고 있는 공격으로부터 자기를 막아 주도록 내가 좀더 일을 해 주어야 하겠다고 말했다. 이 박사는 계속해서 '연립정부를 수립하고 나를 뒷전에 몰아내려고 하지 장군은 자기가 할 수 있는 모든 일을 다하여 왔으나, 그가 그렇게 할수록 국민들은 나를 더욱 지지하게 되었으며, 그 사람도 이 점을 이해하기를 나는 바라고 있소. 그 사람과 맞서선 안 된다고 생각하는 사람들에게 내가 말하기를 지금이야말로 자주 독립 정부 수립을 위해 나를 지지하는 사람들은 그 일을 해야 한다고 했소.'

그가 우리들에게 정해 준 과업의 달성을 위해 우리는 장차 어떻게 해 나가야 하는가? 무슨 자원을 가지고? 이 문제에 관해서 그는 큰 도움을 줄 수 없었다.

재정에 관해서는 이곳에서도 사업 자금이 어렵다고 이야기를 해야겠소. 나의 부재 중 하지 장군이 나를 위한 모금 운동을 중지시켰고 대한국민협회는 나에게 송금하는 대신 자기들이 원하는 대로 협회 사업을 위해 250만 원 이상을 써 버렸소. 국민들이 그것을 알고 우리 위원회에 돈을 안 내게 되고 그 결과 지금 가장 중요한 사업을 해 나가는 데 필요한 자금이 없소. 빨갱이 조직에 대항하기 위해 우리 사람들을 선거에 대비시키도록 각 지방에 많은 남녀를 파견할 준비가 본부에 되어 있으나 자금이 들어올 때까지 우리는 기다려야 하겠소. 최선을 다해 보겠으며, 되도록 속히 알려 드릴 것이오. 틀림없이 자금 사정은 곧 풀리리라 믿습니다.

여기에 우편 기타 귀하의 사업상 긴급한 비용으로 500불 수표를 동봉하니 영수증을 보내 주시오. ……

한마디로 할 일은 많고 그것을 해 나가는 데 가진 것은 없는 형편이었다. 그렇다고 하더라도 우리는 사람들에게 용기도 주고 또 어떤 사람들에게는 걱정도 끼치는 많은 일을 다져 나갔다.

1947년 9월 하지 장군은 서울 주재 미국 기자 몇몇에게 이 박사의 '워싱턴 로비'의 '잘못된 활동'에 대해서 깊이 우려하고 있다고 말했다. 기자 중의 한 사람인 〈뉴욕타임스〉의 리처드 존스턴은 내가 한국에 관해서 쓴 인쇄물을 하지가 못마땅해 하며, 자기 생각으로는 내가 이 박사에게 미치고 있는 영향력에 대해서 하지가 특히 화가 나 있더라고 내게 말해 왔다. 그는 울화통을 터뜨리며 미국의 대한 정책 집행을 방해하려고 하고 있는 일을 보아 '올리버는 교수형에 처해 마땅하다'고 하는 자신의 의견을 말했다는 것이다.

자기들 자신의 정부 정책을 바꾸어 보려는 싸움은 미국 사람들에게는 익숙한 권한 행사이다. 그렇다고는 해도 미국 관리들 모두가 하지 장군과 의견을 같이 하고 있지는 않다는 점에서 나는 마음이 놓이고 또한 흐뭇했다.

국무부 안부에서는 피점령국 문제 담당 차관보 존 R. 힐드링이 나의 좋은 벗이 되었다. 한국에 관해서 마땅히 해야 할 일이 무엇인가에 대한 그의 견해는 나의 생각과 매우 비슷했다. 그는 우리들의 자원 부족에 동정적이었고, 우리 일을 재정적으로 도우려는 제한된 액수나마 미국 화폐를 한화로 바꾸어 주려고 애쓴 일도 있었으나 허사였다. 대한민국이 수립된 몇 달 뒤 힐드링이 애리조나주 피닉스에 은퇴하여 살고 있을 때, 그는 우리가 당면했던 문제들을 회고하며 긴 편지를 손수 적어 보낸 일이 있다. 그 속에서 '이승만·올리버·임병직의 꾸준하고 끈기 있는 노력으로 미국 관리와 기자들을 한 사람 한 사람 차례로 전향시켜서 한국 문제를 공정하게 다루도록' 했다고 말하고 있다.

내가 정치 정세를 공정하게 대변하고 있다고 생각하고 있는지 그에게 묻기 위해 1949년 10월호 〈교회 경영〉지에 실리기도 한 '아시아의 미국 정책 : 우리 외교 정책의 장점과 약점' 표제로 내가 저술했던 논설 원고를 그에게 보낸 적이 있었다. 워싱턴에서 활약 중인 한국을 포함한 '외국 로비스트들'에 대한 많은 비난의 소리가 활자화되고 있었던 점에 비추어 볼 때, 그리고 힐드링이 차지하고 있던 위치를 생각할 때, 그의 편지는 아무리 길어도 그런대로 참작해 볼 가치를 지니고 있다. 그의 편지는 첫머리가 이러했다.

이 대통령 논설의 인쇄 전 원고를 읽게 해 주셔서 고맙습니다.[1]

그것은 진정한 이야기이며 고무적이고 매우 요점을 잘 지적한 것입니다. 쓰신 그대로 공표된다면 뛰어난 성공작이 될 것입니다. 그래서 나는 어떤 수정을 가하기가 싫습니다.

그러나 귀하가 나에게 강평을 요청했으니까 그렇게 해 보겠습니다. 내가

---

1) 힐드링에게 보낸 초고는 이 박사의 서명을 염두에 둔 것이었다. 뒤에 가서 수정된 것을 가지고 그보다도 내가 서명하는 것이 좋겠다고 결정을 보았다.

말씀드리고자 하는 것은 두 가지입니다. 그 한 가지로 첫째 것은 좋은 구상인 것 같습니다. 다른 두 번째 것에 대해서 나는 덜 확신을 가집니다.

힐드링 차관보가 제시한 두 개의 제안은 한국 경제와 국무부 정책을 다루고 있다. 제1 제안은 명확하고도 실용적이었다.

　논설의 주요 목적의 하나는 왜 미국이 한국을 재정적으로 도와야 하느냐를 설명한 것으로서 매우 좋은 사례를 다루고 있습니다. 그러나 본인 생각으로는 미국 독자들에게 호소할 때 특히 중요한 하나의 입증 자료가 빠져 있습니다. 한국이 어떤 종류의 재정적 위험 부담이 되는가 하는 참고 사항이 결여되어 있다는 점을 본인은 말하고 있는 것입니다. 이 논설은 아시아 대륙에 하나의 맹방을 확보함이 미국의 자체 이익이 된다고 말하고 있습니다. 물론 그렇습니다. 이 논설은 또한 한국을 지원하는 일은 안팎으로 공산주의에 대항할 힘을 갖도록 민주 진영을 끝까지 돕는 우리 정책과도 일치한다고 역설하고 있습니다. 또한 옳은 말씀입니다. 그러나 양키 장사꾼의 입장과 신음하는 미국 납세자의 입장에서 한국은 어떤 종류의 위험 부담이 된다고 보십니까?

　한국은 참으로 하나의 훌륭한 존재임이 사실이며, 본인 생각으로도 그렇게 말하는 것이 타당하리라고 봅니다. 우선 한국은 국가적 부채가 없습니다. 이 사실은 대부분의 미국인들을 놀라게 하고 인상깊게 할 것입니다. 한국은 자금이나 부채 없이 한국 안의 막대한 일본 재산을 취득할 것입니다. 한국은 상당한 일본의 배상을 얻게 되는 아마도 세계 유일의 국가입니다. 다음으로 국민에 대해서도 본인은 한국 사람들이 박력 있고 긍지가 있으며, 독립심이 강한 사람들로서 자기 정부나 어떤 남이 베푸는 구호의 손에 유혹되지 않는다는 사실에 본인은 항상 감동을 받아 왔습니다. 이 사람들은 스스로의 잘못 없이 오늘날 자기들이 당하고 있다고 보는 경제 난국을 극복할 수 있을 만큼의 원조만을 오직 바라고 있습니다. 이런 최소한의 원조를 가지고 한국 국민은 개인의 노력과 창의로 자신들과 가족들을 위해 훌륭하게 생계를 꾸려 나가며, 나아가서는 자유롭게 번영된 나라를 이룩하게 될 것입니다. 본인은 이런 식의 성명서가 우리의 입장을 상당히 뒷받침해 줄 것으로 확신합니다.

하지 장군이 밝힌 견해들과 우리가 당면한 다른 여러 가지 어려움에 비추어 볼 때 한·미 관계에 직접 책임이 있는 최고의 비군사적 정부 요직을 맡은 미국 관리로부터 이렇게 동정적인 도움을 받은 것은 특별히 고무적이었다. 더욱 마음 든든한 것은 편지의 나머지 부분에 들어 있는 생각들이었다.

나의 다른 제언은 10쪽 끝의 항목과 관련된 것입니다. 앞서 말씀 드린 바와 같이 나는 이 점에 대해서는 자신이 없습니다. 이 짧은 항목에 표현된 것은 실제로 신생 대한민국 탄생에 대한 나 자신의 적으나마의 이바지입니다. 그러므로 나는 당시의 진행 단계와 관련된 애로 사항에 지나친 감명을 받았으며 그 당시 내가 부닥친 어리석은 처사들로 말미암아 너무 마음이 어지러웠을 것입니다. 그러나 내가 이 박사의 논설에서 읽은 것에 대한 나의 인상은 이렇습니다. 3년간의 정돈 상태를 다루는 데 있어서 이 박사는 온건하고 너그러우며 지나칠 정도로 참으면서 비평을 삼갔습니다. 과거나 현재의 어떤 미국 관리도 그가 하는 말에 화를 낼 수 없습니다. 오히려 나의 느낌으로는 이것을 읽는 대부분의 미국 사람들이 스스로 이렇게 말할 것입니다. '워싱턴의 사람들은 어째서 그토록 느리고 까다롭고, 그렇게도 어리석을 수 있었을까?' 하고 말입니다.

무슨 이유로 마셜이 '난국의 매듭을 푸는 데' 쾌도난마의 수단을 쓰지 아니하고 그토록 꾸물댔던가 하는 간단한 설명이 그 이야기 속에 들어 있었더라면 이런 결론도 피할 수 있고 이 박사가 좀더 신임을 받을 수 있었을 것입니다. 모스크바의 한국 문제 선언에 조금이라도 관여했던 거의 모든 사람들이 심각하고도 솔직하게 그 일을 후회한 것은 모스크바회의가 있은 지 몇 주일도 안 된 후였음을 귀하나 본인은 잘 알고 있습니다. 그러나 잘못을 뉘우치는 일은 뉘우치는 일이고 잘못을 고치기 위해 국제 협약이 폐기되어야 한다고 표면에 나서서 주장하는 일은 또한 아주 별개의 문제입니다. 냉전은 이미 진행 중이었고 대부분의 관리들 특히 직업 외교관들은 이 때문에도 더욱 소련과의 협정을 우리 측이 철폐하면 비참한 결과를 초래할 것이라는 확신을 굳혔던 것입니다. 어떻든 간에 이것이 미국 정부가 이러지도 저러지도 못했던 답답한 처지였습니다.

냉전의 가장 위태로운 시기에 미국의 대한 정책의 창안자가 아닌 집행자로서 미국 정부의 고위직을 맡았던 한 인사의 이와 같은 회고담은 역사가들 특히 이 박사의 하지 장군에 대한 관계에 비판적이었던 사람들이 분명히 되새겨 봐야 한다. 미국의 외교 정책들이 왜 사건의 현실들에 잘 적응이 안 되어 보였는지를 가끔 의심하는 많은 층의 미국인들 그리고 전 세계 다른 사람들에게 이 회고담은 더욱 특별한 관심을 끈다. 또한 힐드링이 국무차관보 자리에 이끌리게 된 일에 대해 그가 다음에 적은 이야기는 깊이 새겨 볼 만하다. 조지 마셜 장관은 우리들의 작업이 우리가 기대했던 이상으로 효과적이었다고 생각한 것이 분명하다.

〔자신의 편지의 앞서 말한 항목에 말하며〕 저는 물론 여러 달 동안 그 속에서 함께 지내왔기 때문에 이것을 아주 잘 알고 있습니다. 제가 1946년 4월 국무부에 들어갔을 때 이 점에 관해서 받은 세뇌 공작을 생생하게 기억합니다. 미국이 한국에 대한 신탁 통치를 철폐하지 않는 한 저는 끈질긴 청탁과 무시무시한 결과를 각오하라는 경고를 받았습니다. 〔이런 식으로 그 당시 미국 관리와 다수 신문 기자들은 우리의 홍보 운동을 평하고 있었다〕 저는 이런 일에 대비해야 하며 압력 아래서도 버텨 나갈 것으로 기대되고 있다고 말해 주었습니다. 물론 모든 사람이 한국을 도우려고 했으나, 소련이나 기타 국가들과의 노골적인 불화를 무릅쓰고까지 그런 도움을 주지 못한 것으로 저는 이해해야겠습니다. 귀하께서는 저 못지 않게 잘 아시는 이야기가 아닙니까?

힐드링 편지의 나머지는 워싱턴 로비에 종사했던 우리들이 하려고 했던 일들과 또한 자기가 공개적으로나 공식적으로 그 일의 대부분을 반대했어야 할 경우에도 개인적으로는 우리를 동정했다는 사실을 특히 따뜻하고 우호적으로 인정하고 있다.

한국구미위원부가 워싱턴에서 스스로의 십자군 운동을 수행한 것이 이런 외교 풍토하에서였고 한국 문제를 정직하게 처리하는 일 즉, 소련의 비위를 건드릴까 두려워서 지난 과오를 고집하는 것보다는 신탁 통치가 잘못이었다고 공개적으로 분명히 선언하는 일이 더 중요하다는 생각을 가지게 되도록 한 사람 한 사람 개별적으로 미국 관리와 기자들을 설득시켜 나간 것이 이승만·올리버·임병직의 끈질기고도 꾸준한 노고였습니다.

그것은 위대한 성전(聖戰)이었으며, 지금도 치를 떨던 반대자들의 주장을 뒤집어엎던 기억이 즐거움과 기쁨으로 나를 채워줍니다. 그러나 이것은 물론 이 박사가 할 얘기는 못됩니다. 내 생각 같아서는 미국 정부가 1946년과 1947년에 당사자인 소련과 겨우 합의했던 협정을 힘겹게 폐기시키는 위험한 고비를 넘김으로써 한국 문제의 정당한 해결을 뒷받침해 줄 수 있었다고 이 박사가 기고문에 점잖게 슬쩍 지적하는 것이 좋을 것입니다.

그리고 이 박사는 자기가 미국 정부의 난처한 입장을 알고 있었지만, 미국 관리들이 진정코 문제점을 이해했더라면 한국의 쇠사슬을 걷어치우는 데 좀더 힘과 용기를 가지고 행동했을 것이라는 확신이 있었노라고 말할 수도 있겠지요. 이런 확신을 가지고 그와 그의 참모들은 시간이 긴박하기 때문에 날짜와 달력에 눈길을 보내며 미국으로 하여금 강대국 소련을 다루는 편법적인 방법을 버리고 약소국 한국에 대해 정당하고도 의로운 태도를 취하도록 일에 매달렸습니다. 이 박사는 그 일을 해냈고 미국을 자기편으로 만들었습니다.

물론 마셜이 1947년 9월 모스크바의 신탁 통치 결의를 폐기한다는 성명을 낸 뒤로 모든 일은 빠르게 제 자리를 잡아나갔습니다.

이런 인물이 우리가 하고자 하던 일, 그것을 위해 애쓴 일, 이룩해 놓은 성과들에 대해 진술한 이 같은 증언은 우리가 부닥쳤던 개인적인 어려움이나 자주 당했던 개인적 인신 공격 등을 충분히 보상해 주고도 남음이 있다. 그것은 또한 1945~1948년 사이의 한·미 관계에 대한 기본적인 흐름을 뒷받침해 주며, 이승만 박사의 경력과 성격을 정당화하기에 충분하다. 그러나 이 모든 것이 당시로서는 '대외적 비밀'이었다. 그것이 개인적으로는 우리에게 어떤 만족감을 주었든 간에 우리의 재정 형편이나 우리들의 공식적인 이미지를 개선해 주지 못했고 또 그렇게 되지도 않았다. 우리들의 '로비 활동'(굉장한 의미를 담은 이 명칭을 뒷받침하기에는 너무나도 한심한 것이지만)은 빈약한 시설, 빈약한 조직, 빈약한 재정 속에 빈약하게 운영되었다. 인원 구성은 임병직과 나 자신이 전임으로 있고 이 박사의 옛 벗, 특히 변호사 개업에 바쁜 존 스태거스와 뉴스 보도직에서 물러난 J. 제롬 윌리엄스로부터 자발적인 도움과 때때로 자문을 받았을 뿐이다.

임병직은 1911년 서울기독청년회 국제정치반의 학생으로 이 박사와 처음 알게 되었다. 이 박사가 1912년 한국을 떠날 때 그는 뒤따라 와서 매사추세츠주 노샘프톤의 마운트 허논 소년학교에 다녔고 그 뒤 1년간 오하이오 주립 대학교를 다녔다. 1919년 3월 1일 '만세 운동'이 터져 이 박사는 대한민국 망명정권의 대통령으로 선출되고 워싱턴에 구미위원부가 설치되자 임병직은 학교를 떠나 이 박사의 비서가 되었다. 그의 신분에 위신을 더해 주기 위해 이 박사는 그를 실존하지 않은 한국 육군의 '대령'으로 임명했다. 그 뒤로 계속해서 이 박사가 하와이에 있는 동안, 그리고 1945년 그가 귀국한 뒤에도 임대령은 구미위원부의 의장으로 근무했다. 그는 독학이었지만 폭넓은 독서와 훌륭한 판단력은 외국 문제를 이해하는 데 폭과 깊이를 더해주어 동료들 간에도 존경의 대상이 되었다. 1946~1948년 사이 그의 사무실에는 미스 루드 홍이 비서로 근무하고 있었고 일시 체류중이거나 재력이 없는 한국 학자들이 때때로 자발적인 도움을 주었다. 1947년 봄 한동안 내가 임대령의 사무실 한 구석을 차지했다. 그해 6월 나는 서북구 아이 스트리트 1731번지 옛 건물 2층에 방 둘을 세내고 시러큐스에서 온 미스 샤르롯 리치먼드를 비서로 채용했는데 1960년 말 사무실 문을 닫게 될 때 까지 그녀는 계속해서 우리 일을 돕는 귀중한 보좌역으로 남았다.

임대령과 나 자신의 관계는 끝까지 늘 정중했고 우호적이었다. 그러나 업무 계획상의 협조는 대개 우발적인 경우가 많았다. 우리들은 아무도 명백한 직무가 정해져 있지 않았고, 형편에 따라 무엇이든 최선을 다해서 그저 일을 처리했을 뿐이다. 1947년 9월 이 박사가 내게 보낸 신임장에 따라 나는 국무부와의 관계에 있어 이 박사를 대신한 임명직 대변인이 되었다. 임대령 역시 구미위원부 의장 자격으로 일했다. 서로의 우정 때문에 어쩌다 어려운 일이 있더라도 마찰 없이 서로 비슷하고 정해지지 않은 기능을 이럭저럭 꾸려 나갔다. 그러나 한편으로는 의논할 시간이 부족한 탓도 있고, 두 사람이 각기 기회가 허락하는 대로 무슨 일이든 노력을 기울였기 때문에 피차에 업무 간의 협조가 거의 없었다. 미국 정부에 대한 서면 연락이 필요할 때에는 우리가 보통 만나서 초고를 작성하여 그가 서명했다. 때로는 임병직·스태거스, 그리고 윌리엄스, 셋이서 서신의 원안 작성을 하는 경우가 있고 얼마 뒤에 필요하다면 내가 그것을 알게 되어 있었다. 미국 관리들과의 공식 회합을 위해서는 임병직과 내가 보통 국무부에 같이 갔다. 비공식으로는 내가 보통 2주에 한 번이나 또는 더 자주 혼자서 국무부나 국방부 관리들의 사무실을 찾았다. 신문에 낼 발표문은 보통 임대령이 맡았다. 그와 나는 강연 알선 업체와 계약하여 약속이 되는 대로 강연을 하고 다녔는데 그들이 제공하는 적으나마 도움이 되는 강연료 때문에 그런 기회도 우리는 귀하게 여겼다.

　이 시기에 내가 국무부를 방문하던 기억은 아직도 생생하게 남아 있다. 힐드링 차관보는 항상 깍듯하게 친절과 개인적 호의로 나를 맞아 주었다. 내가 자주 만나는 월턴 버터워드의 태도는 이 박사의 그 당시 언동에 대한 국무부의 반응을 그대로 보여 주었다. 이 박사의 처사에 찬성할 때면 버터워드의 비서는 기분 좋게 인사하면서 면회 시간까지 좀 기다릴 때는 책이나 잡지를 읽으라고 건네주기도 했다. 이 박사가 하지의 술책이나 연립 정책에 반대한다고 거듭 밝혔을 때는 나에 대한 접대도 고의적으로 냉랭했는데 내가 이 박사에게 보고할 것을 예상한 하나의 행위가 아닐 수 없다. 어떤 때에는 버터워드의 비서가 별안간 그가 '너무 바빠서' 면회가 안 된다고 한 일이 기억나는데 사실은 그 시간에 그의 내실로 통하는 문이 환히 열려진 채여서 나는 그가 자기 책상에 앉아 창 밖을 내다보고 있는 모습을 볼 수가 있었다. 이번에는 신문을 읽으라고 주지도 않았고 심지어 앉으라는 말도 없었다. 어쨌든 남아 있노라니까 적당한 시간에 사무실로 안내되었고 그는 앉으라는 말도 없이 자기 책상 앞에 어색하도록 나를 세워둔 채 방문 목적을 설명하도록 했다. 서울에서의 사태가 좀 평온할 때에는 나에게 여송연도 권하고 내 가족에 대해서도 묻고 우리 문제들이 빨리 해결되어야 할 터인데 하며 개인적인 희망도 피력할 줄 알았고, 선의의 정다움을 나타내기도 했다. 피차에 우리는 몸가짐과 태도에 개인적인 것이 개입되지 않았음을 알고 있었으며 다만 그것은 이 박사의 전술에 대한 찬반을 강조하는 방법이었을 뿐이다.

나의 업무는 몹시 요구 사항이 많았다. 내가 최소한 1주에 한번 또는 한 주에도 몇 번이나 이 박사에게 보낸 편지 중에서 몇 가지만 골라보아도 '로비 활동'의 내용이 무엇인지를 밝혀줄 것이다. 1947년 8월 20일 나는 이렇게 썼다.

우리는 선거 일자를 확정 짓지 않고 있는 사실에 여전히 의문이 가시지 않고 있습니다. 저는 바로 어제 국무부를 찾아가서 자기네가 아직 선거법 사본조차 입수하지 못하고 있다는 말을 들었습니다. 이것은 정말 믿어지지 않습니다. ……

저는 며칠 안에 아래와 같은 계획에 대한 자금 계획을 위해서 록펠러 재단 사람들을 만나 설득하려고 뉴욕 여행을 계획 중입니다. (1) 그들의 지시 아래 진행될 한국 정세에 대한 객관적 연구, (2) 의료 원조, 그리고 (3) 교육 원조입니다. 그들로부터 호의적 반응이 기대되나 좀더 기다려 보아야 하겠습니다.

하원이 한국 원조법 통과를 태만히 하고 있는 점에 대하여 조금도 불안스럽게 느끼지 마시기 바랍니다. 박사님이 할 수 있었을는지도 모르는 어떤 노력, 다시 말씀드려서 박사님이 보낼 수 있었을 메시지도 그 계획을 통과시키지 못했을 것입니다. 그 법안은 순전히 예산 긴축 운동에 부닥쳐 밀려난 것입니다. 그것이 '훌륭한 정치'같이 보이지는 않습니다. 저는 웨인 모스 상원의원으로 하여금 반덴버그와 함께 그것이 하원에서 심의될 기회를 얻을 수 있을 것인지를 알아보도록 했습니다만 대답은 '도무지 기회가 없을 것'이라 합니다. 마셜도 방금 리오에서 남아메리카 여러 국가를 향해 '유럽의 위기가 해소되기 전에는 도움을 받을 생각을 말라'고 했습니다. 지금도 여전히 '유럽 국가 우선'입니다. 저의 희망은 웨드마이어 보고서가 한국을 예외적 존재로 만드는 기본 자료로 쓰였으면 하는 것입니다. 하원은 (1) 유럽에 대한 상당한 무상 원조 요청, ⑵ 중국을 위한 막대한 금액의 요구, ⑶ 위의 두 가지 중 하나라도 큰 애로에 부닥치지 않는 한 한국에 대한 상당한 무상 원조 요청도 받게 될 것으로 생각합니다. 물론 대통령 선거도 가까워 오는 마당에 매우 소심할 것입니다. 저는 영향력 있는 상당한 연구 재단들이 한국을 지원하도록 만들기 위해 당분간 노력을 집중해 볼까 합니다. 교회 단체들도 우리를 위해 많은 도움을 줄 수 없을 것이고 이 사람들과 시작한 일들이 성과를 올릴 수 있기를 저는 바랍니다. 그동안 우리는 이미 추진되어 온 일들의 진전을 보며 용기를 잃지 맙시다.

이 편지에 설명된 특별한 목표에 비추어 볼때 진행 상태는 눈에 띄게 드러나지 않았다. 훨씬 뒤에 국무장관에 취임했지만 당시의 록펠러 재단 전무였던 딘 러스크는 실망을 안겨 주었다. 그는 나의 제안을 거절함은 물론 거기에 대한 관심이나 한국 국민에 대한 동정을 전혀 나타내지 않았다. 하나의 감동적인 청원이기를 바라는 나의 이야기를 들으면서 그가 지어보인 무표정 속의 냉담은 내 평생 잊을 수 없는 답답한 체험의 하나이다.

교회 단체들은 훨씬 도움이 되었다. 여러 달에 걸쳐 장로교 선교위원회 총무였던 고든 홀드크로프트로부터 상당한 도움과 지원이 들어왔다. 한국의 자주독립을 위한 국민의 지지를 얻도록 크게 도와 준 또 다른 인사는 연합교회 선교위원회 총무 루드 시베리로서 매력 있는 인물이며 설득력 있는 연사였던 그는 그 어려운 시기에 우리들의 주장을 정말 자신의 것으로 여겼다. 더욱 절실했던 일은 워싱턴 DC에 세계본부를 둔 제7일 안식교회가 여러 달 동안 한국에서 쓰는 선교사업비로 수천 불의 미화를 한화와 교환하도록 해 줌으로써 우리에게 매우 실제적이고 필요한 도움을 주었다. 여자기독청년회도 같은 모양으로 한화 대신 우리에게 2000불을 건네 주었다. 〈크리스천 사이언스 모니터〉지의 편집인 어윈 캔햄과 워싱턴 지국장 로스코우 드라몬드는 극동특파원 고든 워커로부터의 보고 때문이기도 하지만 특히 이해가 많고 동정적이었다. 또한 일반적으로 도움이 컸던 인사로 미국 시민 자유 연맹 이사 로저 보드윈과 미국 사회당의 오랜 대통령 후보 노먼 토머스가 있다. 사람을 알려면 사귀는 벗을 보면 안다고 한 옛 속담이 진실이라면 우리는 벗들 면에서 각별히 인복이 있었다.

9월 23일 임병직과 나는 힐드링의 후임으로 국무차관보에 새로 취임한 찰스 살츠먼과 국무부에서 장시간 '우호적이고 솔직한' 회담을 가졌다. 이 자리에는 새로 임명된 살츠먼의 두 보좌관 즉 노련한 존 카터 빈센트의 후임인 극동국장 월턴 버터워드와 북아시아문제담당국장 서리 존 앨리슨이 동석했다. 내가 이 박사에게 보고 한 이 방문의 인상은 '우리는 대접을 잘 받았으나 셋 중의 누구와도 알맹이 있는 것까지 접근하지 못했다고 믿습니다' 하는 것이었다.

9월 24일자 나의 편지는 우리 일의 한 측면에 대한 보고이다.

대중을 계몽시키는 일에 진도가 늦습니다. 오늘까지 최대의 '성공'은 13만 5000 이상의 부수를 올리는 외판 사원 전문지인 통상 저널 〈샘플 케이스〉 8월호에 기사를 실린 일입니다. 이것을 받아 보는 사람들은 모두 읽을 것이며 매우 말이 많은 사람들입니다. 이 사람들은 세상사에 대해 특별한 지식을 자랑하기 좋아합니다. 그리고 지금쯤은 말을 활발히 퍼뜨리고 있을 것이 틀림없습니다. 편집인이 추가 기사를 보내 달라기에 곧 다른 것을 보낼까 합니다. 〈오늘의 역사〉지도 10월호에 나의 기고문 가운데 하나를 싣게 될 것입니다. 이 책은 널리 읽고 기자들 사회와 여러 학교에서도 높이 알아주는 책이므로 여기에 한번 실리는 것이 좋습니다. 〈월간 중국〉 잡지는 8월호에 기고문을 실었는데 호화로운 장정에다 표지에는 덕수궁 그림이 들어 있습니다……. 〈필라델피아 포럼〉지는 10월호에 한국에 관한 기사를 특집으로 다룰 것입니다.

'분단된 한국'이라는 팸플릿이 인쇄 중입니다. 이 팸플릿에 자금을 대고 배포까지 맡은 국제경제연맹 시민회의 재단은 이 일에 열성적이고 조속한 완전 독립을 위한 청원을 지지 찬성하는 특별 성명도 그 속에 싣게 됩니다. 이 팸플릿은 모두 재단의 비용으로 드넓게 각 신문·공무원 그리고 유엔 대표들에게 배포될 것입니다.

국민윤리협회의 공식 기관지 〈스탠더드〉가 한국에 관한 나의 원고 한 편과 미국의 아시아 전역에서의 외교 정책에 관한 긴 논평을 접수했는데 두 가지 모두 가까운 호에 실리게 됩니다. 〈오늘의 전기〉 10월호에는 이 박사에 관해서 모두 우리가 기고한 최고의 기사가 실렸는데 사실을 진실되게 밝히고 있습니다. 이 책은 학교와 신문사의 표준 참고 도서이기 때문에 훌륭한 역할을 할 것입니다.

논평 '칼럼'을 시작하게 되었습니다. 처음 것은 한국에 관한 것이며 다음으로 웨드마이어 사절단에 관해 쓰겠습니다. 저는 독자들 앞에 될 수 있는 대로 한 한국에 대하여 많이 보여 주고 아시아 속의 한국의 위치를 정립시켜 보겠습니다. 중화통신의 데이비드 류와 친하게 지내며 이를 유용하게 활용하는 방법을 그로부터 배웠으면 합니다. 또한 저는 한국에 관한 사설을 실었다고 해서 우리가 오려내어 박사님께 보고드린 바 있는 각 신문 편집인에게도 서신을 관례적으로 띄우고 있습니다. 이것도 이제는 숫자가 많아서 다행히 그것만으로도 꽤 일거리가 됩니다.

장학금을 타려는 노력은 성과가 좋지 않아 미안합니다. 학교가 지금은 학생들로 꽉 차서 전액 장학금이나 숙식비 면제 장학금을 주도록 설득하긴 어려우나 내년 가을까지는 많은 한국 학생을 이곳으로 데려오게 되리라 믿습니다. 방금 김동성 씨 따님을 위해 샌프란시스코의 우수한 여자 대학인 밀즈 단과 대학 입학 허가를 얻는 데 성공했습니다.

자금 부족과 시간 부족으로 달력 발행 구상은 내년으로 미뤘습니다. 그렇지만 특별한 한국의 성탄 카드를 준비해서 널리 배포하겠습니다.(……)

이런 노력들을 낱낱이 듣기도 지칠 지경인데 해내는 일이야 말해 무엇하랴? 그러나 이것도 겨우 일의 어떤 측면일 뿐이다. 다음 날인 9월 25일 나는 우리 사업 계획 가운데 또 하나의 사건을 설명하기 위해 이 박사에게 또 글을 썼다.

임병직과 나는 오늘 오후 신임 군정장관 윌리엄 딘 소장과 한 시간 이야기를 나누었습니다. 그는 각별히 훌륭한 인물처럼 느껴졌습니다.

그는 솔직하고 개방적이고 부드러웠습니다. 자기는 한국에 대해 아는 바가 전혀 없고 임명 전에는 전혀 눈치를 채지 못했다고 합니다. 그 뒤부터 열심히 알려고 노력 중이라며 우리를 만난 것이 정말 기뻐 보였고, 이지적인 질문을 던지며 자기 부관이 다른 약속을 귀띔해 줄 때까지 한 시간을 꼬박

아주 열심히 이야기를 듣고 있었습니다.

　우리는 전적인 협력을 바란다고 역설했고, 미국이 한국 문제를 국제연합에 제출함으로써 한국에게 안겨 준 큰 만족감을 설명했습니다. 우리는 문제들이 주로 소련과 공산 분자 때문이라고 생각하는 보통 한국 사람들의 감정을 강조했고 그는 우리가 너무 미국 사람에게 책임을 전가하는 것이 아닌 것으로 알고 만족해하는 눈치였습니다. 한동안 일반적인 정치 정세도 이야기하고 우리가 바랐던 대로 지금은 완전히 포기했노라고 장담하는 가운데 좌우 합작 운동의 해독도 설명하고 대한국민민주의원의 성격과 목적 등에 대해서도 그에게 이것 저것 이야기해 주었습니다.

　주권이 마땅히 한국 사람의 수중에 옳게 자리잡도록 하기 위하여 무엇보다도 선거가 하루속히 필요하다고 저희들이 역설했습니다. 두 남북 지역이 통일되어야 한다는 이유 때문에 남한의 독립 정부가 2년간이나 연기되어 왔으나 통일은 불가결하더라도 소련의 협력을 얻으려는 헛된 희망이 앞으로는 절대로 남한의 자치 정부를 거부하는 이유로 이용될 수 없다는 점을 지적해 주었습니다.

　이것이 모두 털어놓은 이야기의 줄거리입니다. 박사님은 자세한 내용이 어떻게 메워졌으리라는 것을 짐작하실 수 있을 것입니다. 그는 모든 사정을 알고 싶다는 매우 솔직한 희망을 표시했으며 정부의 실권을 한국 사람들 자신의 손에 정당하게 이관되도록 도와줄 시기가 이제는 성숙했다고 마음으로부터 느끼는 것 같았습니다.

　이 편지들 속에 흐르는 거침없고 희망찬 어조는 그 당시 우리들의 주요 목적의 하나를 반영하고 있는데 그것은 이 박사의 태도에 보다 밝은 희망과 용기를 불어넣어 보려는 것이었다. 서울에 앉아 아직도 일반 국민 대중과 차단된 채 겨우 자기 부하들에게만 제한된 접근이 가능했던 상태에서 그가 느낄 수 있었던 모든 것이라고는 미국의 형편과 국제 간의 의전상 품위 때문에 한국의 이익을 부당하게 늦추고 있고, 이에 굴욕적으로 복종하고 있다는 좌절감과 실망과 분노뿐이었다. 그가 보기에 미국의 정책 수립자들은 실수에 실수를 거듭하며 자기들 자신의 판단 착오를 은폐하고 정당화시키는 데 대부분의 노력을 기울이고 있었다. 한편 워싱턴에 앉아 있는 우리들의 입장에서 볼 때 알맹이 있는 성과는 아직 눈앞에 보이지 않지만 사정은 호전되기 시작하고 있었다. 우리가 느끼기에 우리가 드릴 수 있는 최선의 도움은 이런 자신감과 소망의 정신을 이 박사에게 전하는 것이었다.

그것은 쉬운 일이 아니었다. 서울로부터의 우편물은 하나같이 침울했다. 나의 9월 24일자 편지에 대한 날짜 없는 회신에서 이 박사 부부는 이렇게 적었다.

> 2년 이상이나 우리는 '조금만 더 기다리라'는 말을 들어왔소. 남한에서의 총선거는 북한 사람들에게 굉장한 고무가 될 것이오. 그리고 북한 사람들이 남한의 우리와 합칠 날이 온다면 전국에 걸친 정부 조직 안으로 그들이 들어오게 되고 그런 정부 밑에서 총선거를 치르게 될 것이오. 모든 구실은 다만 이런 총선거를 무기한 연기하려고 꾸며지고 있는 것이오……

이 편지에 이 박사 부인은 집안 일을 덧붙였다.

> 박사님은 심한 기관지염으로 누워 계시고 저도 좀 그런 기미가 보입니다. 집은 난방이 안 되고 전기 히터가 고작인데 그나마도 전류가 약해서 히터가 데워지질 않습니다. 몸이 따뜻이 녹을 만한 한 때는 햇살이 비쳐 양지 바른 곳에서 일광욕을 즐기는 시간뿐입니다.

화해 분위기를 조성하려는 우리들의 노력에 대해 새로운 방해가 10월달에 있었는데 국제연합이 한국에서의 총선거 방법을 심의하면서 '옵서버' 자격으로도 남한 대표를 받아들이지 않기로 결정한 사실이다. 문제는 물론 범한국적인 정부를 수립함에 있어 소련의 협력을 확보하는 방법 문제였다. 반공을 내세우는 남한 지도자들에게 어떤 종류가 되든 공식 자격을 주는 것은 이런 협력을 불가능하게 할 것이었다. 아무튼 가능해질 일도 아니었지만 말이다.

10월 22일 나는 이 박사에게 한국 사람들이 국제연합 총회와 협의하는 것을 막으려는 국무부의 입장을 설명한 내용을 적어 보냈다.

살츠먼은 만날 수가 없었으므로 어제 벤과 나는 앨리슨을 만나 긴 이야기를 나누었습니다. 우리가 예측한 대로 살츠먼은 앨리슨과 펜필드에게 한국 문제를 다루도록 하고 자기는 독일 문제에 전념하고 있었습니다. ……엘리슨과의 회담에서 우리는 모두가 우호적인 협력을 바라고 있다는 사실을 강조하면서 가장 어려운 상황 속에서도 순리적인 협상을 신조로 삼는 이 박사 같은 인물이 한국의 민족 진영을 이끌고 있는 것은 매우 다행스러운 일이며 기본적인 관계가 바로 되어 있는 이상 특별한 말의 표현 방식 같은 것은 그리 중요하지 않다는 점을 누구이 강조했습니다.

그는 한국 사람들이 무슨 이유로 직접 대표 파견을 몹시 바라고 있는지 충분히 이해할 수 있다고 말했습니다. 그는 전에도 들려 준 말을 되풀이하면서 (1) 국제연합 토의 가운데는 한국의 주권에 대한 어떤 제한도 포함되어 있지 않으며, 오히려 반대로 가장 조속한 시일 안에 자주적인 한국 정부를 수립하도록 짜여져 있고, (2) 장차 파견될 국제연합 위원단이 틀림없이 한국 사람들과 협의하게 될 것과, (3) 군대 철수 문제 기타 주요 문제들은 새로 수립될 한국 정부와 교섭해서 처리될 것이라는 점 등을 이야기해 주었습니다. 그는 또한 이런 상황 아래 우리가 아직은 좀더 인내심을 발휘해야 한다고 힘주어 말했습니다. 우리는 그에게 선거일이 실제로 정해지고 한국의 민족 진영 사람들이 생각하기에 공정하고 타당한 토대 위에 총선거의 모든 조건들이 확정된다면 당면 문제들은 대부분 사라질 것이라고 이야기했습니다 (……).

저는 매주 '아시아의 전망'이라는 제목의 시사 단평을 250명에 달하는 편집인들과 100명의 라디오 해설위원들에게 우송하고 있습니다. 얼마만큼 유익하게 작용하고 있는지는 시간이 밝혀 줄 것입니다. 한국에 관한 일반적인 논평은 아주 만족스럽습니다. 한국 정부 수립을 서둘러야 할 긴박한 필요성은 일반적으로 인식이 된 것 같습니다. 3월말 전까지는 선거일이 정해질 것으로 자신 있게 기대를 걸어도 좋지 않을까 생각됩니다. 다만 공산당의 난동에 대비하는 일이라든가 한국 경제 개발에 대한 적절한 대비책을 마련하도록 신경을 써야 하리라고 봅니다. 우리가 그렇게도 긴 세월 동안 추구해 온 독립 정부 수립의 목표가 이룩될 때에는 다루어야 할 더 많은 긴급한 문제들이 있다는 것을 깊이 깨닫게 됩니다. 산업 건설을 위해 공작 기계들과 원자재를 한국에 도입하는 문제 등등 말입니다.

이 해 가을과 겨울 동안 한국 문제의 최종 해결을 지향하며 실질적인 진척이 있었던 반면 한국 안에서는 관련된 모든 집단 간의 관계가 너무나도 마음 조이게 했다. 이 박사와 하지는 난국의 책임을 놓고 서로 심하게 상대방을 비난하면서 직접적인 적대 관계에 놓여 있었다. 김구와 그의 부하들은 대한국민대표민주의원이 자기들의 임시정부 선포 계획을 거부했다 해서 분개하고 있었다. 김규식과 기타 중도 노선 사람들은 연립정부가 한국 통일을 실현시킬 만한 유일한 길을 제시한 것이기 때문에 전체 한국을 위한 연립정부는 공산 지배의 위험을 무릅쓰고라도 가치 있는 것이라고 느끼고 있었다. 군정청이나 점령군에 속한 미국 사람들은 자기들의 개인적연 여러 가지 큰 불편을 무릅쓰고 한국의 이익을 위해 전력하고 있다고 생각하고 있는데 돌아오는 것은 겨우 비난뿐이니 화가 나 있었다. 일본으로부터의 '해방'은 놀라운 새 시대의 개막이 될 것으로 오랫동안 기대하여 온 한국 국민들은 정치적 좌절뿐만 아니라 극심한 경제적 곤란 속에 허덕이고 있었다.

임대령은 나와는 달리 매일매일 한국으로부터 보내 온 신문 꾸러미를 들추어 보았다. 날마다 그들이 보도하는 딱한 사정에 몰두하는 가운데 자신이 한국 사람이기 때문에 그는 자연히 나의 감정 이상으로 좌절감과 분노를 느끼며 한국에서 끊어오르고 있는 울분을 동감하고 있었다. 대다수의 한국 사람들이 1947년이라는 을씨년스러운 해에 어떤 감정 속에 살고 있었는가를 회고해 보아도 그렇고 그 당시 임대령의 심정은 6월 18일 이 박사에게 띄운 아주 상세한 그의 편지에 드러나 있다. 이 편지는 미국 정책에 대한 거부를 뒷받침한 한국 사람들의 심리 상태를 꿰뚫어본 그의 통찰력을 보여 주고 있다는 점에서 가치가 있다. 이 편지는 또한 워싱턴 로비가 하지 장군이 보기에 '그릇된 훈령'을 왜 때때로 수행해 나갔는지 그 이유도 밝혀 주고 있다.

이 박사가 나에게 사본 한 통을 보내줄 때까지 나는 이 편지를 본 일이 없었다. 이 편지는 틀림없이 임대사를 위해 존 스태거스와 J. 제롬 윌리엄스의 도움으로 기초되었을 것이다. 이 편지는 분명히 군정청 검열관들이 읽었을 것이기 때문에 우리들의 일반적인 화해 노력에 어떤 가중된 어려움을 가져오게 만들었다. 그렇다고는 하더라도 미국 정책과 한국인의 감정을 갈라놓은 깊은 골을 부각시키는 데 조금의 성과를 가져오기도 했을 것이다. 1947년 6월 18일자로 된 이 편지의 내용은 아래와 같다.

한국으로부터의 소식은 악화 일로에 있습니다. 미·소공동위원회의 오늘의 추세가 저지되고 뒤집어지지 않는다면 그 분명한 결과는 한국 사람들을 제물로 소련 사람들에게 고스란히 팔아 넘기게 될 것입니다. 이것은 어린아이들에게도 뻔한 사실입니다. 주사위는 던져질 판입니다.

1. 한국의 장래를 결정하기 위해 소집된 회의에 한국에서는 한 사람도 출석하고 있지 않습니다. 출석한 자들은 아직까지 평생 동안 한번도 한국에 대해 들은 바도 없는 사람들입니다. 이 사람들은 저희들끼리 언쟁을 일삼고 있는데 그것은 무엇 때문입니까? 한국 사람들의 행복을 위하는 것이 아닙니다. 한국 사람들의 뜻이 어떤 것이든 아랑곳없이 각각 자기 나라의 경제적·정치적·전략적 이득을 위한 것입니다. 여기에 감히 맞서는 용기 있는 한국 사람은 '반동 분자'나 '방해 분자'로 비난을 받고 있습니다.

2. 그렇게 주거니받거니 비밀 회의에서 저희들끼리 언쟁을 일삼은 뒤 한국 국민의 생사 문제에 대해 협의하는 회의에 어떤 한국인들을 참여시킬 것이며 또한 어떤 발언을 허락할 것인가를 정하는 법을 이 외국인들이 만들어 내고 있습니다.

3. 자기 나라에서는 기껏해야 보잘것없는 그런 인물들이 거만스럽게 앉아서 한국 사람들은 들여보내지도 않고 자기네끼리 한국의 생존권을 내맡겨야 하는 그런 법을 만들고 있는 것입니다. (a)시비를 일삼고 있는 이들 외국인에 의한 정치·경제 및 군사적 보호 정치 즉, 신탁 통치에 한국을 내맡기는 문서에 한국 사람이 서명해야 한다고 요구하고 있습니다. (b)이들 보잘것없는 외국인들이 결정하는 내용을 알려주는 일조차 거만하게 거부하면서 한국 사람들은 3000만 동포의 운명을 좌우할 결정에 무조건 복종한다고 맹서하는 문서에 서명할 것을 요구하고 있습니다. (c)한국 자체의 생활 방식을 결정하는 가장 중대한 문제에 관해서 이 희극적 회의에서 외국인들이 마음대

로 떠들어대고 모든 결정을 짓는 동안 비평이나 비판은 중지하라고 요구하고 있습니다.

4. 이 외국인들은 자기들이 세우려는 정부 형태가 그들 말대로 '연립'형이 되어야 한다고 이미 정해 놓고 있습니다. 한국 사람들의 의사에 대해서는 그들은 한마디도 말이 없습니다. 민주주의의 이름으로 이 사람들은 가장 무례한 형태의 독재 정치를 행하고 있습니다.

5. 자기들의 부드러운 발표문에 따르면 이 외국인들은 이제 자기들이 강요하는 '정부'의 여러 부서를 메울 인원의 '조달' 방법을 정하고 있는 중입니다. 이 사람들은 한국 사람의 의사에 대해서 티끌만큼의 생각도 없고 한국 사람들에게 말 한마디 없이 저희끼리 되는 대로 이 문제를 다룰 분과위원회를 이미 정해 놓고 있습니다.

6. 자기 나라의 선택의 자유를 팔아넘긴 뒤에야 협의가 허락되었던 1905년 이완용(李完用)이나 송병준(宋秉畯)과 같은 한국의 매국노들이 답변할 질의 답변서를 이 사람들은 벌써 준비해 놓고 있습니다. 그다음에는 이 특혜받은 한국인들이 바로 그 회의실에 안내되고 거기서 마치 많은 취업 희망자들이 기업체 주주들에게 질문을 받는 모양과 비슷하게 이 외국인들의 면접 심문을 받게 될 것입니다. 이것이 바로 외국인들이 멋대로 정하고 맡은 역할입니다.

7. '우방'을 가장하여 이 외국인들은 국민의 95퍼센트가 필사적으로 반대하는 신탁 통치를 평화를 사랑하는 3000만 국민의 머리 위에 씌우려고 작정한 것입니다. '신탁 통치'의 진정한 의미를 흐리게 하고 왜곡하고 조작하려는 이들의 노력이나 자기들의 허울 좋은 해명에 걸맞는 어떤 보장책도 제시하기를 거부하는 태도는 모두가 자기들의 진정한 저의를 뚜렷하게 밝혀 주고 있을 뿐입니다.

8. 이 외국인들은 너무도 서로의 비위를 맞추기에 급급한 나머지 '한국 문제' 결정을 위한 자기들의 합동 회의 전야에는 자기들의 단합된 모습을 나타낸답시고 '정치범'으로 분류된 600명의 폭동 분자·강간범 그리고 살인범들을 형무소에서 풀어 주었고, 이 자들은 이제 남한의 무고한 가족들과 경찰을 상대로 또 다시 폭동·강간·살인을 자행하기 위해서 공산 진영으로

돌아갈 수 있는 자유의 몸이 되었습니다. 이런 범죄는 리디체의 학살과 똑같은 범주의 것으로 밖에는 생각할 수 없습니다.

9. 서울시장이 베푼 연회석상에서 이 미국 장군은 협의에 응할 수 있는 축복된 특권을 위해 자유를 팔아 넘기기를 거부한 한국의 애국 인사들을 비난하고 이런 지도자들과 그 추종자는 모든 정치적 권리를 박탈당하게 될 것 각오하라고 협박했습니다. 연회에 온 한국 손님들과 주최측은 한국 국민의 대다수에게 던지는 이런 공갈에 분노하고 흥분했으나 소련 대표단 사람들은 미국인이 어린애처럼 자기들의 손아귀에 늘아나는 것을 보며 냉소를 띄우고 있었습니다.

10. 남한에서 한국 사람들에게 구두로 질문을 하는 청문회의 의장은 소련군 장군이 맡게 되어 있고 이 사람은 당연히 자기가 적절하다고 생각되는 대답만을 감싸주는 자기들의 상투적인 전술을 쓰게 될 것입니다. 이런 절차에 따라 남한의 민족주의자들은 외국 인사들이 동원할 수 있는 모든 수단 때문에 창피당하고 훼방당하는 가운데 결과는 필연적으로 소수 공산 분자들에게 이롭게 되고 말 것입니다. 공산당 이외에는 아무 정당도 허용되지 않는 북한에서 한국인들의 의사를 묻는 일은 미국 장군이 맡게 될 것입니다. 미국 장군의 의도가 어디에 있든 자기가 기록할 유일한 대답들은 공산 분자들이 제공하는 것이 되겠습니다. 따라서 북쪽이나 남쪽이나 그 결과는 국민의 의사를 그릇되게 밝히는 비극이 될 것입니다.

11. 공산당과의 합작은 다만 소련의 지배하에 굴복을 뜻한다는 사실이 가장 최근에는 헝가리와 불가리아를 통하여 유럽에서 충분히 입증되고 있음에도 불구하고 양측의 외국 대표들은 '연립' 정부 수립이라는 공동의 목표를 떠벌리고 있습니다. 미국 사람들은 연립정부가 공산당과 민족주의자들의 대립 세력 간에 순수한 타협을 대변한다고 믿으며 스스로를 속이고 있습니다. 국민 스스로 자기들이 원하는 종류의 정부를 선포하도록 하는 자유 선거의 존엄성에 대한 정치적 신념을 미국은 언제부터 포기한 것입니까?

12. 설사 한국에 나타난 이들 양국 대표가 한국 사람들을 고의로 자기들의 불구대천의 원수처럼 생각했다고 해도 이보다 더한 방법으로 한국 사람의 사기를 죽이고, 한국의 경제 자원을 빼앗고, 한국의 국민 감정을 말살시

키고, 시민의 증오와 동족상잔의 전쟁을 부채질하는 극악무도한 계획은 꾸며내지 못했을 것입니다. 일본의 한국 강점에 앞선 1910년의 상황이 1947년의 이 비극적인 때에 되풀이되고 있습니다. 그럼에도 '협정을 방해한다'는 공공연한 중상 모략을 받고 있는 측은 그 하수인들이 아니라 바로 한국 사람들입니다.

이 모든 음모의 목적은 도대체 무엇이냐고 물어야 할 것입니다. 왜 위대하고 이상주의에 불타는 미국이 잔인하고 독재적인 소련 사람들과 협력하여 한국 국민을 목졸라 죽이려는 것입니까? 양국이 한국을 희생해서 무엇인가를 얻으려는 또 다른 비밀 협정이 있었던 것입니까? 어느 나라나 자신의 복지와 행복만을 위해서 행동한다는 사실은 잘 알려진 일이기 때문에 이 양대 강국이 빈사 상태에 놓인 사랑하는 내 나라 땅덩어리를 놓고 싸우고 있는 것을 볼 때 한국 사람들이 몸서리를 치는 것도 당연합니다. 어느 강대 국가라 하더라도 가진 것이 너무 많다고 해서 이웃 약소국으로부터 무엇인가를 더 빼앗고 싶지 않다고 자제하는 나라가 있겠습니까?

이 회의에 '성공'이라는 딱지를 붙일 수 있기 위해서는 어떤 나쁜 짓도 서슴지 않기 때문에 미국이 한국에서 그런 행실을 하고 있는 것이라고 어떤 사람들은 말합니다. '합의'라는 신비스러운 말 속에는 소망스러운 알맹이를 희생시키면서까지 얻어내야 할 만큼 신성불가침한 그 무엇이 있다는 것입니까? 정치인들은 연설을 통해 자기들의 목적은 한국을 생기있고 자유롭고 민주적이고 번영된 국가로 만드는 데 있다고 선언합니다. 이것이야말로 자기들 스스로의 행위를 판단할 표준이 아니겠습니까?

솔직히 말해서 한국에 대한 소련의 태도는 언제나 얻을 수 있는 것이면 무엇이든지 바라고 훔치려고 꾀하는 약탈자의 그것이었습니다. 그러나 외세가 한국을 지배한 지난 20개월의 결과를 평가할 때 미국이 한국 사람들에게 공언하는 '우정'이 곧 죽음의 키스 이외의 다른 것이라고 어떻게 우리가 믿을 수 있습니까? 미국 관리들은 한국 문제는 그 자체로 볼 때 중요한 것이 아니라고 넌지시 말합니다. 소련과의 폭넓은 관계 속에 세계적으로 '보다 광범위한' 각도에서 고려되어야 한다는 것입니다. 이것은 단순히 미국의 행복과 이해가 한국 국민의 행복과 같지 않다고 말하는 식으로 표현을 바꾼 것이 아니겠습니까? 이것은 소련으로부터 다른 어떤 지역을 양보받기 위해서 미국이 아무리 싫어도 한국을 희생시킬 수밖에 없다는 것을 단적으로 의미하는 것이 아니겠습니까?

한국의 오늘의 정세를 현실적으로 볼 때 한국 사람들은 무엇을 해야 하겠습니까? 미국 사람들은 한국 사람들이 공산주의를 싫어하는 것을 꾸짖고 소련 사람과도 행복하게 같이 사는 방법을 배워야 한다고 말합니다. 궁극적으로 분석해 보면 아마 이 말이 옳을 것입니다. 만일 미국이 합법적인 한국 독립을 약속한 자기들의 공약을 지키지 않을 경우, 만일 미국이 우선 다른 지역에서의 이익을 위해서, 장삿속으로 다루는 흥정거리처럼 한국을 다루게 될 경우 한국이 걸어갈 정당한 길은 명백하게 됩니다. 우리는 강제로 물 한가운데서 말을 갈아타지 않으면 안 됩니다. 우리는 또한 자기 의사에 반하여 별수 없이 소련권 내에 사는 인민들처럼 우리의 운명을 강압 속에서 개척해 나가야 할 처지가 될 것입니다.

미국 사람들 자신이 한국 사람들을 소련 이외의 어디로도 갈 곳 없게 내버리는 형편이 되도록 돕고 있다는 것은 비극적이고 아이러니컬한 현실입니다. 미국 사람들은 오늘의 이데올로기 전쟁에서 실제로는 스스로가 자신의 최대의 적이 되고 있습니다. 50년간을 거절당하면서도 미국의 벗이 되려고 노력해 왔으며 민주주의에 대한 자신의 신앙을 양보하기보다는 차라리 괴로움과 죽음을 택하겠다고 여러 번 궐기했던 한국 사람들이 전 세계 민주주의 수호자들에 의해서 끝내는 민주 진영에서 내쫓기는 신세가 될 것입니다. 인류사의 어느 곳에 이와 비슷한 상황이 있겠는지 해괴할 뿐입니다.

한국의 미·소 양군 점령은 가증스러웠던 일본에 의한 점령보다 훨씬 나쁜 것입니다. 소련 사람과 미국 사람이 이 사실을 모두 쉽게 인정합니다. 한국은 운명을 건 20개월 동안 미국의 호의를 얻으려고 노력했지만 그것은 터무니없이 부족하다는 것을 깨달았습니다. 미국이 한국에 약속한 것과 실제로 한 일은 너무나도 동떨어져 있습니다. 이런 사정들을 곰곰이 분석해 볼 때 한국은 이제 도저히 미국의 호의를 믿지 못하게 되었습니다. 아마도 한국 사람들은 소련의 사상과 공산 진영에 스스로 안주하기 위한 새로운 실험에 결국 나서야 할까 봅니다. 한국은 살아야 합니다. 있는 힘을 다해서 소련과 사귀면 우리나라가 다른 방법에서 찾을 수 있는 것보다 더 훌륭한 생활 방식이 있을는지 누가 압니까? 한번 실험해 볼 가치가 있을 것입니다.

한국을 위해 결정적인 시기가 왔습니다. 이것은 1905~1910년의 운명적인 시기 못지 않게 한국의 생존에는 중대한 위기입니다. 그런데 그 당시의 결정은 외국인들에 의해 우리들에게 강요되었고, 우리나라는 배신을 당했습니다. 이번에는 한국 사람들 스스로가 자신을 위해 결정을 내려야 합니다.

편지가 길어서 임대령의 편지를 듬성듬성 훑어 읽었을는지 모르는 독자들에게 눈이 쏠리는 구절은 '아마도 한국 사람들은 소련의 사상과 공산 진영에 스스로 안주하기 위한 새로운 실험에 결국 나서야 할까 봅니다' 하는 내용이다. 임병직과 이승만의 뿌리 깊은 반공주의를 생각할 때 이 문장은 더욱 놀라운 것이다.

이 편지는 1947년 6월 중순에 씌어진 것으로서 5월달에 미·소공동위원회가 재개된 뒤 한국 사람들을 사로잡았던 절망적 분위기를 재현하고자 여기에 영화의 한 회상처럼 제시한 것임을 기억해야 할 것이다. 이 때는 내가 그의 사무실을 떠나 나 자신의 일로 몹시 분주하여 임대령을 자주 만나지 못하던 때였다. 그가 여기에서 나타낸 감정은 이따금 만난 우리들의 모임에서 보인 그의 우울한 모습을 통해서 엿보았을 뿐이다. 하나의 역사적 문서로서 그의 편지는 근본적인 가치를 지니고 있다. 백 마디의 논증보다 더 훌륭하게 이것은 이 박사가 왜 미 군정에 '비협조적'이었는가를 말해 주고 있다. 거듭 해서 이런 말투가 되풀이되고 있다. '이 외국 사람들', '자기 나라에서는 보잘것없는 이 외국인들', '저희끼리 싸움질만 하는 외국인들…… 자기 나라의 이익만을 위하는' 등의 말에서 쓰라린 생각이 차츰 더해가고 있었다.

시간을 약간 거슬러 올라가 공동위원회의 재개 전야인 5월 4일을 돌이켜 볼 때 임병직은 이 박사에게 좌우 합작 주창자들과 손잡을 것을 주장하는 전문을 보냈다. 임병직은 이 전문에서 '한국의 중도파들과 굳게 협력하는 것이 한국 문제의 온당한 해결을 촉진시키는 데 크게 도움이 될 것으로 벗들은 느끼고 있음'이라고 자기의 의견뿐만 아니라 스태거스와 윌리엄스의 느낌을 함께 적어 보냈다.

다음 날 5월 5일, 이 박사는 약간 흥분된 상태에서 나에게 편지를 보내왔다.

　동봉한 벤(임병직)의 무전 사본은 나를 어지럽게 했소. 오늘 저녁은 모든 일을 제쳐놓고 이 편지를 쓰는데 부탁할 것은 벤과 이 문제를 의논하여 앞으로는 귀하와 상의없이 더 이상 전문이나 편지를 보내지 않겠다는 데 동의하도록 해 주시오. 사실인 즉 그는 너무도 마음이 단순하고 의심이 없어서 자기가 보고 들은 바를 뒤의 결과를 생각지 않고 말하는 것이오. 그로 말미암아 그는 부지부식간에 우리가 '심리전'에 의해서 얻어놓은 성과를 못 쓰게 만들고 있소. 우리와 반대되는 사람들의 손에 놀아나지 않을 만큼 똑똑한 인물이 워싱턴에 하나 있었으면 하오. 그러나 나는 정말 누가 그 일을 해낼는지 모르겠소.
　……도쿄에서 맥아더 장군은 자기가 하지 장군에게 총선거안을 밀고 나감에 있어 나와 협력하라고 말했다는 사실과 선거법 등을 통과시키기 위해 곧 내가 서울로 돌아가야 한다고 나에게 말했소. 우리들은 국무부나 백악관으로 하여금 어떤 확실한 성명문이나 공약을 발표하도록 노력을 기울였으나 실패했소. 지금 사정으로는 힐드링 장군이 나에게 말해 준 내용에 기대를 걸어야 하겠으나 그것은 다만 구두로 한 것이고 이 점에 관해서 그가 자기 이름을 사용하도록 허락하지 않는 한 우리는 그 내용을 공개적으로 밝힐 수 없는 것이오.(……)
　(……) 임병직은 이곳과 바깥 세계와의 모든 메시지가 우리 손에 들어오기 전에 미 군정 본부로 간다는 사실을 알아야 하오. 그 사람은 속셈을 모르고 있고 어떻게 수를 쓸지 방법을 모르오. ……그 사람은 내가 연립 방안에 협력하기를 바라고 있는 것인지 아니면 내가 온건파 공산 분자들과 협력할 것을 내 벗들이 바라고 있다는 사실을 하지 장군이 알아주었으면 하고 있는 것인지? 한국에서는 누가 온건파요? 미국 정부가 지금 온건파들과 협력하고 있는 것이오? 그 사람은 이런 전문이 여기에서 어떤 영향을 미치게 된다는 것을 모르고 있단 말이오? 그 사람은 너무 착하고 진실하기 때문에 우리 문제를 이지적으로 집행해 나갈 만큼 충분히 수를 쓸 능력이 없는 것이오.
　나는 이 전문이 벤(임병직)에게 유리하지 못하다는 것을 알고 있으나 그에게 사정을 이해시키는 데 있어 내가 숨김이 없고 바른 말을 해야 하오, 그 사람은 다른 일들은 아주 훌륭히 수행하고 있지만 중요한 메시지를 보낼 때에는 귀하나 그 외에도 자기를 도울 수 있는 한두 사람과 상의를 해야 할 것이오. 이것이 워싱턴에 있는 우리 전체 조직에게 가장 중요한 일이오. 이 편지를 벤과 같이 잘 읽고 우리에게 보내는 그의 전문을 작성할 때 귀하의 조언을 듣는 데 합의를 보도록 하시오.

이것이 이 박사로부터 온 명시된 하나의 훈령인데 나는 그것을 수행하지 않았다. 이 박사가 원했다면 당연히 자기의 의견을 임병직에게 직접 보낼 수 있었을 것이다. 나는 중간에 끼어들 생각이 없었다. 이런 성격의 논쟁이 대개 똑같은 이유로 한국에서는 애국자들 사이에 계속해서 들끓고 있었다. 워싱턴에서 우리는 이미 조직을 해체했었고 더 이상 언짢은 감정을 자극할 까닭이 없었다.

한국에서 실시중인 검열 제도 때문에 6월 18일자 임대령의 편지는 군정 계통 사람들에게 회람되었다. 결국은 그 내용의 알맹이가 주요 간행물에 실리게 되었다. 〈뉴스 위크〉지는 9월 1일자로 논설을 실었다. '뜻밖에도 한국의 민족주의 계열을 대표하는 워싱턴의 이른바 '구미위원부'는 미국 점령군의 본국 철수를 크게 요구하고 나섰다. 전쟁 중 미국과 한국은 일본으로부터 한반도를 구출하기 위해 싸웠고, 서로 믿는 사이였노라고 그들은 말하고 있으나 지금은 일제 통치가 '어린 병사들'의 통치보다 훌륭했다고 느끼고 있다. 이 사람들은 한국을 위한 미국의 군정에 더 기대하기 보다는 차라리 소련의 지배를 택하겠노라고 주장하고 있다.'

〈뉴스 위크〉지에 이런 내용이 실리게 되자 워싱턴의 로비 활동이 '잘못된 방향'으로 갔다고 생각한 사람은 하지 장군 혼자만이 아니었다. 이 박사는 아연실색했고 국무부 관리들의 신중한 문의를 받게 되었다. 임대령은 9월 12일 〈뉴스 위크〉지에 자기의 견해를 밝히는 편지를 보냈다.

구미위원부는 종전의 주장과 마찬가지로 지금도 카이로공약대로 한국의 완전 독립을 하루속히 실현할 것을 각성한다. 우리는 소련과 미국 군대의 공동 철수와 한국 통치의 종식을 바라고 있다. 우리는 오늘날까지 남한에서

5 워싱턴의 한국 로비

미 군정의 많은 행위를 비판해 왔고 지금도 그렇게 하고 있다. 다만 하느님의 가호로 소련 사람들이 북한에 강요한 정부만큼 군정이 악독스럽지 않다는 사실이다. 이런 견해들은 귀지가 기사 내용에서 우리 사무실의 잘못으로 돌린 견해와는 근본적으로 다른 것이다.

〈뉴스 위크〉지 체트 쇼 주간은 '우리의 기사 내용이 일반적으로 공정한 것이었다'고 회신하면서 다만 10월 6일자에 임대령의 입장을 분명하게 해주기 위해서 그의 편지 내용 일부를 실어 주겠다고 덧붙였는데 이 약속은 그대로 이행되었다.

워싱턴 로비에 종사한 우리들은 그 외에도 무슨 일을 하든지 결코 한가한 날은 없었다. 1947년 가을 그 당시 〈한국태평양신문(Korean Pacific Press)〉으로 알려진 나의 사무실에서는 '러시아인, 한국에 오다'라는 제목 하의 정한경의 저서를 편집 발간했다. 우리의 일은 될 수 있는 대로 많이 파는 것이었는데 우리들도 정박사도 그리 많이 팔지 못하리라고 생각했다. 추가시킬 판매 시장을 알려주는 그의 편지가 그로부터 계속 오고 있었다. 궁지에서 벗어나려고 12월 10일에 나는 그에게 이렇게 썼다.

우리 일은 계속 밀려 쌓이고 더욱 시간에 쫓기고 있습니다. 국제연합 대표들 견해에 영향을 주려고 뉴욕에 머물고 있던 임영신이 지난 가을 자기 자서전을 써서 달포 전에 감수를 요청하여 봤는데 모두 500쪽에 이르는 원고 중 상당 부분을 고쳐 써야 할 필요가 있습니다.[2]

곧 한국무용단이 도착하는데 공연을 마련해 주도록 도움을 바라고 있습니다. 장학금을 요구하는 수많은 끈질긴 신청이 들어와 있고 여기에도 많은 편지 왕래를 필요로 합니다. 이 박사는 즉시 선거를 요구하며 맹렬한 투쟁을 전개중이어서 언론계·국무부, 그리고 국회에 활동을 촉구하는 꾸준한 전문을 보내옵니다. 그리고 나는 아시아 문제에 대한 주간 논평을 250개 신문에 써서 부칩니다. 또한 한국에서 근무한 미군 병사들로 구성된 한·미우

---

2) 후일 뉴욕의 A.A. Wyn 출판사에서 1951년에 임영신 저, 《나의 한국을 위한 40년의 투쟁》이라는 책으로 출간됨.

호연맹 조직이 진행 중에 있습니다. 그리고 아시아 연구소에서 4회에 걸친 한국 강좌를 1월에 열기로 합의를 보았습니다. 여기서 지낸 당신의 경험으로 쉽게 나열할 수 있는 많은 업무들을 빼기도 했지만 위의 것이 우리 활동의 일부를 밝힌 것입니다. ……당신도 아셔야 할 것은 누구에게나 시간을 할애할 수 있을 만큼 시간이 남아도는 한가로운 단체가 아니라는 것입니다.

자금 부족도 항상 우리가 할 수 있는 일을 제한하는 하나의 주요 문제점이었다. 내 자신의 봉급도 한때 연봉 6000불로 떨어진 일이 있고 만 2000불을 넘어선 일이 없다. 모든 우리의 출판물과 기타 경비에 대한 1년 예산이 한국전쟁 이후 12만 5000불까지 이른 일이 있으나 그 이상을 넘은 일은 없다. 그런 가운데도 모든 로비스트들이 놀랄 만한 액수의 보수와 개인 판공비를 받고 있는 것으로 생각하는 사람들의 의미 있는 웃음을 그러려니 하고 받아들이게 되었다. 외국인 대행 기관 등록법에 따라 우리는 입금된 모든 자금이 어떻게 쓰여지는지를 정확하게 보여 주는 매우 자세한 회계 보고서를 1년에 2회씩 양심적으로 제출했다. 이 보고서들은 법무부의 공개 문서철에 넣어 호기심 있는 모든 사람들에 공개되었다.

그렇기는 하지만 우리는 비난에 대해 화도 내고 즐거워도 했다. 이런 성질의 것으로 대표적인 것이 1947년 3월 1일자 〈네이션〉지에 실린 기사로서 이 정기 간행물의 칼럼은 많은 자유주의 지성인들에게 좋은 읽을거리였다. 그 논설은 윌 햄린의 것으로 '미국의 비극 : 한국'이라는 제하의 것이다. 미 군정하의 한국을 다루기 힘든 곳으로 자세히 묘사한 점을 우리는 마음으로 찬성했다. 그러나 이 박사가 '부유하다'고 한 햄린의 부당한 주장을 읽고 놀랐다. 그는 계속해서 '이승만은 수중에 약 30만 불이 있는데 아마도 미국 사업가 벗들로부터 몇 백만 불 정도는 더 수중에 넣을 수 있을 것으로 본다'고 했다. 이것이 출간된 것은 마침 이 박사가 워싱턴에 있으면서 국무부와 의회로 하여금 신탁 통치 정책을 포기하고 한국의 즉각적인 독립을 찬성하도록 영향력을 행사하려는 시기였다. 나 자신의 숙소는 버스 노선상에 있는 하숙집이었고 칼튼 호텔 그의 객실에서 그와 함께 일하고 있던 우리들은 우표 값이 25불이나 하기 때문에 등사된 발표문을 우송하려다 그만둔 일을 기억하고 있다.

3월 8일 나는 〈네이션〉지 편집인에게 이렇게 썼다.

> 이 박사는 거의 자금이 없는 형편입니다. ……이 박사가 일해 온 사정 가운데 가장 불리한 것의 하나는 한국에 대한 진실을 미국 사람들에게 알리는 데 필요한 자금의 부족입니다. 오랫동안 이 박사와 가까이 일해 왔고 어떤 일정한 홍보 대책에 50불이나 100불을 쪼개 낼 여유가 있는지의 여부를 놓고 많은 열띤 토론을 가지기도 한 우리들은 이 박사가 돈을 물 쓰듯 하며 진실을 뒤엎을 수 있는 사람이라고 한 비난이 얼마나 터무니없이 잘못된 것인가를 알고 있습니다.

나는 이 편지에서 내가 얼마나 모든 진실을 알 만한 위치에 있는가를 충분히 설명했다. 그러나 나의 편지는 편집인이나 햄린 씨에 의하여 인정되지 않았고 〈네이션〉지는 자기들 기사에 대한 취소문이나 해명서를 싣지 않았다. 내가 워싱턴에 있었던 오랜 세월 동안 외국 로비스트가 쓰는 '막대한 금액'에 대한 막연한 언급을 나는 논설란에서 가끔 읽었다. 나는 다른 사람들에 관해서 아는 바 없다. 우리들의 사정은 간신히 운영하는 형편이었다.

어떤 점에서 볼 때 이 한계는 요행수에 맡길 일이었다. 전국적인 정기 간행물에 전면 광고를 내거나 스스로 소개책이나 안내서 심지어는 달력 같은 것을 자기 돈으로 제작할 여유가 없었기 때문에 우리들의 유일한 수단은 우리가 이용할 수 있는 무료 출판물을 찾아내는 일이었다.

내 자신 관심의 대부분은 우리를 도울 수 있는 독자를 확보하고 있는 출판물에 기고하는 일로 좁혀졌다. 그 한 가지가 많은 개신교 종파들에 속하는 목사나 교회 직원들이 널리 구독하는 〈교회 관리〉지였다. 또 하나는 〈기독교의 세기〉지로 비종교계에서도 높이 인정받는 여론 잡지였다. 세 가지의 내 기고문을 실은 〈스탠더드〉지는 배포 범위가 좁지만 사회 정치 개혁에 뜻을 둔 지성인들 사이에 배포되고 있는 잡지였다. '새 지도자' '진보 주의자' '필라델피아 포럼' 그리고 '통합아시아' 등은 모두 각종 특수 상류층에 독자를 확보하고 있었다. 〈샘플 케이스〉지는 순회 판매업자들이 읽었고 〈오늘의 역사〉지는 학교에서 특별한 호소력을 지닌 잡지였다.

〈현대의 중요 연설〉지는 현대사의 사건에 관심있는 작가와 학자들이 사용하는 일종의 기록 잡지였다. 나는 때때로 한국의 정치인들로부터 〈뉴욕타임스〉·〈선데이 매거진〉·〈하퍼스〉·〈애틀랜틱 월간지〉·〈선데이 이브닝 포스트〉 등 주요 간행물에 왜 내 기고문을 싣지 않느냐는 비판을 하는 편지를 받았다. 이들 편지를 보내 온 인사들이 모르고 있는 것은 이런 정기 간행물들은 안정된 논조를 지키기 위해서 자기들이 선정한 필자만을 이용한다는 사실이다. 그들이 한국 사람들의 설득 활동에 관심을 기울이도록 나로서는 자주 노력했으나 내가 그들의 관심을 가장 많이 끌었던 것은 〈남성 잡지 : 진실〉·〈아메리칸 머큐리〉 그리고 미국 정치 및 사회 과학 학술원의 기관지에 실린 한편의 기고문 뿐이었다. 후일에 와서 대한민국이 수립된 뒤 가장 많은 독자층을 확보하고 있는 〈리더스 다이제스트〉지가 이 대통령 부부에 대한 기고문을 받아들인 사실을 뒤늦게 알았다.

  그래도 또한 '무료'로 유익한 독자에게 접근할 수 있는 다른 간행물로는 적십자사와 각종 자선 단체의 여러 신문 잡지가 있었다. 우리는 또한 '마을의 방송 모임'과 같은 전국적 라디오·텔레비전 쇼에도 참가했고 기타 회담 프로에도 나갔다. 또 한 가지 내가 발견한 것은 내가 해외의 주요 보도용 간행물에 보낸 기사들이 항상 영국·인도·파키스탄, 그리고 필리핀 등에서 접수 발표되었다는 사실이다. 사실상 자금은 없었다 하더라도 우리들이 느끼는 주요 한계가 시간 부족과 정력의 소모였다. 우리가 더 많은 필진을 확보했던들 더 많은 일을 성취할 수 있었을 것이다. 그렇지만 자원 부족 상태에서조차도 많은 일이 이루어진 것을 알았다.

  우리의 재정이 어렵기도 했지만 1947년 7월 31일자로 된 편지와 같은 이 박사의 편지들을 앞에 놓고 나는 살림을 늘이겠다는 용기가 나지 않았다.

  시중에 돌고 있는 식량은 충분한데 미국 사람들은 자기네 배급 식량을 더욱 넉넉히 받기 위해 국회가 실제로 가결하지도 않은 원조나 차관을 사용하는 문제를 생각하고 있소. 우리들은 지난 번 배급 식량으로 우리 두 내외와 두명의 고용인을 합쳐 네 사람 몫으로 2개의 무화과 과자와 2개의 10센트짜리 초콜릿을 받고 우리는 80원을 지불했소. 이것은 물건 한 개가 각각

20원이거나 초콜릿이 개당 1불이 된다는 것을 뜻하오. ……이번 주 우리는 당분을 뺀 포도 주스 한 깡통(14온스)를 구했는데 35원을 주었소, 깡통이 찌그러져 있었던 것으로 보아 부패되지 않았을까 싶소. 당분을 뺀 것이기 때문에 맛이 써서 사람들에게 쓸모가 없을 것이오. 가난한 사람들은 1파운드에 300원 씩이나 하는 설탕을 살 여유가 없으니 맛이 있게 할 재간이 없소. ……2년간이나 공장들이 쉬고 있고 사람들은 일자리가 없고 늘어진 상태에 있소. 사람들을 1945년 8월 15일의 형편으로 되돌아오게 하려면 많은 노력이 들어야겠소.

이런 사정들을 생각할 때 나는 자신이 '여분의 배급 식량을 받으려는 미국 사람' 측의 한 사람으로 취급되기는 싫었다.

이것이 하지 장군이 신경을 쓰고 있던 '워싱턴 로비'의 모습이다. 우리들의 직무는 힐드링 차관보가 표현한 바 '위대한 십자군 운동' 같은 것이 되지는 못했을 것이다. 다만 우리의 마음이 적어도 그 안에 있었고, 우리의 최선을 다했을 따름이다.

6
국제연합의 수상한 움직임
(1947년 겨울~1948년)

1947년에서 1948년에 이르는 겨울 동안 한국 정세는 훨씬 호전되어 갔다. 그러나 겉으로는 악화되어 가는 듯한 강한 조짐이 보이기도 했다. 서울의 이승만이나 워싱턴의 임병직 그리고 나에게는 이 시기가 긴장과 고통의 연속이었다. 특히 이 박사에게는 사정이 더욱 어렵게 돌아갔다.

한 세대 뒤, 현장에서 벗어난 역사가는 그때의 정세를 쉽게 요약할는지 모른다. 국제연합이 미·소 간에 야기된 문제를 타개하여 남한에 자주적이고 독립된 정부를 수립했노라고. 마치 '결국 수술은 성공적이었음'이라는 의료 보고서와 같이 말이다. 그러나 문제에 참여하고 있었던 우리에게는 분명한 것이 하나도 없었고, 피하고 넘어야 할 위험천만한 산은 너무도 많았다.

어려웠던 문제들이 어느 정도 자세하게 설명되어야만 이승만의 역할이나, 한국과 관련된 미국과 국제연합의 성격을 이해할 수 있다. 또한 모든 정책이 인물의 연줄과 무관하지 않다는 사실이 명백해진다. 정책은 항해 지도에 지나지 않고, 물길을 잡는 사람은 그 모양이나 기술이 저마다 제각각이다. 한 사람 한 사람이 문제인 것이다. 결정은 사람들이 내리지만, 어떤 종류의 사람들이냐에 따라 차이가 생기는 법이다. 1947년 11월 14일 국제연합 총회는 독립된 한국 정부 수립으로 이어지는 선거를 감시하기 위한 임시위원단 임명을 규정하는 결의문을 채택했다.[1)]

이것은 1945년 모스크바 결정으로부터의 중대한 전환이었다. 그러나 안타깝

---

1) 1950년 뉴욕 간행, 국제연합 사무국, 〈1947년 9월~1949년 10월 기간 중 국제연합에서의 한국 문제〉 참조. 또한 1956년 뉴욕 카네기 국제평화기금 발행, 르란드 리. 르란드 M. 〈한국:국제연합에서의 미국 정책〉 참조.

게도 이 결의문은 애매한 점을 안고 있었다. 결의문의 내용에도 그렇고 그 채택에 앞선 토의에서도 현재의 한국 분단에 대해서 어떻게 하겠다는 아무런 고려도 눈에 띄지 않았던 것이다. 소련은 자신의 입장을 분명히 했는데, 그것은 앞서 있었던 미·소 간의 협정 때문에 국제연합이 이 문제에 관할권이 없다는 주장이었다.

아무도 이 근본적인 문제에 대한 해답을 내놓지 못했다. 한국 전체에서 선거가 있어야 하는가, 아니면 전혀 없어도 되는가? 누가 선거를 실시해야 하는가? 임시위원단의 임무와 권한은 어떻게 정해야 하는가? 선거에 관하여 한국 사람들은 도대체 협의 대상이 되는가? 그렇다면 그 대상은 누구인가? 이런 문제들 그리고 예측할 수 없는 여러 문제들에 대해 합의를 보지 못할 경우 누가 이 문제들을 결정할 것인가?

총회는 임시위원단 대표로 호주·캐나다·중국·엘살바도르·프랑스·인도·필리핀·시리아 그리고 우크라이나 사람들을 임명했다. 우크라이나 공화국은 국제연합의 관할권이 없다는 소련 측 성명을 근거로 임명을 거부했다. 총회 회기는 12월에 끝났으나 보통 소총회라고 부르는 임시위원회를 설치하여 이 기관에 임시위원단이 보고를 하고 이 기관에 대하여 수시로 추가적인 지도를 요청하도록 되어 있었다.

믿기지 않는 상황에 이 박사와 다른 한국 민족주의자들은 깊이 상심했다. 남한에서 즉시 선거를 실시하여 국제연합의 협의 대상이 될 국민의 대표를 뽑자는 이 사람들의 요구는 무기한 연기되었다. 결의문의 심의 기간 중 한국 사람들이 총회와 협의하도록 허용하라는 이들의 긴급 요청도 거부되었다. 북한에는 이미 '한국 정부'가 수립되어 있었지만 남한에는 이와 맞설 조직을 갖추지 못한 처지이므로 아마도 임시위원단은 북쪽의 견해를 중시했을 것이다. 더욱이 이 박사는 자기가 가장 두려워하는 연립정부를 필연적으로 만들어내는 선거 절차의 제안이 나오지 않을까 두려워하며 임시위원단의 구성에 대하여 불신감을 품고 있었다. 마침내, 그리고 어떤 측면에서 볼 때는 가장 바람직하지 않은 사이비 선거가 정부의 성격도 분명히 밝히지 않고 그저 어느 정도의 자주성만을 지닌 임시정부 수립을 목표로 실시될 것 같았다.

워싱턴의 우리는 기본적 승리는 쟁취된 것으로 느끼고 이 박사가 국제연합 계획에 협력하기를 몹시 바랐다. 서울의 그는 군정의 애매한 태도, 지연 전술, 그리고 계속적인 지배와 같은 종전대로의 조직적 책동을 한국 연립 정권 수립의 전주곡에 불과하다고 걱정했다. 이 박사는 동유럽 연립정부 등에 대한 공산당의 완전 지배를 가능케 한 것과 똑같은 방법으로, 공산 분자에게 남한에 발판을 만들 기회를 주고 있는 동안 외국 세력의 감독을 받게 되는 그런 연립 정권을 염려한 것이다. 임병직과 나는 수집이 될 수 있는 대로 가장 정확한 정보를 그에게 제공할 책임이 있었다.

11월 25일 나는 국무부 극동국의 '한국 담당관' 존 윌리엄스를 만나 오랜 시간 이야기를 나누었다. 그는 한국 문제에 전적으로 매달려 있는 유일한 국무부 관리였지만, 정책 결정 수준에서는 훨씬 밑도는 '하급 관리'였다. 나는 그의 말이 미국 정부의 명확한 공약이 될 수 없다는 사실을 알면서도 그가 진행 중인 현황을 잘 알 뿐 아니라 나에게 그것을 숨김없이 이야기해 줄 수 있는 입장에 있다고 생각했다. 11월 26일 나는 이 박사에게 좋은 소식과 나쁜 소식을 섞어서 이렇게 보고했다.

어제는 국무부 한국 담당관 존 윌리엄스와 점심을 하면서 오랜 시간 이야기를 나누었습니다. 주요 관심사는 국제연합 인도 대표가 한국에 관한 결의를 찬성하는 강한 태도를 취한 사실이 중요하다는 그의 건실한 감각입니다. 인도는 보통 소련의 입장을 지지할 것으로 예상했는데 그렇지 않았다는 사실은 한국을 위해서 길조라는 것이 그의 말입니다. 이것은 또 하나의 강력한 아시아 국가가 한국 주장에 가담하고 있다는 사실을 나타내는 것 같습니다. 또한 현재 필리핀에서 국제연합 후원하에 열리고 있는 11개국 아시아 회의가 소련 대표의 강력한 반대에도 불구하고 한국 대표권 문제를 '고려'하도록 주장했다는 사실은 흥미롭습니다. 결국 아시아 국가들이 상호 간의 공정한 대우를 확보하기 위해서 공동 전선을 펴는 것이 확실히 중대한 의미를 지니는 것입니다. 전 세계는 이미 여러 지역적 블록으로 나뉘었기 때문에 다른 지역과의 거래를 위해서도 하나의 아시아 블록이 요구됩니다.

윌리엄스는 또한 제가 마지못해 보고드린 내용, 예를 들면 이번 미국 의회가 한국 부흥을 위해 어떤 특별 자금도 원조할 것 같지 않다는 사실 등을 말해주었습니다. 그러나 어제 하원 외교위원회가 임시 융통적인 유럽 원조 법안에다 중국을 위해 6천만 불을 추가한 것은 고무적인 일입니다. 또한 11월 14일 토머스 E. 듀이 지사가 행한 연설로 저는 크게 고무되어 있습니다. 연설은 전적으로 아시아에 초점을 맞추고, 특히 중국에 대부분 역점을 둔 것이지만, 미국 정부는 유럽에서 이미 그렇게 한 것과 같이 아시아에서도 공산주의를 저지하고 민주주의를 돕는 적극적인 프로그램을 펼쳐야 한다고 강경한 어투로 요구했습니다. 거기에는 한국에 대해서도 두 구절이나 좋은 말이 들어갔습니다. 그의 발언은 무게가 있기 때문에 어떤 결과를 기대할 수 있을 겁니다. 물론 우리는 그에게 축전을 보냈으며, 그가 박차를 가하도록 우리가 할 수 있는 모든 일을 해 나가겠습니다.

윌리엄스는 한국 정세를 이런 식으로 요약했습니다. '봄에 있을 한국의 선거에서는 당신네들이 이길 것이다. 그러나 한국의 반공 정권은 미국과 국제연합의 경제 및 외교 지원 없이 오래 지탱할 수 없을 것이다.' 그도 나와 마찬가지로 미국으로부터의 경제 원조가 적고 늦을 것을 염려하고 있었습니다. 그러므로 아시아의 그 밖의 국가들과 될 수 있는 대로 우호 관계를 통하여 이에 대체될 부분적인 대안을 찾아야 한다는 것입니다. 한편으로 우리는 미국의 관심을 부추기고 미국의 지지를 확보하기 위하여 할 수 있는 모든 방법을 다 동원해야 하겠습니다. 저는 설득력을 모두 동원하여 그에게 간곡히 설명하기를, 북쪽에 이미 수립된 공산 정권과 효과적인 균형을 맞추고 동시에 국제연합에 대해서는 협의 대상이 될 완전한 한국인 대표단을 파견하기 위해서 남한에서의 즉시 선거가 필요하다고 했습니다.

필연적으로 국제연합에서의 한국 문제 토의가 우리에게는 가장 중요한 임무였다. 12월 11일 이 박사에게 보낸 편지에서 나는 우리가 파악한 대로 정세를 요약해 보냈다.

인도 대표는 아무런 조건을 붙이지 않고 완전 독립한다는 의견에 가장 호의적입니다. 중국 대표는 좀더 당황하고 있습니다. 이 사람들은 소련 지배를 분명하게 없애도록 바라고 있으나 구웨이쥔(顧維鈞)은 어떻든 간에 중국의 영향력이 강화되는 방안이 제약받지 않기를 바라는 것 같습니다. 호주 및 캐나다 대표단들도 어떤 형태의 지배권을 유지하려는 소련의 시도를 반대할 것으로 기대됩니다. 그 밖의 대표들, 특히 필리핀 대표는 한국 독립을 서둘러야 한다고 조심스럽게 말하고 있으나 더 강력하고 독자적인 입장을 취할 것으로 보이지는 않습니다. 미국은 이 위원단에 대표를 보내지 않았지만 당연히 여기에 강한 영향력을 미치고 있습니다. 소련에게 유리한 입장을 취해 주는 존재는 아마도 시리아 대표가 유일한 듯 싶습니다.

12월 22일 이 박사는 왜 자기가 남한에서 즉각적이고 분리된 선거가 실시되어야 한다고 주장하는지 그 이유를 길게 설명하는 내용의 편지를 내게 보내왔다. '하지 장군은 이 박사가 과거에 공동위원회를 방해한 것처럼 국제연합 프로그램도 방해하려 한다고 선언하고 있소. 그러나 나의 생각은 그것을 해치려는 것보다는 국제연합 위원단의 임무를 충족시켜주려는 것이오'라고 하면서 계속 다음과 같이 말했다.

국제연합 위원단이 도착할 경우 한국 사람들은 자기들을 대변할 대표자가 없을 것이오. 결과는 또 하나의 실패가 되고 국제연합 위원단은 결국 어떤 표시도 하지 않을 것이오. 한국 사정은 가장 해결하기 어려운 문제로 전 세계에 소개되겠지요. 반면에 만일 한국 사람이 스스로 자기들을 대표하고 자국 문제 토의에 참여시키기 위하여 많은 인사를 선출했다면 국제연합에서는 설사 그렇게 원한다 해도 4개국이 한국 사람들과 상의도 없이 저지른 그런 잘못은 되풀이할 수 없을 것이오. ……선거를 위해 북한을 개방시키는 것에 관해서 소련과 교섭하는 데 국제연합은 다소 시간을 소요하게 되리라고 우리는 알고 있소. 소련은 당장에 회답을 주는 만족을 안겨주지 않을 것이오. 만일 미 군정 당국이 올해 안에 남한 선거를 실시한다는 약속을 지킨다면 우리는 이를 즉시 수행할 것이며 국제연합 위원단을 돕고 협조할 수 있는 처지가 될 것이오. 이것이 우리의 입장이고 또 정당한 요청이오.

이해의 크리스마스는 휴가를 뜻하지 않았다. 12월 26일 이 박사는 다시 편지를 보내 '하지 장군은 한국 사람들이 불쾌하게 생각하는 중도 노선 정당을 만들려고 여러 방면으로 노력 중'이라고 비난했다. 12월 29일 나는 이 박사에게 편지를 보내 내게 밝혀준 미 국무부 견해는 결국 '다음과 같이 진행되는 것' 같다고 전했다.

1) 국무부는 미국의 관심이 유럽에 쏠려 있기를 바라서 아시아에 어떤 위기가 있다는 공식적인 언급을 거부합니다. 2) 국무부는 당연히 '양대 세계'로의 대립을 막아보려고 노력 중이기 때문에 아시아에서 미·소 간의 충돌을 화해로 이끌기 위하여 아직도 노력중이고 적어도 그렇게 희망하고 있습니다. 3) 국무부는 아시아에서 두 가지 상호 모순된 것을 원하고 있습니다. a) 그 하나는 미국에 대한 아시아 국가들의 순종이고 b) 그 대가로 치를 미국의 특별 책임은 면제되기를 바라는 것입니다. 한국에 관해서 볼 때 그들은 미국의 군사 및 경제적 이익이 그곳에서 방해받기보다는 항상 도움을 얻게 되도록 박사님이 미국에 충분히 우호적이기를 바라고 있습니다. 그러고도 동시에 한국이 미국 원조에 실제적으로 의존하는 상황이 되기를 원치 않으며, 이것은 한국의 민족주의자들과 소련 사이에 어떤 위기가 심화될 경우에 특히 더 그렇습니다. 이런 견해가 전적으로 조리에 맞는 것은 아니지만 그들로서는 충분히 당연하고, 우리가 국무부 관리라 해도 이와 비슷한 판단을 할 것입니다. 그러나 그들의 정책이 미국을 위한 것과 같이 박사님의 정책이 한국의 궁극적 행복에 바탕을 두고 있으며, 또 그래야만 한다는 사실에 대해 국무부의 이해가 부족합니다.

이런 근거하에 나는 다음 조건에 따른 협조를 계속해서 주장했다.

제 생각에 우리의 최대 희망은 국제연합 위원단이 짊어질 중재 역할에 있습니다. 미국의 지배력은 여기에 크게 작용할 것입니다. 그런데 위원회 구성에 동양 3국의 대표가 들어 있는 것이 사실이고, 그 모두가 힘의 정치를 경험해 봤으므로 자연 경계심을 가지게 될 것입니다. 제 생각으로는 (1) 선거 실시와 (2) 뒤따르는 협의 과정에서 국제연합 위원단과의 솔직하고도 철저한 협조야말로……(a) 완전 주권 국가의 수립과 (b) 통일과 그리고 (c) 필요한 경제 원조를 획득하기 위한 가장 확실하고 빠른 수단을 제공하리라고 봅니다.

이 박사의 주장이 갖는 설득력과 타당성이 널리 인정되었음에도 불구하고 1947년이 저물어갈 때까지 명백해진 사실은 국제연합이 후원하는 선거 이전에는 어떤 선거도 남한에서는 실시되지 않는다는 것이었다. 심지어는 국제연합 후원의 선거조차 없을는지 모른다는 걱정에 대하여도 믿을 만한 이유가 있었다. 나는 이런 의혹들을 다루었고 이것들을 씻어 보려고 1948년 1월 6일 이 박사에게 편지를 하나 띄웠다. 그리고 우리의 관심사인 그다음의 문제 즉 '선거 후에 일어날 일들'에 대하여 계속 검토했다.

결의문에는 특별히 '남북 각각의 지역'에서 선거를 실시하도록 요구하고 있습니다. 두 선거는 각각 분리되도록 결의문 자체에 표시되어 있고, 따라서 두 선거의 결과로 국회와 국민 정부를 세우라는 것입니다. 단독 선거밖에 실시되지 않을 경우에는 국제연합 위원단이 볼 때 진정한 주권 정부의 토대가 잡힌 것이 아니라고 생각할 것입니다. 우리 모두가 이곳에서 깨달았던 바와 같이 우리가 국제연합 위원단과 전적으로 협조하고, 만일 북쪽이 수락하지 않으면 남쪽만이라도 독립된 한국 정부를 수립하리라는 기대를 거는 입장을 취하는 편이 훨씬 현명한 판단 같다는 것입니다.

그다음 날인 1월 7일 나는 이 박사에게 또 써보냈다.

저는 아주 최근에 국무부와 상무부 대표들과 협의를 하고 앞으로 계획 중인 국제연합 감시하의 선거에 관해서 제가 느껴지는 대로 사태의 흐름을 찾아내 보려고 노력했습니다.
완전히 자주적인 주권 정부의 수립이 선거 후에 뒤따르지 않을는지도 모르는 또 하나의 위험성이 있습니다. 그 위험성이란 국제연합 위원단 구성원들이 우익 지도자들 간의 단결 부족으로 인한 여러 증거를 보고 깜짝 놀랄 것이라는 점입니다. 이 사람들은 좌익이 선거를 반대할 것이고 특별히 자주적 남한 정부 수립에 반대할 것을 이미 알고 있습니다. 그들은 여기에 대해서는 대응책이 마련되어 있고 소련의 패권 정치라고 일축해 버릴 것입니다. 그러나 우익 인사들 간의 근본적 불화 관계는 쉽게 잊어 버릴 수 없을 것입니다. 저에게 뚜렷이 느껴지는 것은, 박사께서 하나의 통일 전선을 구축하기 위하여 북한 동지들에게 행사할 수 있는 모든 영향력을 충분히 발휘하시는 것이 몹시 바람직스럽다는 말씀입니다.……

……지금 벼랑 위를 걷고 있는 심정입니다. 우리는 국제연합 위원단에 등을 돌리고 나락의 바다으로 떨어질 수도 있고 발길을 돌려 안전한 길을 걸을 수도 있습니다. 생각건대, 여기에 제가 내린 분석이 박사님의 세상 보시는 안목과 아주 일치하는 것 같습니다. 다른 새로운 주제로 박사님께 말씀드리지 않는 까닭은 박사님의 생각과 행동 노선을 저도 그대로 따르고 있는 것 같기 때문이지요. 여기에 어떤 새로운 요소가 있다고 한다면 박사님께서 발벗고 나서서 가능한 모든 방법을 다하여, 국제연합 위원단에게 그들의 훈령 내용을 100퍼센트 지지하고 있다는 실증을 보이도록 해야 한다는 것이 본인의 가장 절실하고도 강력한 의견이라고나 할까요? 예를 들면 (1) 남한에서의 선거 실시와 (2) 선거의 결과로서 남한에 하나의 자주적인 독립 정부를 수립하는 일입니다. 이런 노선은 틀어질 것 같지 않습니다. 그럴 리야 없겠지만 설사 국제연합 위원단이 이런 목적 달성에 실패한다 하더라도, 박사님은 이미 그런 정책 노선에 맞도록 확고하게 자기 입장을 주장해 온 터이고 또한 그 정책으로 말미암아 계속해서 한국 사람들과 미국의 지지를 얻게 될 것입니다.

8000마일이나 서로 떨어져 있더라도 제가 하느님께 간구하기는, 지금이야말로 우리가 한곳에 뜻을 모을 수 있는 많은 기회 가운데 하나라는 것입니다. 박사님께서 해결해 나가야 할 문제들을 놓고 본인은 박사님께 행운이 함께 하기를 비는 마음 뿐입니다.

위원단의 첫 모임은 1월 12일 서울에서 열렸다. 7만 5000의 우익 청년 단체들이 모여든 서울운동장의 군중 대회에서 위원단 단장인 인도 대표 크레마라 메논이 북한도 애국적인 지도자가 있다고 선언하면서 이렇게 연설을 끝맺었다.

'독립으로 충분하지 않다. 단결이 되어야 한다.' 이때 그는 불안한 공기 속에 쌀쌀한 반응을 맛보았다. 메논이 말을 시작할 때 이 박사와 김구는 자리를 박차고 걸어나와 그곳을 떠나버렸다. 환영 위원회를 이끌었던 남한 경찰의 총수 조병옥은 위원단이 하루속히 자기들의 '신성하고도 시급한 사명'을 완수하라고 요구함으로써 메논 연설에 답했다. 그는 덧붙여서 '한국은 지금 정치·사회·경제면에서 파국에 직면했다. 왜냐하면 자유의 꽃이 아직도 열매를 맺지 못하고 있기 때문이다'라고 했다.

1월 20일 즈음에 써 보낸 날짜 없는 편지에서 이 박사는 우선 미국 의회의 재정 원조안 가결이 불확실한 데 대한 나의 관심을 달래며 이렇게 적었다. '현재와 같은 상황에서는 관리들의 부패를 일소할 때까지는 원조를 안 받는 것이 좋겠다고 생각되오. ……누가 여기에 대하여 책임을 져야 할는지는 모르겠지만 이것을 통제할 방법이 없다는 것을 나는 알고 있소. 그러므로 내가 재정 문제에 책임을 질 수 있을 때까지 대청소를 우선 할 수 있었으면 좋겠소.' 그는 계속해서 국제연합 위원단을 둘러싼 내부의 혼란스런 사정들을 생생하게 적어 보냈다.

위원단 멤버들이 돌아다니고 영어를 하는 한국인은 누구든 이 사람들을 붙잡으려 하고 있소. 위원단 사람들이 이미 난처한 지경에 있어 국민들이 실망하고 있소. 말이 난 김에 이야기하자면 이 사람들은 옛날에 여성 전용 기숙사였던 오래된 일본 호텔에 묵고 있소. 영관급 장교들이 조선호텔을 비워 주지 않겠다고 하오. 며칠 전 내가 메논 씨를 방문했는데, 이 사람들이 초라하게 들어 있는 것을 보고 미안스러웠소. 일본식 다다미는 헐고 더러웠으며, 작고 초라한 방에는 군대용 침대가 있을 뿐이었소. 이 사람들을 편안히 대우해 주지 못하는 것이 부끄럽소. 프랑스 사람들이 항의를 했으나 그들은 아직도 같은 호텔에 묵고 있소. 프랑스·캐나다·호주, 그리고 필리핀 대표들이 한 호텔에 투숙 중이고 인도·시리아, 그리고 중국 대표들이 다른 호텔에 들어 있소.

나는 단장인 메논 대사를 방문하여 매우 유익한 회담을 했소. 시리아 대표단의 자비 박사가 나를 방문했소. 나는 캐나다의 패터슨을 만나 보려고 했으나 그는 도착 후 2주일이 지나도록 하지 장군을 아직 방문하지 못했으므로 아무도 만날 수 없다고 변명을 해 왔소. 22일에는 우리가 중국 대표와 식사를 할 예정이고 메논·나이어·자비·무힐, 그리고 친 대표와는 27일에 식사를 같이할 작정이오. 이 사람들은 남들과 함께 합석해서 초대받기를 원치 않소. 공식 리셉션에 프랑스 대표가 보이지 않았는데, 생각건대 아마 특별실이 꽉 차서 들어 오지 못했는가 싶소. 그가 한 말도 그러했소. 나는 사과를 할 목적으로 호텔에 그를 찾아갔으나 그가 사냥하러 나갔다는 말을 전해 들었소. 그는 창덕궁에서 있었던 뷔페 식사에도 참석하지 않았소.……(하지의 참모 격으로 국무부 수석 고문인) 아서 반스 박사는 모든 온건주의자들을 국제연합 위원단의 번역관과 고문으로 배치했소. 이 사람은 김규식을 선전하려고 열심히 뛰고 있소.……

국제연합 위원단 위원들은 차츰 현지 사정에 대한 그들의 여러 가지 견해를 뚜렷이 세우게 되었다. 호주·캐나다·인도, 그리고 시리아 대표들은 한국의 재통일을 위한 모든 가능한 수단을 탐색하려고 애를 썼고 분단을 영속화하는 어떤 조치도 취하려 하지 않았다. 중국·필리핀, 그리고 엘살바도르 대표들은 소련을 설득시켜 한국 전체에서 선거가 실시되도록 동의를 얻을 기회가 없을 것으로 생각하고 남한에서 조속히 주권 정부를 수립하는 안을 지지했다. 국제연합 훈령은 3월 31일 이전에 선거를 실시하도록 요구하고 또한 위원단은 그 이후의 지침을 받기 위하여 뉴욕의 임시위원회로 귀환하도록 규정하고 있었다. 2월 9일 메논과 구웨이쥔은 뉴욕으로 소환되었는데, 그 목적은 위원단이 계획대로 남한에서의 단독 선거를 승인할 것인가 아니면 협의 대상자가 될 국민 대표를 선출하기 위한 제한된 목적을 위하여 남한에서 어떤 '국지적인' 선거를 후원할 것인가를 알아보기 위함이었다.
임시위원회에서 토의가 시작되자 미국을 대변하는 필립 제섭이 주장하기를, 전체 인구의 3분의 2에 이르는 남한 인구만으로도 진정한 국민 정부가 그곳에 수립될 수 있다고 보며 그다음에는 북한의 사람들을 그리로 끌어들이도록 노력할 수 있을 것이라고 했다. 캐나다의 레스터 피어슨은 11월 14일자 결의문 내용이 한국 전체에서의 선거를 요구하고 있기 때문에, 이런 계획은 불법적인 동시에 한국을 두 개의 지역으로 분단하는 일을 공식화함으로 현명한 일이 못 된다고 나섰다. 호주 대표인 에바트는 남한의 분리 선거가 한국에 두 개의 대립적 정부를 생기게 하므로 반대한다고 했다. 그는 주장하기를, 만일 그들 사이에 전쟁이 일어날 경우 '국제연합은 자기들이 수립한 정부에 대해 이를 적극적으로 지원하느냐 아니면 모든 책임을 포기하느냐 하는 난처한 입장에 처하게 될 것'이라고 했다.[2]

2월 26일 국제연합 임시총회는 찬 31 부 2 기권 11표로 '위원단의 접근이 가능한 한국의 지역에서' 선거의 실시를 인정하는 결정적 조치를 밟게 된다. 부표는 캐나다와 호주가 던졌다. 공산권은 한국 문제에 대한 국제연합의 관할권이 불법이라고 하는 자기들의 입장을 강조하기 위하여 기권표를 던진 것이다.

같은 날 2월 26일 나는 이 박사에게 미국 대중의 여론을 움직여 보려는 우리의 노력에 관해서 편지를 썼다.

......저는 지속적인 여론에 영향을 주는 기관에다 우리가 큰 기대를 걸만한 토대를 쌓고 있다고 생각합니다. 예를 들면 이번 주에 백과사전 회사 두 곳에서 앞으로 출간될 신판에 실릴 한국 관계 기사를 써 달라고 요청해 왔습니다. 또한 이번 주 〈크리스천 센추리〉지에는 한국 사정을 설명하면서 내가 쓴 기사가 한 가지 실려 있습니다. 소년의 거리[3]의 플래너건 신부 역시 우리의 요청에 응하여 한국에 관해서 가장 훌륭한 논문을 썼습니다. 우리가 보내 드린 자료의 대부분을 풀이하여 〈코먼웰〉지에 우리의 의도에 꼭 맞게 작성했는데 이 잡지는 다수 가톨릭 지도자의 생각에 영향을 주는 기관지입니다. 물론 우리도 실패작이 있습니다. 저는 지난주 전국적 차원의 각종 교회 단체들이 장차 남한에 수립될 국민 정부를 지지하는 보다 강력하고도 공개적인 태도를 취해 주도록 노력했으나, 이들은 일본 점령 시대보다 그저 조금 나아진 정도입니다. 감리교회를 대변하는 브람보 박사는 노골적으로 김규식의 당선이 확실하다면 자기 단체는 그를 지지하겠노라고 말하는 것이

---

2) 이런 예언적 진술이 1948년 2월 28일 국제연합 문서 A/AC·18SR·9에 기록되어 있다. p. 7 참조.
3) 미국 네브래스카주 동부 더글러스 군의 공동체. 오마하시 서쪽 15킬로미터에 있는 마을에 1917년 플래너건(Flanagan) 신부가 창설했다.

었습니다. 저는 지금 싸움이 승리하기까지는 아직 까마득하다는 증거를 보이기 위해 이 보고를 드리는 것입니다. 그러나 물때는 강하게 우리의 길을 따라 흐르고 있음을 믿노라고 거듭 말씀드려야 하겠습니다.

같은 날 늦게 국제연합에서의 투표가 끝난 뒤 나는 그에게 다시 펜을 들었다.

지금까지 박사님께 쓴 편지 가운데 이것이 가장 즐거운 편지입니다마는, 제가 이 글을 쓰는 동안 박사님은 이미 그 기쁜 소식을 입수하셨으리라 생각하니 아주 김이 새 버린 기분입니다.……
중국, 필리핀, 그리고 아르헨티나는 한국 정부의 즉각 수립을 위하여 가장 열변적이고 감동적인 연설을 했습니다. 연설을 한 모든 단일 대표들이 자기는 한국이 얼마나 천대를 받아왔었는지 안다고 말하며, 정당한 대우를 받도록 바로잡을 결심이 되어 있다는 점을 명백히 밝혔습니다. 저는 특히 아르헨티나의 호세 알체 박사의 성명이 좋았는데, 이 사람은 '우리가 마치 한국에 독립을 허락하는 것처럼 말해서는 안 됩니다. 독립은 그들의 권리이며, 그들이 원하는 대로 선포해야 합니다'라고 했던 것입니다. 스태거스와 저는 그보다 며칠 앞서 알체 박사와 아주 재미있는 이야기를 나누었습니다. 얘기는 겨우 2분 가량 계속되었습니다. 그는 다만 '할 이야기가 무엇입니까? 30개월 동안 이미 너무나 얘기가 많았습니다. 지금 우리가 원하는 것은 가장 조속한 시간 안에 한국 정부가 수립되도록 행동으로 옮기는 일입니다'라고 말했습니다. 우리는 그의 축복을 빌며 밖으로 나왔습니다. 한 주일을 채웠던 광적인 회의들과 자료 준비 등을 박사님은 상상하실 수 있겠습니다마는 이제는 그것을 상세히 설명드릴 필요가 없을 것 같습니다. 마지막 투표가 문제였고 이제는 다만 기록의 문제로 남아 있을 뿐입니다.……
저의 느낌으로는 이제 주요 과업이 세 가지로 요약될 것 같습니다. (a) 진정으로 애국적이고 책임감 있는 자들로서 안정되고 민주적인 정부를 수립할 수 있는 지도자를 선출하도록 노력하는 것과 (b) 미국과 소련 양대국과 가능한 한 가장 강력한 우호 관계를 맺도록 작업을 서두르는 것과 (c) 다수 국가들과 더불어 모든 방법을 써서 한국을 인정받게 하여 국제연합을 하나의 능률적인 실무 기관으로 만들도록 노력하는 것입니다. 이 세 가지 목표의 전부가 한국의 궁극적 재통일과 장차의 평화적 생존에 초점이 맞는 것입니다.

우리가 맞이했던 상대적인 유쾌함과 밝은 빛과는 대조적으로 한국의 정치 정세는 그 혹독함을 계속했고 심지어는 더해갔다. 2월 23일 한국에서의 협력을 주장하는 나의 주장에 답하여 이 박사는 날카롭게 '나는 전적으로 협력해 왔소'라고 써왔다. 2월 24일에는 '김구는 조만간에 정계 일선에서 물러서게 될 정도로 불신감을 사게 했소'라고 적어 보냈다. 2월 23일자 또 하나의 서신에서 이 박사 부인은 왜 이 박사가 서울운동장의 메논 연설을 박차고 걸어 나왔으며, 어째서 국제연합 위원단이 7만 5000의 학생 군중들로부터 냉대를 받게 되었는지를 물은 나의 질문에 대답해 주었다.

이 박사가 그 모임에서 떠난 이유는 주치의가 그에게 폐렴이 아직 다 낫지 않았으니 15분 이상 머물지 말도록 충고했기 때문입니다. 그 대회가 있던 날은 날씨가 매우 추웠고 사람들은 그에게 가지 않는 게 좋겠다고 말렸습니다. 그이는 국제연합 위원들에게 그 장소를 떠나게 된 이유를 설명했고 모두 그것을 이해한 것 같습니다. 사람들이 어째서 냉담했는지의 이유는 지난번 편지에 설명드린 바와 같습니다.

이 말은 분명히 1월 14일의 편지를 가리키는 것인데, 여기에는 '우리는 한국 사람들이 자치 능력이 있다는 것을 서면으로나 구두로 되풀이해서 말해야 합니다.……우리는 소련이든 국제연합이든 간에 미국이 한국을 다른 나라에 넘겨 줄 수 없다는 한 가지 뚜렷한 사실을 강조해야 합니다. 왜냐하면 미국이 한국 분단의 한 당사자이고 그러므로 한국 문제 해결의 책임을 지고 있기 때문입니다'라고 적고 있다.

선거 계획의 수립과 진행에 가장 심각한 난관은 국제연합 위원단이 의논 대상으로 삼을 만한 한국 국민 가운데 '선거로 선출된 대표'가 없다는 데 있었다. 그리고 이 박사, 김규식, 그리고 김구 등 3대 지도자를 갈라놓은 심각한 불화도 문제였다. 정치지도자들이 흔히 그렇듯이 이 사람들은 모두가 야심이 있고 자기중심적이었다. 모두가 또한 진실한 애국자였고, 각자가 믿기로는 자기야말로 오로지 새 나라가 요구하는 지도력을 갖추었다고 했다. 이 박사는 반세기 앞서서 민주 개혁을 위해 감옥살이 고생을 하는 등 투쟁 경력이 있고 1919년 망명 중에 수립된 '공화국' 대통령으로 선출된 바 있으며, 한국의 해방과 국권 회복을 위한 외교적 지지를 얻으려고 그의 전 생애를 바쳐 왔다. 따라서 자기만이 오로지 한국 국민에게 민주적 민족주의를 상징하는 존재이고 자기만이 유일하게 국제 문제를 다룰 줄 안다고 확신한 것도 무리가 아니었다.

김구 역시 그의 일생을 바쳐 일본으로부터 한국의 자유를 쟁취하려고 투쟁했다. 청년 시절 한국의 일본 관리를 손수 암살했고, 일본 사람들을 괴롭히기 위해 무장 단체를 이끌어 왔으며, 이 박사가 미국에 머물고 있었던 1930년대와 1940년대 중국에서 임시정부 수반으로 활약했다. 한국 국민들과 늘 친근했고, 한국의 전통적 우방인 중국과도 밀접한 관계를 유지하던 그는 자기야말로 유일하게 한국적 성격을 살려 외세에 좌우되지 않도록 노력해 온 큰 지도자임을 알고 있었다.

김규식은 다른 두 사람의 중간형을 나타낸다. 이 박사처럼 그는 로아노크 대학에서 미국 교육을 받았고 한국 독립을 위해 베르사이유 강화 회의에 영향력을 발휘하려던 1919~1920년 파리에서의 외교 노력을 주로 하여 상당한 외교 경험을 가지고 있었다. 그 뒤 그는 중국에서 한국임시정부와 같이 머물며 몇몇 내각의 자리를 맡아 보았다. 다른 지도자들과는 달리 김규식은 각종 좌익 단체들과도 우호 관계를 유지했었다. 그는 자기야말로 각종 정치 단체가 결집하는 한국에서 중심이 될 수 있는 하나의 지도자라고 믿었다. 더욱이 지성적이고 말씨가 합리적이며 조용하고 예의바른 사람이기 때문에 장군과 다수의 다른 관리들, 선교사들, 그리고 언론인들이 신생 공화국의 초대 대통령으로 택하는 인물이 되었다.

세 사람 중 아무도 다른 두 사람을 위해서 기꺼이 물러서려 하지 않았다.

이 박사는 정치적 분열과 선출된 지도자가 없다는 사실의 중요성을 잘 이해하고 있었다. 누가 국제연합 위원단에게 한국을 대표할 것인가를 확정 짓는 선거의 필요성을 그는 1947~1948년 겨울에 자신의 주요 정강으로 내세웠었다. 그 때문에 그는 부정한 방법으로 이길 수 있는 지방 선거를 찬성하며, 국제연합 감시하의 선거는 이길 수 없으니까 반대한다고 오해도 받고 또 그렇게 생각하는 사람들로부터 욕도 많이 들었다. 또한 남한을 대변하는 '통일된' 목소리를 내려는 그의 진정한 희망을 알 수는 있으나, 이런 감정의 해명이 남북간의 단결을 더욱 어렵게 만들 것을 두려워하는 사람들로부터도 많은 손가락질을 받았다.

이 무렵 한국으로부터 가장 중요한 보도는 고든 워커가 쓰는 일련의 일일 기사로 〈크리스천 사이언스 모니터〉에 실린 것이었다.

일반적으로 보아 그의 자세한 설명은 균형이 잡혔고 객관성이 있었다. 이것이 5월 3일자 〈모니터〉지에 실린 그의 이야기에 특별한 뜻을 갖게 했다. 거기에는 국제연합이 한국의 책임 인수 이전에 계획했던 정부의 대통령에 김규식을 앉히려고 미 군정에서 이미 그를 후보로 내세웠었다는 것이다. 이 얘기는 물론 미 군정청의 총애를 받는 김규식을 대통령에 앉히기 위하여 앞으로의 선거가 '엉터리'가 될 것이라는 이 박사의 두려움에 불을 지폈다.

3대 지도자 간의 엇갈린 견해는 김규식이 통일 논의를 위해 남북 대표 회담을 제의한 1947년 12월에 벌써 구체적인 형태로 나타났다.[4]

2월 16일 김규식은 그 무렵 북한을 관할하던 임시 인민위원회 의장 김일성에게 직접 편지를 보내 북한에서 이런 회담을 즉시 개최하도록 요구했다. 김일성은 '반동 정치인들'을 제외할 것을 미리 규정하며 찬의를 표했다. 초청장이 남한에 있는 40명 지도자들에게 발송되었는데 김규식과 김구는 수락하고 이 박사는 딱 집어 제외시켰다. 4월 19~25일 사이에 이 회의는 당시 북한의 수도 평양에서 개최되었다. 이 회의는 남한에서의 '단독 선거'를 반대하는 데 합의하고 국제연합이나 어떤 외국 군대의 외부적 간섭없이 한국 국민이 이루는 '재통일'을 요구했다.

이런 사태 진전의 바닥에 깔린 상반된 흐름이나 책략 등은 1948년 2월 중순 이 박사가 내게 써 보낸 장문의 편지 속에 생생하고도 자세하게 그려져 있다.

---

4) 이 회의에 대한 구체적이고 권위 있는 설명은 1970년 서울 고려대학교 아시아 문제 연구소 간행 이정식(李庭植) 저, 《개별 단체 간의 교섭:1948년 남북 협상 회담의 경우》 p. 21 참조.

이 모두의 일반적인 흐름을 예로 들어 가며 그의 2월 11일자 편지 일부는 이렇게 적고 있다.

며칠 전 하지 장군이 덕수궁에서 위원단과 단독 회의를 했소. 한편 김구와 김규식도 함께 모여 장시간의 회담이 되었소. 신문에서 보도하기를, 이 두 사람이 위원단에게 자유 선거가 현재 불가능하므로 이를 연기해야 한다는 것과 정치범을 석방해야 한다는 것 그리고 김구가 목숨을 걸고라도 북한 여행을 하도록 허가해 주어야 한다는 것 등을 얘기했다 하오.

이 모두는 분명히 하지 장군이 한국 문제를 다시 자기와 소련 측에 되돌아오게 하려는 본디의 생각을 밀고 나가는 데 얼마나 크게 성공했는가를 보여 주는 것이오. 그는 소련 사람들에게 김구의 북한 방문을 허락하고 남한 지도자들과의 회담을 준비시키도록 설득하는 데 성공할 것이오. 그 결과가 어떻게 되리라는 것은 아무나 상상할 수 있는 바요.

메논은 네루의 지령으로 선거 계획을 하루속히 추진하도록 자기의 최선을 다하여 노력하여 왔소. 필리핀의 아란츠도 처음에는 굳게 입을 다물었지만 즉시 선거를 강력히 주장했소. 프랑스는 아무런 방법으로도 관심을 표하지 않았소. 호주와 캐나다는 동정적이지만 어디까지 가겠는지 의문이오. 지금 현재 선거를 위해 투쟁하는 유일한 사람은 중국 영사 류어만(劉馭萬)뿐이오.

위원단 멤버들에게 선거의 필요성을 확신시키기 위하여 3일간 노력한 끝에 류어만 영사는 나에게 사교적으로라도 양 김씨와 만나서 한국 지도자들이 화해가 어려울 정도로 분열된 것은 아니라는 인상을 위원들에게 주어야지 그렇지 아니하면 사정을 더욱 악화시키게 된다는 말을 조용히 들려주며 충고했소.

나는 이 충고를 고맙게 여겼는데, 그 이유는 하지 장군이 바라는 것이 바로 우익 지도자들의 분열이기 때문이오. 우리에게 이것을 막아낼 길이 없다면 위원단이 심지어는 공개적으로 한국 사람들은 서로 갈라져서 희망을 둘 수 없고 이 때문에 문제 해결은 어려워지고 있다는 따위의 헛소리를 일삼을 것이오. 나는 그의 충고를 받아들여 그들과 만나도록 노력 중이오.

어제는 내가 김규식을 만나러 갔소. 그리고 그에게 우리가 정치적 견해로 갈릴 수는 있을는지 모르지만 사실 이상으로 악화된 것처럼 보여서는 안 될 것이고, 그 사람과 김구가 나를 찾아와서 함께 점심이라도 나누기 바란다고 말해 주었소. 그는 기뻐하며 나의 초대를 받아들였소. 그 사람은 대중 앞에 나서려고 하지 않는데, 나타나기만 하면 사람들이 노골적으로 수근대며 뒷말을 하기 때문임을 당신은 알 것이오. 김구 역시 남북 지도자 간에 합동 회의를 열자는 소련안을 지지하기 시작하면서부터 인기를 잃어가고 있소.

그런데 김규식이 점심 식사로 우리 집에 오는 대신 중국 영사관인 류 씨의 집으로 모이는 것이 어떠냐고 제의했기에 나는 응낙해 버렸소.……

다음 날 2월 12일 이 박사는 다시 편지를 보내왔다.

류 영사 부부와 그들의 세 자녀, 김규식 박사 부부 그리고 김구 씨와 그의 아들, 이렇게 점심을 하기 위하여 정오에 중국 영사관으로 갔소. 식사 후 나는 말했소. "우리 셋은 모두 한평생을 한국 독립을 위하여 투쟁하여 왔소. 구체적인 문제들에 관하여서는 약간의 의견 차이가 있겠지만 대체로 지금까지 같은 목표를 위하여 함께 일하여 왔고 아직도 그렇게 하고 있소. 머잖아 메논 박사와 호세택(胡世澤) 박사가 소총회로 귀환할 텐데, 이들이 한국 지도자들이 장래성 없이 분열되어 있고 서로 마주보지도 않을 정도라는 인상을 가지고 돌아간다면 불행한 일일 것이오. 우리는 류박사가 이 설날에 이렇게 맛있는 점심을 대접해 주면서 우리가 생각보다는 덜 갈라져 있다는 사실을 입증하여 준 데 대하여 감사의 뜻을 표하려는 것이오. 김 박사도 이와 비슷한 말을 했소. 김구 씨도 우리 셋이 공동 성명을 발표하여 세상 사람들에게 우리가 완전 단결되어 같이 나가고 있다는 등의 말을 하는 것이 괜찮을 것이라고 소감을 말했소. 나는 우리가 총선거 문제에는 합의하지 아니했으나 시기와 방법론의 문제에 다소의 차이가 있을 수 있다고 말했소. 그리고 여기에 곤란한 문제를 야기시킬 만큼 심각한 것은 아니라 생각한다고 덧붙였소. 그런 뒤에 류박사는 우리가 국제연합 위원단에 통일 전선을 과시할 수 있으니 자기도 만족스럽다고 말했소.

이 박사는 메논 박사와 호박사가 뉴욕으로 떠나기 전에 모두 함께 만났으면 좋겠다는 자기 희망을 말하고 '저녁이나 점심 또는 다과 아니면 아침 식사라도' 함께하기 위하여 모두를 자기집으로 초대하고 싶다고 말했다. 류박사는 같은 날 오후 그들의 호텔에서 두 국제연합 대표들의 자유로운 시간을 택하여 모임을 주선했다. 선거에 관해서 자기 견해의 일반적인 내용을 다시 말하고 나서 이 박사는 '가장 논리적인 것은 당장 총선거를 실시하는 일이오. 그것이 나의 주장하는 바요. 이런 입장에 대하여 뜻을 달리하는 분이 있다면 그것을 알고 싶소이다' 하고 말했다. 김규식과 김구는 잠시 말을 나누고 일반적인 토론이 다시 계속되었다.

이 사람들은 말하기를, 소련이 선거 제안을 거절했기 때문에 우리가 모두 남한에서의 총선거를 찬성하는 것이라고 했소. 그러나 선거를 실시하기 전에 우리는 북쪽의 지도자들과 이 문제를 토의하도록 노력해야 한다는 것이고, 이것이 의견의 차이점이오. 나는 남북 회담 구상이 몇 번 제출되었으나 이것이 총선거를 지연시킬 것이라고 해서 국민들이 이를 반대한 것이라는 등의 말을 했소. 그러나 남북 회담이 선거를 지연시키지 않는다면 나는 여기에 반대하지 않겠소. 그런 뒤 우리 모두는 김규식과 김구가 남한의 총선거에 찬성하고 이승만은 남북간 지도자의 합동 회의를 찬성한다는 일반적인 합의에 도달했다고 말했소.

그런 다음 나는 '국제연합 위원단은 남북 회담에 관심을 표시해서는 안 된다. 왜냐하면 만일에 그렇게 한다면 국민들이 위원단의 동기를 의심하게 될 것이기 때문'이라고 말했소. 김규식 박사는 이 박사가 공개적으로 남북 회담을 옹호해서는 안 된다고 말했는데, 왜냐하면 만일에 그렇게 한다면 북쪽의 공산 분자들이 우리와 합류하려고 하지 않을는지 모르기 때문이라는 것이오. 여기에 대하여는 우리 모두가 찬성했소.

2월 22일 이 박사는 나에게 장문의 편지를 보냈다. 이 편지가 '3대 영도자' 간의 관계와 하지 장군과의 관계에 초점을 맞춘 때문에라도 전체를 다 읽어야 할 것이다. 나의 판단으로 볼 때 이 박사의 진정한 성격과 인품을 이보다 더 정확하게 반영해 주는 편지는 없다고 생각된다. 내용은 다음과 같이 흐른다.

2월 12일, 24군단 신임 고문관 해럴드 노블 교수가 오후에 잠깐 들러 공적인 심부름을 왔노라고 말했소. 요 얼마 동안의 사태 진전에 비추어 볼 때 하지 장군은 이 박사, 김구, 김규식과 더불어 얘기를 나누어야 할 매우 중요한 과제들이 있는 것이오. 나는 우선 내가 장군에게 더 이상 신임을 둘 수 없다는 것과 장군에게 여러 번 전화를 걸었으니 단 한번이라도 나의 통화에 답전이 있어야 옳았다는 것, 왜 이 사람들은 나에게 올 수 없는가 하는 것과 이 사람들은 모두 내가 어디 살고 있는지를 잘 안다는 것 등등을 이야기해 주었소. 노블은 간청했소. 이번은 좀 다른 이야기이고 몹시 중요한 것이라며. 마침내 나는 오후 8시 그의 관저로 갈 것을 동의하게 되었소. 내가 거기에 가니까 김규식 박사와 김구가 이미 하지 장군하고 있었고 김구의 통역을 맡은 이묘묵(李卯默) 박사도 거기에 함께 있었소.

인사를 나눈 뒤 하지 장군은 왜 자기가 우리 셋을 위대한 애국자라고 부르는가에 대하여 설명하면서 얘기를 시작하고, 그다음으로는 미·소공동위원회의 배경을 화제로 하여 지금의 국제연합 위원단까지 설명을 하는 것이었소. 그 얘기가 한 시간을 넘어갔소. 김 박사에게 몇 시냐고 물으니 자기 시계를 보며 9시 5분이라고 했소. 나는 내가 좀 거칠고 무례하다는 것을 알면서도 말했소. "실례하오, 하지 장군. 이제는 어떤 결론에 도달했으면 싶은데 어떻소?"

그는 대답했소. "아, 네, 제가 명백히 하고 싶은 요점은 여러분 애국자들이 어떤 문제에 합의를 보아야 한다는 것입니다. 그것은 국제연합 소총회에 보내는 공동 메시지로, 내용은 우리 모두가 지금 남한에서 선거를 실시할 것에 합의한다는 것입니다."

같은 의견을 말하는 사람이 없을 정도로 자기들이 만나본 사람들은 하나같이 다른 생각을 한다는 인상을 받고 국제연합 위원단이 떠나가려 한다고 하지 장군은 이미 설명한 바 있었소. 우리 모두가 남한에서의 총선거를 바라기 때문에 지금이 한국을 위해서는 가장 위급한 시간이지만, 당신네 위대한 지도자 세 사람이 이 문제에 의견을 달리한다고 이 사람들이 생각한다면 이번 기회를 잃을 공산이 크다는 것이오. 그러므로 세 사람이 모두 서명한 전문을 보낼 것을 자기는 몹시 바란다는 것이오. 우리에게 전문 초안을 보이면서 말이오.

나는 말하기를, 적어도 메논 박사와 호박사가 그런 인상을 받았다는 말은 이상한 것 같다고 했소. 우리는 예를 들어 남한을 위한 총선거와 같은 주요 쟁점에는 모두 의견을 같이한 터이고 만일 그들이 어떤 상반된 보고를 한다면 그것은 나의 이해 밖의 일이오. 2월 10일, 그들의 출발 전날 우리는 모두 그들에게 한국 지도자들이 절망적으로 갈라져 있지 않으며 따라서 우리 모두가 주요 국가 문제에는 의견을 같이한다고 납득을 시켜 보냈던 것이오. 하지 장군도 그 얘기를 들었다는 것이오. 그러나 그들이 남한 총선거를 추진하리만큼 그것이 충분하다고 생각할는지 두렵다는 것이었소.

김규식 박사는 그날 저녁 우리는 아무 일에도 동의한 바 없다고 말했소. 그는 "김구 씨와 나는, 우리가 남북 지도자 간에 회의를 열도록 노력하는 동안 선거는 당분간 제쳐놓아야 한다는 점에 합의를 보았다"고 말했소. 그는 오래 얘기를 계속했소.

나는 김 박사에게 물었소. "당신이 어떻게 그런 말을 할 수가 있소? 모임에 와 있던 사람은 당신과 나뿐만 아니라 메논, 후시쩌(胡世澤)·잭슨, 그리고 류유완(劉馭萬) 영사도 있었소. 이 사람들이 모두 거기에 있었고 우리가 총선거와 남북 회담 계획을 동의했다고 이 사람들이 우리 모두에게 공개적으로 논평까지 하지 않았소?"

그다음에 우리는 하지 장군에게 소총회에 전화를 걸어 총회 일자를 2월 24일에서 19일로 바꿀 수 있겠는지 물어주도록 요구했던 것이오. 만일 소총회가 남한 총선거에 대하여 결정을 내리게 되면 3월 1일 이전에 이곳에서 그 사실을 알게 되도록 말이오. 그 이유는 이날이 한국에서는 1919년 3·1만세운동 기념일이어서 중요한 날이기 때문이오. 나는 더 나아가 선거일은 지연시키거나 후일로 변경시킬 수 있지만 적어도 그 결정만은 3월 1일 전에 알려져야 된다고 했소. 그 까닭은 만일 그렇게 되지 않으면 그 누구도 통제하기 어려울 정도로 정세가 흘러갈 것이기 때문이라고 설명을 했던 것이오. 하지는 날짜 변경이 가능하겠는지 소총회에 전화로 문의하기로 동의했소.

김구 씨는 자기로서는 선거 실시에 반대하지 않으나 자기와 김규식 박사는 남북 회담을 열고 싶은데 만일 불가능하거나 회동이 되어도 실패했을 때 공개적으로 남한의 선거를 지지하겠노라고 말했소. 그러자 김 박사가 "우리가 만일 남과 북을 단결시킬 수 있을지의 여부를 알아볼 모든 수단을 다 써보지도 않고 남한에서의 총선거를 지지한다면, 장차 국가의 분단을 영구화시킨 역사의 반역자로 불릴 것"이라고 했소.

나는 "당신들이 거기에 대하여 염려할 필요는 없소이다. 내가 전적으로 책임을 질 것이고 아무도 당신들에게 책임을 묻지 않을 것이오. 남한에서의 총선거를 반대하는 당신들의 이유가 무엇이오?"라고 말했소. 김 박사는 "우선 이 정부가 국제연합의 승인을 받을 것인지? 둘째로 얼마 정도의 원조를 미국으로부터 얻어낼 수 있겠는지? 이런 문제들을 알지 않고 우리는 여기에 뛰어 들 수 없소"라고 대답했소.

나는 그에게 말해 주었소. "여보게 우사(尤史)! 우리 한국 사람들이 스스로 무엇을 할 수 있는지도 모르는 판국에 어떻게 외국에 대하여 우리를 위해서 얼마 만큼 일을 할 수 있는지 요구할 수가 있겠는가? 우리가 정부를 세우면 우리를 승인해 주겠는가 하고 그들에게 미리 물어볼 것이 아니라 우리가 정부를 수립하기 위하여 가능한 모든 일을 다하고서야 국제연합에게 이것을 승인해 주도록 요구해야 하네" 하고 말해 주었소.

하지 장군이 김규식에게 "당신이 남한에서의 총선거를 반대한다면 이 문제에 대한 해결책은 무엇이오?"라고 물었소. 김 박사는 이 질문에 대하여 답을 주지 않았소.

이묘묵 박사는 이야기 내용을 일일이 김구에게 통역해 주었소.

그때 나는 말했소. "하지 장군, 당신이 이야기하다시피 국제연합 위원단이 소총회에 대하여 지금 선거를 실시하도록 설득하는 일이 어려울는지도 모르오. 한국 국민의 지도자의 한 사람으로 이 사실들을 우리 국민에게 밝히는 것이 나의 의무요. 오늘 저녁 장군이 이야기한 바와 같이 여기 이 양반들이 선거에 대한 찬성을 거절하기 때문에 국제연합 위원단이 남한에서 선거

6 국제연합의 수상한 움직임

를 실시하지 않기로 결정했다고 말이오. 만약에 소총회 역시 마찬가지로 세 사람의 위대한 한국 지도자들이 찬성하지 않기 때문에 선거에 대한 결정을 거부할 때에는 어쩌겠소? 거듭 말하거니와 세 사람의 위대한 한국 지도자들이 합의하지 않으므로 소총회가 선거를 거부한다 이 말이오. 이럴 경우에 한국 국민들 앞에서 여러 가지 질문에 답하기 위하여 누군가는 불려나가게 될 것 아니겠소?" 그리고 나는 벌떡 일어섰소. 나는 이 두 양반들, 특히 김구를 선거에 합심하도록 설득해 보려고 가능한 방법을 다했으나 끝내 실패했노라고 말했소.

하지 장군에게 나는 덧붙여 이렇게 말했소. "장군의 영향력은 성공을 거둘 것이오. 장군은 내가 지금 어떤 지경에 무엇을 대표하고 있는지 잘 아실 거요. 이 점에 관해서 내 능력으로 도울 수 있는 일이라면 가능한 모든 일을 다 하겠소. 나는 이 두 양반을 장군에게 맡기니 그저 당신들이 성공하기를 바랄 뿐이오."

김구는 "남북 회담을 위한 소련의 계획은 하나의 초안에 지나지 않고 우리는 아직 그것이 무엇을 뜻하는지 모르고 있소"라고 말했소.

이 모임은 2시간이나 계속되었소.

그다음 날 노블 박사가 찾아와 김규식이 2월 20일 오전에 하지 장군을 방문했고 자기는 또한 김구도 대표한다 하더라고 알려 주었소. 그는 이미 발표된 대로 소련이 3월 15일을 기해 북한 정부를 수립하려고 정말 앞장선다면 자기들(김구와 김규식)도 공개적으로 우리 선거를 지지하고 나설 것을 결의했노라고 말해 주었소. 그러니 그때까지는 이 박사가 침묵을 지켜주기를 바란다는 것이오.

각국 대표들은 투표 전에 본국 정부로부터의 사전 훈령을 필요로 하기 때문에 그때마시 가면 소총회가 조치를 취하는 일이 너무 늦어질 것이라고 나는 노블에게 말하였소. 노블은 늦기는 하겠지만 너무 늦지는 않을 거라고 말했소. 하지 장군 역시 김규식 박사가 이 박사에게 실례되는 일이 있었다면 사과한다는 말을 보내왔소. 무례한 일이 있었다면 미안하다는 말이오. 나는 노블에게 사사로운 문제는 내게 영향을 주지 않는다는 것과 적은 일들이 우리를 괴롭히지 않아도 될 것이라고 말했소. 하지 장군의 그 뒤 전갈은 지난번 저녁 모임이 절대적으로 비밀 속에 있었으니 지금 이 시기에 이에 관한 어떤 것이든 공표가 되는 것은 매우 불행한 결과를 초래할 것이라 했소. '청컨대 선생님 세 분 사이가 좋지 않음을 나타내 주지 마십시오.'

21일 토요일 오전 동아일보의 어떤 기자가 찾아와 이 박사에게 말하기를 김구가 한국 언론인들에게 식사를 내고 자기는 남한 선거에 반대한다고 말했다 하오. 이때 동아일보 기자가 김구에게 "나의 이 박사에 대한 의리는 결코 변치 않을 것이오. 남산 위의 소나무가 그 색깔이 변한다 해도 나는 안 그럴 거요"라고 한 그의 말을 상기시켰다는 것이오. 그러고 나서 그에게 "지금 선생님 입장이 이 말과 모순되지 않습니까?" 하고 물었을 때 김구가 약 10분간 침묵하더니 이렇게 말하더라는 것이오. "우리는 작은 문제들에 대하여 의견이 다를 수가 있으나 전체적으로는 모두 함께 걷고 있소." 나는 그 기자에게 "남산의 모든 소나무가 지금 다 죽어가고 있소"라고 말해 주었소.

노블 박사는 다시 나에게 적색 분자가 침투했기 때문에 김규식 박사는 한국 국민당에서 탈당했다고 말해 주었소. 여러 차례 당 본부가 그의 승낙 없이 성명을 발표했소. 우리는 신문 발표를 살펴보고 있으나 거기에 대하여 아직 아무런 언급이 없소.

오늘 2월 22일 김규식의 성명이 나왔는데 자기는 절대적으로 선거에 반대한다는 것이오. 남조선 과도 입법의원은 선거에 찬성하는 결의문 채택을 원하고 있소. 43명이 결의문 찬성에 서명하고 10명의 의원들이 여기에 반대하여 투쟁 중이오. 김 박사는 오늘 성명을 발표했는데 한국 문제가 국제연합의 수중에 달려 있기 때문에 우리는 그런 종류의 행동을 취해서는 안 되고 입법의원에 대해서도 이에 관해 움직이지 말도록 호소하는 내용이었소.

이 편지에 묘사된 그런 사정 아래 국제연합이 위원단 감시하에 '들어갈 수 있는 한국의 모든 지역에서' 선거를 정당화시키려고 신속한 조치를 취할 수 있었던 사실은 놀라운 일이다. 2월 28일 재경국제연합위원단 전원이 모여 5월 10일 이전에 선거를 남한에서 실시하도록 절대 다수로 가결했다. 하지 장군은 군정이 5월 9일(이 날짜는 뒤에 5월 10일로 바뀌었지만) 선거를 실시하도록 계획하는 데 동의했다.

3월 1일 나는 이 박사에게 편지를 썼다. "드디어 우리가 자신감을 가지고 진리가 반드시 승리하는 미래를 기대할 수 있는 진정한 또 하나의 '독립의 날'이 옵니다." 이제는 앞을 내다보기 시작할 때가 된 것이다. 그다음 날 나는 통화 교환 문제를 토의하기 위하여 두 사람의 국무부 관리와 만나기로 계획되어 있었고 이에 대한 보고가 가능할 것 같이 느껴졌다. "이제 선거 문제가 결말을 보았으니 일정한 외환 제도가 오래지 않아 설정될 것으로 예측이 가능하다고 생각합니다."
　나는 용솟음치는 자신감으로 편지를 끝맺었다.

　　저의 희망은 가까운 장래에 우리가 홍보 자료를 제작 선전하는 좀더 야심찬 계획을 계속해 나갈 수 있으면 하는 것입니다. 박사님도 잘 아시다시피 제 견해로는 이해와 우정을 넓혀 나가는 우리의 기능은 교육자, 학자, 강연자 그리고 작가들을 활용하기 위한 순전히 교육적인 연구 자료를 마련하고, 둘째로는 일반 대중을 위한 보다 일반적인 형태로 된 같은 종류의 재료들을 보다 많이 제공해 줌으로써 가장 훌륭하게 제구실을 다하게 될 것입니다.

　이제 이 박사의 생애와 한·미 관계에 참으로 새로운 국면이 시작되었다. 그러나 우리가 아무리 앞을 바라본다고 해도 과거로부터 그대로 남아 있고 떨쳐 버릴 수 없는 부담의 괴롭힘은 계속되었다. 이 시간부터 앞으로 순조로워야 할 일이 결코 그렇게 되지 못했다. 옛 동지들끼리 서로 입힌 상처가 남아 계속 아픔을 주었다. 개성과 성격에서 오는 충돌은 사라지지 않고, 오해는 쉽게 해소되지 않았다. 서울에 있는 고위 지도자들 간의 관계는 계속 팽팽했다.
　그러나 이것이 전부는 아니었다. 세계의 사정이 또한 단결을 좀먹었다. 한국에서 바닥에 깔린 경제, 사회, 그리고 정치 문제들은 뉴욕에서의 투표지 한 장, 다시 말해서 국제연합의 투표로 해결을 볼 수가 없는 것이다. 미·소 간의 국제 긴장은 계속 악화일로에 있었다. 중국 사정은 공산당의 승리라는 절정을 향해 치닫고 있었다. 그리고 한국에서는 어두운 예감의 그림자가 분단된 나라 위에 덮여 있었다. 새 시대의 동은 트는데 희망보다는 근심 때문에 그 명암이 더욱 짙어 보였다.

7
어둠에서 광명으로
(1948년 봄)
정부 수립 과정

   내가 이 박사를 알고 지낸 오랜 세월을 돌이켜 볼 때, 1947년 겨울에서 1948년에 이르는 동안 그로서는 가장 어려웠던 시기에 처해 있었다. 한국에서 영도력으로 말하면 그는 거의 혼자서 하지 장군과 미 군정의 고위 관리들과 심각하게 맞서서 심한 대립 상태에 있었다. 북한 공산 분자들과의 연립 체제를 수락하는 대가를 치르고서라도 한국 전체를 통일시켜 보겠다는 민족 진영의 지도자들과도 큰 거리를 두고 분열이 되어 있었다. 그리고 또한 미국에 있을 때의 많은 그의 옛 벗들로부터도 비난의 대상이 되었다. 그뿐만 아니라 그는 미국과 유럽 대중들에게까지도 모든 일을 자기 주장 대로만 밀고 나가는 '완고한 노인'이라는 말을 들으면서까지 그는 공산당의 정체를 충분히 파악한 이상 누가 무슨 말을 하든지 오직 건국에 대한 투철한 신념만을 굽히지 않고 밀고 나갔다.

   이 어려운 기간 중 자주 나에게 써 보낸 편지에서 이 박사는 자기가 확신하는 기본 정책을 설명하고 모색중인 하나의 활력있는 해결책을 실천에 옮길 수 있는 내용을 분명하게 밝혀 보려고 했다. 이 편지들 속에 이 박사가 보여준 것만큼 자기의 심정을 더 솔직하게 들어내 보인 세계적 정치가가 역사적으로 과연 존재했을까? 아무도 허심탄회하게 자기를 열어놓고 자기 자신을 들어내 보이려고 그 이상 더 애를 쓸 수가 없었을 것이다. 이 편지들이 나를 제외하고 다른 사람들이 읽을 것이라고 그는 꿈에도 생각지 않았을 것이다. 그러나 이 편지들이야말로 그의 성격이나 계획을 역사적으로 평가하는 데 가장 근거가 뚜렷한 증거물로 자리를 차지할 것이다. 편지 내용이 무슨 일을 의논하는 것이든 간에 거기에 들어차 있는 것은 어김없는 진실 즉 여기에는 진짜 이승만이 깊이 간직되어 있다는 사실이다. 이런 이유 때문에 이 장에서는 편지들이 드넓게 인용되어 있다.

　미국 정책이나 국제연합 계획에 대한 이승만의 '반대'가 어떻게 싹트게 되었는가 하는 이야기들은 이 박사의 이화동 집에서 지난 2월에 일어났던 한 사건 속에 구체적으로 생생하게 설명되어 있다. 그 사건은 깨우치는 바가 많을 뿐 아니라 또한 중요하기 때문에 이 박사는 3월 2일자로 나에게 그에 대한 긴 편지를 써 보내 왔다. 이 편지는 아주 솔직한 것이다.

　2월 26일 오후 3시 무렵 INS 통신의 휴스 부인과 프랑스 기자 D가 나를 찾아와서 잠시 이야기를 나누고 있었는데 해럴드 노블 박사가 나타나 이 두 사람 앞에서 이야기를 시작했습니다. 신문사 사람들이 앞으로의 선거와 유엔에서 통과된 결의 사항에 대하여 질문을 했는데 다름이 아니라 국제연합 위원단이 한꺼번에 선거를 감독할 만한 충분한 인원이 없다는 사실 때문에 지역적 선거 또는 시차제 선거를 남한에 실시하는 것이 현재의 사정으로 보아 가장 최선의 계획이 될 것 같다는 말을 노블이 늘어놓았습니다.

　"이런 선거는 우리가 받아들일 수 없으며 또한 이런 선거는 아무도 들은 적이 없소. 만약 이런 선거가 된다면 우리나라 사람들이 여기에 반대하는 큰 이유는 이로 말미암아 위험스러운 사태가 벌어질 것이기 때문이오. 남한에 1만 명의 공산 테러 분자가 있다고 가정합시다. 남한 전체를 통하여 우리가 한꺼번에 선거를 실시한다면 이 1만 명이 각 도에 흩어질 것이며 우리는 이 사람들을 다룰 수 있으리라고 확신합니다. 만일 우리가 어떤 특정 지역에서 또는 어떤 도에서 일시에 선거를 실시한다면 이 사람들이 모두 무기와 병력을 집중 투입하여 그 지역을 교란시킬 것이오. 게다가 어떤 유럽 국가에서는 공산 분자들이 자기 동료 공산주의자들에게 투표하기 위하여 이 도시에서 저 도시로 이동했던 일도 있다 합니다. 우리가 굳이 지역 선거 또는 시차제 선거를 실시해야 한다면 그것은 또 한 가지 풀어야 할 문제점이 생기는 것이오"라고 나는 말했습니다.

　노블 박사는 이때 "박사님은 이 선거를 거부하실 작정이십니까?" 하고 묻는 것이었소.

나는 그들에게 "내가 1년 이상을 선거 때문에 노력해 온 처지인데 내가 이제와서 선거를 거부할 리가 있겠습니까?"라고 말했지요. "그렇지만 우리들의 목적에 해를 주는 것과는 싸워야 합니다. 지역 선거는 국민의 생명을 위협하게 될 것이오. 우리 국민들은 그런 선거를 요구한 사실이 없습니다. 그리고 누가 그런 선거를 강요한단 말이오? 우리는 우리 선거 계획대로 밀고 나갈 것입니다. 국제연합이나 미 군정이 참여하거나 참관하기를 원하면 우리는 매우 기꺼이 협조할 것입니다."

노블은 내가 자기들 계획을 수락하도록 설득하려고 가능한 모든 방법을 다하여 노력하면서 만일에 이것을 수락하지 않는다면 "큰 불행이 닥칠 것입니다. 박사님이 이 계획을 지지하지 않는다면 미국 군대는 철수하고 소련 사람들이 내려올 것입니다" 하고 말하는 것이었소.

나는 그에게 말하기를 "이런 얘기는 내가 처음 듣는 이야기가 아니오. 우리가 미 군정을 지지하지 않으면 자기들은 철수하고 공산주의자들이 내려올 거라고 하는 말을 여러 번 들었소. 그러나 나는 그들에게 말하기를 당신들은 자신에게 알맞게 마음내키는 대로 할 수 있으나 당신네가 한국에 와 있는 목적은 오직 한국만을 위한 것이 아니라는 점을 명심하라고 했소. 그리고 우리 또한 우리들의 목적을 위하여 싸우고 있는 것 못지 않게 그들을 위해서도 싸우고 있는 것이니 어떤 식의 공갈도 여기에서는 소용이 없소. 우리는 '만일 한국 사람들이 복종하고 협력하지 않으면 자기들이 힘을 행사하겠노라'는 식의 성명서로 미 군정이 공갈을 치는 일에 우리는 이제 신물이 나고 피곤합니다. 그리고 여러 번에 걸쳐 자기들이 미국으로부터 '쏴 죽이라'는 명령까지 받았노라고 말한 적이 있소."

노블 박사는 "선거를 명할 무슨 권리가 당신에게 있단 말이오" 했소.

이 박사는 "민주 국가의 최고의 권리는 개개 시민의 특권입니다. 나는 명령을 내릴 모든 권리를 가지고 있으나 모든 한국 국민들은 나의 말을 따르든가 또는 거부할 수 있는 자신들의 권리를 가지고 있습니다."

이런 시점에서 두 언론인은 돌아갔습니다.

노블 박사는 다시 말을 시작하기를 "이 사람들이 미국 전역에 자기들의 기사를 발송한다면 2시간 이내에 그곳 사람들이 모두 당신이 국제연합 선거를 거부하고 있다고 알게 될 것입니다"라는 말을 하면서 "정말 국제연합 선거를 거부하시는 겁니까?"라고 그는 몇 번을 되물었소.

마지막으로 나는 그에게 말하기를 "나는 아무것도 거부하고 있지 않소. 다만 우리는 본래의 계획에 따라 선거를 실시하려는 것인데 만일 국제연합이 참관하기 원한다면 이 사람들을 기꺼이 환영합니다. 외국인들이 우리의 협력을 원한다면 우리는 기꺼이 그들과 협조하겠지만 협력은 피차에 상호관계가 이루어져야 합니다."

노블은 다시 시차제 선거가 불행한 것인지는 모르겠으나 이것이 국제연합의 계획이니 한국 사람들이 이것을 지켜주어야 한다고 말하면서 그렇게 하지 않으면 하지 장군은 부득이 박사님이 자기들 선거 계획에 대한 협력을 거부한다고 보고할 수밖에 없게 될 것입니다. 만약 박사님이 계획대로의 이 시차제 선거를 따르지 않는다면 "한국에서는 선거가 없을 것"이라고 했소.

그 뒤에 그는 다시 말을 이어 "박사님이 자유 선거를 실시하는 한 거기에 무슨 차이가 생기는지 나는 모르겠으나 자유 선거를 실시하고 이 계획에 따라 공산 분자를 통제하는 것이 더 용이할 것입니다" 했소.

그는 나가면서 "이것은 무서운 비극입니다. 그리고 이것은 유일한 당신의 기회입니다"라고 말했소.

그러고 나서 문에서 그는 "다시 방문해도 될까요?"라고 묻기에 굳은 목소리로 나는 "어떻게 감히 당신이 다시 오겠소?"라고 답변했습니다.

노블 박사는 정신이 바짝 들었소. 그때는 내가 웃으면서 "얼마나 싱거운 질문을 하시오? 당신이야 언제든지 환영이죠. 우리들의 토론은 그저 우리 의견의 문제일 뿐"이라고 말해주었소. 노블 박사는 "15년 동안 박사님과 알고 지냈는데 지금이야말로 가장 서글픈 순간입니다"라고 했소.

이 박사는 "귀하나 하지 장군에 대한 나의 우정은 항상 변함이 없습니다. 우리들의 정치적 견해는 그것과 전혀 무관한 것이오."

노블 박사는 웃음을 띠우고 떠나버렸소. 한 시간 후에 그는 국제연합 결의문을 손에 쥐고 돌아와 "사과드려야겠습니다. 제가 모든 말썽을 저질러서 미안합니다. 그러나 이제는 제가 결의문을 잘 파악하게 되었고 그 속에는 그런 내용이 들어있지 않았습니다"라고 했소.

나는 그의 등을 두드리며 괜찮다고 해주었소. INS통신 및 프랑스 보도 기자는 우리 있는 곳에서 덕수궁으로 국제연합 결의문을 구하러 갔는데 이것을 구하려고 이 사람들이 24시간을 노력했던 것이오. 어쨌든 기사 전송은 지연이 된 셈이었소. 이 사람들은 결의문을 훑어보고 시차제 선거에 관해서 아무것도 발견치 못했소. 노블[1]이 하지 장군의 정치 고문이었기 때문에 그는 내용을 알겠지 하고 이 사람들이 생각했던 것이며 보도실로 가는 도중 이 사람들은 국무부 직원 랭던과 미첼 두 사람을 만나 이것이 원본 전문인지 아니면 추가될 내용이 또 있는지 물어 보았소. '이것이 모두요'라고 이들은 대답했소.

그다음에는 하지 장군에게 이것을 묻기로 작정했소. 이들은 자기들 이 방금 이 박사 댁에서 오는 길이며 노블이 거기 와있었고 시차제 선거에 관해서 이야기를 나누고 있다는 사실을 그에게 말했소. 하지가 대답하기 전에 노블이 들어왔고, 하지 장군은 시차제 선거에 관해서 아무런 계획도 없다고 부인했소.

다음 날 아침 〈뉴욕타임스〉의 리처드 존스턴이 전화를 걸어 뉴욕발 보도는 이 박사가 국제연합 선거를 반대한다는데 어찌된 일이냐고 했소. 나는 "당신이 그 보도보다는 나를 더 잘 알아보아야 하지 않겠소. 만일 그런 이야기가 있다면 그것은 나를 중상하기 위한 운동의 일부일 것이오"라고 그에게 해명을 해 주었소.

선거 문제도 일단락되고 실시일을 5월 10일로 한다는 계획도 결정되었기 때문에 우리는 사소한 것일는지는 모르지만 실제 문제들에 관심을 돌릴 수가 있게 되었다. 3월 3일자 이 박사 앞으로의 편지에 나는 여러 가지 일에 대하여 보고했다.

---

1) 1896년으로 거슬러 올라가면 이 박사가 다닌 서울 배재학당에서 해럴드 노블의 부친은 이 박사 최초의 스승이었다. 노블 박사(당시 국무부 직원)는 우리가 함께 오리건 대학교(1932~1933년)에 근무할 때 필자의 친지였던 관계로 그 이후 줄곧 가족간에도 친한 사이로 지내왔다. 1948년 파리의 국제연합 총회에서 필자는 그와 불행하게 상봉했고 1953년 서울에서도 마찬가지로 불행하게 상봉하게 된다.

예산에 대하여 저는 현재 주로 국제연합 회의 관계로 뉴욕에서 지내느라고 월 500불의 판공비 예산에서 100불을 초과 지출했습니다. 이 한가지 변칙 이외에는 매월 예산 범위내에서 지내왔습니다. 현재 수중의 자금으로는 특별한 일로 임영신이나 임병직의 비용 충당을 위해 써야하는 일이 생기지 않는 한 5월 한달 그리고 6월 중순까지도 충분히 견딜 만합니다. 물론 저는 자세한 기록을 보관하고 있고 기회가 오면 박사님께 보여드리려고 합니다. 그러나 박사님도 아시다시피 주요한 지출로는 사무실 월세 70불, 비서 주급 50불에다 나머지는 우편 요금·전화요금, 우리 일과 같은 업무에 관련된 다른 모든 잡비들입니다.

나는 한국 화폐가 외국환에 소개되도록 국무부에서 회합을 가진 사실도 보고했고 한국 수출이 수입을 초과할 만큼 신장되거나 국제차관이나 원조 자금 공여가 있을 때까지는 이런 조치가 현실화될 수 없다는 사실도 보고했다. 그리고 장차의 계획에 대해서도 계속해서 의논했다. 미결 문제는 미국 시민인 내가 공보 관계나 국제 문제 담당 정치 고문으로서 한국 정부를 위해서 직접 일할 수 있어야 하는지, 일을 해야 되겠는지, 만약 그렇다면 어떻게 해야 하는지의 문제였다. 이런 절차는 파격적이고 비공식적인 것이 되어야 한다고 믿고 있었다. 내 개인적인 이유는 정부내에서 어떤 개인의 업무를 필연적으로 구속하고 지도하는 관청의 번잡한 절차에 얽매이고 싶지 않았기 때문이다. 1942년에서 1944년까지 2년간 나는 이미 미국 정부내에서 이런 종류의 경험을 가졌었고 어떤 계획을 세우고 추진시키는 일이 지연되거나 불확실한 것은 흥미가 없었다. 내가 3월 3일자 같은 서신에서 이 박사에게 설명한 바와 같이 다른 이유도 있었다.

저의 기본적인 제의는 공보 관계 업무를 비공식적으로 또는 기껏해서 반공식적인 토대 위에서 계속하는 것이 현명할 것 같다는 말씀입니다. 다시 말씀드려서 가능하다면 고문관 자격으로 일할 수 있는 공보 관계 계획 책임자와의 협의를 거친다든가 해서 모든 언론 보도 자료와 '공식' 발표문을 내주는 책임을 맡을 공사관 관리를 한 사람 두는 것이 현명한 일이라 생각됩니다.

그러나 예를 들어 한국 태평양 신문과 같이 분리된 사무실에서 운영한다면 주요 홍보 업무를 보다 훌륭하게 수행해 나갈 수 있을 것으로 생각되고 더구나 대한상공회의소라든가 어떤 그런 기관을 통해서 가능하다면 정부 예산 외의 자금이 이 업무를 지원하도록 제도적 절차만 마련될 수 있다면 잘 되어 나갈 것으로 생각합니다. 이런 제도적인 절차는 책임있는 한국 사람들이 이 업무를 통제하도록 하는 장점이 있고 성격상으로는 이것을 '비공식적인 것'으로 할 수 있습니다. 이런 제도적 장치가 가지는 장점은 제가 느끼기에 몇 가지가 있습니다.

1. 공식적인 정부 정책으로 주장하기가 현명하지 못할 때에는 어떤 계획이나 견해를 '밀고 나가기'가 때로는 유리할 것으로 생각되는 한 가지 예가 저의 논설 '아시아의 동란' 속에서 주장한 견해입니다. 한국 정부 스스로가 서구적 제국주의를 비판하는 내용을 지지할 수가 없지만 그런 논설이 나타내고 있는 공동의 목표를 향하여 아시아의 여러 국민들을 단결시키기 위한 적극적인 노력을 진행시키는 것은 한국에 매우 유리한 것입니다.

2. 한국에 국한된 특정한 논평으로 바뀌지 않는 한 어떤 공식적인 정부 부처가 〈잠원경〉지를 발행할 수 없었을 것입니다. 이 시사지가 신문에 대하여 가지고 있는 가치가 있다면 그것은 이 잡지가 지역을 보다 넓게 커버하고 있다는 사실에 있습니다. 대다수의 편집자들이 거의 알지 못하는 세계의 일부분인 아시아 전역을 밝혀 주는 '실용성' 때문에 이 잡지는 점점 구독자의 범위를 넓혀 나가고 있습니다. 그리하여 이 잡지가 한국에 관해서 주장해야 할 논설의 비중은 단순히 어떤 주제만을 내세우는 '선전용 책자'보다는 높습니다.

3. 여전히 간접적인 감독하에 있으면서도 비공식으로 되어 있는 공보 관계 사무실은 어떤 일반적인 방침과 노선을 지키도록 얽매일 수가 있겠지만 모든 특정 발표문에 대해서는 사전 검열없이 집행이 허용될 수 있습니다. 박사님도 아시다시피 정보를 공급하는 신속한 행동이 필요한 많은 경우에 이 점이 중요합니다.

4. 마지막으로 이것은 아마 가장 중요한 점일지도 모르겠습니다만 공식

대변인에 의한 논설보다는 '권위 있는 비공식' 공보 관계 회사의 책임자가 쓴 논설에 대하여 잡지나 기타 출판물들이 훨씬 아량을 보입니다. 특히 뉴스의 수집과 전파에 종사하는 한국 태평양 신문과 같은 기관이 운영될 수 있다면 공관에 직접 소속된 기관보다는 훨씬 편견이 덜한 정보원으로 여겨질 것입니다.

5. 약간 다른 측면에서 본다면 공보 관계 기관은 한국에 관해서, 첫째는 유럽 사람들을, 둘째는 남아메리카 사람들을 '계몽시키기 위하여' 그 활동 범위를 점차 넓혀 갈 수 있고 또 그렇게 해야만 된다고 느껴집니다. 이 지역들이 관심을 두어야 할 만큼 중요한 것이라고 저는 믿고 있으나 한국 사람들을 위해서 비용을 억제하는 데 제가 깊은 관심이 있기 때문에 이런 지역에 특별히 공보 기관을 개설할 필요는 없을 것이라고 느껴집니다.

이 모든 것을 가장 솔직하게 요약해서 줄여 보았지만 저의 현재 결론이 무엇인지를 나타내기에는 충분하다고 생각됩니다. 물론 박사님의 생각은 다르시겠고 각각 다른 결론에 도달하는 어쩔 수 없는 이유도 있겠습니다.

만일 홍보 업무가 공관 밖에서 계속 진행되어야 할 것이라면 그 본부는 현 사무실 위치에 그대로 두는 것이 좋으리라고 말씀드리고 싶습니다. 이유로서는 만족스러운 건물에다 장소도 넓고 위치가 편리하며 값이 쌉니다. 몇 가지 소소한 변화를 권해 드리는데 그중의 한 가지는 만약 손을 대려면 서두르는 것이 좋겠다는 말씀입니다.

a) 우리가 차지하고 있는 층의 나머지 공간이 현재 비어 있어서 세놓을 것을 예상하여 다시 단장을 해 놓았습니다. 우리가 이미 두 개의 사무실을 쓰고 있고 나머지 공간은 2개의 사무실 공간이 됩니다. 이 사람들에게 내가 박사님으로부터 소식을 들을 때까지 나머지 두 방을 세로 내놓지 말아 달라고 부탁해 놓았습니다. 우리는 지금 월 70불씩 물고 있고 층 모두를 쓰면 월 135불로 가능합니다. 결정을 곧 내려주셔야 하겠습니다.

b) 우리가 현재 하고 있는 업무를 어느 정도 늘리려면 더 많은 공간이 필요합니다. 제 생각은 가능하다면 사람 둘을 더 고용하는 일입니다. 한 사람은 한국 사람으로 한국 신문들 기타 자료를 읽고 번역할 수 있어야 하고 한

국 역사, 한국 언론 등을 많이 아는 사람이어야 하겠습니다. 다른 한 사람은 미국 공립 학교와 부녀 클럽들 그리고 다른 유사 단체들과 명확한 업무 진행이 가능한 사람으로서 특별히 사람들의 요구와 흥미에 맞는 자료들을 마련해 줄 수 있는 사람이면 되겠습니다.

  c) 제가 구상해 본 이 계획 같으면 적어도 연간 예산이 3만 5000불은 필요할 것이고, 서울에서 우리가 만났을 때 이야기한 5만 불이 가능하다면 그만큼 더 많은 일을 성취시킬 수 있을 것입니다. 이상으로 요약은 충분히 되었다고 믿습니다. 원하신다면 박사님이 바라는 방침에 맞추어 좀더 구체적인 계획을 기꺼이 짜보겠습니다. 이것은 박사님에게 일을 가중시키려는 것이 아니라 이 각별한 문제 해결을 도우려고 노력하는 뜻에서 쓰여졌음을 믿어 주시기 바랍니다.

이 서신에 대하여 이 박사는 3월 19일에 회답을 보내 그런 계획의 시기가 아직 오지 않았다고 말해 주었다. 그는 계속해서 이렇게 적었다.

  ……우리가 이 계획에 정성을 들일 여유가 아직은 없으나 선전용 계획이라는 강한 인상을 피하기 위하여 정부 통제와는 무관한 개인 단체가 도맡아서 운영하는 식으로 제약된 규모에서 해 나가야 할 것이오. 나는 이 점에 관해 당신의 제의를 매우 주의깊게 읽었고 당신 말이 전적으로 옳다고 찬성하는 바이오……내가 지금 당신이 해나가는 일 외에 특별히 내놓을 만한 제안은 없으며 내가 이미 손을 댔어야 한다고 원하는 일을 당신이 현재 해 나가고 있고, 그 결과 그것이 제약된 사정하에서는 가장 효과적인 방법임을 잘 나타내 주고 있다고 생각됩니다.

그는 J. 윌리엄스가 여러해 동안 한국을 위하여 무보수로 봉사한 사실에 비추어서 '월 1000불 정도'는 받아야 하며, 정한경(鄭翰景) 박사와 임병직 대사는 각각 월 300불 가량의 급료와 내가 도와서 마련되는 강연 사례금을 받으면 될 것이라고 적어 보냈다.

이 강연이 우리들 수입의 증가로 보나 대중 여론에 영향을 주는 하나의 수단으로 보아도 결코 소홀히 할 수 없는 의미가 있었다. 임대사는 그때 이미 가장 인기있는 연사로서 때로는 대규모의 대회, 대학, 기타 단체에서 강연을 했고 강연 사례금이 350불까지 올라갔다. 나 자신의 강연은 월간 3, 4회에 그쳤고 강연 사례금으로 보통 200불 정도의 수입을 올렸다. 정한경은 어떤 의미에서 우리들의 '문제 연사'였다. 그는 연사 자격도 있고 어떤 때는 아주 뛰어나게 효과가 좋았다. 그는 흔히 느리고 적극성이 없을 뿐 아니라 맥이 빠진 이야기 투였다. 그가 이름을 걸고 있던 메트카프 강연 알선 업체는 내게 불평을 털어 놓았고 1953년 5월 5일 나는 그가 스스로 도움이 되도록 일조가 되었으면 하는 진실한 마음에서 그에게 편지를 썼다.

나는 당신의 시카고 영화 강연회에서의 연설에 관해서 메트카프로부터 보고를 들었습니다. 그래서 내가 무슨 연설 지도 교사 모양으로 당신에게 한마디 적어 보내야겠소. 당신이 크게 생기도 없고 청중과의 밀착된 호흡의 일치도 없이 느리게 이야기를 했었다고 듣고 놀랐던 것이오. 당신이 청중에게 굉장한 감동을 불어 넣을 수 있다는 것을 알 만큼 나는 당신의 활약을 지켜 보아왔소. 필름의 한 장면마다 당신 자신을 적응시키려는 거북스러운 입장 때문에 나 자신도 그렇게 될 것으로 알지만 애를 먹게 된다고 나는 짐작이 갑니다. 연습도 필요하고 특별한 형편에 서서 연설해야 하는 입장이지오.

물론 당신이 필요로 하는 것은 자신의 개성이나 성격을 우선 풀어제치고 고등 학교 젊은 벗들에게 '매력을 풍기는' 일입니다. 필름 순서가 시작되기 전에 한국식 농담을 한두 가지 터뜨림으로써 그들의 감정적인 분위기 속으로 완전히 뛰어들도록 해보십시오. 몇 가지 문장을 한국말로 지껄이는 따위의 싱거운 제스처를 쓰는 것도 효과를 볼 수 있을 것이고 아마도 그런 것을 그 사람들이 좋아할 확률이 큽니다. 그리고 당신이 헐리우드 영화에서 연기를 한 적이 있었는데 지금 이 자리에 은막을 벗어나 그들에게 모습을 보이고 있다는 사실을 왜 한마디 하지 않는 겁니까? 약간은 성미에 거스를지라도 스스로 극적인 표현을 해야 하는 것입니다.

필름 강연에 대한 둘째 사실은 빠른 템포로 짧고 맞아 떨어지는 설명을 곁들이면서 화면에 나오는 장면과 정확히 일치되도록 무서운 속도로 달려 나가야 한다는 것입니다. '자 보시다시피……' 화면을 통하여 여러분에게 보여 드릴 수 없는 것은……' 등으로 매우 짤막한 몇 마디 생생한 설명을 집어 넣어야 한다 그 말입니다.

세 번째 고려 사항으로는 이 아이들이 학문적으로 깊이가 있는 것도 아니고 논리적이거나 자세한 해설보다는 흥미 본위의 짤막한 설명을 계속하면 더 득이 될 것이라는 점입니다. 당신이야말로 이 사람들이 지금까지 만나 본 중에서 유일하게 '바다를 건너온' 순수 한국인이기 때문에 전반적인 효과를 내자면 이 사람들이 한국 사람을 좋아하도록, 나아가서는 당신을 좋아하도록 해야 하지 않겠습니까?

연설 강의는 이만 하겠소. 물론 당신은 이 모든 것을 어쨌든 알고 있을 것이오. 필름이나 고등 학교 청중을 겁내지 마시오. 여러 경우에 처하여 당신이 하는 일을 내가 지켜 보아 왔듯이 변죽만 울리지 말고 핵심을 파고 드시오. 청중이 당장에는 의아해 하겠지만 당신이 그들에게 불을 붙일 것으로 믿습니다.

강연 사례금은 도움이 되었고 영향력을 넓혀 나가는 뉴스 화제와 함께 청중들에 대한 일반적인 효과는 우리의 전반적인 계획면에서 귀중한 것이었다. 그러나 계획에는 돈이 들고, 돈은 구하기가 어려웠다.

3월 26일 이 박사는 홍콩에 있는 어떤 중국 상인에게 한국 상품을 보냈다는 것과 이 사람에게 약 10000불에 달하는 물품 대금을 뉴욕시의 체이스 내셔널 은행에서 나에게 지불하도록 부칠 것을 부탁했노라고 편지를 보내왔다. 이 박사는 덧붙이기를 '이사회 회장인 윈드럽 W. 올드리치는 아는 벗이어서 그 문제를 급히 해결하는데 도움이 될 것이오. 다른 몇몇 벗들도 때때로 500불이건 그 이상이 되건 적은 액수나마 우리들에게 줄 것이오'라고 했다. 이 박사의 그 '돈 많은 벗들'로부터 뜯어낼 수 있는 '돈'치고는 고작 이 정도였다. 우리들의 쪼들리는 나날은 계속되는 것이었지만 다음 달 예산이 어디서 생길 것인지를 걱정할 필요는 이제 지난 일이 되었다.

3월 5일자 나의 편지 몇 군데에 나타나 있듯이 홍보와 정부 정책 간의 관계는 필연적으로 가까운 것이다.

어제 아침 크리스천 사이언스 모니터지는 앞으로 치를 선거에 대한 사설을 실었는데 동봉한 것을 박사께서 보시겠지만 새로 수립될 정부가 '반동적'일 것이라는 우려를 나타낸 것입니다. 박사께서도 아시다시피 그런 관점은 아주 확고하게 자리잡아 온 것이고 우리는 이것을 뒤엎을 수가 없었습니다. 우리를 반대하는 많은 사람들은 이런 두려움에서 오는 것이며 우리들의 많은 벗들은 그것이 사실일는지 모른다는 두려움 때문에 자기들의 확신이 흔들리고 있는 것입니다. 이런 공격의 줄거리를 꺾기 위하여 박사께서 취임하시는 대로 취하실 수 있는 두 가지 극적인 조치를 제안하고 싶은데, 알맞은 과감한 정책을 발표할 수도 있고 아주 효과적으로 한국 정부의 본질적인 자유주의를 극화시킴으로써 이 오랜 헛소문이 제물에 사라지도록 하는 조치들 말입니다.

1. 과도 입법의원 농림 위원회에서 다수결로 이미 통과를 본 토지 개혁의 신속한 실행입니다. 이 일은 미국에서 훌륭한 논평을 얻을 것이며 또한 다수의 불신하는 자들을 매우 놀라게 할 것입니다.
2. 정부의 각종 직위에 앉힐 젊은이들의 훈련을 위하여 세워질 '공무원 아카데미'의 신속한 설치입니다. 이 일은 한국에서 젊은이들에게 기회가 없다는 인상을 뒤엎게 되고 한국에서 안팎으로 도움을 주게 될 것입니다.

제가 말씀드린 이 두 가지 조치는 다음과 같은 이유 때문에 특히 바람직하다고 생각하는데 다시 말해서, 한국 정부는 공산 분자들에 대항하여 신속하고도 과감한 조치를 취해야 하며 아무리 이 일이 필요하고 면밀하게 집행된다 하더라도 이것을 '반동'이라고 보는 사람들은 그 속에 독재 정치를 지향하며 개인의 자유에 역행하는 움직임이 깃들어 있음을 깨닫는 일은 어렵지 않다는 것입니다. 저는 이 두 가지 조치가 그런 두려움을 더하는 데 큰 몫을 하리라고 생각합니다.
그런데 청천벽력인가 한국의 선거 계획에 대한 우리의 낙관론은 쏟아져 들어오는 우울한 사건들 속에 묻혀 숨을 못 쉴 지경이 되었다. 3월 8일과 9일 불길한 뉴스가 한국으로부터 무전을 타고 흘러들어왔다. 유엔 한국위원회의 인도·시리아·캐나다, 그리고 호주 대표들이 모두 5월 10일 선거에 대하여 의심 내지는 노골적인 거부 태도를 표명한 것이다. 김구와 김규식은 이 선거 계획을 통일에 대한 한국인의 희망을 배신하는 행위라고 비난했다. 남조선 과도 입법 의원은 40대 0으로 선거 찬성 투표를 던졌으나 재적 과반수 이상이 결석하거나 기권했다.

3월 9일 오후 5시 임병직 대사와 나는 워싱턴 주재 인도 대사를 방문했고 거기서 우리는 회피적인 답변을 들었을 뿐이다. 임대사가 워싱턴에 있는 여러 관리들과 만날 약속을 하고 있는 동안 나는 다음 날 오타와로 떠나려고 여행 준비를 서둘렀다. 어서 가서 그곳 관리들을 만나려고 말이다.

3월 10일 정오쯤 나는 캐나다의 아시아 담당 국장 아서 멘지스의 사무실에 들어섰는데 미국 국무부에서는 미국과 아시아 관계의 여러 전문분야에서 수십명의 인원이 움직이고 있는 것과는 대조적으로 이 한 사람이 전 아시아를 다루고 있는 사실이 흥미로웠다. 멘지스는 이 문제에 대하여 재미있게 논평을 하면서 나의 관찰한 바도 물었고 결국은 모든 관계 사항을 한덩어리로 집약한다면 캐나다는 미국보다 더 잘 요약된 내용을 파악한 것이 아닌가 하는 자기 자신의 의견을 드러내 보였다. 나는 그에게 한국 문제에 관한 캐나다의 태도에 우리가 불만이 있다고 말했다. 매우 솔직한 대화 속에 그는 이렇게 말했다.

1. 캐나다는 5월 10일 선거 보류건에 관하여 위원회 참석 여부를 아직 결정한 바 없다.
2. 남한 선거가 1947년 11월 14일자 총회 결의에 의거하여 합법적이라는 데 대하여 캐나다는 회의적이었다.
3. 유엔 한국위원회의 '접촉이 가능한 한국의 모든 지역'에서의 선거를 소총회가 승인한 것은 '냉전'에 대처한 미국의 책략임을 캐나다는 우려하고 있으며 그 어느 것도 캐나다는 원하지 않았다.
4. 소련을 끌어들여서 어떤 해결 방안을 얻는 데 협력하도록 한다는 희망을 가지고 캐나다는 최선의 해결책이 한국 문제를 국제연합 총회에 되돌려

주는 것(10개월 또는 그 이상의 지연을 의미하는)이라고 생각했다.

    5. 만일 유엔 한국위원회가 이미 계획된 남한 선거를 참관하기로 결정짓는다면 캐나다는 반대하지도 않고 참여하지도 않을 것이다.

    한 시간이 훨씬 넘도록 나는 캐나다의 의견에 맞서서 멘지스와 논쟁을 하면서 생 로랑 총리를 만나야 되겠다고 했다. 또한 나는 워싱턴으로 당장 돌아가는 일이 급하기 때문에 바로 그날 오후에 면회가 이루어져야 한다고 그에게 말했더니 그렇게 되기는 정말 불가능한 일이라고 말하므로 나는 이 박사가 민주의원의 권한으로 보내 준 나의 '신임장'을 꺼내들고 총리를 만나러 들어가려고 했다. 그는 잠시 신임장을 자세히 들여다 보더니 전화를 들어 말하고 나서 우리는 곧 바로 총리 사무실로 향했다.

    거기에는 생 로랑 씨가 자기 책상에 바른 자세로 정좌하여 앉아 있었고 아마도 어떤 만찬 약속에 대비한 듯 연미복으로 완전 정장을 갖춘 모습이었다. 15분간이지만 한국 문제에 대하여 열렬한 설명이 되기를 바라는 나의 말에 그는 태연히 귀를 기울이고 나서 우리들에게 정중하게 인사를 하고 사무실을 나가 버렸다. 그 후 캐나다는 태도를 바꾸게 되었고 소총회 결의를 지지하는데 동의했다. 이 박사는 뉴욕의 유엔 주재 캐나다 대사를 만난 임영신과 나의 생 로랑 회담 덕분이라고 다정하게 그 공을 돌렸다. 다른 이유도 틀림없이 있었을 것이지만 우리는 결과를 놓고 기뻐했다.

    우리는 자신들의 형편에 대해서는 기뻐할 일이 적었다. 우리들의 필요에 비하면 자원이 너무도 부족했다. 3월 19일 이 박사는 이렇게 쓰고 있다. '귀하도 알다시피 미국에서의 우리들 사업에 비하여 우리는 가진 돈이 너무도 적소. ……손이 묶여 있다고 느끼는 것이 가장 낙심 천만의 일이오.' 사실상 우리는 낙심 이전에 실의와 좌절감에 빠져 있었다.

    자금은 부족했을는지 모르지만 문제들은 그렇지가 않았다. 3월 19일과 20일에 이 박사는 많은 정치 문제를 설명하는 무려 4000 낱말을 넘는 긴 편지를 나에게 보내왔다. 한국 사람들은 자치 능력이 없다는 공격들을 기억하여 볼때 그와 그의 보좌역들은 선거 운동 조직의 업무를 썩 잘하고 있는 것 같았다. 그는 결단력과 기술을 가지고 문제에 맞섰고, 그리고 그의 조직은 바로 업무와 합치되어 있었다.

한 가지 큰 난제는 월남한 북한 사람들을 어떻게 처우하느냐 하는 것이었다. 공산 세계로부터 온 피란민, 그리고 지금은 남한으로 귀환한 일본·만주, 그리고 중국 본토로부터의 피란민 수는 줄잡아 250만까지 추산되었다. 주택과 식량 사정을 복잡하게 하는 것도 크게 문제지만 이들은 또한 선거상의 문제를 제기하게 된다. 유엔 결의는 남한에서 선출될 국회의원수 3분의 2와 북한의 몫으로 남겨 둘 3분의 1 의석수를 합하여 '국민 정부' 수립을 규정하고 있는데 한국의 총인구가 그 당시 3000만으로 추산되었고 2천만이 남한에 있는 것으로 되어있기 때문이다. 그러면 300만에 달하는 피란민, 아니 보다 안전하게 줄잡아서 더 정확한 것으로 입증된 숫자가 200만이라 하더라도 이 사람들을 어떻게 해야 한단 말인가? 이들은 어디서 투표를 하며 이들의 투표는 어떻게 계산해야 한다는 말인가? 북한 피란민들은 이 박사의 한 벗으로서 대한민국 수립과 동시에 초대 국무총리로 취임하기로 되어있는 이윤영(李允榮) 목사가 이끄는 자기들의 정당을 조직했다. 이 월남인의 정당은 북한에서 선출될 100명의 의석중에서 45명을 자기네가 선출할 권리를 달라고 요구하고 나섰고 이 일을 해내기 위하여 북한 사람들만 투표할 수 있는 특별 투표구의 설치를 요구했다. 그 당시의 혼란기에 작은 문제가 아닌 것이 북한 피란민 집단 속에는 상당수의 공산 분자들이 침투되어 있을 것이라는 걱정이 있었다. 그렇지만 유엔 결의가 요구하는 '자유 분위기'의 유지를 위하여 이 사람들이 비밀 투표장에 들어가기 전에 투표자들을 테스트하거나 심사할 수는 없는 노릇이었다. 공산당이 미국 본토에서는 불법화되어 있었지만 군정은 한국에서 이들을 억제하지 않겠다는 것이니 기구한 운명이 아닐 수 없다.

일을 더욱 복잡하게 만든 것은 자기 집이 50년 전 북한에 있었다는 김구가 스스로 북쪽 정당의 진정한 지도자임을 공언하고 나선 것이다. 3월 20일 이 박사의 편지는 이러했다.

오늘은 북한 사람들이 남산에서 모임을 열게 되는데 나는 연설을 하러가고 싶지가 않았지만 연설을 하면 분위기를 누그러뜨릴 수 있다고 느꼈소. 내가 도착을 하니 이목사가 말하기를 선거구의 분리를 주장하는 자기의 요구를 고려해 주도록 분과 위원회가 그 내용을 서울 주재 국제연합 한국 임시 위원단에 넘겼다는 것이었소. 이것은 곧 선거의 거부를 의미하는 것이 아니외다.

　나는 김구와 김규식 두 사람에게 말한 것과 같은 내용으로 만일 미국 사람들이 월남 동포의 계획을 고려하지 않는다 해도 우리가 그것 때문에 선거를 연기시킬 것이 아니라 밀고 나가야 하며 국회가 그 문제를 어떻게든 다룰 수 있을 것이라고 사람들에게 말했소. 나의 연설이 끝나갈 무렵에 김구가 들어와 앉았소. 자기도 북한 출신이라고 생각하기 때문에 초대되었던 것이오. 내가 이야기를 끝내자 사람들은 김구 씨에게 연설을 청하게 되었소. 그는 일어나서 말했소. '나는 북쪽 사람들을 위한 선거를 요구하기 위해 열린 이 모임을 찬성하지 않는다. 나도 북한 출신의 한사람이다. 나는 반대한다 운운……' 사람들은 야유하기 시작했고 끝에 가서는 고함 소리로 요란했소. 그는 말을 중단하고 걸어나갔는데 그것은 참으로 굴욕적인 광경이었소. 나는 언론계 사람들에게 이것을 가지고 문제삼지 말아 줄 것을 부탁했소.

　그의 편지는 계속하여 70개의 '주도적인 단체와 정당'으로 된 조직을 하나로 묶어, 전술을 확정 짓기 위하여 33인 집행 위원회를 구성했노라고 설명했소. 선거 운동의 세부 사항을 다루기 위하여 7개의 위원회가 조직되었다. 한 가지 결정하고 넘어가야 할 문제는 이 박사가 국회의원의 한 사람으로 출마해야 할 것이냐 하는 것이었다. 그의 몇몇 측근자들은 이것은 위신이 서지 않는 일이며 불필요한 일이라고 생각했다. 그 이유는 국회가 그 구성원의 한 사람을 대통령으로 선출할 아무런 의무를 지게 되어있지 않기 때문이다. 또 다른 사람들은 그가 입후보하여 투표인들 간에 자기 인기를 과시해야 한다고 생각했다. 이 편지에서 이 박사는 자기가 그 속에 들어가게 된다면 국회의 심의・토의 과정을 잘 지도할 수 있을 것이라 해서 출마를 결심했노라고 했다. 그는 계속해서 자기 정부가 반동적인 정권이 될 거라고 하는 공격에 대한 나의 관심에 답하면서

　그러나 우리가 우리 정부를 발족시키게 될 때에는 한국의 파쇼, 반동 그리고 극우 분자 운운하는 모든 인간들이 우리나라를 자유화시키는 일에 우

리들이 얼마나 앞서 나가는가를 보고 놀라움을 금치 못하게 될 것이오. 토지 개혁 법안이 먼저 제정될 것이고 다수의 나머지 다른 자유주의 운동이 뒤를 이어 전개될 것이오. 젊은 사람들을 등한시한다느니 하는 소리는 당치도 않은 말이오. 우리 젊은이들 없이 우리는 아무 일도 할 수가 없는 것이고 사실상 모든 우리 청년 단체가 남북을 막론하고 모두 나를 지지하고 있소. 미국의 교회 계통으로부터 약간의 비판을 몰고 올 일이 한 가지 있는데 그것은 지난날의 친일 협력 분자들을 숙청하는 작업 때문이오. 이 문제가 가능한 한 속히 해결되어야 하는 이유는 대부분의 불만과 불안이 지금까지 우리가 몇 가지 극단적인 사람들을 처벌하지 않았고 또 그 외의 나머지를 용서하는 조치도 하지 않았기 때문이었소. 미국 사람들은 원한을 갚는 일을 보복적인 것이라고 반대할 것이오. 이것은 친일파와 종교적 평화론자들이 부르짖는 감정인 것이고 우리는 이것을 어느 정도 묵살해야 된다고 보고 있소.

하나의 새로운 쟁점을 두고서 이 박사와 미 군정이 논란을 벌였다. 이에 관한 이 박사의 설명이 3월 20일자 같은 편지 속에 들어 있다.

    미 군정이 신한공사 소유의 토지를 소작인들에게 매도하는 것을 인정하는 한 법률에 서명했소. 정항범(鄭恒範)이 그 사장직에 있었던 것을 당신은 기억할 것이오. 미 군정은 수차에 걸쳐 토지 지분을 소규모 회사에 나누어 갖도록 하려고 했지만 정사장이 반대하고 버티었소. 나는 한국 정부가 신한공사를 인수하고 입법부에서 처분 방안을 결정할 때까지 토지는 그대로 보존해야 한다는 점에서 그를 지지했소. 최근에 와서 미 군정은 정사장에게 신한공사 대신에 신설 농업 위원회 위원장의 직책만 수행하도록 명하여 이제는 정사장이 토지 처분에 발언권이 거의 없는 형편이오.
    미 군정이 15년 기한으로 토지에 대한 명목상의 가격을 지불한다는 개별 계약하에 전 국토의 가장 비옥한 농토의 전부를 팔아버릴 것을 결정했다는 소식을 나는 듣고 있소. 이와 동일한 계획이 27항에 달하는 나의 민주주의 근본 원칙을 밝히는 성명서에 발표된 바 있었소. 그러나 한국 사람들은 한국 입법부의 법률적 조치를 거치지도 않고 어떤 안정된 통화도 없는 가운데 미 군정이 토지를 처분하도록 하는 것은 부당하다고 반대하고 있소.

이 토지의 대부분이 전에는 정부와 항일적이었던 왕실 가족들의 소유였던 것이오. 일본 통치하에서 치금의 신한공사의 전신인 동양척식회사는 일본인에 의해서 뿐만 아니라 주주로서 회사 자본 구성에 큰 몫을 지불한 한국 사람들의 도움으로 설립이 되었던 것이오. 왜놈들은 자기들 자본을 한 푼도 이 회사 설립에 투자한 사실을 입증할 수가 없었소. 더구나 이 회사 토지의 상당 부분이 한국인 토지 소유주들로부터 몰수한 것이었고 또 이런 사실들을 입증할 모든 기록과 서류들을 우리가 가지고 있소. 그러므로 이것은 결코 적산이 아니며 법적으로 한국 사람들에게 속하는 재산임을 우리는 입증할 수가 있으며 미 군정은 한국 국회의 승인없이 토지를 처분할 권리가 없는 것이오. 선거는 앞으로 6주일이 겨우 남았는데 한국 사람들이 국회를 구성할 기회도 가지기 전에 왜 이 사람들이 그렇게 서둘러 가며 이 토지를 분할하고 팔아먹으려 하는지 모르겠소.

오랜 정치적 제휴와 우호 관계가 얼마나 철저하게 깨져 버렸는가를 말해주는 하나의 징표가 이 편지 구절에 있는데 그 내용에서 이 박사는 김구가 조병옥과 수도경찰청장 장택상(張澤相)을 암살시키려는 음모를 알려주고 있다.[2]

경찰의 특별 경호원이 이 세 사람에게 모두 배치되어 있었다. 국제연합 위원단 의장인 메논은 이 박사에게 위험한 실정에 비추어 선거를 연기해야 하지 않겠느냐고 말했으나 '그 후 아무런 소리도 못 들었고 거기에 대해 언급이 없었

---

2) 불행하게도 정치적 암살이 불안정한 한국의 실정하에 하나의 일상적인 사실로 되어 있었다. 한국민주당 지도자의 한 사람인 송진우(宋鎭禹)는 1945년 12월 30일에 피살되었다. 앞서 기록된 대로 여운형은 1947년 7월 서울의 큰 길을 달리던 자기 차중에서 피살되었다. 김구는 대한민국이 수립된 뒤인 1949년 6월 26일 자기 자신의 부하의 한 사람에 의하여 피격 사망했다. 김규식은 1950년 6월 침입한 공산군에 의하여 구금되어 북으로 피납되었고 그 곳에서 밝혀지지 않은 환경 속에 사망했다. 이 박사는 항상 위협 속에 놓여 있었다. 자기 집으로 들어 가는 노상에 다이나마이트를 장치하는 일을 포함하여 그의 생명을 노리는 분명한 기도가 세 번이나 있었다. 이 박사 부인은 나에게 말하기를 자기들이 자동차 뒷 좌석에 함께 타고 가는 동안 자기는 항상 몸을 앞으로 내밀고 있어서 암살자가 차에 뛰어든다면 언제든지 이 박사 몸 위로 자기 자신을 던질 준비 테세를 하고 있노라고 했다.

다.' 그러는 가운데 '김규식은 캐나다 대표 패터슨을 통하여 총선거로 향한 길목에 장애물을 던지려고 작용하고 있었다. 올리버의 오타와행과 그리고 생 로랑과의 대담이 오타와에 있는 정책 수립가들의 마음을 완전히 바꾸어 놓지 못했다면 김규식은 패터슨을 이용하여 계속 선거를 불신하는 인상을 심으려고 했을 것이다. ……그러므로 선거에 대한 전망은 밝지 못했으나 주요한 사실은 국민들이 어떤 방해도 싸워서 이겨 나갈 뜻이 있다는 점이다.'

선거를 거부함으로써 이것을 순수한 국민 투표가 아니라며 무효화시키려고 한 좌익 단체들이 낸 성명서에 대하여 미국 언론은 상당한 논란이 있었다. 김구와 김규식은 한국의 분단을 영구화시키게 될 것이라는 이유로 선거를 거부하겠노라고 위협했다. 중도파에서는 선거를 무시할 것으로 보였다. 보도되는 기사들이 쌓여 감에 따라 남한 인구의 적은 일부만이 선거를 원하거나 겨우 이를 받아들이게 될 것이라고 외국 신문 독자들은 느꼈던 것이다. 이에 대한 이 박사의 논평 역시 그의 3월 20일자 서신에 들어 있다.

선거에 협력하도록 김구와 김규식에게 요청해야 한다는 귀하의 제의는 현재로서는 불가능할 것 같소. 그들은 지금 선거를 통하여 집권할 가능성은 있다고 느끼고 있소. 이 사람들은 소련과의 협력을 뜻하고 있소. 그러나 이번 선거는 한국 국민 일부에 국한된 사건이 아닐 것이오. 왜냐하면 공적으로 선거를 반대하는 인사들이 표면상 그렇게라도 해서 선거를 불가능하게 해 보려는 생각인 것이오. 그러나 사실상으로는 이 사람들이 더 선거 운동에 경황이 없소. 심지어는 좌익 분자와 합작주의자들까지도 여기에 참여할 것으로 우리는 알고 있소. 왜냐하면 아무도 여기에서 제외되기를 원치 않기 때문이오. 상당한 대다수의 표가 각종 정치 색채를 띤 모든 국민들에 의하여 던져질 것으로 우리는 단언할 수 있소.

이렇게 말하면서 그는 '자유 분위기'의 필요 조건들에 관해서 생각한 바를 적고 있다.

비난할 만한 일을 입증할 증거도 없으면서 이번 선거가 민주주의 원칙을 이행하지도 못할 사람들의 손에 권력을 넘겨주게 될 것이라고 말하는 사람들은 온당치 못하오. 사실상 다른 몇 개 민주 국가들은 자기 나라에서 공산당을 불법화시키는 일에서 우리보다 이미 훨씬 앞서 있는 것이오. 전복과 파괴를 일삼는 요소들을 제거하고자 각기 자기 나라 안에서 이 사람들이 스스로의 계획을 추진하고 있는 이 마당에 우리는 대대적인 살인과 다른 모든 파괴적인 방법으로 선거를 불가능케 하려는 이 공산 분자들에게 자유 분위기를 만들어 주라고 강요당하고 있는 것이오.

3월 24일 나는 이 박사에게 '벤(임병직)과 나는 한국의 복지 문제와 관련된 문제점들을 강조하기 위하여 국회 지도자들과 일련의 회담을 진행시키고 있습니다. 아시아가 죽을 쑤도록 내버려 두려는 국무부 정책에 대하여 의회가 반기를 들고 나서려는 것이 분명합니다'라고 써 보냈다.

3월 29일 또한 이 박사에게 신한공사 토지 증권을 소작인들에게 분배하려는 미 군정의 계획에 대한 우리들의 태도를 밝히는 보고를 써 보냈다.

토지 재분배 계획 발표는 하나의 강한 타격을 가하는 것이었습니다. 나는 국무부에서 이 문제를 가지고 정책 건의를 직접 한 바 있다는 반스·맥다이어매트, 그리고 피셔와 더불어 토의했습니다. 또 벤과 나는 이 문제를 앨리슨과도 이야기했습니다. 이 계획은 그 자체로서는 우리에게도 훌륭한 것으로 보입니다. 우리가 제기한 요점은 이것은 새로 들어설 한국 정부가 발표하도록 넘겨 주었어야 옳다는 것입니다.

만일 그렇게만 했더라면 (1) 이 조치가 '반동' 분자들을 뒤흔들어 아마도 그들을 쳐부술 수 있었을 것이고, (2) 선거 운동의 후유증으로 불가피하게 남을 상처를 고치는 데 도움이 되는 하나의 종합적 조치가 되었을 것입니다. 지금 느껴지는 것은 미 군정이 인기있는 일은 자기네가 하고 인기없는 조치들은 새 정부에 넘겨주려는 것 같습니다.

반스는 설명하기를 이 발표로 해서 민족 진영이 선거에 승리하도록 도우려는 의도에서 한 것이며 새로운 정부는 그 계획을 상당히 뒤로 연장시킬 수가 있을 것이라고 했습니다. 내가 지적한 바와 같이 또 그도 수긍하지 않을 수 없었듯이 이 '연기 조치'는 몇몇 유력층에게 인기없는 문제점들을 필연적으로 다루도록 할 것입니다. 이 발표야말로 우리들이 소련 못지 않게 토지 개혁을 지지한다는 것을 보이려고 한국 사람들의 희생 아래 미국의 인기를 위해 한 것이 분명하다고 나는 그에게 들이댔습니다. 그는 동기가 그렇지는 않다고 부인했으나 〈뉴욕타임스〉는 사설에서 그와 동일한 결론을 쓰고 있습니다.

어찌 되었거나 이 발표는 '수구반동(守舊反動)'의 문제점을 우리들에게 더욱 강력하게 남겨주는데 그것은 새로 들어서게 될 정부에 하나의 기정 사실을 던져주어 미 군정 관리들이 민족 진영 지도자들을 하나의 반동 집단으로 생각하고 있음을 '증명하기' 위하여 이 발표가 이루어졌다고 회의론자들이 모두 확신을 가지게 될 것이 분명하기 때문입니다.

국무부의 입장에서 보면 이것은 특히 '우둔한' 듯이 보입니다. 왜냐하면 새로운 한국 정부가 미국 기준으로 볼 때 '민주적'이다, 라고 여론의 신임을 얻도록 하는 것은 확실히 크게 유리하기 때문입니다. 미국은 새 정부를 지지할 것입니다. 우리는 그 점에 관해 매우 강한 자신을 얻었고 또한 대중이 느끼기에 미국이 반동 분자들을 지지하고 있다고 생각되는 그리스식 방식을 되풀이하는 것은 분명코 바람직스럽지 못합니다. 이 문제의 중요성을 내가 지나치게 강조하고 있지 않기를 바라지만 이 토지 개혁 계획은 한국 정부 자신이 발표하도록 넘겨줌으로써 모든 당사자들이 크게 득을 보았을 것을 하는 생각은 여전합니다.

여하튼 이것은 엎지러진 물이고 그러나 우리는 아직 분한 생각이 가시지 않습니다.

같은 회담에서는 미 군정으로부터 새 정부로의 이양에 따른 문제점들도 역시 토의되었다.

무슨 원조가 필요할 것인가에 관해서 미국과 교섭하는 데 기초가 되도록 '이 박사 측근들'이 남한의 경제 사정을 자세하게 연구해 두어야 할 것이라는 점을 피셔와 맥다이어매트가 이야기하더군요. 반스도 뒤늦게 같은 점을 지적해 주었습니다. 그것은 옳은 말이다, 그러나 '대외 비밀이고 제약된 사항' 이라는 이유로 이 기초적 정보들을 미 군정 고문관들이 내놓지 않는다고 저는 그들에게 말했고 또 벤과 저는 이 점을 뒤에 앨리슨에게도 되풀이 했습니다. 우리는 여기에 관련된 모든 자료를 박사님이 선정하는 고문들에게 즉각 전부 자유롭게 공개해 줄 것을 강력히 요청했습니다.

반스는 그럴 필요가 없는 것이 박사님은 미 군정 관리들로부터 전적으로 자세한 조언을 얻게 될 것이라고 했습니다. 저는 그에게 별난 주권의 해석도 다 보았다고 말했지요. 그는 수긍을 하면서도 국방부 정책이 정보의 전적인 공개는 새 정부 수립 후가 아니면 안 된다는 점을 되풀이 했습니다. 반스가 제시한 구제 방법은 박사님이 그를 불러내면 자기가 밝힐 수 있는 모든 정보를 드리겠다고 말했습니다. 그는 특히 식량 배급 통제와 미곡 수매 계획은 계속해야 할 필요가 있다고 믿고 있으며 그 이유를 박사님께 말씀드리고 싶답니다. 저는 그의 제의를 박사님께 알리겠노라고 약속을 했습니다. 지금의 사정으로 무엇이 최선책으로 보이는지 아시게 될 겁니다. 개방된 모든 수단 방법을 동원하여 앞으로 당면할 모든 문제점에 관해서 기본이 되는 사실들을 파악해 두는 것이 현명할 것 같습니다.

앨리슨은 한국 점령군에게 할당된 미집행 예산 잔액에서 기금은 쓸 수 있기 때문에 지금으로서는 의회 특별 보조금이 필요치 않다고 말하더군요. 그는 또 새 정부가 한편으로는 소련과 또 한편으로는 미국과의 여러 협약을 촉진시키는 하나의 '중간' 매체로서 국제연합 위원단이 작용할 수 있도록 장기간 한국에 남아있게 하는 것을 미국이 바라고 있노라고도 말했습니다.

4월이 온다는 것은 봄을 가져다 줄 뿐 아니라 희망의 새로운 활기를 안겨준다. 4월 1일 나는 임병직과 내가 국방부에서 가졌던 한 회담에 관해 이 박사에게 편지를 띄웠다. 관계된 문제는 '(1) 조속한 남한 경비군 설치의 중대한 필요성, (2) 공산 분자들이 획책하는 파업·태업·폭동 및 위협 앞에 놓여있는 현 시국에 경찰과 청년 단체를 약화시키려는 어리석은 행위, 그리고 (3) 하지 장군이 미 군정 요원들에게 선거 결과에 영향을 미치려는 듯이 보이는 행위까지를 금하는 강경한 경고 각서를 띄웠으면 하는 희망 등이었다' 우리가 얻은 답변은 선거 전에는 어떤 한국의 단체와의 '공식' 접촉도 있을 수 없다는 얘기였다. "그 요점은 물론 그대로 진행이 되는 한 건전한 것이기는 하지만 인수 인계 문제는 미결로 남겨 놓게 되는 것이다."

이 박사는 4월 5일자 편지에 평소와는 다른 낙관론적인 그러나 다소 자제하는 투로 서두에 적고 있다.

대단한 일이오. 전 세계가 우리 선거를 지지하고 있는 것 같소. 하지 장군까지도 떠들썩하오. 그렇지만 우리가 마주친 가장 큰 장애물이 바로 자기의 하찮은 권력만을 사수하겠다고 버티고 있는 그 자가 하루속히 떠나가야만 우리가 우리의 설 땅을 옳게 다져서 건설을 할 것이라는 점이오. 아직도 그 자는 항상 자기 권력을 유지하기 위하여 분열과 마찰을 일삼으며 음모하고 술책을 부리고 있소.

이 박사는 계속해서 미국인 고문을 물색중이라고 했고 "또 당신이 제시한 인사들이 내 의중에도 있었소"라고 하면서 말하기를

당신의 일에 관해서 말하건대 현재 맡은 작업이 우리를 돕기 위해서 이곳에서 할 수 있는 어떤 일보다도 더 중요하오. 당신이 말한 것처럼 이미 적은 규모로나마 시작한 그 조직을 튼튼하게 정착시키기 위해서 현재 당신이 있는 그곳에 머물러 있어야 합니다. 장차로는 재정의 뒷받침도 더 나아질 것이고 당신의 작업도 보다 큰 규모로 진행시켜 나갈 수 있을 것이오. 때때로 서울에 비행기로 왕래할 일이 있겠지만 당신의 주된 일은 그곳 워싱턴에서 해야 될 것으로 나는 믿고 있소.

이 박사의 최대 관심사는 이미 선거가 아니고 머지않아 자기 책임이 될 긴급한 문제점들을 어떻게 다룰 것인가에 있었다. 최우선의 문제는 국방에 관한 문제였다. 저번 편지에 그가 적어 놓은 말과 같이 "나는 국제적으로 알려진 몇몇 육군 장교들을 당신이 고려해보기 바라오. 우리 국군을 위해서 우리는 한 사람의 미국인 고문을 원하고 있는 것이오. 아이젠하워·웨드마이어·맥아더 등과

같은 인물들을 우리 육군의 고문관으로 조용히 청하여 보아야 하겠소." 이런 제의대로 나는 수락 여부를 묻고자 웨드마이어 장군을 만나 보았던 것인데 그는 다른 사람들을 천거함으로써 대답에 대신했다. 나중에 밝혀진 일이지만 '자문과 상담 업무'는 미국 국방부의 선택과 임명을 통해서 이루어지는 일이었다.

대한민국이 독자적으로 군사 고문을 둘 수 있었다든가 그것도 적정 규모의 국군을 모병하고 훈련하고 무장시키는 일을 보장해 줄 만한 충분한 명망을 지닌 인사를 가질 수 있었다면 한국을 위해 미국을 위해 나아가서는 전 자유 세계를 위하여 이 또한 후일에 밝혀 진 바와 같이 얼마나 다행스러운 일이었을까? 이 박사가 지적했던 인사들은 그런 조건에 꼭 부합되는 위대한 인물들이었다. 그러나 새로운 정부가 주권을 가졌다고는 하나 그럴 만큼 충분한 주권국가는 못되었던 것이다.

남북 통일 협상은 북한의 수도 평양에서 4월 22일로 예정되었고 남북 합작을 주장하는 남한 지도자들은 그 결과가 나올 때까지 선거를 중지할 것을 요구하고 있었다. 이 박사는 4월 5일자 편지에

일반 국민이 믿기로는 김구와 김규식은 북으로 갈 것이고 그들의 참석은 그곳에서 크게 떠들어댈 것으로 보고 있소. 이미 지금은 공산당 신문들이 그들을 찬양하고 있소. 그네들은 김구를 부의장으로 앉히고 그곳에 붙잡아 둘 것이오. 그들의 선전은 북한 국민들에게 김구가 구국의 뜻으로 환향하게 되었다 운운하며 혈안이 되어 있소. 당분간은 그런 식으로 나갈 것이나 그다음에는 모스크바 결정을 수행해야 한다고 주장하고 나오거나 자기들의 정부가 진정한 한국 정부라고 떠들어대며 밀고내려올 것이오. 모든 군사적 준비 태세는 이 점에 집중시키고 있소. 김구는 미군 철수를 요구할 것이고 그는 항상 그렇게 외쳤소. 소련 사람들은 북한에서 시베리아로 국경을 넘어가서 미국 사람들이 어떤 행동으로 나오는가를 감시할 것이오. 미국 사람들이 따라서 철수하면 그 후의 일은 당신도 짐작할 것이오. 김규식 박사는 아주 영리한 사람인데 그 사람은 아직도 자기가 소련 사람들을 꾀로 이길 수 있다고 생각하고 있소. 우리가 오직 해야 할 일은 지체없이 남한에서의 우리 계획을 그대로 밀고 나갈 뿐인 것이오. 국회의 활동을 촉진시킬 목

적으로 나는 내 주장을 그 속에 반영시키기 위해 출마를 해야 하겠소. 이런 중대한 시기를 맞이하여 우리는 미국의 도움과 선의와 정신적 지원을 필요로 하고 있소. 만일에 지금 뒷걸음질 친다면 한국은 물론 미국을 위해서도 이는 최대의 실책이 될 것이오. 그들이 지금 진행시키고 있는 바와 같이 '소련과 싸우기 위하여' 일본을 재건시키려는 것은 고위직에 친일 분자를 두고 있는 결과에서 빚어진 일일 뿐이오.

특히 재정 금융 계획에 능통한 재정 문제 전문가를 우리가 필요로 하고 있소. 높은 보수를 지불해 주어야 하겠지만 6개월 정도의 기한으로 고위급 인사를 초빙해야 하겠소. 당신이 이 문제를 깊이 생각해 보기 바라며 합당하다면 정부 수립 시 우리를 도울 수 있는 적당한 인사를 천거해 주도록 체이스 내셔널 은행의 앨드리치 씨를 만나 차분하게 이야기를 나누어 보기 바라오.

4월이 흘러가면서 희소식이 계속 들려왔다. 하지 장군은 평양 회담을 비난하면서 남한 인사들의 참석을 말리고 나섰다. 남한의 선거인 등록은 선거를 '거부'하고 있었던 좌익 분자와 중도파 인사들의 주장을 무색할 정도로 매우 등록률이 높았던 것이다. 4월 9일 나는 이 박사에게 편지를 띄웠다.

임병직과 저는 지난 몇 주일 동안 우리들에게 관계되었던 문제를 놓고 상당한 시간을 의논했습니다. 예를 들어 새로운 정부 수립 시 실행에 옮길 준비를 갖춘 세부 계획을 마련하는 매우 중요한 점 말입니다. 자연히 이런 과업은 진정한 전문가들로 구성된 세심한 협의체를 필요로 하며 이런 인사들은 자기네의 작업이 무엇인가를 알아야 하고 또 이들의 한국 정부에 대한 충성심은 의심의 여지가 없어야 할 것입니다. 선거 결과가 확인될 때 이곳에서는 새 정부가 앞으로 추구해 나갈 계획에 대하여 깊은 관심을 가지게 될 것입니다. 일주일 정도의 시간적 여유를 두고 계속해서 인플레, 산업 복구, 연료 및 전력 부족의 해결, 귀속 재산 처리, 교육, 공민권의 보장, 인신 보호, 영장 제도의 설치, 수산업 개발, 물가 통제, 자재 및 공작 기계 확보, 그리고 적정 규모의 국군 창설 등을 다루는 일련의 기본적이고 건설적인 조치들이 속속 발표된다고 할 때 이런 문제점의 확고한 해결 방안의 발표는 이곳의 일반 여론에도 크게 유익한 영향을 주게 될 것이고 또한 우리가 생각건대 한국의 일반 국민의 사기에도 그러하리라 믿습니다.

이래 저래 넓게 퍼져 있던 우려 중의 하나는 선거가 끝나면 미국이 한국에 대사를 파견하는 것이 아니라 필리핀이 과거 40년 이상을 피지배하에 있었던 것과 아주 비슷하게 한국을 통치할 고등 판무관을 보낼 것이라는 풍문이었다.[3]
한때 미 군정에 근무한 바 있고 워싱턴으로 돌아가서는 한국인의 자치 능력 부족과 한국에 대한 계속적인 신탁 통치를 실시하기 위해 고등 판무관의 필요성을 역설하려고 꾸며낸 장황한 성명서를 돌린 아벨 스터게스라는 미국 사람이 한 것처럼 김규식도 이런 비난을 퍼뜨린 바 있었다. 그런 책동이 어리석은 것이기는 했지만 상당한 관심을 불러일으켰다. 통치력의 유지를 위해 야심만만하다고 하지 장군을 인식하고 신경이 날카로워진 이 박사는 이 문제를 가볍게 보지 않았다. 4월 15일 임병직과 나는 이런 계획이 조금도 고려된 바 없다는 확답을 얻으려고 존 앨리슨과의 재회합 때문에 국무부로 다시 그를 찾았다. 앨리슨은 오히려 미국은 남한을 다스려 보려고 충분한 일을 이미 다 했노라고 무겁게 말했다. 그는 미국 원조를 책임지고 수행하는 미국인 행정관은 물론 있어야 할 것이라고 했고 그의 직책은 다만 원조의 처리 문제에 국한될 것이라고도 했다. 같은 날 상원 군사위원회 위원장 챈 거니 의원과의 회동에서 미국은 원조를 하게 될 것이나 새 정부를 지배하려고 하지는 않을 것이라는 또 다른 확신을 얻었다. 이 시점까지에는 남한의 선거인 등록이 850만을 넘어섰는데 이것은 모두를 놀라게 하고 선거의 결정적 거부를 우려하는 두려움을 가시게 할 딴한 숫자인 것이다.
미국에서의 홍보 계획을 계속 수행 확대하기 바란다는 4월 5일자 편지에서 보인 이 박사의 신임 덕분에 그 작업에 대한 나의 이론적 근거를 제시하려고

---

3) 1947년 3월 22일 이 박사 자신이 보도진에게 자기가 알기로는 '한국에 대하여 미국을 대표하는 민간 고등 판무관을 대사급으로 해서 임명하게 될 것'으로 이해하고 있노라고 한 바 있었다. 남한에 '과도' 정권의 수립을 겨우 고려하고 있었던 당시로서 그는 이미 판무관 파견 계획을 승락한 바 있었던 것이다.(과도정부 수립안 참조)

나는 4월 15일 이 박사에게 다음과 같은 편지를 쓰게 되었다.

충당시킬 만한 예산이 있을 것이라는 가정에서 시작하고, 이런 근거에서 어떤 성과를 기대할 수 있을 것인가를 알아 보려고 하기보다는 비용에 관계없이 어떤 일을 하는 것이 옳은 일인가를 느낀대로 적어 보았습니다. 여기에 덧붙인 개요는 광범위한 기능을 망라하고 있습니다. 그 속에 열거된 대다수의 항목은 우리가 현재 보유하고 있는 제한된 재원을 살려서 다소나마 진행되고 있는 것들입니다. 또 그와 반면에 일의 중요성과 활용될 재원에 따라서 이와 같은 동일한 기능의 작업들을 거의 무한정으로 전개시켜 나갈 수 있을 정도로 할 일은 산적해 있습니다. 진용의 규모와 그에 따른 작업의 범위는 상당히 다양할 것으로 생각됩니다만 제가 보기에 여기에 기술된 기능들은 모두 현실적으로 될 수 있는 대로 최대한으로 성취시켜야 한다고 보고 있습니다.

우리들의 홍보 관계 계획 목표는 포부를 크게 갖는 것이 되어야 하겠습니다. 우리는 한국을 세계에서 가장 잘 알려진 가장 존중받는 나라 중의 하나로 만들도록 노력해야 합니다. 우리는 일본의 홍보 관계자들이 일본을 위해서 한 것처럼 한국을 위해 힘써야 하며, 나아가서는 그보다 낫게 해야 합니다. 오늘의 세계 정세는 확실히 이런 계획을 펴 나가기 위해 미국을 주요한 초점의 중심지로 하고 있는 것이 현실이지만 실제적으로 될 수 있는 대로 전 세계의 구석구석으로 이 계획의 방향을 돌려야 합니다.

인사 문제에 관해서 볼 때 우수한 젊은 한국 청년들이 훈련생 자격으로 이 방면의 각 분야에 편입되어야 합니다. 또한 가능한 한 빠른 시일 내에 그들이 그 속에서 주도적 위치에 진출해야 합니다. 또 동시에 밖으로 향한 그 기능의 성격상 홍보 관계 계획은 한국 정부의 나머지 다른 기능과 다릅니다. 그 일의 성격은 대상이 되는 외국 청중에게 최대의 호소력을 가지도록 계획되고 전달되어야 합니다. 따라서 '교육 분야 담당'의 장은 예를 들어 영향을 받아야 할 교육자와 조직의 영도자들의 사고 과정과 방식을 소상하게 알고 있는 사람들로 메워져야 할 것 같습니다. 이것은 '신문·잡지, 그리고 라디오 분야'에서도 마찬가지입니다. 한국에서의 조사 연구 부서에서도 잘 훈련된 미국인 연구관과 유능한 한국 학자가 공동으로 책임자가 되는 것이 이상적일 것 같습니다. 이들은 상호 간에 우의와 존경으로 함께 긴밀히 협동할 수 있을 것입니다. 한국에서 근무한 일이 있고 진정한 동료 의식을 가지고 '후원자들'을 대할 수 있는 군의 경험자가 한미 우호 연맹을 발전시켜 나가야 할 것입니다.

이 계획의 일반적인 '품격'은 위엄을 갖추고 진정한 학식을 지닌 것이어야 하겠습니다. 당장의 효과를 위해 애쓰는 것보다 긴 안목의 이해를 목표로 해야 합니다. 해가 되는 한이 있어도 진실을 말하고 사실대로 말하고 거짓없이 말할 필요가 있습니다. 한국에 관한 믿을 만한 정보의 근원으로 우리가 인정을 받을 만큼 우리의 영향력은 커질 것입니다. 선동주의와 속좁은 편파성은 전염병만큼이나 피해야 하는 것입니다. 왜냐하면 머지않아 그것은 우리에게 되돌아기 마련이고 우리가 성취하고자 노력해야 하는 바로 그것을 망쳐 놓기 때문입니다.

제안된 계획이 집행되자면 최초의 예산이 12만 5000불은 될 것입니다. 적어도 확고한 기초가 다져지고 '난점들'이 운영면에서 바로잡아지기 전까지는 그 이상을 넘어가도록 권하지 않을 것입니다. 또한 필요에 따라서는 물론 여기에 제약을 가할 수도 있습니다.

4월 19일 이 박사로부터의 편지에는 '나라 전체가 선거에 대비 중'임이 밝혀져 있다. 계속해서 한국에서 상당한 관심거리가 되어 있는 사항이 적혀 있었다. 경찰에서 물러난 최라는 이름의 중도파 입후보자가 이 박사와 동대문구에서 겨루기 위해 국회의원 출마에 나섰다. 그는 적어도 200명이 서명한 신청서를 제출하도록 되어 있었다. 그는 90인의 서명을 가지고 선거관리위원회에 나타나서 이 박사가 자기에게 나서지 말도록 전화를 했고 또한 등록소에 가는 도중 패거리에 습격당해 필요한 서명을 마친 신청서가 들어있는 가방을 빼앗겼다고 말했다. 이런 주장에 근거하여 그의 후보 등록은 이루어졌다. 후에 중앙선거관리위원회 재심 결과 등록은 취소되었던 것이다. 이 박사의 편지는 이렇게 적었다. '우리는 그 사람을 본 일이 없소. ……우리는 오히려 그의 전술에 희롱당했소.'

서울 생활의 사정은 4월 22일에 쓴 이 박사 부인 편지에 나타나 있다.

지금은 이곳이 가장 아름다운 계절입니다. 벚나무 꽃이 한창인데 겹으로 핀 꽃이 워싱턴의 벚나무에서는 볼 수 없는 것들입니다. 진달래는 분홍색과 자색으로 굉장한 풍경입니다. 머지않아 오얏나무가 꽃피울 것이고 그렇게 되면 봄은 이럭저럭 다 가버리겠지오. 하늘은 이탈리아의 그림처럼 푸르고 모두가 비를 원하고 있으나 그저 며칠만 와주었으면 도움이 되겠어요. 어제는 황사 현상이 있었는데 우리는 모두 자 이제는 비가 내리려나보다 하고 생각했으나 다시 푸른 하늘을 보게 되었습니다.

우리들은 아직 집을 고치고 있지만 오래지 않아 끝낼 겁니다. 이 박사를 위해 서재 하나하고 침실을 또 하나 만들려고 생각했으나 단념해 버렸습니다. 공산당 선전에 말려드느니 차라리 방 세 개 가지고 몰려 사는 게 낫겠습니다. 어떤 이는 흙집이라고 부르지만 저는 한국식이 좋습니다. 정원 둘레에 돌담이 있지만 그 위에 철조망을 두르지 않았습니다. 우리는 원하는 이상으로 많은 경찰관을 거느리고 있지만 3000명의 '정치'범 석방과 관련이 있습니다. 자유 분위기는 이루어졌으나 그렇게 잘 되지는 않는 것 같군요. 경찰이 배포한 범인 명단을 보니까 우익 사람들이 중도파나 공산주의자들을 습격하고 있지는 않더군요.

사람은 오직 한 생명을 가지고 있을 뿐인데 그것이 항상 불안에 떨고 있다면 이런 형편을 선생님도 슬퍼할 수밖에 없을 것입니다. 다행하게도 이 박사는 그것을 생각 안 하시지만 우리가 모두 듣고 있기로는 암살 기도가 있다는 것입니다. 예를 들면 오늘은 우익 지도자들을 습격하리라는 소문입니다. 이 사람들이 과연 누구입니까? 저의 편지가 선생님에게 영향을 주지 않기 바라며 다만 제가 오늘은 이런 식으로 느끼고 있답니다.

선전을 크게 하며 오래 기다려 왔던 평양 회의는 4월 19일부터 25일에 걸쳐 열렸고 남한에서는 김구와 김규식이 이끄는 대표단이 참가했다. 그들은 5월 5일 서울로 돌아왔고 김일성(金日成)과의 별도 회담을 통해 북한만의 단독 정부는 '결코' 세우지 않겠노라고 확약받았다는 이야기를 전했다. 모든 문제는 '남북 지도자들이 자주 만나 논의함으로써 성공적으로 해결될 수 있을 것이며' 또한 '국제 협력 문제는 외국의 작용으로 해결될 것'이라고도 했다. 그들은 또한 북한이 압록강에 위치한 수력 발전소로부터의 전력 송전을 끊지 않겠다는 것과 북쪽 수리 조합 저수지는 남한의 논에 물을 대기 위해 곧 문을 열게 될 것이라고 국민에게 확언했다. 남북 회담은 '모든 외국 군대'의 철수를 요구하고 이에 뒤따라 전 한국을 통치할 국민 정부 수립을 위한 선거 실시를 요구하는 결의문을 채택하고 막을 내렸다.

공산당 언약의 진실 여부가 명백하게 밝혀지는데 시간은 오래 걸리지 않았다.

5월 14일 북으로부터의 전기는 끊겼다. 저수지는 남한이 사용하도록 문을 열지 않았다. 그러나 이것은 모두 5월 10일 선거 이후의 일이다. 이날까지 평양에서 남한으로 전해진 우호적이고 회유적인 집회 보도는 우리들에게 우려스러운 것이었다. 왜냐하면 타협과 합작을 지지하는 선거 운동이 득세할 듯이 보였기 때문이다. 4월 26일 이 박사는 긴 편지를 내게 보냈는데 하지 장군에 대한 자기의 의심을 거듭 피력하면서 미 군정이 하지의 마음에 들어있는 김규식을 끌어들이기 위해 선거를 조작하지 않을까하는 우려를 나타내고 있었다. '나는 군정청이 남한 지도자들에게 북한 공산 분자들이 제시할지 모르는 어떤 제안'이라도 받아들이지 않을까 하는 점을 염려하는 것이오. 그렇게 되면 좌익 분자와 합작론자들에게 선거를 반대하는 선동을 하는 데 큰 이득을 주게 될 것이고 많은 우익 사람들이 영향을 받게 될 것이오. 그것은 우익 사람들의 입장을 다소 어렵게 만들겠지만 우리 자신의 계획을 굳건히 지지하는 충분한 수의 우익적 생각을 가진 인사들이 있소.' 그는 계속해서 4월 19일 이 박사 반대파를 대표하는 4명의 한국인들을 위해 국제연합 한국위원단 캐나다 대표 패터슨이 초청한 오찬에 관해서도 적고 있다. '그 자리에서 캐나다 대표는 그들에게 한국 사람들 전체가 남북 통일을 원하고 선거는 그때 가서 해야 하기 때문에 남한 단독 선거는 있을 수 없다고 말했던 것이오. 두 김씨가 북한으로 떠나기 전에 하지 장군이 그랬던 것처럼 이 사람도 김규식과 매우 가까이 지냈던 것을 우리는 알고 있소.'

이 박사의 또 다른 관심은 '폭력 행위'가 선거에 방해를 놓지 않을까 하는 것이 있다. 4월 26일자 그의 편지는 이런 사정을 적고 있다.

> 하지 장군은 처음에 남한에는 정치범이 존재하지 않는다고 선언했소. 후에 군정 당국은 살인·방화, 기타 폭력 행위로 몇 년씩의 언도를 받은 공산당 죄수들을 전국적으로 석방시킨 바 있었소. 지난해에는 하지 장군이 사면으로 이런 죄수 669명을 석방시켰고 선거 자유 분위기 조성이라 하여 더 많은 인원을 지금 석방시켰소. 그러고도 다시 미 군정은 영장 없이는 아무도 체포 구금하지 못하도록 경찰에 명함으로써 평화와 질서 유지의 책임을 진 경찰의 손발을 묶어 버렸소. 그 결과 테러 분자와 태업 분자들은 자유를 누리도록 크게 고무되어 전국 각처에서 경찰에 반항하고 국제연합에 반대하고 선거 본부에 맞서는 정규적인 항전을 자행하고 있는 것이오. 무서운 사건들이 전국 방방곡곡에서 일어나고 있으며 매일 많은 국민들이 살상되고 있는 중이오. 제주도(濟州島)에서는 수많은 사람을 죽이고 매일 정규적인 게릴라전을 이들이 전개시키고 있소. 패터슨이 이끄는 유엔 한국위원회 멤버들은 우익 진영이 공포 분위기를 만드는 운동을 한다고 비난하고 있소. 북한의 북노당과 짝을 이루는 남노당이 이 모든 불법 활동의 주원천인 것이오. 한국의 공산당 문제 해결을 도우려고 노력하고 있는 소위 민주 국가들이 자기 나라의 공산당은 불법이라고 비난하면서 이 나라에서는 공공연하게 이들을 옹호하고 있으니 참으로 믿기 어려운 일이오. 우리는 인내심을 가지고 선거일까지 기다리고 있으나 이들은 성공적인 선거를 불가능하게 하려고 혈안이 되어 있는 것 같소.

평양의 남북 회담에 뒤이어 국제연합 한국위원단 일동은 모임을 가지고 5월 10일 선거를 밀고 나가기로 만장일치 의결을 보았다. 남북 회담에 대한 한국 언론지들의 계속되는 혼란과 갑론을박에도 불구하고 정세는 대한민국 정부 수립을 향하여 꾸준하게 전개되어 나갔다.

5월 2일 이 박사는 이렇게 적어 보냈다.

> 당신의 홍보 관계 계획은 훌륭하며 나는 이것을 문서철에 보관해 두었다

가 그럴 만한 형편이 되면 적어도 그중의 몇 가지 제안을 실행에 옮기도록 할 작정이오. ……정부 수립 전이라도 귀하가 좀 왔다가는 것이 필요할 것이오. 귀하의 부재중 사무실 일은 계속되도록 조치를 강구해 주기 바라오. 내게 방법이 있다면 선거가 끝나는 대로 와주기 바라지만 알다시피 여권 등을 얻기가 그리 쉽지 않을 거요.(이것은 군부의 허가를 뜻함.) 여비는 별개 문제요. 귀하의 봉급 액수를 정하는데 필요한 예산에 대하여 내가 약속을 받았었는데 고등 판무관 설이 나온 후로는 사람들이 모두 보류하고 있는 실정이오. 보통 사람들이 보기에 이것은 아직 무효화된 문제가 아니오. 지금쯤은 귀하가 앞으로 2개월 동안 일을 추진해 나갈 수 있는 충분한 돈이 도착되었을 것으로 믿고 싶소.

실시된 선거는 완전한 승리였다. 5월 10일까지 남한의 유권자 94%가 등록했고 한국 역사상 최초의 총선거에 참가하기 위하여 91%의 등록인이 투표에 임했다. 이 선거는 미 군정이 관리했고 국제연합 위원단의 각 팀이 참관했는데 그들은 전국의 투표소를 예고 없이 방문하면서 투표일을 보냈다. 198명 당선자 가운데 거의 반수가 우익 정당 소속이고 다수의 무소속이 이 박사의 신봉자였다. 군정청에 따르면 '비교적 사고는 적었다.[4]

유엔 한국위원회는 소총회에 다소의 부정은 있었으나 선거 결과에 영향을 미칠만한 사건은 없었다고 보고했다.

이 박사로부터는 두 가지가 다 짤막한 2통의 전보를 받았다.

동대문 갑구에서 당선됨. 귀하의 가족과 친지들에게 문안 드림. 그리고 또한 마셜 장관에게 남한 선거에 관한 성명서에 대해 깊은 감사를 전해 주시도록. 우리는 장관과 미국 정부에 깊은 사의를 표하는 바임.

앞으로는 장차 하나의 정부를 가꾸어야하는 두려운 과업과 그보다 더 나아가서는 가난하고 지쳐있는 국민을 다스리는 임무가 가로 놓여 있었다. 이렇게

---

[4] 주한 미 군정청 국민 경제위 작성 남한 과도정부 활동 보고 1948년 5월호 제32호 p. 137 참조.

엄청난 책임을 마주 대한 이승만은 73세의 고령이었다. 그의 전 생애의 위대한 목표인 대한민국의 국권 회복은 겨우 절반이 성취된 것이다. 이 절반의 나라가 어떻게 수립되어야 하며 그 후에는 또 어떻게 보전되어야 하는가 하는 문제가 남아 있는 것이다. 아직도 불투명한 미래에는 한국 통일이라는 중대한 문제가 있는 것이다. 전망은 결코 밝은 것이 못되었다. 남한의 유일한 주요 생산성은 농업 분야뿐이고, 1947년 추수량은 겨우 1940~1944년 평균량의 70%에 불과했다. 1948년 5월의 경작 면적은 전년에 비해 겨우 4%의 증가를 보였고 이 해 봄의 가뭄은 앞으로 더 많은 감수(減收)를 내다보게 했다. 여러 가지 면에서 이제 앞으로 닥칠 도전은 이미 성공적으로 잘 대처하고 극복해 온 어느 도전보다도 더욱 크고 어려운 것이었다.

그러나 우선 당장 분위기는 하나의 승리요 안도감이었다. 5월 11일 필자가 이 박사에게 편지로 지적했듯이 '새로운 자유를 찾아 한국 국민이 내딛는 이 출발에 대하여 신문들은 찬미의 노래를 부르고 있습니다.' 이것은 다만 하나의 출발일 뿐이었다. 그 목표는 옳은 것이었지만 가야 할 길은 여전히 아득하기만 했다.

8
정부 수립
(1948년 여름)
자주 독립을 위한 투쟁

    한국의 4천 년 역사를 통하여 최초의 국회의원 선거가 치러지고 곧 이어서 그 첫 회의가 열림에 따라 이 박사는 자신을 가지게 되었고 장래에 대해 낙관했다. 나 자신의 만족감도 조금은 있었지만 사실 할 일은 많은데 거기에 필요한 자원은 턱없이 모자라지 않은가.

    선거는 해결 지은 문제보다 새로운 문제들을 더 많이 던져놓은 것 같았다. 성취해야 할 과업은 엄청난 것이었다. 민족적인 전통을 따르지 않은 새로운 정부 형태를 고안해 내야만 한다. 4천 년 간 한국은 전제 군주국이었고, 또 35년 간 무력한 일본 식민지로 이어져 왔는가 하면 2년 반 동안 무계획적인 군사적 점령으로 원치 않는 지배를 받아 온 것이다. 이제는 헌법도 제정해야 한다. 민주주의를 해야 한다는 것은 의문의 여지가 없었다. 누구나 남한이 주권 국가로 독립이 되기를 원했다. 이제는 남북이 어떤 방법으로 통일될 수 있겠는지 점칠 길이 없었지만 북으로부터의 위협이 있는 한 그리고 북한의 지원 없이는 독립이 불가능하리라는 것은 누구에게나 자명한 일이었다.

    한국에 대한 미국의 지원은 없어서는 안 될 것이었다. 그러나 선거에 대한 미국의 즉각적인 반응은, 이제 우리는 책임을 벗어날 수 있게 되었구나 하는 일종의 안도감 그것이었다. 5월 14일 선거 결과에 대한 우리들의 기쁨이 산적한 새로운 문제들 때문에 근심으로 바뀌는 가운데 나는 이 박사에게 다음과 같은 편지를 썼다.

    〈키프링거 뉴스레터〉와 데이비드 로렌스의 〈유에스 뉴스 앤드 월드 리포트〉지는 어느 쪽이나 모두 미국이 장차 한국을 소련에게 '포기'하리라는 내용의 보도를 하고 있습니다. 저는 그 기사를 쓴 사람들을 만나 이야기를 나누었는데 이 사람들이 특별한 정보를 가지고 있어서가 아니라 다만 이번 선거가 의미하는 바를 자기들 나름대로 해석했다는 것입니다.

당지의 군사 지도자들 간에는 박사님이 '반미적'이라는 견해가 확고히 뿌리를 박고 있다는 것입니다. 우리는 물론 이것을 반박하고 나서고 있는데 미군 사령부가 실시하려는 정책을 반대하는 것이 반드시 반미적이 될 수 없으며 동물성 마가린에 부과한 특별세를 취소시키려는 노력이 거의 성공 단계에 있지만 그것이 마치 반미적이라고 하는 것과 같지 않으냐고 지적해 주었습니다. 국무부와 일반 여론에 관한 한 이것은 오래된 싸움이고 또한 우리의 노력이 어느 정도 성공을 거두고 있는 싸움인 것도 사실입니다. 하지만 군부는 독자적인 통신망을 가지고 있고 그들의 여론이 상당히 깊이 뿌리를 내리고 있는 것입니다.

이것은 가장 심각한 문제이며 될 수 있는 대로 최대의 관심을 기울여야 할 필요가 있습니다. 만일 군부가 한국으로부터의 전면적인 철군과 원조 중단을 건의하게 된다면 국무부를 압도하게 되는지도 모릅니다. 의회의 주요 인사들도 확실히 영향을 받게 될 것입니다.

박사님의 전 생애가 친미로 일관해 왔음은 저도 알고 박사님도 다 아는 사실입니다. 박사님의 일생을 통한 한국 독립 투쟁이 반드시 미국을 통하여 미국에 의해 이루어져야 한다는 원칙과 또한 소련의 침공을 막는 데에도 미국의 지원 없이는 불가능하다는 사실도 저와 박사님은 잘 알고 있습니다. 그러나 이런 목적을 이루어 나가기 위하여 특정한 미국 정책에 반기를 드는 일은 지금까지 필요한 일이었습니다.

그 투쟁은 선거 실시와 정부 수립의 단계적 조치가 진행되고 있는 이 마당에서는 이미 끝난 것입니다. 지금 가장 시급한 일은 우리 앞에 가로놓인 여러 과업을 완수하기 위한 한·미 간의 공동 작업이라고 저는 믿고 있습니다. 새로운 정부에 대한 정권 이양에 따르는 문제 처리에서부터 미 군정 전문가들과 가능한 한 최대의 협조를 다함은 물론, 공동의 협조를 강조하는 박사님의 공식 성명은 오늘의 정세하에서 큰 도움을 주게 될 것입니다.

새 정부에 대한 미국의 '과잉' 통제의 전망보다는 '과소' 지원의 위험성이 따를 것으로 저는 생각합니다.

이것은 당지에서 본 그대로입니다. 검열을 거치지 않고 우리들이 많은 부수적인 문제점들을 토의할 수 있는 채널을 가지고 있지 못한 것이 유감스러우나 이용 가능한 모든 경로를 통하여 최선을 다해 문제를 풀어 나가야 하겠습니다.

5월 17일 〈뉴욕타임스〉는 한국을 소련 통제하에 들어가도록 넘겨주려는 미국의 계획이 무르익었다는 비슷한 주장을 내세운 칼럼을 실었다. 국무부의 본드 씨는 그런 설을 부인하는 내용의 전화를 해 왔고 임병직과 내가 급히 국무부로 달려가 보니 앨리슨과 버터워스도 같은 확답을 우리들에게 들려주었다. 5월 19일 나는 보다 더 확실한 확인 편지를 쓸 수 있음을 느꼈다.

……우리와 회담을 나눈 관리들은 ……한국에 대해서 그리고 한국이 독립·안정·안보 및 번영 속에서 성공적으로 발전되기를 보장 받도록 최대의 지원을 전개시키는 문제에 대해서 진심으로 깊은 관심을 가지고 있습니다. 이 사람들의 태도는 참으로 건전하고 유익한 것이었습니다. (a)한국을 계속 지배하려고 획책하고 있다든지, (b)한국을 소련의 지배 하에 넘겨준다는 우려는 할 필요가 없다고 봅니다.

미 군정으로부터 새 정부로의 이양 문제는 아직 새 정부가 존재하고 있지 않다는 간단하고도 불가피한 사실에 쏠려 있었다. 선거는 제헌 국회를 가져왔고 이 기관은 정부 수립의 책임을 맡게 되었다. 이 박사와 다른 민족 진영 인사들이 아무리 초조해 하더라도 그때까지는 미 군정이 계속 다스려 나갈 수밖에 별다른 방법이 없었다. 존 앨리슨이 나에게 말한 대로 '새 정부가 수립될 때까지는 국무부가 이 박사나 다른 어느 집단과도 일을 같이 해 나간다는 것이 전혀 불가능했으며 만일 그런 식으로 일을 한다면 한국 국민의 분노를 사게 될 것'이었다.

짓궂게도 나는 미국이 후보 선택에 영향을 주거나 주는 듯이 보이는 어떤 일도 저질러서는 안 된다고 끈질기게 주장하던 이 박사가 회상되었다. 이제 이 박사가 신생국의 원수가 되리라는 것은 누구나 아는 일이었다. 그러나 그것이 사실화되기까지 우리는 기다려야 하는 것이다. 이런 가운데 문제들은 더욱 악화되어 갔다. 왜냐하면 경제 회복을 위하여 미 군정이 취한 조그마한 솔선의 노력마저도 그들이 손을 놓았기 때문이다.

선거가 끝나고 대다수의 지지를 얻은 이 박사는 제헌 국회에 제출할 문제들을 다루기 위해 자기 부하들로 구성된 여러 위원회를 조직하기 시작했다. 5월 14일 유엔 한국위원회와 만난 자리에서 그는 나라의 통일이 가장 시급하다고 그 필요성을 역설했고 그 결과는 의심하면서도 다시 한번 나라의 통일 기반을 추구하기 위하여 또 하나의 남북 회담이 열려야 할 것이라고 권고했다. 가장 중요한 점은 이런 회담에 나가는 남한 대표는 새 정부를 대변하는 사람이라야 옳다고 한 사실이다.

김구와 김규식도 유엔 한국위원회와 만나 평양에서 열린 정치 회담이 이미 국가 통일의 기초를 다져 놓은 것이라고 주장했다. 앞으로는 회담이 더 이상 필요치 않다고 이들은 말했다. 김규식은 말하기를 김일성(金日成)이 자기에게 개별적으로 북으로부터 남침은 없을 것이라고 약속했노라 하면서 '나는 이것을 의심할 이유가 없소'라고 말했다. 김구는 평화적 통일과 진정한 국민 정부의 수립은 가능하다고 나름대로의 자신감을 밝혔는데 그 이유는 '남북한의 정당, 사회 단체가 공동 성명에 서명하고 틀림없이 그대로 계획을 추진해 나가기로 약속을 했기 때문이오'라고 했다.[1]

다수의 한국 언론들은 국회가 결정해야 할 문제들을 처리하기 위해 이 박사가 자기 자신의 위원회를 너무 서둘러 조직하고 있다고 공격했다. 5월 26일 이 박사는 기자 회견을 갖고 미국식 대통령제와 각료제의 채택을 권고했다.

제헌 국회는 149명의 의원이 참석한 가운데 5월 27일 첫 모임을 가졌다. 하지 장군은 가장 나이 많은 의원이 임시 의장에 지명되도록 제의한 바 있었다. 198명 전체 의원의 평균 연령은 47세로서 28세부터 74세에 걸쳐 있었다. 그 당시 이 박사 나이는 73세였다. 5월 31일에는 198명 전원이 참석한 가운데 전체 회의

---

1) 1948년 5월 남한 과도정부 활동, 앞의 책, p. 147 참조.

가 소집되었고 이 박사는 188표를 얻어 의장에 선출되었다. 6월 1일 이 박사는 자기가 성급하게 '지배'하려 든다고 한 언론의 비판에 관해서 나에게 편지를 썼는데 자기의 순수한 목적은 "개원식 준비를 위한 것일 뿐 달리 무슨 의도가 있었겠는가" 하면서 설명을 해 주었다.

이 박사는 다음과 같은 인사말과 함께 하지 장군을 국회에 소개했다.

어느 누구보다도 더 공이 있고 치하를 받을 사람이 있다면 그것은 바로 하지 장군입니다. 본인은 이 자리에서 하지 장군이 우리와 함께 기쁨을 나누고 있음을 잘 아는 바입니다.

하지 장군이 이제부터는 한국의 내정 문제로부터 손을 떼고 가능한 모든 방법을 다하여 한국을 지원하겠노라고 약속하는 간단한 연설을 마치자 이 박사는 방청석을 향하여 미국에 대한 자신의 순수한 감회를 역설했다.

많은 미국 사람들을 이 자리에서 보게 되니 기쁩니다. 가장 어려운 시기에 여러분은 우리와 함께 있어 주었습니다. 때로는 아마 오해도 받고 비난도 받았을 것이나 이 모든 유쾌하지 못한 경험은 머지않아 영원히 잊혀질 것입니다. 그러나 한 가지 위대한 사실만은 역사 속에 남아 찬연히 빛날 것입니다. 그것은 여러분이 우리의 독립 회복을 도우러 왔고 여러분은 그것을 성취시켰다는 사실입니다. 우리 국민은 자자손손 깊은 감사의 일념으로 이 사실을 기억할 것입니다.

정책에 대한 마지막 성명을 겸하여 하지 장군은 5월 27일 이 박사에게 의장 당선을 축하하고 작별 인사를 드리는 편지를 보냈다.

선거의 가장 중요한 특징은 한국의 운명과 장래 문제를 한국인의 손에 맡긴다는 것입니다. ……각하께서는 충분한 인식을 바탕으로 중대한 책임을 집행하고 계시며 각하 자신과 각하가 대표하고 계신 훌륭한 국민에게 큰 영예를 돌리도록 책임을 완수하실 것으로 확신하는 바입니다.

이와 같이 서로 간의 점잖은 예절이 이 박사와 하지 장군 사이에 지켜졌다. 그러나 서로의 감정은 달라진 것이 없었다.

그의 편지 본문에서 하지 장군은 미국 정책에 관한 성명서로서 공식기록이 되어야 한다고 느낀 '3개 항의 제안'을 했는데 이 점은 하지가 한국 사람들을 '어린애'로 생각한 또 하나의 본보기로 알고 이 박사는 분개했다. 그 제안이란, (1) 북한에서 충원될 선량들이 선출되는 대로 메워질 1백석의 의석을 비워 놓는다는 결의문을 즉각 통과시킬 것과 (2) 한국·미국, 그리고 국제연합의 공동 정책으로 되어 있는 통일 문제를 수행하기 위하여 유엔 한국위원회와 더불어 업무를 맡아 나갈 연락 위원회를 국회가 임명할 것, 그리고 (3) '정부 형태를 규정하는 헌법 채택에서 한국인의 필요와 심리 상태에 맞지 않는 경솔한 조치'는 피해야 한다는 것이다.

이 박사는 회유와 훈계를 내용으로 한 20분간의 연설을 시작으로 국회를 개회시켰다. 그 연설은 기본적으로 단결을 촉구하는 일종의 호소였다.

> 이날을 맞이하여 우리는 먼저 전능하신 하느님께 감사드리고, 두 번째로는 자기 생명을 바친 애국 남녀 동포에게 감사하고, 세 번째로는 오늘이 있게 한 커다란 공헌을 남긴 우리의 우방 특히 미국과 국제연합에 대하여 감사해야 하겠습니다. ······
>
> 이북 5도의 우리 동포들이 자기들의 선량을 뽑을 수 없었음을 우리는 매우 유감으로 생각합니다. ······그러나 4백 50만의 북한 피란민이 이번 총선거에 참여했고, 그중의 몇 분은 이 국회의 의원으로 선출이 되기도 했습니다. 더욱이 우리는 상당수의 의석을 남겨 놓았습니다.

새로운 정부가 반동적인 정권이 될 것이라는 우려를 씻어주기 위한 노력으로 그는 앞으로 추구해 나아갈 목표들, 우리가 전에 이미 의논한 바 있었던 주요 목표들을 열거했다.

> 이미 알려진 바와 같이 이 국회의 주요 목표는 민주주의 원칙에 입각한 헌법을 제정 채택하는 일과 그 헌법에 의거하여 정부를 수립하고 나아가서

는 우리나라 안보 방위를 위한 국방군의 설치와 도탄에 빠진 국민을 구제하는 일이 올시다. 우리는 미곡과 기타 상품의 가격을 규제하고 모든 국민에게 공정하게 토지 개혁을 실시할 것이며 법에 규정한 바대로 개인의 자유와 평등을 보전할 것이고…… 공공 교육 관계를 촉진시키고, 산업을 개발하고 …… 언론·집회·종교의 자유를 보장하며…… 소련과의 직접적이고 우호적인 관계를 열도록 노력할 것이며…… 일본과의 정치, 경제, 기타 시급한 문제들을 해결해 나갈 것입니다.……

연설을 끝맺는 구절들은 자신의 가장 강한 개인적 신념을 드러내는 것이었다. 내용적으로는 50년 전 감옥에서 청년 시절에 쓴 《독립 정신》이라는 책에서 따온 말들을 풀이한 것이다. 정치 학설에 대한 자기 자신의 논문들을 피력한 것으로, 권리와 특권보다는 시민으로서의 의무와 책임을 강조해 가며 민주주의를 유교적인 표현으로 해석한 것이고 이것은 그의 전 생애를 통하여 생각과 말 속에 자주 거론되었던 이론이다.

모든 나의 친애하는 국민들에게 내가 충고하고자 하는 바는 국회와 정부 수립이 모든 개개 국민에게 스스로의 노력 없이도 자기들이 필요로 하는 모든 것을 가져다 줄 것이라고 잘못 알게 된다면 머지않아 이 사람들이 실망과 환멸을 맛보게 되리라는 것입니다.
옛날 군주 치하에서는 국민들이 나라 일의 모든 것을 정부 안에 있는 사람들에게 전적으로 일임하고 자기들은 국사에 참여하지 아니했습니다. 그러나 민주 정부 아래서는 국민이 나라의 통치자가 되는 것이며 통치자가 자기의 의무를 소홀히 할 때 그 나라는 또 다시 위기에 직면하게 되지 않을 수 없습니다.
이제부터는 남녀를 불문하고 모든 국민이 자기도 동등한 책임과 권한과 능력을 나누어 가졌다는 사실을 깨달아 정부의 기초를 다지고 튼튼하게 가꾸어 나가기 위해 일하고 싸워 나가도록 모든 정력을 기울여 나가야 할 것입니다. 이리하여 정부는 또한 우리나라의 개화와 번영이 빠른 속도로 이루어 나가게 되도록 국민 각자의 권리와 특권을 보존해 나갈 것입니다.

남녀 노소를 막론하고 직업과 의무를 다하지 않는 사람이 있어서는 안 될 것이며 나라의 발전을 저해하거나 파괴하려는 어떠한 비애국적이고 파괴적인 분자가 있다 하더라도 이는 법으로 철저히 다스려서, 충성을 다해 법을 지키는 국민이 피해를 보는 일이 없도록 할 것입니다.

국민과 정부는 다 함께 힘을 합하여 부패와 폭리를 일삼는 모든 악의 요소를 뿌리 뽑고자 하는 결심을 지켜 나가도록 노력해야 할 것입니다. 우리는 나라의 활기를 좀먹는 이런 모든 관습을 들추어 내고 뿌리 뽑아야 합니다. 그리고 정부 안에서나 밖에서나 죄상이 밝혀진 사람이면 누구를 막론하고 엄하게 처벌을 받아야 합니다. 우리 모두를 위해 이 가장 시급한 문제의 해결될 수 있도록 모든 개인과 단체가 스스로 최선을 다해 주시기 당부하는 바입니다. 앞으로 우리 대한민국의 운명과 우리 국민의 행복은 전적으로 한국 국민 각자의 손에 달려 있습니다.

만일 우리가 이 일에 실패한다면 우리는 고통을 당하게 될 것이고 그 책임은 자신에게 있을 뿐입니다.

우리가 성공한다면 여기에서 오는 모든 이득과 축복을 우리가 누리게 될 것이며 모든 우리 우방 국민들도 기꺼이 따뜻하고 동정에 찬 지원을 우리에게 안겨 주게 될 것입니다.

6월 7일에 나는 이 박사에게 편지를 띄울 수 있었다. '우리가 접하고 있는 보도는 매우 우호적인 것 같고 당지의 일반적 반응은 당면한 과업을 다루어 나가는 방법에 대해 찬사를 보내고 있는 듯이 보입니다.' 나는 계속해서 이스턴 월드지와 극동 서베이지가 나의 기고문을 접수한 사실과 또한 커런트 히스토리지로부터 '새 정부가 당면한 제 문제'라는 제목의 기사를 요청한 사실들을 보고했다.

서울에서는 일들이 그리 신통하게 진행되고 있지 않았다. 유엔 한국위원회는 독립된 한국 정부가 존재해야 하는가의 여부를 놓고 5대 3으로 갈라지고 소수파는 정부 승인 전에는 앞으로의 국가 통일 계획에 관해서 국제연합의 의논 상대가 될 수 있는 '대표 기구' 이상의 것이 존재할 수 없다고 주장하는 등 우리를 놀라게 했다. 이것은 또한 김구와 김규식의 주장이기도 하다.

6월 10일 이 박사는 또 다른 장문의 편지를 보냈는데, 대부분이 독립을 지연시키는 운동을 선동한다고 자신이 의심을 품었던 하지 장군과의 지나간 관계를 재검토하는 내용이다. 그는 말하기를 "우선 하지는 민족주의자들이 공산당과 협력해야 한다고 주장했소. ……그는 남한 지도자들에게 공산측 지도자 몇몇을 끌어들이지 않는 한 한국 정부가 세워질 수 없을 것이라고 되풀이해서 말했던 것이오"라고 했고 그의 불평은 되풀이되는 기도문처럼 계속되었다.

이 시기와 그 뒤에도 계속된 모든 하지 장군의 공식 성명서는 공산당 선동과 같은, 바닥에 깔린 근본 원인에 대해서는 일언반구도 없이 한국 국민의 분열을 강조하고 있소. 그의 한국 통치 초기부터 서울에서 전해진 대부분의 미국 언론 보도는 버섯처럼 솟아난 정당의 수가 50~400개에 이르고 있다고 일반에게 일깨워 주었소. 한국인들은 이런 허위 보도에 몹시 분개하여 시정하려고 했으나 발언권이 없었던 것이오. 미 군정의 사령관이나 기타 고위 장교가 공식으로 이런 보도 내용을 부인하는 경우가 단 한 번도 없었소.

처음에 1945년 10월부터 1946년 11월까지 나는 하지 장군을 전적으로 지지하고 협력했소. 그동안 나는 공산당과의 협력을 추구하는 그의 노력이 결코 성공할 수 없으리라는 점을 그에게 항상 충고해 주었던 것이오. 미·소공동위원회가 실패했음을 알게 되자 나는 하지 장군에게 통일을 추구하는 헛된 노력을 버리고 한·미 양국의 입장을 강화시킬 정부를 수립하도록 남한 총선거를 실시함으로써 한국 국민의 일반적인 의사를 따르라고 말했소. 그러나 장군은 한치도 물러서지 않았소. 나는 앞으로는 그를 지지하지도 않을 것이고, 또 지지할 수도 없다고 말했소. 그것이 나의 워싱턴 여행 전인 1946년 11월의 일이었소.

그때부터 언론 보도는 나를 반미 주의자·극우 분자·반동 분자 등등으로 비난하기 시작한 것이오. 이런 보도가 미국에서는 나를 해치게 했을는지 모르나 한국에서는 어느때 보다도 나의 입지를 강하게 해 주었고 나를 물러서게 하려는 하지 장군의 시도는 나의 인기를 더욱 호전시켰소.

한국에서 지도자 간의 상호 신뢰 부족이 불행한 일이라고 느꼈다고 해서 미국에 있던 우리가 이런 개인 간의 불화를 보며 우리는 그보다 낫다고 느낄 이유가 없었다. 내가 6월 10일 이 박사에게 알렸듯이 우리도 워싱턴에서 이와 매우 비슷한 문제점을 안고 있었던 것이다. 연령으로도 나의 연장자이고 나보다 10년이나 더 이 박사의 친한 동지였던 존 스태거스는 이 박사의 요청으로 내가 담당하게 된 역할을 못마땅히 여기게 되었다. 스태거스는 임병직, J. 제롬 윌리엄스, 그리고 나를 한 자리에 불러 놓고 자기가 이 박사에게 우리들의 '협력 부족'을 편지로 써 보냈노라고 하면서 '의논할 일'이 있으니 매주 모임을 가지자고 주장했다. 이 박사에게 보낸 편지에서 나는 임병직과 내가 느끼기로는 스태거스의 많은 구상들이 '매우 위험천만한' 것이며 그가 말하는 '의논할 일'이라는 것은 우리가 지켜야 할 명령을 자기가 내리겠다고하는 것이라고 써 보냈다. 나는 스태거스와는 우리 과업을 계속 알려 주는 것 이외에 더 이상의 관계를 가질 의향이 없다고 했고 덧붙여서 임병직과 나 자신의 관계는 과거부터 항상 밀접하고 원만하다고 적어 보냈다.

이런 상황은 서울에서 지도자 간에 생긴 개인적 문제들을 선명하게 파악하는 데 도움이 될 것이다. 서울과 워싱턴의 애로점이 공히 보여 주고 있듯이 거기에는 하나의 기본적인 원리가 있는 것 같다. 예를 들어서 책임과 권한이 애매할 경우 원만한 공동 작업은 크게 손상을 입게 된다. 워싱턴에서 우리들이 순수한 호의로서 사리를 분별할 줄 아는 동지가 되고, 때로는 라이벌이 되기도 하는 개개인의 관계를 생각해 본다면 역시 서울에서의 사정도 비슷하다는 점을 의심할 이유가 없었던 것이다.

한편으로는 김구와 김규식, 다른 면으로는 하지 장군과의 관계에서 이 박사의 고충을 생각해 보면 문제점은 '누구의 잘못이냐'가 아니라 '무엇이 잘못 되었느냐'에 있는 것이다. 진정한 책임 소재를 이 사람들이 서로 관련지으려고 했으나 모두가 미결 상태로 애매한 사정에 있었다고 해야 옳을 것이다.

6월 11일 나는 이 박사에게 임병직과 내가 찰즈 살쯔맨 국무차관보와 2명의 그의 보좌관과 더불어 가진 회담에 관해 편지를 썼다. '모두가 부드럽고 상냥했습니다.' 그들은 한국에서는 모든 일이 자기네가 원한 바 대로 되어가고 있다고 했고 한국 정부 수립을 지연시킬 이유가 없다고 확언하는 것이었다.

얼마나 우스꽝스럽게 그리고 불필요하게 악감정이 부채질되었는가 하는 것이 6월 17일에 적은 이 박사로부터의 편지 속에 적혀 있다. 국회가 5월 31일 화요일 공식으로 열리게 되자 국회의원들은 하나같이 국회 활동의 여러 제안이 나열된 하지 장군으로부터의 메시지 사본이 자기 좌석에 놓여 있는 것을 보았다. 이에 대해 많은 국회의원이 격분했으며 이것은 하지 장군이 '불간섭'을 확약한 개원식에서의 연설과 정반대되는 것이 아닌가? 일의 진상은 하지 장군이 개별적으로 국회의원 각자에게 비공식으로 당선을 축하하는 동시에 단순히 하나의 벗으로서 앞으로 추진될 몇 가지 과업에 대한 논평을 겸하여 메시지를 보내고자 했던 것이다. 그는 자기의 메시지를 부관에게 주었는데 이 부관은 그 사본을 즉시 우송할 예정이었으나 그는 제칠일안식일 예수재림교 교인이고 배포하려는 날이 우연히도 그의 안식일인 토요일이었던 것이다.

따라서 그날은 배포를 못하게 되었고 그다음 날은 일요일이어서 못하고 또 그다음 월요일은 공휴일로 선포된 날이어서 또 불가능했던 것이다. 그 결과 그는 메시지를 개인적으로 전달할 수가 없었다. 화요일에는 국회의원 전원이 국회의사당에 모이게 되어 있으니까 그에게는 이것이 문서 전달을 위한 이상적인 방법이오 장소라고 생각되었던 모양이다. 이런 괴상한 사건으로 인해 '비공식적이고 개인적'인 제언이 일련의 '공식적인 교시'로 확대되어 버린 것이다.

이 박사는 국회에 대하여 '조사'해 보겠노라고 약속했고 다음 날 설명을 듣고야 국회의원들은 '충분히 이해'했다.

나는 6월 말께 날짜를 적지 않은 이 박사의 편지를 받고 특별한 감동을 받았는데 그 내용 전부를 그대로 옮기면 다음과 같다.

국회가 아래층에서 개회 중에 있는데 나는 지금 사무실에서 나의 관심을 필요로 하는 당신의 몇 가지 편지에 답장을 쓰려고 하는 것이오.

198명의 국회의원은 특별 고문직을 맡은 12명의 저명한 변호사와 함께 다음 월요일에는 헌법 초안을 국회에 제출하려고 준비가 끝나가고 있는 중이오. 그러나 이 초안이 채택되도록 제출되기 전에 가능한 한 많은 국회의원들 간에 헌법의 주요 골자에 관하여 먼저 전반적인 합의를 이루도록 하라고 내가 말했기 때문에 하루 이틀 늦어질지는 모르겠소.

현재까지로는 일반 원칙이 대통령과 부통령을 선출하는 단원제 국회 제도를 규정하고 있소. 나의 본래 제안은 정부 수립 후 상원을 설치하도록 조항을 하나 추가해야 한다는 것이었소. 그러나 이것을 반대하는 법률 고문들의 의견이 결국은 승리했소. 왜냐하면 그 조항이 삽입되면 야당에서 단원제 국회가 세운 정부는 불법이라는 취지의 질의를 할 것이기 때문이오. 나는 이 충고를 받아 들였소.

대통령이 내각 위에 초연한 위치를 차지하고 행정부의 수반을 책임질 국무총리를 임명해야 한다는 구상을 제외하고는 헌법의 주요 원칙에는 의견의 분열이 없었소. 국무총리는 불신임 결의가 있을 경우 국회가 해임시키게 될 것이오. 대통령은 국회 해산의 권한이 있소. 나는 정부의 안정을 곤란하게 할 것이라는 이유로 찬성할 수 없다고 말했소. 적어도 대통령 임기 동안은 정부가 안정된 상태에 있도록 되어야 할 것이고 국회가 이것을 변경할 권한을 가져서는 안 될 것이오.

또 하나의 문제점은 대통령의 국회 해산권이오. 입법부가 교착 상태에 빠지게 될 경우 도움이 되는지는 몰라도 대통령이 그만큼 강력한 권한을 행사할 필요가 없을 것이라고 내가 말했소.

우리가 명심해야 할 가장 중요한 일은 국회가 그 초안을 신중히 연구 검토해서 본회의에 회부되었을 때에는 주요 골자에 의견 충돌이 없어야 한다는 것이오. 아직까지는 대부분의 의원들이 좌익 분자를 포함해서 우리와 일을 잘 진행 중에 있소.

일본이나 미국에서 무기가 반입되고 있고 미군 장교들이 자기들 영내에서 이를 사용할 인원을 훈련중이라고 들었소. 유동열(柳東說) 장군 밑에서 국방 경비대 고문으로 있던 프라이스 대령이 최근 전보되어 얼마 전 미국으로 떠났소. 그는 몹시 남아 있고 싶어 했으나 정부 수립 전에는 아무도 뭐라고 말할 수 없다고 내가 일러주었소. 하지 장군과 다른 미국 사람들은 미군 장교와 사병들이 되도록이면 모두 한국을 떠나려 하고 있고 아무도 남아 있으려 들지 않는다고 말해 왔지만 지금은 모두 한국에 남아 있기를 원하고 있소. 지금까지의 인상과는 정반대로 아무도 떠나고 싶지 않아 하는 것이 내게는 참 이상하게 느껴진다고 웃으며 말했소. 물론 이 사람들이 일부러 빨리 떠나고 싶다는 말을 퍼뜨리고 다닌 것을 우리는 알고 있는 것이오.

자 그러면 당신이 물어 본 몇 가지 질문에 답해야겠소. 올림픽 선수단이 내일 떠나는데 이 사람들이 내 편지를 가지고 나가 검열의 손이 미치지 않는 곳에서 부칠 수 있도록 나는 편지를 끝내야겠소.

책자 인쇄에 관해서는 다른 일에 지장이 없도록 적당하게 할 수 있다면 그렇게 해 보시오. 당신 자신의 판단에 맡기겠소. 워싱턴의 대사 자리에는 가장 적임자를 택해야 하겠는데 아직 마음의 결심을 못내리고 있소. 처음에는 귀하를 이곳에 오게 해서 여러 모로 도움을 받았으면 했는데 귀하 말대로 다른 어느 곳보다 그 곳에서 귀하가 더 필요하오. 여기는 우리가 이럭저럭 해 나가리라 생각하오. 귀하는 귀하대로 일을 방해받는 일 없이 계속해 나가주기 바라오.

귀하의 말대로 두 개의 가장 중요한 부처인 경제와 군사 분야는 우리가 찾아 낼 수 있는 최적임자를 얻어야 하겠소. 귀하가 이미 물어왔지만 귀하가 천거한 그 사람들과 관련을 맺고 싶소. 그러나 지금 단계로서는 내가 아직은 그 정도로 진행시킬지 주저가 되오. 일이 매우 불확실한 동안은 그런 교섭에 우리의 부족한 자금을 쓰고 싶지 않소.

이 사람들이 초대 대통령을 택하는 일에 문제가 없는 것은 그 문제가 모든 사람의 마음 속에 이미 정해져 있는 것이고 아무도 다른 대안을 제시하지 않고 있기 때문이오. 그러나 정권 이양 등은 상당한 애로와 곤란을 겪게 될 것이오. 하지 장군은 전적으로 우리에게 협력하고 있고 우리를 위하여 무엇이든 기꺼이 하겠다는 것이오. 그러나 제삼자를 밀겠다는 구상이 아직도 진행 중이오. 서재필은 이런 제의에 흥미가 없다고 말한 것으로 듣고 있소. 그리고 많은 사람들은 아직도 모든 선동가와 권력을 노리는 분자들이 비밀리에 합세하고 있는 줄 믿고 있소. 그러나 절대 다수의 국민들 자신이 굳건히 나를 밀어주고 있으며 심각한 곤란이 예상되지는 않소. 그렇기는 하지만 대중은 언제나 속기 쉽고 몇몇 사람들은 영향을 받게 될 것이오. 이 점에 대하여 주의를 기울여야 할 것이오.

유엔 경제 회의에 참석하도록 인도에 누구든 사람을 보내는 것이 좋을 것이오. 지금까지 미 군정에서 이런 문제들에 대해 유의하여 왔고 우리로서는 아직 어떤 일도 할만한 입장에 있지 못하오. 더구나 시간이 부족하여 지금은 어떤 다른 일을 하도록 허용되지 않은 실정이오. 이 점 나는 유감 천만이오.

만사를 제치고서라도 공화당 대회에 가 보시오. 가능하다면 귀하 자신이 민주당 대회에도 참석하고 불연이면 다른 사람을 보내기라도 하시오. 미국이 극동 평화의 보루로서 한국에게 기대를 걸만한 어떤 가능성이 분명히 있다는 것을 미국의 양당이 알아주기 바라며 또한 미국이 일본에 의존하는 것보다 이것이 훨씬 안전하다는 것을 그들이 알기를 우리는 바라는 것이오. 믿을 수 없는 왜놈들에게 또 하나의 기회를 주는 것이 얼마나 큰 잘못이라는 것을 그들이 알아야 할 것이오. 우리는 현재로서 이 점을 크게 주장하지 않소. 일본 제국을 공개적으로 비난하고 있는 중국과 필리핀에 대하여 우리는 다만 전폭적으로 찬동하고 있을 뿐이오.

우리는 국무부가 무엇 때문에 우리 정부 수립을 7월 중순 또는 그 이후로 미루기를 바라고 있는지 그 이유가 몹시 궁금하오. 귀하가 이것을 확인할 길이 있다면 내가 당장 알고 싶소. 우리는 파리 유엔 총회 개막 전에 정부 기능이 움직이도록 하기 위하여 최선을 다하고 있소. 우리는 이 회의에 참석해야 하오.

우리의 외교 대표들을 워싱턴·런던·남경(南京)·마닐라 등에 파견해야 한다는 귀하의 말은 옳은 말이오. 그 보다도 더 우리들은 호놀룰루를 포함하여 몇 개의 미국 대도시에는 영사관을 가져야 하오. 이 자리를 메꿀 인물들이 누구요? 나와의 관계를 밝히지 말고 신흥우(申興雨), 양유찬(梁裕燦), 기타 인사들이 자리를 주면 어떤 정부 직위에서라도 나라를 위해 기꺼이 봉사할 것인지 여부를 알아봐 주시겠소? 또 그럴 경우에 이 사람들이 각각 어떤 자리를 차지하고 싶어하는가? 모두가 일류의 자리를 원할 것이며 큰 돈이나 명예가 따르지 않는 것은 바라지 않을 것이오. 우리가 결정을 내리기에 앞서서 입수할 수 있는 자료를 상세히 파악하는 것이 더욱 중요한 일이오.

시간이 없어서 이 편지 초고를 다시 타자하지 않겠소. 혼란과 시끄러움 속에 내 손으로 타자기를 두드리고 있으니 잘못된 것 틀린 것이 있더라도 양해가 있기 바라오. 훌륭한 속기사 한 사람을 얻어 주시오. 훌륭한 사람이 발견되면 데려오도록 할 수도 있을 것이오.

6월 18일 나는 취임식에 가고 싶다는 뜻을 밝히며 이 박사에게 편지를 썼다. 동석하는 개인적 기쁨 말고도 '이런 여행이 내 홍보 활동 계획에 상당한 도움을 줄 것이고 더 많은 기사와 현지 보고 등을 보내는 길을 터놓게 될' 것이라고 했다. 이 물음에 대해 내가 받은 첫 회신이 임병직 대령 앞으로 이 박사가 보낸 6월 19일자 전문으로 들어왔다. '올리버 박사와 당신이 현재 각자의 위치를 떠날 수 있는지 여부를 스스로 결정하시오. 환율 관계로 여비 지불이 불가능함.' 우리 모두를 위한 이 문제는 결국 군정청에 의해 결정되었다. 6월 23일 나의 한국 입국을 위한 군당국의 허가요청은 하지 장군이 거절했다고 국방부로부터 통지가 있었다. 이 문제를 분명히 가리기 위하여 나는 즉시 2차 요청을 냈고 8월 2일자 전문 회신을 받게 되었다. '미군정 당국은 올리버에게 정부 수립 시까지 신원 조회를 위하여 대기하여 줄 것을 통고함.' 이 문제에 관한 한 적어도 하지 장군이 최종 권한을 가지고 있었다. 내 자신의 견해로는, 그가 알고 있는 이상으로 내가 그에게 많은 도움을 주어 왔었는데 내가 이 박사를 대신하여 간접으로 타격을 받은 것이다.

6월 21일 이 박사는 더욱 심난한 사태 진전에 대하여 적어왔다. 유엔 한국위원회 위원들은 이렇다할 공헌을 못하고 있는 스스로의 무능에 대해서 기분이 좋지 않았다. 메논의 후임으로 의장직을 맡은 인도의 싱은 한국사람이 아무도 협의를 위해 사무실을 찾지 않으므로 자기는 소설이나 읽으며 허송 세월하고 있노라고 불평이었다. 중국과 필리핀 대표는 5·10선거의 정당성에 관한 유엔 한국위원회 보고서를 즉각 작성하고 싶어했고 엘살바도르 대표는 이런 조치가 취해진다면 여기에 찬성표를 던지겠다고 했다. 대다수의 대표들은 보고서를 미리 내는 것은 남북 통일 회담 가능성에 방해가 될 것이라고 느끼고, 또한 남한 단독 정부 수립을 늦추려고 아직도 움직이고 있는 김구, 김규식과 맞서고 싶지 않기 때문에 관망적 태도를 취했다. 파리 차기 총회에서 국제연합이 선거의 정당성 여부에 대하여 판단을 내리게 될 것이라는 점을 들어, 하지 장군은 이 박사에게 유엔 한국위원회를 비난하는 성명을 내지 말도록 종용했다. '한국인은 겸손한 마음으로 최선을 다하고 타협적인 태도를 취해야 합니다.' 이에 대해 이 박사는 왜 우리가 늦어지는 것을 반대하는지 설명하면서 '우리는 소련이 반공적인 사람들을 북한에서 몰아내려 하고 있으며 100석을 확보하기 위해 선거 실시를 제안할는지도 모른다는 사실을 알고 있소. 어떠한 연립정부도 한국을 또 하나의 체코슬로바키아로 만들게 될 것이오'라고 했다.

인도가 찬성에서 반대의 입장을 취하게 된 점에 관심을 나타내며 이 박사는 그 이유가 미국이 카슈미르 문제에 인도를 제치고 파키스탄 편을 들고 있기 때문이라고 알고 있노라 했다. '만일 사정이 그렇게 된 것이라면 국제연합은 작당하는 집단에 불과한 것이고 한국 문제는 이들에게 거의 아무 뜻이 없을 것이오.'

정치인들 가운데는 대권을 국무총리에게 위임하고 대통령은 단순히 국가의 형식상의 원수로 앉히는 헌법을 제정하고자 하는 강력한 운동이 전개되었다. 이 계획을 지지하는 사람들은 김구를 총리로 지명하고 김규식을 부통령으로, 이 박사를 대통령으로 하려고 연구중이었다. 이 사람들은 통일을 위한 노력을 한 번만 더 해보기까지 정부 수립을 늦추자고 주장하던 같은 집단의 사람들이다. '이것은 매우 어려운 실정이며 나는 실망을 느끼고 있소'라고 이 박사는 썼다. '그들(유엔 한국위원회)이 한국에 있다는 사실은 한국 사람들 사이의 평화를 교란시키고 있는 것이며 아무것도 좋은 일이 거기에서 나올 수 없을 것이오, 한국 사람들은 국무총리제를 원하고 있지 않으며 의원들도 이에 반대할 것이오. 그러나 불만을 해소시키기 위해서 다만 대통령을 보좌하는 의미에서의 권한 없는 총리가 있을 수 있을 것이오.' 4년 후 2대 대통령 선거에서 이 박사의 큰 적수가 된 신익희(申翼熙)는 국무총리제 정부 형태를 지지하는 다수 국회의원들을 한데 묶으려고 했고, 이 박사는 자기 주장을 지지하는 다수파를 형성하는 공작을 의원들과 잘 해 보도록 종용받았다. 그렇지만 그는 헌법을 제정중인 위원회에 출석하여 당파적 싸움에 대하여 '엄중히' 경고했다.

나는 이 사람들에게 그렇게 비애국적인 전술을 나는 대표할 수 없다고 말했소. 그런 사람은 국민이 뽑아 줄 가치가 없는 사람이오. 이 말은 헌법위원회가 나에게서 들은 엄숙한 연설이었소. 겨우 몇 분간의 것이었지만 그 다음 날 이 사람들은 국무총리는 권한이 없고 다만 대통령을 보좌하는 일에 그치도록 한 초안을 제출했고 신문들은 이것을 들어 이 박사의 한 가지 승리라고 보도했소.

7월 5일자 편지에 이 박사는 자기에게 관련된 광범위한 문제들을 의논했다. 미국이 임명하게 될 대사는 동양에서 근무한 경험이 없는 직업 외교관이었으면 좋겠다고 했는데 왜 그런고 하면 그런 사람은 일본 치하의 한국을 알게 되었을 것이어서 사람들에 대해 편견을 가지고 있을는지 모른다는 것이다.

그 대신에 자기로서는 '미국과 한국의 이익을 추구하는' 그런 사람이 임명되었으면 했다. 그는 또 말하기를 미 군정 관리들은 정부가 발족된 뒤 60~90일이내에 미국이 군대를 철수시키게 될 것이라는 말을 하더라고 했다.

이 점에 관한 우리 입장은 이 사람들이 우리가 국방군을 조직할 충분한 시간을 주어야 하며 국방군이 조직되었을 때 비로소 자기네 마음대로 할 수 있다는 것이오. 그러나 우리를 보호하지 않고 철군을 한다 해도 우리는 미국에게 군대를 이곳에 머물게 해 달라고 요구하거나 빌지는 않겠소. 미국인들은 첫째 도덕적 의무감에서 한국에서의 미국 이익을, 그리고 둘째로는 미국의 안보를 위하여 그것을 지켜 나갈 결정을 내려야 하오. 미국인들이 실정을 충분히 알고 있다면 철군하여 소련 사람들에게 남한 점령의 자유를 주는 일을 하지는 않으리라고 믿고 있소.

다음으로 그는 '자기가 반동 분자'라는 비난을 검토해 보았다.

말로써 이런 비난에 답할 필요는 없고 우리의 행동이 더 우리를 크게 대면해 주고 있소. 우리의 헌법이 채택될 때 그 속에는 우리가 반동적이라고 보일 그런 구절은 없다고 생각하오. 시민의 자유를 보장한다는 미국 헌법의 구절이 우리 헌법에도 채택되어 있으며 우리는 미국 사람들보다 더 앞서나 가려는 것이오.

헌법 채택에 시간이 걸린 이유를 설명하면서 그는 범한국적인 국민 정부를 수립하려면 북한과 다소의 타협이 있어야 한다는 희망으로 지연 작전을 받아들였던 약 30명의 다른 국회의원들이 국회 내의 좌익 분자 11명 정파의 지지를 받은 일이 있었노라고 했다.

'국회의 대다수 의원들은 반대파를 제치고 헌법을 밀어붙일 수도 있었겠으나 조금더 시간을 가지고 원하는 발언을 모두 털어 놓을 기회를 그들에게 주면서 한 조항식 차례로 천천히 투표에 붙이는 것이 보다 현명하고 보다 합당한 방법이라고 생각했던 것이오. 헌법이 아직도 통과되지 않은 것은 바로 이 때문이오. 지금은 제2 독회를 하고 있는 중이고 사람들은 이달 6일이나 7일께 가서 헌법이 채택될 것으로 기대하고 있소. 그다음으로 대통령과 부통령 선거에 관한 법률이 채택될 것인데 이것 때문에 아마도 또 한 주일 정도 걸리게 될 것 같소. 그러면 정부가 구성될 것이오.'

그의 편지는 그러고 나서 유엔 한국위원회 위원들과 가졌던 회담에 관해서 말했는데 그 자리에서 이 사람들은 북한과 또 한차례 합동 회의를 여는 것이 어떠냐고 그의 의견을 물었던 것이다. 그는 도리어 4월 회담에서 무슨 일이 성취되었다고 느끼느냐고 반문했다. 그리고 이 박사는 이 사람들에게 이렇게 말했다. "우리가 북한과 무작정 문호 개방을 원한다면 국제연합을 통하지 아니하고 하는 방법을 우리는 알고 있소. 그저 북한으로 올라가서 공산주의를 받아들이고 소련의 한 속국이 될 것을 결정하겠다고 말하기만 하면 그들은 우리를 위해서 문호를 개방할 것이오. 그러나 이런 일은 할 수 없는 일인데 우리가 그렇게라도 해야 한다는 것이 유엔 한국위원회의 희망인지를 나는 알고 싶소." 이것으로 그때의 토의는 별안간 중단되었고 그로부터는 유엔 한국위원회 위원들 간에 남북 회담에 관한 이야기는 화제에 오른 일이 없었다.

그는 또 하나의 근심을 가지고 있었다.

서재필 붐이 지금까지는 별다른 영향력을 가지지 못했소. 그러나 일부 인사들이 이를 지지하고 있고 국민 간의 분열을 일으킬 만큼 속기 쉬운 대중에게 충분한 영향을 미칠지도 모르는 일이오. 물론 좌익 분자, 중도파, 그리고 우익 인사들 간에 의견의 합의가 이루어진 바는 없소. 그러나 강력하고 안정된 정부가 들어서면 앞으로 어떤 기회도 안 줄터이니까 이 사람들이 모두 하나가 되어 앞으로 들어설 정부를 반대하고 있는 것이오. 경향 각지의 많은 사람들이 막연한 기대를 걸고 이렇게 보고 있소. 하지 장군은 이와 아무 관련이 없다고 부인하고 있지만 책임은 면할 길이 없을 것이오. 그가 서재필을 불러들여 자신의 고위 정치 고문으로 고용했고 또한 서재필의 고문으로 임창영을 불러들여 이 사람이 모든 공작을 맡고 있소.

7월 6일 도하 각 신문들은 서재필의 대통령 입후보 문제를 거론했고 7월 7일 서재필은 자기는 미국 시민권을 계속 유지하겠노라는 내용의 성명을 발표했다. '법에 정하기를 한국인과 결혼하는 사람은 누구나 한국 국민이 된다고 했는데 서재필 지지자들 중에는 이 박사의 부인이 외국인이니까 이 박사는 대통령이 될 자격이 없다고까지 말하는 사람이 있소. 이런 이간책이 언제나 끝나려는 건지 한심스러울 뿐이오!'

7월 6일과 7일 이 박사는 이미 제출된 바 있었던 각각 200항목에 달하는 헌법 수정안을 조속히 처리하기 위해 국회 의사 진행을 맡았다. 51항의 수정안이 일사천리로 가결된 뒤 나머지는 철회되었다. 토지 개혁 조치는 채택되었다. 회사의 이익은 함께 일한 노동자도 분배받도록 규정한 수정안도 채택되었다.

'헌법 독회는 미국 의회와 마찬가지로 소란스럽소'라고 이 박사는 편지에 쓰고 있다. '계속되는 토론의 일진 일퇴가 그렇게 민주주의적일 수 없소. 모든 사람에게 발언할 기회를 준 것은 매우 현명했소. 달리 했다면 의장은 독재자라는 비난을 받았을 것이오. 지금은 아무 소리도 할 수 없지만⋯⋯.' 새 정부 조직의 골자를 규정하는 추가 법률의 채택까지는 앞으로 또 2주일이 걸릴 것이라고 이 박사는 쓰고 있다. 실제로 그 일은 좀더 시간이 걸렸다. 7월 21일에 다음과 같은 전문이 들어왔다.

180표로 이 박사 대통령 당선, 김구 13표, 안재홍 2표, 그리고 서재필 1표는 무효임. 부통령은 이시영 133표, 김구 62표.

대통령과 부통령의 취임 선서식이 7월 24일에 있었다. 미 군정으로부터 정권 이양을 끝내려면 아직도 많은 시일이 남아 있었다. 대한민국의 공식 출범일은 일본 패망 제3주년이 되는 8월 15일로 정해졌다.

내려야 할 많은 결정 가운데 첫째는 내각 구성원의 선정이었다. 취임 선서가 있었던 이틀 뒤인 7월 26일에 이 박사가 나에게 보낸 편지는 바로 이것이었다. 국무총리 물망에 오른 사람은 김성수(金性洙), 조소앙(趙素昻), 신익희, 이범석(李範奭) 등으로서 모두가 명목상의 역할 이상의 많은 것을 바라는 강력한 인사들이다. 김구의 동지들은 김구도 그 자리에 후보자로 고려될 수 있도록 하기 위하여 그에게 남북 회담에 대한 자기 주장을 포기 할 것을 요구했다. 이시영(李始榮)이 부통령으로 선출된 것은 이 박사의 설명을 들으면 "그분은 연령도 높고 또 그가 무관한 사람이기 때문이오"라고 했다. 그러나 국무총리 자리를 차지한다는 것은 정치 조직의 구축을 위한 싸움의 시초가 되는 것이라고도 했다. 이 박사는 그 싸움이 의롭지 못하며 강한 감정을 유발시킬 수도 있기 때문에 거기에는 초연하고 싶다고 말했다. 그리고 국무총리는 북한 출신이어야 하고 부유계급 출신이어서는 안 되겠다고 생각했다. 이 두 가지 요건은 국제연합이 새 정부를 승인할 때 '파리에서 유익한 자산이 될 것'이라고 했다. "김성수는 내가 함께 일하고 싶은 인물이지만 그와 가까운 사람들이 '죽기 아니면 살기식'의 정략을 중심으로 한데 뭉치고 있고" 누구를 그 자리에 지명할 것인가를 놓고 국회는 크게 갈라졌다고 했다. 이 박사는 이 문제를 신중히 생각하기 위해 더 시간을 가지도록 말했노라고 편지에 썼다. "이제는 내가 왜 내각의 각료는 국회가 인준하도록 되어서는 안 된다고 주장을 했었는가를 이해하게 될 것이오. 왜냐하면 항상 거기에는 교착 상태가 예상되는 때문이오."

후기에서 이 박사는 하나의 흥미 있는 문제를 제기했다.

듀이나 덜레스로 하여금 한국에 대한 정책에 변동이 없을 것이라는 성명서를 내도록 해야 하오. ······중진급 인사는 주한 대사직을 수락하려고 하지 않소, 그 이유는 트루만 행정부가 만료되면 자기 자리가 없어지게 될 것으로 알고 있기 때문이오. ······그러나 만일 듀이가 현행 정책이 유지되거나 보다 개선된 방향으로 변경될 것이라고 성명을 내게 된다면 파리에서 우리가 원하는 결의를 얻는 일이 훨씬 용이하게 될 것이오. 새 정권 하에서도 대한 정책이 바뀌지 않을 것을 확신할 수만 있다면 우방 국가들이 달리 행동하게 될 것이오. 모든 각도에서 듀이나 그의 대변인으로 하여금 이런 성명을 내도록 움직이시오. 빠를수록 유리 할 것입니다.

그리고 나서 다시 후기에 덧붙여 이 박사는 국제연합 파리 총회를 논했다.

   호주는 파리에서 한국 정부 승인을 절대 반대하고 있고 캐나다 역시 그 뒤를 따를 것이오…… 인도의 메논이 또한 반대요. 이 3개국과 또한 시리아가 승인 반대인데 그 이유는 '한국 분단이 영속화' 된다는 것이오. 이것이 그들의 주장이오. 워싱턴에서 우리가 호주에 압력을 가할 입장에 있지 못하다면 영국은 이들 두 개 대영 제국 연방의 뜻을 따르지 않을 수 없게 될 것이며…… 영국이 뒤로 처질 경우 중국 역시 승인을 주저하게 될 것이오. 이런 결과를 예상한 채 파리에 간다는 것은 위험천만이오.
   우리 대표단을 이끌고 갈 사람은 장면(張勉)이 될 공산이 가장 크오. 그는 유엔 한국위원회가 가장 쉽사리 동의해 줄 인물이오…… 이런 절차가 필요한 것은 아니나 그들의 마음에 드는 사람이 단장이 되는 것은 좋은 일이오. 또한 그 사람은 정당인이 아니며 어딜 가나 가톨릭 교회의 후원이 있을 것이고 또 그는 국회의원이오.
   북한은 남한 사람을 한 사람 내세워 전 한국을 대표한다고 하면서 대표단을 파견할 것이오…… 캐나다는 시리아·인도, 그리고 아라비아 블럭과 더불어 우리를 반대하고 전 북유럽권을 끌어들여 반대할 것이고 소련과 그 위성 국가들도 우리를 반대하는 등 치열한 싸움이 예상되오. 귀하는 최선을 다하여 호주에게 압력을 가하시오. 그들이 지금 선봉에 서서 우리를 반대하고 있소. 호주가 우리를 반대하지 않는다면 캐나다를 우리 편으로 끌어들이게 될 것이오. 양국이 함께 보조를 맞추고 있는데다가 인도는 그 뒤를 따르고 프랑스도 그 뒤를 따를 공산이 크며 국내에서 공산당 표를 구걸하기 위하여 소련에게 양보하고 있소.

걱정스러운 문제들은 참으로 한 둘이 아니었다. 8월 4일자 편지에서 이 박사는 '미군정의 모든 잉여 물자가 일본과 중국으로 반출되어 나갔고 현재에도 계속해서 반출 중'임을 알려 왔다. "나는 이 물자들이 재건과 복구를 위해 우리가 필요로 하는 물자라고 생각하며 또 그것이 미국이 지원과 원조를 공약한 과업이 아니겠소. 이것이 사실이라면 이미 현지에 있는 필요한 모든 물자를 왜 이 자들이 한국으로부터 반출해 나가고 딴 곳에서 후일 더 많이 반입해 와야 하는지 알 수 없는 일이오. ……어째서 이 사람들이 일본을 군사적으로 부흥시키고 한국을 약화시켜 또 다시 일본이 아시아 본토에 발판을 굳히는 길을 열어 주려고 하는지 귀하가 최선을 다하여 이 문제를 여론에 걸도록 노력해 주시오"라고 하면서 물자 반출을 중지하도록 요청했다.

이 박사는 다음으로 "우리는 파리에 파견할 대표단을 정했소. 그리고 노블 박사에게 미국 국방부 비용으로 파견되는 기술 고문이 되어 달라고 하려고 생각하고 있소. ……우리 문제가 상정될 때 귀하도 그곳으로 올 수 있기 바라오. ……임병직은 워싱턴에 남아있어야 한다고 생각하는데 그 곳에서의 우리 임무가 피해를 보게 할 수는 없기 때문이오"라고 했다.

8월 4일자 편지에 설명되었듯이 조각 작업은 일종의 정치적 안배 행위였다. 이 박사는 김성수를 총리로 앉히는 데 동의했을 것이다. 그러나 김성수는 자기 추종자들에게 나눠줄 7석의 각료 자리를 요구했고 그래서 국무총리직은 2차 대전중 만주에서 공산 분자와 싸웠던 애국 지도자 이범석에게 돌아갔다. 임영신(任永信)은 한국 독립을 위한 그의 평생 업적의 보답으로 상공부 장관에 지명되었다. '한국적 공산주의자' 조봉암(曺奉岩)은 '농촌 사람들을 다스리기 위해' 농림 장관 지명을 받았다. 노동 운동의 우두머리도 각료에 지명되었다. 내가 워싱턴에서 서신을 띄웠듯이 '각료 선정(일차 4명 및 이범석)은 훌륭한 것 같습니다. ……한국 정부의 성격은 거의 모든 면에서 비평가들을 어리둥절하게 하고 있습니다.'

8월 9일 국무부에서 한 회담을 끝낸 뒤 나는 이 박사에게 어떤 확신을 피력할 수가 있었다. "국무부는 호주의 태도와 또 박사님이 지적하신 다른 난점들을 잘 파악하고 있습니다. 국무부는 최선을 다하여 문제점들에 대처하여 왔으며 유리한 결과가 파리에서 얻어질 것이라는 자신감을 가지고 있습니다. 국무부는 관련된 정부들과 끊임없이 부단한 접촉을 유지하고 있고 일은 순조롭게 진행되고 있다고 믿고 있습니다. 세계 통상 연합회의 영향 때문에 호주를 우리 편으로 끌어들이지는 못할 것이 예견됩니다. 그러나 국무부 생각은 영국과 중국이 확고한 태도로 임하고 있고 캐나다는 영국과 동조할 것이고 아랍권 국가들도 우리에게 표를 던질 것으로 보고 있습니다. 박사님의 사태 처리는 국제연합이 좀처럼 거부할 수 없는 하나의 기초를 다져 놓고 있는 것입니다.'

덜레스가 한국 문제를 파리 총회에 제출할 미국 위원회를 이끌게 될 것이기 때문에 이 사실은 듀이 지사가 앞으로 이끌게 될 '새로운 행정부'가 신생 공화국을 확고하게 지지할 것으로 기대를 걸 수 있다는 자신감을 전 세계에 충분히 과시하는 것이 된다고 나는 덧붙였다. 그 당시 형편은 11월이 지나면 '듀이 대통령'이 존 포스터 덜레스를 국무장관으로 들어서게 할 것이라고 의심치 않았던 것 같다.

새로운 대통령 이승만 박사의 사진을 담은 5원짜리 첫 한국 우표가 8월 4일에 발행되었다. 각각 100매로 된 12권의 우표가 미리 내게 부쳐져서 8월 10일에는 워싱턴에 도착되었다. '저의 우선 생각은 이것을 팔아서 우리 사무실 비용에 충당하려는 것이었습니다. 그러나 워싱턴의 우표상들이 여기에 흥미가 없음을 알았습니다. 뉴욕의 김벨 회사를 찾았는데…… 이 사람들 말이 '지금 한국 우표에 관심이 있는 수집가가 거의 없소' 하더군요. 앞으로는 생기지 않겠습니까?'

8월 15일 서울에서는 대한민국 건국 식전이 엄숙하고 성대하게 거행되었다. 더글러스 맥아더 장군은 도쿄(東京)로부터 날아와서 이 박사와 함께 단상에 앉았다. 그는 이 박사를 얼싸안고 널리 보도된 대로 감격적인 장면을 연출하는 가운데 '만일 북한이 공격해 온다면 나는 캘리포니아를 방어하는 것과 똑같이 한국을 방어하겠노라'고 말했다. 이 박사는 나에게 취임 연설문 초안을 잡아달라고 당부한 바 있었다. 초안을 보내드렸을 때 그는 이것이 '가치 있는 곳에 한국을 위하는 벗들을 많이 만들 문서'라고 생각했다. 그러나 연설을 하려고 일어서서 한국의 각처에서 뿐만 아니라 호놀룰루와 로스앤젤레스로부터 온 많은 옛 벗들을 둘러 보았을 때 그는 자기의 공식 취임 연설문을 버리고 그 대신에 그는 다년간의 실패와 곤경을 통하여 함께 견디고 드디어 성공에 이른 이 사람들의 충정과 헌신적 노력에 대하여 흉금을 털어놓고 감회에 젖어 이야기를 끌고 나갔다. 그 연설은 정치가로서의 식견면에서 미진한 것이었을지 모르나 그것은 사사로운 온정으로 가득했다. 아마도 이 대통령은 준비된 연설문을 끝까지 읽어 내려가는 것이 좋겠고 옛 벗들을 대접하는 개인적인 추억담은 보류하는 것이 좋겠다는 건의를 받았을 것이다. 그는 자신에게 솔직하도록 자연스럽게 행동하는 즐거움을 택한 것이다.

워싱턴에도 이와 비슷한 기분이 충만했다. 내가 8월 16일 이 대통령에게 쓴 편지대로

모든 방면에서 친선과 우정의 홍수를 이루고 있습니다 '옛 벗들'의 노력이 드디어 열매를 맺게 되니 그렇게 기뻐할 수가 없고 또 어떤 사람들은 일자리와 계약 체결 또는 사업 관계 등에 관심이 있어 '한국 독립에 관련된 옛 벗들'로부터 전화가 걸려오고 있습니다. 몇몇 사람은 자기들 말대로 직접 각하에게 편지를 보내서 자기들이 얼마나 쓸모가 있겠는지 각하에게 상기시키도록 하겠답니다. 누가 알겠습니까 더러는 그렇게 할 수 있는 사람도 있겠지요.

'친선과 우정'의 한 장면은 원광석 구매 계약을 새 정부가 허가하도록 설득하는 데 도움을 주면 뇌물을 주겠다고 제의해 온 처음이자 마지막 경험이 그것이다. 내가 '이익 분배'를 거절했더니 그 회사 '고문직'을 수락하라고 졸랐다. 새 시대는 분명하게 새로운 문제점을 가져오게 마련이다. 실제로 우리가 그러리라 생각했던 것 보다는 더 많고도 더욱 무거운 새로운 문제점들이 현실로 다가왔다.

9
대혼란 속의 행정
(1948년 8~12월)

몇 해 뒤 한국전쟁의 여진이 가시지 않은 어느 날 오후 나는 이 대통령에게 한국 재건과 통일을 위한 국제적 협력이 미흡하다고 다른 나라 정부들을 지나치게 비난하고 있다는 점을 조용하게 지적했다.

"나는 다 알고 있소" 하면서 "나는 평생을 선동가로 살아왔으니까 그렇게 할 도리밖에 없었던 것이오"라고 했다.

자신의 계획에 대한 대중의 지지를 얻어보려는 뜻에서 '선동'은 비단 그의 평생의 습관이 되었을 뿐만 아니라 아주 정상적이고도 합당한 활동이었다. 매콜리 경이 언젠가 말한 바와 같이 정치는 75%가 대화인 것이다. 그것은 대개가 찬성을 얻고 지지 기반을 다지는 하나의 예술이고 역으로 말하면 반대파를 쳐부수거나 잠재적인 적수들의 힘을 약화시켜 나가는 하나의 공격 과정이다. 이 대통령에게는 이런 과정이 자연스러운 것이고 그에게는 나라 안에서와 같이 국제 무대에서도 전적으로 합당한 하나의 과정으로 보였던 것이다.

될 수 있는 한 그는 외교 경로를 통해서 자신의 호소와 주장이 직접적이고도 개인적으로 국가 원수나 책임 있는 관리들에게 겨냥되도록 했다. 그러나 국제적 관례 이상으로 그는 일의 진행에 있어 간접적으로 미국 고위 관리들에게 표적을 맞추면서 정책 성명을 언론에 발표하는 한편 자기 주장에 대한 미국과 세계 여론의 지지를 동시에 획득하려고 시도했다. 미국 대통령을 도외시하고 미국 대중에게 호소하는 방식을 추구하는 것이 그에게는 하나도 비정상적인 것일 수 없었다. 여하간에 그는 1905년으로부터 1945년까지 미국에 거주했던 성년기를 통해 어김없이 이런 방식으로 해 나왔다. 미국 시민은 아니었다 하더라도 미국 문제를 걱정하고 그들과 교섭하는 방법에 영향력을 주려고 하면서 무의식적으로라도 크게 미국 시민이나 되는 것처럼 행동하리만큼 그는 자기가 미국의 한 부분이라고 느꼈다.

이와 같은 독특한 행동은 그가 대한민국 대통령에 당선된 이후에도 계속되었고, 그것이 상당한 말썽거리를 낳게 했다. 야인으로서의 정치가가 주한 미국인의 행적이나 연합국의 대한 정책 등에 대하여 가차 없는 비판을 퍼부을 때와, 주권 국가의 대통령이 거의 같은 비난을 발표하게 될 때와는 그 문제의 성격이 다르다. 미국 관리들이 때로는 충격이 컸다. 미국 기자들은 이 대통령을 '무책임한' '선동적인' '횡포가 심한' 그리고 '오만 불손한' 등의 표현으로 그리기 시작했다. 이런 수식어는 보다 험악한 단어인 '독재적'이란 말과도 큰 차이가 없는 것이다.

이 대통령은 이 문제를 깨닫고 있었으나 평생의 습관을 고치지 못했다. '예절을 바르게 고치면 복이 온다'는 속담을 따르기가 어렵다고 그는 느꼈다. 할 수만 있다면 그의 성명서를 다시 기초하고 껄끄러운 표현을 삭제하는 것이 나의 임무였다. "이 사람은 남이 화내지 않도록 내가 하고자 하는 말을 부드러운 방법으로 하게끔 도와주는 올리버 박사올시다" 하면서 흔히 나를 소개했다. 그러나 나는 한국으로부터 먼 거리인 미국에 있었고 그의 많은 성명서는 사람들을 격분케 하는 날카로움과 거친 데가 있었다. 이것은 그가 대통령직에 있었던 12년간을 통해 하나의 문제였음이 입증되었다.

이와는 다른 문제지만 오래된 이 나라가 두 지역으로 분단된 사실은 소련이 통일을 허용하지 않는 사실과 함께 또 하나의 문제로 등장했다. 역사적으로 한국은 드물게도 단일 민족의 국가이다. 남북을 통틀어 한국인은 모두가 한 민족이요 한 가지 언어를 써왔고 큰 분열이 없었던 사람들이다. 북쪽의 평양(平壤)과 한반도 중앙에 위치한 수도 서울, 두 주요 도시 사이에는 역사적으로 어느 정도의 대립은 있어 왔다. 1392년에서 1910년에 걸친 조선 왕조하에 평양 출신의 정치인들은 정부 관직의 배정에 있어 부당한 차별 대우를 받아 왔다고 느꼈고, 때로는 정당한 이유를 들어 항의도 했다. 이것은 묵은 상처로서 그대로 사무친 것이지만 국민 전반에 영향을 주지는 않았다.

미·소 협약에 의해 38도선 분단이 공포되었을 때 북한에는 뚜렷한 정치 지도자이며 평생을 항일 독립의 주창자로서 한국 전역을 통해 높이 추앙되고 존경받는 불굴의 민족 투사 조만식(曺晩植)이 건재했다. 앞에서 말했듯이 김구(金九)도 북한 출신이다. 남한에서 두각을 나타내고 있는 많은 지도자들 역시 그러했다. 그러나 소련군이 북한으로 진주했을 때 그들은 김성주(金聖柱)라고 하는 조선공산당의 유격전 지휘자를 함께 끌고 들어왔다. 이전의 한국 민족 영웅의 이름을 빌려 1930년에 김일성(金日成)이라고 개명한 이 자를 '조선공산당 북한 중앙국' 제1 서기로 권좌에 앉히고 조만식도 요직에 지명했다. 얼마 후 조만식은 그 자리에서 제거되었고, 그 뒤에는 '인민의 적'으로서 감옥에 가두었다. 김일성은 오랜 대중의 지지 기반이 없었음에도 소련의 지원과 북한의 모든 촌락에까지 침투한 강력한 조직 기반을 가지고 곧 효과적으로 권력을 장악하게 되었다.[1]

38도선 이남에 대한민국을 수립하기 위한 5·10선거는 6월 29일 평양에서 개최된 제2차 남북정치회담으로 역습을 받았는데, 이 회담에는 남한에서 저명한 지도자가 아무도 참석치 않았고 지지를 받지도 못했다. 이 회담은 7월 5일 대한민국을 승인하지 않을 것을 결의하고, 그 대신에 8월 25일로 정한 '전국적' 총선거를 통해서 수립될 '조선최고인민회의'를 요구했고 이 '회의'가 '조선중앙정부'를 수립하게 될 것이라고 했다. 김구, 김규식, 그리고 다른 어떤 남한의 지도자도 이 계획을 받아들이지 않았다. 그럼에도 불구하고 이 계획은 그대로 실시되었고, 9월까지에는 서로가 독립 한국의 유일한 자주 정부임을 주장하는 대립적인 두 개의 '정부'가 북한과 남한에 생겼다.

이것이 후일 한국전쟁으로 폭발하는 분쟁의 씨가 되었지만 미군 점령 기간 동안 키워진 상당한 공산당 조직이 남한에 남아 있어서 이 대통령에게는 이것이 문제거리였다.[2]

혼란이 여기저기서 일어났고 파업 선동 분자와 유격대 소굴을 색출하고 소탕하는 경찰의 노력은 '반동'과 '독재 만행'이라는 비난을 더욱 불러일으켰다. 이 대통령은 해외 홍보와 남한 국민의 단결을 호소하면서 이런 비난에 대항하

---

1) 스칼라피노·이정식(李庭植) 공저, 《한국의 공산주의》 참조, p. 324~326.
2) 이정식(李庭植)·스칼라피노 공저, 《한국의 공산주의》 제4장은 미·소공동위원회가 결국 연기될 때 미 군정이 채택한 공산당 불법화 조치 이후 남한 공산 분자들이 대부분 '지하로' 들어가 경찰, 국방경비대, 노조, 기타 공공 기관 등 정부 조직에 침투한 사실을 적고 있다.

려고 했다. 그의 재원은 제한된 것이고 결과적으로 두 방면의 성공은 제약을 면치 못했다. 그러나 그는 이 일을 계속했다.

대한민국이 1948년 8월 15일 출범되었을 때 이승만의 평생을 통한 선동의 열매는 빛을 보게 되었다. 그 이후에 요구되는 것은 진지하고 본격적인 행정 경영이었다. 이 과업에도 그는 열심히 노력을 기울였다.

행정 문제는 지나치거나 소홀히 다룰 수 없는 가장 중대하고 긴박한 것이었다. 그러나 이 대통령에게 더 관심을 갖게 하고, 또한 그의 주된 관심이 정당하게 요구되리만큼 중요한 것은 한국과 미국에서뿐만 아니라 전 세계를 통한 이해와 동정적인 여론에 계속 호소해야 할 필요성이었다.

재원과 인력의 부족은 심각한 문제였다. 9월 1일 이 박사는 서두에 이런 실정을 생생하게 적은 장문의 편지를 나에게 보내왔다.

관계 기관을 거치게 되는 우리의 우편물은 이제 검열을 받지 않게 되었으나 그것을 누가 열어보게 되는지는 모르는 일이오. 이곳에서도 비서들을 구할 수는 있으나 서신과 문서 등을 전적으로 책임지고 다룰 수 있는 그런 사람이 필요하오. 실정대로 모든 서신은 초안부터 타자를 쳐서 작성해야 하는 데 정한경(鄭翰景) 박사가 말을 받아쓰고 있는데 솜씨가 좀 서투르오. 여비서는 직접 필자가 될 수 없을 것이니 아무리 능하더라도 받아쓰기를 하지 않고서는 업무를 진행시킬 수가 없소. 노블 박사가 대부분의 공식 서신을 준비하고 있으나 나는 보다 범위가 넓은 서신들을 다루어야하는 데 그의 서신은 대개가 내용이 미국측의 의견을 따르고 있으니 말이오. 모든 영문 관계 서류를 쓸 수 있고 받아 쓰기도 하며 또 다룰 수 있는 또 하나의 올리버 박사가 필요하다는 말이오. 지금을 위해서도 그렇지만 장차 모든 협약, 조약 등을 점검하기 위한 또 한 사람의 인물이 필요하오. 한인들은 마음이 좋고 그저 권력을 잡는 일이면 무엇이든 서명 동의하지만 앞으로 잘 되어 갈 것이니 근심은 아예 마시오…….

일본과 협력한 죄목으로 고발된 자를 공직에서 추방시키는 반민법이 경찰을 흥분하게 만들었고, 그중의 상당수가 공산당에 합류했소. 당신도 알다시피 경찰은 미 군정으로부터 물려받은 것이오. 내가 이미 체신과 교통 양

부처에 임명한 바 있는 두 사람을 한민당이 해치려고 생각하고 있었기 때문에 국회는 반민법의 통과를 고집했소. 전국 방방곡곡 흥분의 도가니였소. 경찰 책임자들은 자기들의 견해를 밝히기에 이르렀는데, 자기들이 치안을 유지하여 왔으나 이제와서 파직당하게 되었다는 것이오. 요약해 본다면 남녀를 불문하고 친일 분자가 아니었다고 말할 수 있는 사람이 하나도 없다는 것이오. 김성수(金性洙)와 한민당의 모든 다른 지도자들도 일인들과 함께 일하여 돈을 벌었소. 하지 장군 환송연에서 김활란(金活蘭)은 국회의원들에게 친일파를 신중히 다루어 달라고 말했소. 왜냐하면 그 사람들은 모두가 다 협력할 수밖에 없었다는 것이고 자기나 임영신(任永信)도 자기들 학교를 지키기 위해 어쩔 수 없이 협력했던 것이라고 했소.

즉각 처리해야 할 가장 시급한 문제는 미 군정의 권한과 기능이 대한민국에 이양되는 근거가 될 협정의 성격 규정이었다. 하지 장군은 협정 초안을 이 대통령에게 제출했고 이것을 대통령이 상당 부분 수정하여 다시 돌려보냈다. 2, 3차에 걸쳐 이런 왕래가 있었는데 하지가 떠나게 될 때까지도 기본 문서는 서명이 안 된 채 그대로 남아 있었다. 존 B. 콜터 장군이 하지 대신에 잔류 미군의 지휘관으로 부임했고, 존 무초는 신임 미국 대사로 입국했다. 하지는 대통령의 서명을 기다리며 여전히 떠나기를 망서리고 있었다. 새 정부에 넘길 돈과 물자의 양을 토의하고자 이 박사는 다시 한번 워싱턴 여행을 생각했다. 이 문제는 미정 상태로 공중에 떠 있었다.

새 정부가 한국의 여러 창고에 쌓여 있는 군수 물자들을 '어느 정도' 인수할 수 있을 것인가 하는 점이 오직 주요한 쟁점이었다. 한국인들에게 넘겨지지 않을 물자들은 선적해서 일본이나 기타 미국 기지로 반출하게 되어 있었다. 이 대통령은 가능한 한 많이 확보하려고 했고, 하지는 딴 곳으로 가능한 한 많이 보내는 것이 자기 임무라고 느꼈다. 또 하나의 쟁점은 무슨 물자가 한국인에게 최대로 유용한 것인가 하는 문제였다. 대통령은 한국군의 상당한 증강을 원했기 때문에 모든 군수 물자를 원했다. 미국은 한국군 증강에 동의하지 않을 것이고, 또 가장 뚜렷하게 말하면 현존 한국경비대를 하나의 순수한 정규군으로 전환시키는 데 동의하지 않을 것이기 때문에 많은 군수 물자가 한국 정부에게 쓸모없는 것이라고 하지는 주장했다.

문제의 핵심은 잡다한 보급품의 현금 가치가 아니라 대한민국의 군사적 지위에 대한 매우 기본적인 문제에 있었다. 원조 없이도 북한의 공격으로부터 스스로를 방위할 수 있는 충분한 병력과 물자를 위임받아야 할 것인가? 자기 스스로 주도권을 가지고 미국의 동의 없이도 북침을 감행할 수 있을 만큼 증강시키지 않는다는 선에서 적당한 국방력이 가능한 것인가?

짚고 넘어가야 할 것은 이 대통령이 서명할 수도 있었던 하나의 협약을 완결시키지 못하고 천연된 것은 어느 한 사람의 단순한 심술도 아니고 고의도 아닌 다시 말해서 대한민국과 미국이 당면한 하나의 심각한 딜레마의 결과였다는 것이다.

이 대통령의 입장은 존립이 심각하게 위협받고 있던 우리나라가 소련에 의해 훈련되고 무장한 북한 육해공군과 싸워 스스로를 방위하기에 충분한 군사력만이라도 보유하여야 될 것이 아니냐 하는 것이었다. 어떤 주권 국가에게도 이것은 최소한의 필요 조건이 아닌가? 미국이 대부분의 군대를 남한으로부터 철수시키고 있었고, 동시에 미국이 남한 방위 책임을 수락하지도 않았고 또한 앞으로 그렇게 하지도 않을 것이기 때문에 더욱 이 문제는 중요했다. 미국은 남한이 필요로 하는 훈련과 장비를 얻어 낼 수 있는 유일한 근원이었기 때문에 이 대통령으로서는 보다 많은 것을 얻어내기 위한 설득 작전을 펴기 전에 우선 한국에 이미 보유 중인 보급 물자를 사용할 수 있도록 하기 위해서 생각해 낼 수 있는 모든 압력을 집중시켰다. 그에게 달리 취할 수 있는 입장은 없었을 것이다.[3]

그런데 미국의 어려운 입장 역시 그에 못지 않게 심각했다. 나라를 분단시키고, 소련에 의해 수립되고 유지되고 지배되는 침략적인 정권이 그 반을 강점하

---

3) 1년이 지나고 나서 당시의 상황을 회고하며 1949년 6월 24일자 메모에서 이 대통령은 이렇게 썼다. "여러 보고에 의하면 서울에 가까운 부평시 미 군정 본부로부터 이자들은 트럭에 만재한 전쟁 물자를 계속 인천항으로 실어 내어 선박으로 반출해 갔다고 하오. 그 대부분이 탄약과 폭탄이었소. 이 수송 작전이 자정에 실시되었소…… 하지 장군이 여기에 있을 때 부평과 기타의 곳에서 많은 물자를 선박 편으로 실어 내도록 명하면서 이것이 한국에서 사용하기에는 적합지 않다고 한 말을 당신은 기억할 것이오. 후일에 들은 얘기지만 그중에는 80대의 군 트럭이 있었다 하오."

도록 하여 한국을 비참한 상태로 몰아넣는 일에 가담했던 미국이, 이제 그 자리에 있기가 불편하고 지쳤다고 해서 그저 움츠리고 고개를 돌릴 수는 없는 일이다. 또한 국제연합의 결의를 거치는 데 있어서 미국의 선도 아래 억지로 동의했던 민주 우방들의 재난이 따를 것이라는 경고를 무시하고 한반도 남쪽에 대한민국의 수립을 후원해 온 미국은 스스로 산파역이 되었던 정부를 지원하는 일을 피할 수도 없는 일이었다. 그러나 미국의 국가 이익이나 국민 감정이 어떠한 분쟁도 정당화되지 않는 한국에서 전쟁에 말려들어가서는 안 된다고 하는 미국 행정부와 여론의 반응 또한 마찬가지로 세찬 것이었다. 무엇보다도 소련과의 전쟁은 피해야만 했다.

한편 소련은 평화를 대표하고, 미국은 전쟁을 상징하고 있다는 소련의 끈질긴 주장에는 어떤 타당성이 있는 것이 아닌가 하는 여론이 미국 내와 자유 세계 전체를 통해서 크게 번지고 있었다. 여하간에 전 소련권이 위협적인 미군 기지에 둘러싸여 있는 것이 사실이 아니었던가? 우리 측으로서는 '철의 장막'의 일부분을 무방비 상태로 남겨두는 것이 점잖은 제스처가 되고, 심지어는 하나의 현실적인 전술이 될 수도 있지 않았겠는가? 만일에 소련의 호전적 태도가 사실상 자기들이 느끼는 미국의 위협에 대한 하나의 반응이었다면 소련에게는 민감할 정도로 중요하고 미국에게는 별로 중요하지 않은 한국과 같은 곳에서 그 위협을 없앰으로써 우리는 사태를 완화시킬 수 있을 것이다. 이런 식으로 추리는 전개되었다. 이 대통령이 반대한 것이 바로 이 점이다.

또 한편, 다가오는 파리총회에서 한국의 총선거와 정부 수립이 승인될 때까지 한국의 국제적인 입장은 불확실했다. 국제연합에서의 문제를 어떻게 다루느냐 하는 문제는 매우 중대한 것으로 느껴졌다. 같은 9월 1일자 편지에 이 박사는 이렇게 쓰고 있다.

당신이 파리에 갈 것이라는 말을 듣자, 노블 박사는 나에게 이렇게 말했소. '그 사람이 거기에 갈 필요도 명분도 없소. 그가 정 간다면 나는 필요없는 사람이오.' 나는 귀하가 전규홍(全奎弘) 박사와 함께 보도 자료의 발표 등을 위해 대표단에 배속될 거라고 그에게 말했소. 노블 박사는 자기 아니면 귀하가 가야 한다는 것을 우리들에게 이해시키려고 단단히 마음먹고 있었소. 나는 그에게 어리석게 굴지 말라고 했소. 대표단에는 많은 미국인 고문이 따를 수도 있는 것이 아니냐고 말이오. 나는 그에게 귀하는 고문관이 아니라는 것, 도움을 주려고 간다는 것, 그리고 귀하는 지금까지 국무부와 접촉을 계속하여 왔고 모든 내막을 알기 때문에 가 주기를 바라고 있다는 점 등을 얘기했소. 이 일은 우리가 하지 장군을 전송하기 위해 공항에 갔을 때 일어난 일이오. 노블은 나에게 계속 말을 되풀이했지만 나는 올리버 박사를 파견하기로 결정했고, 그 사람은 거기에 갈 것이라고 타일렀소. 그러니 그 달 초까지 거기에 도착될 수 있도록 예약을 끝내 놓으시오.

조 박사에게 예절에 관한 책을 한 권 사 보도록 해 주기 바라오. 외교관이 지켜야 할 일들이 반드시 있는 법이오. 그렇지 못하면 그 사람뿐만 아니라 나머지 사람들도 어렵게 될 것이오. ……중국 사람들은 상하이(上海)에 외교관을 위한 학교를 가지고 있지만, 우리는 자체적으로 외교관들에게 최선을 다해 주어야 할 것이오. ……아직은 포크와 나이프를 제대로 쓰는 방법을 배운 일이 없소. 옷을 올바르게 입는 일도 그들의 대부분이 아직 익숙치 못한 형편이오. 지난 40년간 한국에는 이런 문제가 없었소. 이 모든 일에 많은 요령이 필요하오.……

신생 공화국과 미국 간의 관계 그리고 국내 정치 투쟁에 있어 한국에는 문제들이 점점 얽혀 나왔다. 9월 10일자 편지에 이 대통령은 이 두 가지 문제를 검토했다.

우리 내각은 교섭에 익숙한 조직이 못되오. 이 사람들은 무조건 모든 것이 성사되리라 믿고 있소. "미군정으로부터의 권한 이양에 관한 협정을 서명하고 뒤에 가서 부족한 것은 메우도록 합시다" 하는 식이오. 9월 2일 나는 무초 대사에게 말하기를…… 차관에 대한 첫 상환지불금 조로 양도했다기보다는 미국에 대한 감사의 한 표시로서 정부가 반도호텔을 제공하기로 결정했노라고 했소. ……하지 장군은 귀국해야 하고 그렇다고 서명을 위해 내가 그를 이곳에 붙잡아둠으로써 미국의 체면을 손상시킬 입장도 못되었기 때문에 군부와 체결한 협정에서 나는 우위에 서 있었고, 그들이 양보하고 들어온 것은 그런 이유 때문이오. 이제는 사정이 달라졌소. 그들은 정부를 지지하고 있으며 모든 일은 변동이 심하고 물자는 줄어들고 있고…….

미국인들이 한민당과 기타 불평 분자들을 지지하고 있기 때문에 국민들은 정부의 여러 계획을 뒤엎으려 하고 있소. 계획들이 성공하는 것을 보기보다는 뒤집어 엎어버리는 것이 낫겠다는 것이오. 이들은 무슨 짓이라도 할 것이오. 협정을 변경시키려면 국무부와 국방부 그리고 기타 정부 기관과 교섭하기 위해 내가 워싱턴에 가야 하며 변경 사항의 승인을 받으려면 몇 개월이 걸릴 것이라고들 내게 말해 주었소. 한편으로 미국인들은 우리 정부가 미국의 감독을 필요로 한다는 구실을 만들 정도로 정부를 깎아 내리기 위해 있는 힘을 다하고 있소.

김성수가 이끄는 한민당이 우리를 반대하고 있기 때문에 동아일보와 기타 신문들의 내각에 대한 공격이 날로 심해 가고 있는 중이오. 그러나 귀하에게 내가 말할 수 있는 것은 각료직에 대한 한민당의 추천에 내가 굴복했더라면 사태는 더 악화되었을 것이라는 점이오. 그 때에는 지방의 국민들이 나를 반대하고 나섰을 터이니 말이오. 지금은 다만 서울의 정치인들이 나를 반대하고 있소. 나는 항상 외로운 싸움을 해 나왔고, 또 앞으로도 이것을 계속하지 않으면 안 되오.

그리고 나서 파리 회의 준비에 관한 또 하나의 예상을 적어 보냈다. '김활란을 제외하고는 대표단 사람들이 총회 내부에서 또는 외부에서 일어나고 있는 일에는 무관심이오. 이 사람들이 신경을 쓰고 있는 것은 전부가 예산 문제요. 가능한 한 많이 따내는 것 말이오. 심리전을 어떻게 해야겠다는 구상이 없소. 이 사람들은 노블 박사나 다른 미국인의 말은 무엇이든 믿고 있소. 이 얘기는 당신이 파리에서 유의해야 할 일에 대한 어두운 상황을 전해 주려 함이오. 이 사람들은 어떤 함정에도 빠질 것 같소.'

지원의 필요성이 시급하다고 느낀 이 박사는 이렇게 말을 이었다. "우리는 당신이 이곳에 오기를 원했으나 하지 장군이 입국 허가를 안 해 줄 것이오. 8월 15일 이후에 오도록 당신에게 말했어야 옳았소. 우리는 미처 미국인들이 자기들이 쥐고 있던 권한을 그대로 확보하려는 의사를 가지고 있다고 예상하지 못했소. ……조 박사는 지금도 경찰 통수권을 우리 측에 넘기도록 하려고 노력 중이고. ……콜터 장군은 우리의 벗이지만 신참이오. 나의 서명을 기다리는 문서들을 작성하는 '1급' 변호사들과 협력 중인 반스, 존슨 등 모든 '유익한' 인사들과 같이 콜터 장군에게 자기들의 입장을 이해시킬 만한 고참들도 많이 있소. ……나는 결국 콜터 장군을 불러 협정 서명 이전이라 하더라도 경찰을 넘겨 주어야지 그렇지 않으면 그 조직은 붕괴될 것이라고 말했소. 그러나 조병옥(趙炳玉)은 상대편 요구 조건에 굴복하지 않으면 안 되었소. 국민이 경찰을 미워하고 있으나 우리가 군대를 수중에 가지고 있지 않는 한 우리는 아무런 대책을 세울 수가 없소."

그가 여기에 말한 것은 경찰이 근절시키려고 한 공산 유격대 '소탕 작전'을 말한다.

그다음으로 그의 편지는 정치 정세로 되돌아왔다.

3년간 외국인 치하에 있던 한인들은 나라 전체를 망하게 만들 권력욕을 발전시켜 놓았소. 서울의 정치인들은 귀하가 상상할 수 있는 가장 심한 악당들이오. 부통령은 친일파들을 검거하기 위해 설치한 '수사 본부'의 지휘권을 요구했는데 나는 그와 그를 지지하는 집단과의 대립을 피하기 위해 양보했소.

신익희는 물론 오직 유능한 정치 지도자요. 그는 매사를 해 낼 수 있으나 당이나 어느 누구보다도 자기 자신을 위해 일할 뿐이오. 나는 그에게 국민회의 책임을 맡겼더니 그는 전적으로 자기 자신의 명성을 확립하는 데 이용했고, 국민은 결국 여기에 분노했소. 그는 소수의 추종 세력을 가지고 있소. 그러나 청신호가 떨어진다면 어느 누구보다도 그가 대통령이 될 수 있을 것이오. 여러 가지 보고에 현혹되지 마시오. 지방민들이 내 뒤에 있는 한 모든 것이 잘 되어 가리라 믿소, 나는 국민회를 가지고 정당을 하나 조직할 계획인데, 신익희는 물론 몹시 분개하고 있는 지청천(池靑天), 그리고 약간의 다른 인물들을 영입할 작정이오. 오늘 하나의 모임을 가지게 되겠소. ……

9월 15일 우리 대한민국 대표단 일행은 퀸 매리 호로 뉴욕을 떠나 국제연합 파리 총회로 향했다. 쉘부르 항이 가까워질 때 선상에서 나는 9월 19일자로 이 대통령에게 편지를 띄웠다.

모든 일이 화목하고 즐겁게 잘 되어 가고 있습니다. 본인은 장면(張勉)과 김활란과도 긴 이야기를 나누었으며, 우리의 생각들이 잘 정리되었다고 믿습니다. 배에 같이 탄 여러 대표들과도 회합을 가졌습니다. 본인은 특히 국제연합 관리 담당 엘빈즈와 친하게 되었으며, 이 사람이 우리를 파리 대표들에게 소개할 수 있는 사람이고 또 그렇게 하리라고 봅니다. 시리아의 엘수리 대사와 아랍권 국가의 다른 사람들도 같은 배에 타고 있고, 그중 몇몇 사람과 이야기도 나누었습니다. 아주 명확한 언질은 피했지만 과거에 그들이 그러했던 것과 같이 기권하기보다 이번에는 우리에게 찬성표를 던질 것으로 기대를 갖습니다……

북한에서도 상당수의 인원이 파리에 나타날 것 같습니다. 귀찮은 존재이기는 하나 그들이 어떤 해로운 짓을 할 수 있을 것으로는 보지 않습니다. 우리가 감지할 수 있듯이 대표들 간에 흐르는 일반 여론은 더 이상 소련의 무의미한 장난을 참지 않겠다는 것입니다…….

9월 24일자 편지에 나는 이 박사에게 위안이 되고 한편으로는 실망도 되지만 또 다른 면에서 희극적으로 일어나고 있는 일을 묘사해 보려고 했다. 대표단이 협동해서 참으로 잘하고 있다는 말씀을 보태는 일 외에 오늘까지의 '공식' 보고서는 모든 사항을 망라한 것입니다. 특정한 계기들이 있었고 앞으로도 더 그런 일이 있겠으나 기본적으로 대표단 전원 상호 간에 신뢰와 이해가 있고 더구나 깊은 사명감과 일을 완수하려는 의욕이 있습니다.

나를 동석케 하는 것 때문에 사람들은 약간 당황했으리라고 믿습니다. 그리고 내가 맡은 역할을 정확히 느낄 수 없었기 때문에 이것은 지극히 당연한 일이기도 하지만, 나는 순전히 도움이 되려고 여기 온 것이고 정말 이들에게 도움이 되려고 노력하고 있다는 점을 이들에게 분명히 했습니다. 나는 늘 뒷전에 있도록 해서 아무에게도 미국인이 무슨 안내역을 맡고 있는 것처럼 보이지 않게 하자고 대표단과 본인이 합의를 보았습니다. 그래서 본인은 프랑스 외무성이나 덜레스 방문에 동행하지 않았고 국제연합에서도 대표단과 동석하지 않습니다.

본인은 보도 요원으로 인정받아 시간의 대부분을 국제연합에서 보도진과 함께 보내거나 별도로 대표들과 어울리기도 합니다. 그러나 실제로는 말씀드린 내용보다는 대표단과 더 밀접하게 지내고 있습니다. 우리는 항상 식사도 함께 하고 바깥 출입도 같이 하며 또 저녁에는 함께 지냅니다. 노블은 나의 면전에서 가장 노골적으로 불쾌감을 나타내 보였지만 저는 첫째, 겉으로는 그와 사이좋게 지내는 척하고 둘째로는 한국의 국가 이익상 최선이 못되는 어떠한 것이라도 대표단이 수락하도록 그가 잘못 인도하는 것을 막아보려고 노력할 결심입니다.

다시 9월 30일 나는 이 대통령에게 다음 내용의 편지를 썼다. 11월이 될 것 같은데 국제연합 지지 아래 대한민국 수립을 승인하는 투표 전망이 유리하게 보인다는 것을 확신시키고 다음으로는 정부의 기본적인 개편을 건의하는 다루기 어려운 작업에 손을 대려는 것이었다.

자칫하면 보람 없고 소득 없는 일이 될지 모르는 것을 감히 말씀드려 보겠습니다. 다시 말씀드려서 저보다 더 절실하시고 따라서 더 잘 알고 계시는 정세를 의논드리려는 것입니다. 다른 많은 소식통으로부터 내각에 대한 반응을 들어 알게 되었는데 물론 박사님은 더 잘 알고 계시고 박사님 편지에서도 다소 길게 언급하신 바 있는 일입니다. 제가 역시 듣기로는 국제연합 결의 이후에 거사하려는 하나의 틀림없는 반란 계획이 국회 안에 있다는 것입니다. 물론 박사님도 그 사실은 알고 계시는 일입니다. 그러나 첫째 이 반란은 지극히 심각한 것이고, 둘째 이 계획은 박사님 자신과 국회 그리고 한국 정부 전체의 명분을 위해 막을 수도 있는 일이라고 알고 있습니다.

이것은 끝까지 싸우려는 각오가 되어 있는 싸움인데다가 아주 상당한 지지표를 얻게 될 것이므로 심각합니다. 누가 이기든 간에 한국이 피해를 보게 될 터이니까 심각하다는 것입니다. 다시 말해서 이 반란은 대통령의 권력을 제한하는 헌법 개정에 성공을 거두게 될 것이고, 이것은 여러 가지 면에서 매우 나쁘다는 것입니다. 또는 그 정반대가 사실일지도 모릅니다만 그것이 성사되기 전에 박사님이 그 반쇄시킬 수 있을 것입니다. 김성수, 신익희 추종자와 기타의 지지표를 합치게 되면 승리를 거두기에 충분하다는 것은 사실이 아닐 것이라고 말해 주는 사람도 많습니다마는 박사님이 그 반란을 분쇄시킬 수 있다고 하더라도 공화국 초기에 이런 종류의 싸움이 일어난다는 것은 한국을 위해 여전히 고약한 일입니다.

이 일을 막는 문제의 초점은 물론 어떤 각료직의 임명과 관계됩니다. 결코 제가 이런 일을 찾아다니지는 않습니다마는 저에게 들리는 정보에 따르면 태산같은 난관은 임영신(任永信)을 내각에 두고 있다는 사실, 그것도 상공부 장관이라는 요직에 두고 있다는 사실 때문이라고 합니다. 실은 박사님이 그 자리에 그를 원하는 것은 아니지만 박사님의 큰 목표에 대한 그의 사실상의 또는 짐작되는 봉사 때문에 그를 지명했고, 지금도 그대로 두고 있다고 본인은 이해하겠습니다…….

임영신을 내보내고 오씨가 되거나 또는 그와 같은 정도의 존경을 받는 다른 사람을 그 자리에 지명한다면 진정 폭풍은 막아지리라 믿습니다. ……제가 왜 이런 식으로 말씀드리는지 박사님은 이해하실 것으로 압니다.

두 주일 뒤 10월 5일자로 된 이 박사의 편지를 받았는데 이것은 대표단에게 보내는 외교 파우치로 보내졌고 '임병직과 올리버 친전'이라고 표기되어 있었다. 그 내용에 이 박사는 이렇게 적고 있다.

내각에 대한 비판은 한민당이 동아일보나 기타 신문을 통해서 계속할 것이오. 무초 대사와 콜터 장군은 어제 나에게 "당신은 지금 한민당과 용감하게 잘도 싸우고 있소. 이 사람들은 양곡 수매를 원치 않는 사람들이오"라고도 했고 "이 사람들은 당신의 빈민 구제 계획을 만류하려 하고 있소"라고도 했소.

나는 무초 대사와 콜터 장군에게 식량 배급의 방식을 바꾸어야 한다고 말했소. 일본식 방법이기 때문에 현행 방법은 환영을 못받고 있소. 그 방법을 바꾸는 일은 서서히 진행시켜야 하겠으나 한번 해 봄직한 계획이 세부적으로 짜여 있으며 이대로 하면 빈곤한 사람들도 자기들의 공정한 몫을 차지

하게 될 것이고, 농민들 역시 공정한 값을 받게 될 것이오.[4]

수확만 정상대로 되면 사실은 외국 원조 없이도 미곡은 충분하오. 문제는 분배 관리에 달린 것이오. 한인들은 자기들의 식량 공급을 외국 지배하에 두기보다는 자기들이 소유하고 있는 양을 가지고 잘해 나갈 수 있을 것이오. 왜냐하면 자기들의 필요에 맞게 식량 배급을 해 주도록 우리에게 요구하고 있기 때문이오. 현행 방법은 실정에 맞지 아니하오. 농민들은 차라리 외국 원조를 안 받고도 기꺼이 나라의 필요량을 공급하고 싶어하고 있는 것이오. 이 사실은 공개하지 마시오. 이것을 그 두 사람에게 말했는데 우리에게 강제로 현행 관리 제도를 계속하도록 할 수 없다는 것을 이 사람들이 깨닫기 시작할 것으로 믿소.

한인들은 하지 장군에게 운동장에서 훌륭한 환송식을 베풀었고 덕수궁에서 저녁 대접을 잘했소. 하지 장군은 8월 16일에 소환령을 받았으나 정권 이양 협정에 내가 서명을 아니하기 때문에 떠날 수가 없었던 것이오.

워싱턴 사무소 설치 계획이 들어있는 봉함 서신은 감사하오. 훌륭한 것이었소. 우리가 무엇을 하게 될 것인가 하는 것은 전적으로 파리 회의에 달려 있소. 그러나 우리들 자신에 관한 한 앞으로 전진 중이며 가능한 한 속히 자주적으로 행동할 수 있게 하기 위해 최선을 다할 것이오. 불행한 일은 우리가 재정을 쥐고 있지 못한 것이오…….

그때까지는 국제연합 총회가 잘 진행되고 있었다. 도처에서 우리는 우호적 태도와 지원 약속을 받았다. 사실은 11월에 가서야 한국에 대한 투표가 있기로 예정되어 있기 때문에 대표들의 관심은 거의 전적으로 유럽에 쏠려 있었다.

소련이 언제라도 서유럽에 대해 예고 없는 공격을 가해 올지 모른다는 심각한 관심이 있었다. 이런 파국에 대처하기 위해서 '자유 세계'는 몇 개월 간 불안하고도 두려운 분위기 속에서 회의를 계속해 왔던 것이다. 유럽에서는 유럽 재건 계획으로 더 이름이 있는 마셜플랜에 뒤이어 브뤼셀 상호방위조약이 체결되었다. 다음으로 서독의 본 정부 수립과 루르 지방의 국제화를 가능케 한 독

---

4) 가능한 한 높은 가격을 유지하는 것이 농민에게는 중요한 일이었고, 인구의 75%를 차지하고도 빈곤에 빠져 있으므로 그들의 희망은 가치가 있었다.

일의 영·미 지역 통합이 이루어졌고, 얼마 후 프랑스 지구가 여기에 추가되었다. 이 모든 움직임을 소련은 끈질기게 반대했다.

국제연합 총회가 개최 중인 샤이요 궁전의 낭하와 휴게실에서 대표들의 화제는 우울하게도 전쟁의 임박설이었다. 대화의 일반적인 논조는 소련 침공에 대항하는 방위선은 영국 해협을 제외한 채 유지될 수 없다는 것이었다. 종전과 동시에 미국에서뿐만 아니라 서방 진영 전체를 통하여 삭감된 연합군 병력은 적시에 점차 재건될 수 있으리라는 희망 아래 다른 모든 것은 희생되지 않으면 안 된다. 4월 1일에 시작된 베를린 봉쇄는 아직도 소련에 의해서 완강하게 지속되었다. 미군 비행기는 이 도시가 필요로 하는 필수 공급 물자를 아직도 실어 나르고 있었다. 그리고 이 정돈 상태를 타개하려는 외교적 노력은 뚜렷한 진전을 보이고 있지 않았다.

미국에서 관심의 초점은 앞으로 다가온 대통령 선거에 쏠렸다. 확실한 승리가 예상되는 뉴욕의 토마스 E. 듀이 지사는 국민의 단결을 고조시키고 입바른 정책적 공약을 피하기 위해 꾸며낸 중립적 발언만을 연발하고 있었다. 해리 S. 트루먼 대통령은 전혀 전례가 없는 '열차편 지방 유세' 운동에 나서서 지방을 뛰며 재선을 노리는 대통령이 선례가 없는 경망스러운 안경을 애용하고 있다고 하여 '민주당 국회를 흥분시키고' 있었다. 존 포스터 덜레스는 듀이 지사에 의하여, 건강상 이유로 사임한 로버트 패그너 대신 미국 상원의원에 지명되었다. 또한 듀이가 이끌 내각의 국무장관 예상 인물인 덜레스의 외교 정책은 트루먼 현 정권의 딘 애치슨 장관의 의견보다 외교 공관원들이 훨씬 더 조심해서 다루었다.

신문들은 이제 이 대통령과 그의 새 정부를 신랄하게 비판하는 재미없는 서울발 기사를 게재하기 시작했다. 그는 시민의 자유를 '억압'하며 국민을 '탄압'한다고 공격을 받았다. 사실상 군정이 철수할 때 남한에는 공산당의 소굴이 그대로 남아 있었다. "미군 제1진이 철수한 직후 남한 각지에는 파업, 시위, 무장 반란이 만연되었다."[5]

우리가 예상했던 그대로 공산당 봉기를 진압시키려는 이 대통령의 노력은

---

5) 조순승 저, 《세계 정치와 한국》, 앞의 책 pp. 230~233. 폭력은 폭력을 부르게 되고 이승만 비평가들은 이 점을 들어 그를 "무자비하고 무책임한 그리고 무례한 정치인"이라고 비난했다. 최봉윤(崔鳳潤) 저, 《한국사》, 앞의 책 p. 253.

세계 언론에서 '반동주의', '독재정치', 그리고 '테러리즘'으로 묘사되었다. 국방경비대원 신원에 대한 '정치적 심사' 허용을 미 군정이 거부한 직접적인 결과로 노골적인 공산 반란이 제주도와 여수, 순천, 그리고 대구 여러 도시 주둔 국방경비대 내부에서 일어났다. 미 군정에서 조직한 경비대로부터 전 부대원이 이탈한 약 2천 명의 공산군이 남한 내에서 작전을 시작하여 약 5백 명의 정부 관리들이 피살되었다.[6]

11월 14일 이 대통령은 남한의 약 4분의 1 정도에 달하는 지역에 계엄령을 선포함으로써 이런 사태에 대처했고, 동시에 추가로 5만 병력을 무장 훈련시키기 위한 미국의 원조를 요구했으나 이 요구는 거절되었다.

우리가 할 수 있는 최선의 방법은 이런 투쟁이 벌어지고 있는 상황을 공정하게 보도하도록 보도 관계 매체에 작용하는 노력이었다. 10월 12일 나는 이 대통령에게 편지를 썼다.

> 지난 토요일 저는 잠시 자리를 비워도 좋을 때라고 생각되어 정오에 비행기로 런던을 향해 떠났습니다. 3일간 거기서 묵고 오늘 저녁 돌아올 예정이었습니다. 떠나기 전에 미리 〈이스턴 월드〉지 편집장 타우시그에게 무전을 쳤고, 그는 저를 위해 일련의 회견을 마련해 주었습니다. 결국은 짧은 시간이나마 만나 볼 필요가 있는 8명 내지 10명의 인사들을 만나 보았습니다. 외무성 극동국 수석공보관, 왕립국제문제연구소 한국 관계 전문가, 〈스펙테이터〉지 편집장, 몇몇 신문의 논설 위원, 국제학생회관 관장, 기타 극동에 관심을 가진 여러 방면의 인사들입니다. 런던에서의 홍보 활동이 크게 필요하다는 것을 말해 주는 것인데 저는 한국에 대해 '엄청난' 오해가 있음을 발견했습니다. 그러나 다행히 그들은 '무지하다'는 사실도 인정하기 때문에 이야기를 듣고 싶어하는 것입니다……. 저는 또한 마침 중국 대사관이 '쌍십절' 기념 축하연을 베푼 자리에서 만나게 되었기 때문에 순전히 우연한 기회를

---

6) 스칼라피노·이정식(李庭植) 공저, 《한국의 공산주의》, 앞의 책. "이리하여 이승만 정권은 독립국가 수립과정에서 상당 기간 남부 지방에서 지극히 중대한 사태에 직면했다"라고 필자들은 글을 맺고 있다. 제1권 p. 308. 또 필자들은 대한민국 육군사관학교 1947년도 졸업생 중 약 80%가 공산당이거나 공산주의 동조자였음을 추가로 밝히고 있다. p. 310.

얻어 외무부 장관 어네스트 베빈과 훌륭한 대화를 나누었습니다. 그는 아주 상냥한 사람이고 틀림없이 대한민국 승인 문제를 적극 찬성하리라 봅니다…….

이 편지에서 나는 또 다시 이 대통령에게 한국 국회 내에 예상되는 반란과 그의 내각에 대한 비판에 관해서 많은 이야기를 듣고 있노라고 말하고 "임영신을 물러나게 하는 것이 대단히 큰 도움이 될 것……"이라고 충고했다. 예를 들면 미스 임이 상공부의 장으로 있는 한 미국은 그 부서를 통하여 산업 복구 자금을 전달하지 않을 것이라고 말한 국무부 대표와의 '비공식' 회견 내용을 일러주었다. 나는 계속해서 "이곳 파리 현지에서 노블 박사는 저를 점점 더 분노케 하고 있습니다. 그의 태도에 대해서 박사님은 아주 정확하게 저에게 알려 주셨고, 그는 이것을 숨기려는 노력도 하지 않습니다. 저는 친하게 지내려고 노력해 왔습니다마는 그쪽에서 협력하려는 의사의 그림자조차 찾아볼 수 없습니다. 더욱 고약한 것은 한국 대표단 단장 장 박사에게 미국의 지지를 보장받기 위해 자기가 단장과 더욱 밀접하게 일해야 한다고 믿도록 한 것입니다."

이틀 뒤 나는 그를 확신시키기 위해 국제연합 총회에서 "우리는 표결을 앞두고 있으며 이 문제의 상정이 빠를수록 좋습니다. 국제연합에서 소련권과 민주 진영 간의 악감정은 매우 커서 거짓과 중상모략 따위의 단어가 아주 마음대로 사용되는 가운데 모든 토의가 매정합니다"라고 써 보냈다.

이 박사는 10월 27일 한·영 관계와 내각 문제에 대한 재미있는 청을 곁들여 이 편지에 대해 회신을 보내왔다. 지난번 화제에 관해 그는 이렇게 썼다.

몇몇 영국 사람들과 좋은 대화를 나누었다니 우리는 매우 기쁘오. 공식 친선 사절로 당지를 방문했던 정항범(鄭恒範) 박사가 돌아와서 내게 말하기를 영국인들은 현재의 내각 구성에 대해 나쁜 인식을 가지고 있고 좌익 분자들이 너무 악선전을 많이 했다고 했소. 이곳의 영국 대표는 8월 15일 전이나 그날 또는 그 이후에도 한마디 말을 표시한 일이 없소. 무슨 일이 지금까지 일어났는지조차 그자는 모르고 있는 것이 아닌가 싶소. 적어도 이것이 그 자의 움직이는 태도요. 프랑스인, 중국인, 그리고 필리핀 사람은 당당하게 우리를 축하해 주었고 신생 공화국에 대해서 주목하고 있는 것이오. 우리들의 공식 초대연에 영국 대표가 와서 악수만 하고 총총히 떠나버렸소. 아마 대화를 피하려고 했던가 보오. 아무리 해도 그의 행동은 좀 이상했소.

성공회의 쿠퍼 주교가 영국 람베드 회의에 참석하기 위해 지난 봄 여기를 떠났소. 그는 도중에 미국에서 몇 번 연설을 했는데 그것이 좀 이상했소. 적어도 정치가 문제된다면 총선거를 찬성하고 선거를 통해 수립된 정부를 지지하면 될 것이 아니겠소? ……당신이 영국의 베빈 외상을 만났다고 하니 기쁘고 더 많은 사람들을 만나기 위해 좀더 머물렀으면 싶소.

내각에 관한 국회의 감정 문제에 대해서도 이 대통령은 마찬가지로 숨김이 없었다. 한국의 많은 계층에서뿐만 아니라 미국과 국제연합에서까지도 그가 김구·김규식(金奎植)·조소앙(趙素昻)·안재홍(安在鴻)·김성수(金性洙) 등 한마디로 자기의 모든 정적들을 망라한 한국의 '실력자들'을 하나로 묶어 '연립' 내각을 수립했으면 하는 많은 의견이 분분함을 그는 잘 알고 있었다. 본질적으로 중심이 흔들리기 때문에 항상 분열하고 쪼개지기 쉬운 '연립' 방식은 이 박사가 본능적으로 반대했다. 이런 내각을 가지고 각료들은 각기 국회에서나 대중 속에 가능한 한 자기 추종 세력을 구축하려 들 것이고 이리하여 결국은 국민적 단합을 해치기 쉽게 되리라는 점을 그는 통절히 느끼고 있었다. 그가 임명한 내각에 대한 비판이나 국회 안에서 들끓고 있는 반란에 대해서도 그는 문제점을 너무나 잘 알고 있었다.

몇몇 사람을 통해서 귀하가 얻은 정보에 관해서 말한다면 내용을 매우 정확하게 파악했다고 보고 싶소. 국회의장은 나에게 비밀 간담회를 통해서 과반수를 묶어놓자고 제의했으나 이 절차는 내가 반대했소. 자기 '지배권'을 확립하기 위한 일에 내가 청신호를 보내지 않았더니 그는 자기 혼자 그것을 하려 하고 있소. 최근에 국회가 이것저것 요구하는 행위는 오직 나를 잘게 토막내자는 것이오. 방금 이 사람들이 각 부 장관에게 질의서를 제출했는데 이것은 각 장관을 더욱 작살내고 이 질문서를 통해서 일을 좀더 시끄럽게 하자는 것이오.

귀하가 제안했듯이 일개 장관을 옮기는 것으로서 문제가 해결되지 않을 것이오. 일곱 자리를 요구한 것을 귀하도 기억할 것이오마는 지금껏은 법무에 이인(李仁), 교통에 허정(許政), 그리고 재무에 김도연(金度演) 세 명만이 이 사람들의 당에서 보낸 것이오. 두말할 필요없이 이 사람들은 임영신을 쫓아내지 못했소. 성공하지 못했으니 이 사람들은 천하가 시끄럽게 말썽을 부릴 것이오. 그리고 굴복하는 것은 이 사람들 콧대를 높이고 역효과를 가져오게 될 것이오.

몇몇 정상배들은 민주주의를 공개된 난장판으로 해석하며 이를 이용하고 있는 것이오. 40년 동안 한인들은 명령을 받아왔고 여기에 분개했소. 3년 동안 소위 '민주적인' 미 군정은 군사사령부에 지나지 않았고 민주주의 원칙과는 거의 아무 상관이 없었소…….

임영신이 책임자로 남아 있는 한 원조 자금이 상공부를 거쳐 배정되지 않을 것이라고 국무부 사람이 전한 정보는 정확하지 못하오. 왜냐하면 그 원조는 상무성을 통해서 전해지는 것이 아니라 원조 기관을 거치게 되어 있소. 미국 사람들이 별개의 부서를 설치하여 이것을 보급부로 승격시키려고 했으나 내가 그것을 1개 국에 머물도록 하라고 했소.

귀하의 제안을 고맙게 여기며 그 일에 대하여 귀하가 얼마나 염려를 많이 하고 있는 것을 알겠소. 그러나 파직시킨 사람(오씨)을 재임명하는 것은 그 부처를 우리와 분명히 노선을 달리하는 특정 정당(김성수의 한민당)의 수중에 넣게 하는 것이오. 노블 박사와 모든 이 사람들이 그를 높이 천거한 것은 그가 번스 일파의 완전한 꼭두각시이기 때문이라는 사실을 나는 알고 있소. 벤(임병직)이 그렇게도 인기가 없는 것은 바로 이 때문이오. 왜냐하면 그는 결코 한인들이 하듯이 미국인들에게 굽히지 않을 것이기 때문이오.

매사는 이 서신들이 보여주듯이 그렇게 심각하지만은 않았다. 11월 2일자 이 박사 부인의 편지에는 이 박사 내외가 보내는 분주한 생활 속에 즐거운 막간 장면 한 가지가 그려져 있다.

박사님도 아시다시피 우리는 항공기로 도쿄(東京)까지 여행했는데 비행

계획에 따라 여정은 참으로 잘 짜여졌습니다. 여행은 매우 즐거웠으며, 우리들의 도쿄 체류는 소련을 뺀 모든 외교 사절이 참석한 가운데 맥아더 장군 부부가 미국 대사관에서 베푼 공식 오찬과 그리고 초청된 인사보다 더 많은 인원이 모여든, 제국 호텔에서 국무부 대표들이 베푼 리셉션 등으로 더욱 두드러졌습니다.

도쿄의 생활상은 다시 정상으로 돌아온 듯싶습니다. 일본 사람들은 잘 입고 있었고, 가게는 잘 정돈되고 많은 집들이 이미 지어졌거나 여러 가지로 건축 공사가 한창이었습니다. 제가 1946년에 잠깐 들렸을 때만 해도 철제 금고가 나뒹굴고 있는 것 외에는 보이는 것이 아무것도 없어서 가엾은 모습이었습니다. 도쿄로 들어가는 도중 줄줄이 버려진 철제 금고뿐이었지요. 지금은 집들이 어디에나 들어차 있습니다. 우리는 히로시마(廣島)에도 비행기로 가 보았는데 거기도 활동이 아주 활발했습니다.

맥아더 장군 부인은 아주 매력 있는 주부이고, 자기 남편의 지위 때문에 티를 내는 것이 없었습니다. 우리가 대사관의 큰 응접실에서 오찬에 나올 장군을 기다리고 있을 때 모든 외교관들이 동석하고 있는 가운데 장군이 성큼 달려들어오더니 자기 아내에게 정답게 키스를 하며 기분이 어떠냐고 묻고 나서 손님들에게 인사를 건네더군요. 너무나도 자연스럽게 이런 행동이 이루어지니까 그 인정의 따스함을 느낄 수밖에 없었지요. 모든 부인들이 그 둘레에 서서 부인이 키스받는 것을 부러워하는 눈치더군요.

신생 공화국의 외교 대표 선정은 내각 임명보다 덜한 문제가 아니었다. 특히 중요한 것은 초대 주미 대사의 지명이었다. 이 대통령이 11월 5일자 편지에('올리버 친전 대외비'로 표시됨) 입맛 쓰게 지적했듯이 워싱턴에 파견될 핵심 인물의 선택은 사실상 국무부 스스로가 주로 했다.

우리는 벤이 수락되도록 하려고 몹시 힘을 기울였소마는 보다 하위직에 있었던 사람이 지금 고위직을 맡는다는 것은 현명치 못하다고 그들이 느끼고 있소. 내가 느끼기로는 이것은 하나의 구실이오. 그러나 우리는 이것을 인정해야 하오. 상대편이 받아들이지 않을 인물을 보내는 것은 무익한 일이요. ……많은 이유로 내가 벤을 워싱턴에 있게 하고 싶어한 것은 귀하가 잘 아는 바이지만 우리로서 어떻게 할 수 있겠소? 귀하가 돌아와서 사무실을 지키고 도와 주기 바라오. 누군가 대사로 부임할 때까지 우리는 데이비드 남궁(南宮炎)을 공식 책임자로 임명했소. ……남궁은 뉴욕의 총영사가 될 것이나 지금은 벤의 자리를 대행해야 하며 그렇게 해서 누군가가 워싱턴에 있게 될 것이오.

도쿄의 대사급 자리도 몹시 중요한데 그곳의 다른 외교관들과 겨룰 만큼 세련된 사람이 없소. 해낼 만한 사람이 더러 있으나 이 사람들은 흥사단(興士團)에 속하오.[7]

또한 상당한 수의 한국 교민을 가지고 있는 나라에 이런 인물을 임명하는 것은 현명한 일이 못되오.[8] 상상 이상으로 밝은 활기가 불타오르고 있소.

도쿄의 자리는 정한경(鄭翰景) 박사가 임명되었으나 그의 한국말 지식이 부족하다고 해서 잠시 동안만 재직했다. 임병직은 그곳에 상설직을 맡도록 이 대통령이 발탁했다. 그러나 연말이 지나 얼마 후 임병직 대령은 외무장관으로 서울에 소환되었다. 파리에 대표단을 이끌고 갔던 장면 박사는 가톨릭 신도로서 정부를 특별히 지지하는 광범위한 기반을 구축했고, 그의 온건한 견해와 조용한 인품이 적을 만드는 일이 없다는 이유로 초대 주미 대사에 임명되었다. 이 대통령은 11월 5일자로 내게 보낸 편지에 "나중에 바꾸는 한이 있더라도" "그가 정부 훈령을 수행하고 있는 한 무난하리라 보오"라고 말하면서 장면에 관해서 상당한 단서를 붙였다. 그는 또한 지금 막 미시간 대학 박사 과정을 마치려 하고 있는 한표욱(韓豹頊)에게 워싱턴의 어떤 직책을 수락하기 위해서 연구

---

7) 앞에서 말했듯이 흥사단은 피난으로 월남했거나, 그 이전에 이미 남쪽에 이주해 있던 북한 사람들의 조직이다. 이 가운데 몇몇 인사들은 전 한국이 공산화되는 위험마저 무릅쓰면서 북한과의 통일을 지지했다.
8) 약 1백만의 재일 교포가 일본 패망에 뒤이어 한국으로 귀환했다. 일본에 잔류하는 60만 가운데 상당수가 공산당이거나 공산당 동조자인 것이다.(에드워드 M. 와그너 저, 《일본의 한인 소수민족 1904~1950》, 뉴욕 소재 태평양문제연구소, 1951년 간행 참조) 데이비드 콘드 저, 《재일 한국 소수 민족》 극동 조사지, 1947년 2월 26일 간행, pp. 41~45에 보면 일본인들이 저지른 불공평하고 편파적인 처우와 연합군 사령부(맥아더 사령부)의 보호 부족으로 교포들이 어떻게 공산당으로 끌려들어가게 되었는지를 설명해 주고 있다.

실을 떠나 올 수 있겠는지 알아보도록 내게 당부했다. 그러고 나서 장 박사에 대하여 이렇게 덧붙였다.

'그 사람은 도움받을 강력한 고문관을 두어야 할 것이오. ······그가 파리에서 어떻게 처신했는지 정확한 의견을 말해 보시오. '미국 고문들'(한국 대표단의 '안내역'을 맡은 국무부 관리들 특히 해롤드 노블 박사)에 대한 그의 태도는 어떠했소? 그의 부족한 점은 무엇이오? 우리가 이런 것들을 안다면 특별 훈령이나 우리의 충고로 도움을 줄 수도 있지 않겠소?'

11월 15일 나는 이 대통령에게 다음과 같은 평을 써보냈다.

장면 박사에 관해 생각건대 그는 훌륭한 대사가 될 겁니다. 그는 착실하고 믿음직스럽고 노력형이고 또 조직적입니다. 그는 태도가 명랑하고 성미가 부드러워서 적을 만들거나 반감을 일으키지 않습니다. 그의 개인적인 습관과 일반적 인품에 대해서도 비판의 여지가 없습니다. 제가 판단하건대 그의 두 가지 큰 결점을 말한다면,

(1) 다른 사람들과 어울려서 일하기가 힘듭니다. 다시 말씀드려서 권한을 위임하는 일이 어렵고 그렇게 됨으로써 자기가 얻을 수도 있을 도움들을 최대로 활용할 수 없게 될 것입니다. 생각건대 대표들 전원이 이 점을 매우 예민하게 느꼈을 것입니다. 그러나 그가 적절한 충고를 받아들인다면 이 점은 극복될 수 있는 결점입니다. 이것은 주로 행정에 대한 경험 부족에서 오거나 혼자서 최선을 다할 수 있고, 또 그 결과를 확인해야만 직성이 풀리는 양심적인 생각에서 비롯된 것이라고 생각합니다.

(2) 그의 둘째 결점은 미국 고문들에게 너무 의존하고 자기 자신이 자주독립 정부의 대변인이라는 느낌을 덜 생각하는 경향인가 합니다. 그러나 이 결점 자체도 한국이 당분간은 미국의 경제 및 군사 원조에 의존하고 있다는 한 가지 사실 때문에 득이 되는 미덕으로 발전될 수 있을 것입니다. 따라서 대사는 국무부가 신뢰하는 인물이어야 하고 과거부터 우리들이 너무 말썽 많은 처지였기에 '협력적'이라는 옛 단어를 적용시킬 수 있는 인물이어야

한다는 것이 필수적입니다. 만일 장박사에게 다른 어느 대사에게 하듯이 어떤 정부 계획을 진행시키도록 한다면 그는 최선을 다하여 따라가리라고 자신합니다. 그리고 여하한 경우라도 모든 기본적인 정책 결정은 한국에서 이루어져야만 하지 않겠습니까?

장면이 임명되었다. 그러나 12월 12일에 이루어진 것이지만 새 정부에 대한 국제연합 승인 이후 그리고 미국과 대한민국이 공식으로 대사 교환에 합의한 뒤에야 그는 대사직을 맡게 될 수 있는 것이다. 이런 일은 1월 초에 이루어졌다. 1949년 초 해리 트루먼 대통령의 첫 공식 조치는 대한민국에 대해서 미국의 공식 '승인'을 알리는 일이었다. 새로운 시대가 열리고 있었다.

이런 '새 시대'가 우리에게 의미하는 것은 이곳의 재정 형편이 불안을 면하게 하는 일이었으나 곤경에 있기는 마찬가지였다. 금년도의 실제 지출액은 약 2만 2천 불에 달했으나, 우리들의 연간 총예산은 2만 불에 불과했다. 봉급은 매우 낮았다. 나의 비서와 사무실 관리인은 매년 2800불에 달하는 넉넉한 액수의 돈을 받았다. 공보 관계 대행 근무로 파리의 한 기자와 런던의 편집인 한 사람에게 매달 각각 50불씩을 지불하자는 나의 건의를 이 대통령은 승인했다. 4, 5명의 피고용인에게 매년 각각 4천 불씩 주어 직원수를 늘리려는 몇 번의 계속된 나의 건의는 받아들여지지 않았다. 한편 주로 공산 폭동을 진압시키려는 일련의 경찰력 동원으로 말미암아 한국 국민에 대한 '독재적' 탄압이 있다 하여 이 대통령은 미국과 세계 언론에서 점점 맹렬히 비난의 대상이 되어가고 있었다. 그는 이렇게 불리한 집중 선전 공세에 매우 예민했다. 11월과 12월에 쓰인 몇 통의 편지에서 그는 INS, UP, 그리고 AP 통신 외신 보도에 소개되고 모든 미국 신문에 실릴 수 있는 유리한 뉴스 화제들을 '책임질 만한' '유력한' 홍보 전문 회사를 주선해 보라고 했다. "이 일이 당신의 과업에 훼방이 되어서는 안 될 것이오"라고 그는 못을 박았다. 5만 불의 봉급과 몇 백만 불의 연간 계약이 보통인데 높은 보수로 대한민국을 대신해서 일을 맡으려는 여러 회사와 개인을 찾아보았으나 아무도 우리가 바라는 결과를 장담하지 못했다. 실제로 생긴 일은 11월 5일 우리 사무실 예산을 현 수준으로 유지하는 데 쓰일 5000불짜리 수표 한 장을 받은 사실이다.

12월에는 폴 호프만이 이끄는 새로운 경제협력관리기구(ECA)를 통해서 감독받게 되어 있는 1억 1천만 불의 대한 군사 및 경제 원조 법안이 국회를 통과하고 대통령의 재가를 얻었다.

이 경제 원조는 목마르게 필요했고 절박하게 추구되어 온 것이다. 그렇다고 하더라도 이 대통령의 첫 반응은 그것이 공여된 근본 원리를 묻고자 하는 것이다. 그는 한 나라의 정부가 근본적으로 필연적으로 '자유'로운 반면에 본질적으로 부득이 '의타적'인 경우에 이것을 지배하는 난점이 따른다는 사실을 통절히 느끼고 있었다. 주사위가 던져졌을 때 만일 한국이 제발로 설 수 없다면 충분히 오래 버티고 서 있을 수 없다. 스스로 '남에게 의존하는 일'은 최대한으로 억제되어야 한다. 그러나 또 한편으로 그는 미국 정부와 납세자들이 정말 자기들의 이익이 되지 않는 한 남의 나라에 실질적인 원조를 제공할 이유도 없고 의사도 없다는 상반된 사실을 또한 인식했다. 이것은 어떠한 원조가 제공되든지 거기에는 반드시 '부대 조건'이 따라붙는다는 것을 의미했다. 문제는 어떻게 하면 대한민국에 대하여는 의당 스스로 누려야 하는 주권의 질과 양을 누리도록 해 가면서 동시에 미국에 대하여는 자기들이 누려야 하는 감독권을 갖도록 하느냐 하는 방법론이었다. 이 두 가지 문제점 사이에는 자연 일치되지 않는 하나의 '중간 지대'가 있었다.

미국은 한국에 주는 돈이 당초의 목표 즉 남한이 경제적 자립의 지위를 성취하도록 돕는 일을 효과적으로 달성하는 데 쓰이도록 확실하게 하려고 아주 온당한 노력을 했다. 이 대통령도 이와 못지 않게 온당한 노력으로 경제적 자립뿐 아니라 정치적 독립과 국가 보위를 위한 충분한 군사력이 되는 원조 계획의 목표 달성을 확실하게 하려고 했다. 이것은 양측이 이해하고 존중하고 받아들일 수 있는 기본 입장이었다. 그러나 화합하기 어려운 다른 차이점이 있었다. 그의 11월 25일자 편지에 이 대통령은 세 가지 이런 불화의 문제점을 내게 알려 주었다.

원조 계획에 관하여 우리는 아직 교섭 중에 있소. 어떻게 보면 정돈 상태에 있는 것이오. 우리는 ECA 측이 상담역 전원을 모집하고 우리에게는 다만 자기네가 고용한 사람들을 통고하는 데 그치는 그런 규정에 동의 서명하지 않을 것이오. 또한 ECA 대표가 수출입에 쓰이는 한국의 자금 전체를 감독하겠다는 것도 동의하지 않겠소. 그리고 ECA가 우리 측이 관리하도록 넘기겠다는 5%를 제외한 모든 한화 계정을 자기들이 통제하겠다는 것도 동의할 수가 없소. ……우리의 주권을 이 정도까지 포기하느니 차라리 원조를 받지 않는 것이 좋을 것이오. 미국 원조를 받고 있는 다른 나라들은 이 정도의 제약을 받고 있지 않는데 왜 우리만 받아야 한단 말이오?

이런 의견 차이 이외에도 공식적인 교섭 목적에 비추어 쌍방이 밝히기를 꺼리는 다른 문제점들이 있었다. 예를 들면 엄격한 통제가 유지되지 않는 한, 한국 관리들의 부정으로 원조 자금이 낭비되지 않을까 하는 미국의 우려가 그것이다. ECA 측이 뽑아서 책임지운 미국 상담역들이 한국보다는 미국의 이익을 추구하고 사실상 이들이 진정한 한국인의 요구와 희망조차 이해하지 못할 것이라고 하는 것이 한국측의 관심사였다.

상담역 고용에 있어 이 대통령의 마음을 괴롭힌 두 가지 다른 문제점이 있었다. 그 하나는 고국을 떠나 '저개발'국에 와서 '고생하는' 자리에 근무해야 하는 미국인들에게는 아무리 합리적이라 하더라도 ECA 상담역은, 적은 봉급으로 함께 일하는 한국 사람들에 비해 엄청나게 높은 보수를 준다는 사실이었다. 이것은 아마도 해결 불가능한 문제였지만 그러나 여전히 속을 끓게 했다. ECA 측이 전혀 '십자군' 정신도 없고 그저 가능한 한 많은 보수를 받는 좋은 직업을 찾는 데만 관심이 있는 자들을 많이 고용한 사실은 이해할 만하고 또 당연한 일이긴 하나 그 때문에 더욱 분개했다. 국제적인 원조 기관을 위하는 임무는 나름대로의 관습과 윤리를 지닌 하나의 직업이 되었다. 대부분의 이런 전문 직업인들이 출세를 바라고 또 그러는 가운데 기능을 개발시키는 것이 이상스러울 것은 없다. 한국 사람들이 이런 사실을 발견하고 대조적으로 자기들 자신의 엄청나게 적은 제약된 처지를 원망하는 것도 이상한 일이 아니다. 또 한편으로 이 대통령이 당면한 다른 문제는 한국을 위하여 여러 해 동안 수고했고 지금은 고위직 임명으로 보답을 바라는 벗들을 미국에 두고 있다는 사실이었다. 이 가운데 몇몇은 몹시 다급하게 자기들의 희망과 또 느낌 그대로 고위직을 기득권처럼 내게 내세우기도 했다. 이 대통령은 그들에게 보답하는 것뿐만 아니라 자기와 한국 이익에 대한 그들의 명백한 충성심에 기대를 걸 수 있다고 느꼈기 때문에 자기가 할 수 있는 한 이런 공직 임명을 하고 싶었다.

이 대통령의 11월 25일자 편지는 이 문제를 각별하게 설명했다.

우리는 지금 미 군정에서 일해 왔던 인물들 다시 말해서 우리가 임명을 요구했지만 '명단'에 올려지지 않았던 소위 '이승만의 사람들'을 충분히 확보하고 있소. 우리는 지금 우리나라의 여러 가지 요구 사항을 자진해서 조사하려고 노력하며 일을 계속 받아 나갈 사람들의 명단을 작성 중이오. 지금 현재 원조 관계 직원은 전부 반도호텔에 자리잡고 있으며 재무부에는 상담역이 한 사람도 없소. 정말로 일을 하려고 관심이 있는 사람들은 귀국 예정자 명단에 올라 있소. 그중에서 몇 사람을 우리가 요구했더니 그 사람들은 부적당한 사람이라는 것이오. 이것은 이 사람들이 한국을 위해 일하고자 하며 자금의 낭비를 막으려 하기 때문이오.······

우리는 훌륭한 종합 계획 담당자를 필요로 하고 있소. 이 자리는 다른 모든 자리보다 더 중요하오. 상공 계통에는 좋은 사람들이 있으나 농업, 철도, 그리고 체신 방면의 인사가 빈약하오. 굿펠로는 워싱턴에 사무실을 둔 종합 고문관이 되고 싶어하오. 그가 이런 직책을 위한 하나의 계획서를 제출했으나 귀하도 알다시피 우리는 미국인들과의 관계를 가능한 한 원만하게 끌어가려고 노력하고 있소. 우리가 그에게 공식 계획서 중에서 가능한 것을 찾아보도록 이야기했으니 그는 몇 가지 계획을 상신하게 될 것이오. 그가 제의한 몇 가지 다른 일들에 관해서도 우리는 그에게 실현 가능한 것을 찾아 보고하라고 일렀소. 우리가 그에게 어떤 종류의 언질도 준 일이 없고 약속이나 다른 등속의 것도 한 일이 없소. 민주당 측의 정상배들이 굿펠로와 바삐 돌아가고 있는 것은 그 자가 무슨 중요한 흥정을 할 수 있으려니 생각하기 때문이오. 우리의 형편이 참 어렵지만 그에게는 우리가 여분의 자금이 없다고 지적해 주었소.

전력 사절단은 오래지 않아 우리도 북에서 받아 온 만큼의 전기를 생산하게 될 거라는 내용의 몇 가지 보고를 보내왔소. 이것은 참 고무적인 일이라 생각하오.

상충되는 이해 관계를 최대로 만족시키기 위해서 이 대통령은 ECA 자금으로 봉급이 지급되는 10명 이내의 미국인을 자신이 직접 골라서 각종 주요 직책에 임명할 수 있도록 '구두상의' 양해가 있었다. 워싱턴의 ECA 본부와 국무부로부터 나는 이 사람들이 ECA의 동의를 거쳐야만 그리고 ECA 행정 당국과 긴별한 조화와 협력 밑에 일을 해 나간다는 확약이 있어야만 선발될 것이라는 다급한 통고를 받았다. 이와 같은 토대 위에 쌍방이 마지못해 단서를 붙여 하나의 합의가 이루어졌다. 사실상의 집행 과정에서 이 대통령은 정말 그의 열렬한 지망자들 대부분의 임명을 거부했고, ECA는 사실상 원조 계획을 좌지우지했다. 그러나 상대편에 대한 의심과 상한 감정은 계속 응어리진 상태로 남아 있었다.

12월 12일 이 대통령은 경제 원조 협정에 서명했고 폴 호프만은 새로운 프로그램 착수를 위한 3일간의 정중한 일련의 회담을 위해 서울에 도착했다. 이 대통령이 12월 10일자 편지에도 밝혔듯이 국회 내에서도 호전된 분위기를 말하는 어떤 징후가 보였다.

> 한민당은 본래의 노선으로 돌아갈 방법을 모색하느라고 많이 애를 쓰고 있소. 나의 조건은 국회를 더럽히며 이간질을 일삼는 몇몇 분자들을 제거하라는 것이오. 며칠 전에 조소앙이 나를 만나러 왔는데 몹시 상냥했소. 여운홍(呂運弘)[9]은 어떻게 해서라도 가능한 한 도움을 주려고 하고 있소.
> 우리는 SKIG(소위 남조선 과도정부)에서 넘어 온 몇몇 부패 요소를 없애려고 일을 시작했소. 우리는 이 작업을 가능한 한 신중하게 하려고 하오. 무엇 때문에 이 일을 광고하겠소? 내무장관을 갈아야 하겠으나 이보다 더 낫게 일할 사람이 어디 있소?

그러나 12월 14일 편지에는 불안스러운 징후가 밝혀져 있다. 폴 호프만이 서울에 머무는 동안 그는 겨우 30분간의 대통령 방문 시간을 할애했는데 그것도 실정을 들으려는 것이 아니라 말하러 온 것이었다. "우리는 몇 가지 회담 준비

---

[9] 1945~1947년에 활약이 두드러졌던, 작고한 여운형(呂運亨)의 동생

를 했으나 상황이 진전됨에 따라 그가 말하고 싶어하는 것을 알고 나는 그의 입장을 청취하는 것이 더 흥미있을 거라고 느꼈소. 시간은 30분 정도로 아주 제약이 되어 있었기 때문에 반도호텔에 도사리고 앉아 하는 일 없이 조사팀의 도착만을 기다리고 있는 '전력 사절단'에 관한 문제는 끄집어내려고 하지도 않았소." 그의 편지는 이렇게 계속된다.

한꺼번에 낮이건 밤이건 전기 없이 지내는 일이 몇 달이나 넘었소. 드레이퍼 사절이 제시한 모든 제안이 '순조롭기' 때문에 영월(寧越) 탄광이 문을 닫아야 할 것이오. 이곳에는 한 사람의 탄광 전문가가 현지에 있을 뿐인데 그 사람이 기분나쁜 보고를 한다고 해서 이자들은 그를 여기에 두고 싶어하지 않소. ……소위 사절단의 장이라는 자가 어찌나 귀중한 인물인지 하루 종일, 한 달 30일, 반도호텔에 앉아 있소. 그러나 그는 조사단과의 협의를 위해 미국인들이 뽑은 사람이오. 지금은 그가 돌아다니기에는 날씨가 너무 춥기 때문에 공장 사정을 모르고 있소. 12월 15일까지는 조사 목적을 완수할 것이라고 했으나 그 조사가 모든 것을 완성시킬 것이라고들 지금은 말하고 있소. 게다가 나의 눈을 거치지도 않고 1950년도 계획이 미국 국회에 제출되었소. '협조한다'는 일이 얼마나 어려운가를 귀하는 이제 이해할 것이오.

국내 문제와 병행해서 지극히 불안한 외부 정세 변화가 진행되었다. 12월 28일 미국방부는 주한 미군의 전 보병 사단을 한국으로부터 철수시킨다고 발표했다. 이틀 뒤 모스크바 방송은 모든 소련군 부대가 북한을 떠났다고 주장했다. 일찍이 1947년 5월 7일에 미국 육군 장관 로버트 패터슨은 우리에게 전략적 가치도 없고 아시아 지상전에 말려들지도 모른다고 스스로 밝힌 한국으로부터 미국의 전적인 철수를 건의한 바 있었다.[10]

한편 미국은 이 대통령의 자국 육군을 증강시켜야 한다는 절실한 청원을 무시하고 있었는데 이것은 오직 미국 무기와 미국인의 훈련으로밖에는 가능할 수 없는 일이다. 소련은 남한에 군사 기지를 유지하고 있다고 '미국 제국주의'를

---

10) 월터 밀리스 편, 《훼레스탈 일기》, 뉴욕:바이킹 출판사, 1951년 간행, p. 273.

비난하고 있었고 세계 여론은 미국의 국내 여론을 충동하여 우리가 하루 빨리 철수해야 한다고 했다.

이때는 소련이 '세계 평화'의 선도적 수호자로 자처하고 있는 시기여서 그들의 장담이 널리 지지를 얻고 있었다. 주요 선전 노선은 소련공산주의가 세계적 우애를 상징한다는 것이고 이와 대조적으로 미국은 전부 소련권을 에워싸는 위협적인 군사 기지의 '쇠고리'를 유지하고 있다는 것이었다. 자본주의는 전쟁을 필요로 하고 또 바라고 있다는 식으로 이들의 주장은 번져 나갔다. 공산주의는 단결과 조화와 정의를 향한 인민의 강한 의지를 대표한다고도 했다. 전쟁에 지친 전 세계 인민들에게 이 선전 노선은 호소력을 지니고 있었다.

선전 선동의 줄거리를 한국에 적용시켜 소련 정부는 모든 외국 군대의 완전 철수를 위해 심한 압력을 넣었다. 〈프라우다〉지가 1948년 9월 14일자 신문 논설에 썼듯이 "모든 외국 군대의 동시 철수는 혼란이나 내란으로 이끌게 될는지 모른다는 취지의 주장들은 전혀 근거가 없으며 한국 국민의 국가적 존엄성에 공격을 가하는 것이다." 이런 주장은 어떻게 해석되어야 했을 것인가? 그것은 '긴장 완화'였는가? 예정된 침공을 가린 위장전술이었는가? 미국의 정책 수립자들에게는 한국으로부터 미군의 철수를 보다 쉽게 만드는 것이면 무엇이든 환영이었다. 사실일 것이라고 몹시 바라게 되는 일을 믿는 것은 쉬운 일이다. 또한 누가 알랴, 그렇게 믿는 것이 서로의 신뢰를 깊게 하여 평화적인 해결을 가져오는 데 도움을 줄는지? 만일 이승만이 이런 위험이 극에 달했다고 믿었다면 이것이야말로 그가 하나의 '극단주의자'라는 또 하나의 증명이 아니었을까?

이와 같은 일들이 우리가 싸워야 했던 주장이요 문제점이었다. 우리는 정당한 해답을 가졌다고 믿었다. 모든 자원을 우리 마음대로 동원하여 이 해답을 수용하는 일은 또 다른 문제였다.

10
대한민국의 시련
(1949년 봄)

새해 들어 국제 정세는 크게 위태로웠을는지 모르지만 우리는 감사해야할 일이 많았다. 합법성에 대한 소련의 반대에도 불구하고, 미국이 이끄는 비공산 국가들은 재빠르고 정중하게 대한민국을 승인했다. 미국의 원조 계획은 절실히 필요한 경제 부흥을 약속했을 뿐 아니라, 이와 같은 아시아의 전초 기지를 미국은 결코 외면하지 않는다는 표면상 하나의 보증이기도 했다. 서울로부터 귀임한 폴 호프만은 워싱턴 기자 회견에서 "한국은 아시아의 민주 보루"라고 말했다. 우리가 보기에도 이제는 정책 결정도 많이 유리해지고, 계속되는 문제들을 해결하도록 책임을 질 올바른 조직 기구가 설치되었다.

대한민국 정부는 전적으로 민주 정치나 어떤 대규모 경영에 경험이 없는 이 나라 국민의 자치 능력을 의심하는 불안감을 적어도 가라앉히기에 충분하리만큼 일을 진행시키고 있었다. 실망적인 면 뿐만 아니라 정말 고무적인 징후들도 두드러졌다.

한 가지 크게 흐뭇한 일은 국회 안에서 무르익어 가던 반란이 불발로 끝난 것이다. 어느 면에서 이것은 반대파들이 효과를 낼 만큼 서로 충분한 협력을 못한 때문이고, 또 한편으로는 이 대통령 정권을 전복시킬 전면 공세의 호기가 못되었던 까닭으로 보인다. 국제연합에 의한 정부의 승인은 12월 12일이 되기까지 이루어지지 않았으며, 그날까지 새로운 ECA 원조 계획은 이미 착수되어 진행 중이었다. 국민의 단결이 크게 요구되었다.

1월 13일 이 대통령은 진행 중인 당시의 상황 아래 자신의 입장과 계획을 밝히는 한 성명을 워싱턴의 우리들에게 보내왔다.

한국 경제에 대한 ECA의 통제에 관하여 : 우리는 그들이 우리의 주권을 침해하는 몇 가지를 눈감아 줄 용의가 있소. 지금까지 그들이 우리가 모든 계획을 그대로 받아들이기에는 좀 지나친 짓을 하고 있음을 우리는 알고 있소. 그러나 그들의 동기에 관해서 의심이 가시도록 그들의 계획들이 구체화될 때까지 우리는 그들이 하는 대로 내버려 두려고 하오. 그렇게 함으로써 우리는 우리의 입장을 분명히 하겠다는 것이오. 우리가 우리 입장을 들고 나온다면 그 사람들은 핑계 대기 어려울 것이오. 한편으로 내가 생각건대 ECA와 마음 깊이 협력하고 있지 않은 무초 대사의 영향력을 통해서, 우리는 그들의 몇 가지 그릇된 견해를 바로잡도록 노력하겠소. 참작해야 할 가장 중요한 점은 호프만 씨가 원조 자금의 액수를 늘리려고 노력하리라는 점이며, 나는 그가 국회 외교분과 위원회를 설득시키는 데 성공하기를 바라고 있소. 그때까지는 우리 입장에 불리하게 될 어떤 큰 변동도 우리는 바라지 않는 것이오.

　우리가 끝까지 침묵을 지키는 한편, 잘못된 정책을 시정하기 위해 미국에 있는 우리 벗들이 우선 행동에 나서서, 정부 고위층에 자기들이 영향력을 끼칠 수 있도록 저간의 모든 사실을 조용히 알려주어야 하오. 우리가 무슨 수를 써서라도 이것을 바로잡는다면 더 바랄 것이 없소. 그렇게 안 되더라도 이 문제가 공개적인 쟁점으로 등장할 때 이 사람들에게 알린 정보는 큰 도움이 될 것이오. 예를 들면 우리 편이 되어 도와줄 벗이 필요한데, 오늘날까지 우리는 그런 벗들을 얻을 기회가 없었소. 원조 자금의 처분권이 한국 정부의 수중에 있지 아니하오. 우리 정부의 자금과 ECA 자금 사이의 한계를 정하려고 노력하고 있으나 아직은 우리가 이 문제를 분명히 하지 못했소······

특별히 내가 관심을 갖도록 표시한 그의 편지의 다음 부분은, 우리들의 홍보 계획이 주목을 받게 된다면 원조 자금의 일부가 선전 목적에 쓰인다고 미국 정부 내에서 반대가 일어날 터인 즉, 이 계획은 '조심해서 서두르지 말고' 진행시켜야 한다고 경고했다. 또 한편으로는 '근 반세기에 달하는 일본의 중상 모략적인 선전······ 다시 말해서 미국이나 한국에 모두 불행을 가져올 정도로 미국 정치가와 일반 국민의 마음속에 나쁜 인상을 심어놓은 일본의 그릇된 선전'을 깨기 위해서는 미국 국민에 대한 충분한 '재교육'이 있어야 한다고 했다. 그는 또한 미국인들이 아시아 정세에 대한 친일적인 해석에 치우치지 않도록, 한국에 대한 올바른 인식을 위해 내가 '미국 언론에 자유롭게 근접할 통로'를 확보하기를 바랐다. '귀하가 이와 같은 토대 위에 점차로 대중의 감정을 정착시킬 수 있다면, 다수의 대중 감정을 규합시키는 데 성공할 수 있으리라 생각하오' 하고 덧붙였다.

그의 다음 구절은 나 자신에게뿐만 아니라 장대사에게도 적어 보냈기 때문에 특별한 뜻이 있었다. 이 무렵 이 박사의 오랜 언론계 벗 J. 제롬 윌리엄스가 이미 워싱턴 주재 한국 대사관 '고문'직에 임명되어 있었다. 임병직(林炳稷)은 외무장관 취임을 위해 서울로 귀국하려던 참이었으나, 워싱턴의 대사직 지명이 안 된 일에 여전히 몹시 실망하고 있었다. 이 대통령은 이런 상황 아래서 나 자신의 입장이 미묘하게 되어 있다는 점을 타이른 것이다.

한동안 내 마음속을 떠나지 않았던 한 가지 일은 몇몇 한인들과 미국인들이 귀하가 임병직의 권한을 대신하는 나의 개인 대표라고 하는 애매한 생각을 가지고 있다는 사실이오. 나는 귀하가 이와 같은 인상을 만들어내지 않았으리라고 알고 있으나, 간접적인 방법으로 그 점을 아주 분명히 하는 것이 도움이 될 것이오. 귀하는 비공식적인 자격으로 나를 대표하고 있지만, 공식으로는 이제 막 한국 대사관으로 승격된 구미위원부가 나의 정식 대표인 것이오. 나의 측근 인물로 하여금 정부 대표보다 더 높은 권한을 행사하도록 한다는 것은 아주 부당한 일이오. 이제는 모두 끝난 일이지만, 나는 이런 인상을 고치려는 어떤 특별한 노력을 아니할 것이오. 그러니 귀하가 한계를 아주 분명하게 긋는 노력을 다 해야 하리라 생각하오.

이틀 뒤인 1월 15일 이 대통령은, 분명 ECA 관리들이 그가 미국 원조 자금을 가지고 워싱턴에 홍보 조직을 설치하려 한다고 짐작하여 불평을 하고 있었으므로, 다시 같은 문제를 가지고 이번에는 약간 흥분된 어조로 나에게 편지를 썼다. 우리가 쓰고 있던 경비는 나와 보좌역 한 사람, 그리고 비서의 급료, 사무실 임대료와 소모품비, 모든 인쇄물과 우송료를 합해서 한 달에 고작 1,800불이었다는 점을 다시 한번 여기에 밝힐 필요가 있을 것이다. 그 정도밖에는 안 되었어도 우리는 미 군정의 운영을 비판했었기 때문에, 자기들의 정책이나 전술의 비판을 두려워한 관리들을 불안하게 만들 만큼 우리들의 활동은 충분히 인상적이었을는지도 모른다. 이 대통령의 편지는 이렇게 되어 있었다.

홍보 계획에 대해서는 너무 공개적으로 말을 하지 마시오. 그 계획에 대한 모든 교섭은 대외비로 해야 하겠소. 그 일에 충당할 돈을 우리는 지금 가지고 있지도 않고 당장에 그 활동을 늘릴 준비도 안 되어 있소. 월터 톰프슨 광고 대행 회사가 우리 측 제의를 거절했다는 것과, J. 제롬 윌리엄스가 이 활동을 할 수 있을 것이라고 한 귀하의 전문은 나에게 충격을 주었소. 한국의 대통령이 일개 선전 업자를 고용하여 워싱턴에 있는 자기 개인 대표를 통해 선전 조직을 꾸미고 있다고 할 때 사람들은 그에 대해서 무엇이라고 말하겠소. 처음에 나의 생각은, 귀하가 말한 홍보 문제에 대해서 나는 아무런 상관이 없다는 전문을 귀하에게 보내려고 했던 것이오. 나의 생각은, 이런 전문은 그 일에 관한 귀하의 성명서가 오해로 인한 것임을 나타내리라는 것이었소. 부디 그 계획은 이곳에 있는 어떤 단체에 속하는 사람들이 원하는 것이지, 한국 정부나 대통령의 계획이 아니라는 점을 알리도록 무슨 방법을 써 주시오. 이것은 중요한 일이오.

같은 날 따로 보낸 편지에서 이 대통령은, 내가 홍보 계획을 맡고 있는 것으로 여긴 그의 옛 벗 J. 제롬 윌리엄스가 몹시 화를 내고 있다고 지적했다. '윌리엄스는 나의 오랜 벗이요. 지금 당신이 하고 있는 일을 그가 오래전부터 해오고 있었다는 사실을 귀하는 잊고 있소. 이것(계획 추진에 있어서 어떤 토대 위에 할 것인가를 나더러 윌리엄스에게 물어봐야 한다고 일러준 이 박사의 권고)을 까다로운 문젯거리로 삼은 것은 도의적이라고 할 수 없소'라고 덧붙였다. 그다음으로 그는 이 문제에 관련하여 자기 자신의 상반된 입장의 성격을 밝히려고 했다.

이것은 대외적인 비밀이오. 내가 귀하의 예산이나 다른 누구의 예산을 위해서도 ECA에 요구하리라는 생각일랑 아예 하지 마시오. 내가 할 수 있는 때가 오면 어느 누구에게도 알리지 아니하고 자금을 대겠소. 호프만이 요구한 대로 힘껏 '협력'을 다하면서도 우리는 주권을 보전하기 위해서 열심으로 하고 있는 중이오. '상대할 수가 없는 완고한 노인'을 들먹이던 지난날의 하지의 험구를 되살리지 않는 방법으로 우리는 일을 해나가야 하오. 그것은 국회에 제출될 우리들의 ECA 건의서를 해롭게 할 뿐이오.

1월 17일자 이 대통령으로부터의 편지는, 2월 1일부로 워싱턴 주재 한국 대사관이 공식 개관되고 구미위원부는 영원히 폐쇄된다고 했다. 그는 또 '어려운 상황에서 전시 동안 구미위원부 의장직을 충실히 수행해온 임병직 대령에 대하여 한마디 언급이 있어야 하겠으며, 우리는 모두 그의 충성되고 성실한 근무에 감사하는 바이오'라고 말했다.

1월 28일자 편지를 통해서 모든 일에 대한 나의 응답은 '심심한 사과'였고 '나는 박사님이 장황한 설명이나 자기 변명에는 흥미가 없음을 알고 있습니다'라고 했다. 그러나 그와 나에게 모두 두통거리였던 애매한 나의 지위 문제는 그대로 계속되었다. 이 대통령과의 긴밀한 관계 때문에 나는 적어도 경우에 따라서는 그와 여러 관리들, 한국인 관리, 그리고 때로는 미국 관리 간의 '중간' 역할을 계속하지 않을 수가 없었다. 한 가지 예를 들면, 같은 편지에서 나는 장 대사가 이 대통령과 원만하게 해결짓지 못하고 있었던 하나의 문제점을 지적했다.

다음은 상당히 미묘하고 좀 난처한 문제입니다. 장대사가 박사님이 보내주신 대사관 예산안을 저와 함께 상의하고, 저에게 이에 관해 박사님께 글을 올려달라고 했습니다.

박사님의 개인 대표로서의 저의 역할은, 남이 원하는 대로 박사님의 생각을 바꾸도록 설득하기보다는 오히려 박사님의 생각이 그들에게 수락되도록 노력하는 데 있음을 저는 충분히 알고 있습니다. 이것을 염두에 두고 저는 철저한 검약의 필요성을 장대사에게 납득시키려고 노력했습니다. 박사님은 '예산 투쟁'을 위해 싸우며 균형을 맞추려고 노력하는 한편, 이런 예산 문제에 관련된 모든 사실을 알고자 원하실 것이 틀림없습니다.

우리가 알 수 있는 바 워싱턴에 주재하는 외국 공관의 최저 예산은 엘살바도르의 예가 될 것입니다. 그것을 보면 엘살바도르 대사에게 월 1천 불의 봉급과 5백 불의 개인 비용이 계산되어 있으며, 장대사에게 제시된 숫자의 약 2배에 달하는 직원을 둘 수 있게 되어 있습니다. 워싱턴의 생계비는 전쟁 직전보다 약 2배나 올랐습니다. 이 사실들은 박사님이 참작하고 싶어하시는 사항들이며, 한국 내에서 정부 세입을 한푼이라도 뜯어가려는 여러 가지 각박한 요구와 견주어 균형을 맞추게 되리라 생각합니다.

덧붙여서 말씀드리고 싶은 것은, 박사님이 경비에 대한 장대사의 일반적인 태도에 크게 만족하리라는 것입니다. 그는 전혀 사치스럽게 생활하지 않고 또한 그렇게 하기를 원하지도 않습니다. 그러나 그는 자기 사무실의 위신을 지키고 싶어합니다. 그는 저에게 차량이 없어서 일어났던 한 난처한 사정 이야기를 들려주었습니다. 얼마 전 그가 중국 대사관을 나섰을 때 비가 몹시 쏟아지고 있었습니다. 그는 창문을 통해 중국인들의 시선을 받으며, 택시를 기다리느라 30분이나 빗속에 서 있어야 했습니다. 물론 워싱턴에 익숙해질수록 그는 보다 요령있게 해 나가는 방법을 배우게 되겠지요. 그러나 예산 심의를 위해 제출한 지금 액수로는 수수한 생활 수준을 유지하기조차 힘들게 될 것입니다.

다음에는 지난 번 내가 사실을 부인했음에도 불구하고 그의 동지 몇 사람의 노여움을 샀던 일에 대해서 가능한 방법을 모두 동원하여 나의 입장을 잘 설명드렸다. '대학 교수로서의 저의 평생 경험을 통하여 사고 면이나 행동 면에서 매우 상당한 독립심을 몸에 익혀 왔습니다. 이것이 때로는 부차적인 의미나 결과를 충분히 고려하지 않고 다만 필요하다고 생각되는 바를 성급히 행하거나 말하도록 만들었습니다. 사실상 제가 다른 방면에는 쓸모가 없기 때문에 박사님은 저에게 나름대로 최선의 판단력을 구사하도록 바라고 계신 것을 확신합니다. 그러나 과거에도 그래왔듯이 분명히 앞으로도 박사님의 정책 테두리 안에서 완전하게 글도 쓰고 행동하도록 노력할 것입니다.'

저개발 국가들에 대한 '대담하고도 새로운 원조 계획'을 요구한 '4대 목표'를 밝힌 트루먼 대통령의 취임사가 있은 뒤 나는 1월 31일 이 대통령에게 이런 편지를 썼다.

이 제안이 실제로 주요 정책으로 발전한다면 세계사에 하나의 거대한 전환점을 기록하게 될 것입니다. 이것은 전 세계 국민들이 경제적 보장과 발전에 대해 공정한 기회만 주어진다면 민주주의는 수호될 수 있고 공산주의는 패한다는 하나의 인식입니다.
이것은 유럽이 이미 풍부하게 받아온 원조나 배려와 같은 혜택을 드디어 아시아, 아프리카, 그리고 남미에까지 베풀려는 것입니다. 그러나 아시아 국가들이 서유럽 국가들처럼 회동하여 이를 공동으로 심의하지 않는 한, 아무런 결과도 참으로 기대할 수 없다고 생각합니다. 한국은 이미 ECA 계획에 포함되어 있기 때문에, 다른 몇몇 나라보다는 한국에 대해 큰 의미가 없을 것입니다. 그러나 긴 안목으로 볼 때 한국의 복지는 총체적으로 아시아 전반의 복지에 달렸다고 하겠습니다.

이 대통령의 입장을 난처하게 했던 나와의 관련 문제에도 불구하고 그는 여전히 모든 공식적인 계통 이외에는 나를 계속 그의 '개인 대표'로 삼는 것이 바람직하다고 느꼈다. 1949년 2월 5일 편지에 그는, 굿펠로 대령과 다른 사람들을 고용하지 않았던 이유는 예산 부족 때문이 아니라 '우리는 그 사람을 고용하기를 원치 않기 때문이오……이 사실은 대외비로 하시오'라고 썼다. 다음으로 그는 '앞으로 귀하에게 보내는 서신들 또한 비밀로 할 것이며, 다만 뭔가 분명하게 대사에게 전하라는 언급이 있을 때만 그 문제를 그와 의논하기 바라오'라고 덧붙였다. 그는 다음으로 모든 ECA 교섭은 워싱턴 주재 대사관을 통하지 않고 서울의 자기 사무실이 집행할 것임을 밝혔다. 그 이유는

대부분의 ECA 문제가 대통령의 서명을 필요로 하기 때문이오. 이들에게 보내는 모든 서신은 '늙고 완고한 노인'에 대한 또 하나의 선전거리를 낳게 할 구실을 주지 않도록 조심스럽게 작성될 것임을 귀하에게 분명히 밝혀두

는 것이오.

한국 내부의 혼란상은 미국과 세계 언론에 지나치게 불리한 반응을 불러 일으켰다. 그들은 이 대통령의 공산반란진압과 국회와의 어려운 관계는 바로 그가 반동적이며 국민에게 인기가 없다는 하나의 '증거'라고 떠들어댔다. 2월 5일 그는 나에게 '사실을 말하자면 미국보다도 이곳에 민주주의가 더 존재하는 것이 아닌가 싶소. 이렇게 말하는 것은 우리가 미국적인 민주주의 단계에 도달했다는 뜻이 아니라, 우리 국회가 내가 아는 어떤 다른 대의 조직보다도 더욱 민주적이란 말이오'라고 썼다.

그 뒤 2월 12일 이 대통령은 '현재 한국의 정치 정세'를 다루어나갈 문제점들과 정책에 대한 하나의 깊이 있는 설명이 될 장문의 각서를 장대사와 나에게 보내왔다. 그가 처음으로 한국의 안전은 오직 무력에 의한 국토 통일에 달렸다는 자신의 신념을 나에게 명백히 밝혔다는 점에서 이 각서는 특기할 만하다. 이것은 또한 아시아에 있어서의 미국 외교 정책에 대한 그의 태도를 설득력있게 설명해 주고 있다. 장문이기는 하지만 충분히 음미해볼 만한 가치가 있다.

한국 정치 정세

공개적으로는 어떠한 걱정거리로 받아들이지 않으려는 우리들의 노력에도 불구하고, 최근 중국의 정치적 변동은 한국에 광범위하고도 심각한 불안과 우려를 낳게 하고 있다. 중국에서 국민당 정부의 몰락과 이에 따른 적색 분자들의 상승 추세는 반드시 한국에 불리한 결과를 초래할 것이다. 그러나 우리들 우려의 주요 원인은 이런 공산측 승리보다 차원 높은 곳에 있다. 중대한 관심사는 아시아의 공산 문제를 해결하고자 미국이 쓰고 있는 그 방법이다. 다음은 하나의 해설이 될 것이다.

미국 극동 정책의 의도는 중국을 하나의 통일된 민주국가가 되도록 돕는 데 있었다. 이와 같은 정책 아래 미국은, 소련과 협조하는 공산 분자에 대항하여 싸우는 국민당 정부를 방위하기 위해 여러 번 시차를 두고 막대한 자금, 물자, 그리고 무기를 제공했다. 미국이 손을 떼는 이 마당에, 과거 다년

간의 모든 도움과 원조는 허사였음이 입증되었다. 어째서 이렇게 되었는가? 그 해답은 간단하다. 미국의 정책 수립자들은 민주주의 원칙 그대로 한 개인이 아니다. 모두가 자기 의견을 가지고 있고 그것을 관철시키려 한다. 만일 정책 수립자들 가운데 어떤 한 사람의 견해와 일치되는 어떤 사건이 세계의 어느 곳에서 발생한다면, 그 사람은 남에게 자기 견해를 지지하도록 하는 데 성공할 것이다. 따라서 그것이 그 부처의 정책이 된다. 뒤에 가서 같은 문제에 관해서 또 다른 사람의 견해에 맞는 듯 싶은 어떤 다른 사건이 어떤 곳에 발생한다면, 그 다른 견해를 따르기 위해 그 이전의 정책은 폐기된다. 이것이 어떤 일정 기간 동안 변하지 않는 정책이 있을 수 없을 정도로 정책이 자꾸 바뀌는 까닭이다. 이것이 지난 10년간을 두고 미국이 중국의 사정을 처리해 온 방법이었다. 어떤 일정한 사건에 대해서 10년 또는 그 이상으로 뚜렷한 정책을 유지하는 소련과의 경쟁에서 이런 입장이 무슨 수로 겨룰 수 있겠는가? 과거 10년 동안 우리는 아무도 미국 사람들에게 무엇을 기대할 것이며 또 어떤 방향으로 전환할 것인지 알 수가 없었다.

　미국 정책은 때로는 반공이고, 어떤 때는 친연안파(親延安派)가 되는가 하면 때로는 이것도 저것도 아니었다. 그 결과 국민당은 기대할 만한 꾸준한 지지 세력을 얻지 못한 반면, 중국의 공산 분자들은 폭넓은 지지 세력을 확보하는 데 필요한 모든 고무적인 자극과 시간을 벌었다. 일반 인민 대중은 미국 정책을 믿을 수 없을 때 어느 곳으로도 갈 수 없다는 결론을 내리게 되었으며, 희망을 포기하고 자중지난(自中之亂)을 시작했다. 그리고 바로 미국은 철수 결정을 내렸다.

　이와 같은 상황이 왜 한국인들에게 근심을 안겨주는가? 1945년 11월과 12월, 38도선 이남의 뛰어난 공산 지도자 3명 가운데 한 사람인 박헌영(朴憲永)은 남한의 공산주의자 수가 2천 명에 달한다고 자랑했다. 이 사람들은 거의 전부가 북으로부터 침투한 자들이다. 이 숫자가 정확하다고 치자. 2천만 이상의 인구 중에서 2천 명은 대야 속의 물 한 방울에 지나지 않는다. 우리가 최선이라고 생각했던 대로 이런 상황을 처리하도록 우리에게 맡겨주었던들, 우리들은 어렵지 않게 이들을 진압하고 북으로부터 남으로 오는 자들을 막을 수 있었을 것이며, 적어도 남한만이라도 지금쯤 공산당 문제가 없

없을 것이다. 그러나 우리는 그렇게 하도록 허용되지 않았다. 우리의 어떤 정치 조직에서나 공산 지도자들과 협조해야 하며 그들 중 몇 사람을 끌어들이지 않는 한 우리는 정부도 국회도 가질 수 없다는 말을 미국 벗들이 했다. 우리는 공산당을 비난해서도 안 되며 그들의 근거 없는 반미 반한의 허위 선전을 막아서도 안 된다고 했다. 우리들의 보관 문서철을 보면, 내용이 공산당에게 너무 가혹하다는 이유로 검열에서 삭제된 라디오 방송 연설문 구절이 많이 보인다.

최근의 여수 순천 반란(麗水 順天 叛亂)은 국방 경비대 내부에 어떤 종류의 인간들이 들어 있는지를 알고 있던 인사들이 이미 오래 전부터 예언했던 일이다. 경비대 조직을 위해 하지 사령관이 임명한 푸라이스 대령은 상당수의 빨갱이들을 경비대에 입대하도록 허용했다. 몇 번이고 여기에 대해서 주의를 환기시켰으나, 그는 이자들이 선량하며 아무도 말썽을 일으키지 않을 것이라고 대답했었다. 따라서 이런 반란은 조만간 일어날 것으로 예상되었다. 결국은 경비대 내부의 공산 분자들에 의하여 충성스러운 한국인들이 살상되었다. 부상자와 불구자를 제외하고도 사망자가 5000을 넘었다. 지난 2년간 공산당을 다루는 방법이 불확실하고 무정견했기 때문에, 거의 황무지에서 남한에 공산당 조직을 증강시키고 그로 인하여 남한에 공산당 문제를 낳게 만들었다.

지금까지 우리는 과거로부터 진행되어온 일들을 논했지만 지금 현재는 어떠한가? 미국인들은 확고한 정책이나 명확한 계획 없이 똑같은 무정견한 방법을 답습했다. 독립 정부의 탄생이 세계 대다수 민주국가의 승인을 얻어 이루어졌기 때문에 한국인들 스스로가 자기들의 나라와 국경선을 지키도록 허용되어야 한다고 우리들은 확신한다. 이 사람들은 어째서 북으로 올라가 자기들의 집안을 정돈하도록 허용되지 않는 것인가? 소련은 자기들이 이미 한국에서 철수했다고 주장했고 또 현재에도 그렇게 주장하고 있다. 나라를 회복하고 유지하며 방방 곡곡을 스스로의 법치 아래에 두기 위해 합당한 군대를 설치하는 것은 한국 정부에 달린 책무이다. 남의 나라 영역을 잠식하지 않는 한 그것은 그들의 국내 문제이며, 미국 정부는 한국 정부가 자국의 영토 내에서 행하는 일에 대해 책임이 없다.

소련이나 어떤 외국에 의한 한국 침략이나 내정 간섭을 방지하는 일은 미국과 세계의 영예로운 모든 국가의 책임이며, 국제연합 총회의 공식 결의 사항을 이행하기 위해 자기들의 능력을 다하는 것은 모든 국제연합 회원국의 책임이다.

그러나 우리는 위도선의 경계를 넘지 말 것과, 만일 공산 분자가 38도선을 넘어오더라도 그 선을 넘어 상대편까지 따라들어가서는 안 된다고 주의를 받고 있다. 적에게 대항하지 않고 어떻게 우리가 자기 생명과 가정을 지킬 수 있단 말인가? 만일 허용되기만 한다면 우리는 당장 넘어가서 파괴 분자들을 벌하고 즉시 질서와 평화를 확립시킬 수 있다.

우리가 최소한의 유혈과 살상으로 신속하게 이런 과업을 수행할 수 있도록 가장 현대적이고 효과적인 무기를 우리들에게 공급해 줄 것을 요구한다. 우리 남한 군대가 구식 보병과 포병으로만 구성되어 있는 한 북한의 소수 공산군만으로도, 그들이 중국과 그리스에서 본받은 유격 전술을 특별히 채택하여 장기적이고 소모적인 전쟁을 필요로 하게 만들는지 모른다.

우리는 미국 원조에만 의존해서는 안 되며, 더욱이 무장과 훈련으로 스스로 대비하지 아니하고 가만히 앉아있을 수는 없다. 북한의 우리 국민들은 매국노들을 응징하기 위해서 붉은 군대 내에 있는 우익 충성 분자들의 협력으로 일치단결하여 총궐기할 때에 자기들을 도와달라고 우리에게 호소하고 있다. 그러나 우리 미국 벗들이 국제 전쟁으로 번질까 두려워하기 때문에 우리는 북한 동포들을 도울 수가 없다. 우리들은 미국 정부의 정책을 무시하고 싶진 않지만, 그렇다고 우리가 미국의 정책 입안자들의 변하기 쉬운 정견 없는 정책을 따른다면 한국은 조만간 또 하나의 중국처럼 밀어 붙여질 것이 뻔한 일이다. 그러므로 우리는 양심이 명하는 바에 따라 우리 미국 벗들이 무엇을 하든, 무슨 말을 하든 상관없이 우리 자신의 계획을 가지고 앞으로 나아갈 결심이다. 우리들 자신이 서서히 재갈과 쇠사슬에 매이도록 내맡겨 대항해도 이미 때가 늦었다는 것을 깨닫는 것보다는 우리가 차라리 싸우다가 부서지는 면이 낫다고 하는 국민 감정이 지금 한국을 지배하고 있다.

그 당시 대사관 고문으로 근무하던 J. 제롬 윌리엄스는 내가 어떤 간섭같은 일이라도 하지 않을까 싶어 신경을 쓰고 있었다. 또한 이 대통령도 자신의 특별한 허가 없이는 장대사와 어떤 문제도 의논하지 말도록 명백하게 당부한 바 있었다. 더군다나 대사와 나는 각별히 마음이 맞는 인간 관계를 맺고 있지 못했기 때문에, 그와 나는 이 각서나 그 내용이 지닌 함축성에 대해서 의논하지 않았다. 그럼에도 불구하고 각서가 제기한 문제점들은 점점 더 심각해졌다.

2월 17일 이 대통령은 같은 주제에 관해서 오히려 더 강조하는 내용으로 다시 내게 써 보냈다.

우리들은 스스로의 방위를 가능하게 할 만큼의 무기를 신청했소. '적절한' 경로를 통해서 우리가 수없이 요청했으나 얻은 것은 아주 적은 수량이오. 38도선 너머 저쪽 병사는 여전히 사정거리가 긴 소총으로 우리를 쏠 수 있소. 이런 소총을 못 가진 우리 경찰들은 적의 손아귀에 달려 있소. 사태를 악화시키지 않도록 우리 군대는 38도선 연변에 주둔하지 못하도록 되어 있소.

우리는 침략 전쟁을 시작할 의도가 없지만 적어도 우리 자신을 지킬 권리만은 가지고 싶소. 지금까지 우리는 그렇지 못했소. 우리는 탱크, 화염 방사기, 그리고 다른 현대 무기를 요구했소. 그러나 그들의 말은 항상 "지금 오는 중이오"라든가 "탱크는 이 땅에 맞지 않소" 등등의 딴소리 뿐이오. 지금은 생각건대 그저 본론을 피하기 위해 기갑부대를 창설한다는 것이 그들의 최근 '변덕'인 것 같으오. 책임자로 남은 윌리엄스 L. 로버츠 장군에 대해 우리는 아주 절망을 느끼고 있소. 이 사람은 퇴역을 앞두고 사소한 일에 말려들고 싶어 하지 않소. 왜 그 사람이 그런 일을 원하겠소? 그의 계획은 3월 31일이나 6월 30일까지 철수(퇴역)하는 것이오. 우리는 한국이 '너무 작고 너무 늦은' 또 하나의 실패담으로 될 것이 큰 걱정이오.

한편 그의 1월 서신의 따끔한 일침에도 불구하고 나는 또다시, 이번에는 이 박사의 옛 벗 프레스톤 굿펠로 대령과의 인격 문제에 나 자신이 깊이 관련되었음을 깨달았다. 굿펠로는 한국과 상당한 상거래를 기대한 월드 카머스라고 하는 한 회사에 입사한 일이 있었다. 그는 장대사와 내가 하루속히 한국 구매 사절을 구성할 조치를 취해줄 것을 촉구하고 있었다. 나는 2월 23일자 편지에서 그런 사정을 이 박사에게 알렸다. 우리의 우편이 지금은 외교 행낭편으로 되었지만 여전히 불편하다는 말을 적은 2월 5일자 회신을 바로 뒤에 받았는데, 그 속에서 그는 모든 구매가 ECA를 통해서 이루어지고 있다고 이야기를 했다.

우리는 되도록 기분 좋게 합의적으로 하려고 무척이나 애를 쓰고 있소……. 몇 가지 점에 합의를 보았소. 모든 구매와 조달이 사실상 앞으로 6개월 안에 완료된다는 사실을 귀하는 모를 것이오. 그러니 그것 때문에 싸울 필요가 조금도 없소.

이 무렵 나는 펜실베이니아 주립대학교 언어학과 과장으로 초빙되는, 거역하기 어려운 유혹에 직면했다. 이에 관해서 나는 기미년 만세 운동 기념일인 3월 1일 이 대통령에게 편지를 썼다. 이날은 그가 망명정부 대통령에 임명된 날이며, 한국에서는 언제나 국가적 독립의 진정한 여명으로 축하하는 날이다. 나도 나 자신의 독립을 몹시 원하고 있었다. 펜 스테이트 대학의 제의와 그것이 나에게 주는 직업적인 매력을 이야기한 뒤, 나는 지난 7년간 그와 내가 가졌던 인간 관계를 되돌아 보았다.

저는 지난 몇 해 동안 개선의 월계관을 가져온 박사님의 사업에 그토록 친숙하고 신뢰받는 자격으로 참여하는 특전을 누려온 데 대해 고마움과 즐거움을 느끼면서, 다시 한번 오늘의 기념일에 즈음하여 흐뭇한 감동 속에 젖어 있습니다. 우리가 지난 1942년 처음 만났을 당시 대의를 위해 저로 하여금 적으나마 능력껏 기여할 수 있도록 감화해 주신 것은 박사님의 신념과 용기였습니다. 또한 박사님의 요청으로 1947년 1월 제가 워싱턴에 왔을 때, 저는 박사님이 싸워서 이긴 원칙들은 기본적으로 옳기 때문에 마침내 성공을 거둘 수밖에 없었다는 신념과 함께 기꺼이 동참했던 것입니다. 박사님과 동참하도록 저에게 당부하신 그 임무는 완수되었습니다. 저는 그 임무에 다소나마 기여할 수 있었다는 느낌 속에 어떤 자랑을 간직하고 있습니다. 투쟁을 통해 궁극적 승리로 이끈 지난 세월은 훌륭하고 값진 기간으로서 저의 추억 속에 언제나 뚜렷이 남아 있을 것입니다. 다른 봉투에 넣어서 박사님께 보내 드린 힐드링 장군(제5장 참조)의 서신 사본 2통은, 미국의 정책과 한국 역사의 진로를 바꾸는 데 우리들의 과업이 결코 헛되지 않았다는 하나의 귀한 증언이 될 것입니다. 우리의 문제가 국제연합에서 통과되는 것을 보기 위한 파리 여행은 우리가 싸워 올린 투쟁의 또 하나의 절정을 이루는 것이었습니다.

모든 정치 투쟁에서 그러하듯이 자연히 어느 정도의 상처는 있었습니다. 제가 알고 있듯이 한국과 미국의 어떤 계층이 보여준 저의 동기에 대한 비판과 의심에 제가 전혀 무감각할 수는 없습니다. 이런 일은 그 자체가 하찮은 것들입니다. 박사님이 다년간 불굴의 정신으로 참아오신 일에 비하면 이것은 아무것도 아니라는 것을 저는 알고 있습니다.

그러나 이 문제에 대한 또 하나의 측면이 있습니다. 한국에 대한 나의 관심은 언제나 대의를 위해 싸우는 십자군의 그것이었습니다. 직책이 아무리 좋다고 하더라도 제가 그저 하나의 공무원의 위치에 빠져버리는 것은 용두사미격의 쓰라린 전락을 의미할 것입니다. 저는 한국의 부흥과 통일을 성취하기 위한 십자군 운동이 여전히 진행 중이며 보다 험난한 싸움이 아직도 남아있다는 사실을 알고 있습니다. 그러나 독립 공화국의 수립과 대사 임명, ECA의 존재와 군사 원조 등의 모든 과업이 성전(聖戰)의 성과를 올리는 데 기여하고 있습니다마는, 제가 이바지 할 수 있는 여지는 매우 적습니다. 필연적으로 '올리버는 무엇을 하고 있으며 또 왜?'라는 질문은 다른 사람들은 물론 저 자신에게도 떠오르는 하나의 물음입니다.

박사님께서 스스로 자랑삼을 수 있는, 능력과 충정을 겸비한 공식적인 가족들을 모아들이셨습니다. 박사님과 이들은 합심하여 일을 해 나가겠지요. 박사님도 아시다시피 저도 미국인과 한국인 공히 취직 자리를 구하는 다수 인사가 꼬여들고 있음을 알고 있습니다. 저는 정말 그런 사람들 속에 손꼽히는 저 자신이 되고 싶지 않습니다.

이틀 뒤인 3월 3일, 나의 3월 1일자 편지가 그에게 닿기 훨씬 전이 되겠는데, 이 대통령으로부터 '일을 좀 의논하기 위해 잠시 다녀갔으면 좋겠다'고 적은 편지를 받았다. 그는 '……그러면 여러 가지 면에서 도움이 될 것이오…… 특히 우리들의 장차 계획에 관해서…… 많은 문제점들이 있소'라고도 했다. '이야기를 나누기 위해 적어도 1개월 정도 일시 방문 차 다녀가야 하겠소'라고 덧붙였다. 그의 편지는 익숙한 평소의 표현을 되풀이하며 끝을 맺고 있다. '마음에 새겨두기 바라는 것이 한 가지 있소. 몇몇 우리 벗들은 그만큼 지불할 형편이 못 되는 봉급을 바라고 여기 나오려 하고 있으나, 현재로서는 어떤 세밀한 사업 계획을 시작할 형편이 못되오. 귀하는 지금의 예산 그대로 해나갈 수 있을 것으로 생각하오……'

존 무초 대사가 잠시 서울로부터 워싱턴에 돌아와 국무부로 나를 불러 장시간 이야기를 나누었는데, 3월 3일 나는 이 사실을 이 대통령에게 보고했다. 그는 세 가지 일을 주로 염두에 두고 있었다.

1. 저 자신에 관해서는 이제 대한민국이 수립되었으니 '페리스코프'에 보내는 기사에 대해서는 신중을 기해야 하겠다고 생각이 됩니다.
더구나 이제는 그것이 도리없이 '대한민국의 정책'으로 해석될 것이기 때문입니다…… 기분이 언짢을수록 더욱 저는 신중해야지요!

2. 이곳 워싱턴의 우리 벗들에 관해서 : 몇몇 사람들이 마치 ECA가 한국에 대해 공정치 못하게 하고 있는 것처럼 이야기하고 있는데, 무초가 말하듯이 이것은 터무니없는 소리입니다. 첫째로, 모든 ECA 자금은 국회에서 배정하고 훈령에 따라 사용합니다. 둘째로, 무초가 반스 박사보다 지위가 높고 한국에서는 최고의 권한을 가졌습니다. 셋째로, 미국의 대한 정책은 확고하고 명백하며 약화되거나 변경되지 않을 것입니다.……

3. 한국 사정에 관하여 : 몇 가지 이유 때문에 일본인이 점유했던 재산을 한국인들에게 많이 매각하는 조치를 곧 취해야 한다고 무초는 통감하고 있습니다. 그리하여 (1) 국가가 세입을 올려 균형 예산을 가능케 하고 유통 중인 원화를 줄이게 될 것이며, (2) 기업 정신을 촉구하여 한국인들이 경제 활동을 더욱 활발하게 하도록 해야 할 것이며, 또 한 가지는 (3) 부동산이 현재 급속히 하락세에 있기 때문입니다.……

무초는 장대사를 빼고 왜 나에게 이런 충고를 이 대통령에게 전하도록 했는지 그 이유는 말하지 않았다. 이 대통령의 최근 책망에도 불구하고 나는 하나의 외교 경로처럼 관례적으로 통해왔기 때문에 우리들의 의논의 타당성 여부를 가릴 마음이 생기지 않았다. 이것은 언제나 '비공식'이라는 딱지가 붙으면 그만이었다.

3월 7일 그에게 보낸 다음과 같은 편지에서 나는 펜실베이니아 주립대학교 초빙 제의에 관련된 문제들을 명백히 가리고, 결과적으로 내가 종사하게 될 한국 문제에 대해서도 적었다.

저의 펜실베이니아 대학 과장직 수락은 한국을 위해 제가 할 수 있는 분야의 임무를 더 크게 강화시켜 줄 것입니다. 학장이 과장직을 제의했을 때 저는 즉각 어떠한 직책을 박사님이 저에게 주려고 원하시는지 모르지만 여하간에 한국을 위해 일하는 데 지장을 주는 자리는 생각할 수 없다고 잘라 말했습니다. 그의 대답은 대학의 입장에서도 제가 박사님을 위해 일을 계속한다면 기쁘겠다고 하는 것이었습니다. 또한 나의 강의 시간 부담은 매우 가벼울 것(1주일에 3 내지 6시간 뿐)이며, 그들이 저에게 바라는 것은 언어학 수업의 내용을 향상시키는 데 주도적 역할을 해 달라는 것과, 워싱턴에서의 협의차 필요한 시간은 얼마든지 자유롭게 써도 괜찮다는 것 등을 말해 주었습니다. 다시 말씀드려서 박사님이 저에게 수행해 주기 바라는 어떠한 '비공식' 과업일지라도 이를 제가 수행하는 데 전혀 다른 구애를 받지 않게 된다는 말씀입니다. 물론 저는 계속해서 소책자나 잡지 기사 등을 많이 쓸 수 있을 것입니다. 또한 적어도 감독이 필요없다는 것이 명백해질 때까지는 일반적인 홍보 활동의 감독을 계속하는 것이 가능하리라고 봅니다…… 끝으로 제가 한국을 위해 수행하고 싶은 여러 가지 '미완성 과업'이 남아 있습니다. 우리 시대의 역사 속에 박사님의 위치를 분명하게 밝히는 대통령의 확실하고 충실한 전기를 쓰고 싶습니다. 이것은 저의 양심에 비추어 제가 해야 할 하나의 책무라고 느끼고 있습니다.……

내가 1949년 3월 하순 한국에 도착했을 때 신생 공화국 출범 6개월간의 활동에서 이룩한 발전은 인상적이었다. 그 한 가지로는 공공 안녕 질서가 회복되어 있었다. 미 군정에 의해 국방 경비대에 입대했던 공산 분자들은 제거되었다. 1948년 10월, 11월에 아주 심각했던 반란은 진압되었으며 다시는 되풀이되지 않았다. 11월에는 남한에서 공산당의 반정부 행위와 음모에 연루되어 7백 명이 체포되었으며 안호상(安浩相) 문교부 장관은 전체 교육계 인사들의 이력서 제출을 요구함으로써 교육자들의 노여움을 샀다. 국민에게 반란 행위를 선동하는 기사를 실은 한국 신문들은 정간되었다. '진압책'을 쓰기는 쉬운 일이었으며 분명 시민의 자유는 어느 정도 위축되었다. 그러나 태업, 폭동, 유격대의 봉기, 그리고 야만적인 도시 범죄 등 미 군정 종식 후에 따랐던 혼란은 결정적으로 줄어들었다.

경제 발전 또한 특기할 만 했다. 남한의 개인당 소득은 연간 35불에서 86불로 증가되었다. 여전히 형편없이 낮지만 그런 상태에서도 실질적인 증가인 셈이다. 식량 생산이 대폭 증대되어 소비 물자의 대량 수입에 따른 적자를 메우는 데 도움이 되게끔, 정부가 1949년 추수기 이후부터는 미곡 수출 목표를 정하여 실제로 이 목표를 달성시켰다. 섬유, 시멘트, 그리고 텅스텐 생산이 증가되어, 1942년 수준의 20%밖에 안 되던 저조한 총 산업 생산고를 40%선까지 올리는 데 도움을 주었다. 전력 생산의 확장은 북한으로부터 전력 공급이 끊어진 때 생긴 전력 손실을 대체로 상쇄시킬 수 있을 만큼 충분한 것이다. 그러나 산업의 증가로 더 많은 전력을 필요로 했다. 신규 석탄 생산 지역으로의 3개 철도 건설이 시작되었다. 식량 생산으로 남한을 거의 자급자족시킬 만큼 충분한 수리 사업과 토지개간사업계획이 진행되었다. 69개에 달하는 과거 일본인 소유의 산업과 공익 사업체 중에서 52개가 아직 정부 관리하에 있으나, 17개 업체가 이미 개인 기업이나 준사유 기업에 이양되었다. 인플레는 천정부지의 비례로 오름세에 있었으며 정부 예산은 전반적으로 균형을 잃었다. 통화와 금융을 통제하에 바로잡는 일은 이 대통령과 ECA의 주요한 공동 노력이었다. 탄압에 대한 많은 공격 속에서도 정치적 안정은 이룩되고 있었다. 반정부 음모 사건으로 국회의원 5명이 구속되었고, 입법 과정에서 이 대통령에 대한 상당한 반대 토론이 주목을 끌게 했다. 적어도 입법부가 행정부의 지배로부터 벗어나 '자주적'이었음은 분명한 사실이었으며, 각 파벌이 2개의 주요 야당으로 묶이라는 예상이 나돌기 시작했다.

신생 정부의 주요 업적은 교육에 있었다. 일본 지배하의 각 학교에서는 한국말이 금지되었다. 한국말로 된 교과서는 단 한 가지도 없었다. 교실은 겨우 학령 아동의 일부만을 위해 이용되었다. 한국인 교사는 극소수에 지나지 않았으며 그나마도 상당수가 새로 제정된 '친일 협력자 처벌 법률'로 말미암아 자리에서 물러났다. 1949년 봄에는 이미 모든 국민학교, 중학교, 각 학년과 몇몇 대학 학급용 교과서가 저술 출판되었다. 헌법은 정부 재원이 무상 교육을 가능케 할 때까지 수업료를 부과시킨다는 유보 조항을 단서로 하여, 모든 아동에게 국민학교 과정을 거치게 하는 '무상 의무' 교육을 약속했다.

4월과 5월을 통하여 나는 실정을 관찰하면서 질문도 던지고 미국인과 한국인, 대학 교수와 농부, 정부 관리와 노동자 등과 이야기도 나누며 남한 일대를 두루 여행했다. 내가 1946년 여름에 관찰한 사실들과 비교할 때 발전과 향상의 물적 증거는 놀라웠다. 당시에 내가 기록한 인상은 내가 감히 바랐던 모습보다 희망적이었다.[1]

거리는 포장되고 말끔하며 건물들은 수리되어 있고 사람들은 의복도 잘 입고 급식 상태도 양호하다. 목재소, 음식점, 상점에는 더 많은 재고품이 쌓여 있다. 그러나 다른 무엇보다도 사람들의 정신이 바뀌었다.

1946년의 실망과 냉소 대신 희망과 결의가 어디에서나 뚜렷이 드러나 보인다. 공공 건물을 경비중인 경찰관들이 화단을 가꾸기 위해 자유로운 시간을 이용하고 있다. 고등학교 학생들이 매일 아침 7시에는 교대로 나와 거리를 쓴다. 오래 기다리던 비료를 배급받은 농부들은 기록상으로 가장 큰 품작으로 밝혀진 농사를 다시 짓기 위해 들에서 일손 바쁘게 움직이고 있었.

2백 개 이상의 고무 제품 공장은 최고의 생산고를 올리고 있다. 섬유 공장은 견직물과 면직물 제품의 생산고를 3배로 끌어올렸다. 18마일의 인천 서울간 도로변의 산업 지대는 활기를 찾아가고 있다.……

군대 야영지와는 거리가 멀게 남한은 표면상 상대적으로 안정된 모습을

---

1) 나의 2부작 기고문 《한국:발전 보고》, 〈오늘의 역사〉 1949년 9월호 pp. 133~136, 및 1949년 11월호 pp. 261~265 발췌.

보이고 있다. 북쪽의 붉은 집단으로부터 끊임없는 위협이 가해오지만 이제는 많은 경찰과 군인들이 눈에 뜨인다. 11시 통행 금지가 실시되고 있으며 때때로 정치적 암살 사건이 일어난다. 그러나 대다수 국민들은 개인의 공포로부터의 자유와 언론 자유를 누리고 있다. 정상적인 상태가 개인과 사회 일상 생활의 기조를 이루고 있다. 활화산의 비탈에서 오랜 세월 살아온 사람들이 진동하는 위협에 적응하며 견디어온 그런 정상 상태 말이다.

짐작되는 바와 같이 남한 국민 수백만의 일반적인 복지 향상 문제는 물질적이거나 당면한 일이라기보다는 더 심리적이고 미래적인 것이다.

그림을 그리는 사람의 목적과 관점에 따라 그 그림은 장밋빛으로도 되고 회색으로도 그릴 수 있다. 경제 문제는 해결이 안 되어 있으나 해결이 가능하리라는 시점에 가까이 와 있는 것이다.……

한국의 근본적인 복지 문제는 부족 현상이고 주요 증세는 인플레다.…… 국민이 필요한 것과 구매 가능한 것 사이에 갭은 여전히 힘에 겹도록 폭이 넓다. 내가 아는 어느 대단히 유식하고 근면한 한국의 전문직 인사는 2개의 겸직으로, 광부와 트럭 운전사나 반숙련 공장 노동자 수입의 5, 6배가 되는 3만 원의 돈을 매달 이럭저럭 벌며 살아간다. 이런 수입으로 중류 정도의 자기 가족을 부양하려면 1만 원이 부족하다고 그는 말했다. 자기 부인의 의복 한 벌이 1만 5000원 내지 2만 원이고 자기 양복은 그 2배가 되며, 가죽 구두 한 켤레 값은 그의 비교적 높은 급료로 쳐도 1주일의 수입을 털어야 살 수 있다고 했다.……

수도 서울은 가장 고약한 곳이다. 50만 인구에 맞는 주택, 교통, 학교, 그리고 공공 시설을 가진 이 도시가 이제는 150만 이상으로 불어난 인구를 거느리고 있다. 수천 명의 사람들이 거리에서 잠을 자고 그보다 많은 사람들이 굴 속이나 다른 임시 가옥에서 살고 있으며, 기존 가옥들은 수용 능력의 2배 내지 3배에 달하는 많은 사람들로 붐비고 있다. 123대의 전차, 수도, 전화, 전기 시설, 상점, 수선 가게, 각급 학교 등 모두가 본래 사용 목적의 3배나 되는 사람들이 이를 이용하고 있다. 장사진을 치고 기다리는 사람들의 광경은 보통이고, 물자 부족과 물가 또한 관습화되어 있다. 그러나 인내와 협조가 습관처럼 되었고, 가난하더라도 나누며 지내려는 뜻 또한 몸에 배어 있다.

　인내와 협조가 눈에 뜨이지 않는 곳이 있으니 그곳이 바로 이 대통령과 국회 사이에 계속되는 말썽많은 관계이다. 입법부와 행정부는 모두 헌법이 나누어 준 스스로의 합당한 권한을 행사할 결의에 차 있었다. 그러나 입법부나 행정부의 행위를 규정짓는 정당 차원의 규율이나 어떤 지침이 될 전통이 없기 때문에, 싸움과 혼란이 판을 친다 해도 놀라운 일은 아니다. 더군다나 대한민국의 실정이 요구하는 많은 조치는 분명코 인기 있는 일이 못되었다. 어느 부처도 오르기만 하는 세금에 대한 책임을 성의 있게 맡으려 하지 않았고, 물가나 통화문제 그리고 과거에 일본인들이 소유했던 재산에 대한 통제를 점점 강화하는 책임을 아무도 지려 하지 않았다. 그 외에도 과거 일본인에게 협력한 한국 사람들에게 처벌을 가할 경우에 생길 문제라든가, 시민의 자유를 부당하게 제한하지 않고도 정부 전복을 기도하는 단체나 행동에 대해 어떤 제약을 가할 수 있는가 하는 문제 등과 같이 각별히 예민하고 말썽 많은 다른 문제들이 또 있었다. 또한 여전히 곤란한 문제는 국무총리와 각료들이 국회에 대하여 맺어야 하는 관계였다. 행정부와 입법부간에 조화로운 협력을 기대할 이유는 없다 하더라도 비판자들은 여전히 발전이 없다고 불평을 늘어놓았다.

　다른 나라 의회와 마찬가지로 국회는 사실이거나 추측이거나 간에 행정상의 하자를 놓고 집행부를 두들겨댔으며, 일반적으로 다른 의회와 마찬가지로 명확한 개선책이 될 제안을 놓고 협동하는 일도 없었다. 국제연합 위원단은 '경제적으로 건전한 상태에서 하나의 능률적인 민주 정부를 실현하도록 발전을 거듭하는 데 도움이 될 바람직한 분위기 속에' 국회가 운영되고 있다는 판단서를 제출했다.[2]

　한국 사람들은 고통 속에서도 자치 능력을 익혀가는 중이었다. 6월 17일 기자 회견에서 이 대통령은 국회 내부의 분쟁이 지닌 의미에 대해 자신의 해석을 밝혔다.

---

[2] 국제연합 제4차 총회 공식 기록, 부록 제9호 《국제연합 한국 위원단 보고 1949년 제1권 문서 A/936호》 참조.

정부 질서나 계획의 혼란은 마치 미국이 초창기에 60년간이나 실험을 거듭했듯이 우리 정부가 민주적이기 때문이며 실험 단계에 처한 사실에 기인한 것이오.

민주 정부는 독재 정부와 다르오. 우리 한인들이 너무 오랫동안 일제 치하에 있었기 때문에, 윗사람들이 명령을 내리면 이 사람들은 모두 눈을 감고 따랐소. 그러나 민주주의 정부 형태는 전혀 다르오. 내각 내에서까지도 각료들이 서로 다른 견해를 주장하게 되고 그들간에 토의를 통해서 보다 나은 방법을 찾으려고 노력하는 것이오. 각 부처 내부에서까지도 의견의 차이가 있소. 그러나 정부가 뚜렷한 정책을 세우고도, 국민의 뜻이 반대한다는 사실을 알게 되면 그것을 변경시킬 수도 있는 것이오.

남한 정치 정세에 관하여 계속되는 불리한 뉴스 보도는 이 대통령의 머리를 온통 차지했다. 6월 28일에 그는 서신에다 '극비'라고 표시하고 현 정세에 대해 길게 적어 보냈다.

그자들은 한국 정부와 국회 간의 충돌을 지나치게 강조하고 있소. 국회 내 소수의 친공 분자와 반미 분자들이 한편으로는 한국독립당에, 또 한편으로는 공산당 조직인 남로당에 연결되어 있소. 이들은 정부의 입장을 약화시키는 길을 트기 위해 무엇이든지 하려고 계획하여 왔소. 이자들은 성공을 거두지 못할 것이오. 왜냐하면 이자들이 설사 자기들의 결의 사항을 지지하도록 국회 내의 몇몇 허약한 의원들을 때때로 끌어들일 수 있다 하더라도, 전 국민이 굳건히 정부 편에 서 있으며 정부가 국민의 의사를 콘트롤하고 있기 때문이오.

로버츠 장군은 3명의 친공 국회의원 체포가 대통령 명령으로 된 것이라 주장하고 있소. 사실상 이 사람들 범죄의 명백한 증거가 발견되었소. 법원이 영장을 발부하고 경찰에서 그들을 체포한 것이오.

최근 박헌영의 비서가 어떤 여인과 함께 38선을 넘어가다가 개성에서 붙잡혔소. 그 여인은 비밀 통신문을 숨겨 가지고 있었소. 이들이 붙잡혔기 때문에 그 문서가 발견된 것이오. 그래서 그들을 체포하게 되었소.

철저한 조사가 현재 진행 중인데, 많은 다른 국회의원들이 관련되어 있소. 신익희(申翼熙) 의장은 어제 나에게 국회가 이런 공산 분자들을 모두 내쫓게 될 거라고 했소. 그들은 이자들이 그렇게까지 악랄하리라고 생각하지 않았소. 체포 소식이 전해졌을 때 정부가 즉각 그 증거를 제시해야 한다고 하면서 그렇게 못할 때에는 국회가 조용하지 못할 것이라고 한 사람이 바로 이 사람이오.
　가장 충격적인 일은 김구 씨 암살 사건이었소. 그가 남북 협상을 주장하면서 남한의 각 도를 망라하여 지난날의 임시정부 지지를 맹세하는 단체들을 조직하는 한편, 명년 6월 국회의원 선거에 자기 지지자들을 당선시키려고 준비를 서두르는 가운데 반정부 선동을 하고 있다는 이야기는 이미 알려져 있던 사실이오. 국민들간에는 그의 비애국적인 성명이나 활동을 비난하는 강한 감정이 번져 있었소. 그러나 그의 암살 소식이 전해지자 온 국민은 충격을 받았소.
　그를 암살한 사람이 비밀 회담을 가지기 위해 그를 자주 방문했던 믿을 만한 육군 장교의 한 사람이었다는 사실이 발표되자 세상은 모두 잠잠해졌소. 그는 또한 한국독립당 내에서 전략적 위치에 있던 사람들 가운데 하나라는 사실도 알려졌소.
　내게 알려진 바로는 이 육군 장교가 김구 씨를 방문했고, 그는 자기 비서들을 밖으로 내보내고 그와 비밀 대화를 나누고 있었다는 것이오. 그때 마침 세 발의 총탄이 발사되고 그를 그 자리에서 숨지게 했소. 이렇게 되자 사람들이 방으로 뛰어들어 그 자객을 붙잡아 혼수상태로 병원에 끌고갈 정도로 두들겨 팼소. 지금쯤은 회복이 되고 있는 것으로 알며, 충분히 건강이 회복되는 대로 그의 동기와 또 배후자가 있다면 그 사실도 모두 밝혀내게 될 것이오. 철저한 조사가 이루어져야 하므로 이런 일들은 어느 하나라도 인용하지 말아 주시오. 조사가 완료된 뒤에는 그들이 이 가장 불행한 사건에 대한 전면 보고를 발표하게 될 것이오.

　그의 편지의 나머지는 한국에 상당히 중요한 2개의 국제 문제를 논평한 것이다. 첫째는 '남한의 민주주의 발전'에 관해서 국제연합 한국 위원단이 제출한 보고서였다. 이 대통령은 위원단 구성원들에 대한 자기 생각을 나에게 적어 보냈다. '이 사람들은 우리에게 상당한 걱정거리를 안겨주고 있소. 그들 중의 몇 사람은 매우 의심스러운 태도를 보였소. 이 사람들이 만나본 사람들이나 질문 내용은 우리로 하여금 그들이 과연 우리 편인지 반대 편인지 의심을 품게 만들었소. 그러나 어찌되었건 이 사람들은 대단히 훌륭한 보고서를 만들었소.……' 둘째 국제 문제는 중국 공산 세력의 확장 문제였다.

이 대통령은 클레멘트 애틀리가 이끄는 영국 노동당 정권이 영국의 상업적 이권을 목적으로 영국 연방을 결속해서 마오쩌둥(毛澤東)을 지지하도록 자기 동맹국들에게 압력을 가하고 있다고 믿었다. 그는 이렇게 썼다.

중국 정세에 관해서 영국은 중국의 공산 정권을 승인하려 하고 있으며, 영국의 영향 아래 호주나 기타 영연방 제국이 공산당과의 상거래를 시작할 것을 공공연히 주장하고 있소. 우리는 이것을 반대하오. 우리는 돈벌이를 위해 우리의 국가적 민주주의 원칙을 양보하지 않을 것이오. 공산당과 거래를 하며 어떻게 이들이 성공적으로 공산주의와 싸울 수 있겠소? 상거래로나 다른 방법으로라도 말이오.

우리는 즉시 사람을 호주에 보내 통상 관계를 맺을 수 있을지 여부를 알아보려던 참이었으나, 지금 호주는 영국의 영향 아래 중공과의 통상 관계를 주장하고 있다고 듣고 있소. 만일 이것이 사실이라면 우리가 이들과 긴밀한 관계를 가져야 할 것인지 나는 확신을 가질 수가 없소.

태평양 조약 제의에 대해서 호주는 적극적으로 찬성이오. 그러나 그러면서도 태평양 국가 간에 반공 조약을 주장하는 한편 타방으로는 공산당과 거래를 트려고 한다면 이 사람들은 사태를 복잡하게 만들고 있는 것이오.

그러나 우리가 이 조약을 맺는다면 그들이 공산당 손에 들어가지 못하도록 막을 수 있으리라는 논의는 있음직한 일이오.

6월 말에 '또 다른 급신'이 이 대통령으로부터 날아왔다. "국회의원 6명이 더 구속될 것이오. 이 사람들은 5백 명의 미국 군사 사절단의 철수를 요구하는 진정서를 60명의 국회의원 서명을 얻어 국제연합 위원단에 제출했소. 이 제안은 국회에서 통과되지 않았소. 이것은 명백히 나라의 국방 계획에 배반되는 것이오. 북쪽과 접촉이 있었던 것으로 밝혀진 국회 부의장이 이 모든 일에 앞장섰소. 이들의 체포는 국회 전체에 막대한 영향을 미치게 될 것이오."

7월 1일 나는 워싱턴의 반응에 대해서 이 대통령에게 이렇게 썼다.

본인은 ECA의 존슨 박사와 이야기를 나누었는데, 이 사람은 한국으로부터의 모든 보도와 자기 나라 국회의원들에게 미칠 영향 때문에 흥분하고 있었습니다. 그의 말대로 '우리는 모든 것이 잘 되어가는 중이라고 그들을 설득하기에 최선을 다하고 있는데 별안간 좋지 않은 뉴스가 연달아 쏟아져 들어왔습니다.' 김구 사건은 물론 어쩔 수 없었을 것입니다. 그는 국회가 원조 법안을 가결할 때까지만이라도 국회의원 체포를 연기시켰더라면 하는 생각이었습니다. 제가 그를 심하게 책망할 수 없는 것은 그 사람이 원조 법안 때문에 열심히 효과적으로 일해왔기 때문입니다. 그의 신경은 한국으로부터의 뉴스에 대한 미국 국회의 반응 때문에 혼란한 상태입니다.

2명의 공화당 외교 정책 대변자격인 하원의 이들과 상원의 봔덴버그가 찬성하고 있으므로 원조 법안은 반드시 통과되리라 확신합니다. 그러나 두 개의 각각 다른 집단이 이에 반대해 왔었습니다. 즉 (1) 모든 '해외 원조'가 '깨진 시루에 물 붓기'와 같다고 반대하는 사람들과 (2) 국무부에서 아시아 정책을 엉망으로 만들었기 때문에 이와 같은 한국의 계획이 제대로 될 수 없다고 느끼는 사람들입니다.

며칠 뒤 7월 6일 나는 그에게 이번에는 각별히 궁색하게 돌아가던 우리 사무실 재정에 대해 써보냈다.

별지 '재무 보고서'는 우리 자금의 지출 내용을 밝힌 것입니다. 자금이 한 달이면 2천 불, 1년이면 2만 4천 불에 달함을 박사님도 아실 것입니다. 그러나 제가 주립대학으로 가면 저의 급료 4천 불이 깎일 터이니까 약 2만 불이 되므로, 박사님이 저에게 줄여보도록 요구하신 금액이 됩니다. 학교나 교회, 부인 단체 등에 돌리려고 한동안 계획해온 '한국의 현실'이라는 책자가 막

준비되었습니다. 비용이 얼마나 들는지 금액이 나와 있지 않으나 1천 불 가까이 될 것입니다. 여유가 없어서 당장에 다른 책자에 대한 계획은 못하게 되었습니다. 그러나 들어오는 여러 가지 문의에 답하거나 한국에 대한 반응의 본보기를 보여주기 위해서도 이런 자료들이 절실히 필요합니다.

'반응의 본보기'는 신생 정부를 비난하는 흐름이 그 밑에 위협적으로 깔려 있었지만 일반적으로 만족스러웠다. 이 대통령의 확고 부동한 반공주의는 미국 국민의 성미에 맞았다. 정부는 적어도 한국인이 자치 능력이 없다는 지금까지의 아주 진지한 우려를 거두게 할 정도로 일을 잘 해나갔다. '미국식 민주주의'가 아직 한국에서 이루어지지 않았지만 이 점에 관해서는 미국에서도 마찬가지였다. 그러나 어느 정도의 분방한 개인주의나 개개인의 자유가 이 나라에 있다는 충분한 증거는 있었다. 서울의 식당 테이블에까지 자유로이 나돌거나 외국 뉴스에도 '인기 없는 이승만' 기사로서 정기적으로 인용되는 가운데 한국 신문에 매일처럼 실리는 이 대통령에 대한 악의적인 비난들은, 한국 사람들이 자신의 속마음을 자유롭게 나타낼 수 있다는 단적인 증거다. 유럽을 위한 마셜 계획의 상당한 성과와 맞선다기보다는 흉내 내려고 시도된 트루먼 대통령의 4대 목표 계획이 태평양의 미국 우방들의 재건을 향해 시원치는 못하지만 적어도 시동은 걸렸다. '국무부 안의 공산 분자'에 대한 조세프 맥카시 상원의원의 맹렬한 공격은 지식인들의 화를 돋우고 비겁한 자들을 놀라게 했다. 마오쩌둥식 공산당에 의한 중국 석권 때문에 아시아 전체를 휩쓸 심각한 위협이 되는 하나의 통치 지배로서의 공산당 지배로부터 중국을 지키지 못한 정치가들과 정책에 대해 미국 내에서는 폭풍과 같은 비난 공격을 불러 일으켰다. 국무부는 자기들의 무능 심지어는 반역이 '중국을 잃게 했다'는 공격에 대항해서 스스로의 입장을 변명하는 1천 쪽의 문서를 준비했다. 딘 애치슨 국무장관이 그 책을 소개하는 '전달 문서'에 쓴 것과 같이

중국 국민당 정부의 실각 원인은 미국 원조의 무능에서 온 것이 아니다. ……현지의 우리 군사 관측통은 국부군(國府軍)이 1948년의 중대한 한 해 동안 무기나 탄약 부족으로 전쟁에 진 일은 한 번도 없다고 보도했다. 사실은

우리 측 관측통들이 전쟁 초기에 충칭(重慶)에서 포착한 그 부패가 국민당의 저항력을 치명적으로 약화시켰다. 당내의 지도자들은 당면한 위기에 대처할 능력이 없다는 것이 입증되었고 그 군대는 전의를 상실했으며 그 정부는 국민의 지지를 잃었다. 한편 공산당은 무자비한 규율과 광적인 열성을 다하여 인민의 수호자요 해방자로서 자신을 선전했다. 국부군은 패망하게 되어 있지 않았고 내부로부터 붕괴했다. 역사는 스스로 신념 없는 정권과 사기가 떨어진 군대는 전쟁의 시련을 이기고 살아남을 수 없다는 사실을 거듭 입증했다.[3]

중국에서 일어난 사건은 이 대통령과 한국 국민에게 하나의 확실한 경고였다. 이 국무부 문서는 1949년 9월에 발표되었고, 미국이 중국 국민당 정권을 더 이상 지원할 수 없다는 성명이 있은 지 1개월 이내에 장제스(蔣介石)는 본토로부터 타이완으로 철수했다. 미국의 지원 없이는 공산당의 진격을 막을 수 없다는 교훈이 분명하여졌다.

물론 거기에는 다른 교훈도 있었다. 그 한 가지는 반공 정권이 확고하게 효과적으로 공산당의 침투와 파괴를 막지 못하면 그것은 도리없이 안으로부터 파괴되며, 나아가서는 '무력한' 존재가 되었다는 구실 아래 버림을 받게 된다는 사실이다. 한국에서 이 대통령은 침투를 막고 파괴 분자들을 뿌리뽑기 위해 그의 능력껏 최선을 다했다. 이 때문에 그는 해외 맹방들로부터 찬성보다는 더 많은 비난의 소리를 들었다. 동시에 남한은 중국에서의 공산군 진격 만큼이나 파괴적인 38선상의 군사적 위협에 직면했다. 대한민국이 이들의 공격을 어떻게 대처해서 해결하며 또한 이에 대한 미국 관리들의 해괴한 반응을 어떻게 받아 넘기느냐 하는 것이 앞으로 수 개월의 주요 문제점이었다.

우리가 정부 수립 후 1년간의 '공화국의 시련'을 돌아다 보았을 때 오래된 한국이라는 나라를 세계에서 잘 사는 나라의 하나로 재건하기 위해서 미국의 경제 원조 계획과의 협력 아래 상당한 자유 분위기 속의 자치 정부가 그 기능을 다하고 있다는 증거가 인상적이라는 생각이었다. 아마도 과거로부터 '조선-고

---

3) 국무부 간행 《미국의 대중국 문제》 1949년도, p. 14 참조.

요한 아침의 나라'로 알려진 그 이름에 합당한 곳이 될 것이다. 이것이 우리의 목표요 희망이었다. 그 실현의 날이 얼마나 요원한 것인지 우리 눈에는 다행스럽게도 가리워져 있었다. 그 위험을 우리는 이해했다. 그러나 우리가 희망하는 바 일시적이고 궁극적인 성공으로 이끌어갈 많은 건설적인 과업이 앞에 가로놓여 있었다.

중요한 문제는 이러했다. 공산주의가 남한을 '아시아의 민주주의 보루'로서 성공하도록 허용할 것인가? 그리고 대한민국이 살아남으려면 필수 불가결한 방위 조치를 미국이 지지해 줄 것인가 아니면 용납이라도 할 것인가? 서서히 드러나는 대답은 불길한 예감을 느끼게 했다.

11
남하하는 철의 장막
(1949년 7~12월)

　가장 긴박한 것으로 확인된 문제는 군사적인 것이었다. 지금 침략 행위를 위하여 소련이 중무장시켜 맹훈련 중인 북한의 김일성 정권에 대처하리만큼 대한민국을 무슨 방법으로 충분히 강화시킬 수 있을 것인가?
　1949년 7월 2일 주미 한국대사 장면은 이 대통령으로부터 다음과 같은 전문(電文)을 접수했다.

　　미합중국 대통령에게 전달할 것. "우리는 각하가 전 미국 국민과 더불어 민주주의와 인류의 자유 옹호자인 가장 위대한 공화국의 탄생을 기리는 7월 4일, 건국 기념일을 축하드리는 바입니다.
　　미국 국민으로 하여금 1776년에 스스로의 자유를 위해 싸우도록 용기를 불어 넣은 신념은 이제 우리에게 우리 자신의 자유를 위해 싸우고 지키도록 용기를 주고 있습니다. 전 세계가 민주주의의 축복을 누리며 자유로워질 그 날까지 공산주의에 대한 각하의 세계 정책의 정신을 펴나감에 있어 모든 민주 우방이 단결하기를 기원합니다."
　　　　　　　　　　　　　　　　　　　　　　　　　이 승 만(서명)

　모든 중요한 국가적 기념일에 모든 정부가 정중하기는 하나 별 뜻이 없는 '축하 인사'를 나누는 것이 상례이기는 하지만, 만일 백악관 직원들이 세계 각 처의 정부로부터 일상적으로 송달되고 우연히 훑어보는 의례적인 축하 전문의 뭉치 속에 이 전문도 함께 철해지도록 내버려 두었다면 그것은 잘못된 일이다. 이 대통령은 회답을 못받았으며 서울의 미국 대사관으로부터도 미국의 정책 성명이나 전술적 표현에서도 그 전문이 고려의 대상이 되거나 읽히기조차 했는지를 말해 주는 아무런 표시가 없었다. 그의 평생 습관이 그러했듯이 이 대통령은 자기에게 기대되는 말보다는 자기가 뜻하고자 하는 말을 하는 습관을 가지고 있었다. 그의 전하는 말의 흐름 속에 많은 의미가 담겨져 있다.

'세계 민주주의의 옹호자'라고 한 것은 분명히 이 한국 지도자가 믿기에 미국이 지구상 관할 지역의 막다른 골목 구석구석까지 책임을 진 세계 경찰의 역할을 뚜렷이 담당하고 있다는 자신의 신념을 나타내고 있다. "1776년의 신념은 우리에게 싸우도록 용기를 불어넣어 주었다"고 한 것은 한국은 지금 1776년 당시의 미국 식민지나 1860년의 북미 연합 당시보다 '더 못하게' 분단된 채 반신불수의 나라로 머물고 있는 현실에 만족할 수 없다는 뜻이다. '모든 민주국가들이 단결하기를 기원한 것'은 신생 대한민국을 후원한 국제연합은 통일, 자유, 민주의 한국을 이룩할 목표가 아직도 성취되지 못한 이상 그 책임을 면하지 못한다는 뜻이다. '각하의 세계 정책'에서 이 대통령은 공산 제국주의를 대적하여 패배시키려는 트루먼주의의 약속을 전폭적으로 환영한 바 있었다.

1919년 이 박사는 우드로우 월슨 대통령의 쟁쟁한 '민족 자결권' 선언을 전적으로 신뢰했고, 한국 국민은 자기 자신의 독립권을 주장하기 위해 만세 운동에 궐기함으로써 일본 지배자들의 무서운 형벌에도 생명을 내걸고 싸웠다. 베르사이유에서 이 신념은 좌절되었다. 이승만이 자기의 벗이요 틀림없는 이상주의자라고 생각했던 그 미국 대통령은 실행 불가능한 타협을 모색하여 자기 이상을 망친, 하나의 정략적인 '현실주의자'였음이 드러났다. 지금 백악관에는 '볼일이 끝났음'을 자인하는 비지성적이고 턱에 힘이 들어간 중서부 중산층 출신의 한 실용주의자가 도사리고 있다. 월슨도 안 되었는데 트루먼에게 믿음을 걸수 있을까? 1919년보다 1949년의 세계 정세는 다르고 미국 국민의 여론 또한 다르다.

1920년대가 시작될 무렵에 미국과 서방 세계를 휩쓸었던 고립주의와 평화주의는 1948년의 베를린 봉쇄와 1949년 중국에서의 대대적인 공산당의 승리 등에 따라 불길처럼 타오른 소련 제국주의와 공산 팽창주의로 말미암은 공포와 불안으로 대체되었고 자유 세계가 난폭한 공산주의자들의 야망이 몰고 올 결과를 심사숙고함에 따라 미국에서는 맥카시주의의 맹렬한 물결로 대체되었다.

이 대통령이 본 그대로 전 지구의 테두리에서 한국은 미·소 양대 세력 대립의 초점이 되어 있었다. 유럽에서는 베를린 봉쇄에서 벗어났으나 대항 세력으로서는 불안한 균형 상태를 유지하고 있었다. 동부 지중해에서 트루먼의 대결 정책은 소련의 그리스 및 중동 진출을 저지시켰다. 미국이 마오쩌둥(毛澤東)을 '새로운 중국의 워싱턴'으로 받아들임으로써 중화민국은 말살되었는데 그는 사실상 공산주의자이자 일종의 '농업 진보주의자'였다. 더구나 장제스(蔣介石)는 자립할 힘이 부족했고 외부로부터의 지지를 얻지 못했다.

이 대통령은 남한의 내부적 약점 때문에 자유 세계가 한국 국민을 포기할 구실이 될 수 없다고 생각했다. 소련, 중국, 그리고 일본을 갈라놓은 '삼각 지대의 중심'에 있는 핵심적인 보루로서 오랜 세월 입증되어온 한국의 전략적 위치 때문에 한반도의 남부만이라도 자유를 유지해야 할 특별한 의미가 있다는 사실을 그는 인정했다. 그는 또한 소련이나 중국의 한반도 지배는 한국을 '일본의 심장부를 겨눈 비수'가 되게 할 것이라는 일본의 역사적인 공포감을 알고 있었다. 그는 공산당에 의한 대한민국의 정복이 몰고 올 불안정한 동북아의 위협을 미국이 받아들일 수 없으리라고 생각했다. 그는 또한 자기 나라를 무기한 양분하도록 운명짓게 될 영구적인 방위선에 만족할 뜻이 추호도 없었다.

자신의 입장이 근본적으로 건전하다고 믿는 이 대통령의 신념을 워싱턴에 있던 우리들의 관점에서 정당화시키기는 어려웠다. 한국 원조 법안은 미국 국회에서 심각한 난관에 빠져 있었다. 딘 애치슨 국무장관은 국회에 대해 원조 법안이 통과되지 않는다면 대한민국은 '3개월 안'에 쓰러질 것이라고 경고했다. 그러나 국회는 중국에서 일어난 붕괴에 당황했고 중국에 밀려드는 대홍수를 보면서도 한국에서 공산 침략의 작은 물줄기를 막으려는 의사가 전혀 없었다. 7월 6일에 나는 이 대통령에게 모스, 봔덴버그, 그리고 토마스 등 상원의원을 만난 사실과 '그들이 아무도 투표 결과가 어떻게 나타날 것인지에 대해서 분명한 예언을 할 수 있거나 해보려고 하지 않는다'는 이야기를 썼다. 나는 또한 남한에서 '육군이 지배하고 있다'는 딕크 존스턴의 〈뉴욕타임스〉 기사 때문에 워싱턴에는 아주 불리한 반응이 일고 있다고 보고했다. 나는 편지에 이렇게 덧붙였다.

우리가 하려는 일은 지금 한국이 정말 전쟁 상태에 있고 따라서 거기에 맞도록 움직여야 한다는 것을 사람들에게 이해시키는 일입니다. 일부는 더위 때문이기도 하겠지만 주로 국회가 자기들 직원의 봉급을 올리는 일 이외에는 많은 예산 법안 중 단 한 건도 통과시키지 않았다고 해서 요사이 워싱턴의 공기는 들끓고 있는 형편이고 입법부의 혼란은 겁날 정도로 엉망입니다. 국회는 결국 중요 입법 사항을 미결로 놔둔 채 휴회로 치닫지 않을까 크게 걱정이 됩니다. 말썽을 부리는 것은 한국 국회 만이 아니라는 생각에서 적으나마 위안을 가집니다.

그다음 날 내가 보낸 편지에 덧붙였지만 적어도 한 곳에 밝은 면이 엿보였다.

길고 긴 세월 우리가 홍보 활동을 통해 얻어 낸 가장 반가운 도움은 미국의 대한 정책의 변화이겠습니다. 여러 해 동안 미국 행정부는 공식 성명들을 통해 한국을 무시했고 막후에서 비우호적인 영향력을 행사하여 왔습니다.

최근 몇 달 동안 ECA의 호프만과 존슨, 트루먼 대통령, 그리고 국무부의 애치슨과 웨브 등은 모두 한국을 대신하여 아주 유리하고 힘찬 발언을 해 왔습니다. 그 결과 신문에 실리는 양도 크게 늘었습니다. 고립주의와 아시아의 소위 '반동 분자'에 대한 일반적인 회의(懷疑)가 몇몇 신문과 국회의원들 사이에 뿌리깊게 박혀 있었다는 큰 이유 때문에 신문 기사들 중의 몇 가지가 비우호적이었습니다. 그러나 일반적으로 논설들은 이해성 있고 동정적이었습니다.

여러 해 동안 미국 사람들에게는 아시아의 반공 지도자들은 모두가 반동이라고 가르치는 캠페인이 진행되어 왔습니다. 그리고 특히 미국 행정부 자신이 또한 이런 견해를 가져왔기 때문에 몇몇 신문편집 관계자들이 그렇게 믿게 된 것도 아주 당연합니다. 이런 끈덕진 선전에 속지 않은 사람도 상당히 많다는 것을 발견하고 우리는 용기를 잃지 말아야 한다고 생각합니다.

같은 날 7월 7일 이 대통령은 '순전히 사적 편지이니 불태워버리시오. 문서철에 철하지 마시오'라고 특기한 장문의 편지를 보내왔다. 내가 없애지 않은 '날카로운' 구절은 다음과 같다.

    필립(미시간 대학교 박사 학위 논문을 끝내기 위해 아직 공부를 계속하는 한편 장면(張勉) 대사의 차석으로 워싱턴 주재 대사관 공사에 임명되었던 한표욱(韓豹頊)을 말함)이 다소 시간이 걸리더라도 학업에 진도를 보이고 있다하니 기쁘오. 대사관 일은 전임인데 누구든 일과 후에 공부를 해야 하는 사람에게 동정이 가오. ……
    7월 1일 국회는 정부에 반대하는 모든 결의를 상쇄시킬 하나의 결의문을 통과시켰소. 이 사람들은 이제 제정신으로 돌아왔소. 전 내무부장관 윤치영이 김약수(金若水) 후임으로 부의장에 선출되었소. 총 13명의 국회의원으로 된 공산 분자를 구속한 이후 의원들이 제정신으로 돌아왔고 느껴지는 바로는 이 사람들이 자기 직분을 다하고 정치뿐만 아니라 다른 면에서도 능력을 발휘하여 잘해 나가고 있소.
    조병옥 대사는 한국 문제가 다시 상정될 것으로 기대되기 때문에 뉴욕에 머물러야 할 것이며 9월 국제연합 총회에 대비해서 열심히 일해야 할 것이오. 그러나 그는 여름에 아무 일도 할 수 없다고 생각하기 때문에 귀국을 원하고 있소. 어떻게 했으면 좋겠소? 그것은 '기정 사실'이고 그 사람을 화나게 하고 싶지 않소. 나의 개인적인 추측으로는 그 사람이 내무부로 다시 돌아갔으면 하고 있소. 귀하도 알다시피 그는 경찰의 책임자였고 현 내무부장관이 국회에서 공격을 받고 있소. 그는 자기가 일을 순조롭게 바로잡을 수 있다고 생각하고 있고 또 내가 그를 임명하리라는 것도 알고 있소…… 그는 쓸 돈을 더 가지고 있고 또 언제나 다른 누구보다도 자금 조달을 잘한다는 사실을 당신도 알거요. …… 이것은 대외비로 하기 바라며 그 사람을 바로 알라는 말이오. ……
    내가 아무래도 귀하의 비서처럼 들리겠지만 우리의 워싱턴 업무는 귀하가 떠난 뒤 그 전과 같지 않을 것이오. 하지만 나는 귀하가 정기적으로 돌아와서 업무를 돌볼 것으로 알겠소. 귀하가 펜실베이니아로 가는 일이 내 개인으로는 섭섭하다는 것을 알아주기 바라나 다른 한편으로 귀하의 뜻하는 바를 나는 알고 있소.

이 편지의 몇 가지 중요성을 간추린다면 그의 국내외 비평가들이 아무리 강하게 그가 '귀족적 독재자'라고 믿고 있다 하더라도, 이 대통령이 실제로 얼마나 보잘것없는 권력을 행사하고 있었는가를 밝혀주고 있다. 국회 내에 있던 그의 반대파는 뿌리 깊게 도사리고 있었고, 이 대통령은 부단한 책략으로 이들을 부분적으로나마 임기응변으로 통제해 나갔다. 몇몇 다른 인물 중에도 조병옥은 국제연합에 남아 있었으면 하는 대통령의 희망을 거역할 수 있을 정도의 막강한 개인적 역량을 가졌고, 다른 모든 사람이 궁색하게 쪼들릴 때에도 많은 돈의 개인 자금을 요구하여 얻어낼 능력도 있었으며 경찰을 장악하고 있는 내무장관이란 강력한 지위도 마음대로 복직할 수 있다는 자신감을 가질 수가 있었다. 이 대통령과의 친밀한 우정 관계뿐만 아니라 서울이나 워싱턴에서 나의 상근 보좌를 필요로 한다는 그의 거듭된 의사 표시까지도 내가 대학 보직의 제의를 수락하기 위해 떠나가는 것을 막지 못했다. 이 대통령과 접촉을 가졌던 전 기간 동안 나는 그의 권력이 사실상 제약되었음을 알게 되었다. 더욱이 그는 끊임없이 속을 썩이고 있었다. 모든 쉬운 결정이나 대부분의 유쾌한 결정도 행정 계통상의 어딘가 부하 공무원들에 의해 이루어졌다. 그저 옳고 그른 것을 가려내는 일뿐 아니라 두 개의 옳은 의견이나 틀린 의견 사이에 선택을 필요로 하는 극단적으로 곤란한 결정들이 매일같이 그의 책상 위에 쌓이는 내용들이었다.

1949년 봄 내가 서울에 체류하는 동안 나는 이 꼼꼼하고 자상한 '독재자'가 어떻게 자기 직책을 수행하는지 그 대표적인 한 실례를 경험했는데 그 일은 지금도 내 마음에 생생하게 남아 있다.

내가 도착한 지 얼마 안 되는 3월 하순쯤 나는 한국의 백악관이라 할 수 있는 경무대(景武臺) 그의 사무실에 앉아 이 대통령과 환담을 나누던 중 그는 슬픈 표정으로 이렇게 말했다.

"올리버 박사, 당신은 우리 정부가 아주 엉망인 것을 아실 거요."

"네, 알고 있습니다." 나는 동의했다.

그러자 그는 계속해서 말하기를 "두통거리는 장관들이 아무도 자기 부처를 꾸려나가는 방법을 모르고 있소. 이 사람들이 조직이나 행정을 이해하지 못하오. 이 사람들은 돈을 너무 많이 쓰고 너무 많은 사람들을 고용하며 책임과 권한을 위임하는 방법을 이해 못하고 있소. 예산은 점점 균형을 잃어가고 정부 전체가 혼란에 빠져 있소. 이 일에 대해 무엇인가 해야 하겠소."

한참 동안 말을 끊었다가 다시 이어서 "가장 고약한 것은 임병직(林炳稷)이 다른 사람들보다 더 나을게 없다는 것이오. 그는 규모가 큰 부처를 관리 감독하는 방법을 도무지 모르오. 이 문제를 터놓고 의논하기 위해 내가 그를 불렀으니 조금 뒤에 들어설 거요."

내가 자리를 비키려고 벌떡 일어서자 그는 내가 자리에 다시 앉도록 몸짓했다.

"아니오, 그대로 계시오" 하며 "내가 그와 얘기할 동안 그대로 있기 바라오" 했다.

마침 그때 그의 비서가 문을 열고 "임장관께서 도착했습니다" 했다. 나는 이 두 옛 벗들 사이에 불쾌한 대화가 있을 것을 생각하니 마음이 무거워짐을 느꼈다. 왜냐하면 나는 이 두 사람 누구에게나 깊은 사랑과 존경심을 가지고 있었기 때문이다. 나의 근심은 근거가 없었다는 것이 드러났다.

이 대통령은 벌떡 일어서서 문을 향해 총총히 걸어가서 두 손을 내밀며 임대령을 끌어안고 자기 옆 사무실 소파가 있는 자리로 그를 안내했다.

"벤, 내각의 각 부처가 엉망이네. 장관들이 도대체 운영 방법을 모르고 있고, 정부가 몽땅 지리멸렬이란 말야"라고 말했다.

"저도 알고 있습니다" 하고 벤이 동의하며 "그 사람들은 훌륭한 사람이지만 자기 직무를 이해하지 못하고 있습니다. 우린들 그것을 어떻게 하겠습니까?" 했다.

"벤, 자네도 알다시피 나는 여러 해 동안 자네를 내 친아들처럼 생각하여 왔네, 내가 자네를 외무장관으로 데려왔을 때 나는 정부를 위해서나 자네 자신을 위하여 하나의 큰 야심이 있었네. 내가 바라는 것은 자네가 조지 워싱턴 내각의 해밀턴이나 제퍼슨같이 하나의 위대한 장관으로 한국 역사에 전해지는 것일세, 나를 좀 도와주게, 벤." 이렇게 말은 이어졌다.

임대령은 깊이 감동되어 무슨 일이든 하겠노라고 했다. 이 대통령은 자기 앞에 놓인 한 권의 메모지를 집어들어 종이 가운데에 선을 쭉 그었다.

"벤, 내가 자네에게 바라는 것은 자네 소관 부서를 정말 능률이 오르도록 재편성하자는 것일세. 예산 절감을 위해 자네는 직원의 반수를 해임시킬 수 있을 것일세. 절반 정도의 인원을 가지고도 자네는 훨씬 일을 더 잘 할 수가 있어. 그 방법이 여기 있네. 한쪽 칸에 자네 부가 책임진 모든 중요 직무를 열거하게. 이들 직무의 각 항 반대편에 자네가 직원 중에서 정말 신임하는 사람들의 이름을 적게. 이것을 가지고 각자에게 자기 책임을 말해주면 그 사람이 그 일을 해내도록 기대를 걸 수 있을 걸세. 자네가 해야 할 일이란 모두가 그저 사무실에 앉아 사람들이 자네에게 보고하도록 하고 그 직책이 요구하는 일을 이 사람들이 하고 있는가를 확인하면 되는 거야. 이런 제도를 자네가 잘 운영하게 되면 각료 회의에 나와서 자네가 하고 있는 일과 그 일이 어떻게 되어가는지 다른 장관들에게 설명할 수 있을 것이 아니오? 그렇게 해 보겠소?"

임대령은 벌떡 일어나 빛나는 눈으로 소리쳤다. "그렇게 하겠습니다, 대통령 각하. 제가 한번 해 보겠습니다." 이리하여 그 내용을 그대로 실행에 옮기려고 외무부 사무실로 황급히 돌아갔다.

불행하게도 그 해결책은 결코 제대로 되는 것 같지 않았다. 정부 예산은 균형이 잡히지 않은 채로 있었고 정연한 질서와 능률이 자리잡기까지는 느리고도 몇 년의 세월을 필요로 했다. 그러나 그중에서도 가장 나에게 인상적이었던 것은 이 대통령이 자기 자신의 대통령 권한을 행사하는 모습이었다.

그분의 생각으로 볼 때 자기가 가진 그런 힘은 분명 설득의 힘이었다. 그는 말없는 복종을 얻어내도록 노력해야 하며 그것을 명령으로 다스릴 수는 없다. 부하들이 두려움에 떨며 수행하는 명령을 난발하는 잔인한 독재자처럼 적의에 찬 뉴스 보도들이 그려내는 광경은 사실과는 훨씬 동떨어진 괴의한 묘사에 지나지 않았다. 아무리 집중된 권력이라도 협조가 잘되는 팀이 그 일을 수행할 능력과 의지가 있을 경우에만 힘으로 존재한다. 아마 이것이 워싱턴이나 세계의 다른 수도에서 보다 못하지 않게 영향력을 행사한 서울의 '관료적 통제'가 의미하는 권력의 실상이다.

그러나 언제나 진상이 그러하듯이 우리의 가장 시끄러운 험구가들은 자기네 정부에서도 발견되는 결점에는 관심이 덜하고 오히려 바다 건너 원조를 주고 있는 정부에 대하여는 알게 되거나 의심만 가도 그 결함을 가지고 더욱 시끄럽게 왈가왈부했다.

이 대통령은 '독재적'이고 그의 정부는 '탄압을 일삼는다'는 공격은 계속 우리들의 문제 거리였다. 그 역설적인 면은 비평가들이 엄청나게 훨씬 독재적인 북한 김일성 정권에 대해서는 거의 아무도 절실한 관심을 보이지 않았다는 점이다. 그 점을 상기시키면 대답은 으레 이러했다. "물론이다. 누구나 공산주의는 독재 정치를 의미한다는 것을 알고 있다. 당신은 그 이외에 무엇을 어떻게 더 바랄 수 있겠는가? 그러나 우리의 도움에 의존하고 있는 나라의 독재 정치를 참으라고 기대하진 마시오." 거기까지는 이런 사고방식을 이해할 수도 있고 받아들일 수도 있었다. 해괴한 것은 그다음 단계로서 "남한은 차라리 공산당 지배하에 빠져 들어가도록 내버려 두는 것이 더 나을 것"이라는 험구가들의 결론이다. 오원 래티모어가 뉴욕에서 발간되는 '데일리 뉴스' 1949년 7월 17일자에 표현한 대로 "우리의 할 일은 남한이 망하도록 내버려 두는 것이며 마치 우리가 뒤를 밀어주고 있는 것처럼 보이게 해서는 안 된다"는 것이었다.

이승만은 그의 정적들을 계속 못살게 군다고 했다. 우리가 지적한 것은 김일성은 아예 정치적 반대파를 완전 제거시키고 일당 독재 국가를 영위하며 자기에게 감히 맞서는 자들을 모두 투옥시키지 않았느냐고 했다. 비판자들은 공격하기를 한국의 신문이나 많은 정치인들 그리고 지식 분자들이 악담과 비난을 그에게 퍼붓는 것으로 보아 이승만은 '분명히' 인기가 없는 것이 아니냐고 했다. 이에 맞서서 우리는 이렇게 악담이 계속 가해질 수 있는 것은 자유 분위기가 실제로 존재한다는 최고의 증거가 아니냐고 했다. 그들은 또 이승만은 자기 반대파를 감시와 협박 속에 떨게 하는 강력한 경찰력을 유지하면서 때때로 편집인이나 기타 여론 지도자들을 불러들여 심문과 훈계를 일삼고 있다고 비난했다. 그래도 우리는 반대와 비판이 여전히 계속되고 있는 것은 본질적으로 민주주의가 유지되고 있음을 입증하는 것이라고 반박했다. 국제연합 한국 위원단은 연차 보고서에서 시민의 권리를 '박탈'하는 사례를 인용했으나 그래도 대한민국에는 기본적인 민주주의가 이룩되어 있다고 밝혔다. 우리들의 비평가들은 이것은 순전히 국제연합이 후원하는 정부를 합리적으로 은폐하는 행위라고 비난했다.

지금까지 남북한 전체의 정치 정세에 관하여 가장 신중하고 세밀하고 객관적인 연구서는 캘리포니아 대학 출판부에서 출간된 로버트 A. 스칼라피노 및 이정식(李庭植) 공저 《한국의 공산주의》라는 2권으로 된 저서이다. 불행하게도 우리들의 홍보 활동을 위해서 볼 때 그 책은 25년 후가 되는 1972년까지는 출판이 안 되었다. 균형잡힌 역사적 상관 관계를 정립시키기 위해서는 더할 나위 없었으나 1948년에서 1950년에 이르는 중요한 시기에 대한민국의 지지를 해치고 좀먹은 험담꾼들에게 맞서는 하나의 해답으로는 활용되지 못했다.

스칼라피노·이정식 공저의 이 연구서가 충분히 보여주듯이 대한민국 수립 후의 남한에는 강력한 경찰 행위가 절실히 필요했다. 남한에서 공산당 당원증을 가진 실제 당원의 수는 4만 정도를 넘지 못했을 것이다. 그러나 이 필자들이 지적한 바와 같이 그 숫자는 두 가지 이유에서 무의미했다. 첫째 이유는 훨씬 더 많은 숫자의 남한 국민이 공산당 동조자, 지지자 또는 꾐에 빠진 자들로서 자발적으로 또는 겁에 질려 공산당 지령을 수행했기 때문이다. 특히 공산 분자들은 노동 조합을 계속 지배했고 농민 단체와 학생·지식인 집단을 장악했다.[1]

이런 문제들 외에도 설상가상으로 양당 모두가 주로 우익 분자로 구성되었던 한민당과 한독당은 합법 불법을 가릴것 없이 자기들이 꾸밀 수 있는 모든 수단 방법을 다하여 이 박사를 몰아내려는 결심이었다. 여기에 더욱 문제를 복잡하게 만든 요인은 이 박사가 당파를 초월하여 무소속으로 자기 주장을 국민들에게 호소하는 방법을 택한 결과 그의 대한독립촉성국민회가 짜임새있는 자유당으로 서서히 엮어져 나갔다는 사실이다.

이 대통령에 대한 반대파는 지식인들이 살고 있는 주요 도시 그것도 특히 국내 정치의 여러 과정이나 외부적인 외국 언론 기관과의 밀접한 관계를 가진 지식인들이 모여있는 서울, 부산, 그리고 대구 등지에 주로 집중되어 있었다. 이것은 무엇을 의미하는가 하면 반정부 활동의 기사를 매일 발송하는 기자들이 그들의 기사거리를 이런 도시에서 취재했다는 말이다.

10년 후에 쓰여진 대한민국 수립 후의 정세에 관한 또 하나의 신중한 역사 연구서에서 조순승(趙淳昇) 교수는 미 군정이 국방 경비대와 지방 관청에 끌어

---

1) 상세한 내용은 스칼라피노·이정식 공저, 《한국의 공산주의》 제1권 제4장 '미군 점령 하의 한국 공산주의' 그리고 제2권 11~14장을 참고할 것.

들였던 공산 분자들이 주동이 된 '태업, 시위, 그리고 무장 반란' 등에 대하여 상세히 설명했다. 미 군정이 지원하는 모든 단체는 '철저히 정치적 중립을 지켜야 한다'는 원칙적인 지침 때문에 미군이 철수한 뒤에는 '북으로부터의 파괴 분자 침투가 급격히 늘어나 국내 불안은 거의 걷잡을 수 없을 정도로 심해졌다.'[2)]

제주도의 공산당 조직은 일본인 철수 때 버리고 간 다량의 일제 무기를 사용하여 이 섬 일대를 무질서한 혼란 속에 몰아넣었다. 여수, 순천 등 남쪽 중심도시에서는 공산당이 이끄는 제14 경비 연대 구성 부대가 반란을 일으켜 5백여명의 관리와 우익 인사들을 처형했다. 중공군의 전 중국 국토 제패와 더불어 극동의 전 반공 지역은 붕괴 직전에 놓인 듯이 보였다.

그의 비평가들이 '작은 장제스(蔣介石)'라고 한 말과는 거리가 먼 이승만은 결연히 대처하여 안정 회복에 힘썼다. 그런 과정에서 많은 공산분자들이 체포되거나 피살되고 철저한 11시 통행 금지가 실시되었다. 경찰이나 국방 경비대가 떼지어 거리를 순찰하고 '파괴적인' 선동과 활동은 금지되었다. 확실히 시민의 권리는 위축되었다. 그러나 정부는 보존되고 압도적 시민 다수가 정부를 지지하는 편으로 규합되었다.

대한민국이 수립된 1948년 8월 15일로부터 한국전쟁이 일어난 1950년 6월 25일에 이르는 22개월의 전 기간을 통하여 남북 군대 간에는 38선에 연해서 끊임없는 전투가 계속되었다. 한국을 남북 두 개 부분으로 가른 이 경계선만큼 더 이상 고약하게 생긴 것은 없었다. 그 심각한 경제상의 결과는 고사하고라도 군사 분계선으로서의 방위가 불가능하고 가소롭기 짝이 없었다. 예를 들어 인천항 북쪽으로 서해안에 돌출된 옹진 반도는 남한에 속해 있었다. 그러나 이곳을 육지로 가려면 북을 통해서 들어가는 길밖에 없었다. 서울 북방 40마일도 못 되는 곳에 위치하여 북으로부터 용이한 침략 회랑 위에 놓인 남한의 주요 도시 개성은 바로 38선 북방에 있는 산악 능선 아래 계곡에 자리잡고 있어서 그곳으로부터 공산군은 거의 매일같이 이 도시에 포화를 퍼부을 수 있고 또 현실이 그러했다. 옹진 반도에서는 6천명에 달하는 부대가 노골적인 전쟁을 치르고 있었다. 1949년 7월 이후 남한에 잔류한 유일한 미군으로 겨우 472명으로

---

2) 조순승 저, 《세계 정치 속의 한국》 1940~1950년;앞의 책 231쪽, pp. 192~195 및 pp. 230~330 참조.

구성된 미 군사 고문단은 이 대통령이 그 지역을 방위한다고 공공연히 비난하는 한편 공산당에게 그 지역을 양보하라고 요구할 참이었다.

1949년 5월 내가 개성을 방문했을 때 상인 한 사람은 나에게 "우리는 두려움 속에 잠자리에 들며 우리의 눈은 언제나 산을 바라보며 나날을 살아갑니다" 했다. 38도선 전역에는 매일 십여 차례의 공산군 공격이 있었다. 1949년 9월만 해도 1184회 정도의 여러 공격이 항목별로 기록되어 있다.[3]

북조선인민공화국은 남한 내에 7만 7000의 현역 유격대원을 조직 무장했다고 주장했다.

6월 28일 평양의 '조국 통일 민주 전선'은 공산 인민공화국 지배하의 한국 통일을 확인하기 위해 9월에 전체 한국의 '총선거'가 실시될 것이라고 발표했다.[4]

10월 14일 인민공화국은 무력으로 한국을 통일시키겠다는 의사를 공공연히 밝히고 '소수의 매국노 집단과 한국민의 배신자들 즉 대한민국 지도자들의 이기적인 이익만을 고려하는' 국제연합을 비난하는 공식 메시지를 국제연합 앞으로 보냈다.

6월 24일 이 대통령은 워싱턴과 국제연합에 주재하는 한국 대사들에게 정부의 국방력에 관한 침울한 내용의 평가서를 보냈다.

주한 미군은 이달 말까지 한국에서 떠나게 될 것이오. 우리의 국방을 위해 우리가 가진 것이 무엇이오? 대부분의 우리 육군 병력은 소총도 가지고 있지 못하며 우리 경찰과 해군도 마찬가지요. 국방장관은 실제 전투에서 겨우 3일간을 지탱할 탄약밖에는 가지고 있지 않다고 보고하고 있소. 한편 타임 잡지나 기타 미국 신문들은 미 육군이 모든 무기와 소총을 한국인에게 남겨두려고 하고 있으며 우리들은 필요 이상의 더 많은 무기를 갖게 될 것이라는 멀쩡한 소리를 기사로 실었소. 한국에 오는 어떤 미국인들은 우리가 꾸려나갈 만한 충분한 무기를 가지고 있지 못하다는 이야기를 듣고 몹시 놀

---

3) 도날드 튜크스베리 편, 뉴욕 태평양 관계 연구소 간행 《한국의 정치와 사상에 관한 자료집》, 1950년판, pp. 133~144 참조.
4) 1962년 11월, 워싱턴 발행 미 국무부 편, 역사적 한미 관계 개관, 극동 문제 연속물, 제115호 p. 94 참조.

라오. 이 사람들의 말로는 한국 사람들이 현재 자기들이 필요로 하는 모든 전쟁 무기를 다 가지고 있다는 인상이 전 미국에 깔려있다는 것이오.

　우리가 여기 있는 미국인들에게 전투기가 필요하다고 했더니 그들은 필요치 않을 것이라고 했소. 미국 비행기가 일본에서 지체없이 날아올 것이라는 것이오. 우리는 이웃 나라의 선의에 매달리고 싶지 않다고 했소. 우리는 자신의 생명선을 위해 비행기를 우리 수중에 확보하고 있어야 할 것이오. ……

　우리는 국제연합에 대하여 우리가 현재 얼마만큼의 무기를 보유 중이고 미국이 우리에게 제공한 무기는 얼마쯤 되는지를 조사해서 그 보고서를 공표하라고 요구하려는 것이오. 미국 국회의 조사 위원회가 와서 점검하는 것이 아주 중요한 일일 것이오. ……

　현재 우리들의 관점에서는 우리들 자신의 국방을 위해 타당한 무기를 충분히 공급받는 것이 경제 부흥보다 더욱 절실한 것 같소. 우리 국가의 안전을 보장할 수 있을 때에 우리가 경제나 다른 어떤 것도 재건할 수 있는 것이오. 만일 안전 보장이 확보되지 못한다면 모든 것을 다 가진들 무슨 소용이 있겠소?

　……물론 몇몇 미국인들이 한국의 반공 투쟁은 가망없다는 공산당의 견해를 택하고 있다는 사실도 우리는 명심해야 하며 또 미국인들은 왜 희망도 없는 상황에서 정력을 허비해야 하오? 그런 견해를 가진 자들은 모두가 다 잘못된 것이오. ……

　이 편지의 사본을 올리버 박사에게 주어서 그가 가능한 모든 힘을 다하여 나의 이름을 쓰지 말고 일을 하도록 부탁하시오.

　이 대통령은 심중에 많은 생각이 꽉 차 있었다. 다시 말해서 그의 염두에는 북으로부터의 끊임없는 공격과 전면 침공의 위협 등이 있었다. 그의 감정은 한국에 관한 미국의 군사 정책에 의해 더욱 격앙되어 있었다. 1949년 6월 29일에 마지막 미군 부대가 한국으로부터 철수했다. 이 대통령이 하지 장군과 애써 이루어 놓은 군사 협정은 자연히 무효가 되었다. 7월 1일에 명목상으로는 한국군을 위한 것이었으나 실제로는 북쪽에 대한 도발을 못하도록 군비를 축소시키기 위한 미 군사 고문단(KMAG)이 설치되었다. 그 때문에 미 군사 고문단의 주요 임무는 남한이 북한을 불안하게 할 정도로 군사력을 발전시키지 못하도록 확인하는 일이었다.

대한민국은 대공 포화가 없는 지역의 정찰만을 위해 쓸 수 있는 6대 정도의 항공기 이외에는 더 허용되지 않았다. 탱크나 기갑 차량은 가지지도 못했다. 포병은 탱크를 격파하기에는 너무 가벼운 포탄만을 쓸 수 있는 경바주카포와 화포에 국한시켰다. 국무부는 미국의 입장을 설명하며 "이번 철수는 미국 지원의 약화를 뜻하는 것은 결코 아니다"라고 했다.[5]

그러나 대한민국 영토 보전 상의 보장도 외부 공격에 대한 지원 보장도 없었다.

몹시 외로움을 느끼고 자기 입장을 강화시킬 방도를 모색하면서 이 대통령은 내가 펜실베이니아 주립대학교에서 새로운 직무를 시작한 뒤인 9월 30일 나에게 편지를 써보냈다.

> 귀하의 직분을 생각해 볼수록 나는 귀하가 여기 한국에서 더 도움이 되리라는 생각이 더욱 굳어짐을 느끼오. 나는 나의 중요한 일을 돌봐줄 사람을 필요로 하고 있으며 귀하가 대학에서의 근무 기간을 끝내게 될 때쯤 귀하를 이리 오도록 부탁할까 곰곰 생각중이오. 아무에게도 귓속말을 하지 말고 마음에 새겨두시오. 그리고 귀하가 떠날 수 있게 되는 대로 이곳으로 와서 나의 사무실에서 나를 위해 일해 줄 수 있기 바라오. 얼마나 자주 나는 귀하가 여기에 있었더라면 싶은지 모르오.

그는 한국에서의 위협적인 사태 진전에 관한 자신의 근심을 쏟아 버리려고 계속 말을 이었다. "이곳 한국과 미국에서 격변하는 사건들에 관한 나의 몇 가지 생각들을 때때로 자세히 적을 시간이 아쉽구려. 지금까지는 그것이 불가능했소. 그러나 앞으로는 노력해 보겠소. 한 가지 일은 우리들의 처지에 대하여 귀하에게 간단하게나마 적고 싶다는 것이오."

---

5) 미국 국회 상원 외무 위원회, 한미 관계 문서, 1943~1953년, 1953년 워싱턴에서 간행, pp. 26~27 참조.

매일같이 공산군이 퍼붓는 탄막 공세에 대해서 뿐만 아니라 그의 군대는 공격을 '견제'하는 이상의 행동을 해서는 안 되며 역습이 도발적이라고 느끼게 된다면 '견제' 사격조차도 해서는 안 된다는 미국측 주장에 대한 그의 반응 등에 대한 장문의 설명이 뒤따랐다. 북한 침공 부대가 1950년 6월 말 서울을 함락시켰을 때 경무대에 보관 중이던 이 편지의 카본지 사본이 그들에 의해 발견되었다. 이것은 즉시 소련으로 넘겨졌고 UN 총회 토의에서 몰로토프에 의하여 대한민국이 전쟁을 먼저 일으킨 침략자라고 하는 '증거물'로 이용되었다. 소련이 이 편지를 소유함으로서 밝혀진 한 가지 일은 바로 소련 자신이 침략 행위에 있어 인민공화국과 대단히 긴밀한 관련을 맺었다는 사실이다. 〈뉴욕타임스〉는 이 편지에 대하여 나에게 캐물었고 나 또한 그 당시에 이것을 공표할 용의가 되어 있었으나 국제연합 미국 수석 대표 워렌 오스틴은 이 편지가 결코 실재한 것이 아니고 다만 소련에 의해 조작된 상상의 소산일 뿐이라고 선언함으로서 나의 증언을 불가능케 했다. 그 때나 지금이나 나의 판단으로는 이 대통령의 편지에 표현된 그의 논법은 비록 그가 스스로 깨닫고 있었듯이 '불가능한 꿈'을 그리고 있었다 하더라도 이 대통령에게 영예로운 것이다. 9월 30일자 이 편지 속에 밝힌 그의 발표문 전문은 다음과 같다.

지금이야말로 우리가 공격 행동을 취하여 우리에게 충성스런 북한 공산군과 합세, 그 잔당들을 평양에서 소탕해야 할 가장 심리적인 호기라고 나는 열렬히 느끼고 있소. 우리는 김일성 부하들을 산악 지대로 몰아내서 그곳에서 그자들을 서서히 굶겨 항복시키게 될 것이오. 그 때에 우리의 국방선은 두만강, 압록강에 연해서 강화시켜야 하오.
우리는 100퍼센트 유리한 입장에 놓이게 될 것이오. 압록강과 백두산에 연한 자연의 국경선은 충분한 수의 항공기, 양대 강 하구를 지키는 2, 3대의 해군 쾌속정, 그리고 제주도를 포함한 전국 해안선 방위에 임하는 전투기 등을 가지고 있으면 거의 침투가 불가능할 것이오. 지난 2천 년 동안 우리 및 한인들이 당 태종, 수나라 임금, 몽고족과 왜구 등의 큰 침략으로부터 나라를 지켜나온 것과 같이 우리도 그렇게 할 수 있을 것이오.
우리는 외국의 침략으로부터 우리나라를 성공적으로 지키는 일을 되풀이

할 준비가 되어 있다고 확신하오. 중국, 일본, 만주, 그리고 시베리아의 한인들로 조직된 공산군이 모두 합세해서 자기들이 하고자 하는 일을 저지르는지 모르지만 우리는 이들을 싸워 물리칠 수 있을 것이오. 우리는 외부의 나라들이 우리를 반대하더라도 상관없이 기어이 그렇게 하기를 원하오. 나는 소련이 지금 침략을 저지를 만큼 무모하지는 않으리라 믿고 있소. 우리 국민들은 북진을 부르짖고 있소. 우리 북한 동포들은 우리들이 지금 북진해 주기를 바라고 있으나 그들을 달래느라고 우리는 지금 할 수 있는 최선을 다하고 있소. 그리고 이것은 굉장히 힘든 일이오.

나는 귀하가 이런 실정을 아주 분명하고 설득력있게 알려주기 바라며 이 사본을 장면 대사와 조병옥 대사에게도 보여주기 바라오. 사람들이 우리의 국내 소탕전과 치안 유지 노력을 찬동하도록 하는 하나의 목적을 향하여 귀하는 워싱턴과 뉴욕에서 두 대사나 기타 벗들과 함께 그리고 우리는 우리대로 이곳 서울과 도쿄(東京)에서 모두 다 조용히 합심하여 일해 나가야 하겠소.

처칠이 한때 썼던 구절처럼 '우리에게 연장을 달라 그러면 우리는 일을 할 것이다'라고 한 옛말을 퍼뜨리시오. 미국의 정치가들과 일반 국민을 설득시키고 이 사람들로 하여금 우리는 앞으로 전진하며 우리의 계획을 달성할 것인즉 우리가 필요로 하는 모든 물질적 지원을 아끼지 말도록 조용히 찬동하도록 하시오.

우리가 오래 끌면 끌수록 일은 점점 더 어려워질 것이오. 소련의 냉전은 항상 승리하는 전쟁이오. 첫째 이 자들은 사람들이 내부에서 저희들끼리 싸우도록 뒤흔들어 놓기 위하여 공산 선동 분자들에게 자금, 무기, 그리고 선전 자료 등을 제공하오. 그런 뒤에 이 자들은 공산당 전향자들을 일단의 테러 분자, 암살단, 약탈자로 만들어 죽이고 불지르고 인간 사회를 온통 수라장으로 만드는 것이오. 약탈을 계속하는 한 이들은 충분히 자급자족하게 되는 것이오.

이들은 남을 못살게 굴기 위해서 무슨 짓이라도 할 것이오. 그렇게 함으로써 공산 분자들은 스스로를 강화시키고 있으며 언제나 더 넓게 확대시키고 더욱 깊게 파고들고 있소. 약탈을 자행할수록 자금이 더 생길 것이고 이 자금으로 이자들은 살육과 방화 행위를 감행하고 있소.

그러나 민족주의자들은 어디에서도 도움을 기대할 대상이 없소. 이들은 자신을 방비하기 위하여 자기들 자신의 모든 수단 방법을 쓰지 않으면 안 되며 이와 같은 일이 해를 거듭하며 계속되고 있소. 이들은 싸움을 지탱할 수가 없소. 조만간 이들은 굴복할 것이오. 이것은 중국에서나 다른 여러 곳에서도 일어난 현상이오.

미국인들이 현재 냉전에서 하고 있는 짓은 패망하는 전쟁이오. 우리가 조용히 앉아 이들 악당을 그저 피하기만 함으로써 패자의 전쟁을 계속한다면 인간의 육신과 신경이 그리 오래 견디지 못할 것이오. 한국 사람들이 죽기를 맹세하고 기꺼이 일어나 그자들을 소탕하는 때가 바로 심리적으로 알맞은 지금이란 말이오. 우리가 이 일을 결행하도록 허용되기만 한다면 당연히 단시일 안에 이 문제를 깨끗이 해결할 수 있으리라고 나는 확신하오. 이런 모든 얘기를 가장 설득력있는 성명서에 적어서 여기저기 영향력 있는 몇몇 인사들과 조용히 접촉을 가지시오. 그리고 그들의 지지 찬성을 얻도록 합시다. 만일에 이런 성명서가 트루먼 대통령의 귀에 들어가게 할 수만 있다면 우리가 바라던 어떤 효과도 얻게 되리라 생각하오.

이것이 그 편지의 전문이며 이 문서가 생각건대 그렇게 폭발적이었던지 몰로토프는 전쟁을 시작한 측이 이승만과 대한민국이라는 '증거물'로 이 편지를 제시할 수 있었고 워렌 오스틴은 도대체 이런 편지가 있었다는 사실 자체를 부인함으로서만 일처리가 가능하다고 느꼈던 것이다. 이 대통령이 워싱턴과 뉴욕의 자기 대사들에게는 사본조차 보내지 아니하고 나에게 이 편지를 쓴 것은 당신이 그 편지에 담았던 뜻을 내가 잘 전달할 수 있으리라고 믿었던 때문이다. 그가 뜻한 바 편지의 내용은 확실히 그것을 읽는 사람이면 누구나가 그 요점을 알 수 있을 만큼 아주 분명한 것이었다.

그가 호소하고 있었던 것은 38도선 너머로 거의 매 시간마다 감행되는 공격을 막기 위한 직접적인 목적과 또한 압록강과 두만강에 연한 본래의 국경선까지 한국을 보다 근본적으로 통일시키려는 목적을 위해 한국군이 북한에 대해 방위 전쟁을 할 수 있도록 미국 정부로부터 적절한 무장과 공격의 승인이나 지지를 공식적으로 받아내는 일과 아울러 미국 국민으로부터 여론의 지원을 얻는 일이었다.

가장 확실한 것은 그가 이런 행동을 취할 의도를 알리거나 발표하고 있지 않았다는 점이다. 만일 이것이 그의 의도였다면 앞서의 발표문을 자기 홍보 관계 에이전트에 보냄으로써 자기 의도를 밝히는 일은 분명코 하지 않았을 것이다. 그가 원한 것은 공산당이 중국의 국민 정부나 동부 유럽의 민족주의 진영의 방위 능력을 파괴했듯이 남한의 방위 태세를 좀먹어 들어가는 동안 태만하게 기다릴 것이 아니라 대한민국을 강화시켜 북한을 다시 찾을 수 있도록 하는 것이 훨씬 유리하다는 것을 미국인들에게 설득시키는데 도움을 주자는 것이었다.

옹진 반도의 전투를 돌아보고 방금 돌아온 여행에 관해서 로이타 통신 태평양 지국 워렌 M. 와이트가 외무장관 임병직(林炳稷)에게 보낸 1949년 6월 28일자 편지에는 이 대통령이 벗어나고자 했던 그 당시의 상황이 묘사되어 있다. 그가 목격한 것은 서울을 떠날 때 임장관이 그에게 해준 말을 뒷받침해주는 것이었다. '이것은 소규모 전투가 아니다'라고 와이트는 보고했다.

> 김대령이 나를 일선으로 데리고 갔다…… 야간에 그의 부대가 기습 공격을 가해서 소중한 고지를 점령하여 그 전선 일대에서는 거의 난공불락의 진지를 아군에게 안겨주었다. 전사자가 적군의 추정수 60명에 비해 약 10명 정도로 생각되나 특히 전략적 이점이 크기 때문에 희생이 컸다고는 볼 수가 없을 것이다.
>
> 그러나 이들은 몹시 탄약이 부족하며 내가 본 바로는 보다 많은 탄약 공급이 없는 한 적군의 큰 공격에 대해 2, 3일 이상을 견디기 힘들 것으로 우려된다. 그러나 이런 문제는 나의 소관 밖의 일이다.

물론 이 문제는 전적으로 이 대통령의 소관 사항이었다. 그러나 대한민국 국군이 38도선 너머로 아무리 제한된 공격을 가할 수 있는 정도라도 스스로의 방위 태세를 향상시키려고 꾀할 경우 로버츠 장군은 언제든지 미국과 체결한 협정에 대한 위반을 들어 즉각 모든 물자 공급의 완전 폐쇄를 초래할 수도 있다고 엄중 경고하는 실정이었다. 얼마나 제약이 심했고 화가 나게 했는지에 대해서 나의 친우 변영태(卞榮泰)는 내게 보낸 1949년 8월 4일자 편지에 그 실정을 이렇게 설명해 주고 있다.

공식으로는 개성(開城)이라 부르는 어지간히 변방에 있는 도시 송도(松都)는 매일같이 북한 빨갱이들에 의해 분계선 고지로부터 포격을 당하고 있소. 이 도시로부터의 피난민은 남쪽으로 허둥대며 내려오고 있으며 심각한 사태를 빚어내고 있소. 이 도시의 몰락은 전략적 의미에서도 그렇겠지만 심리적 의미가 더 클 것이오. 공산당의 선전과 그로 인해 우리나라 국군과 일반 국민의 사기에 미치는 타격과 함께 그것은 쉽사리 붕괴 상태로 이끌게 될는지도 모르오.

남한 사람들이 하나같이 애국자는 아니오. 일반 대중은 단지 자기들이 얻을 수 있는 어떤 조건만 충족되면 삶을 이어나가려는 하나의 피조물일 뿐이오. 이 도시를 방어하려면 우리가 고지를 확보해야 하는 데 경계선 침범이 금지되어 있단 말이오.

이런 최소한의 방어를 위한 공격은 순수하고 단순한 자기 방어라고 간주되도록 국제 간 이해가 있었으면 좋겠소. 방어를 목적으로 한 이런 종류의 공격 작전은 결코 총공세 작전으로 확대될 수가 없는 것이오. 그 이유로는 한국 이외의 열강이 참여하는 보다 광범위한 전쟁의 일부로 수행되지 않는 한 총공세는 더욱 희생이 큰 동시에 비실제적이라고 우리 모두가 확신하기 때문이오. 이 산악들은 적에게 완만한 경사면을 허용하는 한편 우리 도시 쪽 방향으로는 가장 험준한 벼랑을 이루고 있어서 효과적인 작전이 불가능하오. 미국 군사 사절단이 어떤 변법을 허락하지 않는 한 이 사태는 절망적이오.

미국 군사 사절단이 이런 정세에 어떻게 대처했는지는 임병직이 이 대통령에게 설명한 이야기에 나타나 있으며 그 내용을 이 대통령은 7월 18일자 편지로 내게 전해 주었다. 7월의 제2주 동안 미국 해군은 인천 앞바다에 몇 척의 군함을 정박시켰고 무초 대사가 이들 장교들을 위해서 부페식 오찬을 베풀었다. 고풍의 한국식 미 대사관 건물 옆 잔디밭에서 대화의 꽃을 피우는 가운데 임병직, 로버츠 장군, 〈뉴욕타임스〉의 리처드 존스턴, 그리고 기타 몇 사람이 38

도선 전역의 공산군 공격을 격퇴시키기 위한 끊임없는 전투에 대해서 의논들을 하고 있었다.

로버츠 장군이 화제를 딴 곳으로 돌리며 "그 문제는 정말 별것 없어요. 우리가 언제나 감시를 게을리하지 않고 있으니까요" 했다.

딕크 존스턴은 불끈 화를 내며 "그렇소, 당신은 감시할 테지요. 그렇다면 그들이 전면 공세로 나올 경우 당신은 어떻게 하겠소? 여전히 서서 보고만 있겠소? 앞으로 무슨 일이 일어날 것인지를 당신은 깨닫지 못하고 있소"라고 했다.

미 군사 고문단 운영의 지침이 되는 명령은 자기 위치에서 감시하는 일뿐만 아니라 한국군은 38도선 월경을 절대로 하지 말 것, 공격 도발 행위를 하지 말 것, 그리고 기동 연습을 가능케하는 방향으로는 무장, 훈련, 부대 전개를 일체 하지 말 것 등을 책임지도록 한국군에 대한 엄격한 통제력을 행사하는 일이었다. 로버츠 장군이 이 대통령에게 되풀이한 충고는 옹진 반도 전역, 군사 분계선에 연한 산악 능선 부근 지역, 북으로부터의 총포 공격의 대상이 되는 전 지역 등 예민한 지구로부터 남한 병사들을 철수시켜야 한다는 것이었다.

미국의 지원이 제한되고 불안한 터에 이 대통령은 태평양 반공 방위 조약 기구를 조직하는 일에 온힘을 기울이고 있었다. 진전중인 첫째 공식 증거는 7월 1일 장제스와 필리핀의 키리노 대통령 간의 회담으로 나타났다. 이 구상은 〈새터데이 이브닝 포스트〉지에 실린 해롤드 노블의 기사와 〈룩크〉지의 다니엘 폴링의 기사 등으로 더욱 지지 기반을 굳혔다. 그러나 사실은 이 대통령이 이 조약의 가장 철저하고 적극적인 지지자였다. 8월에는 장제스 총통이 한국 남해안에 위치한 진해(鎭海)로 와서 조약 토의를 위해 이 대통령이 마련한 회담을 가졌다. 곤란한 문제점은 태평양 국가 간의 단결 부족이었다. 딘 애치슨 국무장관은 미국이 이런 조약 기구의 형성을 지지하지 않는 근본 이유로서 1949년 6월에 이 점을 밝힌 바 있었다. 태평양 지역에 대한 소련의 태도는 공산 측 정책을 조절하기 위해 스탈린이 일급 외교관 뷔이 엠 몰로토프를 임명한 사실에 분명히 나타나 있었다. 처음에는 태평양 조약 구상에 반대했던 인도 수상 자와할랄 네루는 8월 13일 자기 말로 소위 '미국의 아시아 원조에 관한 일종의 마셜 플랜'이라고 하며 이를 지지했다. 9월 30일 이 대통령은 태평양 지역 반공 국가 회의를 실현시킬 최선의 노력을 당부하는 '극비'의 정책 각서를 워싱턴 주재 장대사에게 보냈다. 모든 아시아 국가를 망라한 이런 조약이 '반공을 목적으로 해야 할 것'이냐 아니면 '지역적'인 것으로 해야 하느냐에 대해서 아시아 지도자 간에 의견의 차이가 있음을 지적한 뒤에 이 대통령은 이 문제에 관하여 칼로스 로물로 비율빈 대사와 상의할 것을 장대사에게 당부했다.

약 1개월 이내에 필리핀 정부가 이런 예비 회담을 요구할 수 있겠는지 여부를 그에게 물으시오. 만일 그렇지 못할 경우 얼마나 속히 그의 정부가 일의 진행을 착수할 수 있을 것으로 생각하는지 물어 보시오. 만일 그들이 단시일에 이것을 해내지 못할 경우에는 호주, 캐나다, 뉴질랜드 또는 어떤 남미 여러 나라들에 대해서 우리가 추구하려는 제안을 토대로 회의 소집을 할 것인지 여부를 조용히 타진해 보기 바라오. 거기에 애로가 있다면 우리가 아름다운 고장 진해에 회의를 소집할 것임을 그들에게 알릴 것이며 우리 생각으로는 회의 일자가 정해진 뒤 30일 이내에는 모든 수용 시설의 준비가 완료될 수 있을 것이오. 모든 태평양 국가가 찬성하도록 할 필요는 없을 것이오. 그러나 주요한 나라들이 이것을 수락하는데 동의하도록 한다면 우리는 은밀하게 추진시킬 수 있을 것이오. 이 운동의 초기에는 미국에게 기대를 걸 수도 있고 걸지 않을 수도 있다는 사실을 늘 마음에 되새겨야 할 것이오. 미국과 필리핀이 태평양 문제에 있어 인도를 주축으로 할 것을 고집한다면 우리는 반대하지 않을 것이며 국민당의 중국을 처음부터 제외시키자는 주장도 반대하지 않을 것이오. 그러나 우리는 모든 참가국에게 공산 주의에 대항하는 민주주의 원칙에 대해 분명한 입장을 약속하도록 주장해야 할 것이며······.

우리들은 어떠한 일도 미국에게 숨기려고 하지 않는다는 것을 확실하게 하기 위해 당신이 이런 교섭을 진행 중이라는 사실을 국무부 고위 관리나 담당 관리들에게 조용하게 구두로 알리는 것도 현명할 것이오.

이것이 한국전쟁 발발까지 계속된 노력이었다. 한편 이 편지에 명기되었듯이 밝혀보아야 할 또 다른 관심 거리의 문제가 있었다.

최근 알려진 바로는 미국이 장제스와 국민당 정부를 제외하고 타이완을 독립국으로 만들려고 계획중이라 하오. 다시 말해서 공산당과 국민당 정부를 몰아내고 타이완을 독립국으로 취급하겠다는 것이오. 새로운 섬 나라 정부는 선거에 의해 조직될 것이오. 이 정보를 제공한 사람들은 또 밝히기를 대영 제국과 미국이 중국의 공산당 조직을 승인하기로 합의했다 하오. 이것이 가능하리라고 나는 생각지 않으나 그 국무부의 몇몇 사람들이 그 짓을 할 수도 있겠고 안할 수도 있는 일이니 아무도 모르는 일이오. 이런 일들을 엄밀하게 살펴고 가능한 한 많은 정보를 알아내 주시오.

미국도 물론 조용하게 '모든 가능성 있는 정보'를 얻어내려고 노력하고 있었다. 10월 5일 나는 이 대통령에게 편지를 썼다.

중앙 정보부(CIA)에서 저와 회담을 가지게 하려고 사람을 주립 대학에 보냈다는 사실을 박사님은 관심있게 느끼시리라 생각합니다. 이 사람은 CIA에서 여러 방면으로 해답을 얻고자 하는 질문표를 가져 왔습니다. 분명한 것은 이들이 얻은 해답을 평가하여 미국 정책에 어떤 영향을 주려는 것입니다. 그가 질문한 것 중에서 적어 본다면
  1. 한국 육군은 한국 정부 내에 결정적인 영향력을 가지고 있는가?
  2. 전라남도 국민은 정부에 충성스러운가?
  3. 청년들은 군대에 강제로 입대되고 있는가?
  4. 38도선 너머 공격이 경제 부흥에 방해를 주고 있는가?
  5. 공산당의 테러 행위가 '저항하려는 의지'를 약화시켰는가?
  6. 경찰이 국민을 부당하게 대하고 있는가?
  7. 육군은 효과적인 전투 능력이 있는가?
  8. 정부는 38도선 너머로의 공격을 계획 중인가?
  9. 공석이 생긴다면 누가 대통령을 승계할 것으로 보는가?

그리고 나서 나는 덧붙였다.

국제연합이 한국 위원단 존속을 인정하는 만족스런 조치를 취한 일은 고무적이 아닐 수 없습니다. 소련은 분명히 이제는 남한에 대한 주요 공격을 명하기까지 오랜 시간 주저할 것으로 보입니다. 그러나 북한을 어떻게 다시 찾느냐 하는 것은 조금도 해결에 가까워진 문제가 아닙니다.

10월 초 트루먼 대통령은 소련이 처음으로 원자탄 폭발을 성공시켰다는 중대 뉴스를 발표했다. 미국에서 우리들 직책을 통해 볼 때 이 때가 하나의 경계 기간임이 분명한 듯했다. 10월 10일 나는 한국을 무력에 의해 통일시키려는 시도에 대하여 공식적인 의견과 여론을 준비하고 적절한 무장과 지원을 확보하라고 우리에게 당부한 그의 9월 30일자 각서에 관해서 이 대통령에게 적어 보냈다.

북한을 공격하는 문제에 관해서 이에 대한 이유를 저는 알 수 있다고 생각하며 공격이 최선의 그리고 때로는 유일한 방어라는 느낌에 공감이 가기도 합니다. 그러나 현재 이런 공격이나 심지어는 현재 이런 공격을 화제에 올리는 일조차 미국의 공식적인 그리고 사회적인 지지를 잃을 뿐이며 기타 국가 간에 우리의 지위를 약화시키게 될 것이 저희들에게는 명약관화한 일입니다. 이것이 사실임에 너무 불운하기야 하지만 이것이 진실인 것을 저는 절대 확신합니다. 긴장은 한국, 독일, 그리고 유고슬라비아에서 똑같이 지금 고조되어 있고 그리스 역시 크게 뒤지지 않습니다.
미국의 관변통과 일반 국민들의 강한 분위기로 보아 현재 일어나고 있는 사건들의 책임이 소련에게 있다는 점 분명히 하려면 침략처럼 보이는 일을 피하면서 우리들은 계속 이에 강력히 반대한다는 입장을 취해야 한다는 것입니다. 4년이 지난 지금에도 우리는 계속 후퇴하고 양보해야 한다는 점에 대하여 박사님과 함께 저도 역정을 느끼고 있습니다마는 하나의 전환점이 오고 소련이 저지당하는 때가 그리 멀지 않다고 저는 생각합니다.

나는 미국 국회가 한국 원조 법안을 통과시키지 않은 채 휴회로 들어갈는지 모른다는 점을 그에게 알리려고 계속 붓을 옮겼다.

지금 현재 우리는 이 법안이 고약하게 얽혀 있음을 알고 있습니다. 상원은 오늘 오후에 이것을 가결에 붙이게 되겠으나 하원에서는 내년 1월까지 어떠한 조치도 연기할 것입니다. 저는 방금 리일맨 하원의원과 이야기를 나누었는데 그의 말은 한국에 왔던 5명의 하원의원들이 이 법안 통과를 위해 어떠한 압력을 하원 수뇌부에 가할 수 있을 것인지를 의논하기 위해 내일 아침에 모이기로 되어 있다 합니다. 리일맨은 오늘 의석에 돌아온 유일한 의원이며 다른 사람들은 오전 중에 자리에 돌아옵니다. 이 사람들은 좋은 벗이고 박사님과 또 자기들이 서울에서 본 여러 가지 때문에 깊은 인상을 받은 사람들이고 자기들의 능력껏 잘할 것입니다.

이 원조 법안은 실제로 하원에서 2표 차로 부결되었으나 백악관의 압력으로 뒤이어 채택에 성공했다. 그 반대 이유는 이 대통령이나 대한민국에 대한 반대가 아니라 행정부가 국민당 정부(타이완)를 '포기'한 데 대하여 공화당 의원들이 주동이 된 노여운 반응이었던 것이다.[6]

1억 1천만 불을 군사 원조에 충당하게 되는 이 법안이 통과된 뒤 이 대통령은 나에게 10월 22일자로 편지를 보냈다.

이것은 우리들에게 그리 큰 의미가 없소. 여하간에 미국 당국자들은 한국으로부터 몇 천 마일 떨어진 곳에 앉아서 우리하고는 의논도 없이 이 자금들을 처분하고 있소⋯⋯.

10만 병력의 우리 육군은 당연히 받아야 할 장비도 무장도 갖추지 못했소. 행동으로 옮기겠다고 위협하고 있는 그대로 만일 북한 공산군이 전면 침공으로 내려오기로 결정한다면 우리는 스스로를 방어할 충분한 탄약조차 가지고 있지 못하오. 내가 불평 불만을 일삼는 것처럼 보이고 싶지 않으

---

6) 이례적 결합으로 한국 원조 법안 옹호자들 중에는('친공 분자로 지목되었다는 이유로 리처드 닉슨에게 패배 직전에 있었던) 여성 하원의원 헬렌 가하갠 더글러스, 뉴욕 출신 상원의원 제이콥 재빗, 뉴저지 출신 상원의 원 찰즈 A. 이스튼 등이 포함되어 있었고 이 사람들은 모두 한결같이 미국은 대한민국에 대해 도의적 의무가 있고 또한 '대한민국은 자유 세계가 동북아시아에 가지고 있는 유일한 발판'이기 때문에 이를 지지하는 것은 바로 자신의 국가적 이익이 되는 것이라고 주장했다.

나 우리들의 형편은 거의 절망적이오. 저자들은 언제라도 밀고 내려오겠다고 위협을 가하고 있소. 우리는 몇 백만 불을 받기로 되어 있으며 만일 공산군이 우리가 충분히 무장되고 장비를 갖출 때까지 기다릴 만큼 그렇게 선량하다면 문제는 없을 것이오. 그러나 미국 사람들은 공산당이 그렇게 하지는 않을 것, 예를 들면 공산군은 전면적인 침공은 하지 않을 것이라고 말하고 있소.

재차로 10월 24일 이 대통령은 한국에 관련된 소련과 미국의 의도에 대한 자신의 근심을 자세하게 적은 장문의 편지를 내게 띄웠다.

귀하는 만일 한국 임시정부가 승인을 받지 못하면 소련 사람들이 밀고 들어와 한국을 점령하게 되고 미국의 입장을 난처하게 만들 것이라고 말한 나의 성명서를 기록하여 1941년 2월에 국무부 앞으로 띄운 나의 편지를 기억할 것이오. 그보다 더 강경한 경고문을 곁들여 그와 비슷한 편지를 2년 뒤에 다시 썼었소. 사람들이 어깨를 움츠리며 "이 사람이 지금 무슨 소리를 하고 있는 거야?"라고 말한 것을 당신도 기억할 것이오. 지금 우리는 그 소련 사람들을 이곳에 불러들였소. 그런데 누가 장차 이자들을 내쫓을 것이오?
우리는 중국과 비교가 안 되오. 왜냐하면 한인들은 공산당과 싸워서 소련 사람들을 북한에서 몰아내기를 원하고 있기 때문이오. 그러나 한인들은 물질적 지원은 고사하고 미국의 도덕적 지원 없이는 아무것도 할 수가 없소. 만일 미국이 중공 승인을 반대하는 스스로의 입장에서 흔들린다면 그것은 극동에 엄청난 결과를 초래하게 될 것이오. 이것은 미국 국민 대부분이 인정하는 사실이라고 나는 믿소. 그러나 더 앞날을 생각할 때 이런 정세의 역전은 한국이 소련의 영향권 내에 한 걸음 더 다가선 것을 의미하오.
우리의 최근 비밀 보고서는 추수가 시작되는 대로 항공기는 물론 기타 모든 것을 동원하여 남한으로 쳐내려 올 만반의 준비가 되어 있다는 내용을 담고 있소. 무엇으로 우리는 이것을 막으려는 것이오? 우리의 탄약이 2일간 또는 2개월간 지탱할 수 있다는 뜻은 각 사단이 각각 각개 전투로 싸운다면 두 달이 되고 전체 사단들이 한꺼번에 싸운다면 이틀밖에 못쓴다는 것을 의미한다는 따위의 논쟁은 귀하도 알고 있을 것이오. 소련 사람들이 밀고 내려온다면 그것은 분명 국지적인 공격이 아닌 전면 공세가 될 것이오.

중국에서의 전투는 소련의 큰 관심을 필요로 하지 않소. 소련은 가만히 앉아있지는 않을 것이오. 이들은 한국에 잔류하면서 자기들이 잘못을 저질렀다, 많은 불편을 초래시켜 미안하다, 그리고 오직 해야 할 정당한 일은 철수하는 일이라고 생각한다 하는 등의 말을 국제연합, 미국, 또는 한국 정부에 나타나서 말하지도 않을 것이오. 이 자들이 할 일이란 그저 예정표를 바라보고 그대로 진격을 계속하는 일이오. 중국에서는 싸움을 원하지 않는 중국인들의 사정이 있었으나 한인들은 싸우기를 진정 원하고 있소…….

군국주의 국가를 만들기 위해 우리가 육군을 육성하고 싫어한다는 오해를 사고 그렇게 받아들여질까 두렵소. 한국이 침략될 때 미국이 곁에 있어서 한국을 희생시키지 않겠다는 확신을 한국이 가진다면 그것은 별개 문제일 것이오. 우리는 미국이 우리들의 전쟁을 싸워주기 바라지 않는다는 점을 항상 강조하여 왔소. 나는 한국을 위해서 그들이 단 한 목숨이라도 한국에서 희생되기를 바라지 않는다는 것을 귀하는 알 것이오. 우리가 필요한 것은 우리 자신이 싸우기 위한 장비요. 그러나 그들은 우리 땅을 도로 찾기 위해 우리가 북진이라도 할까 두려운 것이오. 우리의 국경 충돌 사건은 수적으로나 강도에 있어 증대되고 있으나 만일 우려가 38선 너머로 한 발자국만 더 들어가도 미국인들이 철수하겠다고 야단이오.

나의 생각이 갈팡질팡하고 있지나 않은지 염려되지만 지금 여기서 우리가 당면한 문제점들이 바로 그런 것들이며 국민들 역시 이에 대하여 걱정을 하고 있다는 점을 당신은 이해할 것이오.

10월 27일에 한국 원조 법안이 부결된 뒤 나는 이 대통령에게 이렇게 썼다.

전쟁은 피할 수 없으며 더욱 임박했다는 느낌을 저는 금할 수 없습니다. 머지않아 돌연한 공격이 있을는지 아니면 앞으로 몇 년 동안 침공을 앞두고 서서히 끌고 갈는지 이런 문제들에 대해서 예언은 불가능한 듯 싶습니다. 그러나 국방부과 국무부 생각은 전쟁이 거의 어느 때라도 터질 수 있다는 강한 가능성에 매달려 있는 것처럼 저희들에게는 느껴집니다. 이런 분위기는 장기적인 계획에는 조금도 주의를 쏟지 않고 당장에 긴급한 문제들에 대한 불안의 철학으로 이끌어가고 있습니다. 네루에게 모두가 아양을 떨고 동북아시아는 마치 지워 없앤 듯이 당국자의 생각이나 국민 여론의 초점을 '동남아'에 두고 있는 것을 볼 때 놀랍습니다.

기민하고 지성적인 사람으로서 한국 정세 판단이 워싱턴 관리들의 그것보다 훨씬 앞섰던 존 무초 대사는 이 대통령과 같은 차원에서 북한의 침공 위험을 인식하고 있었다. 11월 15일 이 대통령은 '극비 문서 : 철하지 말것'이라고 적은 한 각서를 내게 보내 '무초 대사는 워싱턴 당국에 대하여 한국 공군에게 40대의 F-51 전투기를 대 주도록 명확히 권고했고, 제트기 다음으로 F-51전투기가 지난번 전쟁 기간 중 미국이 사용한 최고의 전투기임'을 나에게 알려주었다. 불행히도 이 건의는 받아들여지지 않았다. 항공기는 공급되지 않았고 한국 '공군'은 공격도 방어도 불가능한 몇 대의 느린 저공 비행기만을 받았을 뿐 무력한 상태에 놓여 있었다. 38도선의 남북을 통하여 제공권은 북한에 속해 있었다.

11월 25일 이 대통령은 미국이 대한민국 국군을 위해 군비는 고사하고 탄약조차 제공하지 않을 것이라며 군사 정세에 대한 그의 우려와 함께 자기 자신의 좌절감 같은 것을 나에게 편지로 다시 전해 왔다.

미국 국민은 한국이 다량의 무기와 탄약을 가지고 있는 것으로 생각하고 있소. 사실상 우리 육군 보고서에 따르면 5일 이상을 견디기 어려운 탄약밖에는 우리가 가진 것이 없소. 미국 당국은 5개월 정도 버틸 만한 충분한 것을 우리가 가지고 있다고 주장했소. 얼마 전에 내가 그들에게 이곳에 와서 설명해 보라고 요구했소. 그 미국 사람들이 말하기를 "공산당이 소규모로 가끔 공격을 가해 오는데 우리가 탄약을 낭비하지 않는다면 5개월은 끌어나갈 것이오" 했소. 한국군 장교들이 "만일에 공산군이 전면 공세로 밀고 내려온다면 우리는 어떻게 해야 하겠소?"라고 말하니 미국 사람들 대답은 "그 자들이 그런 식으로 내려오지 않으리라는 것을 우리는 알고 있소"라는 것이오. 내가 말하는 것은 우리가 최악의 사태에 대비해야 한다는 것이오. 나는 남한의 2천만 이상의 국민을 보호할 아무런 수단도 강구하지 않고는 가만히 앉아 있을 수가 없소. 미국 원조가 있든 없든 간에 우리의 국방에 대비하기 위하여 우리가 가진 모든 것을 다 바쳐야 할 것이오.

적절한 군사 보급을 확보하기 위하여 미국 정책을 바꾸어 보려는 우리의 노력은 보람없이 되었다. 11월 말쯤 5명으로 된 미국 상원의원 일행이 '직접 자기들의 눈으로' 공산 침공의 위험이 어떤 것인지 보기 위하여 남한을 방문했다. 이 박사의 의견으로는 이런 시찰 여행이 별 것 아니었다. 11월 29일에 쓴 편지에서 그는 이렇게 말했다.

"불행하게도 이들의 체류 기간은 겨우 24시간의 것이었소. 이 사람들은 점심때 들어와서 새벽에 떠나기를 바랬소. 그러나 그것도 없었던 것보다는 낫다고 생각되오. 자기 부인을 동반하고 온 노우랜드 의원은 유일하게 이틀을 묵었으며 그 사람이야말로 이 여행에서 정말로 득을 본 유일한 인사일 것이오. 그는 38선에 안내되어 군 시설도 방문했소. 그러나 우리 요청으로 자기들의 방문 기간을 반나절에서 24시간으로 연장한 나머지 국회의원팀이 겨우 약간의 인상을 받았을 뿐이었소."

매일 근심이 쌓이는 가운데 12월 2일 이 박사는 군사 원조 계획을 늘이고 범위를 크게 잡도록 하기 위하여 국방부, 국회, 그리고 트루먼 대통령을 움직일 수 있는 가능한 모든 방법을 다 동원시키라고 당부하는 각서를 워싱턴 주재 대사관과 나에게 보내왔다.

백두산호(白頭山號)나 한국 방위를 위한 여타 선박들이 군사 원조 계획 자금으로 무장될 수 없다는 것은 무슨 이유 때문인지 나는 이해할 수가 없소. 지상군 만을 위해 자금이 쓰여져야 한다는 것은 가소로운 일이오. 해군과 공군은 어떻게 하란 말이오? 육군이 아무리 강해도 해·공군의 지원이 없다면 무슨 가치가 있단 말이오?

그들이 정말 원조 자금을 지상군에만 사용하라고 한다면 충분한 수의 항공기와 각종 해군 선박을 포함하여 우리보다 우세한 육군 병력을 가진 북한 공산군과 대항해서 남한을 방어하기를 이자들은 바라고 있지 않다는 것을 뜻하는 것이오.

몇 가지 희망적인 가능성은 있었으나 해군력을 강화하려는 한국 측의 노력은 이상하게도 이렇다할 성공을 거두지 못했다. 재일 맥아더 사령부(SCAP)는 한국인들을 위해 한국에 남겨야 할 재산과 일본에 이관시켜야 할 것 등을 정하는 기준 일자를 1945년 8월 9일로 정한 바 있었다. 한국 수역에 있는 모든 일본 선박은 훗날 한국 정부에 넘기기 위해서 그 날짜 이후에는 남한의 미 군정 당국이 인수하도록 되어 있었다. 어디에 위치하고 있든지 간에 한국 국적의 모든 선박은 한국으로 돌려주도록 되어 있었다. 다음은 스캡(SCAP) 결정에 관련된 진행 경위이다.

    1946년 6월 29일 맥아더 사령부 당국은 1945년 8월 9일 이전에 한국 수역에 있었던 137척의 선박의 명단을 만들어 그 행방에 대한 보고서를 일본 당국에 요구했다.
    1947년 1월 4일 이 사령부는 추가로 당시 일본에 있던 17척의 한국 선박을 가려내고 이를 한국에 즉각 반환하도록 명했다.
    1949년 1월 15일 이 사령부는 일본에 있는 4척의 한국 선박을 더 확인하여 한국으로 즉각 반환할 것을 명했다.
    1949년 12월 29일 이 사령부는 다시 추가로 18척의 한국 선박을 확인하고 이에 대해 보고하도록 일본 측에 요구했다.
    1950년 5월 16일 이 사령부는 대한민국으로부터 221척의 추가 선박 청구서를 접수하고 이에 대한 일본 측의 정보를 요구했다. 일본 관리들은 그중 188척이 한국 소유가 아니라고 부인하고 나머지 33척에 대해서도 보고하지 않았다.

6년여에 걸친 이 모든 조사와 명령의 결과 일본은 실제로 38척만을 대한민국에 돌려주었는데 그중에서 9척은 침몰되었다.[7]

---

7) 1952년 펜실베이니아 주립 대학 볼드 이글 출판사 간행, 로버트 T. 올리버 저, 《한국에서의 판결》 pp. 180~181 참조.

북한군의 상륙과 침투가 비교적 용이한 섬도 많고 길이가 긴 해안선의 방어를 필요로 하는 대한민국은 사실상 전혀 해군을 가지고 있지 못했다.
　이 해가 저물어가도 사태가 호전은 커녕 점점 더 악화되어 가는 듯했다. 인도 수상 네루의 상당한 영향력이 중공을 포함시키되 대한민국과 타이완을 제외한 '포괄적인' 아시아 국가의 모임에 크게 작용했으므로 상호 간에 유익한 태평양 조약 형성의 전망은 사라져 버렸다. 이런 구상을 국무부는 동조한 것 같았다. 한편 남한을 비무장 상태로 끌고가는 미 행정부 정책에는 아무런 변화의 조짐이 나타나지 않았다. 12월 15일 나는 이 대통령에게 다음과 같이 썼다.

　저는 〈뉴욕타임스〉의 군사 전문가 핸슨 보드윈과 3시간 반 정도 이야기를 나누었는데 이 사람은 제가 박사님 생각을 어지럽히지나 않을까 싶은 어떤 불온한 보고를 제게 들려 주었습니다. 그리고 박사님은 그것을 알고 싶어 하리라 믿습니다. 딕 존스턴은 그렇게 썩 도움을 주지 못하는 것 같습니다. 이 사람이 타임스의 논설진과 오랜 회담을 가지고 다음과 같이 그들에게 한국에 관한 브리핑을 했습니다.
　그는 박사님을 높이 찬양하고 몇몇 정부 부처에서 볼 수 있었던 노력과 정성에도 찬사를 보냈습니다. 그러나 그는 일반 정치 정세가 불안하고 혼란에 빠져 있으며 경제 상태는 취약하고 미국은 소련이 언제든지 원하는 시기에 한반도를 점령하는 일을 철저히 막을 능력이 없다고 보고했습니다. 많은 사람들이 똑같은 말을 해 왔기 때문에 박사님이 여기서 그리 마음 상하게 생각할 것은 하나도 없다고 생각합니다. 그러나 딕의 결론은 미국이 한국을 공산당 수중에 들어가지 않도록 노력을 기울일 필요가 없다는 것이었는데 문제는 타임스가 우리의 가장 좋은 벗이었고 또한 우리가 이 벗들을 잃을 수 없기 때문에 그것이 참으로 우리 마음을 크게 괴롭힙니다.
　저는 이 사태를 놓고 보드윈 씨와 장시간 토론을 가졌습니다. 마침 그가 이곳 우리 집에 손님으로 왔기 때문에 기회가 좋았던 것이지오. 그가 개인적으로는 한국에 대해 매우 우호적이라고 말씀드릴 수 있으니 기쁘기는 하지만 군사 전문가로서 그는 미국 방어선이 일본, 타이완, 필리핀을 통과하지만 한국을 통과하지는 않는다고 주장하고 있습니다.

저는 그에게 우리가 앞으로도 우리의 벗들을 버리는 짓을 감행한다면 조만간 우리는 우리를 믿어주는 벗을 모두 잃게 될 것이기 때문에 우리들의 '정치적 방어선'은 한국을 거쳐 나가도록 해야 한다고 역설했는데 이에 대해 그는 쉽게 동의하더군요. 타임스의 논설 위원 로버트 오라 스미스는 대단한 우리들의 벗입니다. 그와 택크 존스턴은 서로 몹시 완강할 정도로 사이가 나쁩니다. 그래도 딕크의 논평은 스미스씨의 견해를 약화시키지 않을 것으로 저는 확신합니다. 딕크도 역시 대한민국 육군이 야전에 배치할 수 있는 북한의 어떤 부대라도 싸워 이길 수 있으리라는 느낌을 가지고 있노라고 밝혔지만 북한군은 혼자 싸우지 않을 것이고 자기들이 필요로 하는 도움을 중공과 소련으로부터 얻게 될 것이라고 그는 덧붙였습니다.

이해도 저물어 가던 12월 26일 나는 이 대통령에게 남한이 기본적으로 지킬 일은 국민의 행복과 믿음이어야 한다고 써보냈다. 정부가 '탄압적'이라는 공격 때문에 한국에 대한 동정은 점점 악화되어 가고 있었다. 이런 비난 중에도 대표적인 것은 남한 방문을 끝내고 돌아와서 '공산당식'이 아니고 다만 노동 조건의 개선을 위해 노력하는 노동 지도자들을 정부가 가혹하게 다루고 있다고 공격한 미국 시민 자유 연합 지도자 로져 보드윈으로부터 내가 받은 11월 10일자 편지가 있다. 사실상 노조의 지도자들은 한국 경제가 도저히 감당하기 어려운 정도의 대우 즉 주당 40시간 근무, 고임금, 그리고 풍성한 특별 급여 등을 요구했는데 다시 말해서 미국 노조의 모형을 이들은 자기들의 요구 사항으로 한 것이었다. 보드윈 씨는 나에게 '당신의 글을 최대의 관심을 가지고 모두 읽어 보았소. 그것은 아주 훌륭했소' 하면서 우호적인 경고를 던지려고 이렇게 계속했다.

'한 가지 점 다시 말해서 공산주의가 위험한 반면에 보수 반동은 더 커다란 위협이 된다는 것에 대해 말을 안할 수가 없군요. 보수 반동은 공산주의를 키워준단 말이요! 우리는 때때로 이것을 잊어 버리기 쉽소.' 이 대통령에게 나는 또 썼다.

한 가지 점에 관해서 저와 함께 심각하게 느끼고 계신 문제점을 더불어 나누고자 합니다. 제가 알고 있는 한국에 대한 모든 반응 가운데에서 우리를 헐뜯는 험담가뿐만 아니라 우리의 가장 친한 벗들로부터 되풀이해서 터져 나오는 진지한 비판의 소리는 경찰의 행태에 관한 것입니다. 과열된 사태를 엄하게 다스려야 할 필요성은 박사님과 마찬가지로 저도 알고 있습니다. 그리고 우리 모두가 경찰이 박봉과 어려운 생활고에 시달리고 있기 때문에 철저한 규율과 시민들에 대한 인권 존중을 그들에게 강요하기가 어렵다는 것도 잘 알고 있습니다. 저는 또한 치안 국장 이호(李澔)가 최선을 다하고 있다고 확신합니다. 그러나 끈질긴 비난의 소리에 비추어 박사님께서 시민의 권리는 가능한 한 충분할 정도로 보호하여야 하고 또한 보호되고 있다는 사실을 강조하는 어떤 조치를 취하신다면 좋을 것 같습니다. 제주도 반란 분자들에 대한 박사님의 관대한 사면에 대해서도 아주 좋은 반응이 있었습니다. 그리고 부지불식간에 잘못을 저지른 사람들을 관대히 다룬다는 박사님의 뜻을 극적으로 보여주기 위해 몇 가지 비슷한 조치가 지금 취해질 수 있으리라고 보는 것입니다.

성탄절과 신년을 맞이하여 또 다시 찾아온 휴일 기분을 즐거워하는 조그마한 사연이 없지는 않았지만 북으로부터의 위협은 더욱더 번져나가고 이에 대처할 방법과 수단은 애처롭게도 보잘것없었다.

12
공산군의 남침
(1950년 6월)

공산당이 차지하게 된 나라들은 그 나라들 자체의 부도덕성과 불미스러운 사정 때문에 마땅히 망할 수밖에 없다. 또 다른 이유가 있다면 대다수 국민들이 자기들의 정부를 지키려는 의욕을 잃은 나머지 '부패하고 탄압적인' 통치자들을 갈아치우려고 공산당이 퍼뜨린 유혹적인 개혁의 공약들을 자진해서 받아들이게 되기 때문에 또한 망할 수밖에 없다는 것이 이래저래 거의 절대적 진실이 되고 말았다.

독자들에게 '현지 보고'로 제공된 이런 종류의 해설 서적이 바로 1946년에 나온 H. 와이트와 애널리 재코비가 쓴 《중국의 우뢰 소리》라는 책이다. 결론을 맺는 장에서 이들은 다음과 같이 요약하고 있다.

> 중국 공산당 정치에는 오직 한 가지 필연성이 있을 뿐이다. 지도자들의 이해 관계는 자기들이 항상 최대의 지원을 받아 온 가난하고 고통받는 농민 집단과 밀착되어 있다. 이런 이해 관계는 일상 생활에서 정의를 바라는 농민의 억제할 수 없는 갈망을 채워주는 효과적인 영도력을 발휘할 수 있었다. 나라 안의 공산주의에 대한 미국인의 두려움과 유럽식 여러 공산주의에 대한 이들의 반감이 있기는 하나 아시아의 공산주의는 어딘가 온화하고 심지어는 바람직스럽다고 하는 이상스러운 결론이 미국에서 지배적이라는 사실은 놀라운 일이 아니다.

이와 같은 견해는 전형적인 공산당의 정복이 아무리 외부 세력의 강한 자극과 지도력과 무장에 따른 것이라 하더라도 폭넓은 토착 세력의 참여로 이루어졌기 때문에 부분적으로는 옳다고 보는 것이고 또한 그렇기 때문에 이런 투쟁을 내란으로 보기 쉽다는 것이다.

공산주의 전선의 후방에서 일어나고 있는 사건들이나 전 국토를 그들의 점령하에 넣게 된 이후의 사건들은 쉽게 충분히 관찰되지 않으며 또는 설사 알려졌다 하더라도 '우리가 예상했던 바대로의 일일 뿐'이라고 받아들이는 반면에 몰락 과정에 있는 정부의 뚜렷한 탄압 행위는 역시 일반적으로 지적하기가 쉬운 것이다. 한국에서의 실정은 이와 같은 재래식 견해를 뒷받침하는 현상은 아니었던 것이다.

남한의 민주적 자치정부는 모든 곤란에도 불구하고 미국이나 한국 사람들 자신이 예상할 수 있었던 것보다 훌륭히 일을 감당해 나가고 있었다. 대부분의 기본적인 생산 시설을 38도선 이북의 공산당 수중에 두고 있고 아무도 그 숫자를 정확히는 모르지만 3, 4백만의 피난민과 귀환 동포를 맞이한 대한민국은 결정적인 경제 문제들에 맞서나갔다. 그 업적은 인상적이었다. 1950년 6월 30일에 끝나는 회계 연도에 남한의 총체적인 공장 및 광산 생산고는 70% 이상 증가되었다. 식량 부족 상태에서 생산이 크게 증가된 결과 1949~50년 겨울에는 남한이 10만톤의 미곡을 수출했다. 수출액에 대비되는 수입 초과액은 1947년 4반기 평균 4731만 9000불에서 1949년 4/4반기에는 2303만 7000불로 줄었다. 이와 같은 수익의 결과 한국 원화를 거의 무가치하게 만들 정도로 위협을 주던 통화 인플레가 뚜렷하게 둔화되어 1950년 2월에 750억원이던 총통화량은 그 해 5월까지에는 570억원 선으로 감소되었다.

정치적으로는 광범위하게 번진 공산당의 활동으로 조성되고 격렬한 당파 싸움으로 악화된 불안한 정세였지만 제2대 국회의원 선거전에 벌어진 완전하고도 자유로운 선거 운동이 방해받지는 않았다. 4년 임기의 국회의원 210명을 뽑는 1950년 5월 30일 선거는 이 대통령을 위해서도 아니고 그의 정치적 반대파를 위해서도 아닌 민주주의의 압도적 승리를 가져왔다.

총 2054명의 후보자 중에서 새 사람을 뽑기 위하여 국제연합 위원단 감시하에 총유권자의 85% 이상이 투표에 임했다. 대부분의 입후보자가 어떤 정당 소속이 아닌 '무소속'으로 등록했다. 경찰과 군의 공산당원 구속은 현실적으로 국민을 위협하고 통제하려는 하나의 노력이라고 말한 외국 비평가들의 우려는 그릇된 것임이 입증되었다. AP 통신은 뉴스를 수집 보도함에 있어서 최대한의 자유 행동을 허용하는 6개의 전 세계 국가 중에 대한민국을 손꼽았다. 선거 운동은 제약을 받지 않았다. 개표하고 보니 당선된 국회의원 중에 겨우 12명이 이 대통령의 자유당 소속이고 28명이 야당인 한국민주당원이었다. 기타 친여 정파의 40석을 합쳐서 130명에 달하는 초선 국회의원이 '무소속'으로 당선되었다. 그를 따르는 사람들이 제2대 국회의 구성을 보장하리만큼 이 대통령 지지자의 수는 충분한 것이었다.

더할 나위 없는 국회 업적의 하나는 남한 전 농토의 54% 정도를 차지한 소작인의 점유 농토를 5년 기간에 걸쳐 매년 소출량의 5분의 1씩을 상환하는 조건으로 경작 농민에게 매도하도록 하는 복잡한 계획을 실시하려고 최종적인 세칙을 1950년 6월에 채택한 일이다.

남한의 군사력 증강을 위한 지지를 얻지 못하는 이 대통령의 근심에도 불구하고 미국과 대한민국 간의 관계는 온건했다. 1950년 1월 26일 이 대통령은 나에게 이 이야기를 적어 보냈다.

미국 공식 방문을 위해 백악관이 나를 초청할 가능성이 보이오. 개인적으로는 다가오는 선거 때문에 나라를 떠나기 싫으며 그때까지는 적어도 떠나서는 안 된다는 것을 나는 알고 있소. 그러나 그 후에는 그럴 이유가 없으니 만일 초청장이 온다면 나는 이것을 수락해야 할 것이오.

한국 원조 법안은 미국 국회에서 재심중에 있었고 2월 9일 이 대통령의 편지가 있었다.

한국에 대하여 깊은 동정을 표하여 온 미국 국민들에게 우리는 실로 감사하오. 우리는 미국 사람들이 한국을 '뜨거운 감자' 버리듯 하지는 않으리라고 알고 있소. 이 사람들이 만일 한국이 자기들의 태평양 방어선 밖에 있지 아니하고 실제로는 그 선의 중요한 고리가 된다는 사실을 깨닫는다면 오히려 불안해 할 것이라는 것을 우리는 알고 있소. 그러나 이와 같은 사실을 미국 사회의 의식 속에 심어주기 위해서는 상당한 홍보 활동이 필요한 것이오.

차기 회계 연도를 위한 신규의 1억불 원조 지출안 청문회 개최 때문에 3월에 시작된 상원 외교 위원회에서 ECA의 폴 호프만 처장은 남한의 경제 발전은 '괄목할 만한' 것이라고 증언했다. 남한의 정치적 상황을 평하여 딘 애치슨 국무장관은 위원회에 대해 "대한민국이 국내외적으로 당면한 여러 문제에도 불구하고 또한 자치 정부로서 필연적으로 제한된 경험과 기술적이고 행정적인 능력 부족에도 불구하고 안정과 공공 질서의 상태는 계속 향상되었다.……"라고 말했다.

국회에서는 내각이 대통령보다는 국회에 대해 책임을 지도록 함으로써 헌법의 성격을 근본적으로 바꾸려는 동의안이 신익희(申翼熙) 의장 주도로 발의되었다. 통과시키는데 3분의 2 이상의 찬성 투표를 요하는 이 개정안은 찬성 79표, 반대 33표, 기권 66표로 폐기되었다. 6월 2일에 열린 제1대 국회 마지막 본회의에서 행한 연설을 통하여 이 대통령은 투표자들의 독립심을 칭찬하면서 무소속으로 당선된 많은 국회의원들이 새로운 정당을 조직하기 위하여 뭉쳐주었으면 하는 희망을 밝혔다. "나는 진정한 야당이 민주주의에 불가결하다고 생각합니다" 했다.

그렇게 많은 초대 국회의원들이 선거에 패배한 주요 원인은 많은 관측통들이 동의한 바와 같이 균형 예산을 주장하는 ECA와 이 대통령의 끈질긴 권고에 부응하려는 노력 때문에 국회가 마지막 몇 달 동안에 실제로 세금을 배로 올렸기 때문이었다. 농촌과 공장의 생산이 증가했음에도 불구하고 실업율은 높고 인플레는 공장 임금 인상율을 훨씬 웃돌고 농민은 자기들이 사들이는 모든 물건의 높은 가격과 자기들이 팔려고 내놓은 모든 물건에 대한 정부의 가격 통제 사이에서 헤어나지 못했다. 일자리도 없고 딱할 정도로 미흡한 시설 아래 몇 백만의 피난민과 귀환 동포는 아직도 천막이나 판자집 신세를 면치 못했다. 온 국민에게는 끝도 안보이는 듯한 주요 문제가 있었는데 그것은 모든 것의 부족 현상 다시 말해서 주택의 부족, 의류의 부족, 교통 수단의 부족, 심지어는 식량의 부족 등이었다. 전반적인 전망은 사실상 개선되고 있었으니 이와 같은 개선은 일반 복지의 아주 낮은 수준에서부터 출발했다.

국제적 측면에서는 태평양 반공 조약에 대한 지지를 얻으려고 이 대통령이 기울여 온 노력은 이제 새로운 모양의 저항을 만나게 되었다. 내가 2월 25일자로 그에게 쓴 바와 같이 이 지역에서의 냉전을 완화시키려는 노력의 일환으로 아시아 태평양 지역의 공산 비공산 국가들을 결속시키게 될 '중립국' 또는 '제3세력' 회의를 소집하기 위하여 인도의 네루가 다른 종류의 시도를 주도하는 역할을 받아들이도록 딘 애치슨과 필립 제섭이 설득 공작을 펴고 있었다. 이 회의는 그로부터 5년 후인 1955년 4월에 인도네시아에서 실제로 열리게 되었는데 외교 활동이 국가 간의 관계를 재결속시키려고 할 때 얼마나 느리게 작용하지 않으면 안 되는지를 여실히 보여주고 있다.

이 회의가 마침내 개최되었을 때 그것은 이 대통령이 구상했던 것과는 실제로 아주 딴판이었다. 반공과는 거리가 멀고 그 대신에 그것은 한쪽 끝에 중공과 다른 한 끝에 필리핀을 포함시킨 광범위한 연합체를 인도의 주도 아래 하나로 엮어보려는 노력이었다. 내가 1950년 2월 25일 이 대통령에게 알린 바와 같이 이런 동맹체는 한국을 위해서는 아무리 바람직스럽지 못하다 하더라도 바로 미국이 권할 만하다고 생각하는 내용의 것이었다.

이와 같은 시도가 행정부에 주는 이점은 (1) 필요로 하는 초당적 지지 세력을 다시 구축하는데 도움을 줄 것이고 (2) 우리가 소련에 대한 도전을 중지한다면 평화를 살릴 수 있을 것이라고 느끼고 있는 광범위한 각계 국민들을 만족시킬 것이며 (3) 소련 세력의 중심에서 먼 거리를 두고 '미국 방어선'을 그음으로써 아시아에서의 분쟁을 연기시킬 수 있다는 것입니다.

행정부 입장에서 본 주요 불리한 점은 (1) 인도가 여기에 가입하기에는 너무 몸을 사릴 것이고 (2) 인도차이나에서의 충돌을 피할 수 없게 될 것이므로 이것은 불가능한 일로 입증되리라는 점입니다.

분명히 우리의 입장에서 불리한 것은 '방어선'이 한국의 남쪽 먼 곳에 쳐질 것이고 그렇게 되면 6월에 표결되는 추가 원조 획득에 중대한 장애를 맞이하게 된다는 것입니다.

한편 반공 조약을 위한 이 대통령의 절실한 노력은 필리핀의 엘피디오 키리노 대통령이 3월 2일 그에게 보낸 편지에서 밝혀진 바와 같이 어떤 명백한 성공을 맞이하고 있었다.

본인은 태평양 조약에 대한 각하의 제안이 진행됨을 이해하고 있습니다. 본인은 이 문제의 토의를 위해 각하가 태평양 제국에 초청장을 주도적으로 발송할 용의가 있음을 기쁘게 생각합니다. 본인은 각하가 발전시켜 오신 그 구상을 조용히 지지하고 있습니다.
지금까지 본인의 의견은 아시아 국가에 이바지할 어떤 조약도 대서양 조약에 구체화되어 있는 바와 같은 내용의 제 원칙에 근거를 두어야 한다는 것입니다. 그 뜻은 군사 원조가 상호 간에 합의될 수 있다면 극동에 있어서의 공산당의 목표는 궁극적으로 패배할 것이 확실하다는 것입니다.
그러나 본인은 지금 태평양 국가 간에 상호 군사 원조를 제공하는 어려움들을 깨닫게 되었으며 공산 제국주의와 싸우려면 처음에는 적어도 경제, 사회, 그리고 문화 면의 상호 교류가 필요하다는 것을 충분히 이해하고 있습니다. 한국은 우리 필리핀이 문 앞에 있는 공산 세력에 대해 너무 크게 걱정하지 않아도 될 정도로 국방에 대한 군사적 대비가 앞서 있습니다. 본인은 만일에 직접 또는 간접으로 군사 조약이 합의될 수 없다면 경제, 사회, 그리고 문화의 토대 위에서 조약을 체결해야 한다고 선언한 바 있습니다. 공산당의 위협에 대항하여 공동의 합의 위에 뭉친다는 것은 관련된 모든 국가에게 굉장한 이득이 될 것입니다.
각하께서 곧 초청장을 발송하시려는 중이라고 본인은 알고 있으므로 이상과 같은 의견에 대한 각하의 견해를 밝히셨으면 합니다.

3월 8일에 이 대통령은 나에게 장문의 편지를 보냈는데 그 속에서 그는 국방 문제가 자기의 주요한 급선무이며 군사적 목적 이외의 어떤 다른 것에 근거하여 시작된 조약은 한국의 절실한 요구에 이바지할 수 없을 것이라고 했다. 첫머리에다 우리 워싱턴 사무소의 임무에 대한 몇 가지 이야기를 끝내고 나서 그는 이런 군사 조약을 상의하도록 장면(張勉) 대사를 호주와 뉴질랜드에 보내게 될 것이라는 것과 조병옥(趙炳玉) 대사에게는 국제연합 주재 대표들과 이 문제를 상의하라는 훈령을 내렸다는 사실을 밝혔다. "나는 이 구상을 계속해서 권면하여 왔소. 그리고 일반적인 세계 정세와 병행하여 앞으로 회담을 가지도록 만들었소"라고 말을 이었다.

다음에 그의 편지는 북으로부터의 침공에 대비해서 대한민국의 국방력을 보강시키는 보다 직접적인 절박한 필요성에 대하여 상세하게 논의했다. 이런 침공은 그런 사태가 진전될 운명에 있었던 바 그대로 불과 3개월 남짓 뒤에 감행되었기 때문에 그의 편지는 상당한 역사적 중요성을 띠고 있다.

그러면 우리 정부가 왜 처량하게 빈약한 외환 자금으로 3척의 해양 경비정을 더 사야 한다고 자꾸만 요구하는지 그 이유를 당신에게나 당신을 통하여 다른 벗들에게도 설명하고 싶소. 당신이 알다시피 '냉전'이든 '열전'이든 현대전에서의 지상군은 전체를 움직이는 조직의 작은 부분에 지나지 않소. 분명히 평양으로 가는 지역은 아주 평탄하여 여기서는 효과적인 사용이 가능하겠지만 험난한 지대가 있기 때문에 우리는 탱크라든가 이와 비슷한 지상 장비는 필요치 않을 것이오.

우리가 가장 개발에 힘써야 할 것은 공군과 해안 경비대요. 이런 가능성을 발전시키기 위해서 랜달 장군을 이리로 나오도록 해서 실정을 조사시키고 공군을 창설하자면 비용이 얼마나 들겠는지를 결정하도록 그 사람을 고용하라는 건의를 몇몇 벗으로부터 받았소. 지금까지 우리는 서울 부산 간을 비행하는 2대의 2인승 항공기를 구입했을 뿐이오. 미군이 작년에 철수했을 때 국민들이 흥분해서 아무리 작아도 좋으니까 몇몇 유격대 진지를 폭격할 수 있도록 우리도 비행기를 몇 대 가져야 한다고 주장했소.

그 당시 공산 분자들은 개성(開城)을 쉽게 포격할 수 있는 어떤 한 고지를 점령했었소. 그것을 막기 위해서는 그 놈들을 공격할 수 있도록 기관총이 달린 항공기 한대가 필요했소. 우리가 그것을 가지고 있지 못했기 때문에 10명 내지 12명으로 된 특공대가 폭탄을 자기들 몸에 동이고 그 고지에 올라가 공산 분자들을 때려 부신 것이오.

그리고 자기들도 목숨을 잃었소. 이들의 미망인들이 참석한 가운데 서울 운동장에서는 구슬픈 장례식이 거행되었소. 이것은 무방비에 대한 무서운 교훈이고 국민에게 크나큰 감명을 주었소.

　여기에 대처하기 위하여 한국 정부는 공군을 갖기로 결정하고 총포와 탄약이 장비된 10대의 AT-6 항공기를 구입했소. 최초의 3대가 도착 했으나 여기에 부착될 무기와 탄약 때문에 아직도 곤란을 겪고 있소. 이 항공기들은 조종사 1명과 기관총수 1명만을 실어 나를 수 있는 정찰기에 불과하오. 한국을 위한 군사 원조를 좀 얻어보려고 랜달 장군이 자기 말대로 워싱턴에 가지고 있는 연고 관계를 이용하여 그의 영향력을 행사해 줄 것을 우리는 바랐던 것이오. 당신도 알다시피 트루먼 대통령은 아시아를 위해 책정된 7500만 불의 자금을 유보하고 있으며 우리들은 그 자금의 일부를 우리나라 공군과 해군 발전에 전용할 수 있었으면 하고 바라고 있소.

　그러나 지금까지 3개월간 우리들의 대표격인 랜달 장군은 어떤 중요한 접촉조차 완전히 가지지 못하고 있소. 이렇게 단시일 내에 그가 우리들의 전체적인 목표를 완수하리라고 기대하지는 않았소. 그러나 그가 기초 작업의 한 몫은 하고 있었으리라 기대했던 것이오. 그 대신에 그는 항공기 구입과 이것저것 구매 알선에 시간을 보냈소. 그래서 우리는 그의 고용 관계를 끝내는 것이 좋으리라 느꼈소. 왜냐하면 그는 우리가 마음 먹고 있는 계획을 앞당길 입장에 있지 못한 것이 분명하기 때문이오. 북쪽의 적군이 우리가 대항해서 동원할 수 있는 것보다 더 많은 무기와 더 많은 항공기와 더 많은 모든 물자를 가지고 지금이라도 우리에게 밀고 내려올 수 있다는 것을 알면서 우리들이 서울 이곳에 앉아만 있다는 것을 귀하가 생각해 볼 때 귀하는 우리의 처지를 무엇인가 제대로 파악할 수 있을 것이오. 우리는 지금 대공포도 없고 하늘에 띄울 항공기도 심지어는 탄약조차 가지고 있지 않소. 현 군사 원조 계획은 탄약과 부속품과 그리고 기계가 돌아가도록 유지하는데 필요한 기타의 사소한 물건들만을 제공해 줄 뿐이오. 내가 '사소하다'고 말하는 것은 이것들이 아무것도 건조할 수 없는 작은 부품들에 지나지 못하기 때문이오. 이 물건들이 얼마나 값비싼 것인지 믿기 어려울 것이오. 그러나 우리들의 하늘과 해안 방어에는 아무런 보탬이 되지 못하오. 지금까지 모스크바에서 남침하라는 '청신호'를 북한 사람들에게 내리지 못하게 한 것은 공산당과 타협하지 않겠다는 한국 국민의 결의와 공산당에 반대하는 나의 단호한 태도 때문이오. 이자들은 만반의 준비 태세를 갖추고 있고 우리들의 것보다 더 긴 사정 거리를 가진 총과 포를 가지고 있소. 한국이 공격을 받으면 미국인들은 철수할 것을 소련이 알고 있다는 사실에도 불구하고 이자들은 아직 그렇게 할 용의가 없소.

내가 지난 1948년 10월 도쿄에 갔을 때 소련은 북한군에게 물자를 공급하고 있고 그들은 '중국에서의 난리가 가라앉는' 대로 즉시 남침하도록 압력을 가하고 있다고 나는 성명에서 밝힌 바 있소. 소련은 계속해서 북한에 보급품을 보내고 있었기 때문에 그 성명서에 새로이 가미된 것은 없다는 것을 귀하는 알 것이오. 그러나 현재 소련은 이런 공모 관계로 비난받기를 원치 않으며 바로 이것 때문에 내가 그 성명을 발표한 것이오.

그 결과 향후 2개월 동안에 모든 소련 병력을 북한으로부터 철수시키라는 명령이 떨어졌던 것이오.

이 전체적인 군사 문제를 요약하면 우리가 막대한 육군이나 대규모 공군을 요구하는 것이 아니라 우리 국방에 적절하리 만큼 각 병과의 병력을 두고자 육군·공군·해군을 창설해서 한국 국민뿐만 아니라 북쪽에도 심리적 영향을 주게 하자는 것이오. 그러나 이 일의 성취는 미 국무부가 한국을 포함시키도록 현재의 미국 방어선 해석을 수정해야 한다는 것을 뜻하는 것이오.

참모 총장은 이것을 절대 지지하고 있으나 이렇게 되면 소련과의 관계를 악화시키게 될 것이라 하며 국무부가 좋아하지 않소.

'소련의 노여움을 사지 않도록 한다'는 결정은 워싱턴 행정부를 대변하는 사람들의 급선무였던 모양이다. 1950년 1월 12일 국무장관 딘 애치슨은 내셔널 프레스 클럽에서 행한 연설에서 말하기를 아시아에 있어서 미국의 '방어선'은 일본으로부터 오키나와와 타이완을 거쳐 필리핀으로 그어진다고 함으로써 한국을 이 선에서 제외시킨다는 사실을 아주 명백히 했다. 1월과 2월에 걸쳐 하원 각 위원회에 출두한 애치슨은 한국이 공격을 받게 될 경우 미국은 대한민국을 방위할 아무런 '도의적 의무'도 '언약'도 없다고 되풀이했다. 같은 봄 5월에 상원 외교 위원회 위원장이었던 텍사스주의 톰 코넬리는 미국의 아시아 정책의 성격을 명백하고 오해 없도록 밝히기 위한 회담 기사에서 미국 〈뉴스 앤드 월드 리포트〉지 편집인들에게 미국은 전쟁이 일어나면 한국을 군사적으로 지원할 의사가 없다고 말했다.

모든 형세로 보아 남한 점령을 원한다면 그 길은 열려 있다는 명백한 신호가 소련에게 내려져 있는 듯이 보였다. 공산 분자들은 가능한 한 무장 해제를 하고 시치미를 떼는 반응을 보였다. '긴장 완화'라는 용어는 그 당시 이들이 '데탕트'를 대신하여 사용하고 있었다. 북조선인민공화국이 9월로 제안한 바 있었던 '남북 조선 총선거'를 8월로 끌어 올렸다. 1947년 봄 이후로 자기들이 몇 번에 걸쳐 말하여 왔던 것처럼 소련은 또 다시 북조선으로부터 자기들의 마지막 부대를 '철수시키고' 있다고 발표했다. 한국의 비밀 정보 기관이 중량급 탱크, 포병, 그리고 다수의 공산군 보병 부대가 개성 북방의 공격 진지로 보이는 곳으로 이동 중인 것을 발견했다고 밝힌 국방장관 겸 국무 총리 서리 신성모(申性模)가 미국 군사 고문단에게 통보한 비통한 경고 때문에 소강 상태가 깨졌지만 거기에는 폭풍을 앞둔 하나의 고요와 같은 것이 있었다. 그는 또한 38도선 바로 북쪽에 새로운 도로와 비행장이 건설중에 있다고 보고했다. 군사 고문단장 윌리엄 엘. 로버츠 장군은 6월에 미국으로 귀환하려고 한국을 떠나기 전에 이 보고서들을 '가공적'이라고 일축했다.

대한민국이 소규모나마 희망찬 첫 해군 장비로 남한의 해안선을 방어하려고 구입했던 3척의 신형 PT 함정은 샌프란시스코 항에서 장비를 마치고 6월 17일 그곳을 떠나 한국으로 향할 계획이었다. 이 대통령은 한 연설에서 대한민국 국군은 이제 막 막을 내린 지난 한 해 동안 3000명의 사상자를 냈다고 보고했다. 몇 주 전인 3월 8일에 태평양 조약의 지지를 호소하려는 사명을 띄고 뉴질랜드와 호주로 떠나려던 장면 대사 앞으로 보낸 '대외비 엄수' 각서에서 이 대통령은 그에게 "당신이 그것을 무엇이라 칭하든 반공 운동이 효과를 거두려면 군사 원조에 대한 어떤 양해가 있어야 할 것이오"라고 했다. 그러나 "이웃 나라를 보호하기 위해 군사적인 파견 부대를 보내라는 요청을 받게 될까 두려운 나머지 몇몇 태평양 국가들은 이런 조약 기구를 두려워 하고 있다는 것을 나는 최근에 발견했소"라고 덧붙였다. "한편 어떤 나라는 스스로를 보호하기 위해 이웃 나라 군대가 자기들의 영토에 상륙할까 두려워하고 있소. 이런 두려움과 의혹이 이들 몇몇 태평양 국가가 조약을 주저하는 원인이오. 이것이 사실이라면 어떤 종류의 조약도 연합도 불가능하오. 그러므로 이런 두려움을 제거시키기 위하여 우리들은 경제적, 문화적, 또는 도덕적 협력에 입각한 계획을 지지할 것이라고 내가 최근 밝혔던 것이오. 이와 같은 조약조차도 관계되는 모든 나라의 공동 안보에 대해 큰 가치가 있을 것이오."

이렇게 제안된 동맹체를 위한 상당한 기초 작업이 진행되었다. 그것은 때를 만난 구상처럼 느껴졌다. 이 대통령이 장면 대사에게 써 보낸 이틀 뒤 어떤 미국인 신문 기자가 이 박사의 반응을 물어 보려고 AP 전문 한 토막을 경무대(景武台)로 가지고 왔다. 그 기사는 이렇게 시작되었다.

미국이 주도하게 될 태평양 군사 경제 조약이 목요일 호주의 신임 외무장관 퍼시 C. 스펜더에 의해 제의되었다……. 스펜더는 세계를 불안 속에 몰아넣는 소련 정책을 비난하고 소련의 궁극적 목표는 세계를 공산화하는데 있다고 밝혔다. "나는 방어적인 군사적 해결을 구상했다…… 주도국의 참여가 이런 조약 기구를 실속있게 할 미국의 존재를 나는 특히 염두에 두고 있는 것이다…… 우리는 또한 민주 정치 제도의 향상, 고도화된 생활 수준, 문화, 및 통상 유대의 증대 등 적극적인 목표를 가진 조약 기구를 기대한다……."

이 기자가 이 대통령의 반응을 물었을 때 이 계획의 추진에 방해가 될지도 모르는 말을 피하려고 그는 몹시 조심스레 대했다. "나는 어떤 입장을 취하고 싶지 않소. 우리는 남의 나라들이 택하는 어떠한 정책도 동의할 수 있다는 것을 보여주고 싶을 따름이오"라고 그는 말했다. 그런 다음 그는 이렇게 덧붙였다.

그러나 이 문제에 관해서 그 군사적 목적에 대해 말하려고 하오. 한국은 남의 나라들이 우리를 돕기 위해 자기네 육군이나 해군을 끌어들이는 것을 기대하지 않소. 나는 이기적인 동기 때문에 국가 간에 협정을 맺는 일을 믿지 않소. 모든 나라가 이기적 동기를 가지고 참여한다면 성공하지 못할 것이오. 우리는 공동 목표의 성취를 위하여 우리의 역할을 할 것이오. 이것이 참가국을 지배하는 정신이 되어야 할 것이오. 나는 호주의 입장을 지지하는 말을 좀더 덧붙이고 싶소. 우리는 미국이 주도권을 잡아야 한다고 느끼고 있고 모든 태평양 국가들이 똑같이 그렇게 느끼리라 확신하는 바이오.

3월 24일 또 다른 기자 회견에서 이번에는 인도네시아와 필리핀이 공식으로 이에 대한 관심을 표명했기 때문에 태평양 조약이 다시 논의되었다.
그런 뒤에 한 신문 기자가 이 대통령의 국회와의 관계를 물었다. 두 가지 중요한 문제점이 드러났다. 그 하나는 이 대통령이 처음으로 1952년 대통령 선거에서 국회보다 국민이 선거권을 가지도록 헌법이 개정되어야 한다는 제의를 공공연하게 했다. 둘째로 그는 "나는 2년 이상 더 이 자리에 머물러 있지 않을 것이오"라고 한 점이다. 그러고 나서 그는 "나는 가끔 이 모든 일을 다른 사람에게 넘기고 물러날 수 있었으면 하고 바라오" 하고 덧붙였다.
고달픔을 느끼는 것은 이 대통령뿐만 아니었다. 6월 20일 나는 사표를 낼 뜻을 밝히며 그에게 편지를 썼다.

때때로 저는 자신이 성취할 수 있는 일이 정말 매년 받고 있는 6천불의 가치가 있다는 생각과 함께 또 어떤 때에는 의심이 들기도 합니다. 저의 시간은 한정되고 정력은 점점 고갈되고 있습니다. 마찬가지로 J. 제롬 윌리엄스에게 매년 지불하는 1만 불은 당장에 무슨 이득을 가져오는 것이 아닙니다. 물론 그 돈은 주로 지난날의 도움에 대한 보답으로 지불되는 것이라고 느끼고 또 그렇게 짐작을 합니다만. 저 자신의 급료 이외에 저의 워싱턴 사무소에 해마다 충당되는 1만 5000불 정도의 자금은 제대로 쓰여지고 있는 것으로 느껴집니다. 거기서 일하는 직원들은 그들의 급료가 보통 그 값어치만큼 얻을 수 있는 이상의 많은 훌륭한 업무를 해내고 있다고 생각합니다. 그리고 이 사무실에서 출판 가능한 몇 가지 간행물들은 큰 영향력과 많은 회원을 가진 각 단체에 배포되고 있습니다. 내년 가을에 있을 집중적인 '학원 계몽 운동'을 위해 '학교용 소책자'가 지금 거의 준비되어 가고 있는 중이므로 박사님은 이 특별한 작업을 계속해야겠다고 생각하셔야 하겠습니다.
자금 공급이 가능하시다면 전임으로 능률이 오르는 사람을 고용해서 쓰는 것이 좋겠다고 저는 굳게 믿습니다…….

저의 일반적인 결론은 전속으로 일하는 사람을 고용하기 위해 현재 저에게 지불되는 6천불이 필요하시다면 그 돈을 그런 방법으로 쓰셔도 좋을 것입니다. 여하간에 저는 짜낼 수 있는 힘을 다하여 한국을 위한 모든 글과 말을 앞으로도 계속해 나가렵니다. 가능하다면 제가 지금 하고 있는 일을 맡거나 보충할 수 있는 다른 사람을 고용하십시오. 그것이 불가능하거나 현명치 못한 듯 싶으면 현재의 짜임새대로 저의 최선을 다해 나갈 것을 약속드립니다.

그러나 그분을 위해서나 나 자신을 위해 별다른 타개책은 없었다. 6월 22일 이 대통령은 〈이스턴 월드〉지 4월호에 실린 '한국과 일본'이라는 나의 글을 읽고 자기 비서로 하여금 나에게 보내도록 다음과 같은 메모를 적어 놓았다.

"이 기사는 매우 중요하니 이런 구상은 항상 계속 반복되어야 한다고 올리버에게 전할 것. 인구 과잉으로 인한 일본의 국토 부족 문제는 일본으로 하여금 이미 인구가 조밀한 인접 약소국가를 점령하도록 내버려 둘 것이 아니라 일본의 이민을 받아들일 여유가 충분히 있는 열강국들이 해결해야 할 것이오. 이런 견해를 모두에게 알리고 전원이 노력하라는 훈령과 함께 그 사본을 떠서 해외의 여러 외교 공관, 영사관, 홍보 관계 기관 등에 보내시오." 할 일은 많았고 그것을 피할 손쉬운 방법은 없었다.

그로부터 4일 뒤인 6월 25일 일요일 나의 퇴임 문제라든가 심지어 이 박사와 나의 업무량을 줄이는 문제 같은 것은 무의미하게 되었다. 새벽 4시 서울 북방 18마일인 개성 동부와 의정부 근방에서 북한 공산군은 탱크, 비행기, 중포의 지원 아래 38도선을 넘어 남으로 밀고 들어왔다. 미국 대사 존 무초는 한국 육군 보고에 따르면 이것은 또 하나의 상투적인 침입이 아니라 전면적인 침략 행동이라고 국무부에 타전했다.[1]

국제연합 한국 위원단은 이 공격은 '국제적 평화 안전의 유지를 위태롭게 할 우려가 있는' '전면 전쟁'의 양상을 띠고 있다고 사무 총장에게 전문을 쳤다.

대한민국이 우려했던 최악의 사태가 발생한 것이다. 언제나 거부되어 왔거

---

1) 1975년 시애틀 워싱턴 대학 출판부 간행, 후랭크 보드윈 편, 《전시의 대사관》 속에는 해롤드 노블이 생존 시 미 대사관의 반응을 상세하게 묘사한 것이 있다.

니와 적절한 군비로 이 대통령이 지탱하려고 애써 온 안보가 산산조각이 나고 말았다.

　3년간이나 공들여 준비하고 남침 전인 봄에 이미 공격을 위해 동원되어 전투 태세에 들어갔던 압도적인 병력으로부터 남한은 거의 무방비 상태에서 공격을 받게 되었다. 미국과 국제연합은 어떻게 대응해야 하는가?

　주립 대학에 있던 나는 워싱턴으로 달려왔고 다음 이틀 동안을 대사관에서 미국 정부가 어떻게 대처할 것인가를 알아내려고 안타까이 시간을 보냈다. 그 침공이 시작된 시각에 트루먼 대통령은 미조리주 인디펜던스 자기 저택에 머물고 있었다. 그는 당장 워싱턴으로 돌아올 마음의 충동을 느꼈으나 딘 애치슨 국무장관은 하루를 늦추도록 그에게 충고했다. 국제연합이 '평화에 대한 침해 행위'에 주도적인 대응책을 취하기를 기다리면서 미국은 지나친 놀라움이나 성급한 행동의 흔적을 보이지 않으려는 전략을 택했다. 애치슨 장관은 이 문제를 다루기 위한 국제연합 안전 보장 이사회의 즉각적인 개최를 요구했다.

　소련은 중화인민공화국 대신 타이완이 중국을 대표하는 회원국으로서 총회와 안보이사회에 의석을 차지하도록 한 결정에 항의하여 몇 개월간 국제연합을 보이코트하고 있었다. 소련의 불참 때문에 안보이사회는 '즉각적인 전투 행위의 중지'와 침공군의 38도선 이북 원위치로의 철수를 요구하고 '모든 회원국은 본 결의의 집행을 위해 국제연합에 모든 원조를 제공하고 북한 당국에 대한 원조를 자제하도록' 요청하는 결의를 9대0, 기권 1표로 가결할 수가 있었다.

　국제연합의 입장은 다행스러운 사정으로 거의 요지부동이었다. 공격이 시작되기 이틀 전 국제연합 한국 위원단의 현지 시찰단은 이북 쪽까지는 접근이 허용되지 않았기 때문에 경계선 남쪽에서 38도선 근방의 관례적인 시찰을 끝내고 뉴욕에 보고서를 보냈다. "38도선에 연한 현지 출장 후 관측자들에게 비친 주요한 인상은 남한의 육군은 전적으로 방어만을 위해 조직되어 있으며 따라서 북한군에 대하여 대규모의 공격을 수행할 여건이 마련되어 있지 못하다."

　6월 26일 월요일 백악관과 전화 연락망을 만들려는 우리들의 노력은 저녁 늦게 '미국의 반응'은 연구 검토중이며 결정되는 대로 그 결과를 알게 될 것이라고 하면서 결국 수수께끼같은 회답으로 결론이 났다. 한국으로부터의 라디오 보도는 트럭으로 급거 북쪽으로 투입되어 맹공격을 저지시키려는 남한 부대의 굉장한 노력은 전혀 쓸모없음이 드러났다고 했다. 남한의 바주카포로부터 공산군 탱크에 발사된 포탄은 포탑에 맞고 튕겨날 뿐이었다. 국군 병사들은 하늘로부터 기총소사를 당하고도 막을 길이 없었다. 공산군은 전혀 무방비 상태에 있는 서울에 가까이 다가왔다. 도쿄의 맥아더 장군은 한국 정부에 군사 보급품을 제공하도록 명을 받았다. 대한민국 국회는 '이 같은 세계 평화에 대한 파괴 행위를 방지하기 위해 효과적이고도 시의적절한 원조'를 달라고 미국에 호소했다. 국회는 또한 국제연합 한국 위원단을 통해 국제연합에 '평화와 안전을 확보하기 위한 즉각적이고도 효과적인 조치'를 취해주도록 요구했다.

공격 개시 후 30시간이 안 된 같은 날 서울의 국제연합 위원단은 '남한이 먼저 공격을 유발시켰다'는 북한 측 비난을 '정당화시킬 아무런 증거가 없다'고 뉴욕 소재 국제연합 사무국에 보고서를 보내고 북으로부터의 침공은 '비밀리에 준비되고 시작된 계획적이고 총체적인 공격'이라고 설명했다.[2]

이와 같은 날 역시 김일성은 이 침공 행위가 남한을 '해방시키기 위한' 행동이라고 외치며 북한 사람들에게 다음과 같은 내용의 라디오 연설을 했다.

    친애하는 형제 자매여! 큰 위험이 우리 조국과 인민을 위협하고 있다. 이런 위협을 타파하려면 무엇이 필요한가? 이승만 일파에 대항하여 수행중인 이번 전쟁에서 조선인민은 조선 민주주의 인민공화국과 그 헌법을 수호하여야 하며 공화국 남반부에 수립된 비애국적인 이승만 파쇼 괴뢰 정권을 없애버려야 하며 우리 조국의 남반부를 해방시켜야 한다……. 우리가 강제로 수행하게 된 이 전쟁은 조국 통일과 독립 그리고 자유와 민주주의를 위한 정의의 전쟁이다.[3]

미국 행정부는 무초 대사나 국제연합 한국 위원단으로부터의 보고 이상으로 이번 침공에 대한 자기들의 대응책을 마련하는데 뒷받침할 상당한 근거를 가지고 있었다. 트루먼 대통령의 외교 정책에 대한 초당적 지지를 확보하려는

---

2) 이것과 직전의 인용문은 국무부 간행물:《한미 관계의 역사적 개관》, 앞의 책, pp. 78~79에서 따온 것임.
3) 김일성(金日成)의 이 연설은 1950년 7월 27일 〈프라우다〉지에 게재되었다.

하나의 수단으로 국무부 특별 고문직에 있던 존 포스터 덜레스는 공산당 침공이 있기 전 주일에 남한을 방문한 바 있었다. 그는 이 대통령과 회담을 가지고 대한민국 국회에서 연설을 했으며 38도선 연변에 있는 남한의 국군 관측 초소를 방문했다. 또한 무초 대사로부터 대한민국의 정치, 사회, 경제 발전에 관한 보고를 청취했다. 7월 4일 워싱턴 기념탑에서 연설한 바와 같이 그는 국무부에 대해서도 이번 침공 행위는 한국 국민이 이승만 정부에 반대하는 '내란'의 일부라고 하는 말과는 거리가 먼 것이라고 보고했다. '그 사회는 내부로부터 전복되기에는 너무나 건전한 사회'라고 그는 밝혔다. 그것은 소련의 지원을 받은 외부로부터의 공격으로만 파괴될 수 있을 것이었다.

이상의 사실들은 트루먼 대통령이 미국의 대응책을 어떻게 할 것인가에 관한 결정을 세밀하게 수립할 때 백악관에서 토의된 여러 가지 요인 분석의 일부였다. 미국은 그 해를 통하여 내내 그리고 침공 전에는 더욱더 모든 군대를 남한으로부터 철수시켰고 대한민국에 대하여 어떤 군사적인 보장을 약속하는 일을 신중히 삼가했던 것이 사실이다. 내부의 약점 때문에 또는 자국의 국경 내부에서의 시민적 소요 때문에 나라가 망할 경우 대한민국을 포기할 세심한 준비가 되어 있었던 것 또한 사실이었다.

'미국 방어선'은 한국을 그의 보호권 외곽에 버려두도록 명백하게 규정하고 있었다.

그러나 대한민국에 대한 미국의 군사적 방위를 요구하는 최소한 세 가지의 어쩔 수 없는 이유가 있었다. 하나는 공산당이 전체 한국을 지배함으로써 일본이 중대한 위협을 받게 된다는 사실이다. 또 한 가지는 대한민국 수립의 책임을 맡았던 국제연합이 집단 안보 기관으로서의 중요성과 의의를 지니고 있으려면 지지를 받아야 한다는 이유 때문이었다. 그리고 세 번째 이유는 노골적이고 공공연한 공산 침략이 성공하도록 내버려 둔다면 앞으로 아시아 전체의 정복을 자초하게 된다는 것이었다.[4]

어떤 다른 이유가 요구되었다면 그것은 정치 분야에 속한 것이었다. 공산당의 중국 지배를 용인했다는 '약점' 때문에 미국 행정부는 국내 여론에 시달리

---

4) 해리 S. 트루먼 저, 《회고록》, 앞의 책 제2권 p. 339 참조.

고 있었고 주로 공화당과 하원 내의 남부 출신 민주당 의원들로부터 오는 것이지만 아시아에 있어 공산 제국주의 진출에 대항해야 한다는 강경한 요구가 있었다.[5]

공산군이 이미 서울 근교에 접근했던 6월 27일(워싱턴 시간)에 트루먼 대통령은 '미국 공군과 해군에게 대한민국 정부를 엄호 지원하도록' 명령했다.

같은 날 소련이 여전히 불참한 가운데 국제연합 안보이사회는 전체 회원 국가에게 '무력 침략을 격퇴시키고 그 지역에 국제적 평화와 안전을 회복시키는 데 필요한 모든 원조를 대한민국에 제공하도록' 요구하는 결의안을 7대 1, 기권 2표로 가결시켰다.

다음 날 서울은 침략자의 손에 넘어가 버렸다. 트루먼 대통령은 기자 회견에서 미국은 한국에서 '전쟁중'에 있는 것이 아니라 '국제연합의 경찰 행위'를 돕고 있다고 밝혔다. 6월 30일 그는 일본에 기지를 둔 미 공군이 북한의 군사 목표에 포격을 가하도록 승인하는 결정적 조치를 취했고 전 한국 해안선을 해군이 봉쇄하도록 명하고 맥아더 장군에게 한국에서 '상당한 지상군 지원 부대'를 사용하도록 훈령했다.

소련, 중공, 그리고 조선인민공화국이 결정에 참석하지 않았으므로 토의와 결정이 '불법'이라고 말하면서 소련은 북한의 침공을 비난한 결의문을 공박하는 전문을 국제연합 사무 총장에게 발송했다.

소련이 이상하게도 여전히 불참한 가운데 7월 7일 UN의 안전보장 이사회는 대한민국을 지원하기 위해 군대를 파견하는 모든 회원국은 그 군대를 미국이 지명하는 사령관 관할 하에 둘 것을 권고했다. 이런 기본 정책 결정 후 그 문제는 '절차상의 것'이 되었는데 다시 말해서 더 이상의 이행 사항은 총회 소관으로 이관되었다. 소련 대표는 국제연합에 복귀했다. 소련이 국제연합의 행동을 봉쇄하기에는 이미 때가 늦었다. 거부권 행사는 안전보장 이사회 개회 기간에 없었고 그후로부터는 총회에서 단순한 다수결 투표가 필요 요건의 전부였던 것이다. 그다음 날 트루먼 대통령은 더글러스 맥아더 장군을 주한 유엔군 총사령관으로 임명했다.

---

5) 1959년 메사추세츠주 케임브리지, 하버드 대학 출판부 벨크냅 출판물, 존 W. 스파니어 저, 《트루먼·맥아더 논쟁과 한국전쟁》 pp. 62~64 비교.

비참하고 가슴 아픈 11일간이 흘러가는 동안 국제연합은 물론이고 가장 뜻 깊게는 미국이 대한민국 편에 가담하여 비극적이고도 불완전한 결말을 보게 될 뿐인 한국전쟁으로 확대된 '경찰 행위'에 임하게 되었다. 역사상 처음으로 아시아 대륙의 지상전에 주동적인 참전국이 된 것이다. 중공과 소련이라는 2대 공산 세력이 또한 전선 주변에 위험하게 그림자처럼 도사리게 되었다. 국제연합의 명성과 능률은 위태로운 지경에 놓였으나 16개에 달하는 회원국만은 자기네들이 지원하기로 결의한 행동에 적극 참여하게 되었다. 사실은 대한민국뿐만 아니라 미국도 이미 시작된 이런 모양의 전쟁에는 대비가 되어 있지 못했다.

　그러나 매우 중대한 결정은 이미 내려져 있었다. 자유 국가에 대한 공산 세력의 노골적이고 공개적인 침략은 성사되도록 허용해서는 안 된다는 것이다. 이 전쟁을 어떤 방법으로 끝내느냐 하는 주요 문제를 포함하여 아직도 해답을 얻어야 할 문제가 많았다. 이 싸움은 제3차 세계대전으로 확대되어 나갈 것인가? 1947년 국제연합이 결의한 대로 자기들이 수립한 자유 정부 밑에 한국은 과연 통일이 될 것인가? 아니면 이 싸움이 자유 진영과 공산 국가 간의 기본 관계를 딴 곳에서 다른 방법으로 결정짓도록 남겨두고 흐지부지한 결론으로 끝내고 말 것인가? 이런 것 등이 후일 더 크게 머리를 들어낼 문제점들이었다.

　그러나 우선적이고 가장 시급한 일은 북으로부터의 침략을 봉쇄하고 격퇴시켜야 하는 문제이다. 미국과 유엔 동맹국의 압도적 세력에도 불구하고 이 과업은 1950년 6월에 예상할 수 있었던 것보다는 훨씬 어렵다는 것이 입증되었다. 이 대통령은 한국을 위해 한국에서 싸울 군대를 다른 나라들이 보내오기를 자기는 바라거나 기대하지 않는다고 고집했다. 자유 세계가 생각하는 바 자기들의 복지 안전을 위해 한국에서의 공산 제국주의의 목표를 어떤 선에서 저지하겠다는 것인지 그 문제도 아직 결정짓지 못했다. 그 문제에 대한 해답은 그대로 한국에서 월남(越南)으로 그리고 훨씬 그 이상으로 연장되었다. 그 뒤에도 계속해서 이 문제는 분명하게 되지 못한 채 오늘에 이르고 있는 것이다.

　1950년 봄에 이 대통령과 나눈 서신들을 되돌아다 볼 때 북으로부터 예상되는 침략에 직면한 정부의 무방비 상태에 대하여 걱정이 깔려 있는 가운데도 그의 심정이 담담한데 나는 놀랐다. 전쟁이 시작되기 약 한달 전 5월 19일에는 그는 얼마나 그의 생각이 전쟁과는 거리가 먼 방향에 미치고 있었는가를 말하여 주는 편지 한 통을 나에게 띄워 보냈다. 이 편지는 분명 침략을 구상하고 있는 영도자가 쓴 것이 아님이 드러나 있다. 이 글은 국방에 대한 절박하고 즉각적인 필요성을 깨닫지 못하고 있다.

　　교통장관에게 보낸 루이스 양의 편지가 도착했소. 그리고 부산(釜山)과 남한 각 처의 여객 시설에 관한 정보를 확인할 기회가 별로 없었음을 자인해야 하겠소. 내가 알고 있는 한 관광객 유치를 위해 해 놓은 일이 없소.
　　서울에서는 사정이 좀 나아지고 있다고 생각하오. 조선호텔에는 사람들을 실어 나를 차량도 몇 대쯤은 지금 가지고 있소. 마티씨는 우리 관광 사업을 진흥시킬 만한 인물이 못 되오. 그 사람은 중국에 너무 오래 있었기 때문에 우리에게 이익을 주지 못할 것 같소. 그가 중국에 살았다는 것이 하나의 이점이 되리라 생각했지만 그는 지금 한국 사람들을 중국 사람 다루 듯하고 있소. 그리고 그래서는 안 되리라는 것을 당신도 알 것이오. 우리는 어떤 변화를 노린 것인데 지금은 어떤 계획들이 있는지 나는 알지 못하오.
　　한 사람이 자기 시간을 전부 관광 사업에 전적으로 쏟지 않는 한 우리는 아무것도 이룰 수 없을 것이오. 한인들은 하나의 다른 생활 규범을 가지고 있어서 관광객을 유치하기 위한 환경 개선의 필요성을 인정하지 않소. 부산에 기항하는 아메리칸 프레지던트 해운 편과 인천에 기항하는 아메리카 우편 해운의 운항 일정표를 수록한 그런 여행용 안내 책자를 당신이 만들 수 있겠는지 궁금하오. 그런 해운 선박 회사들과 접촉하면 자기들의 운항 일정표를 제공하는 일의 협조를 받을 수 있을 것이고 심지어는 여행 팜플릿 제작비의 일부도 희사하리라고 나는 생각하오. 천연색으로 인쇄된 그림엽서도 곧 발행이 될 것이오. 주미 한국 대사관의 한표욱(韓豹頊) 공사에게는 당신이 필요한 만큼 얼마든지 가질 수 있도록 하라고 편지를 띄웠소. 내가 알기로는 어떤 일정한 숫자의 카드와 뉴욕주로부터의 우표 값을 합하여 너무 비용이 많이 드는 것 같소.

　　6월 9일 그가 내게 보낸 편지에 또 다시 관광에 관한 다음 메모가 덧붙여져 있었다.

여행 안내 책자 제작 계획에 참여하는 일에 대하여 노스웨스트 항공사를 끌어드리는 것이 어떠냐는 제의를 내가 당신에게 했는지 여부를 나는 지금 기억 못하겠소. 그 사람들이 여기에 관심을 가져야 옳을 것이오, 그 회사의 한국행 항공편 예약은 언제나 만원이고 그래서 대기자 명단을 항상 준비하고 있는 형편이오……. 여러 호텔의 지배인을 지낸 마티씨는 지금 국내 일주의 어떤 단기 관광 여행 코스를 작성중에 있으며 이것이 완성되면 당신과 워싱턴 사무소에 전하도록 우리에게 사본을 보내줄 것이오.

1950년 봄 못자리가 푸릇푸릇 자라고 있을 때 대한민국의 대통령의 관저 경무대 안의 생각은 이런 것들이고 분위기는 이러했다. 이와 비슷한 생각들이 똑같이 북한의 지배자들 머리를 점하고 있었다면 한국과 전 세계는 한국동란의 위험과 공포를 면할 수 있었으련만. 그러나 평양에서는 관광객에 대한 생각보다는 탱크에 대한 것이 꽉 들어차 있었던 것이다.

13
38도선 이남
(1950년 여름)
혼란과 용기

    탱크와 기갑 포병을 앞세운 북한 공산군이 전쟁으로 밝혀진 전면 공세를 개시하고자 서울을 향해 겨냥된 '침략 회랑'을 따라 38도선을 넘어 의정부 북방으로 밀고 들어 온 1950년 6월 25일 일요일 새벽 4시, 봄의 고요는 산산 조각이 났다. 그것은 서방의 전쟁사에 나오는 찬란한 기록의 하나로 남을 수가 없었고 그 뚜렷한 성격은 오히려 1개 미국 병사에 의해 묘사되었다. '끝도 없는 전쟁이다. 우리는 이길 수 없다. 우리는 질 수도 없다. 우리는 헤어날 수도 없다'라고.

    그 어려움의 원인은 군사적인 것이 아니라 정치적인 것이었다. 문제는 이 전쟁에 대하여 공표된 목적과 그 목적의 쟁취를 위하여 마련된 방법에 어려움이 있다는 것이었다.

    침략이 개시된 뒤 2주일이 지난 7월 9일에 해리 트루먼 대통령은 기자 회견에 임한 자리에서 동란의 성격을 규정지었다. "이것은 전쟁이 아니오. 이것은 경찰 행위에 지나지 않소." 실제로는 그보다도 못한 것이었다. 경찰은 범인을 체포하고 벌을 주려고 하는 법인데, 트루먼이 노린 것은 범인들을 견제하려는 것 이상의 어떤 것도 아니었다. 동란이 모두 끝났을 때 그는 자신의 정당한 이유를 이렇게 설명했다. "한국동란과 관련하여 내가 내린 모든 결정에서 나는 한 가지 목적을 늘 염두에 두었다. 다시 말해서 나는 제3차 세계대전을 방지하려고 했고 또 그로 인하여 문명 세계에 초래될 무서운 멸망을 방지하려고 했다."[1]

    그 목적은 침략자의 처벌도 희생자의 보호도 아니었다. 그것은 그 어느 것

---

1) 뉴욕 다블데이 출판사 간행, 해리 S. 트루먼 저,《회고록:시련과 희망의 시대》(1956), 제2권 p. 345 참조.

에도 미치지 못하는 것이었다. 자기 입장을 좀더 분명히 밝히는 대목에서 그는 이렇게도 설명했다. '나는 북한 사람들을 38도선 이북으로 몰아내는 데 필요한 모든 행동을 전부 취하려고 했다. 그러나 한국 문제에 너무 깊숙이 얽히게 된 나머지 앞으로 생길 그와 같은 다른 사태를 돌볼 수 없게 되는 일이 있어서는 안 되겠다고 생각했다.'[2)]

이승만 대통령과 더글러스 맥아더 장군은 공히 트루먼과는 전혀 다른 측면에서 사태를 보고 있었다. 1948년 8월 15일 맥아더가 이승만의 대한민국 대통령 취임식에 참석했을 때 한국의 분단을 '현대사 최대 비극의 하나'라고 말했다. 그리고 그는 "장벽은 무너뜨려야 하며 또 무너질 것이다. 자유 국가의 자유민으로서 귀 국민의 궁극적 통일은 아무도 막을 수 없다"라고 덧붙였다.[3)]

이 대통령은 한국이 독립된 민주 정부 아래 자유를 누릴 수 있도록 평생 몸바쳐 일했다.

공산 침략에 대응하는 절박한 위기에 처하여 공격 부대를 격퇴시켜야 할 공동의 필요성 때문에 한국동란의 성격에 관한 이와 같은 근본적인 정책 불화는 드러나 보이지 않았다.

침략자들이 무방비의 도시 서울로 들어온 이틀 뒤인 6월 29일 맥아더 장군은 자신의 개인 비행기 '바타안' 호를 타고 도쿄에서 수원으로 날아왔다. '바타안' 호가 착륙하는 동안 간이 활주로의 한 쪽 끝에 가해진 북한의 소련제 야크 전투기의 공격은 사태의 절망적 장면을 보여주는 것이었다. 임시 수도 대전에서 이륙한 이 대통령의 비행기는 적군 항공기에 의한 요격을 피하기 위해 계곡을 전전하며 부득이 저공 비행을 하지 않을 수 없었다. 두 사람이 서로 가까이 다가왔을 때 역사는 이루어지고 있었다. 미국이 아시아 대륙에서 처음으로 싸우게 되는 전쟁이요 유엔 창설 이래 최초의 전쟁을 수행하고자 병력을 집결하려고 최초의 미국군과 동양 군대의 최고 통수권자가 전쟁터에서 첫 인사를 나누는 장면이었다.

이승만은 아쉬운 듯 진지하게 말했다.

---

2) 앞의 책 2권 p. 341 참조.
3) 코트니 휘트니 소장 저, 《맥아더:역사와의 대면》(1956), 뉴욕 알드 에이 크노프 출판사 간행, p. 330.

"장군, 조심하세요. 귀하의 신발이 못자리를 짓밟고 있소."

북한 비행기가 계속 그 일대를 기관총으로 쏘는 가운데 두 사람은 수원 농과 대학의 한 방으로 들어가 한 시간 동안 사태의 심각성을 놓고 의논했다. 맥아더는 이승만에게 준비가 갖추어지는대로 미국이 전폭적으로 지원할 것을 약속했다. 하지만 아직은 그 시기가 못 되었다.

풍족하게 내린 비로 풍작이 약속된 쌀의 수확은 고사하고 온 천지가 짓밟히고 있었다. 다른 많은 경우와 마찬가지로 전쟁에 있어서도 행운은 잘 준비한 자의 편이다. 북한은 침략 준비를 단단히 했고 미국이나 대한민국은 이것을 막을 대비가 되어 있지 않았다.

북조선인민공화국은 군사적으로나 정치적으로 준비가 되어 있었다. 침략을 앞둔 3년간 북한 공산군은 조직적으로 충분히 발전되어 있었다. 1948년까지 북한 공산군 각 사단에 150명에 달하는 다수의 소련인 군사 고문관, 즉 각 중대에 지휘관이 1명 꼴로 배치되었다. 1950년 6월까지 소련인 고문관은 3500명에 달했다.[4]

소련 사람에 의해 훈련된 북한인들은 보위부 부서의 대부분을 책임지고 있었고, 38도선 침공의 선봉이 된 6개 사단의 상급 부대인 북한군 제1군 각급 부대의 지휘관들이었다. 공산군은 소련이 과거에 조직하고 무장하고 훈련한 조선 의용군을 만들려고 시베리아와 만주에서 모병하여 훈련시킨 노련한 부대를 핵심으로 발전되어 왔다. 약 5만 명에 달하는 이 병력은 그 과정에서 "유능하고 완전 무장된, '전투에 인이 박힌 군대'로 성장하여 공산당의 만주 제패에 있어 주요한 역할을 담당했다."[5]

1950년 2월 모택동(毛澤東)은 모스크바를 방문했고 여기에서 그는 앞으로의 침공을 통고받았음이 명백한데, 그 이유는 그가 귀국하자 자기 휘하에 있던 1만 2000명의 노련한 한국인 공산군 병력을 북한으로 보내는 동시에 중공군 제4야전군을 중국 남부에서 만주로 이동시켰기 때문이다. 이 해 겨울 동안 소련은 기존 군사력을 증강하기 위하여 최소한 170대의 전투기와 공격용 폭격기 그

---

4) 조 W. 스파니어 저, 《트루먼·맥아더 논쟁과 한국동란》 앞의 책 p. 24.
5) 미국 국무부 출판물 제7118호 〈북한 편:접수 공작에 관한 사례연구〉(1961. 1) pp. 114~117 기타 참조.

리고 100대의 소련제 T–34 및 T–70형 탱크를 포함한 중무장 증원 장비들을 중공 땅을 거쳐 북한으로 반입시켰다.[6]

4월과 5월 동안 보급품 반입이 크게 증가되는 한편 38도선 북방의 도로와 비행장이 완공되었다.

정치적인 준비 공작 또한 이에 못지않게 완벽을 기했다. 소련 사람들이 처음 북한으로 진주하면서부터 철저한 공산당 지배하의 정부 조직이 모든 지역과 촌락에 이르기까지 중앙 집권제로 확립되었다. 정치 논쟁은 금지되었다. 일반 국민도 군대와 마찬가지로 뚜렷한 단일 지배 체제하에 엄격한 규율로 다스려졌다.

모든 중요한 방면에서 남한의 사정은 근본적으로 달랐다. 1945년에서 1948년에 이르는 동안 미 군정은 남한 사람들을 전쟁에 대비시키는 것과는 거리가 먼 민주주의라는 명목 아래 정당과 정치인들 간에 경쟁을 확대하도록 장려하는 한편, 통치권을 자기들 수중에 장악하고 있었다. 이승만이 필연적으로 장차 수립될 대한민국의 초대 대통령이 되리라는 점은 인정하면서도 미국은 부득이 신탁 통치를 거부한 그와 기타의 '우익 인사들'을 반대하고 북한 공산 정권과의 연립과 타협을 찬성하는 '중도파' 정당과 지도자들을 지원하는 입장을 취했다. '정치' 경찰 및 경비대의 개념을 배제시킨 미 군정은 좌익 사상을 이유로 지망자들을 '심사'하여 불합격시키지는 않겠다고 고집했다. 그 결과 남한의 모든 군대와 지방 정계를 통틀어 모든 빛깔의 정치 사상이 혼합되었다. 중앙 정부에 대한 충성을 요구하면 무조건 이것을 '탄압'이다 '독재'다 하고 떠들어댔다.

대한민국 수립 후에는 국제연합, 미국 정부, 그리고 세계 여론의 지지와 찬성을 얻으려고 '민주적 분위기'를 유지하는 데 압력이 작용했다.

자연히 여러 정당과 우열을 다투는 지도자들 간에 자기들 자신의 권력을 확보하려는 투쟁이 치열했다. 그들 중 누가 일본인들과 '협력'했는가 하는 문제를 놓고 또 다른 논쟁이 불타올랐다. 국가에서 모든 것을 지배하는 북한에서는 절대로 일어날 수 없는 문제였지만 일본인의 귀속 재산인 공장과 농토의 점유권을 얻게 되는 선취 특권을 놓고 개인과 단체가 서로 대항해서 조직을 꾸몄다.

---

6) 워싱턴 미 육군성 전사감실 간행, 로이 E. 애플맨 저, 《한국동란 중의 미 육군》편 연속물 중 《1950년 6~11월:남으로 낙동강, 북으로 압록강》 제2장 참조.

국회에서 정당은 정당끼리 싸우고 개인은 개인대로 지위를 얻으려고 야단이었다. 북한에서처럼 행정부에 예속되지 않는 국회가 대통령 책임제를 없애고 내각 책임제로 헌법을 개정함으로써 이 대통령으로부터 권한을 빼앗으려고 투쟁했다. 이 대통령은 앞으로 대통령 선거가 국회를 거치지 아니하고 유권자인 전 국민에 의해 이루어지도록 헌법 개정의 뜻을 밝힘으로써 입법부에 의한 지배를 물리치려고 반격을 가했다. 이와 같은 민주 정치의 소란은 1950년 5월 30일의 제2대 총선거 때문에 더욱 가열되었으며 신문 보도와 열띤 선거 운동에서 혹독한 당파 싸움으로 나타났다. 북에서는 모든 것이 독재적 단결이었던 반면, 남에서는 모든 것이 민주적 분쟁이었다.

　군사적으로는 대한민국도 미국도 전쟁에 대비하지 못했다. 이 대통령의 정부는 국방군의 창설을 위하여 필요한 기초적인 무기도 훈련도 모병도 조직 조차도 완전히 거부된 상태였다. 미국은 제2차 세계대전 후 무장 해제를 서두른 결과로 '자초한 무능' 때문에 고초를 겪었다. 1950년 6월까지 미 육군은 1945년 병력의 7분의 1 정도인 59만 2000명으로 감축되어 있었다. 해병대 병력은 48만 5000명에서 7만 5000명으로 줄었다. 미국 해군 함대의 주요 함정은 퇴역하여 예비로 되어 있었다. 일본에 주둔 중인 8만 3000명의 미군 병력조차도 일본 국민의 분노와 원한을 사게 될까 두려워 야외 기동 연습을 자제하며 '야영 천막에 갇혀 있는 부대'에 그쳤다. 그들은 일본 경제와 사회를 부흥시키는 평화적 역할을 맡고 있었다. 그들은 북한의 군비에 대항할 만큼 충분히 강력한 탱크나 포병을 가지고 있지 않았다. 미국의 어떤 국방장관(제임스 V. 포레스탈)은 국방력을 강제로 파괴시키라고 한다 하여 자살했고, 그의 후임자(루이스 A. 존슨)는 남은 것의 대부분을 급속히 뜯어 없애는 일을 계속했다.[7]

　전쟁이 시작된 지 2년 후에 한국동란을 뒤돌아 보며 존 R. 하지 장군은 어떤 벗에게 이렇게 말했다. "점령이 시작된 때부터 나는 한국 육군 창설에 깊은 관심을 가졌었소.……이런 움직임은 우리들의 그 무렵의 관계로 보아 소련의 오해를 사지 않을까 하는 생각 때문에 분명히 고위층의 많은 반대를 받았소……."[8]

---

7) 트루먼 저, 《회고록》 앞의 책 제2권 p. 53.
8) 1962년, 미 육군성 간행, 로버트 K. 쏘이어 소령 저, 《주한 미 고문관:평화와 전시의 주한 미군사 고문단》, p. 21 참조.

1947년 10월에 하지 장군은 사실상 미국이 장비를 제공하고 훈련하게 될 6개 사단의 남한 육군 조직을 정식으로 건의했으나 이행되지 않았다.

그때 더글러스 맥아더 장군은 국제연합이 한국에 대하여 어떤 조치를 취할 것인지 결정할 때까지 이런 행동은 미루어야 한다고 제의하며 그 계획에 반대했다. 그 결과 1949년 주한 미 군사 고문단(KMAG)의 어떤 선임 장교의 말처럼 한국군은 마치 '1775년 당시의 형편없는 미국 육군'을 방불케 하는 것이 되었다.[9]

불행하게도 침략을 감행한 적군의 군사력은 이런 모양의 원시적인 군대는 아니었던 것이다.

따라서 공산군이 기습 공격을 가해 왔을 때 분산된 상태에서 무장도 없는 대한민국 육군(ROKA)은 그 전진을 늦출 능력이 없었다.

겨우 몇 곳에서만 북한군의 맹렬한 전진을 임시로 막을 수 있을 뿐이었다. 몇 개월간 북한 공산군의 침입을 격퇴시킨 경험을 쌓았던 수도사단 휘하 제17연대는 옹진 반도에서 3000명의 병력으로 첫 대전에 무공을 세웠다. 백인엽(白仁燁) 장군은 자기 부하를 이끌고 대담한 역습으로 북진했다. 이들은 반도를 벗어나 해주 시를 탈환하고 나서 북한군의 포위망을 뚫고 나왔다. 서울 함락 후 백 장군은 산악 지대를 통하여 자기 부하들을 이끌고 남하했으며, 무기는 수중에 휴대하고 전투 정신은 잃지 않은 채 그중 2500명을 대구로 끌고 내려왔다. 그 뒤로 이 연대는 부산 방위선을 지키는 데 귀중한 역할을 했다.

한국군에 의한 또 하나의 영웅적인 지연 작전에 관해서 미 육군의 역사 학자 로버트 레키가 묘사한 것이 있다. 여러 번에 걸쳐 38도선 너머로 남한 육군이 단편적인 적의 공격을 격퇴시킨 일이 있었던 개성에서 1950년 6월 25일 일요일 아침 그들은 가장 강력한 북한 공산군 부대를 맞게 되었다. "남쪽의 한국군은 이들에 대항하여 용감하게 싸웠다. 몇몇 사람은 손가방에 작약이나 폭약을 매달아 T-34 탱크에 대들었다. 다른 병사들은 탱크에 올라가서 속에 수류탄을 던지려고 탱크 포탑을 열려고도 했다. 그러나 자신을 제물로 바치는 육군 병사들의 영웅적인 행동과 열성은 헛되었다."[10]

---

9) 앞의 책 p. 69 참조.
10) 뉴욕 파트냄즈 출판사 간행 로버트 레키 저, 《전투:한국전쟁사, 1950~1953년》 pp. 43~44 참조.

대부분의 전선에서 대한민국 육군은 짧막하고 성과 없는 전투만 계속하며 서울로 쫓기고 결국은 남쪽으로 밀렸다. 이를 어떤 미국 육군 평가 보고서는 이렇게 쓰고 있다.

남한 국군의 군사 지식 부족, 지휘관과 사병들의 훈련 부족, 중무기와 통신 장비와 같은 기타 물자 부족 등이 나머지 문제점이었다.[11]

방어 상태는 절망적이었다. 7월 2일 저녁 400명으로 축소되었던 제34보병 연대 제1대대로 구성된 미군 부대 제1진이 일본 사세보(佐世保)로부터 부산에 도착했다. 이틀간 이들은 장비 점검과 북행 수송편 배치 때문에 부산에서 대기했다. 사병들은 전투가 가벼울 것으로 예상했다. 전쟁을 치른다는 것과는 거리가 멀게 자기들은 침략자에 대한 '경찰 행위'를 취하려는 것이라고 들었다. "이 엽전들이 미군 군복만 보면 돌아서서 달아날 것이다." 병사들은 서로 이렇게 지껄였다. 그들의 기분은 가벼웠다. 미군이 힘을 과시하는 순간 공산당은 자기들이 도박에서 졌음을 깨닫고 38선을 넘어 황급히 도망칠 것이다. 자기들의 소총을 닦는 일까지도 필요없는 일로 생각될 지경이었다. 그들은 7월 5일 서울 남방 약 30마일의 서해안에 위치한 작은 마을 평택(平澤)으로 가 거기에 진을 치고 사수하라는 명령을 받았다. 병사들은 150피트 간격으로 한 사람에 한 구멍 꼴로 개인호를 팠는데 이는 목소리로 서로 연락을 취하려는 것이었다. 비는 억수같이 쏟아지고 주변의 논으로부터 물이 넘쳐 개인 벙커들은 곧 물로 가득했다. 개인호 속에 서있는 대신 병사들은 그 옆에 웅크리고 있었다. 그때 쏟아지는 비의 장막을 통하여 보병들이 33대의 T-34 탱크를 앞세우고 장사진을 이루며 접근하는 광경을 본 것이다. 미국 바주카포의 포탄은 공산군 탱크의 3인치 두께의 장갑에 상처를 내지 못하고 튕기며 떨어졌다. 탱크들은 질서 정연하게 제34보병 연대 진지를 돌파하여 병사들은 부득이 도망칠 수밖에 없었다. 그들의 소총은 대다수가 발포되지 않았다. 어떤 것들은 조립이 잘못되어 있었다. 상당수가 먼지로 더럽혀져 있었다. 적의 이동포로부터 자기네 진중에 부어대는 포격을 막을 지원 포병이 그들에게는 없었다. 자기네 힘닿는 데까지 많은 부상

---

11) 소이어 저, 《주한 군사 고문관》, 앞의 책 p. 152 참조.

병을 데리고 다음으로 정한 방어 진지 안성(安城)을 향해 동쪽으로 이동했다. 이렇게 미군과 북한 공산군의 최초의 대전은 끝났다. 공산당은 자기들이 전쟁 상태에 돌입했다고 생각했고 또한 이 전쟁을 분명히 이기고 있다고 생각했을 것이다.[12]

미군이나 국군은 그로부터 3주일 동안 어떤 고정된 진지를 오래 확보할 수가 없었다. 북한군이 대량의 우세한 병력과 화력을 이들에게 퍼부었기 때문이다. 다만 세 가지 요인 때문에 완전한 참패로부터 사태를 구출할 수가 있었다. 그 첫째 요인은 공산군 지휘관들의 계산 착오였다. 김일성(金日成)은 7월 15일까지 남한을 완전 정복할 것으로 장담했었다. 그러나 침략에 대한 군수 지원이 그 날짜 이상으로 오래 연장하지 못했다. 공산당은 남한의 농민이 자기들에게 식량과 물자를 내놓으며 위문하리라고 기대했으나 농민들은 도리어 자기들의 식량 저장품을 산에 숨겼다. 둘째 요인은 미국 대사 무초의 절실한 권고를 무시하고 이 대통령이 수도를 서울에서 남으로 옮기도록 한 결정 때문이었고, 이와 함께 수많은 민간인을 죽이고 수천에 달하는 사람들의 서울 탈출을 막은 행위가 된 채병덕(蔡秉德) 장군의 제1한강교 폭파 결정으로 요약된다. 이것으로 공산군 탱크와 기타 중장비의 남쪽 이동을 현저히 둔화시켰다. 그리고 셋째 요인은 미국의 전술과 과학 기술의 결합된 힘이었다. 맥아더 사령부는 하늘과 해안선을 지배할 수가 있었다. 아군 비행기는 주간에 적의 이동을 최소한으로 막았고 아군의 함포들은 양쪽 해안에 연하여 있는 적진지에 포탄을 퍼부었다. 한편 맥아더는 과감하게도 엄청나게 우세한 적군에게 대항하는 고립적이고 지원 없는 전투를 피하여 인원도 부족하고 무장도 안 된 보병 부대를 가능한 한 많이 남으로 빼는 책임을 다함으로써 증원 부대가 미국으로부터 그리고 일본의 아군 기지로부터 속속 집결되는 동안 그들의 전진을 둔화시킬 수가 있었던 것이다.

적의 계산 착오 가운데 중요한 요소의 하나는, 부산이라는 주요 항구 도시에 직접 알차고도 노도와 같은 공격을 가하도록 공산 침략군을 투입시키지 않고, 그 대신에 남한 각지의 모든 저항 지역들을 '소탕'하려고 병력을 분산시킨

---

12) 이 첫 대전에 관한 자세하고도 감동적인 이야기는 1954년 워싱턴 전투군 출판사 간행, 랏셀 A. 규글러 대위 저, 《한국에서의 전투 행위》 제1장: '철수 작전' pp. 3~9에 나와 있다.

13 38도선 이남 355

것이다. 그 결과 내부 전선을 확보하고 있던 유엔군은 각처의 병력을 뽑아 적군이 방위선에 뚫은 '구멍을 틀어막기' 위한 병력 교체가 가능했다. 방어가 가능한 최초의 전략적 진지가 또한 최종 방위선임이 입증되었다. 한반도 동남단의 해안선과 평행으로 흐르고 얼마 뒤에 이른바 부산 방어선이라고 알려진 낙동강이 그것이다. 만일 이 방어선이 터진다면 유엔군과 국군 방위 부대의 전 전선이 유지 불능하게 될 것이었다.

이 최후의 진지로부터 병사들은 절대로 후퇴할 수가 없었다. 부산 방어선 전투에 관한 감동적인 이야기를 저술한 바 있는 말게리트 히긴즈는 궁지에 몰린 전방 대대로부터 보내온 한마디의 심야 전문 속에 이 모든 사태를 요약했다. '아군 진지에 탱크 5대 침입. 상황은 불투명함. 문제 없음. 우리는 진지를 확보 중임.'[13]

그들의 형편을 생각할 때 남한의 국군 부대 역시 눈부시게 잘 싸웠다. 키가 5피트 6인치쯤 되고 비계 아닌 근육으로 245파운드의 무게가 나가기 때문에 '채뚱뚱이'로 알려진 채병덕 장군은 북한 공산군 침공 첫 날 선봉에 섰던 최강의 북한군 공격에 대적하기 위해 자기 휘하의 제7사단을 이끌고 대전으로부터 철도와 트럭으로 120마일 북쪽 의정부까지 올라갔다. 동시에 그는 국군 제2사단으로 하여금 자기 부대 좌익 측면 진지로 이동하도록 명했다. 채병덕 부대는 1,580명의 북한 병력을 사살했고 58대의 탱크를 파괴했으나 그들이 승리를 예상하고 있었던 그대로 또 하나의 붉은 군대 대열이 무적의 탱크를 앞세워 제2사단에 타격을 가했다. 탱크 부대는 제2사단 지역을 물고 의정부로 밀고 들어왔다. 2사단과 7사단은 모두 부득이 산으로 병력을 빼돌리게 되었으며 서울로 가는 도로는 열린 채로 버려졌다. 한편 동해안쪽 춘천에서 정일권(丁一權) 장군이 지휘하는 국군 제6사단은 그 도시 북쪽 능선에 호를 잘 파서 진지를 구축하여 침입해 온 북한 제2사단에게 심한 손실을 가했다. 국군이 이 도시를 약 30시간 장악하고 있어서 침략군은 춘천 공격을 증원하기 위하여 인제(麟蹄) 공격에 배치했던 자기네 7사단을 부득이 빼돌렸다. 그 도읍 주변의 산악에서 엄청난 T-34형 탱크에 압도되며 3일간을 싸운 뒤 국군의 측면이 무너지기 시작

---

13) 뉴욕 가든 씨티, 다불데이 출판사 간행, 말게리트 히긴즈 저, 《한국전쟁 여자 종군 기자의 보고서》(1951), p. 117 참조.

하자 부대들은 후퇴하지 않으면 안 되었다. 6월 말까지 대한민국 육군은 9만 8000명의 병력에서 2만 2000명으로 줄었다.

대한민국 육군 병력을 재건하기 위한 필사적 노력으로 그다음에 일어난 일들을 미 군사 고문단의 전사 담당은 다음과 같이 기술하고 있다.

> 그리하여 시간은 귀하고 훈련받은 사병의 수요가 가장 클 때에 일선에 보내는 보충 병력은 미숙한 신병 부대였다. 겨우 10일간의 단기 교육을 받고 소총 탄환 한 방 이상을 쏴 본 일이 없는 이들에게 훈련된 전투병들만큼 싸울 것을 기대할 수가 없었다. 훈련 부족은 또한 자기들이 방어 중인 지형 지물을 확보하는 데 어려움을 초래케 했으며, 보다 더 숙련된 북한의 동족들보다 더 많은 사상자를 내게 하는 원인이 되었다. 이런 상황에서 흔히 있는 일처럼 부대 행동은 거의 지휘관의 능력에 크게 달려 있게 마련이어서 그가 유능하고 훌륭한 지휘관일 경우에는 그의 지휘가 그대로 반영되었고 그와 반대되는 경우도 있었다.[14]

북한 공산군이 국제연합 안보이사회 결의에 응하여 철수하려고 하지 않는다는 사실이 명백하게 드러날 때까지 트루먼 대통령은 한국에서 미국 지상군의 상용을 허가하지 않았다. 다 끝난 뒤 미국 상원의 한국전쟁에 관한 청문회에서 맥아더 장군은 자기가 처음 미국 부대를 전투에 참가시킬 당시의 감정을 회상했다.

> 본인은 우리가 과연 남한 육군의 잔여 병력을 구할 수 있을지 그리고 한국에 어떤 진지 구축이 가능할 것인지 전적으로 의문이라고 느꼈다:……
> 본인은 또한 위장과 허풍으로 힘을 과시하여 적으로 하여금 본인이 사실보다 더 많은 병력을 휘하에 거느리고 있는 것처럼 믿게 하여 그들을 속이기 바랐던 것이다:……
> 적군은 틀림없이 우리가 이렇게 적은 병력으로 고생하리라고는 생각 못

---

14) 소이어 저, 《주한 군사 고문관》 앞의 책 p. 153.

했을 것이다.

조금도 어렵지 않게 1주일 이내에 도달할 수 있었던 부산까지의 신속한 진격 대신 적군은 한강 건너에 포병을 배치하느라고 진격을 멈추었다.

우리들은 교량들을 파괴시켰다. 적은 포병을 배치시키는 데 시간이 걸렸다.……

그때까지는 불굴의 지휘관 왈톤 워커 장군이 이끄는 미 8군 사령부가 옮겨왔다. 그 이후로는 상륙 거점을 확보할 우리들의 능력을 나는 조금도 의심하지 않았다. 그리고 7월 1일 본인이 했다고 기억되는 첫 발표에서 본인은 우리가 이제는 밀려서 바다로 들어가는 일이 없을 거라고 예언했다.

7월 20일까지 미국 부대들은 대한민국 육군 부대를 사이사이에 두고 부산 방어선의 외곽이 되는 낙동강 연변에 배치되었다. 다량의 보급 물자들이 부산에 쏟아져 들어왔다. 제공권은 완전히 유엔군 장악하에 들어갔다. 유동적이었던 정세는 이제 근본적으로 안정되었다.

7월 1일이 되기까지 나는 '왜 전쟁이 한국에서 일어났는가'를 쓰느라고 밤낮을 가리지 않았다. 260쪽에 달하는 이 책은 1개월 간에 완전하게 쓰여졌을 뿐 아니라 쓰여지는 대로 조판까지 마치고 붓을 대기 시작한지 30일 안에 훠드햄 대학 출판부에 의해 출간 준비가 되었다. 공산당이 남한 공격을 택한 '이유'는 두 가지였다. 그 하나는 여러 세기 동안 일본, 러시아, 그리고 중국이 모두 지배하려고 애쓸 만큼 한반도를 '정복의 길목'이 되게 한 그 전략적 위치 때문이고, 또 한 가지는 루스벨트에서 애치슨에 이르기까지 한국 지배를 꿈꾸는 소련에 대한 도전을 피함으로써 소련의 침략 의도를 달랠 수 있으리라는 미국 정책 입안자들의 막연한 희망 때문이었다. 이 책은 2백 종 이상의 정기 간행물에 그 서평이 실렸고 〈뉴욕타임스〉지에는 1950년도 최고의 비소설 부문 서적으로 올랐으며, 영국 팟트냄즈 출판사에서 그리고 한국어 번역판으로 한국에서 재출간되었다.

윌리엄 딘 장군의 영웅적인 대전 방어가 실패한 뒤 이 대통령은 임시 수도를 대구로 옮기지 않을 수 없었다. 존 무초 대사는 정부를 제주도로 옮길 것을 그에게 건의했는데, 그의 주장은 그곳이 적의 공격으로부터 동떨어져 있고 또한 한국 전체가 공산 침략자에 의해 점령된다 해도 망명정부를 지속시켜 나갈 수 있는 곳이라 했다. 후에 그가 내게 들려준 바와 같이 이 대통령은 대사에게 보이기 위해 자기 주머니에서 권총을 꺼내들고 이렇게 말했다. "이 권총은 공산당이 우리를 포위했을 때 나와 나의 내자를 쏘기 위한 것이오. 우리들은 정부를 한반도에서 다른 곳으로 옮길 생각이 없소. 우리는 모두 총궐기하여 싸울 것이오. 우리는 도망가지 않겠소." 수도는 8월 3일까지 대구에 있다가 부산으로 옮겨가고 9월 말에 서울로 복귀할 때까지 거기에 남았다.

카오스(대혼란)라는 낱말은 전쟁이 시작된 처음 몇 주 동안의 남한 사정을 대변하기에는 너무 약한 표현이었다. 일본에서 끌려 온 미군 부대들은 한국 사람이 열등 국민이라는 일본 사람들의 생각에 물들어 있었다. 또 병영 생활만 하던 병사들이어서 한국 말을 할 수 있는 사람이 하나도 없었다. 그들은 북한과 남한 사람들을 분간하지 못했다. 기차로, 트럭으로, 우마차나 도보로, 남하하는 수백만 명의 피난민에 밀리기 때문에 군사적 이동은 심한 방해를 받았다. 어려움을 더욱 가중시킨 것은 한국과 도쿄 간에 비밀 통신망이나 긴급 연락용 전화선이 마련되어 있지 않았다는 사실이다. 주한 미 군사 고문단은 맥아더가 아니라 국방부에다 보고했고 며칠간 모든 '비밀' 통신은(그리고 전시에는 다른 방법이 없는 것이지만) 맥아더로부터 워싱턴을 경유하여 그의 야전군 부대에 전달될 수밖에 없었다.[15]

7월 15일 이 대통령은 '현 전쟁 상태'가 계속되는 기간 동안 '대한민국의 모든 육해공군 부대에 대한 지휘권'을 맥아더에게 양도했다. 그러나 언어, 습관, 전통, 그리고 심리 등의 장벽을 넘어 두 나라 군대를 통합시키는 문제는 쉽게 해결되는 것이 아니었다.

7월 14일 이 대통령은 마음 산란한 사정에 대한 자신의 심정을 짤막하게 적은 '친전' 서신을 나에게 보내왔다.

> 이 글은 서둘러 쓴 것이오. 누군가가 오래지 않아 워싱턴으로 떠나는데 그때 가장 긴박한 정보를 귀하에게 알려드리겠소.

---

15) 노블 저, 《전시의 대사관》 앞의 책 p. 80.

미국인들은 하늘에서는 잘 싸우는데 육지에서는 전술이 없소. 이 사람들은 그저 후퇴만 원하고 있소. 우리 장병들은 절망적이오. 이 사람들은 오늘 아침 대전에서 후퇴하기를 원했으나 딘 장군과 워커 장군을 좀 보자고 불러서 나는 지금 미군만이 장악하고 있는 철도를 미군과 우리 국군이 함께 지켜야 한다고 주장했소. 미국인들은 대형 탱크나 공산군 전술에 상대가 되지 못하오. 우리는 절망적이지만 최선을 다해야 하겠소.……

미국인들은 죽기를 원치 않기 때문에 육지에서는 싸울 수가 없다고 한국인들이 공공연하게 말하고 있소. 고마움을 모르는 것처럼 들릴는지 모르나 자기들이 북한 사람을 대하고 있는지 남한 사람을 상대하고 있는지조차 이 사람들은 모르고 있소. 지금 내가 쓴 것을 아무에게도 말하지 마시오.

5일 후 부산 방어선이 안정됨에 따라 이 대통령은 마음에서 우러나는 감사 편지를 트루먼 대통령에게 썼다. 이 서한은 감사의 표시 이상의 내용을 담고 있었다. 그것은 전쟁 목표에 관한 대한민국 정책에 대한 조심스러운 설명이요 거기에 대한 동의를 얻고자 하는 하나의 노력이었다. 그것은 세심하게 구상한 편지였다.

절망적인 때를 당한 한국에 원조를 제공한 각하의 신속하고 지속적인 행동에 대하여 본인은 본인 자신은 물론 대한민국의 정부와 모든 국민을 대신하여 우리들의 깊은 감사의 뜻을 무엇으로 표현해야 할지 모르겠습니다.

우리는 한국을 위하고 동시에 자유의 대의를 위하여 국제연합을 통한 많은 자유 우방의 지원에 깊이 감사하는 한편, 우리는 각하의 용감한 영도력이 이 난처한 위기를 당하여 발휘되지 않았던들 지원도 원조도 없었으리라는 사실을 충분히 잘 알고 있습니다.

본인은 이곳에서 미국의 전쟁 사상자가 늘어나는 것을 알 때 심히 가슴 아프게 생각합니다. 이역 만리 이곳에서 자유를 위하여 그렇게 많은 사람들이 자기 생명을 바치지 않으면 안 된다는 것은 비극적인 사실입니다. 우리나라 군대는 국토 안에서 자기네 나라를 위해 싸우고 있으니까 사상자가 아무리 참혹하다 하더라도 본인으로서는 귀국의 희생자들보다는 우리들의 사상자 이야기를 듣는 것이 보다 더 마음 편합니다. 미국의 위대한 전통을 이어받아 잔인한 침략자들과 싸워 약자를 보호하려고 이 땅에 왔고 해방과 자유가 지구상에서 사라져서는 안 되기에 생명을 내걸고 싸우고 피흘린 이 사람들의 용기와 희생을 한국 사람은 결코 잊지 않으리라는 인식을 통해 이곳 한국 땅에서 죽고 상처받은 미국 병사들의 모든 부모 처자 형제 자매들에게 적으나마 위로의 말로 전해지기를 바라는 바입니다. 대통령 각하, 각하의 위대한 나라 병사들은 미국인으로서 살다가 죽었습니다만, 공산당에 의하여 자유 국가의 독립이 더 이상 유린됨을 허용한다는 것은 모든 나라들, 심지어는 미국 자신까지도 공격받는 길을 터 주는 것이 됨을 알고 세계 시민으로서 나라 사랑의 한계를 초월하면서까지 자기들의 목숨을 바쳤던 것입니다.

이런 낱말들을 통하여 웅변적이고 감동적인 표현으로 미국 국민에게 감사하는 동시에 미국과 국제연합을 참전시킨 트루먼 대통령의 명백한 대의 명분을 전적으로 승복하고 나서 이 대통령은 자기 생각의 논리를 끊임없이 전개시키는 가운데 이 대의명분을 넓히고 연합국의 공동 목표가 되도록 자신이 추구해 온 목적을 확대시켜 설명했다.

각하도 아시다시피 한국인은 아무도 참여하지 않은 채 38도선에 관한 1945년 군사 결정의 결과로 한국 국민은 자기네 자신의 의사에 반하여 분단되었습니다. 이와 같은 분단은 북한에서 소련의 지령과 통제 아래 한국의 전통과 감정과는 전적으로 이질적인 공산 정권의 발전을 허용케 했습니다. 이 북한 지역에서 군사, 경찰, 재정의 여러 권력을 절대적으로 장악한 공산 분자들은 소련의 지령하에 한국에서 뿐만 아니라 미국과 대다수 국제연합 회원 국가들에 대하여도 처참한 피해를 가할 어마어마한 폭력을 키울 수가 있었습니다. 소련의 후원을 받은 북한 정권은 6월 25일 새벽 대한민국의 방어 부대를 일제히 공격했을 때 이미 38도선 유지에 대하여 주장할 만한 어떤 근거도 없고 자유 대한과 노예적인 북한 사이의 군사 분계선에 대해 요구할 권리도 스스로 끊어버렸습니다.

트루먼 대통령은 이미 소련이 남한 공격에 대하여 책임이 있다고 한 이런 주장을 거부하기로 자기 마음을 굳힌 바 있었다. 그가 자신의 회고록에 밝힌 바와 같이 '1950년 7월 3일의 어떤 연설에서의 장제스(蔣介石)처럼 한국전쟁의 전적인 책임을 물으며 소련 사람들을 공격하고 모스크바는 이 전쟁을 종식시켜야 한다고 요구하려는 사람들의 전술이나 접근 방법에 나는 찬성할 수가 없었다. 이런 종류의 공갈은 우리를 빠져나갈 수 없는 궁지로 몰고 갈 것이 분명하다. 만일에 이런 제의가 지켜지고 십중 팔구 예상되었던 바와 같이 소련이 이 명령을 무시했더라면 국제연합은 스스로 약체임을 판정받게 되었거나 아니면 제3차 세계대전이 불붙었을 것이다.'[16]

트루먼 대통령은 물론 소련이 한국전쟁에 대하여 사실상 책임이 있다고 하는 명제의 사실 여부에는 관심이 없었다. 정치 수완은 불행하게도 진실과는 거의 무관한 것이고 그것은 학자, 과학도, 그리고 시민들의 관심사인 것이며 정치적 수완은 여러 가지 정책, 다시 말해서 실행 가능성 여부와 상황과 실행의 결과를 고찰하는 일과 관계가 있다.[17]

사실에 있어 소련의 장비, 훈련, 그리고 지휘가 없었던들 북한 사람들이 전쟁을 개시하지 못했으리라는 것은 너무도 명백한 사실이었다. 그러나 외교 세계에서는 이것이 크게 문제시되지 않았다. 중요한 문제는 소련이 관련되지 않았던 것처럼 가장하는 경우의 결과가 무엇이며 소련의 책임을 주장하는 경우의 결과가 어떻게 되는가 하는 것이었다. 이 경우에는 일부러 알고도 모르는 체 할 공산이 더 컸다.

그러나 이와 같은 것은 이 대통령의 견해와 거리가 멀었다. 트루먼에 대한 그의 서한은 강한 어조를 보였다.

전쟁 이전의 상태로 복귀시키고 적이 재집결·재훈련·재무장하는 시간 여유를 가진 때에 또 다시 공격하도록 적의 방종을 기다리려고 한다는 것은 아주 어리석은 짓일 것입니다. 결연한 각오로 제국주의 침략의 암적 존재를

---

16) 트루먼 저, 《회고록》 제2권 pp. 345~346 참조.
17) 한미 관계의 실례들을 인용한 이런 이론의 충분한 설명에 관해서 졸저 논문 〈외교 화법: 외관과 현실〉 1964년, 콜로라도 계간지 제14권, pp. 353~374 참조.

없애고 세계 공산주의에 의하여 우리나라 깊숙이 부자연스럽게 자라난 악성 종양을 도려낼 시기가 온 것입니다.

이렇게 적고 나서 이 대통령은 될 수 있는 한 부드러운 어조로 실상 최후 통첩이 되는 한마디 선언을 덧붙였다. 트루먼 대통령이 자신의 의견을 받아들여서 미국 정책을 한국의 정책과 합치시켜 주기를 몹시 바라면서도 그의 생각은 어쨌거나 자신이 느끼는 그대로 나라의 번영과 행복이 요구하는 바를 추구하려고 했다. 그보다 덜 한 것을 그에게 어떻게 기대할 수 있었겠는지 상상하기 어렵다. 그의 입장을 트루먼 대통령이 이해하고 존중해주기를 기대할 수도 있었으련만 사실은 이 대통령과 트루먼 대통령 사이의 여러 가지 관계를 통틀어 볼 때 트루먼은 세계의 모든 국가 원수 가운데 자기와 가장 비슷하게 솔직하고 무뚝뚝하고 책임감이 강한 이 한국의 지도자에게 개인적으로라도 호의를 보인 예가 한번도 없었다. 이 대통령의 서한 속에서 '실제적이고 의도적인' 구절은 다음과 같다.

대한민국 정부와 국민은 지금이야말로 한국 통일의 시기라고 생각하고 있으며, 한국 사람들과 강력한 동맹국들의 이와 같은 엄청난 희생으로 초래되는 어떤 결과도 통일 이하의 것은 생각조차 할 수가 없습니다. 대통령 각하, 각하께서도 자신이 동일한 결론에 도달하셨을 것으로 본인은 확신하는 바이지만 우리 정부의 입장을 각하께 분명히 밝히고자 합니다. 한국 정부는 대한민국 정부의 동의와 승인 없이 한국에 관하여 타국이 결정하는 어떠한 협정이나 양해 사항도 이를 구속력이 없는 것으로 간주할 것입니다. 각하께서 최근에 발표하신 성명서에서 본인은 이것이 또한 미국 정부의 입장이라고 믿고 있습니다.

이와 같은 통한 정책(統韓政策)에 동의하는 그런 성명서는 사실상 트루먼 대통령이 발표한 일이 없었다. 그러나 그는 이 대통령 서한의 것과 대체로 동일한 권고를 맥아더 장군으로부터 받고 있었다. 8월 6일 트루먼 특사 아베렐 해리먼은 맥아더 장군을 도쿄에서 만났고 장군의 견해를 보고했다.

정치적 결과에 대하여 그는 의심하지 않습니다. 일단 승리하면 승리는 동양에서 가장 매력적인 일이고 한국 사람들은 자기네 자유를 원합니다. 이승만 정부가 서울에 재건되면 국제연합 감시하의 총선거가 2개월 이내에 실시될 수 있을 것이며 그는 반공 정당들의 압도적 승리를 믿고 있습니다. 북한 사람들도 소련이나 공산당의 간섭이 없을 것을 믿게 되면 반공정부 편에 투표를 할 것입니다. 북한을 위하여 현재 국회에 1백석의 의원 수를 두도록 규정한 헌법을 개정할 필요도 없습니다. 동양의 반공 운동을 안정시키는 데 있어 한국은 강력한 영향을 미치게 될 수 있을 것입니다.[18]

트루먼은 이승만이나 맥아더에 동조할 생각이 없었다. 장군에 대하여 트루먼이 훗날 시카고의 어느 청중에게 말한 바 있지만, 맥아더 해임에 대한 자기의 유일한 후회는 '그보다 2년 더 미리 해임시키지 못한 것'이라 했고, 이것은 다시 말해서 한국전쟁이 일어나기 전에 그를 해임했어야 한다는 것이다.[19]

이승만에 대한 트루먼의 태도는 주로 그가 하지 장군으로부터 받은 그에 대한 보고에 근거를 둔 것이다. 그가 이승만에 관하여 말한 최고의 표현은 "이 대통령은 강한 신념을 가진 인물이고 자기와 의견을 달리하는 사람에 대해서는 참을성이 없다"라고 한 대목이다. 그는 하지의 반복적인 주장을 재확인하기 위해 이렇게 덧붙였다. "1945년 그가 한국으로 돌아오는 순간부터 그는 극우파 인사들을 자기 주위에 모으고 보다 중간적인 의견을 가진 정치 지도자들과 몹시 사이가 좋지 않았다." 트루먼은 '정치 집회를 해산시키고 정적을 통제하기 위하여 이승만 경찰이 쓴 방법에는 무관심'이었으며 '나라 안을 휩쓴 심각한 인플레 현상에 대한 이승만 정부의 관심 부족을 몹시 염려'했다.[20]

트루먼 대통령은 하지가 보내오는 일관성 없는 상황 설명을 그대로 받아들인 것이 분명하다. '중도파'가 한국을 고스란히 소련의 지배하에 넘겨 주었을 공산당 합작파를 대표했다는 사실을 그는 기억하지 않았다. 그는 또한 인플레 현상은 미·소 협정으로 인한 부자연스러운 한국 분단에 기인하는 것이며, 남

---

18) 트루먼 저, 《회고록》 앞의 책 제2권 p. 351 참조.
19) 휘트니 저, 《맥아더》 앞의 책 p. 390 참조.
20) 트루먼 저, 《회고록》 앞의 책 제2권 p. 329 참조.

한에서의 미 군정 기간 동안의 산업, 광업, 그리고 농업의 침체로 인한 것임을 잊고 있었다. 트루먼은 전쟁이 시작되었을 때 한국 통일에 관해서 "나는 한국에서의 우리 작전은 그곳에 평화를 회복하고 분계선을 원 상태로 복귀시키도록 계획되었음을 명백하게 이해시키려고 했다"는 사실만을 기록에 남겼다.[21]

부산 방어선의 시기와 나중에 중공군이 개입한 후 한국에서의 전쟁이 가장 절망적인 난국에 처해 있는 동안까지도 트루먼은 이것은 전쟁이 아니고 규정짓기가 어렵다면 제한된 목적을 가진 단순한 경찰 행위에 지나지 않는다고 주장했다. 전쟁 목적에서 제외된 것이 한국 통일이었다. 1950년 11월 30일에 가진 한 기자 회견에서 트루먼이 주장한 것처럼 "우리들은 우리 자신의 국가 안보와 생존을 위하여 한국에서 싸우고 있다"는 것이었다.[22]

그는 소련이든 중공이든 그들과 전쟁의 모험을 저지를 생각이 없었다. "거기에는 끝도 없고 우리는 헛되이 피를 흘리게 될 것이다."[23]

이 대통령은 전쟁의 결과로 통일이 당연하게 성취될 수 없다는 사실을 충분히 잘 깨닫고 있었다. 7월 20일 그는 우리들의 홍보 업무에 관해서 내게 편지를 보내 이렇게 말했다. "나는 귀하가 변경된 상황에 가장 효과적으로 맞는 계획을 상세히 세워보기 바라오." 그는 우리가 훌륭한 기회와 동시에 중대한 위험에 직면하고 있다는 자신의 견해를 설명했다.

우리가 지금 명심하고 열심히 힘써야 할 가장 중요한 일은 한국 문제가 전 세계에 불길처럼 알려져 있으니 한국에 대한 높은 소망을 전 세계가 계속 견지하며 이 불길이 꺼지지 않도록 우리들이 지켜나가야 할 것이오. 이 전쟁의 열기가 식을 때에는 용두사미격으로 적대적인 비판과 불리한 평판이 나타날 공산이 크오. 이것을 우리가 당해내고 성공적으로 역습할 수 있도록 대비해야 할 것이오. 적대적인 세력이 조만간 우리에게 작용하기 시작할 것이오. 이것을 염두에 두고 이런 그릇된 보도와 편파적인 여론과 싸우기 위하여 귀하는 모든 통로를 개방하여 가장 우호적인 신문 잡지 편집인들

---

21) 트루먼 저, 《회고록》 앞의 책 제2권 p. 341 참조.
22) 앞의 책 제2권 p. 389 참조.
23) 앞의 책 제2권 p. 388 참조.

그리고 영향력 있는 개인과 단체들과의 관계를 확립시켜 놓아야 할 것이오. 내 생각에는 이것이야말로 우리가 준비해야 할 큰 일인 것 같소.

우리들의 재원과는 대조적으로 그는 의욕이 넘쳤다. 7월 7일 나는 "재정 형편이 지금 우리들의 가장 큰 약점입니다. 우리 사무실은 현재 2백 불 정도의 '적자'입니다. 그러나 필요하다면 나의 비서 급료를 한 달 정도는 지불할 만한 개인 예금을 제가 가지고 있으며 다른 청구서들은 당분간 지불을 보류시켜 놓을 수가 있습니다"라고 써서 그에게 부쳤다. 그가 서울을 떠나던 마지막 날, 우리들에게 당장 필요한 돈 5천 불을 송금했다는 내용의 회답이 7월 14일에 왔다. 내 생각으로 한국 대사관은 내키지 않아 보였지만 우리에게 그 돈을 넘겨주었다. 7월 25일 나는 우리가 하려고 노력 중이었던 일들에 대하여 그에게 서신을 띄웠다.

여기 저희들이 가장 큰 관심을 기울이고 있는 문제점들이 있습니다.

1. 오원 래티모어가 지적하고 많은 사람들이 그의 뒤를 따라 앵무새처럼 외고 있듯이 대한민국 정부 수립이 실패였다라기보다는 민주주의가 성공했기 때문에 빨갱이들이 공격한 것이라는 사실입니다. 미국 사람들의 예사로운 경향은 아시아의 모든 나라 정부는 악질이라고 믿는 것이어서 비평가들이 그런 식으로 떠벌리기 쉽습니다. 우리들은 여기에 있는 힘을 다하여 강력하고 현실에 맞게 맞서 싸우고 있습니다.

2. 남한 사람들의 사기는 나쁘지 않다는 사실입니다. 나쁜 것은 그들의 군비입니다. 미국 기자들이 자연히 미군 전투만을 보도하는 탓도 일부 있고 계속되는 후퇴의 탓도 일부 있기 때문에 남한 사람들은 싸울줄 모르고 싸우려고 하지도 않는다는 공격이 되풀이되고 있습니다. 미국 사람들도 마찬가지로 후퇴를 하고 있으니까 이런 비난은 약간의 설득력을 잃고 있습니다. 물론 신문들은 미군의 무용담을 싣고 있고 한국 사람의 것은 하나도 보도가 안 됩니다. 우리가 얻을 수 있는 데까지는 이런 정보를 확보하기 위해 가능한 일을 우리가 하고 있다는 점입니다.

3. 한국은 통일되어야 합니다. 우리는 38도선을 다시 만들면 안 됩니다. 38도선이 '미국 침략'을 확고히 하게 될 것으로 생각하는 사람들이 있는가 하면 어떤 사람들은 '소련으로 하여금 전쟁을 일으키도록 자극을 주게' 될 것이라고 걱정이라는 점입니다. 지금 단계에 있어서 우리가 38도선에 도달하면 어떤 일이 발생할 것인지를 이야기하는 것은 비외교적이라고 국무부와 국제연합이 생각하고 있습니다. 그러나 태프트, 아이젠하워, 립프맨 그리고 영향력 있는 기타 인사들도 지금 전체 한국의 통일에 대하여 화제삼고 있습니다. 이 문제가 무엇 때문에 실패할 수 있겠는지 제가 알지 못할 정도로 통일 문제는 그만큼 불가피한 것이라고 저는 생각합니다마는 여하간에 우리는 계속 이것을 의논하고 있습니다.

연합국들이 통한 정책에 찬성하도록 여론에 작용하는 것이 아무리 중요하게 보이더라도 그보다 더욱 절실한 것은 공산 침략자를 물리치고 전쟁에 이기는 일이었다. 이것을 크게 염두에 두고 7월 26일 이 대통령은 맥아더 장군 앞으로 하나의 절실한 호소문을 만들었다. 미국 대사는 이것을 발송하지 말라고 그에게 권유했으나, 그는 자신이 느낀 바 그대로 수행되어야 할 임무라고 생각하고 하나의 성명서로서 그 사본 1부를 나에게 보내주었다.

앞으로 24시간을 더 기다려서는 안 될 시기가 왔습니다. 사실상 우리는 그렇게 할 수가 없습니다. 워커 장군에게 포병 장비와 중포를 한국군에게 주도록 훈령하시고 북진하는 한국 육군에게 계속해서 항공 지원을 하도록 패트리지 장군에게 명령하십시오. 남쪽으로 멀리 들어와 있는 적의 최전선을 지원할 증원 병력이 적에게는 없습니다. 그리고 우리들은 서울로 향해 밀고 올라가서 후방으로부터 적군의 주요부를 차단할 수가 있습니다. 우리는 절대로 성공을 확신합니다. 지금 우리가 이 일을 못하면 적은 남한 전체를 점령하게 되고 한국 국민의 생명뿐만 아니라 많은 미국인들의 생명 역시 큰 위험에 처하게 될 것입니다. 부디 한국인들을 신뢰하시고 그들이 모두 빌며 허락받기 원하는 것을 허락하십시오. 공산군을 위한 소련의 원군이 도착했을 때 유엔군은 주요 전투에 임하면 될 것입니다.

이 대통령의 이런 분석은 예리한 것이었다. 북한 사람들은 정말 남으로의 진격을 위태롭게 너무 확대시킨 것이다. 이 사람들은 남한의 완전 정복은 빨리 끝날 것이고 승리자를 위로하기 위해 식량과 기타 물자들을 가지고 주민들이 몰려올 것을 자신한 나머지 보급 물자에 대한 준비를 제대로 하지 않았던 것이다. 공산 침략자들의 인상적인 성공과 자기들이 주둔하려고 왔다는 겉 모양에도 불구하고 남한 사람들은 사실상 침략자들을 멀리했고 대한민국 정부에 그대로 충성을 바쳤다. 공산군들이 다른 나라에서 발견한 사실과는 몹시 대조적으로 대한민국 국민으로부터는 아무런 지원도 받지 못했다.

이것은 민주주의가 대한민국 안에 싹트고 있었고 비록 새로운 제도이고 자기들의 쓰라린 경제적 난제를 해결할 능력은 없을지라도 국민들은 이 제도를 받아들이고 있었다는 하나의 강한 표시이다.

북한에서 온 부대들은 보급이 충분치 못했을 뿐만 아니라 남한 각지의 모든 도읍과 지역을 점령하기 위하여 소규모의 부대로 퍼져서 불안정하게 분산되어 있었다. 그들의 탱크와 포병은 미국 공군에 의하여 조직적으로 파괴되었다. 파괴된 기계들은 수선이 불가능했고 연료와 탄약은 7월 15일까지 끝나기로 추정된 야전에 맞추어 계획되었다. 그 날짜가 지나간 몇 주일 동안 보급은 위태롭게 줄어들었다. 의기 양양하고 만만치 않게 보였던 북한군의 진격은 집중적이고 강력한 반격 앞에 너무나 약하다는 것이 입증되었다. 증원된 적군은 소련 아닌 중공군으로 밝혀졌지만 국제연합이 싸워야 할 주요 전쟁은 북한 공산군을 도우러 온 외국 지원군을 상대로 하게 될 것이라고 한 이 대통령의 예언은 확실히 옳았음이 드러났다. 진행 중인 눈앞의 전투 때문에 미국 사람들이 너무 시달린 나머지 신생 한국 육군을 훈련시킬 엄두를 내지 못했다. 보급 장비는 이제 대량으로 반입되었으나 한국군이 최신 무기 사용법을 충분히 익힐 때까지는 이것을 그들에게 이관하는 유엔군 사령부의 최종 결정이 보류되었다. 훈련 미숙에 무장마저 부실한 한국군 부대는 대부분 파괴되거나 혼란에 빠졌다. 몇몇 부대는 혁혁한 전공을 세웠다. 어느 부대도 월등하게 우세한 적군에 대항하여 오래 견딜 수가 없었다. 그러나 미군이나 기타 유엔군 부대들도 낙동강 전선에 연하여 지점에서 지점으로 전전하며 지연 작전을 쓰는 이상의 전투가 불가능했다.

이런 식의 전쟁이 한국 국민을 적군 점령하에 내맡겨졌다. 피난민들은 공산군 만행에 대한 거의 믿을 수 없는 이야기들을 알려주었다. 그 진실을 확인할 수 있었던 것은 남한의 탈환이 끝난 후가 되었다. 대전 간이 비행장 근방에서 5백명의 한국군 병사들을 묻은 큰 구덩이가 발견되었는데 모두 손이 뒤로 묶이고 머리에 탄환 자국이 있었다. 같은 지역에서 피해자들이 파놓은 다른 공동무덤에는 5000에서 7천에 달하는 학살된 민간인의 시체가 발견되었다. 수천 수만의 남한 청년들은 강제로 붉은 군대에 징집되어 최소의 훈련도 거치지 않고 때로는 수중에 무기도 없이 대부대 보병 공격에 총알받이로서 '인해(人海)' 전술에 이용되었다. 때로는 노인, 아녀자, 성인 할 것 없이 촌락의 전 주민이 유엔군 진지를 공격하는 공산군의 앞잡이로 떼지어 끌려갔다. 특히 교사, 전문 직업인, 그리고 숙련공들이 자기들 집에서 약탈되었을 식량이나 물건들을 떠메고 수천 명씩 북으로 끌려갔다.

　이 대통령은 "전투는 우리에게 맡기고 국민들을 도로에서 멀리 격리시키라"는 식의 기본적인 유엔군 사령부 방침이 본질적으로 그릇된 것이라고 느꼈다. 그가 유엔군 사령부를 공적으로나 사적으로 비난하는 것도 역시 잘못이었다. 야전장의 절박감 속에서는 정책을 심사숙고할 기회는 물론이고 그렇게 할 여유조차 거의 없다는 것을 이해할 수 있었다. 계속되는 전투의 압력하에서는 자기들을 크게 갈라놓은 언어, 전투 수단, 목적, 그리고 전투의 전망 등의 차이를 조화시키기 위하여 한국 사람이나 미국 사람들이 아무것도 할 수가 없었다. 그는 당분간 어쩔 수 없는 무력감을 깊이 느끼고 완전한 좌절감에 빠져 있었다. 7월 29일 그는 상세한 정세 분석을 글로 적어 윗면에 횡서로, "사용해서는 안 될 메모이나 귀하는 이것을 자신의 것으로 사용하면 좋을 것이오"라고 갈겨 쓴 후 내게 보내왔다.

　지금까지 우리는 적당치 못한 전술을 채택하여 왔소. 국민의 투쟁 정신을 일깨워 주기는커녕 2, 3일 안에 병력과 군장비가 증원되는 대로 유엔군이 전면 전투를 개시하게 될 거라고 국민에게 진상을 알리려고도 하지 않았던 것이오. 자기들의 안전을 믿었던 국민들은 자신의 방어를 위해 대비할 것을 생각지 않았소.

국민들 자신의 항쟁 없이 도시와 마을들이 하나하나 빼앗겨 버렸소. 이제 우리는 부산에서 불과 얼마 안 되는 마지막 도시 대구에 와 있소. 며칠 전에 약 60명의 공산 게릴라 부대가 하동(河東)에 들어왔는데 곧 그 숫자가 3백 명으로 늘어났소. 어제 아침 채 장군은 자기 부하들로 조직된 소부대를 이끌고 들어가 전사하고 말았소. 공산군이 대구를 향해 이동 중이라는 보도가 오늘 아침에 있었소. 미군 장병과 한국 경찰이 이를 물리치려고 나갔으나 아직까지 아무런 소식이 없소. 한편 적의 다른 부대가 대구 북방 멀지 않은 곳인 함양(咸陽)을 점령했소. 이 도읍은 크게 동요되어 우리에게 행동 지침을 물어 왔소.

나는 모두 떨치고 일어나 몽둥이, 죽창, 폭약물 등 닥치는대로 무장하여 전투 준비를 서두르라고 이들을 격려하고 있소. 이 도읍이 함락되면 갈 곳이 없으니 자기 고장을 버리고 도망가지 말라고 나는 이들에게 타일렀소. 우리는 우리들의 가정과 우리들의 도시를 지키기 위하여 총궐기해야 하오. 그러면 우리의 우방들도 지상에서 하늘에서 우리를 돕기 위해 자기 나름대로의 최선을 다 할 것이오. 미국으로부터 선박들이 증원 부대를 싣고 올 때까지 며칠간만 이 도시를 어떻게든 붙잡고 있다면 걱정할 것이 하나도 없소. 지금 청년 단체들이 군가를 부르며 사방에서 모여들고 있소. 이들의 사기가 최고로 올라 있고 이들은 항전을 준비 중에 있소.

이 대통령의 관심을 집중시킨 주요한 문제는 미군 부대의 최신 기술과 훈련된 병력을 바탕으로 하여 지리에 정통하고 아군과 적군을 식별할 줄 아는 한국군과 협동하도록 하는 방법이었다. 그 외에도 전투를 가능케 하는 조건으로 보더라도 낯설고 물설은 시골에서 신체적으로도 적응이 안 되고 게릴라 작전에도 심리적으로 준비가 안 된 외국군 부대보다는 대한민국 육군이 조국을 지키려는 전투 정신을 더욱 발휘할 수 있다고 그는 확신했다. 다른 방법이 없기 때문에 인분을 사용하는 논은 냄새가 좋지 않았다. 변소의 인분들을 모아서 들로 나르는 '똥차'는 냄새가 더욱 고약했다. 한국 사람에게 인기 있는 음식은 미군 병사들이 대부분 업신여기는 쌀과 그리고 마늘을 많이 섞어 소금에 절인 배추가 주원료로 한국 사람들이 냄새 피우는 김치이다. 더구나 특히 이런 혼란기에는 대다수 국민은 의복도 제대로 못입고 많은 사람들이 목욕도 제대로 못했다. 대부분의 사람들이 굶주리고 먹을 것을 구걸했다. 특히 초기 전투에 임한 전 부대원들이 한국인들을 흔히 경멸하여 나쁘게 말하는 일본에 주둔해 있었던 사람들이었기 때문에 미군 병사들은 목숨을 걸고 지켜달라고 한 상대가 이런 사람들인가 싶어 질색이었다.

양 집단 간의 우호적인 관계가 확립되는 데 도움이 될 능력 있는 몇몇 주한 미 군사 고문단 장교들은 분산되어 있었고 의기 소침했다. 이들은 첨단 무기 사용법과 전술을 한국 육군에게 가르치고 유엔군과의 연락 업무를 맡는 등 가장 적절한 기능을 하도록 배치되지 못했다. 7월 29일자 그의 메모에는 이렇게 적혀 있다.

한국군이나 경찰과 아무런 연락도 취하지 않고 딘 장군 휘하의 국제연합군으로 하여금 대전 방위 임무를 맡게 한 것은 큰 잘못이었다. 그들은 이 나라와 국민에 대하여 아는 바가 없었다. 한국군 병사와 공산군 병사 사이에는 손쉬운 구별이 안 되었다. 처음 보는 사람에게 그들은 모두가 같아 보였다. 당연히 유엔군 부대는 자신을 얻을 시간 여유가 없었다. 야밤의 어두움을 이용하여 2, 3백명의 공산군이 유엔군 막사 주변에 숨어 들어와 소리지르고 떠들어대고 계속 총을 쏘고 소란을 피웠다. 이것은 외국 군대에게 겁을 주자는 의도인데 그것은 대성공이었다.

이런 한심스러운 경험을 우리 측에 유리하게 이용하면서 미군 병사들이 충분히 무장되고 증원될 때까지 우리는 그들이 불안하고 위태로운 형편에 놓이지 않도록 보호해야 한다. 한국인들은 공산 게릴라를 알고 있고 그들과 싸우는 법을 또한 알고 있다. 미국 사람들은 정규전 훈련은 되어 있으나 게릴라 전술에는 익숙하지 못하다. 그러므로 이 사람들은 공산 게릴라 부대를 만나면 불리하다. 이런 이유 때문에 큰 전투가 벌어지려고 할 때에 한국군을 한 쪽에 배치하고 미군을 다른 면에 배치시킬 것이 아니라 안내역이나 통역으로 볼 수 있게 한국군 병사들이나 경찰을 미군 부대 속에 끼도록 하는 것이 현명할 것이다. 이들은 먼 거리에서도 누가 적이고 누가 아닌지를 알 수 있다. 대전에서의 경험이 이런 제안의 가치를 입증한 것이다. 이 도시는 서해안에서 멀지 않으며 논밭으로 된 평야 지대에 위치하여 있다. 미군들이 서부를 막고 있는 한편 한국군 병사들은 험준한 산악 지대로 된 동부 전선을 맡도록 되어 있었다. 한국군은 아직도 자기네 진지를 고수하고 있는 중이다. 미군들은 부득이 대전으로부터의 후퇴가 불가피했고 그 결과 대전 이남의 전 지역이 붉은 침략자들에게 개방된 채로 내 맡겨져 이들은 전주, 광주, 여수 그리고 순천으로 밀고 내려왔다. 여기로부터 일부가 하동을 침공했고 그곳에서 어제 채 장군은 전사했다. 이런 사정을 이해하는 사람은 심한 손실에 대해 미군 장병들을 비난할 수 없을 것이다. 그들은 낯선 사람들이고 이 나라와 국민을 이해할 시간이 없었다.

미군 아닌 한국군의 무능을 강조했던 주목할 만한 그의 의견을 제외하고는 윌리엄 딘 장군 자신의 대전 정세에 대한 설명은 이 대통령과 같았다.
두 사람 모두가 당시의 모습이 완전히 혼란 상태였다는 데 의견을 같이한다. 딘 소장은 이렇게 묘사했다.

남한의 민간인들은 수원으로부터 남쪽으로 향한 도로에 물밀듯 모여 들었다. 그리고 불행하게도 수천의 국립 경찰 병력과 소수의 군인들까지도 맞서서 싸울 노력을 분명히 포기한 채 남으로 행진하고 있었다. ……나는 한국군의 항전을 권하려 했으나 나의 노력은 거의 후퇴를 주장하는 구실에 가려 맥을 쓰지 못했다. 그들은 포병이 부족했고 적의 탱크를 저지시킬 아무런 무기도 없는데다가 측면 포위를 당하고…… 항상 거기에는 어떤 타당한 이유가 있었다……. 나는 또한 부산에 내려가 있는 이승만 대통령이 대전으로 돌아오고 싶어한다는 곤혹스러운 보고를 받았는데 그렇게 되면 그를 개인적인 위험에 빠지게 만들고 더군다나 군사상의 문제점들을 복잡하게 만들게 되는 것이다.…… 기동 타격 부대 최초의 귀환병 몇 사람이 적군 탱크에 관한 최초의 목격담을 들려 주었는데 40대의 탱크가 도로를 따라 내려오더니 미군이 보기에 유리한 곳에 설치한 중포 진지로 기어올라와 거기다 대고 그대로 포문을 열더라는 것이다. 미군 병사들이 은폐나 차폐에 능하지 못하기 때준에 우리 진지를 알아볼 수 있었다는 사실이 나를 놀라게 하지는 않았으나 탱크의 숫자에는 놀랐다. 지금까지는 한국군이 보고해 온 숫자를 나는 에누리하고 싶었으나 이 보고는 믿을 만한 정보였던 것이다.

……정세가 하도 엉망이어서 이 도시 서북방의 견고한 방어선을 계속 유지할 수 있을는지 확신이 서질 않는다.……[24]

딘 장군은 공산군에 의해 포로가 되어 전쟁 중 감금되어 있었다.

왈튼 워커 중장이 그의 후임으로 주한 미 8군사령관으로 부임했다. 한국군과 미군 병사들을 '섞어놓는 것'이 쌍방에게 이롭다는 점에 대해 워커 장군은 이 대통령과 의견을 같이했다. 7월 하순께 그는 한국군 사병들을 한 사람씩 미군 병사들과 짝지어 주는 이른 바 '동반제'로 알려진 방법을 마련했다. 전투 중이거나 휴식 중에 한국군이 현대 무기 사용법과 야전 생활의 방법을 배우도록 하려는 것이었다. 실제로 진행된 일은 대개의 경우 보급품 운반에서부터 음식 장만, 막사 청소, 위안부 조달, 그리고 기타 오락물 제공 등 모든 일을 도맡아 하는 봉사단으로 한국 사람들을 활용했다.

8월 2일 또 다시 이 대통령은 한국군과 미군의 협조를 위해 유엔군 사령부가 태만하다고 근심하는 내용의 편지를 내게 보내왔다.

미국으로부터 증원 부대가 도착하는 날까지 다만 며칠간만이라도 임시 교대로 유엔군이 한국군 병사들에게 자기네 총을 빌려 주어 일선에서 싸우도록 하는 것은 권할 만한 일로 생각되오. 게릴라전이 진행되는 동안 지상에 장거리포와 공중에 폭격기를 가진 유엔군은 한국군에게 필요한 엄호와 지원 사격이 가능하오. ……한국인들은 지금 절망적인 사정에 놓여 있소. 매일같이 땅을 빼앗겨 왔고 대구시마저 떨어진다면 이제는 갈 곳이 없는 것이오. 공산당의 뚜렷한 적으로 알려진 인사들은 모두가 대구 아니면 부산에 집결해 있소. 이 사람들은 공산당이 두 도시를 점령하게 되면 자기들에게 어떤 짓을 할 것인지 모두 잘 알고 있소.

대전 함락의 불상사에 대해서는 나 자신에게 책임이 있소. 미국 육군과

---

24) 뉴욕 바이킹 출판사 간행, 윌리엄 L. 워든에게 진술한 《딘 장군의 이야기》(1954), pp. 19~29 참조.

한국 육군이 각각 떨어져 전투 진지를 지키게 되어 있다는 사실을 내가 적시에 알았더라면 나는 이에 반대했을 것이오. 방금 한국에 도착하여 수적으로도 비교적 소수인 미군은 이 나라와 국민에 대한 지식도 없고 그들이 하는 말도 알지 못하면서 압도적인 적군과 대적하기 위하여 친선으로 투입되었소. 안내역이나 통역의 역할을 하도록 한국군 부대나 한국 경찰이 당연히 일선에 섰어야 하는 것이오.……

대한민국 육군으로부터 미국 공군으로의 지대공(地對空) 통신이 사실상 불가능했기 때문에 양군의 협조가 없으므로 한국군은 부득이 포병 지원이나 항공 지원마저도 없이 싸울 수밖에 별 도리가 없었다. 미국 사람들을 자기들 자신이 사용하기에도 너무나 적은 대전 차포를 가지고 있었을 뿐 남북한 사람들을 구별하는 능력이 없어서 피해를 보기도 했다. 여러 가지 애로와 난관에도 불구하고 7월과 8월의 전투 기간 중 적의 진격은 견제되었다.

8월 27일 북한군은 부산 방어선을 무찌르고 전쟁을 끝내기 위해 '최후' 공격을 개시했다. 최초의 공격은 북한군 제12사단이 동부 산악 지대에서 한국군 제1군단에 대하여 감행했다. 굉장히 우수한 군비를 갖춘 북한군은 동해안의 포항으로부터 대구로 통하는 도로를 차단하려고 위협하며 12마일이나 진격했다. 워커 장군은 중화력 지원을 위해 한국군 후방에 진지를 잡도록 미 육군 제27연대를 보냈다. 8월 31일까지는 전선이 다시 안정되어 워커는 적이 미국군 제25사단을 무찌르며 부산에서 30마일 거리까지 들어온 마산의 남쪽과 서쪽에 미 육군 제27연대를 빼돌리는 한편 그 자리에 한국군을 남겨 놓을 수가 있었다. 요충 진지가 피차에 열세 번이나 주인이 바뀌는 치열한 전투 속에 워커 장군은 제25사단에 대하여 본인이 직접 진두 지휘하면서 "그 자리를 사수하라"는 명령을 내렸다. 그들은 그 자리를 사수했으며 부산 방어선은 팽팽하게 휘었으나 부러지지 않았다.

한편 전쟁의 성격을 전적으로 바꾸게 될 또 하나의 전선이 바야흐로 전개되려는 참이었다.

그를 가장 숭배하는 전기 작가에 의하면, 7월 29일 한국 전선을 최초로 시찰한 맥아더 장군은 그때 부산으로 후퇴하는 일련의 지연 작전뿐만 아니라 서울의 관문 도시 인천에서 적의 배후를 찌르는 별개의 육해군 합동 상륙을 위한 전략을 세밀히 작성했다.[25] 그것은 대담한 계획이었다. 인천의 평균 간만의 차는 30피트이다. 항구를 향한 곳에는 상륙 부대와 싸울 경우 소총수들이 방어하기 쉬운 높고도 간편한 석축이 있었다. 부대가 일단 상륙했다 하더라도 상륙 부대는 공격보다는 방어하기가 훨씬 쉬운 큰 도시의 좁은 가로를 뚫고 전투하며 전진해야 되는 것이다. 맥아더가 7월 23일 그의 계획을 합동 참모 본부에 제출하고 그들의 승인을 건의했을 때 그것은 부결되었다. 각군 참모 총장들 전원이 8월 23일 회의에 참석하여 맥아더의 설명을 듣고저 도쿄로 날아왔다. 8월 29일 그는 진행해도 좋다는 승인을 받았다.

계획의 진행은 신중하고 신속했어야 했다. 조건들은 9월 15일이 가장 유리할 것이고 이것은 맥아더가 선정한 날짜였다. 항구의 입구를 지키느라고 견고하게 요새화되어 있는 혹처럼 높이 솟은 섬 월미도(月尾島)의 방어 시설을 분쇄하기 위하여 유엔군 함정들이 충분히 접근할 수 있는 오전 5시 59분의 만조 시간은 2시간 동안 충분한 수심을 유지하게 되어 있었다. 다음 만조 시간은 일몰 후 30분 뒤가 되는 오후 7시 19분인데, 역시 이 시간도 돌격 부대인 해병들이 그 사이에 해안에 상륙할 수 있는 2시간을 기다려 줄 것이었다.

방어 시설, 조수의 상태, 그리고 이 지방 사정 등 가능한 모든 정보를 수집하기 위하여 해군 위관 장교 유진 F. 클라크가 월미도 근방의 작은 섬인 영흥도(永興島)에 파견되었다. 9월 1일에서 9월 14일까지 클라크는 그 섬의 어촌에 살던 한국인들이 숨겨주었고 그동안 이 사람들은 그가 요구하는 정보를 수집하려고 자기네 배를 타고 나가다녔다. 9월 13일 클라크는 자신의 망원경을 통하여 공산군 전초 진지에서 자기 섬에 특별한 관심을 보이고 있음을 관찰하고 빨리 도망해야 된다는 것을 깨달았다. 그날 밤 그는 그 섬을 떴다. 그다음 날 공산군 정찰대가 상륙하여 그의 사명에 대한 자기들의 의혹을 확증하는 증거를 발견했을 때 마을의 이장과 그의 딸을 포함하여 50명의 섬사람들이 그를 도와준 죄로 사살되었다. 이것은 전쟁을 치른 대가의 일부였다.[26]

---

25) 휘트니 저, 《맥아더》 앞의 책 p. 342 참조.
26) 클라크 대위의 사명을 가장 잘 설명한 책으로는 1952년 뉴욕 라인하트 출판사 간행, 월터 캐리그 대령 저, 《한국전쟁:전쟁 보고서》가 있다. 같은 책 16~18장 pp. 176~219 참조.

9월 15일 예정대로 육해공군 합동의 상륙 작전이 전개되었다. 그것은 압도적인 성공이었다. 이 상륙 작전은 9월 28일 신속한 서울 재탈환의 길을 열어주었다.

그 후 한국전쟁의 최종 목적에 관한 이 대통령과 트루먼 대통령 간의 불화가 빚은 이상스러운 첫 결과가 나타났다. 놀랍게도 맥아더 장군은 합동 참모 본부로부터 서울을 다시 수도로 삼으려는 그의 계획은 "고위층의 승인을 얻어야 한다"는 전문을 받았다. 맥아더는 즉각적인 항의 전문을 보냈다.

귀 전문은 이해가 안 된다. 본인은 6월 25일 및 27일의 국제연합 안보이사회 결의를…… 정확하게 이행하는 것 이외에 아무런 계획도 가지고 있지 않다. ……현존하는 정부가 기능을 정지했던 일이 없다는 사실에 비추어 서울의 상황이 합당한 안전을 허용하리만큼 충분히 안정되는 즉시 정부는 그곳으로 복귀되어야 할 것이다. 이것은 물론 정부의 재수립과는 관계가 없는 동시에 사실상 정부의 변동과도 관계가 없을 뿐만 아니라 시민 활동의 재개를 원활하게 하고 적의 통치로부터 해방된 지역에 법과 질서를 신속하고 효과적으로 회복시키기 위하여 현 정부를 그 헌법상의 위치로 복귀시키는 것에 지나지 않는 것이다. 이런 조치는 미국 대사와 모든 기타 관계 당국자가 크게 바라는 것일 뿐만 아니라 본인의 작전 명령 속에도 분명하게 함축된 것이다.[27]

워싱턴으로부터는 더 이상의 항의가 없었다. 이승만과 그의 고위 관리들은 9월 29일 그러니까 서울 탈환 다음 날 서울로 돌아왔다. 이 대통령은 "비범한 군 복무의 기나긴 생애를 통하여 장군이 이룩한 위대한 모든 업적 가운데 가장 훌륭한 것으로서 역사는 주한 유엔군을 이끌어 온 장군의 통솔력을 기록에 남길 것으로 본인은 확신합니다"라고 하며 맥아더를 환호로 맞이했다. 남한에서 전체 공산군의 진지들은 무방비 상태가 되었다. 워커 장군은 부산 방어선 전역에 걸쳐 전면적인 진격을 개시했고 붉은 침략자들은 얼마 후 38도선을 넘

---

27) 휘트니 저, 《맥아더》 앞의 책 p. 365 참조.

어 북으로 완전하고도 무질서한 퇴각의 길을 밟았다.

38도선 이남의 쓰라진 투쟁에서 용기는 혼란을 이겼다. 이제 가장 중대한 결정의 장면은 다시 워싱턴과 뉴욕으로 옮아갔다. 워싱턴과 서울 간의 정책 다툼은 절정에 달했다. 잠시 동안이나마 이승만은 기뻐할 이유가 있었다.

14
압록강까지
(1950년 겨울)

서울 탈환에 뒤이은 북한 공산 침략군의 빠른 붕괴는 이 전쟁에 참가한 미국과 국제연합의 처음 목표에 조심스러운 변화를 가져왔다. 북한군이 몹시 타격을 입은 것이 밝혀진 9월 27일 트루먼 대통령은 "북한군을 섬멸하라"는 내용으로 맥아더 장군에게 보내는 합동 참모 본부의 전문을 승인했다. 이런 목적을 이루기 위하여 맥아더 장군이 작전을 펼칠 경우 소련이나 중공의 공산 주력 부대 개입이 없고, 개입할 의사 발표도 없으며, 북한에서의 아군 작전에 군사적으로 대항하겠다는 위협이 없을 경우에 한하여 38도선 이북에서 군사 작전을 수행할 수 있도록 허용했다.[1]

이런 전쟁 목적의 신중한 확대 이전에 상당한 계략이 진행되었다. 침략자들이 38도선 침공 당시의 병력에서 약 70% 정도를 잃어 버린 사실에 비추어 공산 세계의 수뇌들은 자기네 전략을 재평가하고 있었다.[2]

8월 4일에 벌써 국제연합 주재 소련 대사 이오시프 말리크는 "한국 내란은 모든 외국 군대가 철수함으로써 종결되어야 한다"고 제의하는 결의문을 총회에 내놓았다. 8월 17일 국제연합 미국 수석 대표 워렌 오스틴은 "총회는 이미 한반도 전역에 걸쳐 공정하고도 자유로운 선거가 실시되어야 한다고 결정을 내린 바 있다"고 밝혔다.

이 대통령은 9월 29일 새로 해방된 서울에서 맥아더 장군을 만났을 때 오직 한 가지 주제만을 마음 속에 되새기고 있었다. 즉 38도선 넘어 북으로의 진격은 당장 개시되어야 한다는 것이었다. 그는 장군에게 이렇게 말했다.

---

1) 트루먼 저, 《회고록》 앞의 책 제2권 p. 360 참조.
2) 레키이 저, 《무력 충돌》 앞의 책 p. 146 참조.

"우리는 지체없이 지금 밀고 올라가야 하오. 그들은 재편성할 시간이 없을 것이고 저항도 없을 것이외다."

맥아더 장군은 국제연합이 38도선을 넘도록 자기에게 권한을 부여하지 않았다는 이유로 반대 의사를 보였다. 이 대통령은 그에게 이렇게 말했다.

"국제연합이 이 문제를 결정할 때까지 장군은 휘하 부대를 데리고 기다릴 수 있지만 한국군이 밀고 올라가는 것을 막을 사람은 아무도 없는 것 아니오? 여기는 한국인의 나라요. 장군이 우리 군대를 위해 공중 지원을 한다면 그들은 해낼 수 있을 것이오."

바로 그다음 날인 9월 30일 워렌 오스틴은 국제연합에서 현실적인 미국의 입장을 재차 밝혔다. "침략군이 하나의 가상적인 경계선 뒤에 피난하도록 허용해서는 안 된다"는 것이었다. 맥아더도 동의했고 한국 육군은 거의 저항을 받지 않고 북진을 개시했다.

입씨름으로 막아보려는 반대가 계속되었다. 9월 25일 중공군 참모 총장 서리 네옌중 장군은 중공 주재 인도 대사 K.M. 파니카에게 자기들은 미국이 북한과 만주 접경인 압록강까지 진격하는 것을 허용하지 않을 것이라고 말했다. 10월 1일 저우언라이(周恩來)는 어떤 연설에서 '우리 중공은 제국주의자들이 이웃 나라 영토를 침략하려고 한다면 가만히 보고만 있지 않을 것'이라고 경고했다.

맥아더는 같은 날 북한을 겨냥하면서 방송을 통해 이렇게 응수했다.

"너희 군대와 전쟁 시설을 완전히 정복 파괴하는 것은 이제 시간 문제다."

저우언라이는 파니카 대사를 심야 회담에 불러냄으로써 반응을 보였는데 이 회담에서 그는 만일 미국군이 북한을 침공한다면 중공은 전쟁에 돌입할 것이라고 말했다. 국제연합은 10월 4일 총회 제1위원회 그리고 10월 7일 총회에서 한국의 통일과 '주권 국가인 한국에 자주적이고 통일된 민주 정부를 수립'할 것을 요구하는 결의안을 채택함으로써 이런 경고들에 대담한 반응을 보였다. 10월 9일 트루먼 대통령은 미국 정책을 재검토하고 맥아더 장군에게 다음과 같은 전문을 보냄으로써 이 결의안을 실행에 옮겼다.

앞으로 한국의 어느 곳이든 중공의 주력 부대를 공공연하게 또는 은밀하게 끌어들일 경우 귀하의 판단 아래 휘하 부대의 무력 행사가 무리 없이 승리의 기회를 잡을 수 있는 한 귀하는 사전 발표 없이 군사 행동을 계속해야 한다. 어떠한 경우에도 중국 영토 내의 목표물에 대한 군사행동은 사전에 워싱턴으로부터 승인을 받아야 한다.[3]

국제연합 한국통일부흥위원단(UNCURK)은 대한민국이 적의 점령하에 고초를 겪으면서도 민주 국가로서 얼마나 훌륭하게 대처했는지에 관한 매우 유리한 보고서를 총회에 제출했다.

대한민국은 전시라는 긴장 상태에서도 눈에 뜨일만큼 훌륭히 대처했다. 정부 기능은 여러 가지 애로, 혼란, 위험에도 무너지지 않았다. 각 지방이 해방됨에 따라…… 민간 행정은…… 짧은 시일 내에 다시 회복되었다. ……국회는 아직도 미숙하고 때로는 책임감을 결하나 능동적인 활동을 유지했다.[4]

10월 11일 이 대통령은 한국의 정치 정세에 대하여 장문의 편지를 나에게 보냈다. 그는 한국 정치에 대한 견해를 설명하고 전쟁은 승리한 듯하니 이제 자기의 관심은 나라를 다스리는 문제에 돌려야 한다고 밝힌 점이 흥미로웠다. 정치적 근본 원리를 재차 설명한 이 편지는 조국에 대한 그의 확고한 신념을 말해 준다. 그의 편지 전문은 다음과 같다.

지난 5·30선거에 내가 졌다는 이야기는 사실과 다르오. 그러나 그것을 그럴싸하게 들리도록 한 어떤 정치적 관련은 있었소. 국회 부의장 2명 가운데 한 사람인 전 내무장관 윤치영(尹致暎) 씨가 '일민' 주의에 입각하여 국민당이라고 하는 소규모의 정당을 조직했는데 이것은 온 국민이 신봉할 민주주의 지도 이념으로서 내가 보급시킨 것이오. 이 주의는 이름 그대로 양반과 상놈, 빈부, 남녀, 남북 출신 등을 가릴 것 없이 평등하다는 하나의 규범이나 국민의 평등을 의미하는 것이오. 한국의 민주주의는 남녀 모든 시민이 지지

---

3) 트루먼 저, 《회고록》, 앞의 책 제2권 p. 362 및 pp. 349~370. 북한 수복을 찬성하는 국제연합 결정과 중공 및 소련 반응에 관련된 외교적 응수에 대한 트루먼의 회상기 참조.
4) 제6차 총회 부록 제12권 p. 20 〈국제연합 한국통일부흥위원단 1950~1951년도 보고서〉 참조.

할 만큼 충분히 민주적이어야 하는 이 원리에 토대를 두어야 한다고 나는 믿고 있소.

이 원리에 대한 나의 선언이 있은 뒤 많은 정치인들이 이것을 기초로 하여 정당을 조직하려고 했소. 나의 의견으로는 이런 정당의 구상을 찬성하는 모든 인사들이 원리 그 자체보다는 정치에 더욱 관심이 크고 나아가서는 정당 조직이 국민의 국가적 단결을 위태롭게 할까 두려워 나는 이런 운동을 지지하기를 거부했소. 이런 생각을 모두 숨김없이 여러 차례 발표했으며 일반 국민은 나의 소견을 묵묵히 따라 주었소.

그러나 미스터 윤은 조용히 자기의 조직 사업을 계속하여 지방의 지지 세력은 제쳐놓고 50명에서 60명에 이르는 국회의원들을 엮어 놓았소. 5월 30일 제2대 국회의원 선거에 윤 씨는 낙선되었으며 그로부터 '대통령 정당의 당수'인 윤치영이 패배했으니까 대통령도 패배했다는 인상을 낳게 했소. 사실에 있어서 국민들은 내가 윤 씨나 그의 정당과는 아무런 관계가 없다는 것을 알고 있소. 이번 선거에서 정당에 가입한 사람들보다는 무소속 입후보자들이 더 많이 당선된 것이 사실이오. 이 때문에 역시 정당과 관계가 없는 인사들은 정부를 지지하지 않을 것이고 따라서 나는 국회의 지지를 잃게 되었다는 그릇된 인상을 낳게 했소. 이런 인상은 정확하지 않소. 실은 그와 정반대로 내가 승리한 것이오.

내가 정당 정치를 찬성하지 않는다는 것은 잘 알려진 사실이오. 나는 항상 정당 정치가 아직은 한국에서 시기 상조라 말하고 있소. 나는 국민에게 한국에서 정당 제도가 너무 일찍 시작되고 있다 말하오. 거기에 대한 나의 이유는 이렇소. 미국 해방군이 한국에 상륙했을 때 미국 언론의 보도들은 40개나 60개 정도의 정당이 하루 저녁에 버섯 모양 솟아났다는 이야기로 가득했소. 언론 보도에 나타난 이런 정당의 수가 최고 4백 개에 달할 때까지 이런 이야기는 과장하는 데 활기를 띠었소. 나는 이런 우스꽝스러운 비방 운동을 중지시키기로 결심했고 그것을 못하게 했소.

한국독립당과 한민당이라는 2대 정당이 서서히 두각을 나타내게 되었소. 두 정당은 모두 내가 그들의 당원이라고 주장했으나 나는 부인했소. 국가 이익을 위한 범국민적 운동에 초당적인 협력을 얻으려는 나의 노력 가운데 나는 두 당에서 균등하게 선발된 몇몇 간부들을 뽑아 처음에는 '민통' 단체로 다음으로는 '대한국민협회'에 임명했소. 이 두 단체의 유일한 목적은 모든 한국 국민의 단합이었소. 그러나 나의 모든 활동에까지 영향을 주는 당파 싸움 때문에 그 성과는 실망적이었소. 각 정당은 그 단체에 저마다 자기 세력을 구축하려고 했소. 이와 같은 일은 국가 이익을 추구하는 우리 운동을 어렵게 만들었소. 이 단체는 결국 집안 싸움을 일삼는 가정처럼 되어 존속할 수 없게 되었소. 이것이 적어도 원리상으로는 당리보다 국가 이익을 우선하는 정당 제도에 대하여 한국 사람들이 아직 준비가 안 되었다는 하나의 증거로서 분명한 믿음을 나에게 주었소.

국민이 정당과 봉건적 당파를 분별할 수 있도록 충분히 교육을 받게 되기까지는 국가가 서구적인 정당 방식을 끌어들이는 것이 위험하다는 나의 확신을 나는 여러 차례에 걸쳐서 공공연하게 밝힌 바 있었소. 국민으로 하여금 여기에 대비하도록 점진적으로 준비를 갖추게 하는 교육 사업을 나는 벌이고 있소. 한국에서는 모든 사람들이 이 점에 관한 나의 태도를 알고 있소. 따라서 최대의 정당으로 존재하는 한민당은 나의 태도가 자기들을 점차로 약화시키고 있다 하여 이제는 나를 지지해 주지 않소.

이것 때문에 지난번 선거에 더 많은 무소속 입후보자가 당선된 주요 원인이 되었소. 상당수의 입후보자들은 정당에 그대로 가입되어 있으면서도 무소속으로 등록했소. 일반적으로 투표자들이 정당 인사에게 투표하기를 꺼리기 때문에 이 사람들이 그렇게 한 것이오.

유엔군이 38도선 이북의 광대한 지역을 점령하기 위하여 진격해 들어감에 따라 북한에 대하여 무엇을 해야 하는가 하는 보다 긴박한 문제가 대두되었고 남한의 내부적 정치 사정은 곧 지엽적인 문제로 되어 버렸다. 이 지역들을 어떻게 다스려야 할 것이며 통치의 주체는 누가 되어야 하는가?

군사 작전에 몰두하면서 개인적인 야심도 결코 모자라지 않았던 맥아더 장군은 자기들의 명령을 완수하기 위하여 현존의 공산당 정치 조직을 그대로 존속시킨 채 휘하의 유엔군 장교들이 재수복 지구를 통치하는 것이 아주 당연한 일이라고 생각했다. 그의 그런 생각의 근거는 분명했다. 첫째로 그 지역을 엄격한 군사적 통제 아래 확보하고 있어야만 주민들이 부대 이동에 결코 방해가 되지 않을 것이라는 확신을 가질 수 있는 것이다. 그리고 두 번째로 이들의 정부를 대한민국에 이양할 뚜렷한 권한을 자기는 가지고 있지 않다고 느꼈는데 이는 다시 말해서 국제연합이나 워싱턴의 상관들로부터 자기에게 이런 권한을 부여할 때까지는 애매한 입장이었다는 말이다. 트루먼 대통령은 마음을 못 놓았지만 맥아더는 자기 자신을 집정관이라고 생각하지 않았다. 그는 군사적 사명을 띤 한낱 군사령관이었다. 한국에서의 작전 개시 초기에서부터 그는 이런 역할에서 벗어나지 않으려고 신경을 썼다. 그가 노력한 것은 책임이 그의 손에 맡겨진 전쟁 또는 '경찰 행위'를 승리로 이끄는 일이었다. 이 지역의 정치적 처리는 국제연합과 미국이 결정해야 할 것이고 자기는 그 대행자에 지나지 않는다고 그는 항상 생각했다.

이승만 역시 마찬가지로 자신의 확신이 분명했다. 한국은 오랜 역사를 가진 독립국이고 주권 국가이다. 국가의 운명은 한국 국민의 정부가 결정하여야 하는 것이다. 그는 유엔군은 한국이 원하는 일에 봉사하기 위하여 자기 나라에 들어오지 않았음을 충분하고도 분명하게 인식하고 있었다. 한국에서의 '경찰 작전'은 세계적 안정과 자유 국가들의 안전을 위하여 공산 제국주의를 봉쇄시키는 데 직접적인 목적이 있었다. 잠시 동안이었지만 다행스럽게도 한국과 국제연합의 목적은 북한의 침략을 쳐부수고 원 위치로 되돌려 보내는 정도에서 일치되었다. 가장 다행스러운 일은 이 목적의 공통성은 인천 상륙의 압도적 성공으로 말미암아 연장되었고 당분간은 한국의 민족주의자들과 국제연합의 국제주의자들의 공동 목표는 공산당의 북한 점령을 종식시키고 한국의 모든 지역에서 국제연합 감시 아래 자유 선거를 실시한다는 1947년 9월의 원래 목적을 '이행한다'는 점에서 하나로 좁혀졌다.

그러나 이런 공동 목적의 핵심 내용에서도 서로 다른 의견이 내포되어 있었다. 이승만이 판단하건대 1948년 5월 10일 선거는 국회에 공석으로 남긴 1백 개의 의석은 가능할 때 북한에서 실시될 선거에서 채우기로 하고 한국을 대표하는 자주적인 한국 정부를 탄생시켰다는 것이다. 이런 결론에서 미루어 그는 그 타당성이나 그 합법성에 대하여 의문을 가지지 않았다. 트루먼 대통령과 그의 주요 동맹국들 주로 클레멘트 애틀리와 자와할랄 네루는 공산 제국주의

'봉쇄'는 커다란 목적이지만 38도선 이북의 북한 지역에 대한 주권은 국제연합이 그렇게 결정짓지 않는 한 그리고 결정할 때까지 대한민국에 있지 않다는 등 다른 견해를 가지고 있었다.

이런 견해 차이는 북한의 넓은 지역이 진격중인 유엔군 부대의 지배하에 들어감에 따라 매우 중대하게 되었다. 어떠한 정부 형태로든 채택하는 문제가 시급히 결정되어야 했고 또 한 가지는 사태가 너무 급속도로 결정을 향해 격변하고 있어서 정책의 협의와 결정을 위한 시간이 몹시 제한되어 있었기 때문에 시간은 천금처럼 귀했다. 이 대통령에게도 트루먼 대통령에게도 그리고 맥아더 장군에게도 다시 말해서 직접 관계되는 모든 사람들에게 이 문제는 오해를 살 여지가 없는 문제였다. 그리고 트루먼 대통령의 권한을 부인하는 정치적인 계책을 쓰려고 한다는 억측 때문에 맥아더에게 많은 비난이 쏟아졌지만 순전한 사실은 맥아더가 완전히 트루먼의 훈령에 순종하여 행동을 취하고 있었다는 점이다.

이 대통령은 한국의 주권에 대한 자기 생각이 우세하도록 만들려면 신속하고 과단하게 행동해야 한다는 것을 깨달았다. 그는 이미 북한 여러 지방의 도지사들을 임명한 바 있었고 이 사람들은 진격 부대의 후방에서 민간 통치를 위한 인원 배치와 명령 등을 진행시키고 있었다. 그러나 실제 일어나고 있었던 사실은 맥아더 역시 각 도가 계속해서 '해방'되어 감에 따라 다른 한편으로 도의 군정관을 임명하고 있었다. 불가피하게 강조된 정책 상의 상반성 때문에 한·미간의 동맹 관계는 갈라져 나가고 있었다.

10월 15일 이 대통령은 결단성 있게 이런 곤경에 맞섰다. 그는 한국 전체를 자기 정부 관할 아래 있다고 간주해 주도록 요구하는 다음 전문을 도쿄에 있는 맥아더 장군에게 보낸다. "발표하거나 문서철에 남기지 마시오. 공개해서는 아니되오." 이렇게 자필로 적어 그 사본을 내게 보내준 전문은 이제 역사가들이 연구 자료로 쓸 수 있게 되었다. 나는 그것을 파기하지 않았기 때문에 이제는 공개하여도 좋을 때가 온 것 같다. 그 전문은 이렇다.

국제연합의 신설 위원회 결의는 받아들일 수가 없습니다.[5] 한국 국민은

---

5) 국제연합 임시 위원회는 대한민국의 권한은 오직 남한에 한정된다고 의결했다.

국제연합 한국 위원단의 감시와 협조 아래 자기들의 자유 의사에 따라 선거를 실시하고 정부를 수립한다는 자기들 스스로의 양도할 수 없는 권리를 주장할 것입니다. 그러나 외세에 의해 국민에게 강요된 바 현 공산 조직과 협력하여 국내 정치에 간섭하려는 어떤 국가나 국가들 심지어는 국제연합을 그대로 내버려둔다는 것은 있을 수 없습니다.

국제연합과 한국군의 귀중한 피의 희생으로 공산당을 쳐부순 지금에 와서 신설 위원회가 북한의 공산당을 보호하고 부활시키자고 제안한다는 것은 생각조차 할 수 없는 일입니다.

평화와 질서 회복을 위해 2년 전에 임명한 이북 5도 지사들을 파견함으로써 전투 행위가 끝나는 곳마다 우리 정부가 민간 행정을 인수 중에 있습니다. 현지 사정이 선거에 대비하여 준비가 된다면 남한 국민이 누리고 있는 시민의 권리와 특권을 북한 국민도 자유 분위기 속에서 똑같이 누려 자신들의 도지사를 선거할 수 있을 것입니다.

국제연합 신설 위원회의 희망에 따라 본인은 장차 적당한 시기에 사임을 하겠으나 이번 전쟁의 유일한 목적인 공산당 문제는 우선적으로 해결지어야 하겠습니다. 그리고 북한과 남한 국민의 뜻은 소련이나 어떤 기타 외부 세력의 영향으로부터 자유로운 가운데 성취되어야 할 것입니다.

맥아더 장군은 이 전문과 거기에 담긴 문제점의 중요한 의의를 충분히 깨달았다. 그는 이 대통령에게 다음과 같이 회신했다.

본인은 동정적으로 각하의 전문을 확인하면서 이것을 워싱턴에 보냅니다. 본인은 이 문제를 무초 대사와 함께 의논했는 바 그가 취임하는 대로 그 문제에 대한 본인의 충분한 견해를 각하께 전할 것이고 그가 각하께 드리는 권고를 본인은 아주 강력히 뒷받침하는 바입니다.

한편 본인은 워싱턴에서 정세 검토를 위한 기회를 가질 때까지 각하께서 지나친 염려를 마시고 이 문제를 공개적으로 토론하시는 일을 피해주시도록 부탁드리는 바입니다.

이승만과 워싱턴 간의 협의 과정은 너무나도 적절치 못했다. 트루먼 대통령은 이승만에게 결코 '자주적이고 대등한' 국가 원수의 지위를 허락치 않았으며 일어나고 있는 사건이나 심의 중인 정책 등에 대해 겨우 부분적이고 지엽적인 정보만을 흘리면서 맥아더와 국제연합을 상대로 일을 처리하도록 국한시켰다. 또다시 1947년의 어려웠던 시기와 같이 주요한 주역의 한 사람을 따돌리고 무시한 채 국제적인 장기판이 벌어지고 있었던 것이다.

10월 19일 이 대통령은 미국 군부가 북한의 수복된 각 도의 행정을 계획중이라는 자신의 강한 우려를 나타내는 아주 심란한 편지를 장면 대사에게 써서 내 앞으로 된 사본 1부와 함께 보내왔다.

북한 통치의 절차 문제에 관해서 맥아더 장군과 긴밀한 연락을 취하고 있지 않았다는 점이 그의 편지에 분명하게 입증되어 있었다. 옳고 그릇된 것은 고사하고 그는 맥아더가 일본에 실시하고 있는 형태와 비슷하게 자기 자신을 북한의 '총독'이 되려는 움직임을 보이고 있다고 생각했다. 이 편지가 말해 주고 있듯이 이 대통령은 무초 대사와 험악한 고비를 한 차례 겪었다.

나는 어제 무초 대사에게 전직 미 군정장교 상당수가 민간 행정을 인수하기 위해 북한으로 갈 목적으로 대거 입국하고 있다고 말했소. 대사는 신문 보도를 믿지 말라고 하면서 사실과 다르다고 말하는 것이었소. 나는 그것이 반드시 신문에 실린 이야기에 그치는 것이 아니라는 것을 입증하는 증거를 언젠가는 대사에게 보여주겠노라고 응수했소. 나는 한국 사람에게 미 군정을 또 다시 강요하는 것은 잘못이라는 점을 미국 정부에 알려주라고 그에게 충고했소. 자리를 뜨기 전에 그는 나에게 맥아더 장군은 내가 이북 5도의 도지사를 지명해주기 바라고 있으며 내가 고른 사람들을 장군이 임명하게 될 것이라고 덧붙였던 것이오. 맥아더는 공공연하게 국제연합과 맞서기를 원치 않으며 그런 식으로 적당히 넘기는 것이 현명한 것 같기도 하오. 이것은 법령에 정해진 대로 군당국이 임명권을 행사하고 있는 또 하나의 증거일 것이오. 무초 대사는 38도선을 돌파하기 전에 내려진 명령들은 지금 현실에 맞지 않으며 자기 생각에 그것들은 효력이 없다고 말했소. 틀림없이 그는 실정을 알고 있으나 거기에 대해 어떻게 할 방도를 모르고 있소. 그는 한국인이 명령을 받아 명령대로 따라야 한다는 것은 잘못이고 한국 국민에게는 먹혀들지 않을 것을 알고 있소.

이 편지에 첨부된 개인 메모는 내가 그의 오랜 벗 존 스태거스와 관련된 문제들이 나의 개인적인 경험에 국한되지 않았음을 밝히고 있다. 편지는 이렇게 계속되었다.

스태거스 씨가 현재 하고 있거나 한국에 있을 때 한 이야기들에 관해서 그 사람과 조용히 만나 주었으면 좋겠소. 우리는 그 이야기를 우리 비서들로부터 들었으나 믿지 않았었소. 그는 사람들에게 자기는 대한민국 측에 사무실을 무료로 빌려 주고 있으며 이 박사가 워싱턴에 묵고 있었던 옛날에도 그렇게 했노라고 말했소. 신문 기사가 말하고 있는 것처럼 그는 또한 나를 재정적으로 도왔다고 밝히고 있소. 나는 내 개인적인 필요를 위해 내 벗들로부터 돈을 빌리지 않았다는 것이 항상 나의 자랑이었소. 나는 결코 존 스태거스건 누구건 단 한 푼도 요구한 사실이 없소. 그것은 모두 나의 신조에 어긋나는 것이오, 스태거스는 어느 때에도 나의 돈 문제를 취급한 사실이 없소.

이 진술은 이 대통령을 '부패하고 돈 많은' 사람으로 단정하기를 고집하는 사람들의 관심을 위해 기록해 둘 가치가 있다. 내가 23년간 그와의 친밀한 관계를 통하여 보건대 그는 결코 부유하지 않았고 그는 확실히 개인적으로 부패한 사람도 아니었다는 사실을 나는 분명히 깨달았다. 이 대통령은 '5퍼센트의 개인 커미션'을 받지 않으면 자기 나라를 위한 ECA 원조 조차 승인하지 않았다고 알벤 버클리 부통령이 워싱턴의 어떤 칵테일 파티 석상에서 말한 것으로 보도되었다는 이야기가 들어 있는 1975년 샘 레이번의 전기에도 밝혀진 것처럼 이런 비난은 아직도 지속된다. 버클리의 이야기는 잘못 인용되었거나 그릇되게 전해진 것이다. 이 대통령이 고집한 것은 대한민국이 군장비 구매에 있어 ECA '대충 자금'의 적어도 5퍼센트 정도는 자체 재량대로 사용하도록 허용되어야 한다는 것이었다. "물론 이자들은 모두가 부패되어 있다." 이 말은 수에즈 운하 동쪽 즉, 아시아의 어떤 정부를 가리켜 말한 경우 하나의 상투적 표현이 되었다. 그러나 운하의 서쪽에 위치한 여러 정부에도 마찬가지로 정확히 들어맞을 수가 있었다. 불행하게도 많은 사람에게는 단순하게 반복되는 말이 진실성 있게 들린다.

북한 지역을 어떻게 다스려야 하는가 하는 논쟁에 관해서 10월 19 일자 편지는 덧붙여 말하기를 "그 일을 하고 있는 사람은 대통령도 아니고 맥아더 장군도 아니고 국무부라는 것을 우리는 알고 있소. 하지만 우리는 누군가 딴 곳에서 이 문제를 어떻게든 국제연합에 전가시킴으로써 문제를 망치려 들고 있다고 항상 이야기해야 하오" 했다. 10월 19일자로 친 또 다른 편지에도 그는 같은 주제를 다루었다. "소련에 대한 애치슨의 태도는 대강 알려졌고 조만간에 그는 소련과 유화 정책에 대해서 다른 방침을 주장하는 사람으로 교체될 것이 소망스럽소. 마셜의 임명은 이런 희망을 망쳐버렸소. 왜냐하면 그 역시 중공의 농민만을 보고 장제스로 하여금 강제로 협력하여 연립정부를 세우려고 했기 때문이오. 우리는 지금까지 이 2개 성(국무부와 국방부)에 어떤 변화의 조짐이 나타나기를 지켜보며 기다려 온 것이오."

"철저히 비밀로 하고 문서에 철하지 마시오"라고 표시한 그의 10월 19일자 두 번째 편지에서 이 대통령은 원산, 영흥, 함흥, 철원 수복에 앞장선 한국군의 승리를 이야기하며 "우리는 오늘 평양에 입성하기로 되어 있소" 하고 덧붙였다. 그러고 나서 그는 장차 북한이 누구에 의해 어떻게 통치될 것인지에 대한 불안감으로 점철된 1200단어에 달하는 어수선한 정치 정세 분석서를 제시했다. 같은 문제가 맥아더에게도 고민을 안겨주었다. 북한 수복과 범한국적 정부 수립을 정당화시킬 국제연합의 결의는 방법과 시기에 관해 고의적으로 애매한 채 남겨졌다.

이제는 유엔군과 한국군이 모든 북한 지역을 다시 수복하고 있었으므로 국제연합은 소련 사람과 중공 사람들을 달래려는 뜻에서 북한 처리에 대해 다급한 결정을 조심스레 피하고 있었다. 그 결과는 정책의 진공 상태를 초래했고 맥아더는 이북 각 도에 군정을 실시함으로써 이것을 메워보려고 했다. 이승만은 대한민국의 관할 범위를 전국에 재빨리 확대시킴으로써 이것을 피해보려고 했다. 맥아더와의 웨이크 섬 회담에서 돌아온 트루먼 대통령은 미국이 하고자 하는 일은 한국에 '평화와 독립을 마련'해 주고 손을 떼는 것이라고 온 세계를 향해 장담했다. 그러나 북한 점령 이후에 북한을 어떻게 다루어야 할 것인가에 대한 문제는 그대로 남겨졌다.

맥아더는 자신의 반응을 워커 장군에게 밝혔다.

군사적 승리를 가져오게 한 희생도 이를 신속하게 평화라고 하는 정치적 혜택으로 바꾸지 않는다면 무의미한 것이오……. 그러나 나는 지금 전쟁을 끝내고 보다 영속적인 태평양의 평화를 향하여 과감히 전진할 찬란한 기회를 놓칠는지도 모를 엄청난 정치적 실수를 우려하기 시작하고 있소.

이 대통령도 맥아더 못지 않게 심란했고 국제연합에 의하여 이미 한국의 '유일한 자주 정부'로 인정받은 독립 국가의 원수로서 자기는 북한에 대한 권한을 맡을 책임과 자유 재량을 가지고 있다고 느꼈다. 그러나 분명한 것은 그 지역을 회복하는 데 있어 그는 미국과 국제연합의 역할 때문에 견제를 받았고 또 받아야만 했다. 10월 19일자 제2의 서신에서 그가 적고 있는 바와 같이.

한국 국민의 생각으로 볼 때 우리 정부가 해방친 지역을 인수한다는 것은 당연한 것이오. 우리는 오랫동안 5명의 도지사를 임명해 놓고 있었소. 이 사람들은 민간 행정을 개시하여 업무를 수행해 나갈 것이오. 후일에 국민들이 도지사를 선출하게 될 것이오. 그것을 마련할 법률이 지금 국회에 회부되어 있소. 대한민국은 이미 토지와 통화에 대해서 어떻게 다스릴 것인지를 계획해 놓았소. 대부분의 통화는 공산당과 그들의 협력 분자들의 수중에 있기 때문에 화폐를 바꿀 필요성은 없소. 이자들은 공산당이 아닌 사람에게는 자기들의 돈을 지불하지 않았기 때문에 남한에는 공산당의 화폐를 가진 자가 거의 없소. 이것은 돈이 오로지 공산당의 수중에만 있다는 것을 뜻하는 것이오. 근자에 이자들이 막대한 액수의 돈을 시중에 풀어 놓았소. 최저 환률로도 돈을 바꿀 수 없을 것이오.

토지에 관해서는 소련의 토지 개혁이 어떤 토지도 양도한 사실이 없기 때문에 토지의 소유권을 입증할 수 있는 사람은 누구든지 자기 땅을 차지할 수가 있소. 일본인의 땅은 농부들에게 주어서 소출의 일부를 농부들이 정부에 공출함으로써 그 토지에 대한 대가를 지불했소. 대한민국 정부는 토지 개혁법에 따라 이 토지를 처분할 것이오. 이런 것들과 다수의 더 많은 정책들이 발표되었으며 북한 국민들은 열심히 지방 정부의 설립을 기대하고 있는 중이오.

우리는 국제연합 총회 10월 7일자 결의안이 채택된 뒤 4일이 지나도록 이것을 받지 못했소. 나는 당장 무초 대사를 불러서 그것을 밝히라고 요구하고 단어 4개를 바꾸어야 한다고 했소. 무초는 주장하기를 결의문의 뜻은 국제연합이 대한민국의 참가 없이 선거를 실시한다는 내용이 아니기 때문에 그런 취지로 전문을 발송할 필요가 없으며 내가 그것을 염려하지 않아도 된다고 했소. 그러나 나는 전문 발송을 고집했는데 그 전문이 여기를 떠난 지 6일이 지나도록 워싱턴에 도착하지 않았소. 나는 역시 당지에 머물고 있는 국제연합 위원단 사람들을 불러들였고 앞으로 곤란한 문제들이 일어나지 않도록 결의안 중의 문제된 부분을 명백히 하기 위하여 국제연합 한국통일부흥위원단 총무인 카친 대령에게 편지를 한장 띄웠소.

새로 생긴 국제연합 임시 위원회가 회의를 열었을 때 이들은 대한민국은 남한에 국한되며 국제연합은 북한에서 선거를 실시하겠다고 발표 했소. 나는 이것은 트루먼 대통령과 맥아더 장군이 바라던 것이 아니며 이것은 하나의 타협안으로 나타났음을 알고 있었소. ……임시 위원회는 북한의 모든 단체 조직들을 존속시키려는 것이오. 사실상 거기에는 오직 하나의 사회가 있을 뿐이고 공산당에 의하여 철저히 통제되고 있다는 것은 만인이 알고 있소.

인도의 거중 조정이 받아들여진 것은 분명하며 세계대전을 피하려면 우리가 소련과 타협해야 하며, 그렇지 않을 때에는 이자들이 군사력을 총동원하여 남으로 밀고 내려올 것이라는 등의 의견을 트루먼 대통령이 받아들인 것이오. 소련 연방은 자기네 위성 국가들 앞에 체면을 유지하기 위해 이런 역할을 연출하고 있소. 소련은 '세계대전을 피하기 위하여'라는 말귀가 미국 선거의 좋은 쟁점이고 애치슨과 마셜보다도 더 여기에 펄쩍 뛸 사람이 없다는 것을 알고 있소. 애치슨 연설의 부드러운 태도, 중공에 대한 그의 견해 등등 모두가 그의 유화 정책을 보여주고 있소. 태평양전쟁을 회고하여 볼 때 소련이 여기에 뛰어 들었을 때에는 전쟁은 이미 승리했는데 그들의 참전으로 얼마나 손해가 컸소? 지금 이 전쟁도 거의 승리했으며 적은 무너지고 한국에서 공산당을 몰아냈다는 사실은 누구나 틀림없이 인정할 것이오.

소련은 자기네 보급 기지에서 너무 멀리 떨어진 전쟁을 수행할 여유가 없으며 이들은 아직 준비도 덜 되어있소. 그러나 미국 국민들은 소련이 전쟁을 개시하면 공산당에게 유리할 것처럼 선동을 해서 많이 넘어가 있소.

이 사람들을 평화로운 감정으로 되돌아가도록 다시 진정시켜야 그때 가서 전쟁을 시작할 수 있을 것이오. 소련 사람들은 자기네 자신이 싸우기를 원치않고 자기네 앞잡이들이 싸워주기를 바라고 있소. 북한에서는 그들의 앞잡이가 패배했오. 이것은 철의 장막 뒤에 있는 모든 인민들에게 심한 타격을 줄 것이오. 그래서 이자들은 대한민국을 북한에서 몰아내라, 북한 당국과 법원을 존속시키라, 국제연합은 선거를 먼저 실시하고 나라를 통일시켜라, 하는 식으로 제안하고 있는 것이오. 이것이 '이번 전쟁에 대한 소련의 불간섭'의 엉뚱한 대가인 것은 무엇보다 명백하오. 소련이야말로 이 침략군을 훈련하고 무장하고 지원한 선동자였다는 것은 더 이상의 증거가 필요치 않소. 어째서 이승만을 북한에서 몰아내야 하오? 워렌 오스틴이나 다른 사람들이 국회의 불신과 반대를 들먹이는 모든 비판은 대한민국 정부는 인기가 없으니까 북한 국민을 강제로 지배하도록 해서는 안 된다고 미국 국민을 설득시킬 구실을 만들 목적으로 꾸며낸 것이오.

미국은 언제나 전쟁에 이기고 평화에 지고 있소. 그 까닭이 무엇이겠소? 드람라이트 씨가 10월 16일 화요일 아침에 나를 찾아와서 대한민국을 남한에 국한시킨다는 임시 위원회 선언에 대해 나더러 어떤 성명서도 내지 말라고 부탁했소. '불과 2, 3개월만 참으면 될 터이니까요' 하면서 그러니 염려할 것이 하나도 없다고 그는 말했소. 나는 그에게 이 몇 개월 동안에 당신네들은 이 전쟁에서 얻은 것을 모두 잃게 될 터이고 한국 사람들은 그것을 결코 회복할 수 없을 것이라고 말해 주었소. 오늘날까지 한국 국민은 파괴에도 불구하고 확신을 가지고 미래에 희망을 걸어왔소. 그 이유는 나라가 통일되면 많은 방면에서 그들의 고난을 덜게 될 것이기 때문이오. 공장을 움직이기에 충분한 전력이 있으며 광산은 국내용과 수출을 위해 충분한 석탄과 광물을 캐내게 될 것이고 피난민들은 자기 집으로 돌아 갈 수 있게 될 것이오.

그러나 지금 그들은 자기네 모두에게 무슨 일이 일어날는지 회의를 느끼고 있소. 이 사람들은 공산당이 있는 곳에는 언제나 평화가 존재할 수 없으며 아무런 해결 없이 세월만 다달이 흘러가는 가운데 질질 끌려 갈 것을 알고 있소. 어떻게 미 군사 당국에게 법령에 따라 정부를 담당 하도록 요구할 수가 있단 말이오. 무초 대사가 오늘 귀국할 예정인데 날더러 조용히 입다물고 있으라고 부탁하리라는 것을 나는 알고 있소. 한편 그들은 국내 언론을 조정하고 이 문제에 대한 진실을 왜곡시킬 것이오. 세계대전을 피한다는 것 이상으로 미국 국민에게 호소력을 가지는 것은 없소. 이 사람들은 자기들이 어떤 대가를 치르면서 그짓을 하고 있는지도 모르며 전쟁은 연기되는 것이지 피할 수가 없다는 사실에 생각이 미치지 못하고 있소. 소련은 준비만 되면 언제든지 밀고 내려오게 되어 있고 그들의 외교 정책은 오랜 세월에 걸쳐 세밀히 계획되고 거기에 따라 준비가 진행되었다는 사실을 우리 모두는 알고 있소. 한국 사람은 고사하고 미국인의 피의 대가로 한국을 또 다시 소련에게 팔아 넘기려는 것은 상상조차 할 수 없는 일이오. 이것은 언어 도단이오. 그러나 그들은 이 짓을 하려 하고 있는 것이오.

〈뉴욕타임스〉지의 리처드 존스턴이 들어와서…… 우리에게 들려준 이야기는 유엔이 북한 사람들에게 대한민국과 합치기를 원하는지 원치 않는지를 묻기 위해 북한에서 국민 투표를 실시할 계획이라 했소. 3주 정도면 북한에 겨울이 닥치고 또한 속한 시일 내에 선거를 실시한다는 것은 불가능하다는 것을 그 자들은 알고 있소. 나는 존스턴에게 미 군정을 북한에 설치하는 문제를 물었더니 유엔 결의에 위배되기 때문에 그렇게 할 수 없을 것이라고 그는 말했소. 그의 생각은 이런 일은 계획에도 없고 아무도 그런 것을 생각하고 있지 않다는 식으로 굳어 있었소. 그래서 나는 그에게 군정 법령 사본을 보여주었소. 그는 몹시 흥분하여 이렇게 말했소. "이 사람들이 어떻게 공산 당국을 인정하고 국민이 이를 받아들일 것으로 기대한단 말이요?" 나는 그에게 지금 한창 인기 있는 미국의 명성은 떨어지게 될 것이며 국민들은 이런 일에 반대하는 시위를 벌일 것이고 지금은 트루먼 대통령과 맥아더 장군을 우러러보지만 앞으로는 국민들의 신망을 잃게 될 것이라는 등의 이야기를 들려주었소. 존스턴은 한국 국민이 결코 이런 계획을 받아들이지 않을 것을 인정했소. 그것은 어리석기 짝이 없는 계획이오. 그는 어디서 이 말을 들었다는 것은 밝히지 않고 기사를 쓰겠노라고 말하며 자리를 떠났소.……

이 대통령은 처리해야 할 많은 문제들 그리고 이에 소요되는 자금 등에 대하여 10월 25일 워싱턴 주재 장면 대사에게 보낸 편지에 이렇게 밝히고 있다.

이민 문제에 관해 태국 대사관과 접촉을 가지시오. 외무부는 인원이 부족하여 귀하에게 쓸 수가 없기에 내가 개인 편지로 이 문제에 언급하겠다고 그들에게 약속했소. 우리 이민들이 정착하기 위해서는 비용이 얼마나 들 것이며 우리 농민들만 이주할 것으로 보아 토지는 얼마 정도 배정을 받을 수 있을 것인지 그리고 기타 조건들도 우리가 알고 싶소. 우리 국민이 정당한 대우를 받도록 일을 확실하게 해야 할 것이오.

그다음으로 그는 대사관에서 내게 사본을 보내지 않았던 장대사의 최근 보고서에 응답하여 문제를 제기했다.

10월 4일 귀하가 보고서에서 비신스키가 내 자신과 조박사 그리고 올리버 박사 간의 어떤 서한들을 폭로했다고 말했는데 그게 무슨 이야기요?
귀하는 그것을 부인할 입장에 있지 못했소? 그것이 근거가 확실하다고 누가 증명할 수 있겠소? 그자들은 하도 많은 거것을 꾸며왔으니까 이것 역시 그중의 하나일는지 모르오. 필리핀 대표는 내가 너무 성명서를 많이 낸다고 비난했는데 언제 무슨 일로 그랬단 말이오? 좀더 명확하게 해 주시오. 그러면 내 시간도 좀 덜 수 있을 것이오.

이 대통령의 편지는 다시 북한 정세로 돌아가 어떤 상황이 벌어지고 있고 그 대책은 어떠해야 하는가를 적고 있다.

국방장관이 지난 일요일 두 장관과 헬렌 킴과 함께 평양에 갈 때 그 일을 목적으로 준비한 포스터를 함께 가지고 갔소. 공산당이 주민들에게 미국 사람과 유엔이 자기들을 죽이러 온다고 말했기 때문에 도시는 거의 텅 비어 있었소. 사람들이 더러 도시로 돌아왔고 시가지를 걷다가 (문교부 장관) 백낙준(白樂濬) 박사와 (사회부 장관) 이윤영(李允榮) 목사가 자기들이 알거나 상대가 자기들을 알아보는 그런 사람들을 더러 만나게 되었소. 백선엽(白善燁) 장군도 몇몇 미국 신문 기자들과 함께 그들 속에 섞여 있었소.

한국 사람들이 물어온 첫 질문은 누가 당신네들을 여기에 보내서 왔소? 하는 것이었소. 백 장군이 자기는 여기서 태어났으며 그들을 해방시키기 위해 싸우고 있노라 했소. 그리고 대통령이 자기들을 보냈는데 그는 우리의 국부라고 대답했소. "그런데 어째서 그렇게 많은 미국 사람들이 평양에 있으며 그들은 왜 우리 정부를 빼앗았소?" 백박사는 내각에는 북한 출신 장관들이 많이 있다고 그들에게 말했소. 그들은 이것을 믿지 않았소. 사람들은 말하기를 공산당은 평양에서 좋은 자리를 차지하고 있다고 했소. 일반적으로 공산당이 사람들에게 한국을 집어 삼키려는 외국 사람들이 많이 쏟아져 들어올 것이라고 말했기 때문에 사람들은 외국인에 대해 아주 의심을 많이 품고 있었소. 이들은 미국 사람보다는 왜 대통령이 안 왔는지 모르겠다고 했소. 사람들에게 대통령이 앞으로 올거라고 말했지만 그들은 미국 사람들에 대해서 여전히 의심을 풀지 않았소.

아무리 길거나 짧은 과도기라 할지라도 그것이야말로 우리가 미국 사람들이 민간 행정을 맡아서는 안 된다고 주장하는 또 하나의 이유가 되는 것이오. 북한에서는 공산당이 대한민국은 미국이나 국제연합의 괴뢰에 지나지 않다고 너무나도 철저히 가르쳐 놓았기 때문에 해방된 지역에 대한민국의 권한이 즉각 미치도록 하는 이외에는 아무런 방법도 여기에 맞설 수가 없는 것이오……

바로 어제 우리는 평양으로 파견된 2백명의 경찰 병력이 해주(海州)에서 제24군단에 의해 정지당했다는 보고를 받았소. 거기는 한국에 온 일도 없고 한국인의 벗이 될리도 만무한 쳐치 장군이 지배하는 미군 지역이오. 우리는 워커 장군에게 항의하려고 했으나 그는 오늘 아침 일본에 가고 없소. 그래서 뜻을 이루지 못했소. 미국 사람들이 자기들이 있는 곳이면 어디든지 한국 사람은 들어오지 못한다고 생각하고 있다면 그것은 잘못된 생각이오. 일본 방송에 따르면 군 당국에서는 이미 민간 행정관을 임명했으며 그는 다시 한 위원회를 구성하기 위해 바로 30명의 한국 사람들을 임명했다는 발표가 있었소. 우리는 여기에 대해 아는 바 없소. 이런 방향에서 최근에 시도되고 있는 일은 조박사를 민간 행정관으로 임명하려는 움직임이오. 그렇게 되면 그는 내무장관직을 사임해야 할 것이오. 귀하도 아다시피 미국 사람들은 그를 좋아하며 그는 자기들이 하라는대로 무엇이든 하는 사람이라고 생각하고 있소. 그는 한민당과 흥사단에 깊이 관련되어 있는 인물이오. 내게 알려진 바로는 무초 대사가 미 군정 인물들이 더 이상 많이 입국하지 못하도록 막았다 하오. 이미 들어와 있는 사람들이 너무 많고 이 나라는 마치 이들이 좌지 우지하고 있는 것 같소.……

무초 대사는 내가 UP 통신에 국제연합을 무시하겠다고 선언했다는 사실을 보여 주는 미국 정부의 전문을 내게 보여주었소. 나는 이런 성명을 발표한 일이 절대로 없다고 무초에게 이를 부인했소. 그리고 나는 무초에게 맥아더 장군이나 국무부로부터 비밀로도 좋고 공개적으로도 좋고 북한에서 활약 중인 대한민국을 간섭하지 않겠다는 어떤 문서상의 보장을 받아 달라고 요청했소. 거기에 대하여 아직 아무런 회답이 없소.

나는 그를 당혹하게 할 생각은 없으나 대한민국을 남한에 국한시키는 임시 위원회 결의는 내가 받아들일 수 없다고 대사에게 말했소. 나는 아무래도 자리를 물러나 우리 국민에게 그 이유를 밝혀야 할까 보오. 나는 차라리 내부에서 보다 밖에서 싸우며 차라리 배은 망덕한 사람이라고 낙인 찍히는 것이 더 낫겠소. 나는 어떤 국가의 앞잡이나 꼭두각시가 되어 나라를 팔아먹는 자가 되지는 않겠소. 만일 대한민국이 미국이나 국제연합 당국의 협력으로 북한에서 기능을 개시한다면 국민의 마음을 가라앉히게 될 것이오. 그러나 그들이 만일 어떤 종류의 행정을 실시하려고 고집한다면 그것은 다만 국민을 혼란에 빠뜨리게 할 뿐이며 그들이 이것을 용서하지 않을 것이오.…….

북한 국민들은 자기네 가정이나 생명의 불안정으로 신경이 날카로우며 우리에게 자기들을 보호해 주도록 경찰을 보내달라고 호소하고 있는 중이오.

　나는 이 나라 안에서 우리에게 어디로 가라 무엇을 해라 하고 명령하는 자가 과연 누구냐고 물으면서 화를 내고 언성을 높혔소. 유엔군과 우리 국군이 생명을 바쳐서 싸워 없애려고 한 38도선을 미국 사람들이 다시 설치하고 있단 말이오? 그들이 만일 필립 제섭이나 흥사단 계열과 같은 반한 선동분자들이 제의한 계획을 수행하려고 한다면 일본 폐망 뒤 남한에서 미 군정이 조성한 것과 비슷한 사태를 북한에 다시 만들어내게 될 것이오. 우리는 이런 사정을 알고 있는 맥아더 장군과 몇몇 다른 고위층 친지들이 있기 때문에 이런 잘못은 오래참아 시정될 것을 바라고 있소.

　편지의 나머지 부분은 국제연합에서 일어나고 있는 일들을 알아내려고 장 대사가 "너무 바쁘다"고 한 것을 책하고 있다. 이 대통령은 말하기를 대한민국 정부는 국내에서 인기가 없으므로 그 권한을 북까지 확대시킨다면 "내란과 유혈극과 장기간의 끈질긴 투쟁을 초래케 할 것이기 때문에 북한 국민들은 과도기 동안 자기네 문제를 스스로 해결짓도록 내버려두어야 한다"고 하면서 국제연합 대표들을 설득하는 운동을 전개시키느라 '대한민국을 반대하는 한인' 그룹이 막대한 자금을 뿌리고 있다고 했다. 이 박사는 한국 대사가 국제연합에서 일어나고 있는 일을 모른다는 것은 '우리 얼굴에 호되게 뺨을 치는 것'이라고 결론지었다.

　몇 개월간 이 대통령은 어떤 면에서는 유명한 미·일 협회와 비슷하게 미국의 대한 정책에 영향을 줄 수 있게 될 한·미협회 설립을 위해 모금 운동도 하고 영향력 있는 미국 벗들을 규합해 보도록 뉴욕 주재 한국 총영사 데이비드 남궁(南宮炎)에게 역설하고 있었다. 사본 1부를 내게 따로 붙이며 10월 27일자 남궁씨 앞으로의 편지에서 그는 이 구상의 시급함을 강조했다.

　지난번 편지에서 협회라는 것은 그런 특수 분야에 경험이 있는 적절한 사람이 시작하도록 하는 것이 바람직하다는 말을 내가 한 바 있소. 이런 인물이나 동료들을 찾아내도록 최선을 다하고 그것에 대해 내게 알려주기 바라오. 우리는 모든 좋은 기회를 놓치고 있고 국내외의 우리 적들은 이것을 최대로 이용하고 있소. 우리가 그런 종류의 어떤 단체를 가지고 있었더라면 임시 위원회의 결의가 지금 모양으로 구체화 되지 않았을 것이고 국내에서도 상당한 싸움을 면할 수 있었을 것이오. 나는 우리 언론계 '벗들'에게 알림으로써 적어도 어느 정도까지는 그것을 역전시키도록 나의 최선을 다했어야 하오. 그러다 보니 자연히 나는 미국과 국제연합을 무시하고 있는 것처럼 즉각 비난의 대상이 되었소. 내가 국제연합이나 미국에 반대해야 한다고 바라지 않기 때문에 이런 사태는 피해야 하오. 어떤 다른 사람들이 그러는 것이야 우리가 알 바 아니오. 우리는 미국 국민의 선의를 저버릴 수가 없는 것이오. 이런 일들이 늦추어지지 않도록 누군가가 뒤에서 일을 추진하고 언론에도 영향을 주도록 해야 할 것이오. 그러나 만일 우리가 기대할만한 인사들이 미국에 없다면 우리는 곤경에 빠지게 될 것이오.

10월 27일자로 이번에는 내 앞으로 쓴 또 다른 편지에서 이 대통령은 세 가지 어려운 문제들을 어떻게 처리하고 있는지 밝히고 있다.

그 첫째는 부산 방어선을 지키던 3개월 동안 공산당에 협력 했던 사람들에 대한 처벌이나 특사 문제였다. 그는 이렇게 쓰고 있다.
"귀하가 지금쯤은 알게 될 일이지만 서울이나 다른 도시에서도 지금까지 보복은 없었소. 어찌할 수 없는 몇몇 개인적인 경우가 있었지만 우리 정부는 강력히 이런 일을 반대하고 있소."
다음으로 그는 나의 각별한 벗 즉 서울 점령 이후 공산당 대신 방송에 참여하여 군사 재판에서 사형 선고를 받았던 고려 대학교 이인수(李仁秀) 교수의 구명을 호소하려고 그에게 보낸 나의 전문에 답했다. 사실상 이상적인 공산주의 목표가 실현되기를 바라면서 그가 적에게 협력했을 것이 두려웠으나 나는 여하간에 그를 사면해 주기를 간청했었다. 1백만 명이 넘는 사상자와 엄청난 국토의 참화 가운데 이것은 단 하나의 생명이었다. 그는 구제될 수 있을 것인가? 이 대통령 역시 마음을 썼다.

이인수에 대하여 : 특무대는 그가 인천에 은신 중인 것을 찾아냈으며 우

리는 모두 그에 대하여 크게 근심했소. 불행하게도 그는 서울을 떠나려는 생각이 없었고 오히려 공산당을 환영했소. 그런 죄목 때문에 그를 석방하기가 매우 곤란하오. 그의 교육 등으로 보아 그는 지금 큰 도움이 될 몇몇 인물 가운데 한 사람이지만 우리가 개인적으로 할 수 있는 일이 거의 없소. 내가 그 사람에 대하여 몇몇 사람들과 의논했으니까 그 사람들이 최선을 다 할 것이오. 나는 그가 영국에 있었을 때의 그의 배경에 대해서 귀하에게 글로 설명한 일을 기억하고 있소.

며칠 뒤 그의 사형은 집행되었다. 이 일은 쓰라린 공허감을 남겼다. 이 대통령이 특히 관심을 기울인 다음 문제는 북한 처리 문제가 국제연합에서 결정될 때까지 유엔군이 북한 지역을 수복한 상태 그대로 통치하기로 한다는 맥아더 발표의 작전 명령이었다. 이승만은 이 계획에 분노했다. 그는 이렇게 적고 있다.

 미국 사람들은 누가 누군지 알지도 못하면서 주민들을 다루어 나갈 것이오. 그리고 숨어 있던 공산 분자들은 모두 돌아오게 될 것이며 국민들은 정신을 차리지 못하게 될 것이오.
 어떤 모양의 선거가 앞으로 실시될 것인지 귀하는 상상할 수 있을 것이오. 주입식으로 세뇌되고 공산당이 일러준 말만을 알고 있는 국민들은 자기네 나라를 다스리고 있는 외국인만을 눈으로 보고 대한민국에 반대표를 던질 것이 확실하오. 이 사람들은 국제연합이나 미 제국주의자의 괴뢰가 되기를 원치 않을 것이오……
 무초 대사는 어제 도쿄와 워싱턴 방문차 이곳을 떠났소. 나는 이런 일을 받아들이느니 차라리 물러나는 것이 좋겠다고 그에게 말했소. 그는 사태의 심각성을 알고 있소. 내가 우리 권리를 고집하는 것은 미안한 일이나 모든 일이 끝장난 뒤에 가서 보다는 지금 이 문제를 결정짓는 것이 더 나을 것이라고 나는 그에게 말했소.

 세 번째로 절실한 관심 거리는 물자 보급 없이 어떻게 국민이 살아 가느냐 하는 문제였다. 그리고 타이완으로부터 들어온 약간의 긴급한 보급 물자 이외에는 식량 수입에 대해 아무런 준비가 마련되어 있지 않았다.

"서리가 내리고 추수기는 이미 수 주일 전에 끝났기 때문에 더 이상의 식량 수확이 없소. ······유엔군은 식량 운반보다는 국민을 다스리는 방법과 대한민국을 여기서 제외시키는 방법에 대해 의논을 거듭하고 있소. 그들은 군사적 각도에서만 일을 생각하는데 이것은 충분한 것이 아니오."

북한에 대한 국제연합의 군사적 통치가 주요 문제로 남아 있었다. 장대사에게 보낸 11월 2일자 편지에 이 대통령은 멜치오 대령이 평양 시장을 새로 임명했다는 이야기를 했고 군 당국은 또한 해주시 행정관을 임명하고 있었다. 대통령 자신도 항구 도시 원산 방문 허가를 얻기 위해 동해안의 제10 군단을 지휘하고 있던 에드워드 앨몬드 장군에게 서면 허가서를 요청해야만 했다. 그는 또한 잠시 평양도 방문했으나 몇몇 장교들은 전투가 아직 진행 중인 동안은 정치를 목적으로 하는 이런 방문은 하지 말아야 한다고 소견을 말하기도 했소. 그러나 또 다른 문제가 곧 다급하게 되어 있었다.

10월 15일에서 21일에 이르는 1주일 사이에 핸슨 보드윈은 육군 정보통 추산으로 약 25만의 중공군이 한만(韓滿) 국경 근방으로 이동했고 별도의 20만 예비 병력이 거기서 멀지 않은 후방에 배치되었다고 〈뉴욕타임스〉에 보도한 바 있었다. 10월 26일 한국군 제6사단은 중포와 박격포의 지원을 받은 공산군과 압록강 남쪽 약 25마일 지점에서 격전을 벌였는데 북한군은 실제로 존재하지 않는 것이기 때문에 이것은 하나의 기습이었다. 국군 제1 사단 역시 운산 근방에서 강한 저항에 부닥쳤다. 붙잡힌 2명의 포로는 자기네 부대 속에 중공군이 섞여 있음을 알려 주었으나 미8군 사령 부는 '그것은 아무것도 아니다' 하며 이 보고를 '우습게 여겼다.' 10월 30일 함흥(咸興) 근방에서 중공 포로가 한국군에게 붙잡혔다. 그다음 날 맥아더 사령부는 1개 연대 내지 1개 사단 규모의 중공군이 한국군 수도 사단에 대해 강력한 역습을 시도한 사실을 시인했다. 11월 3일까지는 중공군 제42 군단이 모두 한국 내에 들어온 것 같으며 중공군은 미군 부대에 의해서도 접촉되었다. 추가된 중공군 사단들이 전투에서 확인되었다. 그러나 도쿄에 있는 사령부에서는 이 사태를 '긴급하지 않은 것'으로 표현했다.

미국 육군 전사 기록 장교에 따르면 '부대 이동과 집결은 들키지 않은 채 진행되었다······. 공중 정찰에서도 이 대부대 이동에 대하여 아무것도 본 것이 없었다. 민간 피난민도 아무런 이야기를 가져 온 것이 없었다.' 11월 6일 맥아더는 합동 참모부에 대해 '병력과 군비가 대거 만주로부터 압록강을 가로 지른 모든 교량을 통해 쏟아져 들어오고 있다.' 전문을 치고 적의 진격을 지원하고 있는 교량과 만주의 여러 시설들에 대한 폭격을 허가해 달라고 요청했다. 그 회답은 '교량의 한국 측 끝 부분'을 폭격하라는 허가를 내리는데 그쳤다. 그다음 날 맥아더는 유엔군 부대에 대한 기총 소사나 폭격을 위해 중공 항공기가 뜨는 만주의 비행장 폭격 허가를 요청했다. 그는 압록강 남쪽에서 스스로 필요하다고 생각되는 군사 행동은 자유이나 중국 영토 내의 어떠한 목표물도 결코 공격해서는 안 된다는 훈령을 받았다.[6]

 11월 24일 맥아더 장군은 한국 내의 중공군을 몰아낼 목적으로 하는 총공격에 지상군과 공군력을 급파했다. 이것이 그의 유명한 '우리는 성탄절까지는 집으로 돌아갈 것'이라고 성명을 발표한 때였다. 아마도 이것은 유엔군이 압록강을 넘어서는 더 진격하지 않을 것과 점령 임무는 한국군에게 맡기고 자기들은 한국 영토에서 즉각 철수한 것을 중공군에게 확신시키려는 의도였을 것이다.

 이것은 또한 트루먼이나 미국 국민에게 전면 전쟁이 임박한 것이 아니라 하나의 소탕 작전에 지나지 않다는 사실을 확신시키려는 뜻이 있었다. 4일 이내에 적의 병력을 잘못 과소 평가했음이 밝혀졌다. 유엔군은 곧 다급하게 후퇴를 시작했다.

 트루먼과 맥아더 사이에 오랫동안 내연되던 싸움은 이제 절정을 향하여 끓어 올랐다. 트루먼은 "아무도 맥아더를 비난하고 있지 않으며 나 역시 분명히 그런 일이 없었다"고 주장했다.[7]

 그러나 맥아더가 자신에게 강요된 '지나친 제약'을 근거로 한 패배를 설명한 일련의 성명서들에 대하여 트루먼은 분명하게 비난했다.

---

6) S.L.A. 마셜 저, 《강물과 도전》, 1953년, 뉴욕:윌리엄 모로우 출판사. p. 14 참조. 중공군은 자기네 보급품을 등에 지고 중장비 없이 진격했고 더구나 위장의 도사들이며 대개 낮에는 숨고 밤에는 이동했기 때문에 중공군의 출현을 깨닫지 못한 실수에 대한 변명은 필요없다고 마셜은 덧붙였다.

7) 트루먼 저, 《회고록》, 앞의 책, 제2권 p. 376, 또한 제2권 pp. 372~382 비교.

압록강을 목표로 한 야전 전반에 있어서 맥아더의 군사 전략은 수수께끼였다. 에드워드 앨몬드 소장이 이끄는 제10군단 사령부를 한반도 동반부에 배치시키고 미 8군사령관 월튼 워커 중장을 서반부에 두게 함으로써 그는 38도선 이남에서는 그렇게도 작전을 잘 수행했던 통합 사령부를 분리시켰다. 이 두 사람은 서로 사이가 좋지 않았으며 친술상 긴밀한 협조도 없었다. 이런 형편에서 "성탄절까지 귀향한다"는 성명이 나왔고 맥아더는 약 4만 명의 유격 부대가 그의 후방에서 작전 중임을 알면서도 수적으로 대단히 우세한 지상군에 대해 정면 공격을 가하려고 휘하의 불충분한 병력을 진격시켰다. 더군다나 그는 공격을 두 부분으로 갈라 중간 지대를 무방비 상태로 비워 놓았다. 무엇 때문에 그렇게 했는지 유일한 설명은 이러했던 것 같다. 6월 말 한국에 상륙한 최초의 미군 부대들이 보기에 북한군이 자기네와 마주친 미국군을 보기만 하면 등을 돌리고 도망치리라 생각했던 것처럼 맥아더 역시 중공 정부는 미국과의 전쟁에 취미가 없으며 결전이 임박한 것처럼 보이면 당장 압록강 넘어로 철수하리라고 스스로 믿었던 때문이 아닌가 하는 것이다.

11월 30일 이 대통령은 "읽은 뒤에 파기하시오." 이렇게 첫머리를 시작해서 "하느님만이 이제는 우리를 도울 수 있을 것이오." 이렇게 끝을 맺으며 자신의 상황 평가를 적어 보냈다.

우리 국방부는 미국 사람들에게 총공세에 대비한 방위선이 너무 엷다고 경고했소. 우리는 6만 명이 아니라 20만 명의 공산군을 앞에 두고 있소. 그러나 그들은 지금 적의 저항도 없고 한국에는 중공군이 그렇게 많지도 않다고 주장했소. 우리는 무슨 이유로 미국민들이 중공군의 규모를 최소화하려는지 도무지 이해하기 곤란하오. 귀하도 알다시피 모든 계획은 도쿄에서 이루어지고 우리는 이를 따를 수밖에 없는데 총공세는 시작되었소. 우리가 싸움을 시작만 한다면 문제 될 것이 하나도 없다고 한 맥아더의 말은 절대적으로 옳소. 그들은 언제나 수적으로 더 많고 우리가 오래 기다릴수록 더 많은 인원을 끌어들일 테니까 말이오.

우리는 38도선을 넘어도 좋다는 승인을 얻기까지 1주일을 서울에서 기다렸소. 우리는 더 북진을 계속하기 위해 또다시 청양에서 기다렸소. 그리고 민주당에게 도움을 안 주려고 선거일까지 중공군의 출현은 발표되지 않았소. 이런 모든 시간상 손실은 미군이 한국군과 속도를 맞출 수 없었던 원인이 되었소. 그들은 견고한 하나의 전선을 이루며 북진해야 했소. 제10군단은 자기들대로 싸우고 8군은 8군대로 싸울 것이 아니라 서로가 연락을 끊지 말고 소탕 작전을 폈어야 옳소.

이런 비평을 비난으로 받아들여서는 안 되며 혹한의 날씨가 찾아들기 전에 우리 군대가 국경선까지 북진할 수 없게 만든 하나의 비통한 사실을 지적했을 뿐이오. 이제는 강물이 얼었으니 교량이 없어도 적군이 원하는 곳으로 넘어 올 수 있는 기회를 준 것이 되었소. 오직 하느님만이 이런 형편에서 우리를 구원할 수 있을 뿐이오.

다음으로 비교적 기분 좋은 설명이 뒤따랐다.
"좋은 날씨는 적을 폭격하는 데 도움을 줄 것이오. 불행하게도 지난 며칠간은 좋지 않고 적은 밤낮으로 전진했소."

이 대통령은 다른 훌륭한 행정 수반처럼 11월 29일 각료들과 만났을 때 지난 과거를 분하게 생각하는 일은 이제 그만두고 장래에 대한 계획이나 시작하자고 부하들을 격려하려고 마음을 썼다. 그는 "중공군의 침략은 하느님이 한국을 구하는 방법인지 누가 알겠소." 이렇게도 말했노라고 적었다.

만일에 소련이 한만 국경 넘어로 후퇴하며 국제연합에 대해 어떤 특권이나 이권 등을 흥정하게 되었더라면 국제연합과 미국 사람들은 소련 연방과의 협력을 과시하기 위하여 무슨 일이라도 하면서 외교상의 승리가 아닌 군사상의 승리를 거두었다고 만족했을 것이오. 유엔군 부대와 장비 등은 조만간 철수되었을 것이며 한국군은 귀하도 아다시피 효과적으로 방어하기에는 너무나도 기다란 국경선을 점령하도록 남겨놓았을 것이오.

미국 국민의 분노와 의심이 가라앉고 공산당의 평화 선전 공세로 국민들이 잠잠해진 가운데 중공군의 준비가 끝났다면 압도적인 병력과 장비, 현대적인 항공 지원, 그리고 한국의 모든 해안선을 둘러싼 해군 작전 등을 저지시키기가 어렵게 되었을 것이오. 현재 해안선을 봉쇄하고 있는 해군 함정들을 철수하는 것이 무엇을 뜻하는가를 한번 상상해 보시오.

우리는 한국 지배가 소련의 계획에 들어 있고 북한군의 실패가 그들 계획의 중단을 의미하지 않는다는 사실을 잊어서는 아니되오. 지금 한쪽에 중공군을 끌어들인 것은 유엔이 철수한 뒤에 그런 일이 발생하도록 한 것보다 우리에게는 유리하오. 그러므로 우리는 싸워야 하오. 최악의 경우가 한국에 닥칠지 모르나 민주주의를 구하게 될는지 누가 알겠소.

한국에서 민주주의를 구출하는 일은 불확실하게 보였다. 11월 28일 맥아더 장군은 워싱턴에 전문을 띄웠다.

'본 사령부는 능력 범위 내에서 인간적으로 가능한 모든 것을 다했으나 지금은 통제와 힘으로 어쩔 수 없는 사태에 직면하고 있음.' 트루먼은 국가 안보 회의 특별 회합을 소집했고 여기에서 딘 애치슨 장관은 '우리는 이 전쟁을 종식시키기 위해 어떤 다른 방법을 찾아야 할 것'이라고 자기 견해를 밝혔다. 11월 30일 기자 회견에서 트루먼은 중공군 격퇴를 위해 자기는 원자탄 사용을 고려 중이라고 말했다. 12월 4일 영국 수상 클레멘트 애틀리가 워싱턴에 도착하여 3일간의 회담이 있은 뒤 트루먼은 원자탄은 사용되지 않을 것이며 동맹국과의 사전 협의 없이는 미국이 결코 원자탄 사용에 나서지 않을 것임을 밝히는 성명을 발표했다. 월톤 워커 장군은 자기에게 서울 방어를 요구하지 않는다면 자기는 남한에 하나의 진지를 확보할 수가 있다는 언질을 워싱턴에 보냈다. 〈뉴욕 타임스〉지의 어떤 기사는 이 대통령이 38도선을 원 상태로 부활시키게 될 타협안을 받아들일 용의가 있다고 주장했다. 12월 6일 이 대통령은 다음과 같이 나에게 전문을 보냈다.

"타협은 있을 수 없소. 귀하는 나의 신조와 내가 처해 있는 입장을 알 것이오. 우리 계획에 타협 따위는 들어 있지 않소."

12월 7일 이 대통령은 상황 설명을 위해 다음과 같이 썼다.

유엔군은 싸움도 아니하고 철수 중에 있고 한국군은 철수를 원치 않고 있기 때문에 현 정세는 무질서와 혼란에 빠져있소. 한편 한국군은 미군 산하에 속해 있기 때문에 고립되지 않기 위해서는 유엔군을 따라야 하오.

평양 시민들이 떠나기를 원하나 군 당국은 그렇게 하도록 허가하지 않았소. 도지사의 압력으로 그들은 교량을 폭파시키기 전에 약 10만 명을 건너게 했소.

서울 주민들은 남하하고 있으며 상점은 닫히고 그들은 자기네 직원들을 시외로 실어내기 위해 비행기를 들여 보내고 있소. 미군이 싸우지 않고 철수 중인 사실이 보여주듯이 미국 정부의 우유 부단한 태도는 국제연합과 미합중국의 명예를 더럽히고 있소. 동해안의 우리 사단은 중부 전선의 우리 부대와 합류할 입장이 아직은 못 되오. 그들이 합칠 수만 있다면 밀고 들어오는 공산군과 싸우기에 충분하리만큼 강력할 것이오. 중공군은 지금 후방에 있고 약 4만 내지 6만의 북한군이 남으로 이동하고 있소.

이틀 뒤 이 대통령 부인은 서울 포기의 필요성을 설명하며 괴로운 편지를 써왔다.

오늘 아침 트루먼 대통령과 애틀리가 발표한 성명을 듣고 우리는 상당히 실망했습니다. 한국을 포기하지 않겠노라고 한 트루먼 대통령의 첫 번째 성명은 모든 사람들을 소생시켰습니다. 그들은 자기 집을 버리고 빙판 길을 걸어 남으로 길을 떠나지 않아도 되겠다는 새로운 희망을 가졌습니다. 지금은 중공군이 철수하지 않는 한 우리는 국제연합의 대안을 안타까이 기다리고 있는 중입니다. 그 전에도 그랬던 것처럼 대통령은 떠나지 않고 차라리 이곳에서 죽었으면 하는 생각입니다. 왜냐하면 만일 국제연합이 한국에서 손을 뗀다면 당신 영도 밑에 공산당과 싸워온 2000만 명의 국민은 학살될 것이기 때문입니다. 중국 사람들은 한국 공산 분자들의 만행을 도와 주겠지요.

사람들은 공포에 떨고 있습니다. 이 사람들은 밤을 꼬박 새우며 짐을 꾸리고 우왕 좌왕하고 있습니다. 통행이 가능한 다리는 하나뿐이고 많은 사람들은 나룻배로 강을 건너야 됩니다. 한강의 어떤 부분은 얼어 붙어서 더러는 그런대로 건너기도 합니다. 국제연합이 발을 뺀다면 남쪽을 지원하는 나라가 아무도 없고 항공 지원도 없을 것이기 때문에 남쪽으로 가는 것이 무의미합니다.

공산 분자들에 시달리며 공산주의와 싸워 나온 나라를 버리지 않도록 당신이 사람들의 감정을 분발시켜야 합니다. 대한민국 육군은 자신의 북쪽 형제들과 맞서서 피나는 싸움을 하여 왔으며 앞으로도 침략자와의 투쟁을 더욱 세차게 할 각오입니다. 싸움도 하지 않고 후퇴한다는 사실은 그들의 마음과 자존심과 사기를 상하게 만들고 있습니다.

유엔군은 국제연합의 결정을 기다려야 하기 때문에 후퇴해야 하며 따로 어떤 행동도 할 수가 없습니다. 맥아더 장군은 대통령에게 참으라고 했습니다. 그 자신은 참지 못할 지경에 있습니다. 이 이야기는 외부에 밝히지 마십시오.

12월 14일 국제연합 총회는 중공과 타협해서 해결 방안을 모색할 권한을 위임받은 휴전 위원회 설치안을 52대 5로 가결했다. 중공은 강화 조건을 토의하기 위해 뉴욕에 대표 1명을 보내도록 초청받아 우슈찬을 단장으로 하는 대표단을 파견했다. 중공 대표단은 한국으로부터의 외국군 철수, 타이완에 대한 중공의 인수 문제, 중공의 국제연합 가입 등을 포함한 모든 두드러진 아시아 문제들을 한국에서 휴전이 마련되기도 전에 해결하기 위하여 7개국 회의를 중공에서 개최하자고 요구했다. 국제연합은 자기들의 10월 7일자 결의를 철회하고 38도선의 부활을 결정지을 용의가 되어 있었다. 그러나 완전 항복에 대한 준비는 되어 있지 않았다.

한국에서는 유엔군이 남한으로의 신속한 후퇴를 진행 중에 있었다. 8군사령관 월톤 워커 장군은 성탄절을 이틀 앞두고 차 전복으로 사망했다. 다시 한번 한국 정부는 서울에서 부산으로 옮겨졌다. 합동 참모 본부는 맥아더에게 "우리는 한국이 대규모 전쟁을 치를 곳이 아니라고 믿는다"로 시작된 전문을 보내왔다. 그 전문은 계속해서 맥아더의 제1차적 사명은 '일본 방위'임을 상기시키면서 한국으로부터의 전면적 철수 시기와 방법에 대한 그의 판단을 물었다. 맥아더는 만일에 정책 결정이 허용하기만 한다면 '우리가 한반도를 위한 전투를 계속하기로 결정한 이상' 해군에 의한 중국 본토의 봉쇄, 전쟁 수행에 관계된 중국 산업 시설 폭격, 타이완으로부터의 국부군 사용 그리고 장제스로 하여금 중국 해안에 침공 부대를 상륙시키도록 도와 양동 작전을 개시하도록 하는 등의 방법으로 우리는 전쟁에 이길 수 있다고 답했다.[8]

사태의 절망적인 모양은 이 박사 부인이 서둘러 쓴 짤막한 편지에 모두 압축되어 있다.

"사태가 몹시 악화되어 있습니다. 공산당은 물밀듯 내려오고 미국 대사관은 이미 자기네 직원들을 배로 실어내고 있습니다. 우리를 위해 기도 부탁드립니다."

다음 몇 개월 동안 한국은 맥아더 장군이 이름지은 소위 '전혀 새로운 전쟁'에서 고대 로마 제국에 의한 카르타고의 멸망 이래 어느 나라도 경험하지 못한 참화를 겪을 운명에 빠져들게 된다.

---

8) 휘트니 저, 《맥아더》, 앞의 책, 제10장 참조.

15
실수의 대가
(1951년)

1951년 한국에서는 승자 없는 싸움이 계속되었다. 승자는 중공군도, 소련 사람도, 국제연합도, 미국도 아니고 북이나 남의 한국 사람들은 더욱이 아니었다. 이 해는 많은 나라에게 지위와 위신 면에서 그리고 재산과 가족과 생명을 잃은 개인에게는 쓰라린 상실의 해였다. 더글러스 맥아더 장군은 영광의 자리에서 물러나고 그를 끌어내린 트루먼은 그 때문에도 그렇고 승리할 가망 없는 전쟁을 시작한 때문에도 국민의 신망을 심하게 잃었다.

이승만 또한 자신에게 숙명적으로 지워진 역할 때문에 세계 여론에 비싼 대가를 치렀다. 한국전쟁은 아무에게도 승리의 영광을 안겨주도록 설정되어 있지 않았다. 그리고 1950년이 막을 내릴 때 이 전쟁은 최악의 상태에 돌입한 느낌이었다.

야전 지역에서 유엔군과 한국군은 서둘러 후퇴 중이었다. 중공과의 전면 전쟁 가능성을 우려한 국제연합의 관심 때문에 12월 23일 전사한 워커 장군은 될 수 있는 대로 단시일 내에 북한에서 철수하라는 명령을 받고 있었던 것이다. 압록강까지의 진격은 성공을 전제로 했고 따라서 예비 병력이나 '후방' 진지가 구축되지 않았기 때문에 그의 후퇴 작전이 어떤 경우에서도 과연 크게 지연시킬 수 있었겠는지 의심스럽다. 그의 후임인 매슈 리지웨이 중장은 12월 26일 워싱턴으로부터 도쿄에 도착하자 철수의 중지와 공격으로의 전환을 요구하여 맥아더의 허락을 얻었다.

유엔군 측에는 이제 한국군 이외에도 16개국의 군대가 있었다. 다양한 화기, 훈련, 그리고 장비를 갖춘 36만 5000명의 병력을 자기 아래에 두고 리지웨이는 3분의 2가 중공군이고 나머지는 만주에서 재편성되고 재무장된 북한 공산군으로 구성된 48만 5000여 명의 실전 경험이 있고 군율이 엄한 공산군과 대치하게 되었다. 중공군 제4야전군뿐만 아니라 전투 병력 수준까지 회복된 북한의 12개 사단을 지휘한 린뱌오(林彪)는 김일성의 6, 7월 공세와 같은 실수를 범하지 않았다. 그는 개성에서 서울로, 수원으로, 대구로, 그리고 거기서 바로 부산으로 이어지는 '침략 회랑' 위에 자기의 전 진격 부대 병력을 집결시켰다. 소탕 작전은 뒤로 미룰 수 있었다. 린뱌오는 부산 방어선에 대한 대비책을 생각하지 않았다.

리지웨이 장군은 이승만을 대구에서 만나 "저는 여기 계속 머물러 있기 위해 온 것입니다"라고 단호하게 말했다. 그것은 쉬운 일은 아니었다. 맥아더 장군은 12월 30일 중공은 유엔군을 한국으로부터 몰아낼 능력이 있다고 합동 참모부에 보고했다. 이 대통령은 수도를 제주도로 다시 옮길 것을 고려 중이라고 세계 각 신문이 보도했고, 그는 격분하여 이를 부인했다.

국제연합 총회에서는 이란의 나즈롤라 엔테잠, 인도의 베네갈라우, 그리고 캐나다의 레스터 피어슨 3인으로 구성된 휴전 위원회의 설치안이 38도선 재설정의 바탕 위에 휴전을 모색하고자 12월 14일, 51대 5표로 가결되었다.[1]

1951년 1월 3일 레스터 피어슨은 대한민국의 해체, 잠정 기간 동안의 국제연합의 한국 통치, 그리고 미국·영국·소련 및 중공으로 구성될 4대국 감시 위원회가 동의하는 방법으로 실시되는 선거를 통하여 비로소 한국을 통일시킨다는 것 등을 약속함으로써 휴전이 모색되어야 한다고 국제연합에 건의했다. 중공의 반응은 미국과 국제연합을 한국에서뿐만 아니라 타이완으로부터도 똑같이 철수시키는 문제를 실질적으로 심의하기 위하여 7개국 회의를 베이징(北京)에서 열 것을 요구하는 제안이었다. 미국 하원은 1월 19일과 23일 국제연합이 중공을 침략자로 규정짓고 적절한 행동을 취해야 한다고 의결함으로서 철수를 주장하는 이와 같은 돌격적인 제안에 제동을 걸었다. 미국 대표 워렌 오스틴은 국제연합은 10월 7일자 결의를 지키며 중공을 한국에서 몰아내고 국제연합 감시에 의한 선거를 통해 나라를 통일시키라고 강경한 주장을 폈다. 영국의 그래드윈 제브는 중공을 만족시키지 못하는 한 어떤 해결책도 한국에서 힘을

---

1) 르란드 M. 구드리치 저, 《한국:미국의 국제연합 정책 인구》, 뉴욕, 외무협의회 간행, 1956년, 제7장 참조.

쓰지 못할 것이라고 했고 베네갈 라우는 중공의 한국 개입이 옳지 못하다 하더라도 그들은 처벌되어서는 안 되고 물러가도록 '설득하는 것'이 마땅하다고 주장했다. 한편 연설자 모두는 중화인민공화국이 직접 개입된 것이 아니고 다만 북한 형제들을 도우려는 개개의 희망 때문에 '지원'하게 되었고 충분한 보급과 항공 지원을 받은 수십만의 정규군 부타이완이 참전했을 뿐이라는 그럴듯한 중공의 구실을 받아들이는 데 동의했다.

국제연합이 멋대로 꾸미는 수작은 이 대통령에게 흥미가 없었다. 1월 5일 그는 맥아더에게 50만 한국 청년을 무장시킬 소총과 기타 무기들을 요청하는 편지를 보냈다. 그는 또한 장제스(蔣介石)가 약속한 5만의 타이완 주둔 병력을 한국 전투에 참가시키도록 허락해 줄 것도 아울러 요구했다. 그다음 날 그는 한국 청년의 무장을 거듭 요청하는 편지를 트루먼 대통령에게도 보냈다. "하느님이 각하에게 건강과 용기와 지혜를 주시도록 기원합니다" 하고 편지를 끝내면서 그는 왜 보다 더 완강한 저항이 필요한가 하는 다각적인 요인들을 열거하며 자신의 심정을 한 문장에 요약하여 놓았다.

1개월 전 중공 오랑캐의 침략 이후 유엔군은 북방 국경선에서부터 계속 후퇴하여 지금은 적군이 수원까지 내려와 있습니다. 적군이 우리에게 전선 구축의 시간 여유를 안 주기 때문에 전선 형성을 목적으로 한 이른바 전술적 후퇴는 한 번도 성공하지 못했습니다. 만일에 적군이 지금과 같은 속도로 내려오도록 내버려 둔다면 그들은 짧은 시간 안에 대구와 부산에 이르게 될 것입니다. 그 결과는 생각만 해도 몸서리가 쳐집니다. 우리 한국 사람들에게 앞으로 닥칠 일은 너무나 무서운 것입니다. 왜냐하면 적군은 한국 내의 모든 반공적 요소들을 때려부수려 들 것이고 이 사실을 전 세계에 고발할 온당한 인간이 살아남지 못할 것이기 때문입니다. 더욱 불행한 것은 이와 같은 참화가 공산당의 한국 침략을 저지하려고 용기 있게 노력하여 온 각하와 다른 위대한 지도자들에게 미치게 될 광범위한 영향입니다. 그들은 모두 그 책임을 각하에게 돌리려고 할 것이고 소련과 전 세계의 모든 괴뢰들은 승리의 환성을 올리게 될 것입니다. 국제연합은 또 하나의 세계대전으로부터 자신은 물론 다른 어느 나라도 구원할 수 없고 이 전쟁을 더욱 비참하게 만들 뿐일 것입니다. 이런 사태를 구해내기 위하여 우리들은 우리의 전력을 다하여 지금 공산 침략자들을 때려부숴야 합니다. 한국인들에게 무기를 대주고 그들의 유격 전술에 따라 전쟁을 수행하도록 허용해 주시고 또한 맥아더 장군으로 하여금 공산 침략을 어디서나 막을 수 있는 무기와 심지어는 원자탄마저도 사용할 수 있게 권한을 주어야 합니다. 모스크바에 폭탄 몇 개 떨어뜨리는 것만으로도 공산 세계를 뒤흔들어 놓을 수 있을 것입니다.

국제연합에서 토의되고 시도되는 전략과 타협에 관하여 이 대통령이 무슨 생각을 하고 있었는지는 1월 5일자 장면 대사에게 보낸 각서에 밝혀져 있다.

친공 국가들이 제안한 각종 국제연합 결의안에 대해서 나는 전혀 관심을 기울이지 않고 있소. 그들 중의 몇몇 나라들은 자기네가 처해 있는 입장은 모르고 있고 더러는 민주주의와 공산주의의 투쟁의 뜻을 모르며 어떤 나라는 소련 연방이나 그의 꼭두각시들의 비위를 건드릴까 두려워하고 있소. 귀하는 그들로부터 무엇을 기대할 수 있겠소? 남이야 어찌되든 자기들 자신의 이익에만 관심이 있는 것이오. 태평양 지역에 위치해 있기 때문에 영국 연방권에 속하는 뉴질랜드만이 그리고 약간은 호주도 태평양 문제에 어느 정도 관심을 가지고 있소. 그런 형편에도 호주는 정당 정치에 있어 찬반 양론으로 갈라지기 때문에 어떤 뚜렷한 태도를 취할 수 없는 것이오. 한마디로 말해서 이런 상황이기 때문에 우리는 그들에게 큰 기대를 걸 수 없소.

그 뒤 이 대통령은 한 동안 생각해온 바대로 장면 대사가 워싱턴의 직책에 적격이 못된다는 결심을 내리게 되었다. 그는 장면에게 "대사라는 것이 인기를 얻고 우방의 신뢰를 얻는다는 것은 좋은 일이오. 그러나 여러 나라로 하여금 우리 정부가 처한 입장을 이해하도록 하기 위하여 때로는 외교관이 자기 인기를 희생시켜야 하는 경우가 있는 것이오"라고 편지에 썼다. 그렇게 쓰고서도 그는 소환이라는 문구를 쓰기가 곤란하여 점잖게 말을 돌렸다. "무초 대사와 이곳에 있는 몇몇 다른 미국 벗들이 크게 느끼고 있는 것은 당신이 지금 여기에 있어야 한다는 것이오. 이 사람들 생각은 서울이 현재 가장 중요한 곳이고 나 또한 당신이 당장 돌아오는 것이 좋겠다고 생각하오."

사실상 이 대통령과 트루먼 대통령 사이의 정책 다툼은 전체 한국의 해방과 통일 방법에 대한 의견 차이가 불가피했고 너무 날카롭고 절박하게 되어 있기 때문에 이승만과 무초는 장면 대사의 온순하고 회유적인 성격이 이승만과 그가 매일 접촉하는 미국 사람들, 예를 들면 무초나 유엔군 사령부 중간에 직접 끼어든다면 유용한 목적에 이바지할 수 있겠다고 생각했다.

무초의 희망은 미국 정책에 되도록 충실하려는 자신의 열렬한 뜻을 워싱턴에서 이미 입증한 바 있는 장면이 이 대통령에게 덜 요구하고 많이 양보하도록 영향을 줄 수 있고 또 줄 것이라는 것이었다. 한편 이승만은 공산당을 쳐부수고 한국 통일을 이룩해야 된다는 자신의 본질적인 입장을 조금도 수정할 생각 없이 워싱턴과 국제연합이 이런 정책을 받아들일 수 있는 방법으로 장면이 의사 전달을 할 수 있기를 바랐다. 이승만의 해결 방안은 장면을 권한은 적지만 상징적 자리인 국무총리에 임명하는 것이었다.

1월 6일 이 대통령은 한국이 직면하고 있는 딱한 사정을 설명하는 편지를 내게 보냈다.

중공군이 약 1개월 전 한국을 침공해 들어온 이래 수천의 인명이 매일같이 전선 전방의 양측에서 희생되어 왔소. 수백만의 남북한 국민들이 자기네 집에서 쫓겨나 들로 산으로 도처에서 방황하며 추위와 굶주림에 무수히 죽어가고 있는 판국에 아직도 국제연합은 무의미한 결의안에 골몰하고 있소. 맥아더 장군은 이런 보고를 국제연합에 보내고 중공군 침입에 관하여 국제연합이 자신에게 무슨 행동을 원하고 있는지 결정해 주기를 요구한 이래 어떻게 해야 할 방법을 모르고 있는 것이오. 주한 유엔군은 자연히 일종의 불안 상태에서 떠돌고 있소. 이 사람들은 국경선 지역으로부터 철수하여 평양·개성, 그리고 서울을 저항도 하지 아니하고 양도했고 이제 적군은 수원까지 내려왔소. 개성과 서울 두 도시는 거의 비어 있소. 집을 떠날 수 있었던 모든 사람들은 남쪽으로 가면 공산당 살인마들로부터 자기네 생명을 건질 수 있겠지 하는 희망을 안고 남으로 도망쳐 온 것인데 적군이 진격해 온 지금까지의 속도대로 한다면 그들이 대구와 부산에 이르는 것은 시간이 얼마 걸리지 않을 것이오. 국제연합은 평양시 외곽에서 한 것과 마찬가지로 서울·김포(金浦), 그리고 기타 장소에 싸 놓았던 전쟁 물자들을 모두 불태워버렸소. 서울 이남의 다수 전략적 위치에 저장되어 있는 미곡들도 적군에 의하여 노획될 위험 속에 있소. 그렇건만 불쌍한 피난민들은 유엔군이 중공군으로 하여금 한반도 전체를 점령하도록 내버려두지 않을 것이라고 믿고 있고 또 이 사람들은 국제연합이 아직도 되지도 않는 수작을 지껄이고 있으면서 적군으로 하여금 마음대로 빠르게 내려오도록 내버려두고 있는 것도 거의 깨닫지 못한 채 부산이 자기네 생명을 보존해 줄 안전한 곳이라고 믿고 있는 것이오.

그는 대한민국 국군의 군비의 필요성을 되풀이하고 이렇게 주장했다.
"우리는 끝까지 싸우다 죽든가 아니면 우리의 적을 쳐부수고 전멸시킬 것이오. ……이것이 우리들의 결심이며 국제연합은 여기에 반대할 아무 이유도 없기를 바라오. ……그들은 이번 동란과 같은 세계적 위기를 다루어 나갈 능력이 없음을 입증했소. 지금이라도 국제연합이 이런 상황을 구출하기 원한다면 맥아더 장군에게 필요한 무기를 사용할 권한을 주어야 할 것이오. ……만일 지금 그렇게 하지 못하면 민주주의에 등을 돌려 소련을 지원했다는 비난을 면할 수 없을 것이오."

국제연합과 미국 정책에 대한 이 대통령의 비판은 상대적인 거부 반응과 노여움을 살 뿐이었다. 해리 트루먼은 "리지웨이 장군에 대한 또 하나의 초기 능력 테스트는 대한민국과 이승만 대통령에 관련된 것으로 드러났다. 대한민국 정부는 자기네의 각종 청년 단체에게 무기를 줄 것을 끈질기게 주장했다. 나는 합동참모부에 대하여 정치 집단과 같은 조직을 무장하는 일에 나는 찬성하지 않는다고 밝혔다"고 따끔한 소리를 했다.[2]
마크 클라크 장군은 "완고한 이승만 노인은…… 자기의 전략적 구상에 방해

---

[2] 트루먼 저, 《회고록》, 앞의 책, 전2권 p.454 참조.

되는 사람이면 적과 동지를 가리지 않고 흥분을 잘했다……나는 그를 찬양하지 않을 수 없었다……나는 그를 존경했다. 개인적으로는 그를 좋아했지만 그는 여전히 '노여움을 잘 사는 동맹자'라고 느꼈다."[3]

합동참모본부 의장 J. 로톤 콜린스 장군은 이승만을 '용감한 노병'으로 보았으며 그의 정책은 거부하면서도 그를 좋아하고 찬양했다.[4]

아서 반덴버그 상원의원은 "이 대통령이 국제연합이나 워싱턴 당국과 이모저모로 불화 관계에 있는 것을 보기가 안타깝지만…… 분명히 그는 위대한 애국자이다. 그러나 솔직히 말해서 북한의 국민 투표가 뒷받침해주지 않는 한 그가 38도선 이북의 민간 통치권을 승계하기를 기대해서는 안 된다고 나는 생각한다……기본적으로 범 한국적인 해방은 국제연합의 사업이며……이 목표는 아시아의 전 운명을 좌우하고 있으므로 그렇게 성취되지 않으면 안 된다"라고 했다.[5]

이승만이 거의 고군분투하지 않으면 안 된다고 느끼는 그 판단은 옳은 것이었다.

당시 국제연합 주재 대한민국 상주 옵서버인 임병직 대령과 나는 이 기간 중 가끔 미국 동부 지방을 누비며 지역 사회 청중들에게 강연을 하고 다녔는데 한국은 '자유와 민주'의 나라가 되어야 한다는 의견에 언제나 동정이 쏠리고 있는 것을 발견했으나 그 목표를 이룩하는 방법이 되는 전쟁에 대하여서는 또한 일반적인 거부 반응을 받았다. 1월 6일 내가 이 대통령에게 쓴 편지 내용과 같이 "적군에 의하여 이미 잔인하게 감행되고 있는 전쟁을 눈 앞에 보며 우리 지도자들이 무슨 생각으로 이것을 피하려는 희망만을 가질 수 있는지 이해하려면 사람의 머리가 정말 돌 지경입니다." 같은 날 나는 미국에서의 대한민국 홍보 계획을 감독하는 책임을 면하게 하여 줄 것과 변영태를 그 자리에 임명해 줄 것을 간청하는 글을 다시 그에게 써보냈다. "한국 사람을 이 계획의 책임자로 세우는 것이 매우 중요할 것 같아 보이며 거기에는 지난 세대의 비극적 시

---

3) 마크 W. 클라아크 저, 《다뉴브강에서 압록강까지》 뉴욕:하퍼 출판사, 1954년, pp. 142~43 참조.
4) J. 로톤 콜린스 저, 《평화시의 전쟁:한국에서의 역사와 교훈》, 보스턴:휴턴 미플린 출판사, 1969년. p. 240 참조.
5) 아서 H. 반덴버그 2세 편저, 《반덴버그 상원의원의 사문서》, 보스턴:휴턴 미플린 출판사, 1952년, pp. 544~545 참조.

기를 계속 한국에서 보낸 한국 사람이 앉아 있어야 합니다. 변영태가 쓴 몇 권의 저술은 그에게 존경과 명예의 자리를 차지하게 하는 데 큰 도움이 될 것입니다. 물론 제가 필요한 만큼 긴밀하게 그와 협조하여 될 수 있는 대로 모든 면에서 그에게 도움이 된다면 저로서도 기쁘겠습니다." 이 대통령은 1월 21일 회신에서 내가 함께 일할 수 있게 변영태를 고용할 수 있을 것이라고 말했으나 그는 얼마 후 파키스탄의 어느 회의에 참석하도록 변영태를 특별 대사로 임명했다.

그럼에도 불구하고 이 대통령은 어떤 상당한 변화가 있어야 하겠다고 믿었다. 1월 11일 그는 "한국이 일반 미국 국민에게 호소할 수 있는 매채가 되는 선전 기관을 우리가 만들지 못했소"라고 써왔다. 다음 날 그는 다시 "일인들은 자기네의 약삭빠른 외교와 선전을 통하여 항상 자기들이 원하는 것을 얻고 있소. 그러나 한국 사람들은 선전의 가치를 모르오. 대개 이 사람들은 자기네를 해치고자 하는 사람들의 손에 놀아나고 있소"라고 했다. 나는 여름 동안 미국을 여행하며 한국에 대하여 사람들에게 강연도 하고 의논도 하는 것이 어떻겠느냐 하는 가능성을 제시했더니 1월 21일에 그의 회답이 있었다. "여름 몇 달 동안 우리들을 도와주러 귀하가 나왔다 갈 수 없겠는지 내가 바라는 바이지만 귀하의 말대로 나라 안을 여행하는 것이 결과에 있어 결실이 클 것이기 때문에 귀하는 거기에 맞게 진행시키시오."

무엇 때문에 미국에서의 홍보 관계 계획이 중요한 것인지 1월 23일자로 그가 내게 보낸 편지(문서철에 '철하지 말 것' 하고 표기한) 내용에 충분히 밝혀져 있다.

최근의 미국 언론 보도들을 보면 유엔군은 '명예로운 철수'를 하든가 아니면 '한국에서 축출될 것'이라는 말이 많이 있음을 우리가 알 수 있소. 한국 전선 현장으로부터의 이런 보도들을 읽으면 이 나라 일반 민간인에게뿐만 아니라 최전방에서 싸우고 있는 모든 국가의 전투 요원들에게 그것은 가소롭기도 하고 동시에 사기를 저하시키는 일 같기도 하오. 전 세계의 적색 괴뢰 분자들을 고무시키기 위해 이런 기사 거리밖에는 바랄 것이 없는 소련 사람들을 제외하고는 아무에게도 이로울 것이 없는 이런 지각 없는 화제 거리가 도대체 왜 나오는지 모르겠소. 미국의 관측통들의 순전한 추측에서 이런 기사들이 만들어지는 것을 보면 흥미롭기도 하오.

한편 미국은 공산당을 한국에서 몰아내기 위해서라기보다 다만 38도선 너머로 밀어올릴 목적으로 한국에서 좀더 강력한 자세를 취할 외교적 방도를 찾으려고 신속하게 움직이고 있었다. 미국이 갖가지 모든 압력을 버티는 가운데 국제연합 총회는 2월 1일 중공을 '침략자'로 규정짓는 미국 제안의 결의문을 채택했다. 그러나 국제연합의 해결 노력을 받아들이지 않는 중공을 용서하고 앞으로의 토의와 교섭이 진행되는 동안은 침략자를 응징하는 어떤 조치도 취하지 않는다는 2개의 수정안을 미국이 수락한 뒤에야 그나마도 비로소 이런 결론에 이를 수가 있었다. 이 정도까지 표현을 부드럽게 했어도 공산 국가와 그들의 가까운 동맹국은 물론이고 제3세계 블럭을 형성하려고 노력 중이던 대부분의 중동 국가와 스칸디나비아 국가 등 '중립' 국가들은 여전히 이 결의에 반대했다. 국제연합은 한국전쟁을 계속 밀고 나가려는 아무런 열성을 보이지 않았으나 맥아더 장군은 끝내 중공 침략군을 '침략자'로 다루고 그들의 진격을 격퇴시킬 권한을 얻어내게 되었다.

유엔군 사령부가 이 대통령에게 자기네 부대들은 이제 버티고 싸울 때가 왔노라고 알려 왔을 때 그는 깊은 안도감과 기쁜 마음으로 이제는 후퇴가 전략적으로 필요한 것이었음을 받아들인다는 내용의 2월 7일자 편지를 내게 써보냈다. 사실상 그는 나에게 이렇게 말하고 있었다. "미국과 국제연합 계획에 대한 반대 운동을 전개시키는 데 대하여 내가 지금까지 주장해 온 일들은 잊어버리시오. 이 사람들이 이제는 싸울 준비가 되었으니 그들을 지원해 줍시다."[6]

불행은 그들이 말하는 이른바 작전상 후퇴에 기인한 것이었소. 워커 장군은 북한의 몇몇 지역에서 유엔군 지상군 부대가 함정에 빠졌다는 사설 때문에 어느 면에서 겁을 먹었던 것이오. 미국 해병들은 매우 위급한 형편에 있

---

[6] 그의 언급은 한국 동부 산악 지대에서 공산군에게 포위되어 밖으로의 출로를 돌파한 제1 해병 사단에 관한 것이다. 사단 사령관 올리버 스미스 소장은 해병들이 패배하여 후회 중이라는 뉴스 보도에 화가 나서 기자들을 한자리에 불러놓고 "기자 여러분, 우리는 지금 후퇴하고 있는 것이 아니오. 우리는 다만 다른 방향으로 공격 중인 것이오"라고 말했다.

없소. 빠져 나올 길을 끝내 뚫은 것은 그들의 계속적인 전투와 과감한 행동 때문이며 그런 일이 계속된 2주일 동안 너무나 많은 인명을 잃었소.

그런 위험을 피하기 위하여 워커 장군은 전선 구축을 결심했소. 그리고 구축이 끝나려는 무렵에 적군이 밀고 들어왔소. 그는 다시 새로운 전선 구축을 위하여 뒤로 물러서지 않을 수 없었소. ……그의 결심은 대구와 부산 주변의 첫 방어선을 재구축하자는 것이었소. 한국군과 유엔군 부대는 이런 궁극적 목표를 알지 못하여 많은 낭설과 비난의 소리가 있었던 것이오. 자연히 이것은 한국 국민들을 거의 절망 상태에 빠지게 했소. 많은 사람들은 한국으로부터의 완전 철수를 주장하는 내용을 담은 많은 조짐이 미국에 있었기 때문에 국제연합도 함께 철수하려는 것이라고 생각했소. 그 때가 바로 한국 국민이 더 이상의 후퇴를 거부하고 무기가 있건 없건 북으로 진격할 결심을 한 시기였소.

워커 장군의 갑작스런 전사는 참로로 슬픈 이야기였소. 그의 후임자 리지웨이 장군이 도착하여 자기는 앞으로 전진하지 결코 후퇴하지 않겠노라고 선언하면서 모든 지상군 부대는 절대로 전선에서 일보도 뒤로 물러서지 말라고 명령했소. 이것은 우리 모두에게 새롭고도 고무적인 정신을 일깨워주기 시작했소.……

그는 다음으로 우정과 이해를 쌓는 중요한 효과를 가져올 것으로 희망하는 하나의 구상으로서 한·미 협회 설립을 위한 장기적 계획에 대하여 방향을 돌렸다. '첫째로 말한다면' 하고 그는 적어 내려갔다.

우리는 한국 정부의 비용으로 어떤 단체를 만들자는 것이 아니오. 우리가 그것을 시작하고 무한정하게 유지해 나갈 충분한 자금을 가졌다 하더라도 그것은 대단히 빈약한 인상을 주게 될 것이오. 적어도 이런 단체가 존재하려면 그것은 자급 자족의 토대 위에 설립되어야 하오. 우리는 초기에 약간의 착수금을 들여 도울 수가 있을 것이오. 그러나 그것까지도 나는 피하려고 하오. ……만일 귀하의 사람들이 이런 토대 위에 정직하게 일한다면 이런 운동을 위하여 모든 것이 유리하게 돌아가고 있는 지금 단시일 내에 10

만 명의 회원을 모집할 수 없다는 이유를 나는 모르겠소.

2월 15일 이 대통령은 "국가를 통일하고 우리의 영토를 회복하여 한반도 경계 안에 어느 곳도 분단된 것이 없도록 한다"는 전쟁 목표에 관한 자신의 입장을 분명히 밝힌 단호한 각서를 대한민국 국무총리에게 내리고 사본 1부를 미국에서 활용하라고 내게 보내 주었다. 그는 힘주어 말하기를 이보다 못한 어떤 구상도 수락할 수 없다고 했다. 그러고 나서 그는 이렇게 결론지었다.

우리의 입장이 그들의 입장이고 우리의 전쟁이 그들의 전쟁이기 때문에 정당한 생각을 가진 국제연합의 모든 회원 국가들은 우리가 목표로 삼아 싸우고 있는 원칙을 튼튼하게 지켜나갈 것으로 우리는 절대 확신하오. 겉으로는 민주주의를 지키는 척하면서 사실은 자유 세계의 적을 지지하고 있는 국가들에 의해 회원국들이 영향을 받도록 되지 않기를 희망하오.

장차의 안보를 보장할 필수 수단에 기대를 걸고 2월 20일에 그는 또 하나의 각서를 써서 한국의 "국가적 생존은 공동 안보를 위한 국제 협약에 일부 달려 있고 또 일부는 이웃 나라가 한국을 쉽게 넘보지 못하도록 우리 자신의 군비에 달려 있다"는 점을 강조했다. 제1의 고려점에 대해서 "태평양 조약 또는 동맹체를 결성하는 제안은 모든 태평양 국가에게 이로운 것이오. ······그러나 마치 우리가 자기 안전을 보장받기 위하여 남의 나라를 끌어들이려고 애쓰고 있는 것 같은 인상을 주기 원치 않기 때문에 정부가 이 점에 대하여 선수를 치고 싶은 생각은 없소." 그는 다음으로 지금 샌프란시스코에서 조인을 위해 다듬어지고 있는 대일강화조약에 언급하면서 의문을 제기했다. "미국이 일본과 동맹을 기꺼이 맺으려 하고 있다면 한국도 거기에 포함될 것인가? 아니면 미국이 한국과도 별개의 동맹 조약을 맺을 것인가?" 제3의 요인으로서 그는 한국이 자체 방위를 위해 필요한 모든 인력을 가지고 있지만 어떻게 해서든지 미국을 설득하여 필요한 무기와 장비를 공급받도록 해야 한다고 역설했다. 효과적인 상비군을 한국이 확보하는 것은 한국을 침공하려는 이웃 나라들의 유혹을 덜게 함으로 동양 평화를 정착시키는 데 도움이 된다는 점을 그는 지적하고 있다.

한국인의 무장과 더불어 전 한국이 통일될 때까지 전쟁을 계속해야 한다는 그의 굽힐 줄 모르는 주장 때문에 이 대통령은 미국에서, 세계 언론에서, 그리고 국제연합 주재 외교관의 모임에서 신랄한 개인 공격의 대상이 되어 있었다. 그의 견해와 그의 성격을 변호하는 우리들의 직책은 날이 갈수록 어려워졌다. 3월 1일 나는 그에게 편지를 냈다.

박사님도 잘 아시다시피 어느 일각에서는 박사님과 정부를 불신임하려는 뚜렷한 움직임이 있습니다. 박사님이 피난민 구호라든가 농민들을 내년 봄까지 농촌으로 돌아가게 하는 귀농 계획 그리고 금년 봄의 토지 개혁 시행 등에 최대의 노력을 기울인다면 도움이 클 것으로 믿습니다. 또한 포로들에 대한 관용과 경찰 통제 등은 항상 언론 보도가 '좋게' 나갑니다.

3월 5일에 나는 같은 문제점에 대하여 다시 한 번 그에게 써보냈다.

대한민국이 실제로 토지 개혁을 방해했다는 기사가 매우 뿌리깊게 박혀 있어서 진상을 밝힘으로써 그것을 깨뜨리는 것이 매우 중요합니다. ……가결된 대로의 법률은 정확히 어떤 것인가? 왜 그것이 초기에 부결되었는가? 얼마나 많은 소작인이 지주로 바뀔 것이며 얼마나 되는 지주 소유 농토가 자작 농토로 바뀌게 되는가?…… 이런 것들은 확실한 사실의 뒷받침을 받아 확고하게 전해져야 할 절실한 이야기들입니다.……
홍보상의 관점으로 보아 공산당 총부리를 옆에 두고도 토지 개혁 계획이 잘 진행되고 있다고 한국에 주재하는 300여 명의 기자들이 본사에 보고할 수 있도록 금년 봄에는 당장 새로 제정된 법에 따라 농토 매각을 추진하는 것 말고는 더 훌륭한 사업을 할 것이 없다고 봅니다.[7]
그리고 또 한 가지 있습니다. ……임병직이 국제연합에서 아주 일을 훌륭

---

[7] 1951년 1월 10일 현재 맥아더 사령부는 일본민을 제외한 한국 주재 외신 기자 수가 '247명'이라고 보고하고 있다. 한국 정부의 악감을 사지 않기 위하여 일본 기자의 수는 밝히지 않았다. 나머지 중에서 32명이 영국이고 13명은 호주·뉴질랜드, 그리고 캐나다 등 영국 연방에서 온 사람이며 약간 명은 다른 유럽 및 아시아 국가 사람들이고 대다수가 미국인이었다.

히 잘 하고 있습니다. 〈뉴욕타임스〉지는 그와 아주 가까워졌습니다. 그리고 내가 알 수 있는 것은 그가 국제연합 관리와 기자들로부터 우호적인 반응을 얻고 있다는 것입니다. 물론 그가 기본적인 정책 변경을 시킬 입장은 아니나 한국의 비중을 높이고 있다는 것만은 분명합니다.

그 뒤 3월 13일에는 환영할 만한 중요한 변화가 있어 그에게 아래와 같이 써 보냈다.

농토 매각 조치를 주장한 저의 지난 번 편지를 부친 날 마침 〈뉴욕타임스〉지에 120만 소작 농가가 이미 새로운 법률에 따라 소유주가 되었다는 기사가 실렸습니다. 이것은 신나는 일입니다. 우리는 토지 매각이 어떤 방법으로 진행되었는지 좀더 자세한 내용이 필요합니다. 그리고 약간의 '인간적인 흥미를 돋구는' 이야기도 좋습니다. ……
백낙준(白樂濬) 문교부 장관이 교육 실태에 대한 상세한 정보를 우리에게 보내줄 수 있겠는지도 알고 싶습니다. 몇 개 학교가 개교 중에 있는지요? 교사들은 어떻게 되었습니까? 교과서 사정은 어떻습니까? 학교는 피난민 천막에서 수업 중에 있는지요? 도서 지방으로 실려간 피난민들 학교에는 어떤 시설을 했습니까? 교사들에 대한 징집 방안은 어떻게 되어 있습니까? 우리는 이런 모든 사실을 잘 활용할 수 있습니다.……
복지 문제에 대한 정보도 크게 유용합니다. 또한 파종과 농가 전반에 대한 문제도 마찬가지입니다. 씨앗은 구할 수 있는지요? 비료는 어떻게 되어 있습니까? 밭갈이에 쓰도록 남은 소가 있는지요? 아버지와 자식을 잃은 유가족들 소유의 전답에 씨뿌리기를 돕기 위하여 무슨 특별한 협동 제도 같은 것을 계획해 놓았는지요? 금년 봄에 심을 논의 넓이는 대강 몇 에이커나 되겠습니까? 농가의 추수량을 가지고 국민의 식량 수요를 어느 정도 충당시킬 수 있겠는지 예상되는 것은 무엇입니까? 어업은 어떻습니까? 해군 함정들은 모든 고기잡이 배들을 연안에서 조업시키고 있습니까? 호남 지방이나 기타 지역에 있는 공장들은 지금 운영이 되고 있습니까? 그렇다면 어떤 공장들이 무슨 방법으로 움직이고 있는지요? 전기 사정은 또한 어떤지요?

전선의 상황은 이제 24시간의 경계를 필요로 하고 있었다. 유엔군은 완강한 저항을 물리치고 북으로 밀고 올라가며 전투를 계속 했다. 리지웨이의 진격이 1월 25일에 시작되어 2월 초에는 그의 전방 부대가 한강 남쪽 제방 기슭에 이르렀다. 이때까지 유엔군 부대는 지나치게 퍼져 있었고 공산군이 치열한 역습을 강행한 결과 한국군 제5 및 제8사단 그리고 미군 제2사단 38연대가 이른바 '대량 학살의 계곡'이라는 이름을 얻은 전투에서 사실상 전멸했던 것이다. 프랑스군과 미국군 병사들은 완전 포위한 적군을 맞아 3일간의 전투를 벌인 지평리(砥平里)의 격렬한 싸움에서 중공군을 끝내 저지시켰다. 2월 15일까지는 공산군이 후퇴를 시작했고 리지웨이는 자기가 이름 붙인 이른바 '킬러 작전'이라는 작전으로 적군을 호되게 추격했다. 3월 7일과 14일 사이의 치열한 싸움에서 피차에 네 번이나 뺏고 빼앗기며 시가지가 이제는 돌밖에 남은 것이 없을 정도로 되었지만 서울이 다시 재탈환되었다. 대한민국 국방부는 "55개 도시 가운데 52개가 없어졌다"는 짤막한 회람을 돌렸다. 5000여 개의 촌락이 파괴된 것으로 집계되었다. 1000만의 피난민이 집을 떠날 수밖에 없었다. 2월 12일 하원 공화당 원내총무 요셉 마틴은 "우리가 승리를 위하여 한국에 주둔하고 있는 것이 아니라면 민주당 행정부는 마땅히 수만 명의 미국 청년을 죽인 죄로 고발되어야 한다"고 말함으로써 그렇다고 묘책이 합의되지도 않는 터에 사면초가가 된 미국 행정부의 좌절감을 요약했다.

좌절은 여러 모양으로 나타났다.

워싱턴에서는 딘 애치슨 국무장관이 "우리는 중공이 국제연합에 대한 공공연한 반항을 중지할 의사가 없다는 사실을 솔직하고 진지하게 바로 보아야 한다"고 말함으로써 문제 해결을 위한 외교적 실패에 직면했다.

같은 날 1월 13일 해리 트루먼은 "최악의 경우 만일에 우리가 한국으로부터 철수해야 한다면 그런 조치는 군사적 필요에 의하여 우리에게 강요된 것이며 우리는 그 결과를 정치적으로 받아들이지는 않겠다는 점을 전 세계에 밝히는 것이 중요하다. ……"고 밝혔다.

한국의 이해 관계가 가장 심각하게 걸려 있는데다가 전쟁을 좌우할 정책 결정에 대한 자신의 힘이 미약했기 때문에 이 대통령은 누구보다도 더 심각한 좌절감에 빠졌다. 전투 부대들이 한반도에서 피차 간에 일진일퇴를 거듭하는 동안 한국은 쑥대밭이 되고 있었다. 그리고 여기에 그가 취할 수 있는 대책은 너무도 빈약했다.

콜린스 장군이 표현한 것처럼 이승만은 '화를 잘 내는 동맹자'였지만 그 이유는 무엇이었을까? 피할 수 없는 사실은 그가 전쟁 목적에 대한 최종적인 결정권을 가진 중추적 지도자와 근본적으로 다른 전쟁관을 주장했다는 점이다. 이 대통령이 트루먼과 애틀리 그리고 네루의 견해와 일치될 수 있었다면 이는 마치 위가 아래가 되고 흑이 백이 되고 어제가 오늘이 될 수 있다는 말과 같은 것이다. 불가피한 결과로서 이승만의 가장 귀중한 동맹자가 된 이들 지도자들은 또한 그의 가장 신랄한 적수가 되었다. 공산당에 대항하는 동맹국의 노력의 핵심에는 이런 고유의 본질적인 차이가 있었던 것이다. 이승만은 네루를 경멸하게 되고 애틀리를 싫어하고 불행하게도 잘못된 권고로 길을 잘못 들게 되기는 했어도 트루먼은 하나의 위대하고 찬양할 만한 인물이라고 생각했으나 그런 갈등은 성격의 문제가 아니었다. 이 세 사람은 모두 이승만을 하나의 순수한 애국자로 보기는 했으나 민주주의에 대한 세계적인 요구와 약속에 대한 생각이 모자라고 현실 감각이나 요령이 부족한 사람으로 생각한다고 응수했다.

만일 이승만이 편협된 생각을 가진 한국의 애국자에 지나지 않았다면 국제연합의 지배로부터 그를 갈라놓은 문제는 훨씬 쉽게 해결될 수 있었을 것이다. 약소국의 특별한 전쟁은 열강의 필요성이나 편의에 희생되어 온 것이(더러 최근에도 있었지만) 세계사에 너무나 흔한 사건이었다. 한국은 자기네 반도를 벗어나면 미국이나 어느 곳에도 귀한 지지자를 가지고 있지 못했다. 만일에 이 대통령의 '애국 정신'이 막지 못했다면 한국은 아주 쉽게 빠르게 희생되고 말았을 것이다.

문제는 물론 보다 더 광범위하고 엄청나게 더 복잡한 내용이었다.

한국전쟁에 개입하고 또 계속한다는 미국과 국제연합의 결정은 어떤 지도자의 마음에도 결코 '한국을 구출할' 목적이 아니었다. 이 사람들은 모두 그것은 결코 자기들의 목표가 아니라고 동의했다.

이승만이 되풀이 말했듯이 어떤 외국 국가들이나 군대가 한국을 대신해서 싸우고 희생하리라고 바라지도 않았고 기대하지도 않았기 때문에 그는 이 사실을 인정했다. 이 전쟁이 정말 무엇을 뜻하는 것인지 뒤집어 생각해 보아도 합의점을 찾는 일이 그리 쉬운 일은 아니었다. 이승만과 맥아더 장군이 보기에 이 전쟁은 근본적으로 '공산당 음모'에서 비롯된 세계적 목표를 때려 부수는 데 있었다. 트루먼에게는 이것이 1947년 자기가 그리스·터키 독트린을 창시한 '공산주의 봉쇄를 위한 대대적인 구상'의 일부였다. 애틀리에게는 아마도 이 전쟁은 하나의 피할 수 없는 불쾌한 사건이지만 미국이 여기에서 벗어나 본디의 유럽 방위 임무로 복귀할 수 있도록 될 수 있는 대로 빨리 끝장내야 한다고 생각했을 것이다. 네루에게는 공산 국가와 비공산 국가 간의 '긴장'이 완화될 수 있도록 가장 적절한 기회에 중단시켜야 하는 단순한 '지연 작전'이었다.

소련과 중공 쌍방의 공산 세력에게는 전쟁을 가열시키거나 종식시킬 만한 아무런 필요가 없었다. 1951년 봄도 여름으로 넘어가고 한국에서의 전투가 때로는 몹시 치열하고 유혈이 심했지만 출발 지점 언저리에서 대체로 안정되어가는 무렵인 6월 23일 야코프 마리크는 뉴욕 국제연합의 라디오 방송을 통하여 연설하는 자리에서 서방 동맹국을 '전쟁 상인'이라고 비난하는 한편 휴전이 바람직하다는 은근한 암시를 던지며 연설을 끝마쳤다. '첫 단계로서 우선 휴전을 하고 38도선으로부터 상호 간 군대 철수를 규정하는 정전을 위하여 교전국 간에 교섭이 시작되어야 할 것'이라고 그는 말했다.

영국 외무부는 이 마리크의 성명을 '바로 영국과 많은 다른 나라들이 한동안 추구해 온 것'이라고 환영했다. 국제연합 사무총장 트리그베 리는 노르웨이에서의 휴가를 줄이고 뉴욕으로 돌아와 희망적인 평화의 메시지를 발표했다.

유일한 불협화음이 가장 이해 관계가 깊은 정부의 대통령이며 '몹시 화를 잘 내는 동맹자'로부터 들려왔다. 6·25 사변 기념일 연설에서 이 대통령은 모든 공산당을 압록강 너머로 몰아낼 때까지 국제연합은 자기들이 공언한 사명에 충실해 줄 것을 요구했다.

"공산군은 지금 참호 속에 웅크리고 앉아 벌벌 떨고 있습니다. 대부대의 증원이 없었던들 그들은 지금까지 패배당한 것입니다. 우리는 국제연합이 지금의 진격을 멈추지 않기를 바라고 있습니다"라고 그는 외쳤다.

세계적인 반응은 이 대통령을 무시하거나 혹평하고 소련의 마리크가 던진 빵조각을 받아 먹으려고 허둥대는 꼴이었다. 극동에서 네루는 전쟁 중지를 요구하기 위하여 공산 침략으로부터 멀리 안전하게 떨어져 보이는 동남 아시아 국가들을 끌어 모으려고 했다. 중동에서 첫 아랍 연맹은 중공에 대한 더 이상의 압력을 거부한다고 했다. 워싱턴에서는 7월 4일 독립 기념일 연설에서 트루먼 대통령 온 미국사람들에게 '한국은 보다 광범위한 투쟁의 한 부분에 지나지 않음'을 기억하라고 충고하고 '충분한 정보를 가지고 있는' 대통령만이 거기에 관해서 현명한 결정을 내릴 수 있는 것이라고 했다. 영국 언론은 한국으로부터의 유엔군 철수를 쉽게 하도록 꾸며낸 지독한 반 이승만 노선을 채택했다.

노팅엄의 가디언 지는 7월 13일 전 세계에 대하여 '이승만은 영국이 받아들일 수 없는 인물'이라고 통보했다. 7월 9일 영향력이 강한 맨체스터 가디언지는 이승만이 '교섭을 복잡하게 만들지' 못하도록 경고하고 '통일의 이점의 하나는 이 박사 정부를 흡수할 수 있는 정권이 들어서게 하는 것이다'라고 끝을 맺었다. 강력한 외부 간섭에 맞서서 자기네의 권리를 주장해 온 것으로 유명해진 나라를 대표하는 〈아이리시 타임스〉는 7월 2일 사설에 이렇게 실었다.

엉뚱하고 형편없는 이승만 씨를 경계할 필요가 있을 것이다. ……국제연합은 우선 순위로 보아도 뒤지고 자기네들 관점에서 보아도 그처럼 별 볼일 없는 한국과 같은 구석진 곳에 다시는 자진해서 싸우러 가지 않을 것이다. ……한국은 하나의 연극 연습장에 지나지 않는다. 진짜 연기는 유럽이 될 것이다.

이 대통령이 어찌하여 '형편없이' 되었는가 하는 문제 속에는 이승만의 신망과 역사적 평가를 훨씬 초월하고 또한 한국전쟁 자체를 벗어난 중요성이 있다. 그 잘못이 그에게 있는가? 동맹국들의 영도력 때문인가? 아니면 주위 사정 때문이었는가?

너무나도 가까이 사귄 우리들의 모든 세월을 통하여 나 자신이 이 박사를 개인적인 관점에서 볼 때 그가 '한국의 애국자'였다든지 또는 공산 침략에 맞서서 세계의 자유를 수호하려면 한국에서 공산당이 도발한 '폭력 행위'를 가차없이 단연코 막아야 한다는 그의 보다 폭넓은 주장을 이유 삼아서 그의 흠을 찾아내기는 어렵다. 소련 혁명 이후 오랜 세월 동안 그의 주장은 "공산주의는 콜레라와 같은 질병이고 인간은 콜레라와 타협할 수 없다"는 것이었다. 25년이 지난 지금에 와서 한국전쟁과 휴전 교섭의 과정을 되돌아보며 이 문제에 대한 전후 관계를 보다 선명하게 파악하는데 도움을 주기 위하여 월남 전쟁과 기타의 예를 함께 관찰하여 볼 때 그와 견해를 달리했을 사람들까지도 무엇 때문에 그의 입장을 '형편없다'고 혹평했는지 도무지 이해하기 어렵다. 그의 입장을 적어도 이해하고 존경하는 마음으로 지켜봤어야 할 정도로 그는 과연 옳았다는 충분한 증거가 있다고 생각된다.

이 점에 관해서 그러나 아무도 미래가 펼쳐 줄 세계를 알 수 있는 사람은 없을 것이다. 혹시 공산주의와의 타협이 미래의 방식으로 입증이 될는지 그것도 아무도 모른다. 아마도 그 대신에 '타협'은 승리를 말하는 또 하나의 낱말이 아니라 오히려 항복을 의미하는 낱말임을 민주주의 국가들이 깨닫게 될는지 모른다. 그 당시의 환경을 생각할 때 그의 주장은 정당할 수 있었고 아무튼 분명히 논리적이고 건전한 하나의 주의 주장을 굽히지 않고 지켰다하여 이 대통령과 의견을 달리하는 사람들까지도 그를 비난하는 일은 없어야 하겠다.

물론 한국에서 공산당을 '쳐부수겠다'고 고집하는 것은 원자탄에 의한 대규모의 희생과 더불어 형언할 수 없는 제3차 세계대전의 참화를 초래했을는지도 모른다고 트루먼 대통령이 말한 그런 두려움이 아직도 남아 있다. "만일에 이러이러 했더라면 이런 일이 생겼을 것이다" 하는 식은 바로 미지의 세계가 아닌가? 거기에는 항상 정반대의 가능성도 있는 것이다. 이승만이 철저히 믿었던 바와 같이 소련이 겨우 원자탄 성능의 단순한 초기 제품을 가지고 있었던 당시에 공산당을 철저히 때려 눕혔더라면 원자전이 인류 생존 자체를 위협하게 되는 날까지 그 시험을 뒤로 미루는 것보다 훨씬 더 안전했을 것이다. 그리고 한국에서 국제연합의 의연한 자세가 쿠바의 핵 미사일에 맞섰던 존 케네디 대통령의 결연한 태도가 가져다준 것과 똑같은 결과를 거두었으리라는 가능성도 물론 배제할 수 없는 것이다. 공산당은 자기 고집을 철회할 수 있었을 것이다. 이것이 지금 우리가 도저히 알 수 없는 당시의 수수께끼이다.

1951년 봄 일선 전투가 매일 많은 사상자를 내며 전방에서 크게 진격도 못하고 애쓰고 있을 때의 상황은 여러 가지 오해를 낳고 울화를 치밀게 하는 일들이 또한 많았다. 정부 업무는 끝이 없고 시설들의 대량 파괴와 불운한 피난민들의 대혼란으로 업무가 엄청나게 뒤얽힌 후방에서도 국민 감정은 격앙되어 있었다. 대한민국 정부의 임시 수도 부산은 43만의 인구를 가진 매력적인 도시에서 150만의 굶주리고 집 없는 전쟁 희생자들로 들끓는 불결한 빈민가로 변했다. 많은 사람들이 아버지를 잃고 형제는 군대로 끌려가 가족은 엉망이었다. 수천 명의 고아가 거리로 내몰렸다.

이 대통령은 정부 예산의 균형을 맞추고 인플레를 통제하도록 ECA 관리들로부터 강한 압력을 받았다. 3월 15일 이 대통령은 나와 한국 대사관 대리대사로 있던 김세선(金世旋) 씨에게 편지를 보내왔다.

 귀하는 폴 맥너트 씨에게 8개월간 전쟁 중에 있는 나라가 세금을 걷는 일이 매우 어렵다는 것을 알고 있노라고 설명 좀 해주시오. 세금 수입은 겨우 정부 경비를 충당하기에 급급한 정도라오. 그리고 우리의 군사비 지출을 위하여 충분한 세금을 거두기란 불가능하오. 그러므로 국방 예산은 정규 예산과 별도로 작성했소. 우리는 공채를 통하여 국방 예산의 모금을 할 작정이오. 귀하는 이것이 얼마나 어려운 일임을 알고 있을 것이오. 이 정부를 되도록이면 인기 없게 만들기 위하여 세금을 올려라 채권을 발행하라 하고 우리 벗들이 우리들에게 이런 것들을 모두 하라고 요구하고 있는 것 같소. 돈을 낼 처지에 있는 시민은 얼마 되지를 않소. 예를 들면 8군에서 우리에게 4개의 노무 대대를 대주도록 요구하여 왔소. 1개는 화물차가 들어갈 수 없는 곳에 쓸 수송 대대, 1개는 유엔군에게 산악 보급을 나르는 지게 대대, 그리고 나머지는 진격하는 유엔군 부대가 해야 하는 도로 교량 수리를 위한 것이라 하오.

 우리가 이 사람들을 먹이도록 되어 있고 그 외에도 식사용 난로와 한 사람당 모포 한 장씩을 제공해야 하오. 우리는 모든 것을 공급하겠다고 약속했지만 우리 수중에 모포는 가진 것이 없으므로 그것만은 불가능하오. 암시장에서 개당 5000원씩 모포를 사야 하는데 1개 대대 8천 명분만 해도 4억 원에 이르며 이 액수는 우리 정부 예산에 들어 있지 않는 것이오. 그 돈을 우리가 어디서 염출해야 하오? 한편으로는 우리에게 인플레를 막으라고 하고 또 한편으로는 자금의 배정도 없는 물자를 공급하라고 요구하고 있소. 한 사람에 한 장씩 이런 모포들을 공급하는 것은 미국 사람들에게는 아무것도 아닐 것이 틀림없소. 그래서 이곳에 와 있는 많은 신문 기자들은 이곳은 인간들이 인색하게 굴어 대한민국이 이런 물건의 도움을 받게 되기도 전에 경제적으로 산산 조각이 되기를 바라고 있는 것을 미국 국민이 모르고 있다고 느끼고 있소. ······

 귀하는 미 군정이 결과는 생각지도 않고 얼마나 지폐를 찍어댔는지 기억하고 있을 것이오. 우리는 완전히 파산 지경인 통화를 인수하지 않을 수 없었소. 우리는 이것을 바로잡았소. 지금 우리는 똑같은 군의 조직과 부딪치고 있는 것이오.

 맥너트 씨에게 전하기 바라는 또 한 가지 중요한 일이 있소. 트루먼 대통령이 외국 원조 자금 5억 불을 요청하고 넬슨 록펠러 씨를 그 위원회 의장으로 임명했소. 이것이 6월 1일 무렵부터 시작하여 ECA를 포함한 모든 외국에서의 활동을 관장하는 기관이 될 것이오. 록펠러 씨와 사귀는 것이 가장 중요하오. 아시다시피 그는 친일적인 사람이었는데 지금도 아마 그럴 것이오. 그 사람이 덜레스 씨와 일본에 갔을 때 일본을 위해 어떤 일을 하겠다고 이미 그가 약속한 내용을 귀하는 알고 있을 것이오. 우리는 그 사람이나 위원회에 접근해야 하오. 틀림없이 맥너트 씨는 거기에 정통한 사람을 알고 있을 것이오. 우리는 트루먼의 4대 목표 계획에 참여하여야 하오. 우리의 입장은 전쟁 전과 다르오.

 개인 투자는 가장 중요한 일 중의 하나요, 만일 미국 자금이 한국에 투자되어 있었다면 지금 일본에 사업상 이해 관계를 가진 미국 사람들이 강화조약에 대하여서나 일본이 누릴 수 있는 모든 특권들에 대하여 압력을 넣고 있는 것과 같이 이들도 미국에서 우리를 위하여 싸워 줄 수 있었을 것이오. ······

 그리고 부산이나 서울 또는 그 인근에 고급 호텔을 건설하는 일에 힐튼 씨의 관심을 끌 수 있겠는지 여부를 맥너트 씨에게 물어보시오. 우리가 훌륭한 호텔을 가지고 있다면 틀림없이 많은 미국인들이 한국에 오고 싶어 할 것이오. 그 사람은 무엇인가 전쟁에 이바지한다는 생각 아래 그 일을 해야 할 것이오. 대한민국은 그가 바라는 모든 배려를 다해 드릴 것이오. ······처음에는 한국이 일등 투자 대상이 안 될 것이나 그렇다고 해서 틀림없이 부담거리가 되지도 않을 것이오. 또한 호텔을 지으면 다른 측면의 계획에서 도움을 얻게 되는지 모르오. 지금은 일류급이 되는 것이 하나도 없소. 우리의 최고 호텔인 반도호텔도 대사관으로 쓰도록 미국 사람들에게 주었소. 당신은 이 사실도 이야기해 줄 수 있을 것이오.

3월 16일자로 ECA 한국 사절 부책임자가 이 대통령 앞으로 보낸 서한에 보면 어려운 국내 사정의 일면이 드러나 보이는데 본디 한국을 위해 구매된 비료 물자가 군의 해상 수송 관계로 한국의 항구가 묶여있기 때문에 타이완으로 돌려졌다는 보고를 내용으로 잘 나타나 있다. "앞으로 몇 주일 이내에 적은 양(600톤)의 비료가 일본으로부터 수송될 것입니다"라고 이 편지는 덧붙이고 있다. 최소한 50만 톤 추정량이 이미 진행 중인 봄철 파종기에 필요한 것이었다.

한국전쟁에서 타협적인 돌파구를 찾으려는 많은 노력들을 놓고 고민 중이던 이 대통령은 우리들이 효과적으로 활용할 수 있기 바라는 자신의 주장과 호소 내용을 우리에게 계속 보내왔다. 3월 16일 그는 "출처를 밝히지 마시오"라고 쓰고 한국에서 공산당을 몰아내기 위한 실제적인 글을 써보냈다. "이제 전쟁은 우리의 승리로 끝날 때가 가까웠으므로 모든 유화론자와 친공 선동 분자들은 우리가 앞으로 더욱 북진하여 적을 밀어내는 것을 반대하는 각종의 비논리적 구실을 일삼아 우리를 38도선에서 발길을 멈추게 하려고 광적으로 날뛰고 있소"라고 했다. 맥아더는 완전 승리를 바라고 있고 그런 입장에서 미국을 동원시키려고 노력 중이라고 그는 덧붙였다. "리지웨이 장군은 38도선에서 멈출 생각이 없다는 뜻을 보여주고 있소." 세계대전으로 번질 것을 두려워하는 사람들에 대해서는 "만일 소련이 정말 자진해서 전쟁에 뛰어들려고 한다면 우리가 중간에서 멈추든 경계선에서 멈추든 그자들은 준비가 되었다고 느끼는 순간이면 어느 시각에도 그 짓을 할 것이오"라고 했다. 그는 또한 국제연합에서 왈가왈부되고 있는 논쟁을 재검토했다.

이 사람들은 자기들이 한국 문제를 평화적 방법으로 해결해야 한다고 말하고 있소. 어떻게? 유화 정책 말이요? 미국 정부가 이 방법을 시도해 본 적이 없나요? 하지 장군은 걸핏하면 이 말을 되풀이 했소. 전쟁을 불러일으키게 될는지 모르니까 소련을 자극하지 말라고 그는 우리에게 말했던 것이오. 그는 공개적으로 공산당과 싸우지 못하도록 우리를 막았소. 왜냐하면 그렇게 하면 문제를 평화적으로 해결하기가 매우 어려워진다는 때문이었소. 그는 모든 수단을 다하여 소련을 회유하려고 했으며 마지막에는 환경에 따라 자기 실수를 인정하지 않을 수 없게 되었던 것이오. 우리가 소련을 회유하려고 하는 한 미국은 어느 지점에서도 전쟁에 지는 결과를 가져왔소.

같은 날 3월 16일 이 대통령은 주미 한국대사관 한표욱(韓豹頊) 공사에게 자기가 방금 한국에 주재하는 고위층 미국 사람들과 가진 격렬하고도 어려운 회합에 대한 이야기를 적은 편지를 띄웠다.

어제 15일에는 리지웨이 장군, 무초 대사, 그리고 콜터 장군이 나를 밤문했소. 13일에 국방장관이 출발했을 때 나는 리지웨이 장군 사령부에 비행기로 가도록 양해가 되었었소. 나는 몇 가지 문제에 관해서 그와 이야기를 원했고 그중의 하나는 38도선에 관한 것이오. 장군은 우리 국군이 서울로 진격해 들어간 날 내가 전화라도 걸어주기를 바랐던 것 같소. 우리는 그것을 리지웨이 장군 측의 매우 우호적인 제스처로 받아들였소.

대화가 진행되는 동안 나는 우리의 다음 목표인 평양으로 그리고 더 북쪽으로 진격하고 미군의 생명을 구출하기 위하여 보급 기지를 폭격하는 등의 이야기를 했소.

장군은 아무 말도 하지 않았으나 무초 대사는 온통 얼굴이 붉어져 가지고 "제3차 세계대전을 선동하고 계신 것은 아니겠지요? 우리는 소련군이 밀고내려오는 것을 원치 않습니다. 만일 그렇게 한다면 한국은 최악의 사태로 빠지게 될 것입니다"라고 말하는 것이었소. 그 사람은 몹시 흥분해 있었소.

나는 그에게 우리가 싸우기만 하면 적어도 우리나라를 되찾게 되고 동시에 노예 생활을 하고 있는 모든 국민에게 격려를 보내게 될 것이라고 말했소. 그러나 만일 지금 유화 정책을 쓰기 시작한다면 당신네들은 후일 그 대가를 치르지 않으면 안 될 것이고 더 많은 미국 사람들의 생명도 희생될 것이오 라고 말이오.

무초는 그의 얼굴 표정으로 보아 어딘가에서 '더러운 흥정'이 진행 중이라는 것을 나타내 보였소.

그보다 며칠 앞서서 리지웨이 장군은 38도선에서의 휴전은 국제연합에게 '굉장한 승리'라는 성명을 이미 발표한 바 있소. 우리 국민들은 아주 심란했소.

이 편지와 함께 "대외비. 파기하시오. 믿을 만한 비밀 출처에서 나온 극비 정보요"라고 적힌 종이 한 장이 들어 있었다. 그 내용은 다음과 같다.

주한 미군사령관 리지웨이 장군은 3월 7일 미 국방부로부터 유엔군의 38도선 너머로의 진격을 금하는 비밀 훈령을 접수했다. 이 훈령은 맥아더 장군을 통하여 리지웨이 장군이 접수한 것이다. 이 훈령은 성급하게 38도선을 넘을는지도 모르는 한국군 지상군 지휘관의 특별한 주의를 요청했다. 현재 주한 유엔군의 수적 부족을 지적하고 소련 기갑 사단의 훈련된 소련 보병 부대가 지난 1월 소만 국경 일대에서 심상치 않은 작전을 시작한 사실과 또한 중공군 제1 및 제2야전군 120만 정도의 훈련된 정규군 부대가 만주에서 활발한 이동을 보여 주고 있다고 했다. 이런 정세 아래 유엔군이 병력 장비 면에서 충분히 증강됨이 없이 북한으로 진격하는 것은 거의 불가능한 일임을 이 훈령은 강조했다. 미국 일반 참모부에서 작성된 대로 장차 한국 작전의 목적은 38선에 연하여 반영구적 방어 진지를 구축함으로써 될 수 있는 대로 많은 공산군을 끓어놓고 최대한 피의 대가를 치르도록 하여 중공과 소련 군대가 동남아시아의 문제 지역으로 더 이상 도발 행위를 하지 못하도록 하자는 것이다. 이 정보는 만일 대한민국 정부가 유엔군은 38도선을 넘을 수 없다는 미 국방부 결정에 반대할 경우 한국 정부의 정책을 염두에 두고 사용할 목적으로 상신된 것이다.

다음 날 3월 17일 이 대통령은 트루먼 대통령에게 그의 '반공 정책'과 방금 서울 재탈환을 가져 오도록 한 그의 '빛나는 영도력과 선견지명이 있는 정치적 수완'에 대하여 감사하는 편지를 써 보냈다. 이 편지는 계속해서 리지웨이 장군의 지휘 아래 유엔군의 항공 및 포병 지원을 받아 전투를 이어받아 38도선 너머로 진격할 수 있는 한국군에게 무기를 대주도록 호소했다. 같은 날 대사관을 통하여 '3월 1일에서 다음 해 3월 1일까지' 우리 예산을 조달하게 되는 2만 불짜리 수표를 받은 나는 몹시 신이 나서 이 대통령에게 편지를 썼다.

제가 알기로 그곳의 모든 사정이 정말 참담했다지만 '동양의 아일랜드'인 서울을 탈환했으니 오늘은 행복한 날입니다. 이번에는 이 도시가 빼앗기지 않도록 그리고 복구 작업이 오는 봄과 여름까지 잘 추진되도록 기도드립시다. 38도선을 굳히는 노력보다는 오히려 맥아더의 '대규모 양동 작전'에 대한 호소는 국제연합에 영향을 주게 될 것입니다. 중공은 계속해서 교섭을 거부할 것 같이 보이며 이럴 경우에 38도선에서 멈추려는 현재의 강한 움직임은 아마도 그만두게 되지 않을까요?……

3월 23일 이 대통령은 한국에서 일어나고 있는 상황에 대한 정보를 요청한 나의 3월 14일자 편지에 답장을 보내주었다. 그는 각 부처에 희망하는 자료를 수집하도록 요구했으니까 되는 대로 보내 주겠노라고 했다. 한편,

귀하는 틀림없이 토지매각에 관한 성명서를 받았을 것으로 생각하오.……

동봉한 것은 야외 수업 중인 임시 교사의 몇 개 사진들이오. 귀하도 알다시피 대부분의 학교 건물은 미군이 인수하여 병원이나 막사로 군에서 사용하고 있소. 그러므로 많은 학교 수업은 야외 장소에서 실시되고 있소. 사진이 충분히 설명해 주니까 귀하는 혼자 그 이야기를 쓸 수 있을 것이오. …… 아이들이 매일 남의 집에서 야외 교실까지 흑판을 가지고 왔다갔다한다는 말을 들었소. 또 날씨가 춥고 바람이 불어도 학생이 공부 시간에 결석하는 일이 없다는 이야기도 들었소. 징집에 관한 법에 따르면 교회 목사들뿐 아니라 학교 교사들도 면제된다는 것을 나는 알고 있소.

씨앗이 매우 귀하며 수복 지구에는 전혀 없소. 법으로는 소의 도살을 못하게 하고 있으며 잘 지켜지고 있소. 그렇기 때문에 우리 대사관에 명하여

아르헨티나 대사관과 교섭해서 기왕 제공했던 1500톤의 냉동 쇠고기를 우리가 가져올 수 있는지 알아보라는 것이오. 순전히 유엔군만이 사용하는 제빙 공장을 우리가 가지고 있으나 대부분의 쇠고기를 통조림으로 하도록 준비를 할 수 있을 것이오. 우리 병사들은 한꺼번에 몇 주일간 고기나 야채를 못 먹고 지냈는데 수복 지구에는 아무것도 남은 것이 없기 때문이오. 우리 시장 이기붕이 오늘 서울서 돌아 왔소. 사람들에게 쌀을 찧으라고 요구했고 현미만을 가지고 있도록 허가했노라고 그는 말했소……

비료 문제 : 우리가 6월 말까지 확보해야 하는 40만 톤의 구매량을 주문하여 놓았소.

수복 지구에는 집도 짐승도 아무것도 남은 것이 없소. 한국군 예비 병력 20만 명을 풀어 농사일을 돕도록 귀가시켰소. 한국의 가족 유대는 강하기 때문에 가족이 아버지와 아들을 잃었다 하더라도 친척들이 계속 도와주게 되어 있소. 비료가 제때에 들어오고 유엔군이 사람들을 전체 수복 지구에 돌려보내 준다면 농부들이 국민의 수요량을 맞출 수 있을 것이오. 그러나 만일 북한 그중에서도 특히 황해도(黃海道)의 곡창 지대가 수복되지 않는다면 피난민 급식은 외부 원조에 의존할 수밖에 없을 것이오.

어업 문제 : 해군 선박은 우리 어선들을 방해하고 있지 않소. 허가증을 가진 자는 누구든지 어로 작업을 할 수가 있소. 지금은 쌀과 곁들여 반찬으로 먹을 수 있는 유일한 수단이 되어 있소. 작은 물고기 '멸치'는 지금 쌀과 함께 먹는 반찬으로 일선 장병들에게 주고 있소. 또한 미역은 우리 병사들 식사에 제일 의지가 되는 물건이오.

전기는 충분하오. 발전소가 있는 영월(寧越)에서 지금 잘 돌아가고 있고 38도선 부근의 청평댐도 잘 되고 있소. 우리는 이미 저수지도 가지고 있으니까 가능하게만 되면 발전기를 다시 돌아가게 할 것이오.

이상이 그저 생각나는 대로 적어본 것이오.

다음으로 그의 편지는 '즉흥'에서 거리가 먼 화제로 돌아갔다.

공산측 방송은 파리로부터 '이승만의 공문서'를 내보내고 있소. 무초 대사는 얼마 전에 나에게 와서 귀하가 공개적으로 자기와 대통령 사이에 이런 서신 교환이 있다고 고백한 것은 매우 불행한 일이라고 우리에게 말했소. 트리그베리 사무 총장은 국제연합에서 그런 사실들을 부인했소. 설사 공산 분자들이 우리의 사본들을 모조리 가지고 있다 하더라도 누구나 복사지로 된 사본은 만들 수가 있고, 또 거기에는 서명이 없기 때문에 우리가 얼마든지 부인할 수 있는 복사지 사본에 지나지 않소. 소련 사람들은 자기들은 서명된 서신들을 가지고 있다고 말하고 있소. 그 경우에는 그들이 귀하의 문서철에서 그 서신들을 훔쳐냈을 수도 있을 것이오. 우리 사본은 서명이 안 되어 있으니까. 더군다나 대부분의 메모에는 서명이 안 되어 있소.

같은 날 3월 23일 나는 그에게 이렇게 쓰고 있었다.

지금 워싱턴에서의 감각은 우리들만 특별히 조심한다면 세계대전은 일어나지 않을 것 같다는 것입니다. 분위기는 평화 유지를 위하여 상당한 희생, 특히 몇몇 나라의 이익에 반하는 것을 치를 각오가 되어 있습니다. 그러나 제가 보는 바 최대의 필요성은 상당한 희생을 치르는 한이 있더라도 미국과 국제연합과의 긴밀한 협력과 우호 관계를 유지하는 것입니다. 국제연합과 미국의 도움으로 남한은 재생되고 또한 지켜질 것입니다. 그것은 굉장한 결과이며 그것을 확보하기 위하여 희생을 치를 가치도 충분히 있습니다. 한국의 주권 원칙이 단단하게 유지되는 한 우리는 자신을 가지고 수복되기를 기다릴 수 있을 것 같습니다. 이 세상의 불안정한 관계는 정말 오래 지속될 수가 없습니다. 미국의 힘이 충분히 동원된 후에 최후 통첩을 소련에 보내게 되리라고 저는 확실한 기대를 가집니다. 그때 한국과 미국과의 관계가 튼튼하다면 북한 문제는 해결되지 않을 수가 없습니다.

4월 1일에 나는 같은 호소를 되풀이했다. "압록강으로의 진격을 너무 강하게 주장하시지 말고 일련의 사건들이 그런 결과를 자아내도록 참고 기다리는 것이 박사님을 위하여 좋을 것 같습니다."
1주일 뒤인 4월 9일에 우리들의 서신 교환을 들먹인 공산측 방송에 대한 그의 논평에 답하여 나는 그에게 편지를 썼다.

공산측이 자기들 선전에 이용한 서신 등은 자기들이 처음 서울을 함락시키고 경무대(景武臺)를 접수했을 때 탈취해 갔을 것입니다. 저의 사본은 한 장도 잃은 것이 없습니다. 모두가 금고 보관 상자 속에 잘 간직되어 있습니다. 물론 그들은 문맥상 발췌한 것을 인용함으로써 거짓 전달이 가능합니다. ……그릇 전달하는 그들의 '인용문'에 대한 최선의 해답은 박사님의 전반적인 정책이 옳게 이해되도록 입장을 분명히 하는 것입니다. 이와 관련해서 런던의 패트넘 회사가 출판한 그들이 말하는 이른바 '한국의 진실'이라는 저의 저서 《한국전쟁은 왜 발생했나》가 자기들이 근자에 출판한 어떤 정치 관계 서적보다도 더 널리 팔리고 있다고 저에게 알려온 사실을 들으시면 기뻐하실 것으로 압니다. 그러나 이 사람들은 수량을 알리지 않았습니다.

그다음으로 같은 편지에 나는 매우 특별한 관심사로 되어 있던 또 하나의 화제, 즉 맥아더가 한국전쟁의 목적을 변경하려는 노력의 일환으로 담당하고 있었던 역할에 대하여 방향을 돌렸다.

양유찬(梁裕燦) 대사가 곧 워싱턴에 부임할 수 있었으면 합니다. 중공과의 타협적인 휴전을 성취시키기 위하여 대한민국을 '팔아 넘기려는' 매우 현실화된 위험이 있는 것으로 저에게는 느낌이 듭니다. 그리고 충분한 자격을 갖춘 대사가 이것을 막아보려는 일에 매달려야 합니다. 사방에서 들리는 말로는 양대사는 가장 훌륭한 인물임을 입증할 것입니다. 그의 견해에 찬성하는 많은 사람들은 장군이 외교 정책을 입안하고 발표하는 권한을 가져야 한다는 점에는 찬성을 하지 않고 있지만 맥아더는 대중에게는 기본적인 쟁점을 지키는 데 있어 참으로 훌륭한 일을 하고 있습니다. 그래도 역시 궁극적 효과는 필사적인 적에게 대항하여 엉성한 싸움을 하는 어리석은 짓에 국민적 관심의 초점이 맞춰진 것 같습니다. 물론 우리가 힘차게 대적해야 되겠지만 빨갱이들은 자기네가 예상하는 전면 공세를 가지고 아마도 문제 해결에 임하게 되지 않을까 하고 저는 다시 한 번 생각해 봅니다. 노랜드와 브리지 상원의원은 박사님이 12만 명의 훈련병들을 제대시켜 준 데 대하여 좋은 반응을 보였고 박사님이 무기 증원을 바라는 거듭되는 호소에 대한 행동은 아직 확실하지 못합니다.[8]

전쟁을 어떻게 수행해 나가야 할 것인가 하는 데 대한 모든 불확실과 불화의 와중에서 맥아더 장군은 이승만과 같이 자신의 생각으로도 자살적인 유화정책이라고 본 고위층의 태도에 맞서서 차츰 노골적인 태도를 서서히 취하게 되었다.

2월 13일 맥아더 장군은 "중대한 결정, 즉 군사령관으로서 본인에게 부여된 권한의 범위를 훨씬 넘어서는 결정을 내려야 한다.······"는 성명서를 전쟁에 관한 공청회를 열고 있는 미국 상원 위원회에 보냈다. 같은 위원회에 대하여 맥아더는 "국제연합은 이 전쟁을 한국 지역에 한정시키려는 묵인된 노력을 떠나야 한다"는 자신의 신념을 밝혔다. 4월 5일 마틴 하원의원은 아시아 전역에서 '공산 음모자들'에게 맞서는 전면 전쟁을 요구한 맥아더의 편지를 공개했다.

맥아더는 이것을 '관례에 의한 편지'의 성격을 띤 것이라고 했으나 트루먼 대통령은 직접적인 도전으로 느꼈다. 4월 10일 그는 약식으로 맥아더를 모든 지휘관직에서 해임시켰다. 매슈 리지웨이 장군이 그의 후임으로 임명되고 제임스 A. 밴플리트 중장이 주한 8군사령관직에 올랐다.

이 모든 것이 우리에게 의미하는 것은 1950년 10월 7일 국제연합 결의에 천명된 정책을 되찾고 재확인하려는 필사적 노력이 패배했다는 것이었다. 맥아더 장군이 해임되던 4월 10일 이 대통령은 내가 여름철 몇 개월간 계획했던 미국 내 강연 여행을 포기해야 할 것이라고 써보냈다. 그 대신,

현재 나는 많은 문제에 대하여 나에게 충고해 주는 사람이 없어서 아주 가망이 없소. 발표문을 건의해 주고 가능하면 그것들을 작성해 주는 사람이 있어야 하는데 여러 번 발표문을 다시 쓰지 않으면 안 되오. 지난 주말에는 이 문제를 곰곰이 생각한 끝에 당신에게 가족과 함께 한국에 나오도록

---

8) 이 대통령이 3월 23일자 편지에서 고려 중이라고 한 20만 명 감축보다는 오히려 적은 이 숫자는 농촌으로 귀향하도록 풀려 난 마지막 인원수이다.

권해보기로 결심했던 것이오. 이것이 당신의 건의 중의 한 가지였기에 이 문제를 제기하는 데 주저함이 없으며 당신이 잘 생각해 보고 가능하면 동의할 것으로 믿소. 머잖아 우리는 서울로 환도할 것인즉 서울에는 경무대 구내에 당신이 단독으로 쓸 수 있는 아담한 가옥이 있소. 당신이 풀브라이트 장학금을 신청하기보다 대한민국에 고용되는 길을 택할 것으로 알겠소……

당신이 이 문제를 잘 고려해주기 바라고 만사가 당신을 될 수 있는 대로 마음 편케 만들도록 배려될 것을 확신해도 좋소. 당신이 결론을 내리게 되는 대로 우리는 세부적인 것을 타협할 수 있을 것이오. 그러므로 당신으로부터 다시 소식이 있을 때까지 나의 제안들을 그대로 남겨놓겠소…….

〔뒷궁리로서 그는 추후에 이렇게 덧붙였다〕: 여행에 대해서 쓴 당신 편지를 읽으면서 나는 당신이 미국 국내 여행을 그만두고 서해안으로부터 한국으로 향할 수 없을까 하고 생각하기 시작했소. 이런 생각이 내 마음에 떠올랐고 당신에게 흥미를 끌 것이라고 느꼈소. 당신과 부인이 다시 근무에 임하기 전에 해상 여행에서 휴식을 취하게 될 것이오.

외교파우치가 공항으로 떠나기 직전 자필로 적은 추신란에 이 대통령은 맥아더 장군 해임에 대한 첫 반응을 써서 보내왔다.

맥아더의 제거는 애치슨 마샬 파벌의 승리이나 동시에 맥아더를 정치적으로 주목받게 한 것이오. 이곳의 영국인들은 기뻐하며 미국 사람들에게 "외교 정책을 좌지우지하는 사람이 누군지 이제 알겠소" 하고 있소. 미국인들은 거의 울상이고 심지어 모든 면에서 맥아더를 싫어하는 주한 미군 군사고문단 사람들까지도 마찬가지였소. 군부는 국무부가 좌지우지하기를 원치 않소. 우리가 들을 수 있는 한 투쟁적인 사람들은 맥아더의 제거를 반대하고 있소. 이 사람들은 중공 폭격으로 전쟁을 끝내기 바라고 있소.

바야흐로 전쟁에는 새로운 국면이 시작되려 하고 있었고 이 대통령과 함께 나의 과업에도 새로운 국면이 열리고 있었다. 4월 17일 나는 그에게 "우리는 꼭 나가렵니다"라고 썼다. 나는 펜실베이니아 주립 대학교로부터 휴직 허가를 받고 가족과 함께 미국을 가로질러 길을 떠났다. 목적지 한국, 미래는 우리 자신도 한국에게도 그리고 전 세계에도 미정 상태, 아무도 이 전쟁과 그에 따른 외교를 성공이라 부를 수 없었다. 실패는 우리 생활에 매달린 불쾌한 부담이었다.

우리는 그것을 내동댕이치고 새로운 시도에 대하여 최선을 다해 노력하지 않으면 안 될 것이다. 이 부담을 많은 사람이 안았고 사태 개선의 가망은 희미했다.

16
성채 내부의 분열
(1950~1952년)

　전쟁의 결과 한국과 그 국민에게는 어떤 일이 일어났는가? 이것은 즐거움보다는 다소 두려운 기대 속에 한국 부임을 앞두고 내 마음 속을 차지한 하나의 의문이었다. 현지 사정은 낙심할 정도로 좋지 않다는 것을 알고 있었다. 한편 미국을 떠나기 전에 나는 할 일이 많았다.
　트루먼 대통령의 맥아더 해임은 워싱턴에 굉장한 논쟁을 불러 일으켰다. 공화당은 물론 다수의 민주당 사람까지도 맥아더를 강력히 옹호하고 트루먼을 비난하는 가운데 격렬한 파벌 싸움이 외교 정책에 대한 초당적 노력을 뒤흔들고 있었다. 우리가 해야할 일은 어떤 면에서 비참하고 또 어떤 시각에서 보면 도움이 되도록 할 수도 있고 또 도움이 될 수도 있는 이런 정세를 최대로 이용하려고 노력하는 것이었다. 4월 15일 이 대통령에게 나의 판단과 건의 사항을 써보냈다.

　맥아더가 한국군 증강에 따른 무장을 반대했고 한일 관계에서 일본인을 두둔하는 경향이 있었기 때문에 한국으로서는 이런 상황 변화 덕분에 매우 실질적인 이득을 거두게 될는지도 모르는 일입니다. 동시에 아시아 공산주의에 대항하는 싸움을 넓히고 강화시키기 위한 현지에서의 맥아더의 투쟁은 (1) 유화 정책을 방치하고 (2) 지금도 진행 중인 일선 전투에 추가적 원조를 얻어내는 데 좋은 효과를 가져오게 될 것이 거의 확실합니다. 밴플리트 장군이 훌륭한 야전 지휘관이라는 사실이 밝혀지고 리지웨이가 훌륭한 최고 행정가로 밝혀진다면 전체적인 사건은 유리한 효과를 거두게 될 것입니다. 한편 우리 모두가 공화, 민주의 당파 싸움 중간에 말려들지 않도록 각별한 주의를 기울여야 합니다.

4월 19일 이 대통령은 변영태(卞榮泰)가 방금 외무장관에 임명되었음을 내게 알리고 "틀림없이 그는 훌륭하게 일을 해낼 것이오"라고 했다. 그는 또 전세(戰勢)에 대하여 더욱 희망적으로 느끼고 있으며 외교적인 '타협과 양보'는 깨어질는지 모른다는 다소의 희망을 가지고 있노라고 밝혔다.

영국이 미국으로 하여금 한국을 희생시키도록 하려고 노력한 것은 의심의 여지가 있소. 국무부는 전적으로 여기에 찬성했으나 백악관과 국방부가 지금까지 이것을 막을 수가 있었소. 밴플리트 장군은 내게 "대통령 각하, 우리는 승리할 것이며 승리 말고는 어떤 타협도 있을 수 없습니다. 이것 때문에 우리가 지금 여기 와 있는 것입니다. 일선 장병들은 이제 돌아가기를 바라지 않습니다" 하며 격려해 주었소. 그들은 끝까지 이겨낼 것을 바라고 있소. 날씨도 좋아지고 해서 지내기는 그렇게 고통스럽지 않소. 장마비나 추위로 유엔군이 불리할 경우에 적군이 습격을 가해 올 것이므로 휴전이나 교착 상태는 희생이 크다는 사실을 이 사람들은 알고 있소.

미국 내에 심한 고민을 불러 일으키고 있는 파벌적인 정치 파동은 공산 침략자에 대한 전면적 승리를 지지하도록 하려는 그의 노력에 도움이 되기보다는 위협이 되고 있다고 이 대통령은 생각했다. 4월 20일 그는 국제연합 임병직(林炳稷) 대사에게 편지를 보내고 사본 1통을 내 앞으로 보내면서 그에게 '한국 문제가 미국 정당 정치에 읽히게 된 것을 우리들은 유감스럽게 생각한다고 분명한 성명서를 당신이 발표할 것인지 여부에 대해 벗들에게 은밀히 의견을 물어 보라'고 했다. 이어서 '이 전쟁은 사실상 미국을 포함한 많은 나라들의 안보 문제와 관련되어 있소'라고 덧붙였다. 임대사 자신의 느낌과도 일치되었지만 우리가 임대사에게 미국이나 기타 대표들과의 개인적인 협의나 국제연합 주재 기자들과의 비공식 회담에서는 자유롭게 이런 감정을 표시하는 것이 유익하겠지만 이 문제는 공개적으로 전혀 언급하지 않는 편이 훨씬 유리할 것이라고 충고했다.

존 포스터 덜레스가 담당하여 실제로 이해 9월에 조인이 되었지만 일본과의 강화 조약을 맺는 교섭 진행 과정에 대해 이 대통령은 당연히 깊은 관심을 쏟고 있었다. 미 군정이 한국 경제를 도외시한 사실과 국토를 분단시킨 1945년 연합군 결정으로부터 한국을 구해 주어야 할 국제연합의 무성의와는 대조적으로 일본에게 베푼 광범위한 원조와 그들 경제의 급속한 부흥을 보고 그는 몹시 분개했다.

자신의 감정을 공개적으로 나타냄으로써 외교가를 어지럽히는 것은 몹시 현명치 못한 것이기 때문에 적에게는 너그러운 원조를 베푸는 공개적인 불의를 행하면서 벗에게는 통탄스러운 비행을 고치지 않고 있는데 대해 더욱 그는 마음이 아팠다. 그는 이런 감정들을 내게 털어놓을 수 있었고 또 전해 주었다. 4월 25일자 각서에서 일본에 대해서는 관용이요 한국의 국민 감정과 목표에 대해서는 가혹한 거절이나 다름없는 이런 차별 대우에 대항하여 미국의 여론을 환기시키기 위해 내가 몽둥이를 들 것을 희망한다고 밝혔다.

그의 각서는 거의 2천 단어에 달했는데 그 내용에 그는 근세 일본의 비행과 역사를 거슬러 16세기 당시 일본 장군 도요토미 히데요시(豊臣秀吉)의 조선 침략 등을 열거했다. 다음 몇 구절은 그가 통절히 느낀 바를 나타내고 있다.

전쟁 전에 태평양을 '일본의 호수'라고 주장한 일인들은 자기들이 시도했던 세계 정복에 대해 생각을 바꾼 것 같지 않소.

한국을 자기네 영토의 일부처럼 지배한 지난 40년간 이들은 반도 주변 한국 수역 내 어장을 독점했소. ……생계를 잃은 한인들은 자기네 원수들을 몰아낼 능력이 없었소. 이들의 피가 들끓었을 것은 틀림없소.

배신을 일삼는 일인들은 여기에 만족하지 않고 1941년 12월 7일 진주만(眞珠灣)을 공격함으로써 미국을 정복하려고 했소. 페리 제독이 외부 세계와의 통상 교류를 위해 섬 나라를 개국시킨 이래 미국이 이들에게 한 일을 좀 생각해 보시오. 일인들은 이런 일로 마음을 쓰지 않았소. 이들이 세계대전에 패배한 후에야 일인들 스스로 전쟁이 모든 것을 빼앗아갔음을 깨달았소. 그러나 그들에게는 다행스럽게도 미국이 끝내 그들을 돕기로 결정을 내렸소. 아시아의 몇 나라 국민들은 이렇게 막대한 원조를 얻기 위해서라면 우리도 미국에 선전포고를 해야 되겠다고 할 정도로 미국은 엄청나게 일본의 경제 구조를 확립시켜 주었소.

한·일간의 역사적 관계를 어느 정도 요약한 뒤 이 대통령은 일인들의 한국 수역 어로 작업을 못하도록 맥아더 장군이 한국과 일본 중간에 설정한 가상적인 경계선에 대해 설명을 가했다. 이것마저 효과가 없었다고 그는 덧붙였다.

일본 어부들은 이 경계선을 정당하다고 보지 않소. 그들은 아무데서나 고기잡이를 하며 심지어는 미국 수역에서도 미국 어업권에 많은 말썽을 빚고 있소. 하와이에서는 이들이 실제로 수산업을 독점했고 미국과 하와이는 일본인의 어시장 독점 지배를 중지시키려 여러 차례 노력을 기울였지만 모두가 허사였소.

한일 선박 간의 충돌을 피하기 위하여 맥아더 사령부(SCAP)는 경계선의 한국측 해역에서 어로 작업을 하는 일인들에 대한 금족령 집행을 그만두도록 한국 정부에 명했다. 이 대통령은 이 경계선은 한국 해군이 보호할 것이라고 선언함으로써 이에 응수했다. 그로부터는 전의 '맥아더 라인'이 '이승만 라인'으로 알려지게 되었고 이승만은 자신의 '반일' 감정과 정책, 일본 어부를 괴롭힌다는 이유로 세계 언론이 하나같이 그를 비판했다.

문제는 계속해서 가중되었다. 4월 26일 이 박사 부인은 산적한 정치적 난제들에 대해 나에게 이렇게 편지를 보내왔다.

우리가 맥아더 소동에서 겨우 회복되기도 전에 이 대통령은 3부 장관의 사퇴를 요구했습니다. 밖에서는 어떻게들 해석하고 있는지 모릅니다만 내가 아는 것은 집안이 분열되면 망하기 때문에 내각이 분열되도록 버려둘 수 없다고 그는 말합니다. 모든 불화와 음성적인 모략에도 그는 정말 오래도록 참아 왔습니다. 나는 3부 장관들이 정말 안 됐다고 느끼고 있지 않지만 마술사처럼 3명의 새로운 장관들을 만들어내야 하는 대통령이 불쌍하다고 느낍니다. 박사님도 우리에게는 훈련되고 자격 있는 지도자가 얼마나 제한되어 있는지 아실 것으로 생각합니다.

이 무렵에 그러나 중요한 문제가 또 다시 최전방 일선에서 일어났다. 4월 23일 공산군은 공공연하게 서울 재탈환을 목표로 100마일 전선에 걸쳐 대대적이고 협동적으로 공세를 펴며 밀고 들어왔다.

공산군이 적어도 서부 전선에서만은 제공권을 장악하고 있었기 때문에 정세는 특별히 염려스럽게 되었다. 1950년 12월 공산군이 전투에 배치할 수 있었던 650대의 전투기는 대부분 MIG형으로 소련이 공급하는 덕분에 1951년 6월까지 1천 50대로 증강되었다. 압록강(鴨綠江)과 청천강(淸川江) 중간 지역은 'MIG 계곡'으로 유명해졌다. 그러나 4월 17일과 23일 사이에 적군의 공격을 예상한 미 공군 슈퍼포트리스 폭격기가 공산군 비행장을 맹타하여 제공권을 회복했다.

전선에 걸쳐 공산군의 전격이 1주일 정도 계속된 뒤 영국 그로스터셔 연대가 실질적으로 전멸한 임진(臨津) 전투를 포함한 유엔군의 단호한 저항으로 적의 공격은 저지되었다. 5월 2일 공산군은 유엔군이 입은 피해의 50배에 달하는 손실에도 불구하고 다량의 보병을 전방에 투입하는 '인해 전술'을 써서 새로운 공세를 개시했다. 여기에서 전임자 워커와 리지웨이가 그러했던 것처럼 훌륭한 야전 사령관인 밴플리트 장군은 소위 '밴플리트 중포'로 알려진 지극히 맹렬한 포화를 퍼부었다. '나는 포탄 구멍이 촘촘히 뚫어져서 우리 병사들이 구멍에서 구멍으로 뛰어넘어 갈 수 있도록 했으면 좋겠소'하면서 그는 '병력보다는 포탄을 사용하는 것이 효과적'이라고 명령하는 것이었다. 진격하는 보병을 지원하기 위해 포병을 활용하는 또 하나의 기본적인 병법 때문에 밴플리트는 진격 부대에서 유엔군 이동포가 터지는 포탄의 착탄 지점으로부터 15미터 이내의 거리를 유지하라고 명했다. 이것은 우리 병사들이 때때로 우군의 지원포 폭발로 상하거나 죽게 되는 것을 뜻한다. 그러나 이것은 또한 포화가 멎을 때 아군 부대가 적군 병사에게 아주 접근해 있기 때문에 적군이 아직 화력으로 어리둥절해 있고 적군의 소총이 아직도 폭풍으로 인한 먼지로 막혀있는 동안 적병에게 돌진해 들어 갈 수 있음을 뜻했다. 이 방법은 효과를 보았다. 5월 19일까지는 서울 바로 못 미쳐 공산군 공세가 저지되었다.

3일 후 밴플리트는 휘하인 8군, 한국군 그리고 유엔군 지원 부대에게 진격을 명했고 얼마 후에는 38도선 북방 부근에 전선을 고정시킬 수가 있었다. 적의 공세는 다시 한번 끊어진 것이고 유엔군은 북으로의 진격을 멈추고 서서 다시 한 번 다음 행동을 어떻게 취할 것인지 국제연합 정치 지도자들의 결정을 기다리는 신세가 되었다.

　밴플리트 장군이 취한 또 하나의 중요한 선도적 역할은 대한민국 군대를 현대화시키고 장비와 훈련을 통해 이를 활용하는 일이었다.

　밴플리트 장군은 배치된 진지를 확보함에 한국 육군은 신뢰할 수 없는 존재라는 리지웨이 장군의 견해를 인정하지 않을 수 없었다. 그러나 그는 남한 사람들의 전투 능력을 탓하지 않았고 다만 무기와 훈련, 노련한 지휘관의 부족으로 돌렸다. 밴플리트는 이 대통령과 협의하여 한국군 장교단을 모집 훈련하는 조직적인 계획을 추진시켰다.

　드디어 이 대통령은 오래도록 호소하여 온 바대로, 올바르게 훈련받고 장비를 갖추었으며 훌륭한 지휘관을 둔 대한민국 국군을 가지게 될 모양이었다. 수만 명의 한국 청년에게 소총을 공급하는 것은 큰 도움이 못되며 순수하고 충분히 자급 자족할 수 있는 군사력을 발전시킬 수 있고 또 그렇게 되어야만 한다는 밴플리트의 언질을 그는 주저하지 않고 조건없이 받아들였다. 깊은 감사와 함께 이 대통령은 밴플리트 장군을 '국군의 아버지'라고 불렀다. 육해공군 그리고 해병대 사관 학교는 확장되고 미군 교관으로 진용이 갖추어졌다. 한국의 군사력 확립 과정은 드디어 시작되었다.

　무엇보다도 밴플리트 장군이 시작한 이 계획이 입증한 것은 이승만 대통령은 유력한 미국 지도자들이 생각했던 그런 '무책임한 인물'이 아니었다는 사실이다. 트루먼은 한국 청년을 무장시켜야 한다고 한 이승만의 탄원을 얕보았고 맥아더와 리지웨이는 이에 반대하는 건의를 했다. 한국 사람들에게 무기가 주어진다면 승리를 위해 필사적으로 싸울 것이라고 끊임없이 선언했기 때문에 모든 사람들은 이승만을 머리가 돌았거나 이치에 안 맞는 사람이라고 생각했다. 그러나 그들은 그에게 내놓을 대안이 없었다. 자주 정부 대통령의 합리적인 희망을 진지하고 책임 있게 대접할 경우 이 대통령은 전적으로 자진해서 제안 된 계획을 받아들이고 또 이것을 지지하는 의사를 보여준다는 사실을 밴플리트가 증명한 것이다. 대신에 밴플리트가 깨달은 것은 존경과 신뢰감을 보이면 즉각적인 효과를 거두게 된다는 사실이었다. 한국군에 대한 그의 언질은 일선에서 5월의 치열한 전투에 임하고 있었던 신병들에게까지도 비록 생소하고 장비도 불충분하고 숙달되지 못한 싸움이었지만 사기를 드높여 주었다. 5월 13일 밴플리트는 대한민국 육군 참모 총장 정일권(丁一權) 중장에게 다음과 같은 편지를 써 보냈다.

1951년 5월 4일 본관은 귀 육군에게 인제(麟蹄)읍 탈환과 인제·강릉(麟蹄·江陵) 간 도로 남방의 북한군 섬멸 임무를 부여했습니다. 귀관 및 귀군 지휘관들과 협의하여 본 작전 수행에 자신이 있고 또한 전투 준비가 되어 있다는 확언을 들은 뒤에 본관은 이 명령을 하달했습니다. 서부 전선에서는 한국군 제1사단이 북한군을 공격하여 만족할만한 전과를 올렸습니다.
본관은 이 전투의 일일 진행 상황을 파악하고 있었고 작전 진행 중 귀육군 부대들을 방문했습니다. 한국군은 지정된 목표를 달성했고 적에게 막대한 손실을 입혔습니다.
이런 전과는 야전에서 적군을 맹렬히 응징할 수 있다는 능력의 증거로서 귀 부대들에게 긍지와 감화의 원천이 되어 줄 것입니다. 나아가서 한국군은 대공 투쟁에서 스스로의 역할을 다할 능력이 있다는 것을 다른 유엔군 부대들에게 확신시키고 그들의 신뢰를 새로이 하게 될 것입니다. 한국군과 대한민국 정부, 한국 국민은 이런 전과를 자랑으로 여길 수 있습니다. 이런 빛나는 군사적 승리에 즈음하여 본관은 귀관과 휘하 장병들에게 치하를 드리는 바입니다.

그러나 전선의 사정은 어느 정도 나아지고 있었던 반면에 우리들의 홍보 문제는 가혹했고 악화 일로였다. ECA 관리들은 포화나 공습으로 도시와 공장이 크게 부서져서 생긴 파철들과 쇠붙이, 다량의 고철들을 미국 회사에서 사들일 용의가 있다는 점을 이 대통령에게 알렸다. 이 대통령은 대한민국이 그 자금을 해군 함정 구입에 쓰도록 허락해 준다면 그 고철을 팔겠다고 응답했다 그 자금은 긴급 구호 계획에 써야한다고 느끼고 있던 미국 원조 관리들은 화를 냈다. 이승만은 요지 부동이었다.

  왜냐하면 자기는 오랫동안 해안 경비용 해군 함정을 구하려고 투쟁해 왔기 때문이었고 또한 이제는 일본 어선들의 침입에 대비하여 이승만 라인을 경비하는데도 사용하기를 바랐기 때문이다. 그가 3부 장관을 해임시킨 주요한 이유가 반독립적인 해군력을 갖추려는 대통령의 노력을 그들이 방해한 것도 사실이지만 앞서 말한 미국 사람들의 계획에 더욱 '협력'해야 한다고 주장했기 때문이었다.

  이 모든 것이 외국 언론에 아주 나쁘게 보도되었고 여기에서 이 대통령을 독단적이고 완고한 것으로 비난하는 일이 상례가 되었던 것이다.

  이 대통령과 그의 정부에 대한 호감을 유지하려는 우리의 노력에 또 한 가지 문제가 된 것은 이승만과 국회 간의 심각한 불화에 관해 부산(釜山)으로부터 뉴스 보도가 계속 쏟아져 들어온 때문이다. 고철 문제, '이승만 라인' 문제, 경찰의 일반적 행태, 계속되는 인플레, 그리고 불충분한 사회 복지 계획 등에 대하여 이 대통령은 국회의원들로부터 매일같이 공격의 화살을 받았다. 국회의원들이 하는 말을 근거로 판단하여 미국 신문에 널리 실리는 논평을 보면 이 대통령은 능력도 없고 인기도 없는 것처럼 보였다. 이런 모양의 보도가 큰 변함없이 계속됨에 따라 그 사람들이 필요로 하는 정도로 주위 형편을 개혁하든가 아니면 나쁜 소문에 대항할 만한 몇 가지 아주 좋은 소식을 전한다든가 하여 어떤 구제책을 모색하지 않으면 안 되겠다는 생각을 나는 강하게 느꼈다. 5월 11일 나는 문제 전반을 검토하고 일종의 건의를 겸한 편지를 그에게 써 보냈다.

  주요 문제는 국회의 협력을 얻는 일일 것 같습니다. 국회 지도자들로 구성된 일종의 협의회를 1주일에 1회 소집하여 한동안은 주요한 정책 상의 오류까지 범하게 될지 모르지만 주요 문제에 대한 그들의 의견을 따름으로써 협력을 얻을 수 있지 않을까 생각해봅니다. 적어도 박사님이 국회의 충고를 받아들이고 있다는 사실이 알려지게 될 것이고 한국과 외국 여론에 의해서 그들에게 걸린 책임 때문에 그들이 노선을 따르도록 크게 자극을 받게 될 것입니다.

  이렇게 먼 거리에서 그런 문제까지 충고를 드린다는 것은 제가 주제넘은 것 같습니다. 그러나 박사님과 국회 사이의 분열 때문에 불안이 조성되어 가고 있는 것이 그곳에 계신 박사님에게 보다는 이곳에서 보는 저에게 더욱 분명하게 느껴지기 때문입니다. 그런 간격을 메우기 위하여 할 수 있는 일이라면 무슨 일이라도 거기에 드는 대가를 치를 가치가 있을 것입니다.

이틀 후인 5월 13일에 나는 나의 지난 번 충고를 더 보강하여 그에게 다시 편지를 써 보냈다.

짐작이 잘 가시겠지만 국회 반란 사건은 이곳 각 신문에 중요 뉴스로 실리고 있는 중입니다. 아직까지 사설란의 논평은 없었습니다. 이란 문제가 그 중에서도 가장 두드러집니다만 다른 곳에서도 역시 마찬가지로 위태로운 시대의 소란을 느끼게 하는 사건으로 트루먼·맥아더 논쟁, 베빈의 애틀리 내각 퇴임, 프랑스 국내 정치의 계속되는 소동, 그리고 파나마 혁명 등을 염두에 두신다면 다소의 위안이 되실 겁니다. 국회가 조용하게 지내면서 현실적 문제점들에 대해 예민한 반응을 보이지 않기를 기대하는 것은 인간의 본성에 대해 너무나 지나친 요구가 되리라 생각합니다.

한국군에 대한 군비 강화, 농민들의 귀농 계획, 피난민 보호, 후방의 치안을 처리하는 경찰 계획, 대일 문제, 그리고 인플레 증대의 상당한 위험을 수반하는 파괴 지역 복구 등과 같은 여러 가지 문제들이 박사님에게 뿐만 아니라 당연히 국회에서도 관심사가 됩니다. 그리고 사람들은 문제를 각각 다르게 보며 이것을 다루는 방법 또한 다르다는 사실을 우리는 인정해야 한다고 생각합니다.

해결책을 모색하기 위하여 박사님과 국회의 유력한 지도자로 구성된 소규모 모임이 서로의 신뢰 속에 함께 모이는 일은 가능하리라고 저는 열렬히 희망하고 있습니다. 지금으로부터 1년 후에는 새로운 대통령 선거가 실시된다는 사실 때문에 문제는 더 크게 가중되는 줄로 압니다.

그러나 지금으로부터 그때까지도 공산당과의 싸움은 계속되고 국제연합에서의 정책 토론도 계속됩니다. 이들 외부 문제들은 놀랄 만큼 중대하며 그 올바른 결과가 한국의 장래에 주는 의미가 너무나 크므로 이 문제점들이 국내의 파쟁 때문에 작게 보인다면 이는 비극적일 것 같습니다. 경호군의 아버지와[1] 초대 주미 대사를 거쳐 곧이어 국무총리를 지낸 장면(張勉)이 국회 반란에 깊이 관련되었다는 뉴스를 듣고 우리는 몹시 마음이 심란합니다. 좀 교활한 몇몇 정치인들이 이 사람들을 도구로 쓰고 있는 것이나 아닌지 모르겠습니다. 홍보 계획의 관점에서 볼 때 가장 특기할 만한 여러 가지 문제점에 대한 박사님의 계획을 요약한 일련의 분명하고도 순리적인 성명서를 박사님이 발표하시는 것이 훨씬 좋을 것으로 생각합니다……그렇게 하면 전 세계와 한국 국민들이 박사님의 처지를 이해하게 될 것입니다. 국회의원들은 박사님이 택한 명분과 동기를 깨달아 박사님을 만나지 않으만 안 될 것이고 그들이 효과적인 공격을 하지 못하도록 박사님의 견해를 잘 말씀하실 수 있을 것으로 확신합니다. 미국 국민과 정부에 영향을 주는데 가장 중요하다고 생각되는 사항들을 열거하는데 멀리서 도움이 되었으면 하여 몇 가지 문제점과 이에 대한 저의 기본적인 관점을 말씀드려 보겠습니다.

 1. 한국군 무장에 대하여 : 한국 방위에 대한 전반적인 요청과 공산 침략을 격퇴하기 위한 국제연합 계획의 실적에 합치되도록 추진해야 할 것이며, 이 병력은 한국이 통일될 경우 평화를 수호해야 할 것임.
 2. 토지 개혁에 대하여 : 신규 법률이 정한 조건에 따라 지주가 소유하는 모든 잔여 토지를 가능한 한 속히 매각하고 이 법률을 전 한국에 확대 적용해야 할 것이며, 이 개혁의 목적은 소작 농가의 비율을 10%까지 낮추도록 하고 동시에 옛날 지주들의 귀속 공장 구매를 가능케함으로써 소규모 제조업자로 구성된 새로운 중산 계급을 만들자는 것임.
 3. 귀속 재산에 대하여 : 한국을 사회주의 국가보다는 자유 기업 사회로 만들려는 목적 하에 광산, 철도, 통신 시설, 그리고 어떤 다른 제한된 보유 재산을 제외하고는 모두 매각할 것.
 4. 인플레 통제에 대하여 : 공장 재건, 어업의 재조업, 그리고 절대 필요량 이외의 지폐 증발을 억제하는 등의 방법으로 인플레를 잡으며 2500대 1의

---

[1] 이경호 군은 펜실베이니아 주립 대학의 내 사택에 살던 한국 유학생이며 그의 부친이 한 때 농림장관이었다.

한·미 통화 환율을 내려서 이미 비공식으로 시중에서 돌고 있는 그대로 6천 대 1 환율을 공식으로 받아들일 의사를 대통령이 자진해서 밝힌다면 미국 고문관들과의 관계 개선에도 도움이 될 것임.

5. 대일 관계에 대하여 : 가능하다면 대한 해협에 있는 대마도(對馬島)의 반환이나 배상 요구를 철회할 것이며 일본과의 협정을 위한 대통령의 순리적인 해결 방법을 강조함. 그 이외에 어선과 장비는 반환해야 하며 맥아더 라인을 재확인하고 그 효력을 강조하며, 재일 한국 교포에게 재일 외국인과 똑같은 대우를 할 것. 한일 간의 교역은 상호 이익에 입각하여야 함.

6. 대통령 선거에 대하여 : 국민의 직접선거에 의한 대통령 선출 조항을 규정하는 헌법 개정을 요구함. 이 방법은 미국에 보급되고 다른 나라에서도 실시되고 있다고 믿으며 현행 헌법으로 대통령을 선출하는 국회에서 집권을 위하여 계략적인 잔꾀를 없애는데 크게 역할을 할 것으로 생각함. 국회 내의 대통령 정적들이 이런 제안에 공적으로 반대하기는 어려울 것으로 생각함.

7. 통일에 대하여 : 한국에게 공평할 뿐만 아니라 전쟁을 종식시켜 평화를 회복하는 유일한 방법으로써 한국이 통일되어야 한다는 대통령의 주장을 다시 확인함. 대한민국의 주권은 사실상 한반도 전체에 미치고 북한에서는 선거는 100석의 예비 의석을 채워야 하며, 또한 국제연합 후원 아래 심사를 받아 승인받은 북한 주민은 1952년 5월 대통령 선출을 위한 투표에 참가할 것과 대한민국의 모든 법률은 자동적으로 북한 전역에 미친다는 사실 등을 상기시킴.

8. 법 시행에 대하여 : 모든 공포 정치를 없애기 위해 사령부와 경찰의 개혁을 요구함. 현대식 경찰관 훈련을 위한 시설 확충을 요구함.

9. 내각에 대하여 : 대통령이 가능하다고 생각한다면 미국의 경우와 같이 모든 각료 임명에 국회의 인준을 필요로 하게 하고 내각은 대통령에게 책임을 지도록 정하며, 국무총리직을 없애거나 아니면 총리의 직무가 불명확한 점을 없애기 위하여 이를 좀더 명백하게 규정하는 헌법 개정안을 제의하는 것이 미국 정부와 미국 국민에게 매우 인기가 있을 것임.

10. 언론의 자유에 대하여 : 지난날로부터 그렇게 해 온 것처럼 언론의 자

유에 대한 대통령의 확고한 신념을 다시 강조하고 신문을 탄압하는 공보처의 권한을 없앨 것. 이런 기능을 법원에 넘겨 명예훼손 및 국사법에 대한 엄격한 법률 아래 다스리도록 할 것.

11. 교육에 대하여 : 민주 국가는 보통 교육의 확고한 토대 위에 의존한다는 대통령의 신념을 강조하고 이 분야에서 이미 성취된 업적을 지적할 것.

제가 지적한 이상의 사항 만큼 충분히 중요한 기타 문제들이 마음에 떠오르실 것입니다. 아마도 이상 말씀드린 내용은 대통령께서 1946년 초에 발표하시고 전 세계에 대통령의 시책 방안으로 알려지게 되었던 유명한 21개 목표 만큼 중요한 것이 될 수 있을 것입니다. 이런 조항들이 세밀하게 작성되고 제시될 경우 국회의 공격은 대통령 개인에 대한 공격이라기 보다 대통령이 제시한 공평하고도 건전한 계획에 반대하는 공격이 될 것입니다.

뒤따르게 될 토의 과정에서 대통령은 한국과 세계 국민들의 관심이 이 계획에 완전히 머물도록 노력을 다함으로써 국회 반란이 일어날 때에는 언제든지 이 계획의 어느 부분에 대하여 국회가 거부하고자 하는지를 대통령이 물어 볼 수가 있고 그렇게 함으로써 협력을 거부한 경우에 국회는 매우 곤란한 처지가 되도록 만들 수가 있을 것입니다.

또한 이 계획의 발표와 관련하여 대통령이 이 계획의 실시 방법을 토의할 목적으로 국회 지도자들 중에서 선정된 대표적 인물들과 매주 모임을 가지겠다는 계획을 동시에 발표할 수 있다면 대통령의 위치는 정말 매우 단단해지리라고 저는 생각하고 싶습니다. 이것은 대통령의 입장에서 관대한 태도가 될 것이고 현재 겪고 계신 싸움에서 대통령이 세계의 동정을 사는데 큰 몫을 하리라고 생각합니다.

나의 편지는 한국 도착 후의 나의 입장을 분명히 가리고 강화시켜 보려는 의도 아래 또 하나의 제안을 결론으로 끝을 맺었다. 많은 미국 관리들이 나와 이 대통령의 관계를 불안과 의심의 눈초리로 보고 있음을 나는 잘 알고 있었다. 나 자신을 위해서 그리고 내가 해 낼 수 있는 일들을 고려해 볼 때 나는 서로 간에 믿음을 가질 수 있는 단단한 토대를 확립시키고 싶었다. 나 자신 뿐 아니라 대통령의 입장을 보호하기 위하여 나의 제의를 신중하게 설명했다.

대통령의 의견으로 보시기에 제가 한국에 나오기 전에 도쿄에서 리지웨이 장군을 만나는 것이 좋겠는지 묻고자 합니다. 이렇게 하는 것이 한국과 스캡(SCAP), 그리고 유엔군 사령부의 상호 관심사가 되고 있는 문제들을 해결하는데 제가 최선의 노력을 기울이고 있음을 리지웨이에게 확신토록 함으로써 무초 대사의 근심도 가라앉히고 동시에 저 자신의 입장도 어느 정도 강화시키는 방법이 될 것이라는 생각이 떠올랐습니다. 이것이 각하에게 현명하지 못하다면 도쿄 주재 대한민국 대표부에서 이런 회견을 주선할 수도 있을 것입니다. 아니면 제가 직접 회담 교섭을 하는 것이 좋겠는지 아니면 그를 만나지 않고 조용히 도쿄을 통과할 것을 바라시는지? 리지웨이와 무초는 저의 한국행을 불안하게 생각하며 제가 문제 해결을 방해하려는 것이 아니라 도우려고 노력 중임을 확실히 알고 싶어 한다는 것은 당연하다고 생각됩니다.

나의 여러 가지 제의는 희망대로의 효과를 거두지 못했다. 이 대통령이 그것을 받아보기까지에는 나는 이미 가족과 함께 자동차로 미국을 횡단 중이었고 그는 내가 한국에 도착한 뒤에 가서도 회답은 늦지 않을 것이라고 생각했다. 선편으로의 태평양 횡단을 포함하여 나의 가족은 사실상 그렇게 했거니와 우리는 여유 있게 여행을 할 참이었다.

그러나 큰 사건들이 우리 계획을 가로막아 계획은 변경을 면치 못했다. 앞장에서 밝혀진 대로 6월 23일 야콥 말리크는 휴전 회담이 시작될 어떤 암시를 던졌었다. 소련이 겉으로는 한국전쟁의 당사자가 아니었으므로 이 암시가 공식 발언과는 거리가 멀었다. 도쿄의 유엔군 사령부는 우리가 보기에 매우 굴욕적인 일련의 방송을 북한군 사령부 앞으로 띄워 보내기 시작하고 24시간 계속 되풀이하여 원산만(元山灣)에 정박 중인 덴마크 병원선 '유틀란디아'호에서 '휴전 토의를 위한 모임'을 가지자고 요구했다. 김일성(金日成)은 패배한 유엔군이 휴전을 애원한다는 인상을 짙게 풍기도록 하기 위해 만 하루 동안 이 방송을 모른 체했다. 그리고 난 뒤에 그는 이런 모임에 동의할 것을 회신했으나 장소는

'유틀란디아'호 선상이 아니었다. 그 대신 그는 '38선상의 개성(開城) 지역'에서 열 것을 요구했다.

유엔군 사령부는 휴전 회담 장소에 대한 이 같은 변경의 뜻을 충분히 이해하지 못했다. 분명히 말해서 이 회담이 계속되는 동안 만큼은 남북간의 주요 '회랑' 중간 지점에서의 회담 개최는 북한측에 대한 강력한 공격을 막아 줄 것이 틀림없었다. 회담이 얼마나 걸릴는지 아무도 추측할 수 없지 않은가? 우리 측에서는 아무도 장기화될 회담을 예측하지 않았다.

이 대통령은 먼저 잡히는 비행기를 타고 당장 부산(釜山)으로 오라고 내게 전문을 보내 왔다. 휴전 협정은 다소 빠른 시일 안에 해결되리라는 일반적인 기대감이 떠돌았다. 좌우간에 제1차 세계대전을 끝내는 휴전 회담은 겨우 몇 시간 만에 해결되었고, 제2차 세계대전에 종지부를 찍는 회담은 며칠 밖에 안 걸렸으니까. 나의 큰 관심은 전쟁 처리에 관해서 대한민국의 입장을 확립하도록 이 대통령을 돕기 위해 나의 도착 전에 휴전 합의가 이루어져서는 안 될 일이었다. 실제로 이런 협정은 만 2년 이상을 요할 운명에 있었지만. 한국의 분단을 영구화시킬 어떠한 휴전 협정도 막으려는 이 대통령의 결심은 매우 긴장된 국제 정세를 빚어내고 있었다. 당연히 그것은 한국의 '전쟁 지역'에 발을 들여놓으려는 나의 감정을 몹시 자극시켰다. 1951년 7월 1일 나는 비행 시간 직전에 시애틀 공항에서 가족에게 이런 편지를 썼다.

한국의 위기는 호전되고 있는 것이 아니라 분명히 더욱 악화 일로에 있소. 이 대통령은 요지 부동이오. 유엔군이 계엄령을 선포하든가 아니면 한국군 장군들과 정치인들이 뭉쳐서 그에게 맞서도록 설득함으로써 유엔군의 협정 수락을 강요하는 등 그를 실각시키려는 일이 벌어질 것이라고 지금 나는 믿고 있소. 사태가 몹시 긴장하게 되리라고 생각하오. 내가 내다보기에 이것을 막을 수 있는 오직 한 가지는 공산군이 전면 공격으로 '우리를 궁지에서 구해줄' 하나의 가능성인데 이놈들이 그렇게 나오기에는 너무 약단 말이오! 비행기는 오후 6시 50분에 뜨는데 산란한 심정으로 여기 오를 것이오. 합의는 이루어지지 않을 것 같고 생활은 몹시 긴장 속에 놓이게 될 것이오.

내가 7월 3일 부산 공항에 내려섰을 때 겉으로는 내가 기대하지 못한 고요함이 감돌고 있었다. 리지웨이 장군은 휴전 회담 장소로 공산당이 택한 개성을 막 수락했었고 7월 5일에는 회담이 시작된다고 비쳤다. 북한측은 그 대신에 연락 대표 모임을 위해 7월 7일을 택했다. 첫번 회의는 실제로 7월 10일에 열렸다. 한편 대통령 관저에서 보낸 차가 나의 도착을 맞아 주었고 대통령 내외를 만나기 위해 관저로 향했다. 관저는 약 4,000제곱미터에 이르는 정원에 둘러싸여 부산을 내려다 보는 언덕 위에 놓인 아담한 가옥이었다. 사람들은 나를 따뜻하게 맞아 주었고 업무에 대한 직접적인 화제는 빼고 옛 벗의 정을 나누며 잡담을 했다. 그럭저럭 30분쯤 지난 후 이 대통령은 정원에 있는 '영빈관'으로 나를 안내하고 책상과 의자, 타자기를 들여 놓은 빈 방인 나의 사무실을 내게 보여 주었다.

그는 한국군을 대변하는 백선엽(白善燁) 장군을 통하여 국제연합 측 대표에게 제출할 자신의 성명서 사본을 내게 내놓았다. 내가 예측했던 대로 그 성명서는 모든 공산 침략자가 한국에서 축출되고 대한민국 정부 아래 국토가 통일될 때까지 전쟁은 계속되어야 한다는 등 단호한 요구를 담고 있었다. 또한 이 성명서는 유엔군 사령부에게 이 계획에 동의해 줄 것을 요구하고 만일 미국과 국제연합 총회에서 규정한 제약 때문에 그것이 불가능하다면 그때에는 적을 몰아내기 위해 대한민국 국군에게 자체적으로 북진하도록 권한을 주고 원조하라고 덧붙였다. 그는 나더러 성명서를 다듬어서 '받아들일 수 있도록 만들어 보라'고 요구했다. 그것은 거의 불가능한 임무처럼 느껴졌다.

내가 배경 설명을 위한 자료를 요구했더니 그는 지난 12월 말 중공군이 서울 점령을 위해 밀고 내려온 이래 몇 달 동안 자기 사무실에 보존해온 '일지'를 이용할 수 있도록 해주었다. 그 '업무 일지'는 그의 활동과 중요 사건에 대한 그의 반응을 기록한 것이다. 그것은 이 대통령이 국제연합과 국회 관계에서 '확고한 관점'을 전개시켜 나간 자신의 판단을 남에게 깨우쳐 주기에 충분했다. 내가 '일지'를 훑어 나가는 가운데 어떤 대목들은 특히 돋보였다.

1951년 1월 7일 :
군의 후퇴는 우리 모두를 공포 속에 몰아넣었다. 우리는 왜 이 많은 적군을 폭격으로 해치우지 못하고 그런 식으로 저지하지 못하는지 알 수가 없다. 비행기들은 밤낮으로 뜨지만 공산군을 막아 낼 형편이 못 되는 모양이다.

대통령은 청년 운동 지도자를 불러 무기를 휴대하건 안하건 10만 명 정도의 청년을 원주(原州) 일선으로 보내서 후방에 머물며 적의 침투를 막도록 하라고 지시했다. 문제는 그들이 현재 입은 그대로의 복장으로 간다면 비행기가 그들을 구별할 수가 없어 적군으로 잘못 알고 폭격을 가할 것이라는 난점이 생겼다. 육군은 여러 번 모임을 가진 끝에 약 7만 5000명에게 입힐 군복을 찾아보겠다고 동의했다. 신발에 대해서 말하더라도 거의 무망한 상태였다. 육군은 짚신과 천으로 만든 신을 시장에서 구해 그것을 원주(原州)로 보낼 수 있게 했다. 미국인들은 처음에는 크게 반대했으나 지금은 동의했다.

1월 8일 :
국방장관이 대구(大邱)에서 내려와 미국 사람들은 무슨 생각을 하고 있는지 도무지 알 수가 없다고 보고한다. 그들의 전술은 여전하다.

재래식 전쟁을 믿고 그들은 중화기를 가지고 다른 아무 일도 하지 못하고 있다. ……그는 또 말하기를 한 미군 장교가 자기들은 견고한 전선을 유지하면서 서서히 소규모 방어선을 만들어 그리로 후퇴할 작정이라고 말하는 것을 들었노라고 했다. 그들은 2개월 동안 대규모 진격에 대비한 준비가 안 될 것이다.

미곡 추수량은 90%까지 걷어져서 수송편을 기다리며 철도 창고에 쌓여 있다. 많은 곳이 머지않아 적의 수중에 들어갈 것이다. 국방장관은 실어나를 트럭을 리지웨이 장군에게 요청했다. 트럭은 얻었으나 기름이 없었다. 또 한 차례 늑장 부린 뒤에야 드디어 8군에서 휘발유를 공급했다. 미국 사람들은 이틀만 더 있었더라면 서울을 확보할 수 있었겠는데 하고 느꼈다. 리지웨이 장군은 모든 전선을 다시 조직하려고 했으나 그것을 끝낼 충분한 시간을 갖지 못했다. 적군은 서울에서 1주일이나 멈추고 있었던 지난 6월처럼 같은 실수를 저지르지 않았다.

1월 9일 :

오늘 아침 원주를 내주었다는 말을 들었다. 대통령은 즉각 자신은 대구로 올라가 젊은 사람들과 접촉하여 우리 국민 모두가 인해 전술을 막도록 하고 싶다고 말했다. 이곳 부산에 머물러 앉아있으면서 전쟁 수행을 남에게 맡겨 둘 수 없다고 느낀다.

한국인들은 싸우기를 원하나 충분한 기회가 안 주어진 것이다. 젊은 사람들의 열성을 흐리는 어떤 구실이 항상 있게 마련이다. 우리는 청년들을 이곳에서 빼내어 훈련시켜야 한다. 충분히 50만이라는 청년이 있다. 미국인들이 이 청년들을 오키나와, 사이판, 또는 다른 곳에 데려다가 약 4개월간만 훈련을 받게 한다면, 유엔군이 전쟁에 이긴 뒤 빠져나간다해도 우리들은 준비를 갖춘 내 나라 군대를 가질 수 있다.

오후 각의에서 인플레 문제가 거론되었다. 유엔군은 지금까지 4억원을 빌려갔는데 이에 대한 은행 준비금이 없다. 예산은 균형이 잡혀있으나 군에서는 돈이 필요하고 적립금이 없기 때문에 은행이 이것을 적어 내야 한다.

1월 12일 :

대통령은 대구로 비행하여 리지웨이 장군을 만났다. 그는 장군에게 "중공군은 단순한 인력만 가지고 싸우고 있소. 우리도 사람이 모자라지는 않소. 훈련된 우리 청년도 일선에 나선다든지 일선의 비는 곳을 채운다든지 또는 후방에 배치되어 침투를 막아낼 준비가 되어 있소. 그들은 공산군을 막기 위한 일이라면 무엇이든 하겠다는 것이오. 그들에게 무기나 수류탄을 준다면 얕볼 수 없는 효과적인 전투력이 될 것이오"라고 역설했다. 리지웨이 장군은 자기도 그것을 알고 있노라고 했고 그러나 현대전에서는 패거리 싸움을 하고 있을 여유가 없다고 했다. 그래서 도움보다는 방해가 더 될 것이라고 했다. 청년 단체들을 전쟁이나 작전 수행에 방해가 되지 않도록 훨씬 남쪽으로 이동시키는 것이 좋을 것이었다. 대통령은 그에게 "장군이 바라는 바가 그것이라면 우리는 청년들을 일선에서 멀리 떨어지도록 하겠소"라고 말했다.

국방장관은 모든 한국군 부대를 정일권 장군의 지휘하에 두도록 해야 한다고 요구했다. 현재 미군에 배속되어 있는 사람들은 한국군의 명령을 따르지 않을 뿐 아니라 일종의 우월감마저 가지고 있는데 이것은 좋지 않다. 리지웨이는 일리가 있다고 보고 다음 날 그런 효력을 발생하도록 명령을 시달했다.

1월 13일 :
영국이 국제연합에 제출한 휴전 결의안에 대한 뉴스가 우리 귀에 들려왔다. 대통령은 이에 대한 성명서를 작성할까 했으나 많은 사람들 이 찾아오는 바람에 그렇게 할 수가 없었다. 국방장관이 다섯 시에 찾아와서 국회의원 몇 사람에 대한 불만을 토로하고 부산은 가장 나쁜 곳이라 했다. 유복한 사람들은 자기들 재산 걱정만 하고 어떻게 해서든지 이 나라를 떠날 생각을 하고 있었다. 이 자들은 패배주의적 분위기 조성에 기여하고 있다. 국민들은 희망에 차 있고 사태를 훨씬 낙관하고 있다. 정부가 자기들과 함께 있는 한 자기들은 구원을 받을 수 있는 것이라고 느끼고 있다.

1월 25일 :
브렌 씨가 고철 구매를 위해 여기에 와 있다. 대통령은 미국이 한국을 돕고 있는 것에 감사하는 뜻에서 우리는 고철을 무료로 미국에 주고 싶다고 그에게 말했다. 모든 생산업은 개인 수중에서 이루어지고 있고 고철을 사는 것은 개인 자본이고 전쟁 물자 생산도 개인 기업이 하고 있는 것이기 때문에 그것은 불가능한 일이라고 브렌은 그에게 말했다.

우리는 미국이 의연한 태도로써 국제연합의 어떠한 임시 방편적인 타협책에 대해서도 양보하지 않을 것을 다만 빌 뿐이다. 공산당에게 외교적 승리를 안겨 줄 기회를 만들기 위해 미국 사람들은 자기네 자식들을 희생시키길 원하지 않을 것임을 우리는 알고 있다. 미국이 버티고 서서 싸울 분명한 의사를 보이는 순간 자기들은 중공군을 몰아낼 수 있게 된다는 사실을 우리 국민과 유엔군은 또한 잘 알고 있다. 소련은 감히 아무 일도 못할 것이다. 미국의 외교적 우유부단이 이 전쟁을 패배로 이끌고 있다.

1월 28일 :

장면(張勉) 대사가 도쿄로부터 도착하여 대통령에게 자기는 국무총리직을 수락할 수 없으며 워싱턴으로 돌아가야 한다고 말했다. 자기는 이런 중요한 임무를 맡을 의사가 없으므로 한국에 머물지 않을 결심이었다. 자기는 워싱턴에서 좀더 나은 일을 할 수 있다는 등의 느낌인 것이다.

1월 31일 :

우리 사무실에서 장 대사에게 그의 총리 임명을 축하하는 뜻에서 작은 연회를 열어 주고 싶다고 통보했다. 그는 자기가 이 문제를 며칠만 더 생각해 보아야 하므로 수락하지 않겠노라고 말했다.

2월 1일 :

대통령은 앨먼드 장군에 대한 훈장 수여와 리지웨이 장군과의 협의차 대구에 갔다. 정일권 장군은 총공세를 위해 한국군에 지역을 배정하는 일을 반대했다. 한국군의 장비 증강이 없는 한 우리는 유엔군의 일부가 되고 싶지 않다고 정장군은 그에게 말했다.

"차라리 우리가 독자적으로 남아 있어서 우리 국민들이 우리가 할 수 없는 일을 해 주기를 기대하지 않도록 하는 것이 좋겠다"고 했다.

"외부 사람들은 우리가 유엔군 부대와 동일하게 장비되어 있다고 믿고 있으나 당신도 알다시피 당신네 72문에 비하여 우리는 겨우 중포 17문을 가지고 있을 뿐이오. 당신들은 지상군 지원을 위해 400대 항공기를 가지고 있지만 우리는 한 대도 없소. 우리가 항공 지원을 요청하면 그대로 되는 일이 거의 없는 실정이오. 우리 측이 일선에서 통신 시설이 나쁘기 때문에 항공기와 접촉할 방법이 없소." 리지웨이 장군은 정장군에게 한국군에 대한 항공 지원을 약속했다.

2월 2일 :

장 대사는 결국 총리직을 수락했다. 국방장관은 그에게 "당신이 꼭 맡으셔야지요. 안 그러면 국민들은 당신이 한국에 남아있기를 두려워하고 있다고 생각할 거요"라고 했다.

3월 18일 :

대통령은 대구로 날아와 한국군 참모들과 만났다. 그는 우리의 목표는 한국 통일이기 때문에 다른 누가 무슨 일을 하든 우리는 38도선을 넘어야 한다고 이들에게 훈시했다. 그는 또한 아무도 우리의 통일 계획을 방해할 권리가 없다고 말했다. 미국 사람들은 우리가 38도선을 넘어서도 이것을 발표하지 않을 것이나 리지웨이는 그것을 말리지 않을 것을 우리는 알고 있다. 그들은 이미 38도선 너머로 정찰대를 들여보냈다.

대통령은 또한 미국 육군 장관 프랭크 페이스, 리지웨이 장군, 콜터 장군, 스미스 제독, 그리고 무초 대사를 만났다. 그는 이 사람들에게 "미국 육군은 한국을 방위하기 위해 한국에 와 있는 것이 아니라 미국의 명예를 위하여 있는 것이오"라고 말했다. "나는 단 한순간이라도 미국의 희생 위에 한국의 이익을 증진시키려는 생각을 가져 본 적이 없소. 만일 내가 한국을 희생시킴으로써 미국의 지위를 강화시킬 수만 있다면 나는 그렇게 할 것이오. 왜냐하면 미국이 국가 간에 지도적 위치를 확보하고 있는 한 한국은 언젠가는 다시 살아날 수가 있기 때문이오. 그러나 만일 미국의 영향력이 쇠퇴한다면 자유 세계는 희망이 없는 것이오."

이렇게 말한 뒤 그는 한국군 장교들이 충분히 훈련되지 못했다고 여러분이 생각한다면 미군 장교들이 한국군 부대를 지휘하는 것을 자기는 받아들이겠노라고 했다. "그러나 한국군은 압록강까지 밀고 올라갈 것이며 당신네들은 우리가 그렇게 한다고 비난해서는 안 되오"라고 하며 끝을 맺었다.

이 '일지'는 내가 얻고자 했던 전반적인 상황을 확인해주고 채워주는 구체적인 사실들과 더불어 매우 상세하고도 주변 묘사까지 잘 된 것이었다. 그런 가운데 나는 세계 언론이 입법부에 대한 그의 독재적 간섭의 '증거'로서 설명하던 국회와의 말썽에 대한 이 대통령 자신의 견해를 밝혀주는 장문의 구절을 발견했다.

4월 24일:

오랫동안 내무부장관 조병옥(趙炳玉)은 한민당과 흥사단의 목적을 펴나가는데 자신의 권력과 정부의 자금을 써 왔다.

다음 선거를 위하여 경찰과 민간 행정 당국을 잡아 둘 목적으로 전체는 아니더라도 대부분의 도지사들을 그는 한민당 사람으로 바꾸어 놓았다. 대통령이 볼 때 자신이든 누구든 간에 선거 운동을 이렇게 조기에 시작한다는 것은 지각없는 일처럼 느껴졌다. 대통령은 이런 모든 이야기들을 제쳐놓고 국민들에게는 우리가 선거를 실시할 수 있게 되기에 앞서 먼저 전쟁에 이겨야 하기 때문에 이런 일에 관심을 두지 말라고 역설했다.

이런 가운데 조병옥은 역시 선거 운동에 열심히 뛰고 있는 신익희(申翼熙)를 마침내 자기 편에 끌어들이게 되었다. 이들은 결국 신익희를 대통령으로 하고 조병옥이 국무총리가 되도록 한다는 합의에 이르렀다. 신익희를 대통령으로, 김성수(金性洙)를 부통령으로, 조병옥을 국무총리로 하려는 또 하나의 배합 방법도 고려되었다. 지난 8월에 국회는 조병옥 내무부장관과 신성모(申性模) 국방장관의 사임을 요구한 바 있었다. 대통령은 위급한 이 시기에 개각을 할 수는 없다고 느꼈다. 국회는 시끄러웠다. 조병옥은 자신의 많은 기밀 자금을 써서 국회의원들을 대접하고 지원해 주었다. 한국 사람들과 콜터, 무초 등 미국 사람들을 위한 그의 연회는 시중의 화제가 되었다. 최근에 와서야 부인 단체와 교회 모임 등이 정화 단체를 조직했고 국민들은 떠들썩한 잔치에 분개하고 있다. 조병옥은 평소보다 술을 더 마시고 있으며 자기를 반대하는 사람들을 구워삶고 있다.

경찰의 책임자는 장택상(張澤相)이고 그는 지금 조병옥과 함께 일하고 있지 않다. 이런 사정 때문에 조병옥은 자기가 원하는 대로 나아갈 수가 없어서 국방부 일을 맡으려고 열심히 뛰고 있다. 왜냐하면 그 자리는 자기 계획을 수행하는 데 도움이 될 더 많은 일자리를 배정받아 더 많은 사람들을 지배함을 뜻하기 때문이다. 국회는 더 이상 조병옥의 해임을 요구하고 있지 않으며 그는 소동을 불러일으킬 정보를 이 사람들에게 꾸준히 제공하고 있다. 1월에 우리가 서울로부터 내려온 이후 조병옥은 모든 정치적 책략을 동원하기 위해 대구보다는 부산에 머물고 있다. 그는 일을 협의하기 위해 대통령을 방문하는 일이 없고 그저 각의에만 출석할 뿐이다. 대통령은 현 전시 정세를 해롭게 할 것이기 때문에 어떠한 개각도 할 계획을 갖고 있지 않다.

오늘 아침 조병옥은 자신의 사퇴서를 보내고 대통령을 해치려는 뜻의 성명서를 발표했다. 그는 어느 정도까지 자신의 지위를 굳혔고 틀림없이 대통령에 반대하여 열심히 싸울 것이다. 공개적으로는 아니더라도 대통령 재선을 반대하여 싸울 것이다. 막하게도 그는 대통령이 또 다른 임기를 위해 출마하지 않을 것임을 모르고 있다. 이것은 엄격히 비밀이지만 대통령은 1952년 5월 이후 은퇴할 것을 굳게 결심했다. 우리는 다만 그때까지는 국제 정치가 다시는 한국을 팔아버릴 수 없는 단계까지 전쟁 국면이 바뀌어나가기를 바랄 뿐이다. 대통령은 다시 출마하지 않을 것을 발표하려고 했으나, 그렇게 하면 국내적으로나 국제적으로 공히 큰 영향을 미치게 될 것이므로 주변에서 그렇게 하지 말도록 설득했다. 이것은 많은 대통령 입후보자들에게 무대를 열어주게 될 것이다. 국민들이 볼 때 대통령은 반공 전선에 굳건히 서 있으나 다른 사람들은 다소 신축성을 가지리라는 것을 알고 있는 것이다.

5월 4일:

대통령은 국방장관과 정일권 장군을 만나기 위해 대구로 왔다. 정장군은 며칠 전 주한 미군 군사 고문단과 맞섰던 애로점을 설명했다. 밴플리트 장군이 내린 명령을 주한 미군 고문단 장교가 정장군에게 전달했다. 정장군은 그에게 자기는 밴플리트 장군의 명령은 복종할 것이나 고문단은 어디까지나 자문 기관이고 명령을 하달할 권한이 없기 때문에 부하들의 명령은 복종할 수 없다고 했다. 정장군은 자기의 주장을 이해시키는 데 1시간이 걸렸으나 그것을 관철시켰노라고 말했다.

무초 대사가 대통령을 만나러 와서 조병옥의 사표 수리에 대하여 항의했다. 조병옥은 무초의 사람이며 그를 통해 미국 사람들은 다음 선거를 좌지우지하려고 기대했다. 무초는 꽤나 흥분되어 있었다. 그는 정치적 혼란이 아주 크게 일고 있다고 했다. 대통령은 미국 정치보다는 덜 혼란스럽다고 그에게 말했다.

내무부 없이는 그의 대통령 당선이 불가능하고 또한 조병옥은 이미 무대에서 사라졌기 때문에 무초는 다른 인물을 찾고 있는데 그런 인물이 바로 온화한 장면이다. 무초는 자기 의중의 인물을 잃었지만 아직도 다음 선거에 이기겠다는 심사를 품고 있다.

국무부는 앞으로도 오랜 세월 한국을 자기네가 좌지우지 하려 하고 있다. 이번 선거는 미국의 국지전 계획을 위하여 중요할 것이다. 만일 자기네 말을 잘 듣는 한국 대통령을 장악하게 된다면 중국으로 하여금 한국의 절반을 차지하게 할 수도 있다. 이승만을 재선시키게 되면 이런 계획과 맞출 수 없다. 이 사람들은 이승만이 무조건 한국의 완전 독립을 계속 주장할 것을 알고 있다.

5월 2일에 부통령이 찾아와서 '모든 사람들'이 국무총리와 국방장관을 겸임토록 하고 장면을 이 두 자리에 임명하는 것이 가장 좋은 방안이라고 생각하고 있다는 점을 대통령에게 건의했다. 지난 일요일에 신성모 장관이 저녁에 무초 대사를 그의 자택으로 찾아갔다. 무초의 첫 마디는 '당신과 대통령이 선거 계략을 꾸미고 있다지요?'였다. 신성모는 자기 귀를 의심했고 '그게 무슨 뜻이요?'하고 되물었다. 그는 무초와 2시간 동안 이야기를 나누었다. 무초는 주한 미군 군사 고문단과의 협조가 부족하다는 등의 불평을 늘어 놓았다.

정일권 장군이 찾아와서 대통령에게 육군을 정치적 책략으로 망치게 해서는 안 된다고 말했다. 그는 총참모장을 사퇴하고 싶어했고 그렇게 해야 신성모 장관이 그 자리에 임명될 수 있을 것이다.

인사 이동이 많지 않을 터이니까 그렇게 하는 것이 육군을 편하게 할 것이다. 그는 현재 서울 시장인 이기붕(李起鵬) 씨를 새로이 국방장관에 앉히기를 모든 사람이 바라고 있다고 말했다. 대통령은 그가 서울 시장으로서 일을 훌륭히 잘 보고 있기 때문에 마음이 내키지 않았으나 그에게는 그 사람 만큼 충직하고 자기가 친적으로 신임할 수 있는 인물이 달리 또 없었다.

5월 10일 :
어제 부통령이 대통령에게 말 한마디 없이 국회에 사표를 제출했다. 그는 '정부가 부패했다' 운운하는 성명서를 발표했다. 장총리가 대통령에게 들어와서 사표를 거절할 것을 요구했다. 대통령은 그에게 부통령은 자유 시민이며 자신이 그렇게 하기를 바란다면 그만 둘 수도 있다고 말했다. 부통령은 그리하여 자신의 사퇴 이유에 대해 국회 앞으로 성명서를 제출했고 국회는 대통령에게 국회에 나와 사퇴에 대한 설명을 하라고 요구했다.

대통령은 자기는 역겨운 생각이 든다는 말을 국회에 전했다. "당신네 들은 모두가 지금 우리 젊은이들이 나라를 위해 싸우며 죽어가고 있다는 사실을 잊어버리고 있소. 당신들은 그들에게 할 수 있는 모든 성원을 보내야 하오. 그러나 당신들은 공산당이 외부로부터 쳐부수고 있는 판국에 오히려 이 나라를 찢어발기려하고 있는 것이오. 나는 할 말이 없소. 부통령은 나의 충고도 묻지 아니하고 사임했소. 그는 이 정부에 대해 퍼부은 공격에 대하여 해명해야 할 것이오."

국회는 오늘 부통령 사임을 거부하는 결의를 통과시켰다.

다루기 힘들다는 측면에서도 많은 것이 잘못되었구나 하는 예리한 느낌을 새기며 나는 심복 비서가 보관했다고 믿어지는 이 '업무 일지'를 적어 내려갔다. 나는 왜 이 대통령이 5월 13일에 내가 보낸 자세한 제안들에 대해 회신을 안해 주었는지를 깨달을 수 있었다.

먼 거리에서, 국외자의 관점에서 해야 할 일을 항목별로 적고 실시 방법을 요령있고 정확하게 밝히는 일은 어려운 일이 아니었다. '여러 가지 계획에 대한 합의를 보기 위해 선정된 국회 지도자들과 정기적인 모임을 가진다', 참 좋은 말이다. 이곳은 사심없는 생각으로 사실과 필요성을 집어넣고 다음으로 합리적이고 균형잡힌 해결책을 뽑아내는 그런 식의 세련된 토론 사회가 아닌 것이 분명했다. 야심과 원한과 결연 관계, 그리고 토론과 상호 간의 조정은 고사하고 상대방을 인정하는 일마저 허용되지 않는 방식들이 판을 치고 있었다. 그리하여 목록을 훑어내려감에 따라 내가 이 대통령과 함께 이야기하려고 조심스럽게 가지고 온 내 편지의 사본에 이르렀다.

'토지 개혁'이라 했겠다? 그런데 피난민들을 어떻게 자기 땅으로 되돌려 보내며 비료는 어디서 얻어내며 심지어는 무슨 방법으로 씨앗과 흩어지고 망가진 연장들을 찾아낸단 말인가? '인플레 통제'라? 사방을 바라보아도 텅 빈 곳이고 품귀 상태이고 시급하고 절실한 아쉬움 뿐인데 어쩌랴? 이제 내가 부산의 대통령 관저 구내에 앉아 생각해 보니 내가 펜실베이니아 우리집 서재 책상 머리에서는 그렇게도 해내기 쉬워 보였던 것들이 그 목록 가운데는 한 가지도 없었다.

별안간 하나의 새로운 계시처럼 나는 내가 책임지고 있는 대한민국 홍보라는 직책의 엄청난 어려움을 깨닫고 당황한 생각에 압도되었다. 국민들이 어떻게 해서든 살아남으려고 발버둥치고 있는 '그 곳 아닌' 바로 이곳 전쟁터, 완전한 몰락과 철저하게 바닥을 기는 고생의 와중에서 정부를 조직하고 움직여 보려는 것이 어떤 것인지 그 기분이나 감각을 냉장고와 승용차, 곱게 다듬어진 잔디밭, 그리고 그런 빈틈없는 생각에 젖어있는 편안한 중류 사회의 미국 사람들에게 무슨 방법으로 알릴 수가 있단 말인가? 평안과 희망과 기회를 순전히 당연한 것으로 받아들이는 유럽과 미국의 서방 세계, 그리고 믿기지 않는 불행이 쌓이고 쌓인 전시의 한국, 다시 말해서 수천 마일이 아니라 영겁의 거리 만큼이나 동떨어져 있는 이 두 개의 엄청난 차이가 있는 배경을 통해서 현실적인 하나의 조화된 전망을 나는 고통스러울 정도로 강렬하게 필요로 했다. 워싱턴의 대통령 집무실과 국제연합의 라운지와 회의실에서 타당하다고 느끼는 견해와 총탄이 작렬하는 일선과 파괴된 도시와 부산의 누추한 정부 청사의 견해를 무슨 방법으로 중재할 수가 있겠는가?

제일 먼저 나는 연세 대학교 총장을 지내고 지금은 문교부 장관으로 재직중인 옛 벗 백낙준(白樂濬) 박사를 찾아갔다. 그는 예일 대학교에서 박사 학위를 받았고 한국 기독 교회사를 집필한 저자이기도 하다. 그는 나에게 본래 메인주 아루스투크 고을 감자밭에서 시작하여 오리건의 콜럼비아강 기슭의 언덕으로 후일 이주해 온 나의 뉴잉글랜드 출신 조부님을 늘 연상케 했다. 두 사람은 모두 체격이 건장했고 희망찬 적극성은 자기들 성격의 중심이 되었다.

나는 그에게 "먼저 해결해야 할 것과 우리가 붙잡고 어떻게 해서든 해나가야 할 것 등 한국의 진정한 문제가 무엇일까요?" 하고 물었다.

그는 창밖을 내다보고 있었고 거기에는 누더기를 걸친 굶주린 피난민들이 거리를 메우고 서서 몇 시간이고 작은 주전자로 물을 얻으려고 줄지어 기다리고 있었다. 그들은 그 물로 이도 닦고 쌀과 보리를 섞은 배급 식량을 끓일 참이었다.

"파괴된 도시와 공장과 가옥들을 다시 세워야 하겠지요. 그 일이야 언젠가는 끝이 나겠지요. 이런 일은 우리 공화국의 외부 방어라고 할 수 있지요. 그러나 그것은 자유민으로서의 우리에게 가장 중대한 것은 아닙니다. 무슨 희생을 치르더라도 우리가 지켜야 할 것은 우리 내부의 성채(城砦)라고 생각하오" 하고 그는 대답했다.

나는 의식주보다 더 중요한 것이 있을 수 있겠는가 싶어서 "그런데 이 내부 성채라는 것이 무엇을 말하는 겁니까?" 하고 물었다.

"내부의 성채라는 것은 우리 국민 본래의 모습입니다. 그것은 국민의 마음이오. 그들의 윤리, 지성, 의무감, 정신적 활기를 말합니다. 무엇 때문에 우리가 싸우고 있는가 하는데 대한 자각이며 우리는 결코 패하지 않으리라는 일관된 믿음입니다. 이런 신념이 국민의 마음 속에 확고하게 남아있는 한 아무도 그들을 꺾을 수 없습니다. 그들이 한국인으로서의 자부심을 잃는다면 우리는 이미 진 것입니다. 4천 년간 우리 국민은 민족의 긍지와 그것이 상징하는 바의 것을 지켜나왔습니다. 이것이 우리 내부의 성채라는 것입니다. 이것이 바로 다른 무엇보다도 우리가 지켜야 하는 것입니다"라고 그는 천천히 설명해 주었다.

나는 그의 이야기를 들으면서 한국은 자신의 행로를 결정할 자유를 가지고 통일되어야 한다는 자신의 주장을 통해 세계의 정치가들에게 굽히지 않고 대항할 만큼 이승만이 강한 이유를 조금은 더 이해할 것 같았다. 만일 한국이 한국적인 것이 못된다면 모든 싸움은 무슨 의미가 있겠는가? 백박사와 나는 함께 부산이 내려다 보이는 언덕으로 올라가서 그는 많은 야외 학교 중의 한 곳에 수업을 하고 있는 공지를 보여 주었다. 정문에는 무지개꼴로 된 곳에 광목천으로 덮고 한글로 쓴 표어가 걸려 있었다. 그는 나를 위해 그 표어를 번역해 주었다. '이곳은 우리의 싸움터이다. 이 곳에서 우리는 우리 자신을 지키고 우리나라를 자유롭게 하는 길을 배운다.'

나는 이 언덕으로부터 사람으로 붐비는 부산 거리를 지나 막다른 골목으로 들어서서 한 때 내가 10여 명의 미군 대령들과 함께 묵었던 빅토리 호텔이라고 부르는 허술한 건물까지 왔다. 안에는 잠잘 만한 침대가 하나, 그리고 충분한 음식이 있었다. 밖에는 1946년 8월 내가 방문했을 때에는 아름답고 조용히 잠자는 듯 했던 도시가 150만 이상의 피난민을 위한 불결한 빈민가로 되고 말았다. 대부분이 서울이나 지방 도시의 안락한 가정을 등지고 휴대품이래야 아무렇게나 호주머니에 넣거나 등에 지고 나온 것이 고작이었다.

나는 또한 5년전 여름 내가 볼 수 있었던 한국의 품위를 기억할 수 있다. 일본이나 오키나와에서 일본 여성들의 친절을 보아 왔던 미국 병사들은 한국 여성들이 지키려는 형식적인 피차의 간격을 보고 어쩔 줄 몰라했다. 미국 병사들의 과자 부스러기나 호의적인 포옹에 마음을 준 어떤 한국 처녀들은 한강 다리에서 강물에 몸을 던지는 일까지 있을 정도로 가족들에 의해 심한 벌을 받기까지 했다. 일본과는 달리 한국은 전통적으로 매춘 행위를 하나의 관례로 삼지 않았다. 중국과 같이 한국에서는 가족의 단합과 규율이 강하나 한국인들은 특별히 자기들 만의 것으로 일종의 긍지를 지니고 있다. 내가 발견한 것은 나의 한국 벗들과 논쟁이 가능하다는 것이었다. 벗들은 자기네 자신의 생각을 하게 되고 그것을 불쑥 털어 놓는다. 어떤 경우에는 동시에 즐거우면서도 다투는 말투로 이야기한다. 이 사람들은 적과 대항하여 단결하면서도 저희들끼리 싸운다. 나의 벗들은 소란스럽고 독선적이고 남의 간섭을 안 받는다.

한국 사람은 하지 장군이 언젠가 지적한 것처럼 이른바 '동양의 아일랜드 사람'이라고나 할까? 이런 것을 지금은 어느 정도 잃어버린 것은 아닌가? 나는 이런 심정이 하나의 감탄인지 의문인지 확실치 않았다. 나는 앞으로 몇 달 안에 배울 일이 너무나 많았다. 한 가지 이미 분명히 드러난 것이 있다면 내부의 성채가 깨지지는 않았더라도 적어도 금이 가 있다는 사실이었다. 전쟁이라는 육중한 손이 고이 간직되어 온 수많은 유산을 뭉개어 버렸다. 가족이 먹을 것을 필요로 할 때 값싸게 팔아 버릴 수 있을 정도로 '섹스'는 이제 하나의 상품으로 전락되어 있었다. 암시장 거래, 불법적인 통화교환, 소매치기, 그리고 정부 내 대규모 부정 부패까지도 다반사처럼 되었다. 전쟁에 의해 조성된 밀림 지대의 환경에서는 밀림의 윤리가 지배하는 것이니까.

이런 것들이 역시 뿌리를 내린 것이 아닐까? 아직도 구출해야 할 어떤 한국이라는 실체가 남아 있는 것일까?

나는 관저 구내에 있는 나의 사무실로 돌아와 이 대통령이 나의 책상 위에 가져다 놓은 신문들을 침울한 기분으로 응시했다 큰 활자로 된 글들이 눈에 띄었다. '원칙에 대한 타협은 있을 수가 없다.' '우리는 결코 공산주의 앞에 굴복하지 않을 것이다.' '한국은 통일되고 한국은 자유를 찾아야 한다. 우리는 결코 그 이하에 만족하지 않을 것이다.' 며칠 후면 공산당과의 휴전 회담이 시작될 모양이었다. 서방 세계 지도자들은 이미 결심이 서 있었다. 한국은 분란을 계속하도록 되어 있었다. 공산당은 달래야 한다 '세계 평화는 살려야 한다.'

이승만이 나쁜 것도 아니고 미국이나 국제연합의 대변자들 잘못도 아니었다. 5월 13일의 내 편지에 항복으로 적은 목록처럼 호소력이 있는 문구들은 현장에서 멀리 떨어져 있는 사람들에게는 그렇게도 쉽게 들려 왔을 것이다. 타협, 해결, 휴전, 화해, 외교, 합리성, 평화, 전시에 처한 한국의 혼란 속에서는 그와 같은 낱말들은 벙어리의 노래가락 만큼의 의미도 없어 보였다.

17
헌정의 위기
(1951~1952년)

    내가 1951년 가을 부산에서 이 대통령과 같이 지내는 동안, 그는 대통령 선거를 국회로부터 유권자인 전국민에게 넘기는 헌법 개정안 제출을 준비 중이었다. "국민들이 자기들 자신의 대통령을 선출하는 기회를 마련해 주는 일이 필요하다"고 그는 내게 말해 주었다.

    1948년 7월 분과위원회의 여러 회합과 제헌국회에서의 열띤 토론을 거쳐 헌법이 제정되었을 당시만 해도 이승만은 새로운 정부 수립을 그 이상 더 지연시키지 않으려는 생각 때문에 초대 대통령의 국회 선출에 동의한 바 있었다. 누가 대통령이 될 것이냐 하는 것이 당시의 쟁점은 아니었다. 그 선택 방법이 보편적인 일반 투표가 되든 국회에서의 결정이 되든 상관없이 압도적 투표에 의하여 이승만이 되리라는 것을 의심한 사람은 아무도 없었다.

    1951년에 와서 1952년 선거가 가까워오는 마당에 사정은 달라져 있었다. 그때까지 이 박사는 국회 내에서 광범위하고도 매서운 반대에 직면하고 있었다. 관측통의 일반적인 견해는 국회에서 선거가 실시된다면 이승만은 패할 것이라 했다. 그러나 그의 정파에 속하는 다수 인사들은 재선을 성공시키기 위하여 이승만이 대다수의 국회의원들에게 압력을 충분히 가할 수 있을 것으로 믿었다. 헌법 개정에 필요한 3분의 2 의석 득표를 국회에 강요하기 위해 같은 압력을 가하는 것보다는 이것이 더 바람직스러운 일이라고 이 사람들은 생각했다.

    1951년 한여름에 이 대통령은 헌법을 개정하기로 스스로 마음을 굳혔다. 국민의 절대 다수가 자기를 지지하고 있다는 것이 그의 확고한 신념이었다. 더구나 국가 원수 선출에 있어서 전 국민에 의한 선거가 보다 현명한 방법이라는 것을 1948년 당시와 같이 지금도 그는 믿고 있는 터였다.

그와 나는 1951년 가을에 두서너 차례 이 문제를 이야기한 적이 있다. 1948년에 그는 내키지 않았지만 조건을 붙여서 국회에서의 선거를 동의했었노라고 내게 말해 주었다. 국회에서의 선출 방법을 지지하는 가운데 그의 주변 인물들이었던 몇몇 인사와 미국인까지도 한국 사람들은 전혀 민주주의에 익숙하지 않다는 것을 그에게 상기시켜 주었던 것이다. 많은 국민이 문맹이고 따라서 지각 있는 선택권 행사를 할 수가 없었다. 그들은 미국 헌법이 채택되었을 당시에도 대통령 선거는 선거인단에서 하도록 규정했고, 미국 상원의원 선출도 국민이 하지 않고 주 의회에서 하도록 함으로써 국민에 의한 선택권을 제한하기까지 했었노라고 지적해 주었던 것이다.

이 박사는 국회가 대통령 선거권을 가지도록 동의했을 때 한 가지 단서를 붙였던 것인데, '한국 국민이 그럴 만한 능력을 보여 주게 될 때에는 그 권리는 국민에게 돌려 주어야 한다'고 했다.

1951년까지 공산 침략에 항거하는 한국 국민의 불굴의 정신은 국가 원수를 자기 손으로 선출할 능력과 권리를 충분히 입증한 것이라고 그는 느꼈다. 헌법 개정을 고집하는 근본 이유가 여기에 있다고 그는 내게 이야기했다.

"국회의원들이 박사님을 재선시키지 않을 것이라고 하는 설이 널리 퍼져 있는 데 대하여 동의하십니까?"라고 나는 그에게 물었다.

"아마 그 사람들의 말이 맞을 거요"라고 하면서 "그 이유를 아시오? 일본인과 미국인들은 모두가 자기들 나름의 이유로 대통령이 바뀌기를 원하고 있소. 국회는 한국 국민을 위하는 것이 아니라 외국 사람들의 이익을 위하여 뇌물도 받고 압력마저 받고 있는 중이오"라고 그는 대답했다.

일본은 여러 가지 이유로 그가 물러나기를 원한다고 그는 믿었다.

그 한 가지는 한국 점령의 배상금 조로 상당한 자금을 일본으로부터 받는 동시에 또한 일본으로 반출되었던 많은 옛 보물들을 반환할 때까지는 적어도 자기는 한일 강화조약 체결을 반대하기 때문이다.

미국이 한국에 대한 원조는 소비품 수입에 국한시킨 반면, 일본의 산업 건설을 위해서는 거액의 원조 자금을 공여하고 있는 정책에 대해서도 자기는 반대하고 있기 때문이라고 했다. 그리고 일본인들이 1904년 러시아와 싸울 목적으로 한반도에 들어왔을 때의 행패처럼 일본인이 한번 한국에 발을 붙이게 되면 그대로 주저앉게 될 것을 우려하여 그는 일본 군대를 한국전쟁에 사용하는 일을 한사코 반대했기 때문이다. 그의 실각은 분명히 일본에 이득을 줄 것이 틀림없었다.

미국과의 문제로 말하더라도 전쟁의 목표뿐만 아니라 최근에 열리게 된 판문점 휴전 회담에 관해 미국 고위 관리들은 이 대통령과의 근본적인 의견 차이 때문에 크게 골치를 앓고 있었다. 전 한국이 무력으로 재통일될 때까지 전쟁은 계속되어야 한다고 주장하는 이승만을 놓고 미국이 1945년의 한국 분단선을 다시 설치하려는 타협안을 받아들일 장면 같은 사람을 대통령직에 교체시키게 된다면 그들에게는 대단한 이익이 될 것이었다.

"한마디로 말해서 현행 헌법하의 선거는 한국 스스로의 선택에 의한 것이라기보다 우리나라 외부로부터 가해지는 압력에 의한 것이 될 것이오" 하며 그는 냉엄한 표정으로 내게 말했다.

〈뉴욕타임스〉의 제임즈 레스턴 기자가 1953년 여름 서울의 대통령 관저에서 이 대통령과 회견할 때 그는 점잖게 "대통령 각하, 각하의 한국 휴전 반대는 미국에서 각하를 몹시 인기 없게 만들고 있습니다" 했다. 이 박사는 "나는 연기 경연 대회에 나와 있는 것이 아니오"라고 하며 그의 말을 멋지게 받아넘겼다.

그가 대통령에 재직했던 열띤 기간을 통틀어 그중에서도 특히 세계적인 인정을 받지 못하여 마음이 불편했을 1951~52년 겨울에 이 박사가 마음의 평화를 유지한 것은 다행스러운 일이었다. 사실은 정반대로 불편한 심정이었을 것이다. 이 중대한 시기에 그에게 던져진 그런 전 세계적인 공격의 폭풍을 어느 국가의 지도자들도 참아내고 또한 살아남을 수가 없었으리라.

난타를 당하면서 그는 행복한 사람일 수가 없었다. 그런 입장과는 거리가 멀었다. 그의 가장 본질적인 목표가 숙명적으로 실패하게 되어 있다는 것을 그는 깨닫고 있었고, 자기가 가장 믿는 옛 벗들마저도 자기의 동기를 의심하고 있다는 것을 알고 있었다. 자기가 원하는 전부가 대통령에 유임하려는 것이라고 하는 비난 공격이 자주 되풀이되었다. 그러나 그는 자기에게 정해진 노선으로부터 결코 흔들리지 않았다. 자기 신념의 토대가 된 근본은 스스로의 생각에도 요지부동으로 건전하고 틀림없이 옳은 것이었다. 그는 때때로 완고한 사람이라는 말을 들었다. 1951년에서 1952년의 헌법 투쟁 동안 그가 가장 충실히 발휘한 것이 이런 하나의 특성이었다.

이 기간 동안 나는 1954년 도드 미드 출판사에서 간행된 '이승만, 신화 속의 인물'이라는 그의 전기를 쓰고 있었다. 그의 생애에 대하여 이야기를 나누다가 그는 "내가 환경보다는 신념에 의하여 더 지배되어 왔다는 것을 이해하지 못하는 한 당신은 나를 정확하게 표현할 수가 없을 것이오"라고 했다. 그러고 나서 그는 '물론 이것이 때때로 나를 곤란한 지경에 몰아넣기는 하지만 말이오" 하며 쓴웃음을 지었다.

내가 깨달은 것은 이승만이 세속적이기도 하고 신비적이기도 했다는 점이다. 그가 일생을 바친 문제는 정치적인 것으로서 사람들에 의하여 제기되고 공동 행동을 낳게 하는 설득을 통해 해결 방안을 얻도록 요구되는 문제들이었다. 그러나 그는 또한 깊은 종교적 확신을 지니고 있었다. 워싱턴 DC에 사는 동안 이 박사 가족이 참석하던 파운드리 감리교회의 프레데릭 브라운 해리스 목사는 그를 '내가 알고 지낸 인물 가운데 가장 세련되고 진실한 신사의 한 분'이라고 불렀다.

다년 간의 생활 과정에서 이 박사와 부인은 매일 밤 잠자리에 들기 전에 성경 구절을 서로 소리내어 읽어 주는 것을 습관으로 삼았다.

그는 마태복음을 좋아했고, 대통령에 재직한 파란 많은 기간 동안 그의 마음은 예수님이 설교하던 그런 심정에 가끔 빠지곤 했다. '나는 평화를 주려고 온 것이 아니라 칼을 주려고 왔노라' 또는 '누구든지 자기 생명을 구하려 하는 자는 이를 잃으리라' 그리고 '흐르는 모래 위에 지은 집은 설 수가 없나니라.'

외부로부터의 압력이 특히 강할 때 그는 반드시 충분한 시간을 내어 정원으로 나가 전지용 가위를 손에 들고 나무 숲에서 혼자 일을 하며 보내든가 아니면 작은 배를 띄우고 고기잡이를 나갔다. 때때로 그는 나를 데리고 갔지만 언제나 그것은 대화의 시간이 아니라는 양해가 전제되었다. 그의 명상은 절반이 기도였다. 그는 자기 문제를 해결해 주십사고 하느님께 빌지 않았다. 오히려 고요한 가운데 외부의 모든 관심사를 말끔히 씻어주는 내적인 정신 집중과 함께 그는 자기가 하고 있는 일과 자기가 유지하고 있는 지위가 내면적으로 생활에 의미와 균형을 주도록 신념과 진실이 일치되어지기를 확인하려고 노력했다.

내가 관측한 바에 의해 정확을 기한다면 그의 전 생애를 자석처럼 인도한 중심을 이루는 것은 한국 국민의 행복이었다고 말할 수 있다. 그가 1896~97년 어간에 이씨 왕조의 탄압적 반동주의에 항거하여 이를 개혁하고자 감옥에 간 것도 이 때문이었다. 그가 일제하에 조국 땅에서 신음하는 동포들과 미국에 사는 한국 교포들의 애국 정신을 살리려고 40년 간을 미국에 사는 동안 자신을 바친 것도 이런 목표가 있었기 때문이다.

공산당이 1945년 9월 북한을 장악했을 때, 그리고 다시 1950년 6월 그들이 남으로 침공했을 때, 그는 한국의 행복과 공산 제국주의로부터 세계의 자유를 보전하는 일을 같은 차원에서 동일시했다. 그는 전 세계를 공산화하려는 마르크스주의자들의 결심을 때려 부수지 않는 한 어떤 특정 국가도 국민도 안전할 수 없다고 확신했다. 아무리 열강의 지도자들이 임시적인 판문점 휴전에 큰 기대를 걸었다 하더라도, 그리고 아무리 세계의 자유민이 우유부단하고 끝도 안 보이는 듯한 한국전쟁에 지쳐 있다 하더라도 이승만은 자신이 진실이라고 믿는 신념을 희생시켜 가면서까지 그들의 환심을 사려는 생각은 전혀 없었다.

그는 틀림없이 고집이 강했다. 그는 또 완고하게 어떤 일련의 신념에 매달렸고, 여기에서 빗나가게 되면 치명적이라고 느꼈다.

"자유와 공산주의는 상극이다. 이 두 가지는 합쳐질 수가 없다. 공산주의와의 타협은 불가능하다. 그것은 마치 기름과 물을 섞으려는 것과 같다. 판문점에서 추구한 휴전은 본래 잘못된 것이다. 그것은 이 세계를 화해할 수 없는 부분으로 갈라놓은 깊은 구조적 간격을 땜질하려는 시도이기 때문에 온전한 해결 방안이 될 수 없는 것이다."

이승만은 기본적으로 공산주의를 반대했지만, 이와 같은 정도로 강하게 민주주의에 얽매이지는 않았다. 그가 꿰뚫어 본 바 공산주의의 큰 죄악은 소수 폭군 통치 집단의 야심을 채워주기 위하여 개인 본래의 모습과 개인과 권리가 희생된다는 것이다. '국가가 쇠퇴되어 없어진 후' 이 모든 것이 노동 계급의 이익을 위해 봉사하도록 할 작정이라고 말한 공산당의 주장을 그는 위선이라고 경멸했다. 그러나 그의 견해에 의하면 공산주의는 지구상에 존재했던 최고의 진정한 독재 정치라고 했다. 그의 판단에 의하면, 공산주의의 대안은 반드시 민주주의는 아니라는 것이다. 오히려 일정한 사회에서 최선의 기능을 하는 것이면 어떠한 방법이든 그것이 민주주의가 되건, 대의 정치가 되건, 귀족 정치, 국가 사회주의 또는 국민 속에 역사적 문화적 뿌리를 가진 어떤 다른 혼합 방식이 되건 간에 인간의 권리와 존엄성을 지켜주는 것이면 된다고 했다. 플라톤은 '철인 군주'에 의한 정부와 같은 이상적인 정치를 생각해 낸 바 있었다. 중국 고전을 통독하며 자신의 초기 교육을 익혔던 이승만은 상호 간의 책임과 이익으로 다져진 가족적 복지를 누리는 하나의 확대된 가족으로서 공자(孔子)가 말하는 국가 이상을 항상 마음 속에 그리고 있었다. 진정으로 자기를 바치는 지도자는 자기 국민의 행복을 보장할 수 있을 것으로 그는 믿어 의심치 않았다.

그는 몇 차례에 걸친 우리들의 대화 속에 이런 말도 했다. "민주주의의 최대의 약점은 일반 투표로 선출된 지도자들이 광범위한 국민의 찬성 여하에 의존하고 있다는 것이오. 그들은 대다수가 현재 지지하지 않는 일은 아무것도 할 수가 없소. 이것이 지도자들을 소심하게 만들고 있소. 어떤 방향이 옳은 것인지 스스로에게 묻는 대신 이 사람들은 어떤 계획들이 가장 표를 최고로 얻을 수 있겠는지를 묻게 되오. 이런 형편에서는 민주 국가의 정책을 믿을 수가 없소. 국민 감정이 바뀜에 따라 정책도 바뀌게 되오. 지도자들이 오늘 약속한 것을 내일에는 포기하는 것이 편하다는 것을 깨닫게 될 터이니까."

이런 심정은 그에게 단순하게 우발적인 것이 아니었다. 그것은 그의 가장 심오한 신념에 깊이 토대를 둔 것이었다. 그것은 당장 정치 지도자로서의 그의 미덕도 되고 잘못도 되는 밑바탕이었다.

문제를 생각하려면 항상 미국이 먼저 떠오르게 되어 있지만 한국과 국제연합 동맹 국가들과의 관계를 고려하여 그는 이런 설명을 했다. "서유럽 국민들은 전쟁의 목표를 믿기 때문에 그런 전쟁을 지지하오. 그러나 그러다보면 전쟁은 어려워지고 그 목적도 달성하기가 어려워지오, 이 사람들은 그 희생을 감당하기가 어렵다는 것을 알게 되오. 정치 지도자들은 이런 여론의 변화에 민감하단 말이오. 지도자들은 국민이 원하는 방향으로 가야한다고 느끼오. 국민이 분열되면 국가는 구제 방법이 없으니까. 어떤 한 방향으로 갈 수도 없고 그렇다고 다른 방향을 잡을 수도 없게 된단 말이오. 그 결과는 혼란과 방황이오. 이것이 바로 민주주의 국가들이 극복하는 방법을 배우지 못한 큰 잘못이란 말이오."

그는 다시 계속하여 말한다. "한편 공산 국가에서는 지도자들이 자기네 자신의 목표를 정해 놓고 거기서 빗나가지를 않소. 자기네 국민들이 무엇을 생각하는지는 그렇게 중요한 것이 아니오. 지도자들은 그저 국민이 들어 주기 바라는 말만 국민에게 하면 되고, 국민이 말하고자 하는 것을 들으려고 애쓰지 않아도 된단 말이오. 국민들이 무엇을 생각하든 그것은 그리 중요하지 않으니까. 이것이 공산 국가가 강하고 민주 국가가 약한 이유요. 우리가 필요한 것은 정당한 원칙에 입각한 정책을 지키면 되는 것이오."

나는 그에게 말했다. "결국에 가서는 국민들도 기본적으로 자기 자신들이 옳다고 생각하는 원칙에 몸 바치고 있기 때문에 민주 국가들이 그렇게 하고 있는 것입니다."

이런 모양으로 이야기하면 나는 이것은 논쟁이 아니니 이제 그만 두자는 식의 너그러운 미소를 받게 마련이다. 그는 "대부분의 정치적 결정이 긴 안목에서 내려지는 것이 아니고 긴박한 상황 속에 압력을 받아 이루어지는 것이오. 우리는 무슨 수로 국민들이 긴 안목으로 결정짓는 일에 기대를 걸 수 있단 말이오?" 하며 대답에 대신했다.

나는 이승만이 잠시라도 자기 자신을 플라톤이 말한 단어의 뜻으로 '군주'라고 생각했으리라고 믿지 않으며, 다만 일반적인 뜻으로 하나의 철학자라고 생각했으리라고 보는 것이다. 그가 다년 간에 걸친 망명 생활을 하며 즉각적인 정책 결정에 쫓기고 있지 않았을 시절에는 근본적인 원리 원칙을 묵묵히 생각할 예외적인 기회들이 그에게 있었다. 그는 언제나 자리에서 물러난 사람들을 만나 볼 수 있는 즐거움도 있었고, 자기가 만일 그 자리에 있었더라면 어떻게 처신했을까 하는 것을 생각했다. 그리고 그는 결정의 권한이 자기에게 부여되었을 때 쉽게 변경하지 않을 개인적인 지침 같은 것을 발전시켰다. 편의주의는 그가 결코 터득한 일이 없는 마음의 습관이었다.

그는 하나의 철학자와 같이 정부의 성격과 목적에 대해 근본적으로 심사 숙고했고, 하나의 통치자와 같이 그는 권력을 사회와 정치 목표 달성의 수단으로 인정했기 때문에 이것을 소중히 생각했다. 그의 정치 철학은 로크와 제퍼슨에서 유래된 만큼이나 공자로부터 배운 점도 충분히 많았다. 그는 평등주의자는 아니었다.

보통의 관측통들은 늘 부인하고 있지만 그는 공자와 같이 평등을 덜 믿는 대신 상호 의존의 관계를 믿었다. 사회의 각 구성원은 그의 역할에 따라 권리와 동시에 책임을 가지고 있다.

다만 나라가 이롭도록 사회의 다양한 각 분야에서 유익한 국가 목표를 위해 전반적으로 국민들이 함께 힘을 합쳐 일할 뿐이다. 보존되어야 할 권리도 있지만 이에 못지 않게 중요한 것은 수행되어야 할 의무가 있다는 점이다.

그가 자기의 기본적인 정치 철학을 저술해 낸 것은 그가 감옥에 들어가 있던 그의 청년 시절의 일이다. 《독립 정신》이라고 하는 그의 저서를 차근차근 이해하지 않고서는 이승만을 옳게 이해할 수가 없다. 이 책은 그의 깊은 신념에서 나온 것이다. 이 책은 그가 다시 자유의 몸이 되리라는 희망도 별로 가질 수 없고 더군다나 장차 한국의 국가 원수가 되리라는 기대는 전혀 가질 수도 없었던 때에 쓰인 것이다. 그의 근본 신념이 임기응변이나 편의주의에 대한 고려 없이 명확하게 설명되었다. 그리고 이런 신념에서 그는 결코 흔들리지 않았다.

《독립 정신》은 한 번도 영어로 번역된 일이 없으며 오늘날 한국의 국내외를 막론하고 잘 알려져 있지 않다. 조지아주 콜럼버스 소재 조지아 주립대학에서 현재 국제법을 가르치는 채남열(蔡南烈) 교수가 나를 위하여 번역해 준 이 책의 몇 구절은 이승만의 지도 이념의 성격을 설명해 줄 것이다.

나의 친애하는 한국 동포여, 당신의 연령, 성별, 또는 지위와 관계없이 당신들은 모두 한국에 속해 있고 전체 인구의 한 부분이다. 당신들 각자의 어깨 위에는 이 나라 건국에 대한 책임이 달려 있다.

국민이 일을 하지 않는 주요한 이유는 이 나라가 누구의 것이라는 사실을 모르기 때문이다. 사람들은 흔히 자기 나라를 위해 일한다는 것은 남을 위해 일하는 것이라고 생각한다. 이 사람들은 남을 위해 일하는 것이 곧 자기 자신을 위해 일하는 것임을 깨닫지 못하고 있다. 그러므로 자기들이 해야 할 일을 남에게 기대하고 있다. 남들이 못본 체한다 하더라도 당신들 자신의 집에서 타고 있는 불을 부지런히 꺼야 하지 않겠는가? 남들이 당신을 도와 주든 말든 구해 낼 수 있는 것을 구하기 위해 불 속으로라도 뛰어드는 것이 옳지 않겠는가?

당신들 자신의 마음 속에 애국심이 없다면 당신들의 마음은 당신들의 적이오. 당신 자신의 감정이 공동 목표를 위해 싸울 것을 말린다면 당신들은 그런 감정과 싸워야 하오. 이 순간에 우리는 자신의 마음을 시험해 봅시다. 만일 당신의 마음 속에 나라의 행복을 저버릴 생각이 조금이라도 있다면 그것을 잘라 버리시오. 우리가 해야 할 일을 남이 이끌거나 해 주기를 기다리지 말고 스스로 궐기하시오. 당신이 그 일을 하지 않는 한 그 일은 결코 이루어질 수가 없소.

우리들의 모든 힘을 합하여 우리나라를 부강하고 개화된 국민의 나라로 만듭시다. 당신의 마음 속에 독립심을 지키시오. 가장 중요한 일은 절망을 버리는 일이오. 우리들은 부지런한 일꾼이 되어야 하오. 우리 자신의 개인적인 희생은 건전한 나라의 수확을 살찌워 나갈 씨앗이오.

한 나라 안에서 많은 국민들은 살아남기 위하여 뭉치는 것이오, 나라의 관리들은 그 조직의 업무를 수행하기 위해 책임을 맡은 사람들이오. ……국민의 도움 없이는 관리들의 힘이 나올 곳이 없소. 국민이 살펴 주지 않는 곳에 부도덕한 악습이 끼어들기 마련이오. 내가 앞에서도 밝힌 것처럼, 이 나라에 산다는 것은 힘난한 바다를 항해하는 배에 탄 선객에 비유할 수 있을 것이오. 자기 나라 일에 관심도 없고 그것은 고급 관리들이 할 일이라고 주장하면서 당신들은 어떻게 그렇게 무관심할 수가 있소? 만일 당신들이 혼자만 살려고 하거나 선장을 구하는 일에만 관심을 둔다면 이 배는 침몰하고 말 것이오.

아무리 통치자가 현명하다 하더라도 국민의 도움 없이는 나라를 다스릴 수 없는 것이오. 그러므로 국민의 책임은 큰 것이오. 국민들을 대통령의 노예로 삼는 것은 위험한 일이오. 국민들은 존경심을 가지고 올바른 원리에 따라 대통령을 섬기고 현명한 말로 그에게 직언을 해야 하오. 대통령은 덕으로써 국민을 선도해야 국민이 마음으로부터 그를 따르게 될 것이오.

당신과 당신의 나라 사이의 관계가 너무나 먼 것처럼 느끼기 때문에 나라 사랑의 의미가 없거나 나라를 구하려는 노력도 아니하는 것이오. 그러므로 두 개의 적을 경계해야 하오. 첫째는 나라를 망치려는 사람들이고 두 번째

는 희망도 책임감도 없이 피동적으로 세월을 보내는 자들을 말하오.[1]

이승만의 전 생애는 이런 글을 통하여 가장 사실적으로 밝혀져 있는 것 같으며 1952~53년 사이의 거칠고 논쟁이 심했던 사건들이 잘 보여 주고 있다.

1952년 하면 그의 나이 77세로서 업무량은 엄청나게 많았으므로 나는 때때로 일에 너무 열중한다고 이 박사에게 언짢은 이야기를 하는 일이 있었다. 그는 어깨를 움츠리면서 일을 덜고 휴식을 취하는 게 어떠냐는 나의 간청을 물리쳤다. "사람의 근육이라는 것은 쓸수록 강해지는 법이오. 안 쓰면 축 늘어지게 되오. 이것은 두뇌의 경우도 마찬가지요. 쉬지 않고 일하면 당신도 튼튼해진단 말이오." 이렇게 지적하는 일을 잊지 않았다. 그는 자신의 생활 신조를 가벼이 하지 않았다. "당신이 움직이지 않으면 그 일은 결코 이루어지지 않소." 이것이 그의 말이었다. "불 속에 뛰어들어라" 하는 그의 충고는 1951~52년 겨울 그가 국회를 상대하는 방법을 어떻게 결심했는가를 말해 주는 하나의 적절한 표현이 될 것 같다. 정부 수립으로부터 그는 가능하다면 대통령 선거권을 국회로부터 국민에게 이양시키는 헌법 개정을 생각하고 있었다. 1952년으로 다가선 제2대 대통령 선거를 앞둔 그때 이 문제는 절박했다. 그의 부인에도 불구하고 이승만은 분명히 재출마하여 재선될 생각이었다.

38도선을 없애기 위해 필요하다고 생각되는 모든 투쟁을 자기 말고 누가 해내겠는가? 확실히 국회에서도 다른 사람을 뽑지 않을 것이다. 국회에 대한 미국측 압력은 단호하리만큼 강력했고, 국무부의 의중 인물인 조병옥이나 장면은 휴전의 대가로 남북 분단을 다시 확정지으려는 국제연합의 계획에 대하여 '유감스럽게도' 틀림없이 협력하게 될 것이었다.

이 대통령은 자신에게 대항하려는 이런 싸움에 굽히지 않고 맞섰다. 국회는 스스로 보장된 최대의 권한을 포기하도록 설득될 수가 없었다. 그런 생각은 가소로운 것이었다. 강제로 그렇게 시키는 수밖에 별 도리가 없었다. 그는 두 가지 방법으로 이 일을 해내려고 했다. 1차적 방법은 일반 국민의 지지 세력을 압도적으로 동원하는 것으로서 각 도에서는 국회가 개헌안을 가결하도록 요구

---

[1] 로버트 T. 올리버 저, 《이승만 신화 속의 인물》(1954), 뉴욕 도드 미드 출판사 간행, pp. 57~59에서 인용.

하기 위하여 대통령을 지지하는 열광적 분위기를 만들어 '부산으로의 행진 부대'를 조직하는 데 있어서 공무원과 경찰이 청년 단체들과 합동 작전을 폈으며, 각 도의 정치 조직을 통하여 그는 이 일을 추진시켰다.

  5월 19일 이승만은 결단력 있는 이범석(李範奭)을 내무부장관에 임명했고 1주일 뒤에는 '공산 침투 분자와 폭도들을 소탕하기 위하여' 이범석이 부산 지역에 계엄령을 선포했다. 재적 의원 과반수 이상이 기권한 가운데 국회는 96대 3의 투표로 계엄령 선포를 거부했다. 이 대통령은 '광범위한 공산당 조직이 적발되었다'고 경고하고 47명의 국회의원을 경찰에서 심문토록 했으며 그중에서 9명이 투옥되었다. 5월 28일에는 남한 지역에 걸쳐 이승만의 재선을 요구하는 대대적인 시위가 벌어졌다.

  3일 후 이범석 장관은 이승만 암살 혐의로 장면의 비서를 포함한 11명의 인사를 구금했다. 이 대통령이 국회를 해산하고 새로운 총선거를 실시하도록 궐기한 국민들이 그의 재선을 위해 표를 던질 수 있는 국회의원을 새로 뽑는 일을 계획 중이라는 풍문이 부산 일대에 나돌았다. 이와 같은 시기에 제주도에서는 공산당이 대한민국 정부를 전복시키려 한다는 이승만의 주장을 지지하는 포로 수용소의 극적인 봉기 사건이 발생했다. 트루먼 대통령은 이승만에게 국회를 해산하는 '돌이킬 수 없는 행동'을 취하지 말도록 경고했다. 〈크리스천 사이언스 모니터〉지는 '자기의 정치 권력을 영속화시키려는 이승만의 필사적 노력'을 반박하는 논설을 실었다. 〈워싱턴 포스트〉지는 이승만의 '난폭과 비타협적 태도는 스스로 유엔군 사령부뿐만 아니라 자유 세계에 대하여 하나의 부담을 안겨 주었다'고 주장했다.

  헌법 개정에 관한 투표를 막기 위해 국회의원들은 본회의 개최를 거부했다. 불과 86명이 7월 2일에 회의장에 나타나자, 이 대통령은 경찰에 명하여 행방불명된 국회의원들을 끌어모아 7월 4일 본회의에 데리고 나오도록 하라고 했다. 이날 아침 12명만이 자리를 비운 가운데 국회는 찬성 163표 반대 0표로 대통령의 직접선거와는 별도로 참의원을 설치하도록 규정한 개헌안을 가결시켰다. 그 대신 국회는 불신임 결의로 내각을 해산시킬 권한이 주어졌다. 이 결과로 헌법은 미국식 정치 제도의 형식을 많이 따르게 되었고, 아울러 대부분의 유럽 국가들에 존재하는 것과 같은 행정부에 대한 견제 제도를 가미하게 되었다.

8월 5일에 실시된 선거에서 이승만은 약 5백만 표를 얻었고, 1948년에 이승만 밑에서 농림장관을 지낸 그의 정적 조봉암은 80만 표를 얻었다. 국제연합 한국위원단은 선거 결과가 일반 유권자의 확실한 의사를 반영한 것이라고 지적했다.

틀림없이 한국에서 무혈 비폭력의, 그러나 단호한 혁명이 성취된 것이었다. 전 세계의 비난의 소리는 이승만의 처사를 '독단적'이라고 못박고 이때부터 그를 '독재자'라고 부르는 일이 흔한 일로 되어버렸다. 그가 행사한 경찰력이 없었던들 국회는 결코 헌법을 개정하지 않았을 것이 틀림없는 사실이다. 이승만의 행동을 가장 혹독하게 공격하는 사람들까지도 국민의 대통령을 선출하는 자주적 권한은 마땅히 국민에게 속한다는 명제를 놓고 왈가왈부할 수는 없는 일이었다. 아무리 불완전하다 하더라도 선거는 국민의 의사를 반영한 것이라고 확인한 국제연합위원단의 견해에 비추어 볼 때 민주 우방들이 그 결과를 받아들이기를 거부한다는 것은 있을 수 없는 일이었다. 이승만의 재선은 남한 국민들이 굳건하게 반공 전선에 머물러 있고 후방 교란이 발생할 수 없다는 하나의 보장이 되기 때문에 주한 유엔군 사령부는 전혀 당황하지 않았다. 이승만을 '작은 장제스'라고 몰아친 오윈 래티모어의 경멸적인 결론이 얼마나 거리가 있었는가를 오늘의 상황은 잘 말해 주고 있다. 이승만이 자기 정부와 국민의 결속을 유지하기에는 무력한 존재일 뿐이라고 한 것과는 거리가 멀게 그는 완전한 지배력을 유지한 것이다. 그는 또한 계속해서 대중의 충성스러운 지지를 받아온 것이다. 〈라이프〉지 기사에서 밴플리트 장군은 이승만을 가리켜 '당대의 가장 위대한 사상가, 학자, 정치가, 그리고 애국자의 한 사람'이라고 찬사를 아끼지 않았으며, 국제연합의 목적을 위하여 그는 '가히 다이아몬드의 무게만큼이나 가치 있는 인물'이라고 했다. 한편 윈스턴 처칠은 격노하여 '우리는 이승만을 위해서도 북한을 재정복하지 않겠노라'고 선언했다.

정치 문제에서는 아주 흔한 사실이지만 1952년 헌법 개정의 결과는 혼합물이었다. 그런데 무엇보다도 그것은 이승만 대통령을 자기 혼자만 섬기는 야심적인 폭군이라고 한 세계적인 상투어를 굳히는 데 작용했다. 전쟁의 계속 수행을 반대하는 세계 여론을 굳히는 데도 크게 작용했다. 또한 내부적으로도 국민 가운데 끈덕지게 있었던 이승만에 대한 정반대되는 비판을 위한 단단한 근거도 마련해 주었다.

한편으로는 국민 투표라고 하는 하나의 훌륭한 토대 위에 한국 민주주의를 확립시킨 것이다. 그리고 세계적 인정을 못받았다는 사실은 결국 치명적인 문제점은 아니었다. 왜냐하면 자유 세계의 국민들과 정부는 1952년의 사건 훨씬 전에 이미 웬만한 조건이면 전쟁을 집어치울 결심을 했던 터였기 때문이다. 1951년 6~7월에 휴전 노력이 개시된 이래로 한국 분단의 존속은 기왕의 결론으로 취급되었다. 이것은 이 대통령이 피할 수 없는 결과였다. 그러나 이것은 또한 그가 결코 자진해서 받아들일 수 있었던 결과도 물론 아니었다.

이 대통령은 독일 함부르크에서 발간되는 잡지 〈칸쯔릿트〉지가 요청한 해설 기사에 답하여 보낸 한 성명에서 당시 사정에 대한 자기 자신의 설명을 요약했다. 변명하는 듯한 설명과는 거리가 멀게 이 기사는 기정 사실에 대한 깊은 만족감을 담고 있다. 내용 그대로를 소개하면 다음과 같다.

"7월 4일 국회에서 163대 0표로 채택된 개정 헌법의 결과로 한국은 8월 5일에 최초로 대통령 직접선거를 실시했다. 대통령 후보는 4명이었고, 부통령 입후보자도 9명에 달했다. 선거는 국제연합 한국위원단과의 협의와 참관하에 실시되었다."

"솔직히 말해서 대한민국은 국제연합에 대하여 이 이상의 전폭적인 협력을 더 어떻게 제공하며 민주주의 절차에 충실하다는 입증을 더 이상 어떻게 할 수 있는 것인지 나는 알지 못한다. 폭력적인 혁명 운동이 최근 몇몇 중동 및 남미 제국에서 정부를 교체시켰다. 우리의 민주주의는 비록 일천하고 전쟁과 황폐와 인플레로 인한 가장 가혹한 모든 악조건에 시달리고 있을지라도, 우리 헌법의 개정은 폭력 없이 국민의 압도적 의사에 따라 효력을 보게 되었다.

우리의 새로운 헌법 규정 아래 민주주의는 크게 전진했고, 우리의 역사상 과거 어느 때보다도 더욱 튼튼히 뿌리를 내리게 되었다.

우리는 과거 4년간의 기록을 자랑할 수 있다고 나는 생각한다.

토지 개혁의 완전한 계획이 실시되어 농촌에서 소작농은 철저히 자취를 감추게 되었다. 그동안 교육 시설은 과거 35년간 식민지 통치하에서 일본인들이 우리 국민에게 허용했던 최고 수준의 4배 이상으로 불어났다. 선거권은 모든 한국의 성인들에게 확대되었을 뿐 아니라, 과거 네 차례의 총선거를 통하여 모든 유권자의 평균 90%가 실제로 투표에 참가했다.

우리는 단원제를 양원제로 고침으로써 견제와 균형을 위한 제도를 강화했다. 공산당의 파괴와 선전은 국민이 선출한 민주 정권에 대한 우리 국민의 충성을 깎아 내리려고 했지만 명확하게 기대에 어긋났다. 금년 4월과 5월에는 종래 임명직이던 1만 7,558명의 관리가 역사상 처음으로 국민의 손으로 선출되었다.

우리 국군은 크게 증강되었다. 비판의 자유와 완전한 정치적 참여의 자유는 보호되며 자유로이 행사되어 왔다. 우리가 인내하지 않으면 안 되었던 모든 파괴와 고난에도 불구하고 우리 국민의 사기는 계속 높게 유지되고 있다. 우리들이 세계적 투쟁에서 의심스러운 중립주의의 입장을 추구하지 않고 국제연합 측에 가담하는 신중한 선택을 했기 때문에 엄청난 대가를 치러야 했지만 전 세계 민주 우방들에 대한 우리의 충절은 결코 변하지 않았다.

우리의 외국 벗들은 우리들의 국내 민주주의가 건실한 데 대하여 큰 관심을 표명했다. 8월 5일에 쏟아져 나온 국민의 표가 결정적인 해답이 될 것이다. 희망하는 모든 후보자들은 자기 정견을 유권자들에게 호소할 수 있는 모든 이점을 자유로이 활용하도록 허용되었다. 국제연합위원단은 그 공정성을 확인하기 위하여 대중 속에 섞여서 지켜보았다. 선거 운동은 공개적으로 활기 있게 진행되었다.

국민은 말했다. "우리는 그 결과에 따를 뿐이다. 해외의 우리 벗들도 마찬가지로 그렇게 하리라 믿는다. 대한민국은 한국 국민의 자주적 의사에 근거를 두고 있다. 다른 방법으로 우리가 나라를 가질 수 없는 것이다. 이런 토대 위에 우리는 앞으로도 건설하고 발전하고 진보를 계속할 것이다."

18
반공 포로 석방
(1952~1953년)

    1952년의 헌정 위기로 인한 전 세계의 놀라움이 사라진 뒤 이 대통령은 세계 자유 우방 국민들의 우호적인 신임을 회복시킬 어떤 방법을 모색할 필요를 절박하게 느꼈다. 1952년 8월 10일 나는 다음과 같은 편지를 그에게 써보냈다.

    대통령께서 나의 깊은 우정과 충성된 마음을 아시기 때문에 노여워하시지 않으리라고 믿고 몇 가지 충고 말씀을 감히 드려 보겠습니다. 이번 승리는 선의를 잃게 되는 커다란 대가 없이 이루어질 수가 없었습니다. 이제 대통령의 위치가 단합된 한국 국민들에 의하여 재확인되었으니 대통령께서는 너그럽고 타협적인 태도를 취하실 형편이 되신 것 같습니다. 저는 대통령의 마음 속에 그렇게 하실 의향이 있는 것으로 믿습니다. 저는 또한 박사님이 자신의 승리에 대하여 어떻게 처신하실 것인가를 서방 세계가 예의 주시하고 있는 것으로 압니다. 세상 사람들은 박사님이 서방 측의 영향권에서 점점 더 멀어져 나가려는 생각이 있다고 의심을 많이 하고 있습니다. 한국은 미국을 비롯한 여타의 서방 국가들의 우정과 도움을 절실히 필요로 하고 있기 때문에 이런 그들의 생각을 강력하게 뒤집어 엎어야 합니다. 승리의 감격 속에서도 지금 대통령이 어떤 믿음직스러운 협력의 태도를 보여 준다면 미국인이나 유럽 사람들의 생각이나 정책을 사로잡을 만한 크나큰 성공을 거둘 수 있으리라 믿습니다. 그것은 이란의 모사데크의 행동과 크게 대조를 이루어 그 결과는 더욱더 인상적일 것입니다. 다음과 같은 사항을 저는 제의해 보겠습니다.

1. 행정 기관에 종사할 한국 젊은이들의 훈련을 목적으로 서울에다 훈련원을 설립하는데, 일부는 정부에서 보조하고 일부는 운크라 자금으로 운영하되 한국인과 외국인으로 각각 강사진을 구성하도록 하는 공식적인 설치안을 국제연합위원단에게 요청하는 것이 어떨는지요? 지금 현재 진행 중인 것보다 크게 새로운 방안은 못되겠지만 국제연합위원단과 운크라 원조를 요구함으로써 공식으로 이런 훈련원을 설립하면 크게 우호적인 신임을 얻게 될 것입니다.
　2. 특별히 경찰의 조직과 지휘 감독을 위해 내무장관 고문관을 임명해 주도록 국제연합위원단에 요청하셨으면 합니다. 경찰은 정부 폭군 정치의 도구라고 하는 의심이 그대로 남아 있습니다. 제가 보기에 유엔군 사령부가 후원하는 이런 고문관은 대통령에게 해가 되도록 하지 않을 것이고, 해외에서의 신임을 얻도록 만드는 데 굉장한 도움을 주게 되리라고 느껴집니다. 한국 내에서도 대한청년단의 영향을 견제하는 데 도움이 될 것입니다. 경찰 장비 증강과 처우 개선을 위해서 서방 측의 원조를 더 얻어내는 데도 도움이 될 것이 확실합니다.
　3. 한국 정부와 위원단 간의 긴밀하고도 우호적 관계를 유지하려는 대통령의 결의를 극적으로 강조하기 위한 뚜렷한 목적으로 국제연합위원단의 위원들과 정부 각료들에게 한 차례 가든 파티를 베푸시는 것이 좋을 것입니다.……

　8월 28일 이 대통령은 양유찬(梁裕燦) 대사에게 보내는 서신과 함께 그 사본을 내게도 보내면서 간접적인 회신을 한 셈인데 그 내용은 이러했다. '한국에 대한 적대적인 비판과 그릇된 정보를 바로잡기 위하여 몇 가지 적극적인 조치를 취해야 한다고 생각한 올리버 박사가 좋은 계획을 제의했소. 대체로 그 계획은 훌륭하오. 나는 그에게 대사와 함께 앉아 계획 전반을 의논하고 대사가 이것을 어떻게 생각하고 있는지 알아서 내게 결과 보고하도록 일러두었소.' 9월 4일 그는 나에게 '주한 미군사고문단이 경찰 경험을 가진 상당수의 고문관을 배치시켰소…… 우리 자신의 선택으로 고문관을 두느니보다 확실히 더 나을 것 같소' 하고 써 보냈다.

우리 업무에 대한 그의 일반적인 신임과, 어려운 홍보 문제를 다루어 나가는 데 있어서 가능하면 무슨 방법으로라도 도우려고 하는 그의 열성은 1952년 10월에 그에게서 받은 메모에 나타나 있다. 국제연합에 배포하려고 우리가 준비 중이던 소책자에 그는 이렇게 언급했다.

그 속에 포함시키는 것이 좋겠다고 생각해 주기 바라는 바 몇 가지 제의를 해 보겠소. 그러나 내가 그렇게 말했다고 해서 내가 적은 모든 것을 포함시키지는 마시오. 나는 귀하가 문제점에 대하여 자기 자신의 판단을 가지고, 어떤 것은 빼고 또 어떤 것은 넣어야 하겠다고 할 경우에 보다 적절한 방법으로 다시 정서를 해 주기 바라오. 귀하가 나를 인용할 때는 신중하게 어떤 노골적인 말씨를 되풀이하지 않기 바라오. 나는 이 메모를 내 손으로 타자 쳐서 옮길 시간이 없기 때문에 있는 그대로 귀하에게 보낼 것이오. 여러분의 행운을 비오.

그의 신뢰와 협력 정신은 모두 마음을 따뜻하게 하는 것이었다. 그러나 그 어느 것도 그가 미국과 국제연합의 주장과 정반대되는 정책을 적극적으로 밀고 나가기로 결심을 굳힌 이 엄연한 사실을 완화시켜 주지 못했다.

북한을 다시 밀어붙이는 일은 1952년 선거에 이어 그가 최대의 노력을 기울인 계획이라고 해야 옳을 것이다. 이에 대한 방해는 만만치 않았다. 장애물은 북한 공산군이나 중공군뿐만 아니라 자유 세계의 태도와 정책 역시 그런 것이었다. 민주 우방 국민들은 전쟁에 환멸을 느꼈다. 동맹군들은 각기 정부에 의해 승리를 위한 노력을 저지당했고, 그렇다고 전쟁에 진다는 것은 논외가 되었기 때문에 이 전쟁은 숙명적으로 끝도 없고 영원히 결론을 낼 수도 없을 것처럼 보였다. 전쟁 수행을 좌우하는 정책은 더 암담했다. 국제연합 총회에서 채택한 1950년 10월 7일자 결의에 의하면 그 목적은 공산 침략자를 격퇴하고 무력에 의하여 한국을 통일하자는 것이었다. 중공군의 전쟁 개입 이후 이 정책은 송두리째 무시되었다. 이것이 아직도 '공식으로' 살아 있는 한 어떤 다른 정책도 이에 대치하기 위하여 채택이 될 수 없었다. 그러므로 이 전쟁에 참전한 동맹국들의 목표는 모호하고 불확실한 채 남아 있었다. 민주 진영이 의도하는 바

18 반공 포로 석방 481

는 분명히 후퇴도 아니고 진격도 아니며 다만 '무엇인가' 일어나기를 기다리면서 한국에서 계속 '전선을 유지하는' 일이었다.

이승만은 이런 식의 불확실한 생각은 아니었다. 그에게는 잃어버린 북한 땅의 반환을 요구하는 그것이 비록 의미가 없을지라도 유일한 하나의 목표였다. 그는 이 목표를 되풀이하여 밝혔기 때문에 맹방의 지지도 못 얻었고 상당한 세계적 비난을 한몸에 받았다. 교착 상태가 제일 바람직스러운 일인 것처럼 보이기도 했다.

그런 가운데 1952년 이 대통령이 바라고 있던 하늘의 섭리와 같은 사건, 다시 말하면 전투가 재개되리만큼 세계 여론을 강하게 몰고 가게 만든 공산당의 어리석은 수작이 드러났다. 2월에 공산군 사령부 발표는 유엔군이 공산군에 대해 '세균전'을 자행하고 있다는 증거를 가지고 있다고 했던 것이다. 7월에 북한 신문들은 국제연합이 5백 명의 전쟁 포로를 도구로 삼아 신형 무기 실험을 하고 있다고 비난했다. 그들은 또한 원자탄의 방사능 효력 시험에 사용하기 위해 2천 명에 달하는 포로가 대서양의 어떤 섬으로 끌려갔다고도 말했다. 북한 지역 사회에 질병이 발생할 때마다 이것은 세균에 의한 대량 살상의 야만적 실험에서 오는 희생이라고 하면서 자기들 주장의 진실을 입증하는 하나의 증거라고 공산당은 득의양양하게 떠들어댔다.

유엔군에 붙잡힌 한 공산군 병사는 포로 심문관에게 "북한군인들은 벌레를 잡아오라고 산악 지대에 보내지고 있다. 그들은 파리, 모기, 빈대를 원한다. 우리는 그놈을 잡으려고 애를 먹었다. 우리가 벌레를 잡아가지고 돌아오면 장교들은 이것을 전시했다. 이 장교들은 병사들에게 이 벌레들은 미군 비행기가 떨어뜨린 것이라고 말했다"고 진술했다. 북한에 억류된 몇몇 미군 포로들은 유엔군이 북한에 있는 민간인들에게 질병을 퍼뜨리기 위해 세균 무기를 사용하고 있다는 사실을 '시인하도록' 강요받았다. 중공과 소련 지도자들은 국제과학위원단을 조직하여 북한에 보내고, 그 위원들은 전문적인 표현을 거창하게 구사해 가며 '미국 사람들이 새로운 세균전의 기술을 사용하고 있는 지도 모른다'고 증언했다. 공산 세계 언론들은 유엔군을 '시카고 갱단'의 도덕성을 내세우는 '신흥 나치스 패'라고 부르기 시작했다.

판문점의 유엔군 측 교섭 대표들은 사실상 이런 선전 공세에 대응하여 보다 확고한 입장을 견지했다. 1952년 7월 7일 윌리엄 헤리슨 소장은 국제연합 측 대표단을 대변하여 "우리는 내일 이 자리에 참석하지 않겠소"라고 단호한 태도를 밝혔다. 공산측 대변인의 반응은 우리가 강경한 태도를 보이면 얼마나 더 큰 득을 얻게 되는 것인가를 보여 주고 있다. "남일(南日)은 놀라고 분해서, 헤리슨에게 그러지 말고 앉아서 이야기를 좀더 계속합시다 라며 간청했다…… 분명히 그에게 내린 훈령은 회담이 계속되도록 하여 매일 매일 세계 언론에 실려 공산당 선전이 기록에 오르도록 만드는 일이었다."[1]

그러나 그해 10월 국제연합 총회가 다시 개막되었을 때 클레멘트 애틀리가 정권을 잡은 영국의 상당한 지지를 받은 인도(印度)의 주도하에 '제3 세계 중립주의 국가들'이 또다시 자기들이 다수를 지배하고 있다는 사실을 과시했다. 몇 주간의 토의 끝에 총회는 12월 3일 양측에 억류 중인 전쟁 포로를 중립국 송환위원단에 넘기도록 규정한 인도 결의안을 54대 5표로 채택했다. 이 위원단의 임무는 포로들을 '심사하고' 본인이 원하지 않는 한 강제로 자기의 소속국으로 넘겨지지 않도록 그들을 보호하는 일이다. 이것은 더 이상의 전투를 치르지 않고 전쟁을 종식시키려는 공산당의 요구에는 실속이 있는 조치였다. 단계적으로 전쟁을 종식시키려는 이런 움직임 속에 1953년 4월 26일 전면적인 휴전 회담이 판문점에서 재개되었는데 쌍방은 합의에 도달하려는 준비를 갖추고 있었다.

한편 국제연합에서 토의가 진행되는 동안 미국은 대통령 선거 운동을 치르고 있었다. 아드레이 스티븐슨에 맞서서 입후보한 드와이트 D. 아이젠하워는 만일 자기가 당선되면 '나는 한국에 가겠다'고 발표함으로써 자기에 대한 지지 기반을 굳혔다. 이런 선언의 애매한 점을 그는 밝히기를 거부했다. 하나의 좋은 선거용 구호가 그런 것처럼 이 선언은 국민이 해석하고 싶은 대로의 뜻을 지니고 있다. 공산 침략자를 무찌르기 위하여 전면 공세를 요구하고 있는 유권자들은 이것을 유럽에서 이탈리아의 파쇼나 독일의 나치스를 쳐부순 연합군을 지휘한 일이 있는 장군이 장담하는 승리의 공약이라고 보았다. 한편 타협적인 평화를 지지하는 유권자들은 아이젠하워가 소련으로 하여금 베를린과 중부 유

---

[1] 클라크 저, 《다뉴브강에서 압록강(鴨綠江)까지》, 앞의 책, p. 108 참조.

럽으로 진격하여 이를 점령하도록 허용하면서 미군 부대를 이 지역에서 빼돌린 과거의 사건을 회상하면서 이 성명을 그렇게 해석했다.

11월 초에 아이젠하워는 당선된 다음, 자기의 공약을 실천하기 위하여 한국에 가겠다는 의사를 재빠르게 발표했다. 이 대통령은 대통령 당선자와 갖게 될 회담에서 전면 승리를 위한 자신의 주장을 제시하는 일을 도와 주도록 나더러 서둘러 한국에 나오라고 요청하는 전문을 띄워 보냈다.

이것은 이 대통령이 미국 정부에 대하여 전쟁 처리를 위한 정책 변경을 설득시킬 수 있는 새롭고도 마지막 기회였다 그는 희망에 차기도 했으나 일면 걱정이 되기도 했다. 그는 자유 세계 전체를 통틀어 전쟁에 대한 반대가 매우 뿌리 깊게 자리하고 있음을 잘 알고 있었고, 또한 그는 소련과의 화해로 세계 평화를 확보하려고 한 프랭클린 루스벨트의 노력에 대해 '아이크'가 깊이 뜻을 함께 했던 사실도 알고 있었다.

그러나 정책 변화가 가능하리라는 몇 가지 조짐도 없는 것은 아니었다. 예를 들어서 아이젠하워가 한국에서의 승리만이 뚜렷한 연합군의 목표라고 한 자신의 개인적인 신념을 기록에 남겨 놓았다는 고무적이고 희망적인 사실도 있었다. 아이젠하워가 유럽의 북대서양 동맹군 총사령관으로 있었던 1950년 10월에 국련 총회가 한반도 일을 위해 압록강까지 진격해야 한다는 10월 7일 결의를 유도하도록 한국 정세 토의가 한창일 때, 아이크는 그가 평소에 단단히 지켜나온 '비정치적' 역할로부터 벗어나서 공산당은 한국에서 무력에 호소하는 행위를 했기 때문에, 북한을 그들의 지배로부터 해방시키지 못한다면 어리석은 일이 될 것이라고 선언한 바 있었다. 더 나아가서 아이젠하워와 트루먼은 사이가 좋지 않을 정도로 피차에 몹시 거북한 처지에 있다는 흥미로운 사실도 있었다. 그렇다면 혹시 '무승리' 정책이 수정될 수도 있지 않을까 하는 예상도 있었다.

아이크의 한국 방문 일자는 공산군이 그의 비행기를 요격할지 모른다는 두려움 때문에 극비에 붙여 있었다. 밀톤 아이젠하워는 그 당시 펜실베이니아 주립 대학교 총장이었으며 나의 신속한 한국 방문을 위해 그는 장기간의 휴직원을 승인해야 할 사람이기도 했다. 밀톤은 나에게 아이크의 방문 날짜를 말해 줄 수 없다고 말하면서, 그러나 그는 의미 있는 웃음을 띄우고 자기가 만일 나의 입장이라면 서울에서 감사절 음식을 먹도록 계획을 짜겠는데 하고 넌지시 말해 주었다. 나는 결국 그 말대로 경무대 안의 대통령 부부 전용 식당의 조용한 분위기 속에 감사절 저녁을 즐겼다. 공산군을 북한에서 몰아내는 것이 세계 평화에 이바지한다는 이승만의 신념을 뒷받침하기 위하여 아이젠하워에게 제시할 '상황 설명 문서'는 가능한 한 신중하고도 심사 숙고하에 꾸며졌다. 우리들에게는 이런 논리가 설득력 있어 보였다. 23년이 흐른 뒤 콜럼비아 대학교 한국사 담당 부교수 개리 레드야드 박사는 1975년 7월 26일자 〈뉴욕타임스〉에서 통일이야말로 한국 문제의 유일한 정답이며 해결 방안이라고 여전히 주장하고 있다.

통일을 성취하기는 쉽지 않을 것이다. 그러나 통일 말고는 아무것도 한국의 참혹한 딜레마를 해결할 수가 없다. 분단 한국을 참을 수 있는 상황이라고 오랫동안 받아들여온 우리의 태도를 버리고 통일이야말로 우리들의 궁극적 목표라고 명백히 밝히고 나서 그런 목적을 향해 노력하는 일이 가장 중요한 것이다. 그렇게 하지 않으면 이렇게 위태롭고 변덕스러운 정세는 항상 핵전쟁의 위험을 안고 미래를 향하여 무한정하게 존속될 것이다.

이런 경고를 강조하여 제임즈 슈레신저 국방장관은 1975년 6월 몇 차례에 걸쳐 미국은 한국에서 핵무기를 사용하게 될지도 모른다고 되풀이 말했다. 더구나 그는 만일에 공산당이 남한에 대한 침략을 다시 시작하겠다는 자기들의 위협을 감행한다면 미국은 단순한 보복뿐만이 아니라 최초의 방위 무기로서 핵무기를 쓰지 않으면 안 될 것이라고 밝혔다. 만일 국제연합이 한국에서의 승리를 견지했더라면 월남 전쟁은 결코 일어나지 않았으리라고 믿는 진지한 관측자들이 많이 있는 것이다. 또 중공으로 하여금 서방 동맹군에 대한 중국인의 첫 승리를 한국에서 맛보도록 허용했기 때문에 모택동의 중국 본토 지배를 더욱 공고히 하도록 도와주게 되었다고 믿는 사람까지 있는 것이다. 20년이 지난 시점에서 전망해 보건대 이승만 대통령이 주장한 정책은 국제연합이 1950년 10월 7일의 정책 선언을 포기한 것보다는 훨씬 합리적이고 현명했던 것 같다.

상황이 아무리 그러했다 하더라도 내가 이 대통령에게 보고한 내용은 아이크의 의도에 대한 그의 불안감을 더해 주었다. 그 이전 몇 개월 간 나는 밀톤 아이젠하워와 몇 차례 만나 이야기를 나누었는데 아이크는 그에 대하여 '밀톤은 우리 집안의 두뇌'라고 말한 적도 있고 그는 외교 정책에 있어 자기 형의 유력한 고문이었다. 우리들의 대화 속에서 나는 공산당이 한국에서 싸우기로 정한 이상 한국에서 작살을 내야 한다고 역설했다. 밀톤은 "그것은 안 될 말이오. 시간은 우리 측에 유리하게 되어 있소. 공산 분자들은 공산당일 뿐 아니라 그들도 하나의 인간적 존재요. 그리고 사람은 어디나 근본적으로는 비슷하오. 공산당에게도 자기네 생산 능력을 증강시키고 그다음으로 평화와 번영의 평안함과 안락함을 즐기는 방법을 배우도록 시간을 주어 보시오. 그리하면 그들도 그렇게 싸우려고 안달을 하지 않을 것이오. 그때 가서는 우리가 그들과 함께 합리적인 해결에 도달할 수 있을 거요" 하는 것이었다. 나에게는 분명 이것이 바로 대통령 당선자의 생각인 것처럼 보였다.

거의 확실하게 이것을 읽어보지 않았을 것이기 때문에 우리가 신중하게 준비한 상황 보고서를 드와이트 아이젠하워가 어떻게 생각했을 것인가 하는 것을 우리는 알 수가 없었다. 그가 서울로 날아 들었을 때 그는 부랴부랴 이 대통령을 방문했고 아무런 토의도 없이 예방을 급히 끝냈다. 아이젠하워가 한국에 체류한 3일 동안 그는 전쟁 상황에 대한 설명을 그에게 하려는 밴플리트 장군의 계획을 옆으로 제쳐놓았다. 그는 한국에서 낮에는 미군 부대 시찰로, 저녁에는 부리지와 포커를 즐기면서 보냈다. 아이크는 토요일 오후 2시에 김포공항을 떠날 것이며 이 대통령을 다시 뵐 시간이 없을 것이라는 전문이 경무대에 있는 우리에게 날아들었다.

이승만은 놀라고 또 화가 났다. 그는 아이젠하워를 만나기 위해 각의를 소집해 놓고 있었으며, 만일 장군이 이 모임에 참석하지 않는다면 '이승만'은 이 사실을 신문에 공표하겠다는 것을 노기 띤 말투로 적은 전문을 회송했다. 2시가 되었고, 이승만과 내각은 그대로 회의를 계속하고 있었다. 아이젠하워로부터는 아무런 전갈이 없었다. 그러나 그의 비행기는 뜨지 않았다. 2시 30분이 되자, 아이크의 차가 경무대 현관에 들어섰고 입을 굳게 다문 장군은 안으로 안내되어 90분간이나 이승만과 그의 각료들의 이야기를 듣기만 했다. 그리고 아이젠하워는 자기 의사를 한마디 남기지 않고 자동차로 사라졌다. 미국으로 돌아가는 비행 도중 태평양상의 중간 지점에서 아이크는 한국전쟁 종식을 위한 휴전을 가능한 한 조속히 결말지으려는 트루먼 정책을 자기 정책으로 계승할 것이라는 성명을 발표했다.

최고 지도층은 미국에서뿐만 아니라 소련에서도 바뀌어 가고 있었다. 1953년 3월 5일 이오시프 스탈린이 사망했다. 3월 28일 판문점의 공산측 교섭 대표들은 그동안 연기되었던 휴전 회담의 재개를 제의했다. 그들은 또한 그때까지 완강히 거부해 왔던 계획의 하나인 전쟁 포로 가운데 병자와 부상자를 즉각 교환하는 문제를 제의했다. 부상 포로의 송환 가능성은 미국 국민들에게 마치 더운 열기 속의 한 줄기 시원한 바람이 부는 느낌을 주었다. 평화가 가까워졌다는 희망이 불꽃처럼 높이 올랐다.

이승만은 몹시 노여워했다. 유엔군사령관으로 리지웨이의 뒤를 이은 마크 클라크 장군은 그의 회고록에 '그리하여 나는 그의 사무친 한과 좌절에 채찍을 가하는 신세가 되었다'라고 기록하고 있다.

클라크와 신임 주한 미국 대사 엘리스 O. 부리그스는 그의 급한 요청에 응하여 이 대통령을 방문했다.

"한 가지 우리가 끈질기게 주장해야 할 것은 우리 영토로부터 중공군을 철수시키는 일이오"라고 이승만은 말을 계속했다. "그것이 안 되고는 평화적인 해결이 있을 수 없소. 당신들의 협박이 내게는 효과가 없소. 우리는 살고 싶소. 우리는 살아남기를 바라오. 우리의 운명은 우리가 정하겠소."[2]

6월 4일 판문점 교섭 대표들은 인도의 제안으로 국제연합 총회가 12월에 채택한 방식에 근거를 두고 전면적인 포로 교환에 합의를 보았다. 중립국감시위원단이 한국에 설치되고 인도의 장성급 장교가 이끌 예정이었다. 이 위원단은 남한에 억류 중인 모든 공산측 포로들이 유엔군과 공산측의 철저한 면접을 거치도록 한다는 계획을 발표했다. 그 뒤 공산측 관계자들은 만일 포로들이 남한에 잔류하기로 결심한다면 그 가족과 친지들에게 어떤 일이 발생될 것

---

[2] 바크 클라크, 앞의 책 pp. 269~270 참조.

인가를 그들에게 설득시키느라고 포로들과의 개별적인 면접에서 한 시간 씩이나 시간을 허비하는 일이 있었다. 분명히 이런 식으로 하면 공산군 포로들은 거의가 감히 등을 돌릴 수 없을 것이었다.

허물어져 가는 정세를 있는 힘을 다하여 구해 보려고 필사적인 노력을 기울이는 가운데 이 대통령은 세 가지 조건이 충족되면 모든 유엔군과 중공군의 동시 철군에 근거를 둔 휴전을 자기는 수락하겠다고 브리그스 대사에게 밝혔다.

 1. 미국은 앞으로 외부 공격에 대하여 대한민국을 방어할 것을 보장하는 조약을 양국 간에 체결할 것.
 2. 전쟁으로 파괴된 남한의 재건을 위하여 대규모의 원조를 제공할 것.
 3. 나라의 통일을 위한 새로운 노력의 일환으로 대한민국 국군을 지원하기 위해 미국 공군과 해군이 남한에 계속 주둔할 것.

6월 7일에 이 대통령은 항복을 거부하는 자신의 일관된 의사를 재차 강조하고 아울러 일방적으로 그는 국방에 대비하기 위하여 미국에서 훈련 중인 한국군 장병 전원에게 귀국령을 내렸다. 그는 남한 전역에 '비상 사태'를 선포했다. 그리고 필요하다면 한반도가 통일될 때까지 단독으로 전쟁을 계속하려는 자신의 정책을 되풀이 밝혔다.

아이젠하워 대통령은 앞서 밝힌 조건 중에서 처음 2개 항의 목표를 수락할 뜻을 이승만에게 통첩했다. 제3항에 관해서는 한국 통일이 미국 정책의 '핵심적 목표'로 남아 있을 것이라고 약속했다. 그러나 그는 국군의 '북진'은 도저히 찬성할 수 없고 받아들일 수도 없었다. 이승만의 반응은 한국 국민에게 투쟁 선언을 발표하는 일이었다. '우리는 국제연합이 휴전을 수락하고 전투를 중지할 경우 끝까지 싸움을 계속할 결의를 밝혀 두는 바이다.'

기자 회견에서 이 대통령은 '고난의 길은 우리 시대에 겪어내고 우리 후손들이 평화를 누리도록 할 것'이라고 말했다. 그런 다음 그의 가장 폭발적인 일방적 행동이 취해졌다.

6월 18일 이 대통령은 남한에 있는 모든 포로 수용소를 개방하고 모든 공산군 포로를 석방하라고 명했다. 그는 다음과 같은 발표문을 냈다.

> 제네바 협정과 인권에 관한 원칙에 따른다면 한국의 반공적인 전쟁 포로는 지금보다 훨씬 오래 전에 이미 석방되었어야 마땅한 것이다. 이들 포로들을 석방하려는 우리의 뜻을 전달받은 대부분의 국제연합 당국자들은 우리를 동정하고 원칙에 찬성하고 있는 것이다. 그러나 국제적인 복잡한 사정으로 인하여 우리는 너무나도 장기간 이 사람들을 부당하게 억류시켜 왔다.
> 지금 국제연합이 공산당과 맺은 협정은 사태를 그 어느 때보다 더욱 복잡하게 만들고 있으며, 이로 말미암아 심각한 결과를 빚어 적에게는 만족을 주고 우리 국민들에게는 오해를 자아낼 중대한 결과를 초래하게 될 것이다.
> 앞으로 빚어질 이 중대한 결과를 피하기 위하여 나는 1953년 6월 18일, 이 날에 나 자신의 책임하에 반공적인 한국인 포로들의 석방을 명했다.
> 내가 유엔군 사령부와 기타 당국자들과 충분한 협의 없이 이 조치를 취하게 된 이유는 설명을 안해도 너무나 명백한 것이다.
> 각 도의 도지사와 경찰 책임자들에게는 자기들의 능력을 다하여 이들 석방된 포로들을 돌봐 줄 것을 훈령했다.

이 박사의 희망은 이와 같은 포로 석방이 판문점에서 혼란과 상호 비난의 사태를 야기시키고, 그 때문에 휴전 회담은 즉시 깨지기를 바랐던 것이다. 그러나 그의 희망이 실현되는 대신 결과는, 자유 세계와 공산당이 다 같이 어떤 희생을 치르더라도 휴전을 성립시키려는 각오가 되어 있다는 그의 불안한 생각을 확인해 주었다.

공산측은 한국의 분단을 재확인하고 휴전을 성립시키려고 초조했기 때문에, 이와 같은 근본적인 포로 협정 위반 행위를 군소리 없이 받아들였다. 그리고 유엔군 측 역시 휴전 협정을 너무나 갈망하고 있었기 때문에 적과 합세하여 이승만에게 비난을 퍼부었다. 양측은 모두 회담을 계속하기로 합의했다.

자기 나라의 계속적인 분단을 막아 보려고 이 대통령이 구상할 수 있었던 가장 비상적인 수단도 따라서 실패로 돌아갔다. 그가 휴전이라는 결과를 피하려고 최선을 다한 사실에 대해 자기 국민들이나 전 세계의 정부는 의심할 여지가 없었다. 7월 10일에 휴전 회담은 속개되고 이런 비극적인 전쟁 드라마의 마지막 장이 펼쳐질 준비는 그대로 진행되었다.

19
판문점 휴전
(1953년 7월)

이 대통령의 포로 석방에 뒤이어 국제연합의 외교관들이 당면한 문제는 이 사건의 실마리를 푸는 일이었다. 다루기 힘든 동맹국인 한국과 얽힌 관계를 어떻게 풀어 나갈 수 있을까? 공산 측 요구에 공개적으로 굴복하지 않는 동시에 자기들이 도우려고 참전했던 우방인 한국과 노골적으로 관계를 끊지도 않은 채로 대한민국 대통령의 확고한 소원에 거역하면서 무슨 방법으로 전쟁을 끝내게 할 수 있을 것인가?

이 대통령이 휴전을 수락하도록 설득하는 한 방법으로 아이젠하워 대통령은 이승만이 불굴의 반공주의자요 훌륭한 신사라고 평소에 존경하여 온 한 인물을 서울에 파견했다. 그가 바로 국무부 극동 담당 국무차관보 월터 로버트슨이며 그는 아시아의 공산주의자들을 잘 알고 있을 뿐 아니라 그들을 불신하기에 충분한 근거를 아는 인사였다. 그렇다 하더라도 그의 임무는 자기 정부가 정한 정책을 시행시키는 일이었다.

로버트슨은 6월 24일 서울에 도착하여 곧바로 이 대통령과 회담을 매일처럼 진행시켰다. 처음 2주간 그들의 토의는 휴전에 대한 한·미 두 나라 정책의 근본적인 차이를 드러내는 일 이외에 별 효과를 거두지 못했다.

7월 7일 나는 서울에 도착하자마자 이 회담에 참석했다. 이 기간 중 폭넓게 메모를 해 두었는데, 그것은 회담에 관련된 우리 모두에게 그때의 상황이 어떻게 느껴졌는가를 길게 설명해 주고 있다. 7월 11일 나는 내가 뛰어든 상황에 대해 이렇게 적어 두었다.

이 기간은 사실상 획기적이며 성과 있는 4일간이었다. 나는 도착하는 길로 이 대통령, 백두진(白斗鎭), 그리고 변영태(卞榮泰)와 함께 절망적인 분위기에 휩싸인 회의에 참석했다.[1]

로버트슨은 합의를 얻기가 거의 절망적인 상황이어서 자기는 "차라리 다음 날이라도 귀국하는 것이 좋겠다"고 말한 바 있었다. 사실은 대한민국이 우방의 "신뢰를 더 이상 악화시키지 않는 한" 그리고 협력을 약속하는 한 "안보 조약을 맺을 수도 있다"고 밝힌 아이젠하워의 특별 메시지를 로버트슨이 막 전달한 터였다.

이 서한은 흐름이 날카로웠는데 그보다 이틀 전에 덜레스가, 우리는 참을 만큼 참아왔으므로 대한민국 정부가 어떤 급격한 태도 변화를 보이지 않는 한 어떠한 원조나 보장책도 제공하지 않을 것이라고 밝힌 장문의 비우호적인 서신을 보냈던 일로 미루어 볼 때 각별히 더 비우호적인 내용인 것 같았다.

우리가 한자리에 모여 앉았을 때 이 대통령은 '신뢰를 악화'시키지 않는 범위내에서 대한민국이 취할 권리가 있는 행들들을 모두 나열하고 미국에게도 요구해야 할 가치 있는 협력 방안을 함께 적어보도록 당부했다. 이런 과정은 절대적인 궁지로 모는 이외에 아무런 성과가 없다는 것이 곧 밝혀졌다.

그러자 나는 다음 몇 가지를 설명하기 위해 최선의 언변을 다 동원시켰다. (1) 미국에는 대한민국에 대한 호의가 짙게 깔려 있으나 조직화되어 있지 않기 때문에 아이젠하워가 취하려는 어떠한 행동을 막을 만큼 신속하고 효과적인 압력을 가할 가능성은 없다. (2) 일반적으로 미국 국민뿐 아니라 미국 행정부가 한국에 대하여 우호적이기 때문에 모든 돌발 사고를 미국에게 떠맡기려는 불가능한 과업을 시도할 필요 없이 대한민국은 이들의 성실과 선의와 우정에 기대를 걸 수 있다고 나는 역설했다.

변영태는 머리를 아래로 숙인 채 듣고 있었고 자신의 반응을 조금도 나타내려고 하지 않았다. 백두진은 동의를 나타내며 고개를 끄덕였다. 이 대통령은 별안간 내가 알아들을 수 없는 소리를 버럭 지르며 지난 미 군정 시대에 있었던 일들과 그 무렵 자기를 애 먹인 일들에 대해 회상하기 시작했다. 우

---

[1] 백두진은 전에 재무장관을 지냈고 그 무렵엔 국무총리였다. 이 책을 쓰고 있는 지금(1978년) 그는 한국 국회의 다수당인 유정희 의장직에 있다. 변영태는 그때 외무장관이었다.

리는 그다음 날 로버트슨과의 '마지막 회담'을 예정하고 모든 안건을 미결로 놓아둔 채 헤어졌다.

그러나 오후에 이 대통령은 나를 조용히 불러 들여 합의된 내용을 요약하고 문제점들의 입장을 설명하는 내용과 함께 로버트슨에게 건네줄 서한에 포함되어야 한다고 생각되는 사항들을 적어 보내라고 당부했다. 내가 그대로 했더니 그는 한두 단어를 바꿀 뿐 그대로 승인하고 그 편지를 타자로 쳐서 그날 밤으로 로버트슨에게 전했다.

우리는 사태가 몹시 심각하다는 사실을 알고 있었으나 얼마만큼 절망적인지는 깨닫지 못했다. 약 22년이 지난 1975년 8월 3일 〈뉴욕타임스〉는 새로이 분류된 기밀 문서에 근거를 두고 아이젠하워 대통령, 덜레스 장관, 그리고 합동참모본부 각군 참모 총장들이 그 당시 이 대통령 체포와 남한을 다시 미 군정하에 두는 문제를 심각하게 고려 중이었다는 사실을 밝힌 기사를 실었다. 이 계획은 워싱턴 당국이 그 필요성을 확신하게 될 때에 즉각 실행에 옮길 수 있는 하나의 예비 계획임을 알리고 '에버레디 작전(Operation Ever-ready)'이라는 암호명이 붙었다. 같은 문서들에 따르면 대통령 선거를 국회로부터 유권자인 국민에게 이양시키려는 정치 파동 기간 동안에도 이와 비슷한 계획이 1952년 7월에 이미 준비되었던 일이 있었다.

이 문서들에 따르면 '미국이 이 박사의 승낙에 보답하여 남한과의 상호 방위 조약을 체결하고 중요한 경제 원조를 제공키로 합의했을 때 비로소 1953년의 위기가 마지막으로 해결을 보았다'라고 쓰여 있다. 1953년 5월 29일에 열린 국방부과 국무부 관리들 회합의 의사록은 다음과 같은 대화를 기록하고 있다.

합동 참모 본부 의장 로오톤 콜린스 장군 :
최종적으로 분석해 보건대 우리들은 일반적으로 말해서 세 가지 대안을 가지고 있소. 첫째는 이승만에게 안보 조약을 약속하는 것이고, 둘째는 이승만과 기타 비타협적인 인사들을 가두는 일이며, 세 번째가 우리들이 유엔군을 한국에서 철수시킬 수 있을 때까지 우리와 협력하도록 이승만으로부터 합의서를 받아 내는 것이오.

극동 담당 국무차관보 월터 S. 로버트슨은 제3안은 군사적으로 가능성이 없는 것이기 때문에 토의할 가치가 없다고 반대했다. 콜린스 장군은 그것이 가능하다며 이렇게 말했다. "우리들은 중공군에 대항하는 방위선까지 병력을 뺄 수 있을 것이오. 대한민국 국군이 우리와 맞서서 싸우리라고 생각하지는 않소. 나의 견해로 말한다면 그의 협박에 굴복하느니보다 차라리 이승만을 보호 감금하는 것이 좋겠소."

미국은 물론 이런 조치를 취하는 일을 몹시 꺼려했다. 미국 국민 여론에 그 내용을 밝히는 일도 어려운 노릇이고 세계를 놀라게 하고 남한 국민을 사나운 혼란 상태로 몰아넣게 될 것이 틀림없었다. 내가 기안한 로버트슨 앞으로의 편지는 하나의 돌파구를 마련해 주었다. 여기에 관한 나의 비망록은 그것이 갖는 효과를 설명해 주고 있다.

로버트슨은 분명히 기쁜 마음으로 이 편지를 받아 보았다. 그는 며칠간 출발을 늦추겠다는 전갈을 보내왔다. 그는 이승만의 요약된 설명서를 받았다고 회신을 가지고 왔다. 이 박사는 자기와 로버트슨이 발표할 공동 성명 원본을 나에게 작성하도록 당부했다. 로버트슨 역시 우리 것을 읽어본 뒤 자기 나름대로 원문을 작성했는데 그의 것은 당연히 몇 가지 점에서 덜 명확한 것이었다. 오늘 오후 변영태, 백두진, 그리고 나는 로버트슨의 초안을 열심히 검토하여 몇 가지 점을 수정했다. 지금은 그 수정안이 그의 손에 들어갔으니까 우리는 합의가 이루어지리라고 믿으며 또 오래지 않아 그렇게 되리라 믿는다.

그리고 나는 이승만을 대신하여 아이젠하워에게 장문의 편지를 그리고 델레스에게는 그보다도 더 긴 편지를 썼는데 그 주요한 골자는 이러했다. "나는 믿음을 가질 수 없지만 당신네들이 꾸민 휴전을 그대로 하도록 내버려 두겠소. 그러나 만일 그것이 실패로 돌아간다면 당신네들은 대한민국에 대해 단단한 책임이 있다는 것을 기억해야 하오."

한편 나는 워싱턴 대사관에서 보내 온 상호 방위 조약 원문에 몇 가지 수정을 가했다. 그러나 로버트슨은 우리 원문이 워싱턴에 전문으로 보내진 뒤에 우리들에게 자기가 제출한 원문에 보다 접근된 내용이어야 한다고 말했다. 물론 초점은 미국 측이 용어를 애매하게 표현하기 원했고 대한민국은 그것을 명확하게 밝히기를 원한 것인데 통일 문제와 그 달성 방법이 주요한 문제였다.……

어제 저녁에는 로버트슨을 위해 베풀어진 미국 대사관 파티에 나갔는데 거기에는 이 대통령 부부, 맥스웰 테일러 장군, 한국 측의 모든 각료 등이 참석했다. 그것이 나에게는 로버트슨과의 유일한 대면이었으며 또한 부리그스 대사 부부도 만났다. 로버트슨과 부리그스는 퍽이나 정중하게 대해 주었고 내가 참석한 것을 몹시 기뻐했다. 물론 외교적인 인사가 되겠지만 합의가 이루어지고 있는 마당에 진실한 뜻도 약간은 있었으리라 생각된다. 부리그스는 로버트슨이 내일 떠나면 즉시 부산을 방문하게 되어 있으므로 1주일쯤 뒤에 이야기를 나누기 위해 나를 초대하겠노라고 약속했다. 나 역시 가까운 장래에 테일러 장군과 이야기할 기회를 만들어 볼 작정이다. 하나의 선심 행위가 되든 항구적인 업적을 남기는 뜻에서든 미 육군 공병단이 휴전 기간 동안 별로 심한 전투가 없을 때 서울의 몇 군데 복구 작업을 위해 힘써 주는 것이 어떻겠느냐고 그에게 제안해 볼 참이었다.

나는 이틀 뒤 안도감과 희망을 가지고 그간에 이루어진 결과에 대하여 다소 지나친 자기 만족을 나타내는 글을 다시 적어 놓았다.

이 대통령은 내가 '아주 적절한 때'에 와주었노라 여러 번 이야기했고 로버트슨 씨와 부리그스 대사도 나의 방한을 기쁘게 생각한다고 말했다. 사실상 나는 이 대통령이 결정을 내려야 할 시점에 때맞추어 도착했고 휴전과 기타 대부분의 요구 조건을 수락하는 그의 결정에 내가 영향을 주었고 아마도 그것이 결정적이 아니었나 싶다. 로버트슨은 최종적인 합의서를 발표하기 전에 아이젠하워의 승낙을 기다리고 있는 중이지만 합의는 이제 이루어진 것이라고 나는 믿는다. 만일 이승만이 끝까지 버티었더라면 휴전은 막을 수 있었을는지 모르나 그렇게 하자면 한국을 희생시켰을 것이다. 현실적으로 그는 전투에는 지고 전쟁에는 이겼다고 나는 생각한다. 예를 들면 한국 측은 다른 방법으로 얻을 수 있었을 결과 보다 더 많은 것을 얻어야 하기 때문이다. 만일 그가 몇 개월간 휴전을 막아낼 수 있었더라면 아이젠하워는 아마 그의 편으로 돌아섰을는지도 모른다. 그러나 주사위는 이미 던져졌고 즉각적인 결정이 요구되었다. 이 박사는 내가 다른 여러 경우에 들어본 감정 섞인 공격조의 연설 한번 터뜨리는 일 없이 이 문제만은 참으로 냉철하게 다루고 있다.

이승만·로버트슨 협약의 내용은 미국 정부와 국제연합의 최종적인 승인 대상이었으므로 물론 공개될 수가 없었다. 사실상 그 합의 사항 중의 하나는 두 당사자 중의 아무도 합의 내용을 신문에 밝혀서는 안 된다는 것이었다. 이승만이 근본적으로 노린 것은 판문점 교섭 대표들이 자유 선거로 선출된 정부하에 한반도를 통일시킨다는 기본 사항에 합의할 수 없을 경우 전쟁 중단 상태에서도 미국이 전투를 재개한다는 어떤 보장이었다. 이것은 로버트슨이 보장할 권한을 위임받은 바 없는 차원의 것이었다. 그 대안으로 그는 휴전 협정이 서명되고 90일 이내에 상호 합의에 의해 나라의 통일을 추구하는 '정치 회담'을 개최한다는 제안을 내놓았다. 이승만이 이 제안을 비실제적인 어리석은 생각이라고 성급하게 따돌리자 로버트슨은 남한의 재건을 위한 대규모 경제 원조를 약속함으로서 '흥정의 판돈을 더 질렀다.' 공산군이 북쪽에 도사리고 있는 분단 국가의 경제 재건이 무의미하지는 않지만 적어도 미봉책에 지나지 않는 상황 속에 영원히 불안과 불안정 상태에 빠질 운명이라는 생각 때문에 이런 제안도 이승만을 움직이지는 못했다.

로버트슨은 남한이 '아시아 민주주의의 전시장'이 되도록 막대한 원조를 제공하려는 것이 미국의 뜻이라고 이승만에게 확언했다. 이 계획 속에 은연중 암시하고 있는 것은 대한민국이 국내 정책에 있어 참으로 '민주주의'를 실천하게 하려는 강력한 요구가 포함되어 있었다. 또 하나의 요구는 포로 석방이라든지 비난 성명의 발표와 같이 휴전 협정 성취를 막거나 방해하는 행동을 이승만이 삼가도록 하라는 것이었다. 이 대통령은 자신이 한국 국민의 주권과 행복을 희생시키도록 강요당하고 있으며 이를 위한 하나의 미끼로 제공되는 것은 상대적으로 하찮은 것이라고 느꼈다. 이것이 내가 해결하려고 노력했던 어려운 애로

점이었다.

한·미 두 나라를 휴전 조건에 합의하도록 하는 근본적인 작업은 이루어졌다. 그러나 흔히 그렇듯이 그 뒤에 부작용이 따랐다. 같은 날 7월 13일 늦게 나는 그 뒤에 일어난 세부적인 이야기들을 담아 또 한장의 편지를 집에 띄웠다.

예를 들면 회담에서 '어떤 사건이 있었다'고 하는 독단적인 설명이 신문의 뉴스거리로 통하는 기사를 보니 좀 엉뚱한 일이오. 사실은 그 화제의 어느 것도 실제로 일어난 일이 없는데도 로버트슨 씨가 마지막 회담에서 마치 명령조로 이 대통령에게 제시했다는 3개 항에 대하여 요약한 기사를 오늘 아침에 방금 읽었소. 로버트슨과 부리그스 대사는 이런 합의에 도달하기 위해 내가 담당할 수 있었던 역할에 "참으로 고맙다" 했고 〈코리안 퍼시픽 프레스〉지가 이제는 국무부의 의견으로도 상당히 높이 평가되고 있다고 말할 수 있게 되었소. 이것은 당신에게도 위로가 되고 믿음을 주리라고 생각하오.……

지난 몇 주간이 그에게는 몹시 불쾌한 나날이었지만 이 대통령은 잘 참아 넘겼소. 그가 그렇게도 침착하고 감정적으로나 지성적으로 자신을 잘 억제하는 일은 과거에 별로 보지 못했소. 그러나 지금은 그에게 충분한 휴식이 필요하며 우리들의 권유를 받아들여 그렇게 했으면 싶소. 앞으로 며칠간 일의 주도권은 워싱턴에 맡겨져야 하오. 이 박사는 너무 양보를 많이 했기 때문에 만일 이 계획이 실패로 돌아간다면 그 책임은 워싱턴 당국이 져야 하며 결코 그에게 전가되어서는 안 될 것이오.

다음 며칠간 이 대통령은 자기 정원에서 일도 하고 시골로 오랜 시간 자동차 여행을 하는 등 짧은 휴식을 취했다. 나도 책상에 차분히 앉아 미국의 여러 잡지에 보낼 일련의 기사를 쓰며 보내던 중 다시 휴전 회담에서 유래된 또 다른 문제에 관련을 가지게 되었다. 7월 18일 나는 그 이야기를 집으로 보내는 다른 편지에 이렇게 적었다.

지금 내가 당면한 큰 '문제'는 이 박사의 '독단적인' 정책을 반대하는 성명 때문에 조병옥을 고발 투옥하는 어리석은 잘못을 한국 정부가 저지르지 못하도록 하는 일이오. 형법 제103조를 위반하여 '국내 치안을 위태롭게 한' 죄목으로 조병옥을 고발하는 기소장이 현재 작성중에 있소. 나는 공보처의 갈홍기(葛弘基) 박사와 내무장관 진헌식(陳憲植) 씨를 만나 그 일을 그만두도록 역설했소. 물론 그들은 조병옥(趙炳玉)에게 유죄를 선고하고 자기들의 생각대로 3년 징역에 처할 수 있을 것이지만 온 세계 언론은 '경찰 국가'라는 비난을 가해 올 것이고 그런 식으로 해석할 수 있는 법률이 있다는 것을 알고 놀라게 될 것이오. ……어제 아침에는 그 문제를 놓고 이 박사와도 한 시간 넘게 이야기를 나누었소. 그는 내 이야기를 기꺼이 들어 주었지만 조병옥은 벌을 받아야 마땅하다고 고집했고 나는 대한민국이 그로 인한 세계의 비난으로 큰 대가를 치뤄야만 할 것이라고 주장을 계속했소. 끝에 가서는 우리 모임에 진 장관과 포로석방을 지휘 한 원용덕(元容德) 장군을 가세시켰소. 놀랍고도 기뻤던 것은 이 사람들의 생각이 나와 같았고 우리는 조병옥을 고발하지 않기로 합의를 보았소.……

휴전 회담이 막바지 성공에 가까워지고 있다는 확실성이 굳어졌음에도 때로는 소강 상태에 있다가 다시 맹렬한 공방전이 되풀이되는 가운데 일선에서는 전투가 계속되었다. 7월 20일, 한·미간의 합의가 말끔히 잘 이루어진 뒤 나는 계속되는 전투에 관해서 아래와 같이 적었다.

금주 언제인가 이 박사는 테일러 장군과 함께 다시 전선 시찰에 나설 모양인데 이번에는 나도 뒤에 처져 있지 않을 것이다. 우리는 이번에 치열한 전투를 치룬 지 얼마 안 되는 한국군 사단을 방문하여 사단장과 함께 식사를 할 예정이다.

지난주 한국군 3재 사단이 뚫려 6마일 내지 8마일 가량 뒤로 황망히 후퇴했는데 24시간쯤 뒤에 재편성을 완료하고 다시 진격하여 빼앗겼던 대부분의 진지를 탈환했다. 공산군은 아군의 후퇴 정도를 분명히 몰랐기 때문에 수색타이완으로 그 진지를 점령했었다. 버리고 떠났던 대부분의 장비를 다시 찾았다. 장교들이 충분한 실전 경험을 쌓지 못했다는 큰 이유 때문에 한국군이 아직은 정말로 최강의 전투 부대가 못 된다는 하나의 증거라고 볼 수 있을 것이다.

같은 날 7월 20일 나는 다른 편지에다 공산 측이 일련의 새로운 요구 조건을 내걸고 있는 판문점 정세를 적어 보냈다.

휴전 회담의 '실무적' 성격은 회의 중에 일어나는 일을 일반에게 보도할 수 없는 것인데 특별히 오늘은 분통 터지는 일이 있었소. 어제 공산 측은 국민이 알면 발칵 뒤집힐만한 무더기 요구 조건을 들이댔소. 우리들의 결론은 이들이 자기네 요구의 일부 또는 전부가 수락되리라는 계산 아래 우리 측이 얼마나 허약하고 소심한가를 알아보려고 유엔군 측을 시험하고 있는 것으로 보았소. 국련 측이 일정한 시한을 정할 만큼 대담해지지 않는 한 이 회담이 장기화될 것이 틀림없소. 만일 국제연합 측이 그들의 최근 요구를 받아들일 정도로 어리석게 군다면 이 박사는 로버트슨과의 합의에도 불구하고 이들의 요구 조건을 수락하지 않으리라고 확신하오.

정세는 우리가 우려했던 만큼 불리하게 되었다. 국련 측 대표단은 공산 측 요구를 비판 없이 받아들였다. 내가 그 당시 비망록에 적은 바와 같이 '그런데 그중 여섯 째 항목이 이승만·로버트슨 간에 맺은 합의 사항을 여지없이 폐기시키는 내용이었다. 우리는 이런 사정이 곧 명백해지기를 바라고 있다. 대한민국은 그런 합의의 기본이 되는 조건들이 지켜지지 않는 한 휴전을 방해하지 않는다는 합의를 지키지 않을 것이다. 나는 이 박사에게 미국은 자신의 모든 합의 사항들을 충실히 지킬 것이라고 장담하고 있으나 부리그스가 할 수 있는 말은 자기는 즉시 이에 필요한 확약을 얻도록 최선을 다하겠다는 말뿐이었다.'
나의 7월 21일자 비망록에 밝혔듯이 몇 가지 재건 사업의 조짐과 함께 남한에는 상당한 긴장감이 감돌았다.

웅크라 직원들은 한국 정부가 '협력'만 한다면 자기들이 많은 일을 할 수 있을 것이라고 말했다. 나는 아직 이야기를 못 들었으나 어떤 일들이 관련되어 있는지를 알아보기 위해 몇몇 웅크라 사람들과 이야기를 나누어 보아야 하겠다. 어떤 사업들이 가능할 것인지의 여부는 별개 문제이다. 그러나 분명히 양측에 불신감이 많이 있는 것은 사실이다.

긴장 상태가 계속되고 있는 마당에 달리 어떻게 할 방법이 있을 것 같지 않다. 휴전 협정이 조속히 체결되지 않는 한 이것을 막으려는 또 하나의 폭발 사태가 일어날지도 모른다. 휴전이 서명된 뒤라 할지라도 심각한 불화와 말썽이 예상되는 허다한 문제점들이 있는 것이다. 상당 기간 동안은 긴장이 풀리기를 기대하기 어려울 것이다.

가족이나 개인 기업에서 다만 '소규모의' 재건 복구 사업이 서울을 중심으로 진행 중이고 한국 정부가 주도하는 몇 가지 큰 공사가 이루어지고 있을 뿐이다. 반도 호텔이 한국 정부에 의해 제 모습으로 복구 중이고 남대문 등 주요 고적들이 재건되고 있는 중이다. 중앙청 앞 시가지 옆의 주요 관청 건물들이 수리 중이나 대부분 서울은 아직 손을 못 대고 있는 실정이다.

강우량도 많고 비료도 구하기가 어렵지 않아 추수는 증작이 예상된다. 다른 물가들은 올라가고 있지만 쌀값은 단단히 묶여 있으며 통화량이 계속 늘고 있다. 한마디로 일반적인 문제는 과거에 비해 달라진 것이 거의 없다. 현 내각은 최고의 진용으로 짜여진 것 같고 행정 기술도 점차 숙달되어가고 있는 중이다.

협정을 성사시키기 위해 국제연합 측이 이승만과 로버트슨 간에 이루어 놓은 몇 가지 합의 사항을 거부할 짙은 가능성과 함께 휴전 조건이 결국 잘못 낙찰될 것이라는 불안감이 계속되고 있는 사실에 비추어 덜레스 국무장관은 상호 간의 이해를 얻고자 이 대통령과의 회담을 제의했다. 그런데 회담 장소에 대해서만은 유일하게 합의를 보지 못했다. 덜레스는 도쿄과 타이완 방문을 피함으로써 그들과의 계류 문제 토의를 회피하고자 하여 태평양 중간 지점의 어떤 섬을 회담 장소로 하기 바란다고 했다. 이승만은 긴박한 상황 아래 한국을 비우는 일은 현명한 처사가 못된다 느꼈고 또한 국무장관이 자기 나라를 찾아주는 것이 보다 상식적인 의전 상의 절차라고 생각했기 때문에 회담 장소로 진해를 원했다.

우리가 결정해야 할 당장의 문제는 회담을 위하여 무슨 준비를 해야 하며 보좌관으로는 누구를 대동할 것이냐 하는 것이었다. 나의 오랜 앙숙인 해럴드 노블을 포함시켜 이것은 예상외로 복잡한 문제가 되었다.

내가 해럴드 노블 교수와 처음 만난 것은 1932년에서 1933년에 걸친 겨울의 일로 거슬러 올라가며 그 당시 그는 매년 여름 한국으로 여행을 다녀서 다른 미국인들에게는 거의 알려져 있지 않았던 이 작은 나라에 대해 아는 점이 상당히 많았기 때문에 어느 정도 지방에서는 유명해진 오리건 대학교 역사 교수였다. 나는 영어 전공의 석사 과정을 밟으며 웅변학과 조교로 근무하고 있었다. 대학교 교수 요원들은 오락과 운동을 위해 일주일에 2, 3일간 오후에 체육관 시설을 이용할 수 있게 되어있었다. 우리 부의 과장 존 캐스틸은 배구를 즐기는 자기들 모임에 나도 합류하도록 초청하여 주었다. 이 모임은 전혀 무해 무득한 시합을 했다. 팀의 구성원은 자연스럽게 모여 경기팀을 구성하는 사람이면 누구나 나타나는 대로 경기를 하곤 했다. 일주일에 두 번씩 그저 자유로이 운동을 즐기는 일정치 않은 90분간으로써 리그전도 아니고 계획표도 없고 조직적인 시합도 아니었다. 다른 교수 요원들은 나의 신분에 대한 평이나 생각없이 내가 참가하는 것을 그저 당연한 것으로 받아 들였다. 그러나 해럴드 노블은 그렇지가 않았다. 그는 내가 교수들과 어울린다고 나의 당돌함을 공개적으로 비웃었고 거기에 대하여 매서운 비평을 서슴치 않았다. 나의 느낌은 이 사람이 학자인지는 몰라도 신사는 못 된다 싶었다.

내가 다음으로 그를 안 것은 그가 하지 장군의 참모로서 국무부 '고문'의 자격으로 한국에 나타난 1948년 봄의 일이었는데 제7장에서 이야기한 바와 같이 그는 한국에서의 총선거 실시를 위한 국제연합 계획에 대하여 이승만이 미련하게 반대하고 있다고 미국과 프랑스 기자들이 믿도록 잘못 이끌어 감으로써 이 박사의 처지를 어렵게 했다. 그 뒤에도 1948년 말 한국 총선거 결과를 검토하기 위해 국제연합 총회가 열렸을 때 그는 이승만에게 나를 한국 대표단과 함께 파리로 파견하지 못하도록 강력히 반대했다. 국제연합이 개최되는 동안 그는 우리가 만나게 될 때마다 허세를 부리며 나를 냉대했다. 흔히 우리 한국 대표단을 다른 나라 대표나 직원들에게 소개하면서도 내가 그 자리에 함께 있다는 사실을 무시했다. 때로는 나를 빗대놓고 제외시켜가며 회식 자리를 약속하기도 했다. 한편 그는 한국 대표단장인 장면(張勉)과 가끔 만나 나의 봉사를 받아들이지 말도록 주장하고 내가 제공하는 어떠한 건의나 논평도 묵살하도록 그에게 재촉하기도 했다. 해럴드 노블을 알면 알수록 나는 그가 싫어져 갔다. 이런 점에서 우리의 감정은 피차에 마찬가지였다.

이제 덜레스 장관이 마지막으로 합의된 회담 장소인 서울의 경무대(景武台)로 이 대통령을 만나러 오는 도중이었던 결정적 시기인 1953년 7월 중순에 노블은 현장에서 다시 한번 활발한 움직임을 보였다. 덜레스의 도착을 앞둔 일요일에 내가 적어 놓은 비망록에는 이런 말이 들어있다.

참기 어려운 노블 박사가 이곳에 이틀간 머물고 오늘 오후에는 고별 인사차 이 박사를 방문했다. 나는 이 박사 부인과 함께 겨우 5분간 노블을 만났는데 그는 나를 두고 무슨 공식 방침이든 지시받은 대로 우직하게 떠벌리고 다니는 선전꾼이라고 헐뜯는 데 시간을 다 보냈다. 나는 불끈했지만 예의바르게 마음을 가라앉히고 있다가 곧 그 자리를 떴다.……

그랬는데 이 박사가 오늘 아침 우리들 회의에서 노블이 너그럽게도 다시 남아 덜레스 회담에 자신과 함께 동석하기로 승락했다는 것과 노블은 외교문제에 조예가 깊은 우수한 인물이며 나와 노블이 모두 함께 자기를 수행해 주기 바란다는 등의 이야기를 했을 때 내 기분이 어떠했겠는지 상상해 보면 알 것이다.

나는 반대 의견을 말하고 당신이 누구를 택하든지 두 사람 중 어느 한 사람이어야 한다고 말했다. 그는 이 문제를 제쳐놓고 노블이 자기를 위해 아이젠하워에게 발송하려고 작성한 바 있는 6쪽에 달하는 편지를 우리들에게 읽어주려고 들어 올렸다. 이 편지는 그 말투가 모욕적이라기 보다는 자극적이었고 이미 결정된 문제들을 다룬 것이며 더러 상관없는 내용이 들어있고 전반적으로 보아 현 정세와는 전혀 맞지 않는 내용이었다. 노블은 참으로 유능한 벗이기 때문에 이것은 아마 지난 몇 주일간의 치열한 교섭 내용을 그가 잘 모르는 데서 온 것이리라. 그 이유가 어찌되었든 그의 서한이 너무 형편없는 것이어서 모두가 그것을 비난하며 이를 폐기시켜 버렸다.

그러자 나는 덜레스와의 회담에 그를 원한다면 그를 택하고 나를 빼달라고 '요구'를 되풀이했다. 그 자리에 있던 사람들은 내가 나가야 옳고 노블은 빼야 한다고 주장을 폈다. 이 박사는 그제서야 나에게 그렇다면 "당신은 덜레스 회담이 끝날 때까지 나와 함께 남아 있을 것을 분명히 약속하는 것이요"라고 말했다. 나는 이 회담이 그저 이틀이나 사흘 계속될 것이고 아주 가까운 시일 안에 열릴 것이 내다보이기 때문에 그렇게 하겠노라고 동의했다.

7월 22일 부리그스 대사는 7월 10일부터 7월 20일 사이에 대한민국 대표를 제외하고 열린 일련의 '실무급 회담'에서 공산 측이 제시한 10개 항목의 추가 요구 사항의 요지를 미국이 수락하려고 한다는 아이젠하워 대통령의 중대한 전문을 이 대통령에게 가지고 왔다. 이승만은 그 요구 사항의 사본이 경무대에 있는 그의 사무실로 급히 전해졌던 7월 20일 오후에야 겨우 그들의 요구를 알았다. 그 목록이 도착했을 때 나도 그와 함께 있었다. 그는 끓어오르는 분노를 참으며 그 항목들을 읽었다. 그중의 몇 가지는 이승만과 로버트슨 사이에 이루어졌던 양해 사항을 위반하는 내용이었다. 이 대통령은 공산 측 요구를 비난하는 강경한 어구로된 성명서를 내게 주며 일반 국민에게 발표하기 좋게 고치도록 당부했다. 그런 뒤 그는 이 성명을 신문에도 발표하고 라디오에도 사용하려고 녹음했다. 공산 측 제안의 일반적인 말투는 휴전 조건에 서명할 동안 '이승만이나 장제스 측 대표들을' 회담 장소에 접근하지 못하게 국제연합 위원단이 '출입 금지시킨다'는 마지막 항목에 명문화되어 있었다.

이 무렵에는 휴전 협정이 서명되리라는 사실이 뚜렷해져 있었다. 공산 측은 휴전을 갈망하기 때문에 이 대통령의 포로 석방에 대해 그저 상투적인 비난에 그칠 뿐 그대로 받아들일 형편이었다. 아이젠하워 대통령은 기본적인 공산 측 조건들을 완전히 수락하기로 결정짓고 있었다. 그는 6월 6일에 이미 이 대통령에게 대한민국이 '공산군 남침 이전에 관할했던 동일한 영토를 실질적으로' 차지하도록 휴전 조건에 못 박게 되리라는 점을 통고한 바 있었다. 또한 미국이 한국 통일에 대하여 계속 의무를 지되 전쟁을 통하여 이런 목표를 달성하려고 노력하지는 않을 것이라고 덧붙였다. 7월 30일 나는 우리가 위치한 경무대에서 내다 본 정세를 이렇게 적었다.

이 대통령은 자신이 흥정상의 입장을 지나치게 포기했다는 생각과 한국이 정치 회담에서 좋은 결과를 얻지 못하게 되리라는 근심 때문에 요사이 와서는 '의기가 꺾인' 느낌이다. 덜레스와 나머지 대표들과 회담하게 될 때 그의 기분이나 태도가 좋은 상태에 있는 것이 중요하다고 생각한다. 그가 이 회담에 임하게 될 때에 가서는 다시 기분을 회복하리라고 나는 확신하고 있지만.

역시 이 회담이 썩 잘 되지는 않을 것이다. 덜레스는 특히 한국을 '극동에서의 민주주의 전시장'으로 만들려는 앞으로의 계획에 비추어 보더라도 대한민국은 미국과 아주 훌륭한 '거래'를 터 놓았다고 느끼고 있다. 이승만은 나라가 분단된 상태로 남아 있는 한 이런 종류의 흥정은 하찮은 것이라고 느끼고 있다. 그러므로 덜레스는 이승만이 은혜를 모른다고 생각할 것이며 서로 상대를 비현실적이라고 생각할 것이다. 그러나 다소간의 날카로운 의견 차이가 전개된다 하더라도 전반적으로는 따뜻한 우호적 분위기가 지배할 것으로 나는 확신한다.

서울 주재 미국 대사관에서도 물론 준비 작업이 진행 중이었다. 7월 30일 나는 대사관에 초청되어 이승만·덜레스 회담을 내다보는 의견이나 감상에 대해 대화를 나누었다. 나의 기록은 주요한 쟁점에 대하여 이렇게 밝히고 있다.

나는 오늘 아침 그의 참사관 캘헌과는 따로 5분간이었지만 부리그스 대사와 대단히 우호적인 가운데 약 한 시간의 대화를 나누었다. 부리그스와 캘헌은 이 대통령과 함께 노력하는 나의 과업이 모든 의미에서 합당한 것이며 대통령의 정책을 최선의 형태로 최선의 각도에서 제의되도록 내가 돕는 것은 전적으로 옳은 일이라고 했다. 아울러 건전한 애국심을 가진 미국인이 이 대통령과 긴밀한 관계에 있기 때문에 미국은 크게 득을 보고 있다는 등 자기들의 강한 견해를 밝히는 것이었다. 나는 부리그스 대사가 '본국 정부 훈령'으로 이런 말을 했다고 믿으며 그것은 나와 〈코리안 퍼시픽 프레스〉지에 대한 국무부의 견해를 나타내는 것으로 확신한다. 부리그스는 이틀 전에 한국 국민들에게 자신의 '항복'을 '설명'한 이승만의 신문 발표문, 다시 말해서 이승만이 혼자서 직접 작성하고 나의 기본적인 수정안을 거절한 것을 국무부에서 몹시 의심하고 있다고 말했다. 이승만은 자기가 주장을 '포기했다'고 한국 국민이 생각하지 않기를 물론 바랐다. 따라서 그는 자기에게 제시된 '미국의 공약'을 강조했는데 덜레스를 곤경에 몰려는 의도도 그 속에 있었다고 나는 믿는다.

부리그스는 '공약'에 대한 이승만의 성명을 국무부가 공식으로 부인하고 싶은 생각은 없다고 말하고 그렇다고 해서 정치 회담이 실패할 경우 미국과 국제연합이 전투를 계속하거나 재개한다고 공약했다는 그의 주장을 감히 뒷받침하지도 않겠다고 말했다.

이 대통령이 휴전을 비난하는 성명서를 발표한 것은 그 일 자체가 로버트슨과 맺은 협의 사항에 대한 위반이었다. 그러나 로버트슨이 판문점에서 미국이 끝까지 버틸 것이라고 확언한 자신의 태도에서 일보 후퇴하고 있다는 판단에 의하여 이 대통령은 이런 위반 행위가 전적으로 합리화될 수 있다고 생각했다. 아이젠하워는 미국이 스스로 공약 사항을 지킬 것을 거절했다는 이승만의 비난을 듣고 분노했다. 부리그스 대사는 이승만이 미국의 최고 정책 결정자들의 공약을 의심하는 것은 도저히 받아들일 수 없다고 나에게 점잖게 그러나 강경한 어조로 일러주었다. 아무리 기분이 상하더라도 그는 미국 공약의 신빙성을 그릇되게 전해서는 안 되며 또 그렇게 할 수 없는 것이었다. 나는 최선을 다하여 이 대통령이 진정 무엇을 말하려 했고 왜 이런 투의 말씨를 썼는지 밝혀 보려고 노력했다.

나는 부리그스에게 이승만은 미국이 '도의적이고 물질적인 지원'조차 삼가하고 있음을 충분히 알고 있기 때문에 미국이 어떤 구두상의 공약보다는 상황의 본질적인 성격 때문에 어쩔 수 없이 언약을 하고 있다고 느끼는 이승만의 솔직한 감정을 덜레스에게 알려야 한다고 말했다.

이승만이 보고 있듯이 미국과 국제연합은 공산 침략을 쳐부수겠다고 약속했으나 그 목적을 달성시키지 못했다. 통일이라는 근본적인 목표를 협상을 통하여 성취시키기 위해 전쟁을 중지시켰고 그 목적은 단단히 재확인되었다. 협상을 통한 이 목표 달성이 불가능할 경우 미국과 국제연합은 그 목표 달성을 위하여 싸울 약속을 하고 있다. 왜냐하면 만약 그렇게 하지 않는다면 아시아와 전 세계는 그런 태만이야말로 공산 침략에 대한 하나의 비열한 굴복 행위로 보게 될 것이기 때문이다.

이승만은 자신의 심정으로 이런 처지를 실감했고 나아가 한국 통일의 실패가 공산 제국주의를 북돋아 줌으로써 보다 더 심각한 세계대전의 위험을 가져올 것으로 확신했기 때문에 국무부가 자신의 시국관 대로 결코 이런 사실을 외면하는 일이 없을 것이라고 믿었다. 이런 의미에서 그는 구두상의 공약은 있을 수 없음을 알면서도 전투를 다시 시작하기 위한 '언약'을 말하고 있는 것이다.

나는 이런 용어들을 쓰지 말도록 그를 설득하려 했으나 그는 덜레스와의 회담 전에 이런 견해를 선전함으로써 많은 소득이 있을 것으로 본다고 말했다. 나는 매우 열띤 회담이 될 것이 걱정된다.

덜레스는 아시아 민주주의의 '진열장'으로 만들려는 신속하고도 철저한 남한 재건 사업이 결정되면 아시아 전체에 큰 영향을 미치고 공산주의와 손을 끊도록 앞장서게 되리라는 국무부 견해를 계속 주장하게 될 것이다. 부리그스가 이런 말을 내게 하므로 나는 이승만의 대답은 아시아 인민들이 이미 굳세게 공산주의에 대항하고 있다는 것과 남한이 지상 낙원이 된다 하더라도 그들은 이미 공산주의에 대항할 수 없는 처지에 놓이게 될 것이라고 했다. 그들 자신이 선택할 자유가 있다면 그들은 선거를 통하여 중국 뿐만 아니라 공산당이 현재 확보하고 있는 다른 모든 곳에서 공산당을 몰아 낼 것이다. 부리그스는 자기가 3년간 지내본 체코슬로바키아의 경우를 보니까 정말 맞는 이야기라고 했다.

나는 그에게 모든 문제는 지금 군사에 관한 것이라는 이승만의 견해를 말했다. 자유 세계는 공산주의를 쳐부수기 위하여 싸울 것인가 싸우지 않을 것인가? 아시아인들이 생각하기를 그 대답이 부정적이라면 그들은 굴복하는 길 외에 선택의 여지가 없는 것이다.

나는 또 이승만이 북한군에 대항하여 남한을 이끌어 '자살적인' 공세를 취하겠다고 말하면 그는 정말 그렇게 할 뜻이 있는 것으로 부리그스나 덜레스가 이해해 주어야 한다고 대사에게 말했다. 왜냐하면 남한이 '끝까지 싸워' 나가면 소련과의 불가피한 조정으로 경계선이 다시 그어질 때 한국은 자유롭고 통일된 국가로 회복되도록 확약을 받게 되리라는 것을 그는 확신하고 있기 때문이다. 그러나 만일 남한 스스로가 분단을 묵인하도록 '매수되고' 만다면 국민은 독립 정신과 항쟁심을 차차 잃게 되어 나중에는 심지어 공산당과 합치자고 마음먹게 될 것이다. 좌우지간에 이 사람들은 입에 풀칠이나 하고 구제받으려는 의타심이 발전하여 경계선이 다시 마지막으로 그어질 때에 가서는 한국을 또 다시 일본 통치하에 두는 것이 가장 당연한 처사처럼 느끼게 될 것이다.

  부리그스는 이런 의견이 (1) 체코 국민보다 혈통이 훨씬 우수하며 자기가 알기로 가장 다부진 개인주의자들인 한국 국민을 과소 평가한 것이며, (2) 미국과 국제연합이 이미 확약한 바 있는 한국 독립에 대한 공약을 과소 평가한 것이라고 했다. 부리그스는 자기 말로 1년이나 5년 뒤보다 지금 하는 것이 훨씬 쉬울 터이니 한일 문제 타결도 즉각 하는 것이 좋겠다는 설명을 곁들였다. 그는 전에 맥아더 라인이었던 '클라크 라인'은 앞으로 유지할 수 없게 될 터이고 그 때에는 '이승만 라인'을 놓고 말썽이 더욱 심각해질 것이라고 말했다.[2] 나는 그에게 이 대통령은 솔직히 일본과의 문제 해결을 위해 모든 노력을 기울이고 있으나 일본 측이 해결하지 않으려 한다고 믿는다는 점을 전했다. 두 나라 안의 정치적 사정은 국민이 모두 패배라고 해석하게 될 해결 방안을 어느 나라도 감히 받아들이려고 하지 않을 정도인 것이다. 부리그스도 그것을 인정하고 우리는 이 문제를 '현실 문제'로 돌리고 말을 끊었다.

  국무장관 존 포스터 덜레스는 한·미 상호 방위 조약의 세부 사항을 작성하기 위해 한국 관리들과 같이 일하게 될 상당수의 고문단을 대동하고 8월 5일 한국에 도착했다. 이 문제에 관하여는 대단치 않은 의견 차이가 더러 있을 뿐 심각한 것은 없었고 교섭 분위기는 정중하고 명랑하기까지 했다. 주로 통한 문제에 대한 미국 공약의 성격에 관해서 이승만과 덜레스 간에 중대한 회담이 거듭되었다. 이에 관해서 나는 비망록에 자세히 적어 놓았다.

---

[2] 어로 해역을 분리시키기 위하여 한·일 간에 그어 놓은 중간 경계선.

여기에서 나의 입장은 '애매하다.' 한국 정부에 고용된 미국인으로서 나는 대표단의 구성원이 아니다. 그러므로 나일즈 본드나 기타 '하위급' 인사들이 회의에 임하게 될 때에도 나는 그 회합에 참석하지 않음은 물론 '눈에 띄지 않는 곳'에 있어야 한다. 어제 저녁 수석 대표들을 위한 경무대 만찬이 있었으나 나는 물론 초대되지 않았다. ……오늘 아침 이 대통령과 잠시 즐거운 이야기를 나누고 있었으나 미국 대표단이 들어서므로 나는 슬쩍 물러 나왔다. 그보다 앞서 한 시간 가량 나는 조약 원문을 검토하며 몇 가지 제안도 제시하며 보냈다. 대표단 전원이 오전 10시에서 11시까지 만나고 나서 산회했기 때문에 이 박사와 덜레스는 단 둘이 잠시 이야기할 수 있었다. ……나는 정문에 있는 경찰 초소에 내려와서 지프차를 타고 막 떠나려는데 사람 하나가 뛰어 내려와 경무대에서 나를 찾는다고 일러주었다.

내가 그리로 갔더니 이 박사와 덜레스가 나를 보려고 기다리고 있었다. 이 박사가 나를 소개했고 덜레스는 매우 정중하게 대해 주었다. 그는 호의적이라고만 볼 수 없는 기묘한 눈빛을 보내며 나의 이름은 오래전부터 상당히 많이 들어 왔노라고 하면서 만나게 되어 대단히 반갑다고 말했다. 그러고 나서 내가 이 박사와 함께 여기서 일하고 있다니 기쁘고 이 박사가 나를 깊이 신임하고 있다는 것은 매우 중요한 일로 생각한다고 말했다. 내가 앞으로 있을 정치 회담에 참석하는 것이 크게 도움이 될 거라고 말하고 그 일로 나에게 휴직을 허가하도록 '밀톤'에게 이야기해 주겠노라고도 했다. 또 펜실베이니아 주립 대학교에서 무엇을 가르쳤느냐고 묻기에 내가 "수사학"이라고 대답했더니 그는 웃었다…….

이 대통령과 덜레스와의 대화는 5분 정도 계속되었다. 덜레스는 능청스러운 웃음을 띄우며 이 박사에게 "내가 최근 당신의 벗 네루 씨를 방문한 사실을 알고 계시지요?" 했다.

"벗이라니요?" 이 박사는 엷은 웃음 속에 천만의 말씀이라는 몸짓으로 대꾸했다.

"그때 네루가 저더러 '당신은 이 대통령을 붙들어 매둘 조치를 취하는 것이 좋을 거요' 하더군요."

덜레스는 "당신은 내가 그렇게 할 능력이 없다는 것을 알지 않소" 대답했노라고 했다. 그랬더니 네루는 날카롭게 반응하며 "말도 안 되는 소리 마시오! 그 사람이야 당신이 하라는 대로 무엇이든 할 것 아니오?" 했다는 것이다. "당신은 이 박사가 어떤 사람인지 모르는구려" 덜레스는 이렇게 대답했노라고 했다. 그와 이 박사가 웃었다.

그때 다시 덜레스는 자기가 네루에게 아주 정색을 하고 "자 그렇다면 솔직한 말씀인데 우리 미국은 아시아 국가들을 어떻게 다루어 나갔으면 좋겠다고 생각하시오? 꼭두각시처럼 할까요?" 물었다는 것이다.

나는 "네루가 무어라고 대답합디까?" 덜레스에게 물었다. "그 사람은 화제를 슬쩍 바꿔 버리던데요" 덜레스는 대답했다.

그다음 덜레스는 매우 심각한 어조로 나에게 말했다.

"우리는 지금 한국과 세계의 여타 국가와의 관계를 새로운 토대 위에 정립시키려 하고 있소. 당신도 알다시피 우리는 이제까지 항상 다른 강대국 몇몇과 만나서 한국에 대하여 무엇을 할 것인지를 결정하고 그다음에 그 결정된 사항을 한국에 통지하는 데 그쳐왔소. 그러나 앞으로 우리는 이런 일을 더 이상 하지 않으려는 것이오. 나 자신이 직접 이곳으로 온 것은 굉장한 의미가 있소. 강대국의 국무장관이 약소국가 대통령을 만나 자기들의 정책을 약소국의 정책과 합치되도록 노력하기 위하여 멀리 바다 건너 찾아온다는 것은 역사를 통해 한 번도 없었던 전무 후무한 최초의 사건이오. 이런 여러 가지 문제들을 결정 짓는 일은 그것이 무엇이든 별로 중요한 것이 아니오. 중대한 것은 우리가 왔다는 이 사실이오."

이 대통령은 "50년 만에 처음 있는 일이오" 큰 소리로 말했다. 나는 덜레스에 찬성하며 그의 말을 "역사상 처음 있는 일이오" 이렇게 바로 잡았다. 그리고 나는 덜레스에게 "당신과 아이젠하워 대통령은 정말 아시아 문제를 다루는 방법에 있어서 혁명을 일으키고 있으며 그것은 대단히 중요한 효과를 가져올 것이오" 말했다.

"그렇소. 우리는 새로운 혁명을 일으키려 하는 것이오" 그는 대답했다. 그리고 이렇게 덧붙였다. "많은 나라들이 이것을 좋게 보지 않아요. 아시겠소? 그들은 이 회담을 두려워하며 열리지 못하도록 반대까지 했소."

오늘 아침에도 방금 '어떤 공식적인 영국 소식통'으로부터 이승만·덜레스 회담을 비난하는 성명을 발표한 바 있었다.

　나는 재빨리 "나도 알고 있습니다. 그러나 아시아 인민들은 그것을 환영하고 있으며 그 결과에 따라 크게 영향을 받게 될 것이오" 말했다.

　이승만과 덜레스는 그 뒤 잔디밭에 있던 다른 사람들과 어울리기 위해 내 곁을 떠났고 나도 기분이 좋아서 점심 식사를 하려고 자리를 떴다.

　나의 '유쾌한 기분'은 오래 가지 않았다. 사실은 그저 한 30분 좋았을 뿐이다. 나는 반도 호텔에 있는 내 방에 도착하기가 무섭게 자기 도취에서 깨어 났다.

　이 대통령이 절망적인 기분이 되어 나를 전화로 불러 회담은 모두가 '완전 실패'이므로 자기는 "혼자서 다 해나가겠다"고 말하는 것이 아닌가? 그가 말하는 이유는 공산당을 한국에서 몰아내기 위하여 미국이 공동의 싸움을 속개할 것에 동의하지 않는다면 모든 것을 잃은 것이고 다른 나머지 조항들은 '겉치레'에 지나지 않는다는 생각이었다. 그는 나더러 상호 방위 조약의 원문을 작성하는 회의에 들어가 앉아있으라고 당부했다.

　미국 대표단이 가지고 온 초안에는 이승만이 요구한 것, 다시 말해서 미국 군대의 한국 내 또는 한국 주변 지역 주둔을 규정하는 미·일 안보 조약 제1조의 내용과 같은 것이 편입되어 있었다. 이 규정은 한국에 대한 공격은 미국에 대한 공격이며 전쟁은 '자동적이고 즉각적으로' 시작됨을 의미하는 것이다. 그러나 이 박사는 조약 초안에도 역시 즉각적이고 자동적인 전쟁 공약이 들어 있어야 한다고 주장했다. 미국 대표들은 그의 주장이 국회만이 전쟁을 선포할 수 있다는 헌법 규정을 위반하게 되므로 전혀 불가능하다고 주장했다. 변영태, 임병직, 김용식, 그리고 나는 이것을 놓고 2시간을 논의했으나 결국 그들의 말이 옳다는 데 의견이 맞았다. 우리는 미국의 공약을 강화시키는 두 단어를 넣도록 했으며 그것으로 만족했다. 그러고 나서 이승만과 덜레스가 그 초안에 서명하도록 하기로 합의를 보아 국회 인준 전이라 할지라도 어떤 즉각적인 효력이 있도록 했고 그것 역시 우리에게 만족스럽게 생각되었다.

　우리는 경무대로 돌아왔다. 나는 이 사람들에 의해 대변인격으로 뽑혔기 때문에 이 박사에게 우리의 노력이 매우 성공적이었다고 말하고 계속해서 조약이 보장하는 바의 것에 대하여 그를 확신시키려고 했다. 그는 매우 냉철하게 듣더니 "그러면 그것이 공산당을 북한에서 몰아내는 미국의 군사 행동을 보장하는 것인가?" 물었다. 우리는 "아니오 그것은 불가능합니다" 말했다. 그는 화를 내며 우리는 모두 실패했다고 하면서 그것이 빠지면 모든 것이 아무 가치가 없다고 말했다.

변영태는 조선 호텔 칵테일 파티의 주최자이기 때문에 그 자리를 뜨지 않을 수 없었다. 김용식과 나는 이 박사를 설득시키려고 최선을 다했으나 듣지를 않으므로 아무 소용이 없었다. 임병직은 이 대통령과 완전히 뜻을 같이 하며 이런 조약을 체결하려고 우리가 노력해 온 것은 아니지 않느냐고 하면서 그것은 '절대적으로 필요하다'고 역설했다. 결국 이 박사는 우리가 회합을 다시 열어 자기가 원하는 조항을 집어 넣으라고 요구했다. 덜레스가 그것을 수락하지 않더라도 그것은 별개의 문제라고 말하고 여하간에 위원회는 그것을 집어 넣어야 한다고 강조했다.

이 대통령과 나의 두통거리는 월터 로버트슨과의 추가적인 문제에까지 바로 이어졌다. 이 대통령에게서 물러나와 나는 칵테일 파티 장소로 갔는데 그곳은 그저 유쾌하게 어울릴 수 있는 분위기였다.

우리가 도착하자마자 나는 로버트슨에게 잠시만 함께 자리를 하자고 말하고 조용한 구석을 찾았다. 나는 먼저 "만일 미국이 한국 통일 노력에 대하여 아무런 원조도 할 수 없고 오히려 공공연히 비난을 하게 될 것이라고 고집하는 한 모든 공약은 세상 사람들을 조롱하는 한낱 속임수에 지나지 않다는 생각을 이 박사가 하고 있소" 이렇게 말문을 열었다. 로버트슨은 자기는 그 말에 찬성할 수 없다고 퉁명스럽게 받았다.

그리고 그는 그 문제는 제쳐놓고 루카스와 레스턴의 회견 기사와 미국 신문들이 '이승만은 로버트슨이 자기와의 모든 공약을 깼다고 했다'는 머리 기사에 대하여 굉장히 장황하게 그리고 감정을 나타내며 이야기를 계속했다. 나는 이 박사가 그런 말을 한 적도 없고 그렇게 생각하지도 않는다고 가로 막았다. 그리고 오히려 7월 27일 휴전 협정 서명에 앞서 미국의 최종적인 입장을 설명한 해리슨 제독의 7월 19일 판문점 회담에서의 발표문이 참으로 이승만·로버트슨 합의 사항의 위반이라고 지적해 주었다. 로버트슨은 그 일 때문에 난처하게 된 데 대해서 이 박사를 비난하지는 않지만 자기가 공약한 약속을 깼다고 공개적으로 낙인을 찍는 바람에 상당히 화가 났었노라고 말했다. 자기는 이 박사를 비난하는 강경한 성명서를 썼지만 덜레스가 발표하지 말도록 설득했노라고도 했다. 이런 성명들이 조금이라도 다시 발표된다면 자기는 정말 자리를 물러나면서 그것을 반박하는 성명서를 발표하겠노라고 말했다.

그는 말을 이어 자기는 이 박사에 대한 순수한 존경심과 호의를 품게 되었고 미국으로 들어가면 어떤 미국 관리도 지금까지 하지 않았던 일이지만 한국을 위해 싸울 용의가 있노라고 말했다. 그런데 짐 루카스의 신문 기사가 '자기를 망쳤고' 자기는 골병이 들었다는 것이다. 이렇게 상당한 시간이 흘렀으나 이 박사가 결코 그런 말을 한 적이 없다는 것을 그에게 납득시키려는 나의 노력은 별로 효과가 없었다. 로버트슨은 다시 "미국은 이 박사로부터의 처사를 모두 의도적으로 참아왔소. 만일 이 박사가 '단독으로 해나가기'를 원한다면 그것은 그의 특권이오. 그는 이 세상에 벗도 없고 완전히 외톨이가 될 것이며 그것이 그가 원하는 바라면 어떤 형태로든 군사적·경제적·정치적 도움은 바랄 수 없을 것이오. 그러나 그는 이런 불합리한 요구들을 중지해야 할 것이오"라고 역설했다. 그는 나에게 매우 우호적이고 나의 문제를 이해하겠노라고 말했다. "그러나 제발 가능한 일이라면 이 박사에게 좀 이성으로 돌아오도록 설득해 보시오"라고 덧붙였다.

다음 날 오후 나는 이 박사와 덜레스가 발표할 공동 성명을 작성하여 이 박사의 검토를 받고자 경무대로 가지고 들어갔다. 그는 아침 회의 때와 같은 기분으로 나를 반기며 "올리버 박사, 내가 얼마나 되풀이하며 여러 번 참을성 있게 우리는 통일을 성취시켜야 한다는 말을 자꾸만 하는지 당신은 아직 이해를 못하고 있소. 이 다른 모든 내용들은 조금도 뜻이 없소" 했다. 그러자 나는 공동 성명 원본으로 준비해 간 문안을 그에게 보였다. 다음은 이 일이 있은 직후에 내가 적어둔 비망록이다.

그 문안을 읽어 본 뒤 그는 눈빛을 빛내며 말했다. "이것은 훌륭하오. 그런데 덜레스가 여기에 동의를 할까?" "글쎄요? 그러나 적어도 이 문안에는 덜레스와 로버트슨이 이미 동의한 바 없는 사항은 하나도 들어 있지 않습니다." 나는 덜레스가 전략적인 이유 때문에 그것을 공개적으로 발표하는 일에 동의하지 않을는지 모르겠다고 이야기했다. 이 박사는 덜레스가 여기에 서명만 한다면 공개가 되든 말든 자기는 상관 않겠다고 대답했다.

8월 7일 같은 날 오후 이승만과 덜레스는 제3차이자 마지막이 될 회담을 열었다. 합의에 도달하기 위한 이 마지막 노력을 위하여 나도 두 사람 옆에 참석하도록 조치되었다. 나의 비망록에 따르면 나는 '거의 예상 못했던 정신적 허탈감에 빠져들 지경이었다.' 합의를 본다는 것은 도저히 있을 수 없어 보였다. 나의 생각은 사표를 내고 다음 비행기로 귀국길에 오를까 하는 것이었다. 이 회담은 전쟁의 기본적인 성격에 대한 전체적인 한·미 간의 불화를 두드러지게 보이는 하나의 극적 장면이었다.

온 세계의 모든 정치인들 중에서 이 두 정치가는 공산주의 위협의 성격과 이에 대처하는 방법에 대하여 가장 강하게 기본적으로 뜻을 함께 한 까닭에 이 장면에는 슬픔과 기구함이 짙게 깔려 있었다. 두 사람은 덜레스의 표현대로 전쟁 없이 소련으로부터 얻어 낼 수 있는 모든 것을 얻기 위하여 '절묘한 부전승(不戰勝)의 전략'을 쓸 줄 아는 도박사의 소질을 가진 용감한 사람들이었다. 기질에 있어서도 이 사람들은 닮은 데가 많았다. 두 사람은 지금 자기들이 숙명적으로 맡아야 했던 역할에 심한 긴장감을 보이고 있었다. 덜레스의 왼쪽 눈은 자주 경련을 일으켰고 자신이 완전히 수락하기 곤란한 정책을 정당하다고 주장해야 하는 책임 때문에 그의 얼굴은 더욱 지쳐 있었다. 멀리 워싱턴에서는 한국에 군대를 주둔시키고 있는 17개국이 모여 회담이 열리고 있었다. 덜레스는 그들이 채택하고 아이젠하워 대통령이 지지한 정책을 강요하는 도구에 지나지 않았다. 이런 식의 타협은 덜레스의 구미에도 안 맞는 일일 뿐더러 이 박사에게도 취미 없는 일이었다. 아무도 자신들이 처한 입장을 피할 도리가 없었다.

회담이 시작되자 덜레스가 운을 뗐다. "대통령 각하. 우리가 합의본 바 결론에 동의하시리라 믿습니다."

"당신은 나의 생각을 알지 않소? 의논해 봅시다." 이 대통령이 대답했다.

"의논할 것이 없습니다. 국제연합 국가들이 이미 우리가 천명해야 할 입장을 결정지어 놓았습니다. 이것은 변경시킬 수가 없습니다." 덜레스는 이렇게 못 박았다.

이 대통령은 벌떡 일어서며 노기 띤 어조로 말했다. "그렇다면 당신은 무엇 때문에 왔소? 당신이 나와 함께 조건들을 의논할 의사가 없다면 이 자리에 있을 필요가 없는 것이오. 그 조건들을 내게 전문으로 통보할 수도 있었을 것 아니오?"

덜레스는 달래듯이 이렇게 누그러뜨렸다. "우리는 각하를 무시할 뜻이 없습니다. 우리는 각하의 휴전 승인을 원합니다. 각하의 승낙을 얻으려고 제가 온 것이 아닙니까?"

잠시의 침묵이 흐른 뒤 덜레스는 말을 이어 미국뿐 아니라 국제연합도 한국이 자신의 민주 독립 정부 아래 통일이 되는 목표를 완전 지지해 왔다고 설명했다. "우리의 목표가 바로 각하의 목표와 똑같습니다. 차이점이 있다면 그것은 오직 각하는 전쟁을 통해 목표를 달성하려는 것이고 우리는 평화적 방법으로 달성하려는 것뿐입니다. 각하는 왜 우리가 싸움을 계속해야 한다고 고집하십니까?" 그는 물었다.

이 대통령은 정색을 하고 대답했다. "나는 당신 생각에 전적으로 동의하고 있소. 어느 나라도 이번 전쟁에서 한국만큼 커다란 피해를 본 일이 없으며 우리의 목표가 평화적으로 달성될 수 있다면 우리보다 더 다행한 국민은 없을 것이오. 내가 묻고 싶은 단 한 가지 질문은 이것이오. 만일에 당신네들이 평화적인 교섭을 통하여 우리의 공동 목적을 달성할 수 없을 때에는 어떻게 하겠소?"

"그때에 가서는 어떻게?" 이 질문이 서로가 피할 수 없고 그렇다고 가능한 해결책도 뚜렷하지 않은 요점이며, 두 사람이 끝내 합의점을 찾지 못하는 핵심이었다. 국제연합과 미국은 한국에서 공산당을 몰아내기 위하여 그저 싸움만을 계속하고 있을 처지가 못 되었다. 자기네들끼리 합의를 본 해결책이라는 것이 고작 이 목표 달성을 '평화적인 방법'으로 시도해 보기 위하여 공산 측과 정치 회담을 연다는 것이었다.

이런 견해에 대하여 이 박사는 공개적으로 멸시했다. "전쟁터에서 쟁취 못한 것을 회담의 탁자 위에서 당신네에게 양보해 주리라고 어떻게 공산당에게 기대를 걸 수가 있소?" 그는 물었다. 이것은 덜레스가 답할 수 없는 물음이었다. 이 박사는 다음으로 마지막 안간힘을 써서 물었다. "90일 이내에 우리의 공동 목표를 달성시키는 데 정치적 방법이 효과를 거두지 못할 경우에는 미국이 다시 전투를 재개한다는 점에 동의하겠소?"

이에 대하여 덜레스는 자기는 동의할 권한이 없다고 말했다.

"그렇다면 정치 회담이 실패한다고 가정할 때 당신네들은 어떻게 하려는 심산이오?" 이 박사는 물었다.

"우리는 실패할 생각이 없소." 덜레스는 이렇게 주장했다. "실패는 미국의 방식이 아닙니다. 우리는 목표가 성취될 때까지 평화적 방법으로 계속 밀고 나갈 것입니다."

이 회담은 한 시간을 훨씬 넘기며 계속되었다. 오랜 침묵이 흐르는 가운데 때로는 둘 중의 한 사람이 더 할 말도 없다는 것을 느끼고 창가로 가서 밖을 내다보기도 했다. 두 사람에 대한 나의 존경심은 높았다. 두 사람은 자기들이 피할 수 없는 역할을 하도록 강요당하고 있는 것이다. 그들은 퇴로가 없는 궁지에 몰려 있었다. 실패를 자기네가 안고 살아야 하는 숙명임을 깨닫고 있었다. 합의를 볼 수 없었기 때문에 두 사람은 공동 성명을 발표하지 않기로 결정했다. 이승만은 휴전 협정에 서명할 수 없었으나 이를 '방해하지 않기로' 합의했다. 이들은 우정과 상호 존경 속에 이별을 고했다.

8월 10일 이 대통령은 휴전에 관하여 자신의 성명서 원문을 발표했다.

> 휴전 협정은 전쟁을 줄이는 것이 아니라 더 큰 전쟁의 준비 행위이고 더 많은 고난과 파괴를 의미하며, 전쟁과 내란에 의한 공산당의 더 많은 침략 행위의 서막이 된다는 나의 확신 때문에 나는 휴전 협정 서명에 반대하여 왔습니다.
>
> 이제 휴전이 서명된 이 마당에 나는 그 결과에 대한 나의 판단이 틀렸던

것으로 나타나기만 기원할 뿐입니다. 정치 회담이 한국의 해방과 통일의 문제를 평화적으로 해결하기 위해 노력을 기울이는 동안 우리는 휴전을 방해하지 아니할 것입니다.

미국과 우리가 양해한 사항은 우리 상호 간의 이해가 얽힌 이 지역의 안보를 유지함에 있어 우리 양국 간에 효과적인 협력을 다짐하고 있습니다.

남한의 재건 사업은 신속하고도 효과적으로 진척될 것입니다. 공산당도 북한에서 우리만큼의 노력을 기울일 것인지 아무도 모릅니다. 공산 학정속에 당분간 그대로 남아있게 되는 우리의 불쌍한 동포들에게 나는 이렇게 외치는 바입니다. "절망하지 마시오. 우리는 결코 당신들을 잊지 않을 것이며 저버리지 않을 것입니다. 우리의 잃어버린 이북 5도와 북한의 우리 동포들을 다시 찾고 구출하려는 한국 국민의 근본 목표는 과거와 같이 장차에도 그대로 남아 있습니다."

그는 절대적으로 휴양이 필요해 진해로 혼자 내려가 조용한 시간을 보냈다. 나 역시 휴식을 얻고 싶어 팬실베이니아 중부의 소위 '행복의 계곡'으로 돌아왔다. 전쟁은 끝이 났다. 이제는 외교적 수단이 할 수 있는 일을 해야 하는 것이다.

20
어지러운 외교 무대
(1954년)

제2차 세계대전 전에는 보통 전형적인 외교관을 묘사할 때 줄무늬 바지에 연미복 웃옷을 고고하고 깔끔한 신사로 통했다. 존 포스터 덜레스와 헨리 키신져가 손가방 하나로 각국의 수도를 분주히 날아다니며 평범한 시민들이 이해하리라고 기대하기 어려운 문제들을 전문적으로 처리하게 되면서부터 전혀 달라진 외교관의 모습을 드러내 보이게 되었다.

한국전쟁이 멎은 뒤 대한민국은 이제 스스로 전통적인 외교 스타일과 새로운 외교 방식의 틈바구니에 놓이게 된 것을 깨닫게 되었다. 냉전에 직면한 국가 간의 관계에서는 첫 모습의 점잖은 외교 관계는 자취를 감추었다. 하물며 냉랭하고 전문적인 효과만을 노릴 기회는 더욱 멀어져 갔다.

이승만은 아무리 대담한 태도를 보이려 해도 그런 기회가 없는, 지독히 재수 없는 패에 걸린 고급 포커판의 도박사 같은 위치에 놓여 있었다.

남한의 관리들은 자기들의 국제 문제를 처리하는 방법을 다만 고통스럽게 더듬거리며 배워나가는 형편이었다. 이들은 또 최선을 다하여 국방에 알맞는 찬대를 만들기 위해 노력을 계속 중이었다. 이제 판문점 휴전도 끝이 났고 이 사람들은 자기들의 적수로서 V.M. 몰로토프와 주은래(周恩來) 등 음모의 도사들이 우글거리는 세계 외교의 중앙 무대에 떠밀려 들어서게 되었다.

이승만은 약자의 위치에서 국제 관계의 게임 역할을 맡은 평생의 경험을 가지고 있었다. 열강을 대표하는 외교관들은 무력의 위협과 경제 혜택의 약속을 섞어가며 자기들의 목적을 추구하는 일에 익숙해 있었다. 대한민국은 영향을 줄 필요가 있는 나라들에 대해 위협을 가할 형편도 못되고 혜택을 줄 능력도 없었다. 그렇다고 국제적 호의를 끌어 들일 큰 자원도 없었다. '우리는 이제 이승만으로부터 얻어내려던 것을 다 얻어 냈으니 볼장 다 봤다' 하는 것이 온 세계의 일반적인 분위기였다. 이 대통령은 자신이 판단하기에 '공산당에 대한 굴복'으로 끝나 버린 휴전을 판문점에서 막아 보려고 용감하고도 능란한 싸움을 계속했었다. 한국 통일을 이루려는 그의 목표는 실패로 돌아갔다. 왜냐하면 자유 세계 전체가 지도자나 일반 국민 할 것 없이 너무나도 전쟁에 진력이 나고 지쳐서 그들에게는 어떠한 휴전도 없는 것보다 나은 것으로 보였기 때문이다. 이승만은 그보다 덜 중요한 부차적인 차원에서 얻은 것이 컸다.

공격 아닌 방어만을 목적으로 신중하게 조직된 상당한 대한민국 국군을 위하여 그 증강에 필요한 지지와 물질적 원조를 얻으려는 그의 오천 싸움에서는 승리를 거두었다. 그는 미국이 아시아 대륙의 한 국가를 방어하는 최초의 조약상의 공약을 하도록 밀어 붙였다. 그는 범 한국적인 통일 정부 수립에 관한 자기들의 결의를 지켜내지 못한 국제연합의 실수에 대하여 대다수 국가에게 불쾌감을 주면서까지 이를 극적으로 공격했다. 그리고 그는 부서지고 황폐한 나라의 재건을 위한 막대한 경제 원조 언약을 미국으로부터 받아냈다. 이런 일들은 차원이 낮은 다수의 외교관들이 명성을 얻기에 충분한 업적이었다.

그러나 세계 여론에 의하면 그는 강대국들이 자기 장단에 춤추어 주기를 고집하고 결국은 자기의 궁극적인 목적을 달성하지 못한 '자부심이 강한 인물'에 지나지 않았다. 그 자신의 생각에도 역시 자기는 통일을 달성시키지 못한 이상 이런 여타의 소득은 별로 큰 의미가 없다고 느꼈고 스스로의 실패를 자인했다.

대한민국의 외교단은 수와 능력에 있어 보잘 것이 없었다. 예외는 더러 있었다. 외무장관 변영태(卞榮泰)는 국민 복지를 위하여 헌신하고 천부적인 어학 실력과 훌륭한 인품과 함께 매우 위대한 개인적 능력과 용기를 갖춘 인물이었다. 양유찬(梁裕燦) 대사와 한표욱(韓豹頊)으로 구성된 '워싱턴 팀'도 모두가 한국전쟁 기간을 통해 합심하여 일에 열중했으며 능숙한 교섭자요 우수한 국민의 대변자로 그 능력을 입증했다. 국제연합에 주재하는 임병직(林炳稷) 대사 역시 예민한 마음과 상당한 개인적 매력을 지니고 있었다. 그러나 이들은 모두 외교적 성공에 필수적인 두 가지 요소, 다시 말해서 국제 사회에 인상을 심어 주기에 충분한 국내에서의 알찬 세력 기반, 자료의 수집과 평가, 복잡한 문제점의 연구와 여기서 얻어지는 해결 방안에 대한 건의, 그리고 자기들이 다루어 나가야 할 모든 우방, 적국, 및 중립 국가들의 인물과 문제에 대한 긴밀한 접촉의 유지 등을 위한 훈련되고 경험 있는 부하 직원과 동료로 구성된 관료진을 전혀 갖추지 못하고 있었다.

한국 문제를 해결하고 일시적 휴전을 영속적인 평화 상태로 전환시키기 위한 앞으로의 '정치 회담'은 판문점 협정에 따라 90일 이내에 열리도록 되어 있었다. 이 회담에서는 자기들이 공약한 한국 통일이 '평화적 방법'에 의해 성취되어야 한다는 국제연합과 미국의 정치적 입장도 시험대에 오르게 되어 있다. 전쟁 그 자체에서와 마찬가지로 대한민국의 목표와 동맹국의 목표가 다르기 때문에 그 회담도 싸움거리가 될 전망이었다. 미국과 국제연합 대표들은 다른 무엇보다도 유예 기간을 얻기 원했으며 이 기간 중 소위 아이젠하워의 말대로 '캠프·데이비드의 정신'이 냉전을 해소시켜 평화의 새 시대를 이끌어 나갈 수 있을 것으로 믿었다. 이런 분위기 속에 대한민국은 만일 공산 측이 통일 한국을 위한 자유롭고 공정한 민주 선거에 찬성하지 않는 경우에는 전쟁을 재개한다는 연합국의 언약을 얻어내야 한다는 것이 이 대통령의 필수적인 목표였지만 이 과업을 달성시킬 가망은 있어 보이지 않았다.

외교는 힘겹게 느리고 귀찮은 과정이지만 여기에 종사하는 개개인은 이것을 민첩한 속도로 운영해 나가야 한다. 나는 신임장을 지참하지도 않았고 이 복잡한 분야에 아무런 권리나 자격을 갖추고 있지도 않았다. 그러나 분명히 느껴지는 어떤 필요성들이 있었다.

기본적인 것의 하나는 남한을 위하여 공적으로나 사적으로 가능한 한 많은 지지를 얻도록 노력하는 일이었다. 때때로 이 두 가지 목표는 상충되었다. 예를 들면 대한민국의 '당연한' 우방은 자유 중국이었다. 그러나 현대 세계에서 장제스 만큼 국민의 존경을 받지 못하고 인기 없는 인물도 드물었다. 이 대통령과 불신 받고 있는 국민당 지도자와의 사이가 더욱 친밀해졌다는 대외적 인상을 주는 일 없이 한·중 관계를 강화시켜 어떤 이득을 얻을 가능성은 없을까? 한번 시도해 볼 만한 일이라고 느꼈다.

1953년 8월 중순께 한국으로부터의 귀국길에 나는 잠시 타이완에 들르기로 결심했다. 도중 도쿄에서 김용식(金溶植) 공사는 그 예비 단계로 주일 중국 대사 홀링톤 통의 자택에서 베푼 오찬에 나를 안내했다. 나를 위해 장제스 총통과의 회담이 주선되었다. 타이완에서 나는 우선 당시 타이완 통치의 실력자인 비서장 왕시체와 약 30분의 면담을 가졌다. 다음으로 나는 영문학 박사 학위 소유자이고 국제연합 소재지인 뉴욕에서 우연찮게 친분을 맺었던 상냥하고 지성적인 신사 외무장관 조지 예와 그랜드 호텔에서 오찬을 함께 한 뒤 30분 간의 면담을 가졌다. 그다음 날 나는 냉랭하고 빈약한 행정원 청사로 들어가 장제스가 집무하는 아담한 사무실로 안내되었다.

내가 그를 만나 본 일은 이것이 처음이어서 뭔가 실질적인 일을 성취하겠다는 희망과 개인적인 호기심이 내 마음을 움직였다. 기대했던 나의 호기심을 채우는 일마저 시원치 못했다. 나는 습관대로 그와 면담한 뒤에 즉시 내가 받은 인상을 요약하여 비망록에 다음과 같이 적었다.

장제스는 이승만보다 8년 가량 아래지만 더 늙어 보였다. 그는 분명히 피로한 안색이고 이 박사가 지닌 활력 같은 것은 없어 보였다. 그러나 그의 생각은 날카로웠다. 나는 그쪽에서 말을 좀더 많이 하여 아시아 정세에 대한 그의 광범위한 분석을 들을 수 있기를 바랐다. 그러나 그는 오히려 아주 짧막한 질문을 던졌고 끝까지 통역을 통하여 나로 하여금 대부분의 대화를 맡아 하도록 유도했다. 그는 특히 중국에게 영향을 미치게 할 어떤 의견들이 오고 갔는지를 알고자 이승만·덜레스 회담에 관심이 있었다. 그는 한·중 상호 방위 조약에 대한 나의 견해를 원했다. 그는 대한민국과 자유 중국이 공동으로 대처하고 있음을 온 세계에 알리는 한 방법으로 정치 회담 전에 이 박사가 타이완을 방문하기를 바란다고 밝혔다. 장제스는 약 4년 전인 1949년 8월에 진해로 이 박사를 방문한 일이 있었다.

몇 년간 나는 한국과 자유 중국 간의 긴밀한 협력 관계가 미국에서 장제스의 평이 좋지 않음에도 자연스럽게 도움이 된다고 생각했던 것 같다. 이 대통령은 이런 생각에 언제나 냉담했다. 이승만이 미군 점령 하의 남한으로 다시 돌아오려고 어려움을 겪던 1947년 4월에 장제스는 그에게 특히 친절했고 도움도 주었다. 그렇다 하더라도 중국에 대한 이 박사의 견해는 선선하지 못했고 조심스러웠다. 1940년대에 워싱턴에서 그를 끈질기게 비평하는 두 사람의 중국 외교관은 빅터 후(胡世澤)와 T.V. 숭(宋子文)이었다. 충칭에서 국민당은 김구(金九)와 김규식(金奎植)이 이끄는 대한민국 임시정부를 지원했고 이런 우호 관계는 한국의 망명 지도자들이 서울로 환국한 뒤에도 계속되었다. 더군다나 이 박사는 장제스가 좀더 과감히 대처했더라면 중국 본토에서 공산당의 승리를 가능케 한 붕괴를 막을 수 있었을 것이라 생각하고 있었기 때문에 어떤 면에서는 그를 낮게 평가하고 있는 터였다. 그는 또 한국이 과거 수백 년간 엉성하게 짜여진 '중화 제국'의 속국이었다는 몇몇 역사가들의 견해에 대하여 항상 민감했다. 그리고 그는 1946년에서 1950년에 이르는 동안 서울 화교(華僑)들의 행패를 때때로 내 앞에서 비판했다. 그의 생각에 의하면 이 사람들은 자기네 파벌 내부의 규율을 유지하며 암거래, 폭리 행위, 밀수, 그리고 불법 통화 거래에 깊이 관련을 맺고 있어서 일반적으로 부패하고 다루기 힘든 족속이라고 생각하고 있었다.

 1950년 6월 25일 북한의 남침이 시작된 이후 장제스가 침략군을 격퇴시키는 일을 돕겠다고 즉시 상당수의 국부군(國府軍) 파견을 제의하여 왔다. 이 제의는 중공을 끌어들여 전쟁을 오히려 확대시킬 우려가 있다고 하여 트루먼이 거부했고,[1] 맥아더는 장제스 군대가 미국이 강제로 정한 제한 조치에서 '해제'되어 중국 해안에 상륙, 대대적인 양동 작전을 펴야 한다고 믿기 때문에 역시 이 제의를 반대했다.[2] 1953년 4월 10일자 편지에서 이 대통령은 나에게 중공군이 전쟁에 개입한 뒤 되살아난 생각이지만 자유 중국 군대를 끌어들이는 계획을 자기가 왜 반대했는가 하는 이유를 설명해 주었다. 그는 말하기를 한 가지 요인을 제외한다면 자기로서는 다른 어떤 동맹국 군대와 똑같이 타이완 군대도 대환영이라는 것이다. 그가 우려한 것은 그들의 파견으로 말미암아 당장에 아니면 얼마쯤 뒤에 일본 군대도 끌어들이는 구실이 될까 두렵다는 것이었다. 그의 편지는 이어서 '더구나 우리 국민들은……한국에서 보다도 중국 본토에서 무엇인가 해내기 위하여…… 국부군이 중국 본토 어느 곳에 상륙하는 것을 보고 싶어 하고 있소'라고 덧붙였다. 타이페이(台北) 외교 어장에서의 고기잡이는 헛수

---

1) 트루먼 회고록 앞의 책 제2권 p. 343
2) 윗트니 저, 《맥아더》 앞의 책 제6장 pp. 368~383

고처럼 느껴졌다. 나는 보다 단순하지만 오히려 보람있는 일들을 기다리는 고국으로 되돌아 왔다. 1952년 9월 우리 코리안 퍼시픽 프레스사는 실제로는 연간 10회 발행하는 '코리안 서베이'라고 부르는 월간지를 발행하기 시작했었다. 1년이 지난 지금 연간 10만 불의 예산 증액에 힘입어 나는 흑백으로부터 산뜻한 4색 간행물로 바꾸기도 했다. 충분한 양과 질의 기삿거리들이 속속 들어오고 있었다. 정치·경제 보도에 보다 비중을 두고 문화·사회 문예 사진 등의 주제를 특집으로 읽어 매 호마다 재미있는 균형을 이루도록 노력했다. 우리의 보급 부수는 미국에서만도 약 10만에 올랐다. 기타 영어판도 런던과 도쿄에서 인쇄 배포되었다.

불어 번역판도 프랑스에서 출간되었고 얼마 뒤에는 에스파냐어판 역시 출판 보급되었다. 워싱턴에 있는 나의 비서가 부편집인으로서 대부분의 세부적인 업무를 해 나갔지만 전체적인 업무는 상당한 감독이 필요했다. 외국 대행 업체 등록법이 요구하는 대로 나의 이름은 '발행인'으로 기재되었다. 특집 기사를 쓰는 인사들은 기고인으로서 다른 국적의 사람들도 있었으나 미국인과 한국인 필자가 많았다.

9월에 나는 팬실베이니아 주립 대학교 교수와 학과장으로서의 직책을 다시 맡았다. 한편 나는 몇 년간 준비해 온 주요 계획 즉 이승만 대통령 전기 출판을 완성시킬 시간적 여유를 갖게 되었고 이 책은 이 박사가 80회 생일을 맞게 되는 1954년 3월에 도드미이드 출판사에 의해 출간되었다. 도대체 이 한국 지도자가 어떤 인물인가를 궁금히 여기던 많은 사람들에게 이 일대기는 환영을 받았으며 출판된 지 한달 만에 출판사에서는 제2판을 발주했다. 그 뒤 2년 이내에 이 책은 뉴욕에서 다섯 번 재판이 나왔고 런던에서는 로버트 홀 출판사에 의하여 재 간행되고 서울, 홍콩, 도쿄에서도 출판을 위해 한국어, 중국어, 일어로 번역되었다.

오래 끌어 온 한국전쟁 '청산'을 위한 정치 회담이 드디어 시작될 예정이었으므로 이 책자 출판의 일도 꼭 제 때에 완성된 셈이다.

판문점 휴전 협정에 규정된 90일을 넘기며 이 회담은 지연되어 왔었다. 그리고 프랑스가 디엔비엔푸에서 식민 전쟁의 주요한 그리고 마지막이 된 전투에 패망한 인도 지나 문제를 이 회담에 포함시키기로 범위를 확대했다. 1954년 3

월 23일 나의 비망록에는 이 회담이 가져다 줄 결과에 대한 나 자신의 기대뿐만 아니라 일반 국민의 기대감이 적혀 있다.

이 회담이 얼마나 계속될 것인지 아무도 모른다. 그러나 나의 추측으로는 두 달을 넘기지 않을 것이고 아마도 한 6주일은 끌어갈 것이다. 결과에 대하여 우리(비공산 진영 전체를 뜻하지만)는 빈털털이가 될 공산이 크다. 소득은 아무것도 없고 실제로는 꼼짝없이 크게 패배하게끔 되어 있는 상황을 그처럼 분명히 만들어낸 딱한 사정을 나는 도무지 본 일이 없다.

회담은 4월 말 제네바의 빨레·데·나시옹에서 개막되었다. 소련은 몰로토프를 대표로 보냈고 중공은 주은래를 그리고 영국은 앤소니 이든을 보냈다. 덜레스 장관은 미국을 대표하여 개막 연설을 위해 왔다가 회담의 중요성을 '격하시키려는 방법으로 국무차관 월터 베델 스미스 장군을 미국 대표단장으로 남기고 자기는 워싱턴으로 돌아가 버렸다. 이 대통령은 외무장관 변영태를 단장으로 하고 나를 고문으로 하여 10명의 대표단을 보냈다. 한국전에 파병했던 국제연합 회원국들은 모두 대표를 보냈고 이들은 정기적 모임을 가지는 하나의 블럭을 만들었다. 여기에서 대한민국 대표는 제외시켰다. 그들이 합의한 정책적 입장은 대한민국 정부를 해체시키고 통일 국가의 새 정부를 선출하기 위하여 그 즉시 국제연합 감시하에 전국 선거를 실시할 것을 권고하는 일이었다.

5월 6일 월터 로버트슨은 이 제안에 대한 장시간의 오후 면담을 위해 나를 자기 아파트로 초대했다. 그는 이 대통령이 이 안을 수락하도록 내가 가능한 수단을 다 동원하여 설득해 달라고 간청했다. "공산 측이 이 안을 거부할 터이니까 해가 될 일은 결코 없을 거요." 그가 수락만 한다면 온 세계에 대하여 국제연합과 이 대통령이 긴밀하게 뜻이 맞아 일하고 있다는 사실과 우리는 모두 '합리적'이라는 것을 확신시키게 될 것이고 공산 측이 찬성을 거부할 때에는 세계의 동정이 이 대통령과 대한민국에 쏠릴 터이니까 "아주 좋은 일을 하게 되는 셈이요"라고 그는 자기 주장을 펴는 것이었다. '그러나 만일 이 대통령이 찬성하지 않는다면 국제연합 회원국들이 그를 돌보지 않게 되고 남한은 완전히 외톨이가 되고 말 것'이라고 덧붙였다.

다소 틀린 점은 있다 하더라도 이 안은 이 박사가 꼭 받아들여야 할 정책이라 믿고 나는 5월 6일 같은 날 저녁에 대한민국 외교용 암호에 따라 다음과 같은 전문을 그에게 띄웠다.

각하께서 접수한 선거 제안에 대한 즉각적인 승인을 강력히 권고드리기 위하여 신중히 말씀드리는 바, 이 안을 거부하거나 수락이 지연될 경우 더욱 바람직스럽지 못한 제안을 다른 국가들이 준비 중에 있음. 협력 부족이라는 비난이 대한민국에 가해질 것임. 제출된 제안은 공산 측이 수락하지 않을 것이기 때문에 세부 사항은 중요하지 않으나 통일 목표 달성을 위한 합리적인 방법의 제1 순위로 이 제안은 대한민국의 조속한 수립을 위해 가장 중요한 뜻이 있음. 이상의 결론은 다수 대표 및 신문 기자들을 면담한 결과에 입각한 것임. 올리버.

제네바는 바쁜 곳임이 틀림없었다. 미국 대표단은 않은 전문가, 연구 위원들을 포함하여 약 200명에 달했다. 나 역시 한국 대표단에 속하는 하나의 연구 작가였다. 나의 5월 7일자 비망록의 기록을 보자. 변영태는 이 박사가 '승락'할 때에 발표할 것과 '안 된다'고 했을 때 발표할 두 경우에 사용할 연설문을 내게 써 달라고 부탁했다. 그는 때가 되면 사용하기 위해 호주머니에 준비해 두고 싶다는 것인데 오늘이라도 언제 그때가 될지 모르는 것이다. 변영태는 '수락' 연설을 좋아하여 그것을 먼저 작성하도록 했으며 자기도 내가 보낸 내용과 비슷한 전문을 보냈다는 것이다.

이 대통령이 보내온 전갈은 '안 된다'였다. 그의 논거는 대한민국 정부는 국제연합이 승인한 계획에 따라 탄생되었고 그 헌법과 이를 제정한 선거는 국제연합이 승인한 것이며 국제연합의 승인과 자주적인 한국 국민의 의사로 보증받은 자치 정부의 주권은 분명히 그 정부에 있다는 것이었다. 그의 비판자들은 그를 독재자라고 비난했는데 이제와서는 그가 헌법을 어기고 정부를 해체하는 독재자가 되어 달라고 요구하고 있는 것이다. 공산 측이 그 계획을 수락하고 안 하고는 둘째 문제라고 그는 보았다. 만일 대한민국 정부가 자진 해체할 것에 동의한다면 그 이후 헌법상의 주권에 대한 주장은 누가 진지하게 다툴 수 있을 것인가? "우리는 이미 국제연합 감시하에 선거를 치렀소. 지금 요구하고 있는 것은 다만 북한이 그와 똑같이 하라는 것일 뿐이요" 그는 말했다.

변영태는 자기 자신이 작성한 연설문을 사용했는데 그 연설에서 그는 공산 측이 북한에서의 선거에 국제연합의 감시를 수락하겠다고 하는 해결점에 동의한 뒤가 아니라면 어떤 식의 선거가 제안되든지 그것은 부적절하다고 선언함으로써 문제점을 교묘하게 넘겼다. 5월 12일 나는 월터 로버트슨과 그의 수석 참모인 케네스 영과 우호적인 면담을 가졌다. 그들은 나에게 말했다. "우리들은 전국 총선거를 실시한다는 우리들의 계획을 폐기했고 대한민국의 제안에 대하여 한국과 공동 보조를 취하기로 확고하게 우리의 입장을 바꾸었소. 우리는 대한민국이 장차에 있어서도 이 점을 기억하여 우리와 좀더 협력해 주기를 희망하오."

사흘 뒤인 5월 15일에 로버트슨과 영이 우리 대한민국 대표들이 묵고있는 파미유 호텔에 찾아와서 2시간의 회담을 가졌고 변 장관은 베델 스미스를 방문하여 30분간 면담했다. 미국의 전략은 문제를 미결로 남겨둔 채 휴회를 주장하고 싶지 않았기 때문에도 그렇고 또 한 가지는 합의점이 나타날 때까지 충분한 시간을 비공개 인도지나 회담에 돌릴 수 있도록 한국 문제를 의제로 오래 유지하고 싶었기 때문에 회담을 한 동안 질질 끌고 나가려는 것임을 우리는 알았다. 대한민국 대표단에 속하는 우리들은 16개 국제연합 회원국 중 몇몇이 바람직스럽지 못한 성격의 타협안을 이미 제안하고 있었기 때문에 근심에 쌓여 있었다.

공산 측은 세계 여론에 영향을 주려는 자기네 목적대로 상당한 성공을 거두고 있었다. 몰로토프는 고고하고 과묵한 탓으로 더욱더 기자들에게 언제나 매력을 풍기는 인물이었다. 주은래는 기자 회견을 다루는 솜씨가 능하여 매혹적이고 기지가 있고 세련되었으며 자기가 흔히 '미국의 꼭두각시'에 비유하는 이승만과 장제스에 대한 비평은 때로 날카로운 데가 있었다. 북한측 대변인 남일(南日)은 요령 없고 흥미도 끌지 못했으나 설사 그렇다 하더라도 38도선 철의 장막 너머로 흘러나오는 뉴스가 없다는 한 가지 이유 때문에 그의 말에 매달렸고 보도 가치가 있는 것으로 받아 주었다. 일반적인 공산 측의 방향과 노선은 자기들은 '평화'를 대표하고 국제연합과 대한민국은 '전쟁'을 대표한다고 했다. 남한이 끈질기게 전쟁의 재개를 바라고 있다는 이들의 비난은 우리들의 가장 불리한 걸림돌이었다. 변영태는 4월 27일 회담에서 행한 그의 최초의 연설에서 이에 반격을 가해 보려고 했다.

어떤 외부 인사들은 대한민국 혼자만이 싸움을 좋아한다고 말합니다. 진실이 이에서 더 멀 수가 있습니다. 도대체 이 세상에서 우리나라가 무엇 때문에 싸움을 즐겨해야 합니까? 우리들의 오랜 역사를 통틀어 우리는 우리의 국경 밖에서 전쟁을 한 사실이 없는 나라입니다. 우리는 다른 나라 국민과 대항하여 전쟁을 수행할 의사가 전혀 없으며 다만 우리 자신의 것을 지키기 위할 따름입니다. 분명히 우리는 지긋지긋한 전쟁을 충분히 우리 눈으로 보았습니다. 우리나라 방방곡곡이 잿더미로 변하지 않았습니까? 우리의 경제는 구제받을 길이 없을 정도로 파괴되지 않았습니까? 우리는 헤아릴 수 없는 사상자를 내지 않았습니까? 한마디로 말해서 다른 어느 나라도 전쟁을 증오할 이 이상의 웅변적인 이유를 찾을 수가 없습니다. 우리의 전 역사를 통하여 우리는 피흘려 얻어진 명성보다 은둔 속의 평화를 더 사랑했습니다.
그럼에도 불구하고 우리는 자유를 팔아 평화를 살 수는 없습니다.
의장님. 결론으로 말씀드리자면 이곳에서 벌어질 토의가 평화적 방법에 의하여 통일되고 자주적인 민주 한국을 수립하려는 목적을 끝내 달성할 수 있도록 도와주시는 주위 여러분의 협력이 반드시 있어야 하겠다는 점을 우리 한국 대표단은 가상 힘차게 강조해 두고자 하는 바입니다.

'평화'는 말할 것도 없고 공산 측이 토의한 주요 논제는 '민주주의'였다. 공산 대표들은 되풀이하며 열심히 공산주의야말로 인민의 행복을 증진시키는데 반하여 자본주의 국가들은 그들의 제도가 부자들을 이롭게 하고 노동자를 억압하므로 '반민주적'이기 때문에 공산주의야말로 진정한 민주주의라고 하는 주장을 꾸준히 내세웠다. 그들은 모든 한국 인민의 열망을 충족시키기 위해 북한의 '민주주의' 정권이 한반도 전역에 확대되어야 한다고 주장했다.
5월 11일 그의 세 번째 연설에서 변 장관은 이 점에 관한 명확한 입장을 다시 상기시키려고 노력했다.

몰로토프 씨와 그의 공산당 동료들은 자기들 자신이 민주주의에 열중하고 있음을 자유로이 그리고 자주 말해 주었습니다. 그런데 민주주의는 많은 나라에서 수많은 여러 세기를 거듭하며 많은 국민들이 사용하여 온 관례에 의하여 명백하게 정립된 기본적인 의미를 지닌 오래된 하나의 낱말입니다. 그것은 국민 대다수에 의한 통치를 의미합니다. 그것은 공명 정대한 선거 운동에서 모든 유권자들 앞에 선거의 쟁점과 후보자들을 소개하는 것을 뜻합니다. 그것은 투표자들이 자기들 심중에 있는 뜻을 정확하게 표현할 수 있는 공정하고도 비밀리에 실시되는 선거를 뜻합니다. 그리고 그것은 일단 투표가 끝났을 때 다음에 계승되는 선거가 또 하나의 결과를 가져 오게 될 때까지는 전복되지 않도록 대다수의 결정을 받아들이는 것을 뜻합니다.

우리들에게 희소식은 바로 이 무렵에 남한에서 제3대 국회의원 총선거가 실시된 일이었다. 약 2000여 명의 후보가 203석의 국회의원 의석을 메우기 위해 열띤 선거전에서 자웅을 겨루었다. 등록된 유권자의 91%가 투표장에 나갔다. 이 대통령을 지지하는 자유당 후보가 131석을 차지했고 무소속으로 입후보한 사람 중에서 54명이 당선되었다. 그리고 2개 야당인 민주국민당과 한국국민당은 합하여 총 18석을 차지하게 되었다. 국제연합 한국 위원단은 이 선거가 일반적으로 공정하게 실시되었음을 보증했다. 이 결론은 가장 연설에 능한 이 대통령의 정적인 신익희와 조병옥 두 사람의 재선으로 더욱 뒷받침되었다.

6월 2일 회담이 여전히 알맹이 없는 말다툼 속에 지루하게 계속되는 가운데 나는 우리가 낚으려고 노력 중인 '어지러운 외교 어장'의 인상담을 이 대통령에게 이렇게 써 보냈다.

많은 인사들과의 여러 회담 결과, 나의 결론은 이 회담이 오래 끌게 되리라는 것입니다. 왜냐하면 이든이라는 사람은 이 곳에서 영국 언론(노동당계 신문까지도)에 위대한 건설적 정치가로 부각되어 왔기 때문에, 적어도 영국 사람들에게만이라도 표면으로나마 성공한 듯이 보이는 어떤 공식적인 협정서만이라도 가지고 귀국하지 않을 수 없는 처지에 있기 때문입니다. 프랑스의 비도 대표도 프랑스 사람들에게 그럴듯하게 보이는 인도지나 휴전 처방이 없이는 휴회에 동의할 수가 없으며 그렇게 되지 못할 경우에는 라니엘 정권은 쓰러질 수밖에 없습니다.

미국 언론이 제네바 회담은 형편 없는 실패라고 떠들어 대는데 미국 역시 휴회에 동의할 수가 없고 그렇게 되는 날이면 공화당은 가을 선거에 지고 말 것입니다.

결국 어떤 결과를 빚고 있는지 간추려 보면,

(1) 한국에 관한 합의는 간 곳이 없고 다만 연합국 측은 자기들의 '진전 상황'을 주장할 수 있도록 새로운 회담을 소집하든가 위원회의 설치 아니면 최소한 국제연합에 위임한다든가 하는 따위의 어떤 근거를 찾기 원하고 있습니다.

(2) 인도 지나에 관해서 프랑스와 영국은 거의 어떤 대가를 치르고라도 그곳에서의 싸움을 피하려고 하며 미국은 혹시 싸움을 하게 된다 해도 단독으로는 할 의사가 없습니다. 그런고로 연합국 측은 지금 자기들 체면을 세울 수 있는 그런 형식의 항복을 찾으려고 노력 중입니다. 소련은 적어도 이 지역을 완전히 합병시키는 몇 가지 단계적 조치를 법제화시키는 어떤 방식에 아마 동조하리라 봅니다.

지금 가장 개연성이 있어 보이는 것은 소련이 자기 측의 상당한 양보로 연합국이 바라는 어떤 원칙을 수락하는 데 동의할 것이며, 그 뒤에 전반적인 인도지나 문제를 군사 위원단에 넘겨 세부 사항을 결정짓도록 할 것 같습니다. 그때에나 가서야 제2의 판문점 회담을 열게 될 모양이고 공산군이 중요한 군사적 승리를 향해 밀고 들어오는 동안 인도 지나에서의 프랑스와 미국의 노력은 점점 약화되고 그다음에는 모든 지역에서 공산군의 최종 승리의 토대가 될 휴전이 나타나게 되겠지요.

서울로부터의 반응은 고무적인 것이 못 되었다. 이 대통령은 회신을 보내지 않았다. 그 대신 외무장관 변영태가 해임될 것이라는 '소문'을 보도한 서울 신문들의 스크랩 기사를 대통령실에서 우리에게 보내 주었다. 그 진원을 캐자면 약 2주일 전 회담 진행상의 교착 상태를 타개해 보려는 우리들의 노력으로 거슬러 올라간다.

총선거에 동의하라는 국제연합 회원국측의 '요구'를 만족시키고 동시에 대한민국 해체를 정면 거부하는 이 대통령을 만족시키는 방법을 모색하는 가운데 우리는 '자유 선거에 접할 수 없었던 북한 지역에 자유 선거를 실시한다. 그리고 남한 역시 대한민국 헌법이 정하는 절차에 따라 선거를 실시한다.' 하는 방식이 우리에게 해가 안 되고 따라서 안전한 것이라고 생각되어 이를 제안했던 것이다. 우리는 바라건데 이 방식을 찬성하는 설득력 있는 논리적 설명과 함께 우리 측 '방식'의 사본을 본국에 전문으로 띄웠었고 돌아온 것은 '안 된다'는 그의 회답이었다.

변 장관과 나는 어떻게 할 것인가를 의논하며 5월 21일 밤을 거의 뜬 눈으로 세웠다. 왜냐하면 그는 다음 날 회의에서 연설하기로 되어 있었고 연합국측 대표 모두가 우리에게 이번 기회가 대한 민국이 자유 세계의 지지를 유지하는 '결정적인' 마지막 기회가 되리라는 점을 애써 밝혀 주었기 때문이다. 나는 변영태에게 방금 접수한 훈령을 따르지 말고 우리들의 방식을 그의 연설문에 포함시켜야 한다고 역설했다. 그와 나는 사태를 같은 관점에서 보고 있었다. 만일 우리가 그렇게 하지 않는다면 남한은 이제 군사, 경제, 외교상의 지원 없이 완전히 혼자 남게 될 것이다. 내가 변 장관에게 주장한 글자는 그의 연설이 끝난 뒤 우리가 그렇게 한 것이 불가피했다는 점을 이 대통령에게 함께 납득시킬 수 있지 않느냐는 것이었다. 그의 심정도 나의 마음과 일치되었고 그는 그 연설을 끝냈다.[3]

서울로부터의 침묵은 불길한 예감이 들었다. 대한민국의 '양보'를 묵살하는 공산 측의 침묵도 거의 마찬가지로 묵직했다. 우리 연합국 측만이 이를 승인했다.

제네바 회의는 휴회로 들어갔다. 변영태는 서울로 돌아가 외무장관 자리에서 해임되었다. 며칠 후 나도 잠시 나의 집을 돌아보고 난 뒤 서울에 도착했다. 나는 이 대통령 사무실을 찾아 간단한 인사를 드린 뒤 사표를 제출했다.

---

3) 변영태 장관이 회담에서 한 4개의 연설은 모두 전문 그대로 그의 저서 '나의 조국:한국'에 수록되어 있다. 앞의 책 pp. 239~273 참조.

"이게 무슨 뜻이오?" 그는 물었다.

"우리가 그렇게 해야 한다고 믿었기 때문에 변 장관에게 각하의 훈령을 무시하고 선거 제의를 하라고 역설한 것은 바로 저입니다. 그의 결심 못지 않게 저의 결심도 거기에 들어 있었습니다. 그는 해임되었습니다. 그래서 저도 물러나려는 것입니다."

이 대통령은 피로에 지친 미소를 띠고 나를 바라보며 말했다. "올리버 박사, 나는 당신의 사표를 수리하지 않을 것이오. 당신과 변 장관은 입장이 아주 다르지 않소? 그 사람은 대한민국 외무장관이고 본국 정부의 정확한 훈령을 수행하는 것이 그가 서약한 임무요. 당신은 대표단 고문이었소. 당신 생각에 현명하고 적절하다고 믿어지는 어떤 권고도 그것을 제의하는 것이 당신의 임무일 것이오. 그것을 당신이 했을 뿐이오. 그러니 사표 문제는 이제 잊어버리고 가서 일이나 합시다."

제네바 회담의 실패와 한국 통일에 대한 장래 전망의 불안에도 불구하고 미국과 한국은 상처입은 감정을 달래고 성실한 협력의 새 시대를 맞이하기 위한 방법을 모색하는 순수한 노력을 기울이고 있었다. 제네바 회담이 시작되기 2개월 전인 1954년 2월 25일 경 이 대통령은 나에게 이런 편지를 보낸 일이 있었다.

우리는 지금 극동 여러 나라에 대해 미국이 약탈을 일삼는 나라가 아니라는 것을 알릴 우리 자신의 홍보 조직을 발족시킬까 하고 있는 중이오. 미국은 도리어 그와 정반대로 자유를 위해 싸우는 국민들을 기꺼이 도우려 하고 있으며 우리는 이 점을 극동 사람들에게 쉽게 확신하도록 할 수 있을 것이오……

우리는 유럽이나 아시아에서 과거나 현재 약탈을 일삼는 모든 강대국들에 대항할 반공 십자군을 발족시킬 목적으로 회의를 열기 위해 진해에 오도록 극동 국가의 모든 반공 단체들을 초청하는 운동을 진행시키고 있소. 우리는 조용한 방법으로 이 사람들을 초청하는 것인데 모든 국민들로부터 상당한 대표자들이 이곳에 모이게 되기를 희망하오.……나는 지금 이 계획의 요지를 이야기하고 있지만 이 일이 밖에 누설되면 어떻게 될 것인지 짐작이 갈 것이오. 물론 이 일이 전적으로 비밀은 아니지만 공개적인 성명을 발표할 적당한 시기가 올 때까지 조용히 덮어 두고 싶어 하는 말이오.

'기미년 만세 운동'의 제35주년을 기념하는 이 대통령의 3·1절 연설을 그는 나에게 기초하라고 당부했고 작성된 그대로의 원문을 내외에 발표했다. 이 일은 그가 한국 통일을 호소하지 않고서는 견딜 수 없었던 그런 경우였다. 그러나 그는 전쟁을 재개하자고 주장하는 대신 '힘찬 통일의 재확인' 정도로 낙착하려 했기 때문에 나는 매우 기뻤다. 연설의 결론은 이러했다.

    자유민은 곳곳에서 마음으로부터 진정 우리와 함께 있습니다. 우리가 싸우는 목적은 문명 그 자체를 지키자는 것입니다. 우리는 결코 후회하지 않을 것이며 종국에 가서는 우리가 결코 실패하지도 않을 것입니다. 왜냐하면 각국 지도자들의 정책이 아무리 다르다 하더라도 한국 문제는 너무나도 명백하기 때문입니다. 우리가 선택해야 할 길은 자유와 노예 상태, 선한 것과 악한 것, 그리고 국제법과 공산 학정의 두 갈래 길에서 양자 택일하는 것입니다.
    우리는 선을 위해, 자유를 위해, 국제법의 대권을 위해 싸우고 있습니다. 이런 대의를 위해 싸우는 우리는 결코 저버림을 받지 않을 것입니다. 우리에게는 우방들이 있습니다. 우리는 지원을 받게 될 것입니다. 그리고 우리의 목표는 기필코 승리를 거두게 될 것입니다.

제네바에서 만난 월터 로버트슨은 이 연설이 워싱턴에서는 상당한 안도감을 가지고 환영받았노라고 내게 일러 주었다. 대한민국과 주요 연합국 간의 공개적인 대립의 위기는 옛날 일이 된 듯 했다. 이 기회를 놓치지 말고 한국과 미국은 공동으로 나눌 많은 이해 관계를 앞으로 엮어 나가야 했다. 경제적으로, 군사적으로 남한을 강화시키면 민주주의는 성숙되고 정부의 능률은 증대될 것이다. 앞으로 성취해야 할 일들이 많이 남아 있었으나 우리가 지금 올바른 방향에서 올바른 길로 들어 선 듯이 느끼는 이 사실에 비한다면 그것은 그다지 중요한 문제가 아니었다.
    나는 제네바 회담 동안 집을 떠나 있었고 나의 대학 일도 소홀하여 되돌아갈 필요가 있었기 때문에 1954년 여름의 서울 체류는 잠시뿐이었다. 그래서 아이젠하워 대통령이 방문 시기를 7월 하순으로 정하고 이 대통령에게 미국을 공식 방문하도록 초청했을 때 나는 그와 함께 있으면서 준비를 돕지 못했다. 우리들은 서신 왕래를 통해서도 그가 미국 방문 시의 연설에서 말하고자 하는 이야기들에 대하여 우리는 의논을 가지지 못했다. 사실 그가 전하고자 하는 말들을 우리 두 사람은 너무 잘 알기 때문에 그럴 필요가 없었다. 내가 절감한 것은 미국 국민들이 찬반이야 여하간에 그의 주장을 받아들일 수 있는 형식으로 그의 생각을 내가 표현해 줄 수 있으리라는 점이었다. 한편 그는 전적으로 한국 사정과 분위기에만 몰두해 있었고 몇몇 미국 신문에서 오려낸 기사들만 보고 있었기 때문에 미국 여론의 미묘한 흐름을 전혀 감지할 수가 없었다.

그의 주요 연설은 당연히 미국 상하 양원 특별 합동 회의에서 행할 연설이었다. 역시 중요한 것으로는 해외 참전 재향 군인회 대회에서 행할 예정인 필라델피아 연설, 뉴욕에서 한·미 재단이 주최하는 만찬에서 행할 연설, 세계 문제 협의회가 그를 위해 주최하는 오찬이 있는 로스앤젤레스의 것, 그리고 유명한 샌프란시스코의 연방 클럽에서의 연설 등이었다.

국회 연설을 제외하고는 대부분 즉석에서 그는 이 모든 연설의 초안을 잡아 주도록 내게 부탁했다. 내가 넘겨 준 초안들은 사소한 것들을 바꿀 뿐 그대로 받아 주었다. 그러나 국회 연설문도 내가 초안을 잡아드렸으면 좋겠다는 제의를 듣고 그는 묵묵부답이었다. 이 문제에 대해서는 의견 교환이 없었고 마치 무슨 휘장이 우리 사이에 드리운 듯 했다.

7월 26일 오후 4시가 좀 지나 이 박사 내외가 워싱턴의 내셔널 공항에 내려 섰을 때 나는 그를 환영하는 한·미 인사들 틈에 끼어있었다. 79세의 이 늙은 원로가 나이에 비해 아무런 피로의 기색없이 자기를 서울로부터 직행으로 실어 나른 미 공군기의 계단을 활발한 걸음으로 내려서는 광경은 정말 인상적이었다. 그가 리처드 닉슨 부통령 부부의 인사를 받은 뒤 관례에 따라 21발의 예포와 한·미 양국 국가가 울려 퍼지는 가운데 모두가 차렷 자세로 서 있었다. 다채롭게 차려 입은 한국의 어린이들이 꽃다발을 이 박사와 그의 부인에게 바쳤다. 환영 군중 속에 서 있는 그의 많은 한국인이나 미국의 옛 벗들에게는 자신이 달성하려고 싸워 온 그 많은 성공과 실패로 기나긴 일생이 얼룩진 이 용감한 투사에게 바치는 영광스런 예우를 바라 보는 것이 가슴 뿌듯한 감격이었다. 이 대통령에게는 이것이 의식적인 영광 속에 즐거워 할 때가 아니라 자신의 정치 투쟁을 더욱 추진시키기 위해 놓쳐서는 안 될 하나의 기회였던 것이다.

부통령 닉슨의 환영사에 대해 잠깐 감사의 몇 마디와 함께 이 대통령은 자기를 위해 설치된 마이크에 재빨리 다가서서 15분간의 가시 돋친 즉흥 연설을 쏘아댔다. 오늘날까지 한국의 통일을 막고 있는 것은 '미국인들이 겁이 많았기' 때문이라고 그는 첫마디를 꺼낸 뒤, 그러나 '전능하신 하느님의 은총으로 우리는 기어이 우리들의 계획을 달성하고야 말 것입니다'라고 했다.

그 조짐은 뚜렷했다. 그는 싸우려는 심사를 가지고 온 것이었다. 그의 목적은 판문점 휴전을 반대하는 자신의 자주적 주장뿐만 아니라, 전쟁으로 파괴된 한반도의 재건을 위해 세워진 원조 계획의 지출에 있어 한국 측이 더 강력한 재량을 갖도록 해 달라는 자신의 요구 때문에, 시달림을 받고 있다고 생각하고 있는 미국 행정부의 마음에 들겠다는 것이 아니었다. 그런 것과는 거리가 멀었다. 그의 목표는 화해나 사과가 아니라 공산 제국주의에 대한 굴복이나 다름없다고 자신이 생각하고 있는 미국의 세계 정책에 대한 철저하고도 전면적인 공격이었다. 그가 시도하고자 뜻한 일은 아이젠하워 대통령과 존 포스터 덜레스 국무장관과는 한마디 상의 없이 미국 국민의 여론에 영향을 주려는 하나의 투쟁 운동이었다.

혹시 닉슨 부통령이 이 박사의 예기치 않은 비판적인 발언에 당황했다 하더라도 그는 이를 내색하지 않았다. 자동차 행렬이 사람들을 백악관으로 몰아넣었고 그곳 정문 현관에서 아이젠하워 대통령 부부는 이 박사 일행을 맞아들였다. 그날 저녁 이 박사 부부는 공식 만찬의 주빈으로 초대되었고 하루 저녁을 백악관에서 묵었다. 다음 날 아침 두 대통령은 자기들의 기본적인 견해 차이를 돌려대거나 숨기는 일 없이 90분간 단독 회담을 가졌다. 그다음 이 대통령은 백악관 건너편의 공식 영빈관 불래어 하우스에 여장을 풀었다.

내가 그와 처음으로 사사로이 이야기를 나눈 것은 7월 27일 오후 영빈관에서였다. 나는 그의 국회 연설문 초안을 보여 달라고 그에게 말했다. 그의 의자

옆 마루 바닥에 놓여 있는 공용 가방을 보고 나는 손을 대려는 시늉을 했다. 그는 재빨리 가방 위에 손을 얹으며 고개를 흔들었다.

"그저 잠깐 보게만 해 주십시오. 제가 고쳐 쓰겠다는 뜻이 아니라 더러 표현을 바꿀 것이 없을까 해서 잠깐 들여다 보았으면 하는 것 뿐입니다." 나는 졸랐다.

"그건 안 되오." 그는 단호했다. "나는 싫소. 휴전에 대한 나 자신의 생각을 말하려고 나는 미국에 온 것이오. 그리고 나대로의 방식으로 나는 그 말을 하겠소. 당신은 내 손톱을 다듬어 보겠다는 생각인데 그렇게는 못하오." 그러고 나서 그는 내가 작성해 드린 연설 원고들을 넘겨 주며 마지막 손질을 가할 것이 있는지 한번 더 읽어 봐 달라고 당부했다.

"이 연설문들은 그리 중요하지가 않아요. 모두 당신이 원하는 대로 작성해도 좋아요." 그는 자기 가방을 들어 두 손으로 가슴에 끌어안으며 말을 이었다. "국회에 내놓을 이 이야기는 나 자신의 것이오. 여기에는 내가 아주 특별히 하고 싶은 이야기가 담겨 있고 나는 그 이야기를 내가 작성한 방법 그대로 정확하게 전하려 하오."

"원문을 고치려는 것이 아니고 그저 한번 들여다 보고 도움이 될지 모를 말씀을 제의하려는 것 뿐입니다." 나는 본문을 보여 달라고 일부러 다시 한번 여쭈어 보았다. 그러나 그는 흔들리지 않았다.

"자 그러면 돌아가 보시오. 오늘 저녁 덜레스 장관이 우리들에게 베푸는 만찬을 앞두고 좀 쉬어야겠소." 그는 말했다.

7월 28일 오후 4시 32분 이 대통령은 소집된 국회, 대법원, 그리고 내각 인사들에게 연설을 행하기 위하여 하원 국회 의사당에 안내되었다. 2층에 위치한 국회 기자석에서 나는 처음으로 복사된 그의 연설문 사본을 급히 뒤져보고 있었다.

이 대통령은 '외국의 빈객이 지금까지 경험하지 못한 가장 열렬한 박수'를 받고 있었다. 조세프 마틴 하원 의장은 그를 '미국 국민이 대단히 존경해 마지않는 용감한 자유의 투사'라고 소개했다. 연설은 미국 사람들이 한국을 위해 베풀어 준 모든 은혜에 감사한다는 적절한 인사로부터 시작되었다. 이렇게 하여 그의 이야기는 "그러나 그들이 목숨을 걸고 싸운 전쟁은 아직 승리를 거두지 못했습니다" 하고 넘기는 중간 대목에 이르렀다. 이 박사는 가장 진정한 뜻에서 하나의 위대한 웅변가였다. 그는 거대한 문제점을 항상 도의적이고 인도적인 각도에서 다루는 데 능했다. 그의 음성과 연설 태도는 놀랍도록 의미심장했다. 그의 연설이 이 중간 대목에 이르렀을 때 그는 한참 동안 엄숙하게 말을 끊고 침묵이 흐르게 하는 가치를 잘 알고 있었다. 그런 다음 힘있는 말씨를 차차 강하고 빠르게 하며 자신의 음성을 마치 교회 오르간의 억양처럼 변화시키면서 아무도 놓치거나 못 알아듣지 않도록 진지한 태도로서 그가 미국에 전하러 온 자신의 메시지를 토해냈다.

　공산 독재 세력은 아직도 온 세계에 걸쳐 주도권을 장악하고 있습니다. 한국 전선에서 적군이 자신의 힘을 축적하기 위하여 이용하고 있는 어리석은 휴전으로 말미암아 일시적으로 정지된 포문은 지금 말이 없습니다. 제네바 회담이 예상대로 아무런 결과 없이 끝이 나버린 오늘날 휴전의 종식을 선언하는 것은 매우 온당한 일입니다. 우리나라 북쪽 절반은 지금 소련의 괴뢰인 백만 중공군이 점령하고 지배하고 있습니다. 병력으로 가득찬 참호는 우리의 수도로부터 40마일 밖에 위치하고 있습니다. 휴전 협정 조항을 어기고 새로 건설되고 첫트 폭격기를 갖춘 공산 공군 기지는 우리 국회로부터 10분 거리에 도사리고 있습니다.
　미국을 멸망시키는 것이 크레믈린 음모자들의 근본 목표이기 때문에 죽음의 그림자는 서울에 못지 않게 워싱턴에도 가까이 다가서고 있습니다. 소련의 수소 폭탄이 한국의 황폐된 도시에 떨어지기 전에 미국의 대도시에 떨어질 가능성이 있습니다.

　그는 계속해서 소련이 '기습 공격'을 개시하기 전에 '미국을 죽음의 잠에 빠지도록 잠재워' 보려 한다고 경고했다. '생존의 길은 있지도 않은 평화를 희망적으로 기대하는 따위가 아니라'고 말했다. 우리는 무력에 호소해야 한다.

　이제 시간이 우리에게는 없습니다. 수년 내에 소련은 미국을 때려 부술 수단을 갖추게 될 것입니다. 우리는 지금 행동을 해야 합니다. 어디에서 우리가 행동을 할 수 있겠습니까?

우리는 극동에서 행동이 가능합니다. 국회의원 여러분! 아시아를 위한 전쟁, 세계를 위한 전쟁, 그리고 지구상의 자유를 위한 투쟁에서 한국 전선은 우리가 승리하려는 전쟁의 한낱 적은 부분을 차지하고 있을 뿐입니다.

시간이 아직 남아 있을 때 싸우려는 충분한 지혜와 용기만 있다면 자유 세계는 공산 세계를 타도하고도 남을 충분한 힘을 가지고 있다는 자신의 논리를 그는 전개해 나갔다. 그리고 그는 자신의 결론으로 몰고 갔다.

나는 이것이 강경한 주의 주장이라는 것을 알고 있습니다. 그러나 공산당이 세계를 강경하게 만들었고 연약함이 바로 노예가 됨을 뜻하는 무서운 세상으로 바꾸어 놓았습니다.

국회의원 여러분! 인간 문명의 운명 자체가 우리들의 절대적인 결단을 기다리고 있습니다. 우리는 용기를 가다듬어 조지 워싱턴과 토마스 제퍼슨과 같은 미국 독립의 조상들 그리고 노예와 자유의 중간에서 방황하며 살 수 없었던 합중국의 방위를 위하여 싸우는 데 주저함이 없었던 위대한 해방자 에이브러햄 링컨 등이 주장한 이상과 원칙을 지켜나가기 위하여 우리는 궐기합시다.

나의 벗들이여! 평화는 결코 공산주의와 민주주의가 반반으로 남아 있는 세계에서는 회복될 수 없음을 기억합시다. 아시아의 자유를 보존하려는 여러분의 중대한 결정이 바로 지금 필요한 것은 여러분의 그 고귀한 결정이 유럽과 아프리카, 그리고 미주에서 세계 공산주의 문제를 자동으로 해결하게 될 것이기 때문입니다.

그것은 대단한 연설이었고 열렬한 환영을 받았다. 기자석에 배포되었던 연설문에 내가 표시한 계산에 의하면 국회는 터지는 박수 갈채로 33회나 이 연설을 중단시켰다. 만일 이 대통령이 나에게 그 연설문을 손질하도록 했더라면 나는 그것을 걷어 치우고 진정한 평화 달성을 위한 긴밀한 협력 관계를 호소하고 약속하는 원고로 바꾸어 놓는 일 말고는 그 원문을 더 낫게 만들 능력이 없었을 것이다. 그의 연설은 훨씬 더 자극적이었고 근본적인 의미에서 그것은 정당한 것이었는지도 모른다. 개인적인 시민의 연설이었다면 아무도 그것에 대하여 불평을 할 수가 없었을 것이다. 그 연설은 분명히 일국의 국가 원수가 남의 나라 입법부에서 행할 성질의 것은 아니었다.

이 사실을 이 박사 자신이 깨닫게 되었다. 다음 번 내가 서울에 갔을 때 그의 방에 들어서자 그는 나를 보며 말했다. "올리버 박사, 내가 전번 국회에서 행한 연설은 내 일생 일대에 저지른 가장 큰 잘못이었어."

'자신의 마음을 털어놓고 말한' 즐거움에 대해 지불해야 했던 대가는 앞으로 의좋게 협력하고 상호 신뢰하는 한·미 간에 여러 가지 계획을 짜내려던 우리들의 부푼 희망이 그때로부터 점점 어렵게 되었다는 사실이었다. 미국은 한국을 포기할 수 없었고 물론 포기하지도 않았다. 어떤 한도 내에 어떤 방법으로든 한국에 대한 관대하고도 광범위한 도움은 있었다.

그러나 그 이후 다시는 이 대통령이 재임하는 동안 내가 알기로는 미국 고위 관리들이 이 대통령과 합의하여 노력할 만한 가치가 있다고 생각하는 일이 없었고 크게 신뢰하는 정신도 보이지 않았다.

그 뒤 계속해서 5년간 처리되어야 할 큰 아쉬움들이 많았고 여기에 적절히 대처하기 위해 많은 노력이 기울어졌다. 많은 일이 이루어졌으나 종발을 기다리며 일하는 사람들의 음침한 정신이 깃들어 있었다.

이 대통령에 대하여 "그 사람은 늙었으니 그의 후계자는 누가 될는지 모르겠어" 이렇게 말하는 일이 예사로 되었다.

그러나 이승만은 자리에서 물러나기는 고사하고 오히려 원기 완성한 상태였다. 자신이 분명히 현대에 가장 중요한 문제라고 생각하는 일을 해결하는 방향에서 마지막 주사위까지 그는 최선을 다했다. 그는 비록 성공을 거두지 못했으나 아무도, 심지어 자기 자신조차도 그것이 실패였다고 말할 수 없었다. 아무도 요지 부동한 힘을 움직이게 할 수는 없다. 그럼에도 그는 자신이 가진 모든 힘을 그 노력에 쏟아 부었다. 그는 내면의 평화를 지니고 한국으로 돌아왔다. 이제 드디어 그는 전쟁에 대한 죄의식에서 벗어날 수 있었다. 정당한 해결 방안은 받아들여지지 않았던 것이다. 다만 그는 자기가 최선을 다했다는 참된 만족감으로 족했다.

이제는 해결해야 할 다른 제2의 문제들이 그를 기다리고 있었다. 나름대로의 차원에서 보면 그것들 역시 중요한 문제임에 틀림없었다.[4]

---

4) 한국 분단의 경위 및 국토 통일을 위한 각종 노력 등 맺힌 문제에 대한 소상한 역사는 1976년에 출간된 중요한 자료—김세진 편 한국 통일:서론과 자료, 평화통일 연구소, 한국 서울 중구 남산동 2–22, 1976년—에 훌륭히 묘사되어 있다.

21
폐허를 딛고 경제 부흥으로
(1950~1960년)

'한국 동란'은 사실상 크게 세 갈래로 나뉘어 평행선을 달린 전쟁이었는데 그 어느 하나도 나머지 두 전쟁 못지않게 싸움의 성격과 결과가 치명적이었다. 사람들의 관심은 자연히 '실전'에 초점을 맞추게 되는데 그 까닭은 사상자가 눈앞에 뚜렷이 보이고 전투가 또한 굉장히 고조된 드라마였기 때문이다. 한국전쟁은 또한 신중한 선택 때문에 승패를 가릴 수 없는 '이상스러운 전쟁'이었다. 미국 비행기는 제2차 세계대전 중 유럽 전역에 뿌린 것보다 더 많은 폭탄을 좁은 한국 땅에 뿌렸다. 적군 아군 할 것 없이 거의 2백만의 전투 요원이 전사 또는 부상을 입었으며, 백만이 넘는 남한 민간인이 떼죽음을 당했다. 그런데도 막판에는 '전쟁'이 아니라 '승리를 목표로 하지 않은' '경찰 행위'에 그치고 말았다.

전쟁터의 싸움만큼이나 아주 지독한 두 개의 다른 전쟁이 한국에서는 묘하게 얽혀 돌아갔다. 외교전과 경제전이 그것이다. 이 전쟁은 각각 목표가 다르고 방법이 다르고 참여한 사람들이 다르고 결과가 달랐기 때문에 서로가 분리된 전쟁이었다. 그러나 그리스 신화에 나오는 복수의 세 여신처럼 이 세 갈래 전쟁은 완전히 분리될 수가 없었으며, 한 전쟁의 중대한 결과는 다른 두 전쟁의 성격에 따라 크게 좌우되었다.

전투를 위주로 한 전쟁은 외교상의 제동 때문에 승리를 거둘 수가 없었다. 외교 전쟁은 일선 전투의 전과로 인한 위협 때문에 잡았던 승기마저 놓치기 일쑤였다. 경제 문제는 군사 외교의 교착 상태에서 오는 압도적 영향 때문에 해결할 수 없었다. 이탈리아 국토의 4분의 3도 못되는 반도 국가의 군사, 외교, 경제 문제를 다루는 데 세계의 지도자들이 효과적인 처리 방도를 스스로 선택하지 못할 만큼 그렇게도 무기력하게 된 쓰라린 예가 어느 역사에 또 있었던가? 이토록 비싼 값을 치룬 세 갈래 전쟁의 얽힌 실마리를 풀 수는 없었다 하더라도 그 유래는 쉽게 더듬어 올 수가 있을 것이다.

유엔군이 1950년 11월 전투를 통해 평양을 탈환하고 압록강을 향해 진격함으로써 실질적 '승리'를 거두게 되었을 때, 그들은 갑자기 전선으로의 유일한 접근로인 압록강 교량을 확보하고 있던 막대한 중공군 병력의 기습을 받게 되었다. 맥아더 장군은 휘하 공군사령관 조지 E. 스트래트마이어 장군에게 명하여 이들 교량과 만주에 있는 중공군 공격 기지에 대한 폭격 준비를 서둘렀다.

한편 맥아더는 11월 7일 새벽 2시 합동 참모 본부로부터 '명령이 있을 때까지 만주 국경 5마일 이내의 목표물에 대한 폭격을 금한다'는 긴급 전문을 받았다. 압록강에 가로놓인 교량들은 적군이 마음대로 사용할 수 있게 보존되어 있었다. 맥아더가 전쟁 상황에 관해 상원 청문회에서 증언하고 있듯이, 수십만 병력의 발굽 소리가 다리의 널판지를 울렸고 수백만 톤의 군수 물자와 탄약이 적군을 지원하고 아군 병력을 무찌르기 위하여 이 다리를 넘어 밀고 들어왔다.

맥아더는 자기 휘하의 야전 사령관 왈튼 워커 장군에게 자신의 당황했던 심정을 이렇게 말하고 있다.[1]

전투와 전쟁의 전반적인 목적은 전쟁터에서의 승리를 가지고 정치적으로 유리한 평화로 신속하게 연결되게끔 상황을 조성하는 데 있소. 전쟁에서의 성공은, 군사적 승리는 물론 이것을 정치적으로 이용하는 데 달려 있소. …… 그러나 나는 지금 태평양 지역의 보다 지속적인 평화를 위해 전쟁을 끝내고 결연하게 나아갈 찬란한 기회를 저버리는 엄청난 정치적 실수를 염려하기 시작했소.

맥아더가 자신의 군사적 승리를 거둘 기회를 망친 외교에 대해 상심했다면, 국무장관 딘 애치슨 역시 '승리'를 지지한 1950년 10월 7일자 국제연합 결의로부터 외교적으로 후퇴한 책임을 분명히 상당 부분 피할 수 없는 영국과 인도에

---

1) 휫트니 저,《맥아더》앞의 책 p. 400 및 제8장 전문 참조.

게, 그것을 정면으로 물을 결심이었다. 애치슨은 자신의 회고록에 이렇게 적고 있다.

> 증거 문서가 말해 주듯이 영국 외무성은 오래전부터 자기들이 소련을 이해하며 어려운 정세하에서도 타협안에 의한 교섭이 가능하다고 믿었다. 하지만 제삼자가 볼 때 제안 된 타협안이 때로는 항복 문서 같아 보였다.
> 우리 군대가 한국에서 부산 방어선의 발판을 확보하려고 힘든 싸움을 하고 있던 7월, 한국 문제의 '평화적 해결'을 위해 부탁하지도 않은 영국의 독자적 구상에 따라 우리는 한 달 간의 토의에 임하고 있었다. 인도 역시 독자적으로 영국이 모르게 자기들 자신의 노력을 이미 시작하고 있었다.
> 소련에 대한 영국 외교를 내가 비평하는 마당에 인도식 방식까지 여기에 설명하는 일은 적절하지 못하다.[2]

그 책임이 전적으로 영국과 인도에 있든 트루먼과 애치슨에게 책임의 일부가 돌아가든 간에, 외교가 군사적 승리를 방해했을 뿐만 아니라 전쟁이 요구한 엄청난 희생에 알맞은 무엇인가를 적어도 한국에서 성취시킬 외교의 기회마저 미리 막아버린 것은 분명한 사실이다.

그로 인한 희생은 군대의 사상자와 외교의 혼란뿐만이 아니었다. 전쟁 와중에 자기 고향을 등지고 이리저리 동서남북으로 세 번이나 밀고 밀렸던 민간인들의 엄청난 인간 비극이 또한 외교의 희생이었다. 전선은 오래 지탱된 일이 없었다. 때로는 '요요 전쟁'이라고 부를 만큼 이동이 심한 전쟁이었고 그 이동이 도시와 촌락과 한국민의 고향을 짓밟고 지나갔다.

변영태 외무장관이 제네바 회담에서 말한 것처럼 우리나라는 잿더미가 되었다.

그럼에도 불구하고 첫째는 싸움이 계속되는 바람에 그렇고 둘째는 군사 작전과 외교전의 실패로 말미암아 한국으로부터 철수함은 물론 한국을 잊어버리자고 재촉하는 세계적인 피로 현상이 일어났기 때문에, 인간과 경제의 파탄을

---

2) 딘 애치슨 저, 《창조와 현실》:1969년, 뉴욕시 노튼 출판사 간행 p. 541 참조.

치유하는 작업은 신속하지도 못했고 충분하지도 못했다.

1953년 7월 27일 판문점 휴전 협정이 우울하게 체결되었을 때 드와이트 D. 아이젠하워 대통령은 "전쟁은 이제 끝이 났고 내 아들이 곧 집에 돌아오게 되기를 희망하고 있다"고 세상 돌아가는 인심을 단적으로 표현했다.

한국에서 경제와 싸우는 일은 군사상의 전투나 외교전만큼이나 불만스러운 것으로 입증되었다. 부족한 자원으로는 엄두도 못낼 문제들과 맞서서 헛된 싸움을 하던 원조 계획에 매달려서 1953년부터 1954년에 걸쳐 18개월간 종사한 어떤 미국인이 이런 좌절감과 그 이유를 다음과 같이 요약했다.

지금(1955년) 우리들 사정에서 가장 위험스러운 일은 미국의 국민이나 정부가 이 심각성을 인정할 마음이 없다는 사실일 것이다. 한국 문제는 이미 낡은 모자와 같다. 판문점 휴전이 체결되기 전에도 이미 우리는 지쳐 있었고 이후로는 더욱 피로를 느끼고 있다. 1954년 초부터 한국은 미국 신문 전면에 마지막 발판을 잃고 인도 지나에 밀려났다. 아시아에서 우리의 관심은 남쪽으로 기울어졌고 유럽 문제는 새로운 전기를 맞이했다. 그리고 국내 문제는 모두 좋은 의미에서 우리들의 더 많은 관심을 다시 요구하고 있다. 그러나 이와 동시에 한국에서 불의의 큰 재앙을 몰고 올 위험성이 높아지고 있다.[3]

싸움이 가라앉고 나서 한국의 재건이 가능하게 되었을 때 미국 국민은 막대한 외국 원조 자금을 쏟아내는 데 정말 지쳐 있었다. 독일 패망 이후 첫 2년 간 미국은 유럽의 구제를 위해 150억불의 차관과 보조금을 제공했다. 전쟁으로 파괴된 유럽 경제 재건을 꾀하는 마셜 플랜을 지원하기 위하여, 계속해서 트루먼 대통령은 추가로 170억불을 국회에 요구했고 실제로 130억불을 얻어냈다.[4]

미국 납세자들의 부담에 대한 이런 불만의 여파 속에 한국의 요구가 겹치고 있었다. 군정 기간에 생긴 경제 침체를 회복시키기에는 너무나 부족한 액수였지만 미국 국회의 심의에 회부된 최초의 '한국 원조 법안'은 1950년 1월 19일

---

3) 존 P. 루이스 저, 《남한의 재건과 발전》, 워싱턴 국립 계획 협회 간행, 1955년, p. 1 참조.
4) 트루먼 회고록 앞의 책 제2권 제8장 참조.

하원에서 193대 192로 부결되었다. 행정부는 다시 중국에 대한 추가 원조 법안에 묶어서 한국 원조 법안을 제출했고 1950년 2월 14일에 2억불이 국회의 지출 승인을 얻었다. 그러나 그 자금은 6월 25일의 공산군 남침 때까지 거의 한 푼도 사용되지 못했다. 1950년 12월 국제연합 총회는 지원을 확약한 47개 회원국과 6개의 비회원국으로 구성되는 국제연합 한국 부흥 기관으로 웅크라(UNKRA)를 설립했다. 미국은 1950년에서 1957년에 이르는 8년 동안 9290만 불을 웅크라에 제공했다. 한편 미국 국회는 국제 협력 관리 가구(ICA)를 설치하여 4년의 운영 기간 중 1954년에서 1957년까지 한국 원조 계획을 위해 10억 8418만 2000불을 보조했다.[5]

미국 납세자들에게는 이것이 엄청난 액수라고 느껴졌다. 필요한 액수보다 훨씬 적다는 사실 말고는 사실상 이 액수가 적은 것은 아니었다.

직접 군사비를 제외하고 한국에서의 미국 자금 지출에는 두 가지 아주 다른 종류가 있었다. 그 첫 종류는 의료 원조를 포함한 식량 및 기타 소비재 등 순전히 구호를 목적으로 한 것이다. 이런 종류의 지출을 위해 미 군정은 주로 질병과 불안 상태를 예방하기 위한 목적으로 1945년에서 1949년까지의 기간 동안 3억 7800만 불을 사용했다. 한국이 전쟁 상태에 있던 기간과 그 이후를 포함하여 1950년에서 1956년까지 미 육군은 민사처(CAC)를 통하여 4억 2700만 불을 썼다. 공법 480호에 의거하여 주로 잉여 상품 판매에서 얻어지는 자금으로 미국은 역시 식량을 위주로 9863만 불을 희사했다. 미국의 무상 원조 기관들은 1957년까지 추가로 5251만 9000불을 내놓았다. 상당한 액수의 이 기부 자금은 관대했으나 두 가지 면에서 엄격히 규제를 받았다. 첫째로 이 자금은 파괴된 폐허의 재건이 아니라 기아와 질병 예방을 위한 구제용이었다. 둘째로 그것은 국민 경제를 돕기 위해 원조를 어떻게 건설적으로 써야 하는가에 대한 한국 정부로부터의 지침을 거의 받지 않고 미국 관리들이 직접 사용했다.

아주 널리 퍼진 굶주림과 동사자를 막기 위해 절실히 필요한 간단한 구호 계

---

5) 한국군 재건을 위한 직접 군사 원조는 1960년까지 12억 5000만 불에 달했다. 그중에서 일부는 '군수 물자' 구매에 쓰고 일부는 유엔군을 위해 사용되기도 했다. 일부는 미국에서의 훈련을 위해 그리고 일부는 배치에 상관없이 미군 훈련 장교들의 급료 지불을 위해 사용되기도 했으므로 액수의 계산이 어렵다.

획까지도 관리상의 문제는 외부 사람이 상상할 수 없을 정도로 가지각색이고 훨씬 더 복잡했다.

한 예를 들면 식량 무상 배급의 효과가 그것이었다. 나는 마음으로부터 이 계획을 지지했는데 이 대통령과 그의 각료 몇 사람이 모여서 계획의 효과를 의논하는 자리에 동석할 때까지 나는 더욱 많은 양을 배급할 수 있기를 바랐다. 농림장관은 곡식과 기타 식량의 배급이, 가족까지 합해서 전 인구의 거의 75%를 차지하는 한국의 미곡 경작 농민들에게 '파멸을 초래한다'고 불평을 털어놓았다. 이 농민들이 비료, 농약, 종자, 그리고 기타의 공급 물자를 크게 비싼 가격으로 사야 하고 쌀을 필요로 하는 도시 거주자들이 곡식을 무상으로 얻게 되면, 그들의 쌀값이 형편없이 깎이게 된다고 했다. 사회부 장관은 수송 시설이 파괴되거나 군사 목적으로 예약되는 큰 이유 때문에 어떤 곳에는 식량이 너무 많이 쌓이고 다른 곳에는 전혀 수송이 안 되므로 배급 제도가 굉장히 불공평하다고 불평했다. 내무장관은 또 '잉여 식량'이 암시장으로 흘러들어 모리배들이 폭리를 취하고 있다고 불평이었다. 재무장관은 암시장 거래와 기타 부정한 상행위가 돈을 정상적인 유통에서 벗어나게 하여, 그 통제가 불가능하고 통화의 환제도가 몹시 망쳐지고 있다고 불평을 털어놓았다. 그러나 아무도 원조 계획에 따른 식량 수입을 중단하거나 감소시키기를 원치 않았고 이 대통령은 이에 따른 나쁜 영향이 기본적인 한국 경제에 미치지 않도록 조정할 능력 있는 한국 관리들과 함께 공동으로 배급 제도를 관리해야 한다고 원조 관리들에게 주장하기도 했다.

그러므로 한국에서 지출된 미국 원조 자금 총액의 절반 이상을 소진한 원조 계획은 가혹하고도 때로는 해결할 수 없는 어려움을 가져다 주었다. 크게 좋은 일을 해냈지만 심각한 해독을 끼치기도 했다. 그리고 그 장기적 효과는 그 자체로 볼 때는 훌륭하게도 온 국민을 살아남게 하는 한 가지 일에 국한될 뿐이었다.

두 번째 종류의 지출은 국민이 자급자족하고 상당한 수준의 생활을 영위하도록 부흥시키고 가능하면 나라의 생산 능력을 늘리기 위한 재건 사업을 목적으로 하는 것이었다. 그것이 구호 기능과 분리될 수 있는 한, 이런 목적을 위해 웅크라 자금과 ICA 충당 자금으로 구성된 미국의 기부금은 1950년에서 1957년

까지 11억 7708만 2000불에 달했다.[6]

그것은 매우 큰 액수였으며 현명하고 인도적으로 사용되도록 하기 위해 상당한 기술과 열정이 여기에 기울여졌다. 그러나 아무리 그렇게 되었다 하더라도 외부로부터의 비판과 내부로부터의 불화를 면치 못했다. 그 이유는 매우 인간적인 측면에서 이해되는 일이기도 했다.

우선 그 액수는 컸지만 엄청난 수요에 비하면 전적으로 충분치 못했다. 남한이 입은 물질적 전쟁 피해는 부흥 원조 총액의 거의 3배에 달하는 300억불로 공식 추산되었다. 그러나 이렇게 불균형이 엄청나고 비극적이라 하더라도 그것은 겨우 한국의 충족되지 못한 수요의 범위를 나타내 줄 뿐이었다. 한 가지 예를 들자면 한반도는 일본에 의해 한 세대 동안 식민지로 묶여 있었다. 이 나라의 원료는 조립 생산을 위해 주로 일본에 보내졌다. 공장들은 일본 공장과 연결되어 있었다. 예를 들면 자전거의 배대는 한국에서 제조되었으나 체인과 볼베어링은 일본에서 생산되었다. 그리하여 일본과의 관계가 단절된 후 많은 한국 공장들은 쓸모가 없게 되었다. 철도나 도로와 같은 교통 시설들은 한국 사람들의 필요에 이바지하기 위한 것이 아니라 부산으로부터 만주 국경까지 일본 군대와 물자 수송을 확보하기 위해 건설된 남북간의 통로에 주로 국한되었다.

그나마도 일본이 허용한 소규모의 공업화 설비가 인위적인 남북 분단 때문에 완전히 붕괴되었다. 남한은 즉시 자신의 공장과 철도가 의존하고 있던 석탄, 광물, 목재, 등의 원료 공급원을 잃었다. 섬유 공장, 고무신 공장, 수선 공장, 그리고 시멘트 및 비료 공장 등을 포함하여 과거에 가지고 있던 경공업 산업들은 압록강 수력 발전소로부터 오는 전기에 의존하고 있었는데 1948년 5월에 이 송전마저도 마지막으로 끊기고 말았다.

더욱이 경제와 사회 사정을 더욱 악화시키는 다루기 어려운 조건들이 꾸준하게 심화 일로를 걷는 가운데 1945년에서 1948년까지 정부 기능의 실질적인 중단 상태가 있었다. 1948년에 새로 수립된 대한민국 정부는 세금을 더 늘려 거두어야 할 필요성, 미 군정의 정책 때문에 경찰 경비대 및 지방 행정 기관에

---

[6] 미국 원조와 남한이 입은 전쟁 피해에 대한 액수는 대한민국 공보처장 오재경(吳在璟)이 발행한 뉴욕 재판본 한국 편람이라는 대한민국 정부 간행물에 나와 있다. 1958년, 패젼트 출판사, pp. 379~384 참조.

침투된 공산 분자들을 색출하기 위한 경찰 행동, 그리고 일본인으로부터 인수한 산업 및 농업 귀속 재산의 상당 부분에 대하여 소유권을 주장하는 경합 문제 해결 등을 포함하여, 인기를 잃게 만들 소지가 분명한 일련의 문제점들에 직면하게 되었다.

그런 가운데 전쟁이 터져 그나마 한국인들이 가지고 있던 적은 재산마저 파괴되고, 전쟁이 끝내 가라앉게 되기까지 어떤 부흥과 재건도 불가능했다.

제네바 회담이 실패한 뒤 그리고 이 대통령이 미국 여행으로부터 돌아온 뒤인 1954년 후반에 가서야 한국에서의 '폐허와의 싸움'과 현안의 대일 문제 해결이 그의 가장 긴박한 관심사로 부각되었다.

한편 전쟁의 야전과 외교면은 해결되었다기 보다는 보류되었다. 하더라도 주요 경제 문제 해결에 능력이나 경험이 부족한 자신의 입장을 생각해서 나는 7월 30일 장문의 편지로 시작하여 그 뒤 몇 번이고 계속하면서 명예롭게 사임할 수 있도록 허가해 달라고 그에게 꾸준히 설득을 시도했다. 이 제안을 그가 완강히 거절했을 때 나는 우선 〈코리안 서베이〉지의 편집과 코리안 퍼시픽 프레스사의 워싱턴 사무소를 관리 감독하는 책임을 지는 뜻에서 나의 연봉을 1만 불에서 3600불로 인하시켜 달라는 제의를 8월 31일자 편지에 써 보냈다.

다음 며칠 안에 나는 더 많은 연설문과 기사를 '대필'하라는 긴급 명령을 받았다. 따라서 9월 2일에 나는 문제점을 검토 끝에 다시 한 번 이 대통령에게 편지를 쓰고, 내가 외교 참모로서 특별 보좌를 계속하는 사례금으로 봉급을 5000불로 내려주도록 제의했다. 9월 11일 자로 진해에서 띄운 그의 회신은 길고도 솔직했다. 이 글에서 그는 '아무런 미국인 고문관도 두고 있지 않다'고 한 자신의 샌프란시스코 발언에 대해 사과했다. 그의 설명은 이러했다.

내가 고문관을 두고 있지 않다고 했을 때 그것은 분명 당신을 두고 한 말은 아니었소. 얼마나 많은 사람들이 돌아다니면서 자기들이 대한민국 대통령의 고문관이라고 사칭하고 있는지 그 사실을 당신은 알고 있소? 처음에는 괘념치 않으나 나중에 가서는 사태가 심각한 지경에 이르렀소. 그리고 때로는 해로운 일마저 생겨서 여기에 대해 나는 무언가 조치를 취하지 않으면 안되었소. 내가 여러 사람들의 감정을 상하게 한다는 것을 알면서도 어떻게 할 도리가 없었던 것이오. 물론 내가 올리버 박사는 예외로 하고 고문관을 두고 있지 않다고 명확하게 발언해 두었더라면 더 좋았을 것이오. 그러나 그런 말을 하지 아니했다 하더라도 당신은 이해할 것으로 생각하였소.

나의 사임이나 맡은 일을 줄이는 데 관해서는 다음과 같이 썼다.

지금은 우리와의 관계에 대한 당신의 개인적인 생각에 대해 적어 보려 하오. 당신이 우리 목적을 위해 전임으로 일할 수 있도록 펜 대학교 직책을 떠날 수 있었으면 하고 나는 바라지만, 교수와 학자로서 자신의 직분을 당신이 어떻게 생각하고 있는지를 내가 알고 있는 고로 그렇게 하라고 권할 수가 없구려. 그러나 우리의 생각이 변치 않았다는 것을 당신이 알아주기 바라는 마음에서 내가 지금 이 말을 하고 있는 것 뿐이오······. 당신은 원칙을 존중하는 사람이고 당신의 신념이 한국과 미국을 위해 다 같이 도움이 된다는 것을 알기 때문에 우리는 당신이 우리를 도와주기 바랐고 지금도 바라고 있는 것이오.

견디기 어려울 정도로 과중해진 업무 계획을 덜고 싶은 생각을 몹시 하고 있는 중이었으나 이것은 내가 거역할 수 없는 간청이었다. 언제나 대학에서는 바쁜 시기인 가을 학기가 시작되었고 워싱턴 주재 한국 대사관에서는 더 많은 편집상의 조력을 요구해 왔다. 한편 한·일간의 긴장은 절실한 홍보 문제가 되고 있었다. 9월 29일 나는 일본 문제를 다루는 데 있어 역점을 바꾸도록 권하는 편지를 이 대통령에게 보냈다.

대한민국 정부가 추진해 온 '일본 반대 운동'으로 인한 언론의 비난 때문에 상심하고 계시리라 믿습니다. 여기에는 강경한 반대파가 있으며 여론에 대해 역효과를 가져오리라는 여러 가지 징후도 저는 알고 있습니다. 〈코리안 리퍼브릭〉이나 한국 관리의 성명을 통해 표현 방법을 건설적인 방식으로 바꿀 수가 있으리라 믿습니다.(일본의 야심을 두려워하는 충분한 이유를 설명하면서) '한국 건설'에 역점을 둔다면 바라는 결과를 보다 훌륭히 거두게 되리라고 생각합니다. 박사님에게 친근한 사람들 중에서 몇몇 사람은 이런 노선에 맞게 일련의 성명서나 논설을 잘 작성할 능력이 있으리라고 봅니다. 저에게 이런 제목으로 이 대통령의 연설론이나 성명서를 기초하여 보도록 원하신다면 저는 기꺼이 최선을 다해 보겠습니다. 한국의 장래 운명이 위태로우므로 이것은 심각한 문제입니다.

이 대통령은 내가 당신을 위해 논설을 기초하겠다는 제의에 찬성했고, 당신 생각의 표시로써 일본과 소련을 어떻게 다루냐 하는 문제가 당신 생각 속에 얼마나 깊이 박혀있는가를 보여 주고 한국의 경제 재건은 어떻게 구상돼야 할 것인가를 나타내는 2개의 각서를 친히 기초하여 내게 보내주었다. 그가 서명한 논설은 〈코리안 서베이〉지 1954년 12월호에 발표되었다. 이 논설은 이렇게 시작된다.

'미국에서 돌아온 뒤 나는 몇 가지 생각을 곰곰이 하고 있다. 공산 침략에 대항하여 굳건히 싸운 우리 국민에 대한 미국 사람들의 칭송을 실감하면서 나 자신이 융숭한 대접을 받았기 때문에 미국에 대한 나의 유대감은 어느 때 보다도 강하다. 나의 생각이 그들에게 그만큼 이해되었는지 잘 모르겠다.' 소련 제국주의를 언급하면서 그는 '소련이 세계대전을 부채질하기 전에 미국은 한층 더해가는 그들의 침략을 막기 위해 영도력을 발휘해야 한다'는 자신의 희망을 거듭 밝혔다. 그러고 나서 그는 일본을 다루는 방법에 대한 주제로 말머리를 돌렸다.

상당히 많은 미국인들이 일본을 아시아의 강대국 지위로 회복시키는 위험을 충분히 깨닫지 못하고 있다는 사실은 분명하다. 일본 국력의 재건이 아시아 문제를 해결하는 한 가지 방법이라고 하는 일반적인 생각을 표시하는 많은 논평이 나에게 전해졌다. 나의 견해는 그와 정반대이다.
간추려 말한다면 소련과 그 위성 국가들을 저지시키고 불법 점령 지역에서 몰아내야 하며 일본 역시 다시는 인접 국가들을 지배하지 못하도록 해야 한다고 나는 믿는다. 자유를 보전하려면 이 방법만이 아시아와 세계 정책에 대한 유일하고 건전한 해결책이라고 생각된다.

그는 지적하기를 한국전쟁에서 "어떤 지도자들은 앞으로 나아가기를 원했고 어떤 지도자들은 철수하기를 원했다."

한편 "소련의 지도자는 대담하고 아주 무자비한데 반해…… 미국은 영도력에서 뿐만 아니라 적에 대한 태도에 있어서도 얌전하고 우호적인 경향이 있다. 공산주의자들을 변화시켜 점잖고 평화를 사랑하는 인종으로 개조할 수 있다고 생각할 정도로 미국 사람들은 인간의 완전성과 개혁을 믿는다"고 했다. 미국은 이와 똑같은 정신적 친절을 일본에게도 베풀었다.

미국이 일본을 경제적으로 군사적으로 강화시키지 않으면 일본 사람들이 소련과 손잡는 일을 막을 방법이 없다고 어떤 사람들은 말한다.

이리하여 일본 지원이 반공 투쟁과 연결되어 있다. 이런 논거는 매우 중요한 가능성을 간과하고 있는 것이다. 일본이 아시아의 지배 세력으로 회복되면 이 나라가 공산권과 여전히 거리를 두고 떨어져 있으리라고 누가 장담할 수 있단 말인가?

그의 논설은 주요 동맹국에게 공개적으로 충고하는 데 있어서 어떻게 '감히' 할 말을 다했는가를 설명하고 그 충고의 내용을 다시 밝히며 결론을 맺었다.

마지막 한마디를 나는 덧붙이고자 한다. 대한민국은 미국의 너그럽고 원대한 정치적 경륜 때문에 그 자신의 생존을 누리고 있다. 더욱이 강력한 미국의 영도력 없이는 어느 나라의 자유도 보존될 수 없을 것이다. 따라서 워싱턴의 결정은 공산 지배로부터 벗어나 자유로이 남아 있기를 원하는 지구상의 모든 국가에게 가장 중요한 의미를 준다. 그러므로 다른 나라에 사는 우리들이 미국의 할 일에 대해 많은 생각과 의논을 기울이더라도 놀랄 일은 아니다. 우리는 모두 같은 배에 타고 있으며 미국 사람은 길잡이이다. 그러나 만일 시원치 못한 항해로 배가 침몰한다면 우리들 모두가 함께 가라앉게 될 것이다. 올바른 방향으로 배를 몰고 가도록 도움을 주기 위하여 우리의 능력껏 모든 일을 하는 것은 우리의 임무가 아니겠는가?

한국이 아직 폐허 속에 허덕이고 있는데 일본은 이미 크게 부흥되었으니 이 대통령은 몹시 상심되었다. 한국에 있는 모든 '개발된' 재산의 85%가 합법적으로 일본인의 소유이며 이 재산은 당연히 돌려받아야 할 뿐 아니라 일본인 소유주들은 전쟁중에 입은 그 재산의 피해분까지 보상받아야 한다고 한 일본 외무성의 성명서를 보고, 그는 염려도 되고 화가 나기도 했다. 그는 또한 중공과 북한을 상대로 통상 및 외교 관계를 맺으려는 일본의 상당한 지속적 노력에 대하여 우려했고 일본에서 공산당을 용인하는 일 그리고 대한민국에 대하여 선전 공세를 공공연히 펴고 있는 한국인 공산주의자들을 비호하는 일 등에 대해서도 근심이 컸다. 몇몇 이 대통령 비평가들은 그가 과거에 일본으로부터 받은 자기 자신과 한국에 대한 학대 때문에 '반일'을 한다고 공격했다. 사실 그는 지금의 여러 가지 경향과 미래의 가능성에 대해 더욱 관심이 컸던 것이다.

한국을 둘러싸고 있는 군사 정세에 대한 그의 견해로부터 시작해서 일본을 아시아의 열강으로 재건시키려는 미국 원조에 대한 그의 멸시 때문에 빚어진 이 대통령과 미국 정부 간의 긴장 관계는 한국 원조 계획 운영에 대한 불화 관계로까지 이어졌다. 어떤 원조 관리가 보기에는 마치 이승만 정부가 사실상 "당신의 수표책을 내게 맡기시오. 그러면 우리가 우리 자신의 재건 사업을 다루어 나가겠소" 이렇게 주장하고 있는 것처럼 느껴졌다. 재건 계획을 다루는 우선순위와 방법을 결정함에 있어 이 대통령이, 한국 관리들이 실제로 주어진 권한보다 훨씬 더 큰 발언권을 가지게 되기를 바란 것은 사실이었다. 한국 측이 동원할 수 있는 것보다는 훨씬 기술적으로 노련한 직원들을 거느린 미국 관리들은 '권력이 예외적일 정도로 이승만의 수중에 집중되어 있어' 사소한 결정과 하급 관리의 임명조차도 대통령의 재가를 요하는 한국 정부가 자기들 계획에 간섭하는 것을 불쾌하게 여겼다. 그렇다 하더라도 재건 노력을 막는 가장 어려운 문제점들은 다음과 같은 것으로 밝혀졌다.

1. 워싱턴의 예산 긴축 정책은 한국 경제를 한국의 필요성과 우리의 전략적 이익이 명하는 바의 건전한 수준까지 끌어올리지 못하도록 현재의 계획을 완전히 위축시켜 왔다.
2. 대한민국 국방력 확보에 막대한 비용이 든다는 사실을 외면한 채 워싱

턴의 결정은 원조 계획 테두리 안에 '막중한 군사 지원 항목을 포함시켜' 재건 사업을 위하여 특별히 필요한 자금을 군사비에 사용토록 했다.

3. '적절한 합동 계획이 없었다.' 그 이유는 '미국 정책의 입안자들이 이승만 정부와 합동으로 사업을 추진해 나갈 방법을 해결하지 않았기 때문'이라고 해야 옳을 것이다.

4. 합동 계획에 필수적인 많은 전문적인 문제점에 대하여 이를 다룰 만한 경험 있는 유능한 한국인 전문가가 없었다.

5. 아마 가장 일을 그르친 가장 간단한 원인은 뭐니 뭐니 해도…… 한국에 대해 미국이 흥미를 잃은 때문이었다. ……[7]

재건 사업에 관한 한·미간의 긴장 관계는 여기에 나열된 문제점들이 밝히고 있듯이 아주 복잡했다. 미국인들은 한국 관리가 '부패했다'고 비난하고, 한국인들은 불가피한 사실이지만 계획에 관계되는 높은 지위는 모두 미국인이 차지했고 어떠한 사업 계획이든 간에 사업이 시작되기 전에 먼저 미국 직원들을 위한 안락한 숙소를 짓는 일에 우선 순위를 두는 사실에 불쾌감을 감추지 못했다. 누가 결정권을 가지느냐 하는 문제도 항상 미묘했다. 자금을 제공하는 나라에 국적을 둔 미국인이냐 아니면 당사국의 복지를 결정하게 되어 있는 한국인이냐? 미국 전문가들이 '특수한 전문 기술'을 가진 사실은 이론의 여지가 없었으나 많은 경우 '전문가들'은 자기 나라에서는 그와 비슷한 직책을 가질 수 없으니까 한국에 와 있다거나 아니면 자기들은 집에 돌아가면 더 잘 지낼 수 있는데 손해를 보며 항상 불편 속에 여기 있노라고 화를 내기도 했다. 적절한 언어 소통의 부족도 '통역'의 힘만으로 극복할 수 없는 또 하나의 일상적인 두통거리였다. 한국 사람들이 불충분한 영어로 의견 차이를 메우려고 할 때나 통역이 한국말로는 부족한 많은 전문 용어를 어떻게 해서라도 표현해 보려고 할 때면 미국인들은 한국 사람을 '형편없는 벙어리'라고 몰아대기 쉬웠고, 한국 사람들은 또 그들대로 자기 나라에서 자기 말이 업신여겨지는 사실에 흔히 분통을 터트렸다. 미국인들은 '고위층의 결정'을 기다려야 하는 일에 화를 냈

---

7) 루이스의 재건 보고서, 앞의 책 pp. 41~46 참조.

다. 왜냐하면 그들이 불평하듯이 이 대통령이 너무 많은 권력을 혼자 쥐고 있다는 이유 때문이지만, 자기들의 '현장' 업무가 자기들 활동과 거리가 먼 미국 사무 직원들의 과다한 결정에 의해 방해를 받게 된다고 이들은 또 저희들간에 불평을 늘어놓기 일쑤였다. 고위 원조 관리들은 세심한 계획과 평가, 그리고 우선 순위에 대한 집중적인 심의가 끝난 뒤가 아니면 주요 프로젝트에 대한 자금 확약을 할 수 없다고 당연히 주장했고, 고위 한국 관리 역시 마찬가지로 무참한 폐허와 절박한 필요성 등 모든 암담한 상황 속에서 조사에 조사를 거듭하느라고 너무나 많은 자금과 시간과 관심이 낭비되고 있다고 불평이었다.

모든 기타 문제들을 복잡하게 하거나 적어도 악화시키는 것은, 가정을 떠난 자기들에게 가깝고 편리한 약국도 없고 읽을거리가 될 그럴듯한 신문 한 가지 없는 타향에서 기껏해야 '술과 여자와 노래'로 일과를 끝내는 처지가 된 피로하고 불만에 찬 미국인들의 그 인간적인 요소였다. 한편 자기들의 지역 사회나 가정 생활이 완전히 엉망이 된 한국인들은 혼란을 말끔히 정돈하여 물건을 생산하고 직업을 마련해 줄 시설들을 만들어 구체적인 성과를 올리려고 정력을 집중하여 열성으로 뛰었다. 양측이 모두 상대에 대하여 불평스럽고 때로는 짜증도 난 것은 무리가 아니다. 피차에 넘기 어려운 문화의 장벽을 놓고 자기의 것을 고집하며 불가피하게 근본적으로 상대와 반대되는 다른 관점을 가지고 있었다. 놀라운 것은 그럼에도 불구하고 그렇게도 깊은 이해와 두터운 우정과 밀접한 협력 관계가 전개되었고 그렇게도 많은 건설 사업이 성취되었다는 사실이다. 그러나 복잡한 난관들은 많은 날카로운 비평을 낳고 자연히 취재 기자들에게 꼬집히는 심리 상태를 빚어냈다.[8]

워싱턴에서 볼 때 원조 계획과 그것이 바로 잡으려는 경제 사정이 원만히 맞

---

8) 원조 계획 실패에 대한 다른 원인들을 한국의 어떤 경제 학자가 분석했는데 그는 한국 정부가 기본 생산을 위한 기계류 대신 소비재 수입을 너무 쉽게 동의했다는 점, 국민들에게 희생과 각별한 노력을 기울여 주도록 충분히 호소하지 못했다는 점, 그리고 결집력 있는 '자유 기업' 경제 이론이 부족했다는 점, 미국이 한국인의 기술 훈련 계획을 너무 오래 지연시켰다는 점과 정부가 공장 건설을 딜 강조했다는 점 등을 지적하고 있다. 그는 또한 비 군사 부문 원조 총액 30억불의 7% 또는 4억 4300만 불이 겨우 '자본재 투자'에 배정되었을 뿐이라고 지적하고 있다. 주석균(朱碩均) 저, 《미국 원조는 왜 실패했는가?》, 1962년 추계호, 코리아나 쿼터리 제4권 pp. 81~93 참조

아 돌아가지 않는 가장 뚜렷한 하나의 징후는 한국 통화의 지독한 인플레 현상이었다. 한화를 미화로 환산하기 위한 '비용 요인' 계산은 계획이 착수되기도 전에 벌써 혼란을 가져왔다. 남한의 도매 물가 지수는 1945년 8월의 100을 기점으로 1950년 12월에는 4,890으로 올랐고 1952년 11월에는 3만으로 껑충 뛰었다. 이것이 보통 한국 국민에게 무엇을 뜻하는지 그 한 가지 예를 들면 서울 시장의 쌀 도매 시세가 1946년 1월에(1붓셀의 약 5분의 4가 되는) 대두 한 말에 656원 하던 것이 1953년 1월에는 91,200원으로 오른 것이다.[9]

이 사정은 위태롭게도 1920년대에 독일 경제를 파탄시켰던 천정 부지의 통제 불능 인플레와 비슷한 것이었다. 트루먼 대통령에게는 그 잘못이 쉽게 가려질 수 있었다. "이승만 정부가 나라를 휩쓸고 있는 심각한 인플레에 대하여 관심 부족인 것을 나는 깊이 우려하고 있다."[10]

이것이 바로 1952년에 부산에서 이 대통령이 정부의 통상 경비를 지출하기에 충분한 세금은 더 거둘 수 있으나 군사비 충당을 위해서는 돈을 찍어 내지 않을 수 없다고 내게 편지를 써 보냈던 무렵의 일이다. 1954년에는 전쟁으로 인한 파괴가 너무 엄청나서 폐허 복구를 위한 지출이 가장 높은 때인데 세금원은 크게 고갈되어 있었다. 그러나 어떻게든 인플레는 점차 통제가 되었는데 그것도 재건 계획이 큰 피해를 본 이후의 일이니 답답할 수밖에 없다.

유통 화폐는 국가의 건강 상태를 나타내는 가장 민감한 지표의 하나이다. 인플레는 일종의 열병이며 경제가 병들면 열을 나타내는 도표가 올라간다. 한국의 상황은 열기를 위험한 수준까지 올리는 요소가 많이 있었다. 엄청난 파괴, 고용의 결핍, 물자 부족, 단기적 개량 사업에 대한 자신감의 부족 등…… 이런 것들은 몇 가지 원인에 지나지 않았다.

한국 정부나 미국 정부는 인플레의 악성적인 진행을 통제하겠다고 한 자기들의 약속을 지킬 능력이 없다는 사실을 입증했다. 미국 원조 관리들은 1955년 6월에 끝나는 회계 년도 기간 중 매월 한국에 2400만 불의 원조 물자가 도착되도록 '계획을 세웠다.' 실제로 도착된 물자는 값이 올랐기 때문에 그 수량의 절

---

9) 웅크라 보고서:남한의 농림 수산업 재건과 발달. 뉴욕 콜럼비아 대학교 출판부, 1954년, p. 4 참조.
10) 트루먼 회고록 앞의 책 제2권 p. 329.

반도 못 되었다. 한국 정부는 599억 환(이전 통화는 원화)에 달하는 1955년 회계 년도 정규 예산액을 모든 종류의 세금으로 걷어들일 것을 예상했다. 실제로 걷어들인 세금은 겨우 229억 환에 지나지 않았다. 특별 전시 계정으로 한국 정부는 793억 환을 예산에 책정하여 지출했으나 겨우 261억 환을 걷어들일 수 있었을 뿐이다.[11]

그 부족액은 두 항목 모두 화폐를 더 찍어서 보충했다.

이런 형편이 언제까지 계속될 것인가?

각종 '안정화' 조치를 매년 실시함에도 불구하고 정부가 1957년 회계 년도 예산을 발표하면서 '드디어 물가와 통화 공급의 수준이 1945년 이래 최초로 안정되었으며 생산은 1950년 전쟁 전 수준을 훨씬 넘게 증가되었다'고 보고할 때까지 인플레와의 투쟁은 큰 성공을 못 거둔 채 계속되었다.[12]

그때에도 이 싸움에 승리했다고는 말할 수 없는 것이고 다만 인플레가 적어도 어느 정도는 감소되었다는 말이다.

1954년 가을 나는 어떻게 하면 이 대통령의 '세 가지 전쟁'에 대해 가장 건설적인 방법을 제시하느냐에 관해 상당히 골똘히 생각하고 있었다. 미국이 주도하는 유럽 북대서양 조약의 완성은 그 길을 열어놓은 것처럼 보였다.[13]

10월 5일 나는 '포괄적인 방안'을 작성하여 이 대통령이 고려하도록 장문의 편지를 써 보냈다.

한국과 아시아를 위해 보다 나은 상황을 확보하기 위하여 대통령께서 중대하고도 차분한 수단을 강구할 시기가 바로 지금이라고 저에게는 느껴집니다. 유럽에서 9개국 조약과 트리에스트 협정이 마무리됨으로써 그 무대는 설정된 것입니다. 아이젠하워와 덜레스는 자기들의 승리로 신바람이 나 있고 국민 대중의 반응도 아주 좋습니다. 미국의 유럽 동맹국들 역시 몹시 기

---

11) 1952~1954년에 시작하여 나는 한국 보고서라는 제목하에 발표되는 연간 '대한민국 정부 내각 보고서'를 편집 코리아 퍼시픽 프레스에 실었다. 이 예산 자료는 연차 보고서 제3호에서 발췌한 것이다. p. 34 참조.
12) 연차 보고서 제5호 p. 45.
13) 아이젠하워와 덜레스가 이 조약의 성공을 기뻐하는 장면은 존 로빈슨 빌의 책:존 포스터 덜레스에 잘 묘사되어 있다. 1957년 뉴욕:하퍼 출판사 발행 제25장 참조.

뼈하고 있습니다. 군축 제안에 관련하여 뷔신스키가 원자탄 공장 시찰을 부분적으로 수락한 것으로 보아 소련의 반응도 이미 입증되었습니다.

유럽에서의 성공과 대조적으로 모든 사람이 아시아에서의 실패를 의식하고 있습니다. 유럽에서 성공시킬 수 있었던 승리를 아시아에서도 거두게 하는 일만큼 '아이크'와 덜레스를 신나게 할 일은 없을 것입니다. 세계 대부분의 여론과 마찬가지로 그들의 생각에서도 박사님이 이런 문제의 핵심적 존재로 되어 있습니다.

제가 제안하고자 하는 것은 아이젠하워 대통령에게 유럽의 성공을 축하하고 박사님 생각에 지금이야말로 아시아의 안정을 성취시키려는 순수한 시도로써 유럽의 성공과 어깨를 나란히 할 시기라는 말씀을 적어서 그에게 서신으로 보내는 일입니다.

박사님이 편지에 무슨 내용을 적을 것인지 저보다 훨씬 잘 알고 계시겠지만 어떤 가치가 있을는지 모르는 다음 사항들을 고려해 보시도록 제안 하고자 합니다.

1) 한일 문제 타결은 북아시아 해결의 관건이다. 이를 타결지으려면

   a) 일본은 한국 영토와 재산에 대한 모든 요구를 공개적으로 그리고 완전히 포기해야 한다.

   b) 원조 계획 아래 한국 경제는 한국이 일본으로부터 경제적 독립을 유지하는 방식으로 발전되어야 한다.

   c) 어업 문제는 한국의 권리를 보호하는 토대 위에서 해결되어야 한다.

   d) 한·일간의 군사적 균형은 무기의 종류와 수량에 의하여 그리고 앞으로 어떤 형식으로도 한국이 일본의 지배를 받지 않는다는 특별한 보장 아래 유지되어야 한다.

   e) 이런 사항들이 성취된다면 한·일간의 외교 관계는 회복이 가능하다.

2) 한국은 반드시 통일되어야 하므로 무력이든 어떤 협정이든간에 그 목적에 대한 공산 측 동의가 이루어져야 한다. 같은 방식으로 일본도 자신의 교역을 확대할 기회를 찾아야 한다. 국제연합 감시 아래 총선거를 실시한다는 조건 하에 중공군이 북한으로부터 철수하고 그 대신 비군사 물자에 대한 중·일간의 교역을 개설할 가능성을 덜레스가 타진하도록 박사님이 제안

할 수 있겠는지요?

  3) 이상의 사항들이 성취되면 다음 일들이 가능해질 것입니다.

    a) 한국과 자유 중국 그리고 적절한 안전 장치를 전제로 일본까지 포함한 동남아 조약 기구 문제를 재개하는 일.

    b) 한국 재건의 여러 전제 조건들을 해결하는 일.

  이런 내용의 편지를 박사님이 아이젠하워 대통령에게 제의했으면 하는 저의 생각은 그로 말미암아 박사님이 상당한 심리적 이익을 얻게 되리라는 것입니다. 제가 이해하기로는 박사님이 이미 제안하신 것과 제가 제안하고 있는 내용이 그렇게 다른 것이 없고 다만 일본을 비판하거나 국제연합과 미국의 지난 잘못을 들추는 형식이 아니라 자체로서의 건설적 의미를 강조하면서 지금은 그것들을 모두 한데 묶어 '일관된 제안'으로 만들어 밝힐 시기라고 느껴집니다.

이 편지에 대하여 이 대통령은 10월 18일에 회신을 보내왔다. "당신의 1954년 10월 5일자 편지는 받아 보았소. 당신의 제안이 시기에 알맞고 또 적절하여 내가 대강의 초안을 잡아 사본 1통을 여기에 동봉해 보내오. 고치거나 가감할 것이 있으면 당신의 생각을 전문으로 치시오." 그는 이어서 "중공과 일본간의 교역을 중공군 한국 철수의 흥정거리로 삼자는 당신의 제안은 썩 효과적이지는 못할 것이오. 왜냐하면 이런 교역을 우리가 봉쇄할 힘이 없으니까 그 제안이 그들에게 별로 가치가 없을 것이기 때문이오"라고 했다.

그의 편지는 계속해서 국무부와 자신의 가장 최근의 상호 관계를 설명했다.

당신도 짐작이 가겠지만 덜레스 장관에게 보낸 나의 마지막 서신에 대해 회답도 없고 내가 바라지도 않았지만 사실은 그 편지가 엉뚱하게 일을 크게 벌려 놓은 것 같소. 내가 지금까지 장관에게 너무 성가시게 해 왔으니까 그는 이제 터놓고 공개적으로 잡지나 신문 보도를 통해 우리들을 비난하겠다고 나섰소. 만일 우리가 이런 식의 제안을 한다면 그가 이것을 어떻게 받아들일지 나는 알지 못하오. 그러나 그것이 그에게 어떤 해를 주리라고 생각지는 않으니까 그에게 이런 편지를 보낼 용의는 있소.

내가 덜레스 장관에게 일본 사람들이 우리 총 재산의 85%가 자기들 것이라 주장한다고 한 말이 아이젠하워 대통령과 윌슨 장관(국방장관 차알즈 윌슨)에게 정확하게 전해진 것으로 나는 알고 있소. 이 사람들은 누구나 그런 이야기가 처음이어서 만일 그것이 사실이라면 미국은 이런 주장을 무시할 수 없지 않으냐 하는 의견들이오. 이 사실은 우리가 선전할수록 우리에게는 더욱 유리할 것이오. 우리의 입장은 틀림이 없고 진리와 정의는 우리 편에 있소. 우리는 두려울 것이 없소. 다만 한 가지, 우리의 반대자들이 우리를 나쁘게 몰아 우리가 진실을 밝힐 방법을 찾지 못하도록 할까 두려울 뿐이오. 그래서 우리 벗들이 의로운 자가 승리한다는 충분한 믿음을 가지고 계속 문을 두드린다면 반드시 최후의 승리자가 될 것이오.

내가 일본에 대한 그의 공격을 비판하고 좀더 건설적인 태도를 주장한 데 대한 그의 노골적인 불만은 20여 년이 지난 뒤에 일어난 두 개의 역사적 사건을 볼 때 뚜렷한 상관 관계를 느끼게 한다. 1975년 8월 6일 뉴욕에서 열린 국제 연합 안전 보장 이사회는 사이곤과 하노이의 신청은 접수하면서도 대한민국의 회원국 가입 신청은 거부했다. 같은 날 제랄드 포드 대통령은 워싱턴 주재 대한민국 대사를 배석시키도록 초청도 안 하고 백악관에서 자기들끼리 '한국의 장래'를 토의하기 위해 일본의 총리 대신을 만났다. 이 대통령은 자신의 최악의 예감이 적중되었다고 느낄 것이다. 이렇게 역사를 바라보는 눈이 없다면 그의 의심은 달랠 길이 없다. 10월 18일 그가 내게 고쳐보도록 청하여 동봉한 '서신 초안'은 내 생각에 국무부에 보내려는 뜻이 아니라 일본에 대한 자신의 견해를 내게 밝히려는 뜻이 있었다. 국무부의 '헐 장군' 앞으로 된 편지는 첫머리가 이러했다.

우리는 덜레스 장관이 아시아 외교에 성공하도록 도와주고 싶습니다.
덜레스씨는 우리의 입장을 오해할는지도 모릅니다. 만일 그렇다면 우리는 그를 도울 수가 없지요. 우리의 오해는 일본을 또 다시 아시아의 지배국으로 만들 정도로 재건시키려는 그의 계획 때문에 비롯되었습니다. 이런 구상은 근본적으로 잘못된 것이며 그것은 결코 실현되지 않을 것입니다. 왜냐하면 일본은 한때 정복 국가였고 모든 아시아 국가에 많은 파괴와 고난을 안겨 주었기 때문입니다.

만일 일본이 이웃 나라들과 평화로운 관계 속에 살아 나가고 싶은 심경의 변화를 보여 준다면 과거는 용서를 받고 잊혀질 것입니다. 그러나 지금까지 그들은 그런 방향으로 가려는 아무런 노력도 하지 않았습니다. 정반대로 그들은 똑같이 오만 불손한 태도로 행동하고 있으며 한국을 자기네 재산이라고 주장하고 있습니다.

이런 태도가 계속되는 한 모든 동양 사람들은 일본을 다시 강대국으로 만들려는 미국의 정책을 지지하지 않을 것입니다. 그들은 일본에 항거하기 위하여 차라리 소련과 손을 잡을 것입니다. 왜냐하면 그들이 일본을 재건시키려는 미국의 현 정책을 지지한다면 일본이 자기들을 다시 공격하도록 미국이 도우리라는 사실을 믿기 때문입니다.

이처럼 일본을 극동에서 과거와 같이 다시 지배국이 되도록 복구시키려고 꾸준히 추구해 온 미국의 전후 정책에 대한 자신의 견해를 솔직하게 역설하고, 이 대통령은 정책의 전환책으로 요구된다고 느끼는 조건들을 계속해서 주장했다.

이런 어려움을 피하기 위해 덜레스 장관은 자신의 영향력을 행사해서 일본인들에게 자기 이웃 나라들에 대한 태도를 고치도록 충고해 주어야 합니다. (1) 일본은 필리핀에 대한 배상 문제를 해결해야 하고…… (2) 일본은 한국에 관한 자신의 재산 청구권과 기타 요구 조건을 포기해야 합니다.

그는 또한 한국이 밝힌 최소한의 요구 조건을 일본이 들어주도록 충고해야 합니다. 예를 들면 지나간 한일 보호 조약의 무효화, 한국에서 가져간 서적, 문화재, 그리고 보유 금화 등의 반환, 또한 어로 지역의 승인 등이 바로 그것입니다. 그렇게 되면 한국은 한국대로 일본과 통상 협정도 맺게 될 것이고 재일 교포 문제도 해결하려고 노력하게 될 것입니다.

이런 예비적 정책 수정이 이루어진다면 건설적인 주요한 조치가 앞으로 실제화될 것이라고 이 대통령은 느꼈다. "우리들은 일본과 미국이 그런 조약을 원한다면 상호 침략 행위를 포함하여 어떠한 외국 침략도 반대하는 미국, 일본, 그리고 한국 간 3개국 동맹을 맺고자 하는 노력도 할 것입니다"라고 그의 편지 초고는 계속되고 있다. "그렇게 될 때에는 이 3개국들이 모든 아시아 제국의 독립을 지지하며 제3 세력의 공격을 받는 나라를 돕는다는 등의 취지를 담은 공동 성명을 발표해야 합니다. 그 뒤에도 또 하나의 어려움이 남을 것입니다. 그것은 중공과 소련을 상대로 관계를 맺고자 하는 일본의 태도입니다. 만일 설득을 통해서 일본이 스스로 반공 국가임을 천명할 수만 있다면 우리 모두를 위해 사태를 쉽게 만들 것입니다. 이런 공개 선언을 발표하도록 일본에 강요하지 않고도 요리하는 방법이 있을 것입니다."

그는 아래와 같이 교묘한 제의를 하면서 자신의 초안을 결론지었다. '일본 사람들이 돈이 부족하여 우리 금괴를 돌려줄 수 없다고 할 경우에는 일본이 뒷날 어느 시기에 가서 미국에 반제한다는 양해 하에 미국의 원조 자금을 사용할 수도 있을 것입니다.'

그가 이 편지를 쓰고 난 직후인 10월 21일 CBS 통신의 바브 피어포인트 기자가 그와 회견한 자리에서 최근 미군 4개 사단의 철수에 대한 그의 반응을 물었다. 이 박사는 이렇게 대답했다. "우리의 수도 서울에서 불과 몇 마일 떨어지지 않은 곳에 도사리고 있는 1백만 중공군과 북한군에 대항할 충분한 대체 병력도 없이 미군과 기타 유엔군 부대의 3분의 2가 최근 철수한 것은 한국 국민을 매우 심란하게 했소." 원조 계획에 대한 그의 견해를 묻자 그는 원조 관리들에게 가끔 강조하던 이야기를 되풀이했다. "고통받는 사람들에게 당장 필요한 구제품을 제외하고는 비료, 시멘트, 기타 생산 공장을 세워 우리나라 경제를 재건하는 일은 별로 한 것이 없으니 유감스럽소. 상당한 값을 더 들여 소비재를 수입하는 대신 우리가 생산할 수도 있었을 터인데 말이오." 그리고 그는 덧붙여 말했다. "미국의 원조 자금이 끊어질 때에는 한국이 자급자족하는 나라가 되기를 우리는 바라고 있소. 나는 미국 벗들이 우리의 번영을 위해 토대를 마련해 주었다는 사실을 우리 후손들이 알게 되기 바라오."

기자 회견을 마치며 이 대통령은 아이젠하워 대통령 시대를 특징지은 '긴장 완화' 속에는 위험이 도사리고 있다는 사실을 자유 세계가 깨달아야 한다고 또 하나의 경고를 잊지 않았다. "우리가 평화를 꿈꾸며 바라고 계획하는 동안 공산당은 철의 장막 뒤에서 자기들이 하고 있는 일을 눈치채지 못하도록 계속 입씨름을 걸어오고 있소. 그리고 그들이 해 나온 일이 무엇이오? 그들은 세계에서 제일 큰 육군, 제일 큰 공군, 제일 큰 함대를 만들고 원자탄 수소탄을 개발해 왔소." 이 박사나 연합국측 정책 수립가들도 모르고 있었던 사실은 이들이 역시 그 폭탄들을 실어나르는 고도로 정밀화된 장치를 개발하고 있었다는 점이다. 1957년 10월 4일 소련 연방 공화국은 인공 위성 '스푸트니크'를 대기권에 쏘아올림으로써 온 세계를 놀라게 했다. 미국이 원자탄을 개발한 지 훨씬 뒤인 1950년에 최초로 원자탄을 만들어 낸 소련은 이런 폭탄들을 세계 어느 곳에도 뿌릴 수 있도록 그 능력을 갑자기 비약적으로 앞서게 했다. 그것은 그렇다 치고 1954년 10월 21일 이 대통령은 이런 말을 함으로써 CBS와의 기자 회견을 끝냈다.

우리가 적의 약속을 믿고 싶기 때문에 가만히 앉아서 그들의 행동에 개의치 않는다면 아마 어떤 전쟁도 일어나지 않을는지 모르며 설사 일어난다 해도 잠깐이면 끝날 것이다. 그러나 그 결과는 우리가 바라는 것이 될 수 없다. 진정한 평화를 이 세상에서 얻고자 한다면 우리는 그것을 쟁취하기 위해 싸우는 길밖에 없다.

이 대통령이 평생을 통하여 계속해야 했던 싸움은 경제 원조를 한·일관계나 외교 군사 문제와 결부시키는 과정에서 가장 잘 나타나 있다. 그는 여기서 다시 한 번 한국의 가장 친한 우방이며 강력한 지원국인 미국이 강력히 주장하는 근본 문제에 정면으로 맞섰던 것이다. 그는 어떤 궁지에서 활로를 찾는 입장을 지지해 주어야 할 가장 절박한 때에 이를 반대하는 싸움을 필요로 했던 기구한 운명의 지배를 받게 되었던 것이 아닌가 싶다.

1950년대 미국은 제3차 세계대전을 치르지 않고 공산주의를 '봉쇄'하려는 뜻에서 세계적인 '냉전'을 유지하려고 싸우는 한편, 연합국뿐만 아니라 패전 적국인 일본이나 독일을 포함하여 파괴된 세계 경제의 재건을 위하여 노력하는 막대한 재정적 부담을 또한 안고 있었다. 미국의 국회와 국민은 이 점을 이해할 수 있었고 그런 노력을 지지하기도 했으나 자연히 이해는 언제나 일부일 뿐 정확한 것이 못 되었다.

특히 50년대 중반에 와서는 외국 원조에서 오는 막대한 부담에 대한 납세자들의 저항이 늘어갔다. 한국 원조가 문제된 것은 막대한 원조가 이미 유럽으로 투입된 뒤의 일인데다가 한국전쟁에 대한 싫증과 환멸 때문에 일반 국민과 국회가 관련된 문제의 성격을 분명히 이해하지 못하고 다만 미국 정책에 대한 이 대통령의 반타이완을 심각하게 느끼고 있었다는 점 등의 이유 때문에 대한민국에 대한 원조를 반대하는 납세자들의 저항은 더욱 심한 형편이었다.

원조를 계속하기 위한 지지를 얻어보려는 가상한 노력의 하나로 행정부는 한국 원조 계획이 '일거 양득(1불을 써서 2불 가치의 생산)'이 되어야 한다고 주장하는 전략을 썼다. 이것이 무엇을 뜻하느냐 하는 조심스러운 설명이 뒤따랐다. 다시 말해서 한국에 보낼 물자를 구매하기 위하여 원조 자금은 가능한 한 일본에서 사야 한다는 것이다. 이 계획에 따르면 한국 국민이 전쟁의 폐허로부터 구출되도록 도움을 받는 한편 일본의 산업이 또한 부흥된다는 것이었다. 워싱턴의 행정 관료와 국회의원들의 관점에서 보면 이것은 미국 유권자들이 싸구려 흥정을 찾는 기분에 맞는 동시에 경제적으로도 건실해 보였다. 그리고 다량으로 반입되는 무상 물자의 수혜자로서 분명히 한국 사람들도 이에 대해 불평을 털어 놓을 수 없으리라고 그들은 생각한 것이다.

국민 복지의 책임을 진 이 대통령이지만 그것을 맹렬히 반대할 명분이 있는 만큼 역시 반대하고 나섰다.

1957년 5월 23일 그는 미국 원조 정책에 얽힌 한일 문제에 대한 자신의 감상을 정리한 '초안'을 내게 보내왔는데 그 속에는 미국에 대한 감사의 뜻과 원조 관리 방법에 대한 자신의 심각한 염려를 분명히 밝혀보려고 애쓴 흔적이 엿보였다.

그의 가장 큰 관심은 '미국의 일관된 정책의 제1 우선 순위가 아시아에서 일본의 주도권을 회복시키는 일'에 둔 점에 있었고 이것이 한국에는 직접적인 위협이 된다고 그는 생각했다.

일본의 부흥과 공업 생산 능력의 확대를 가속화시키기 위해 미국이 일본에 수십억불을 직접 원조했음은 물론 잘 알려진 사실이다. 잘 알려져있지 않으나 사실상 의리있는 한국 사람들을 몹시 심란케 하고 해롭게 한 것은 한국에 지출키로 배정된 미국 원조 자금까지도 한국보다 우선해서 일본 경제 재건을 위해 사용되어 온 그 내막이다.

물론 한국 경제 재건과 복구는 항상 한국 원조 자금의 공공연한 목적이었다. 그러나 특히 아쉬움이 가장 많았던 원조 초기에 자신의 아쉬움을 해소시키는데 도움이 될 몇 가지 생산 시설을 가동하도록 한국을 돕는 대신에 대부분의 원조 자금이 한국 국민의 구호용으로 반입되던 일본제 소비 물자를 위해 사용되었다. 한국이 소비 물자를 필요로 했으니 그것은 또 그런대로 옳은 일이었다. 그러나 결과적으로 한국 경제를 지탱하기 위해 도움이 되어야 할 생산 시설들이 한국의 원조 자금으로 일본 경제의 이익을 위해 일본에서 재건되고 있었던 것이다.

이와 같은 과정 때문에 1953년 후한기 이후까지도 대한민국 전역에 걸쳐 공장이나 생산 설비가 세워지지 못했다. 그때가 지나 비로소 한국은 참다운 경제 재건의 첫 출발을 했고 지금은 아주 상당한 양의 우수한 품질의 물건들을 생산하기 시작했다.

그러나 오늘날까지도 대한민국 국군이 필요로 하는 보급 물자에 이르기까지 한국에서 보다 일본에서 구매하는 등 계속적이고 계획적인 편파적 행위가 있는 것 같아 한국에게 아주 큰 지장을 주고 있다.

이 대통령은 계속해서 1955년 7월 1일에 시작되는 1956 회계년도에 국내 산업이 한국군에 필요한 2500만 불 상당의 물자를 생산했으나 겨우 839만 불 상당의 물자밖에 미국이 구매하지 않았음을 지적했다. 그나마도 대금 지불에 있어 수입 물자 구매에 절대로 필요한 미국 화폐로 할 것을 거부하고 미화는 일본에서 사용하면서 구매 대금은 한화로 지불했다. 1957 회계 년도 기간 중 한국의 생산 공장들은 9500만 불에 달하는 군수 물자 300여 점을 생산했다. "한국에서 생산되는 이들 상품은 완전히 적기 공급이 가능할 뿐 아니라 일본 물건에 비해 더 상질은 못된다 하더라도 적어도 같은 수준에는 따라가는 것이며 아주 경쟁 가격으로 제공할 수 있다는 점도 주목해야 한다." 그러나 그의 편지가 작성되던 당시 1957 회계 년도를 한 달 정도 남겨놓고 미군 구매처가 전 회계 년도를 통해 한국에서 구매한 물건은 지금까지 정확하게 아무것도 없었다.

미국 정책에 대한 이 대통령의 '불신'과 함께 그의 이런 반일감정은 아시아 연구로 하버드 대학 박사 학위를 받은 어떤 학자가 1975년에 내린 결론과 비교될 수 있을 것이다. 그는 논문에 이렇게 썼다. "지역 통합이라고 이름지을 미국의 이 기본 전략은 공업화된 일본을 미국에 의존하도록 만들고 경제적 후진국인 한국을 결국에는 일본에 의존하도록 방향 설정을 했다. 그 심리적 배경에는 한국 사람과 기타 아시아의 옛 식민지 국민들을 멸시하는 친일 미국 지배 계급의 전통적이고 공감적인 태도가 도사리고 있었다. ……존 포스터 덜레스는 20세기 중기의 그 본보기라 할 것이다."[14]

이것이 한국 정부에 보여준 '일석 이조' 정책의 방법이었다. 그러나 정책이 일단 미국 국회에 '넘어가면' 쉽사리 폐기될 수 없었다.

1957년 중반에는 아주 다른 극적인 두 개의 사건 때문에 미국 국민과 정부의 관심이 여전히 한국으로부터 다른 곳으로 떠나있었다. 첫째는 세계 최초 인공 위성 '스푸트니크'가 소련에 의해 눈부시게 발사된 사건이고, 둘째는 대법원의 학교 통합 주장으로 흑인 아동의 입학을 반대하는 백인들의 운동이 남부 각주를 휩쓴 슬픈 광경이었다. 이 두 가지 사건은 자유 세계 전체에 큰 타격이었다.

왜냐하면 이 사건들이 미국의 두 가지 중요한 세계적 자산을 크게 약화시키는 징후로 느껴졌기 때문이다. 두 가지 사건이란 미국의 군사적 우위와 미국 고유의 공평성과 품위를 말한다. 소련과 중공은 이런 사태를 이용하려는 재빠른 움직임을 보였다. 소련은 중동에 군사적으로 개입하겠다고 위협했다. 그러나 아이젠하워는 공산당의 지배를 막기 위해 레바논에 군 부대를 상륙시키겠다고 약속함으로써 반격을 했다. 중공은 아프리카 전역을 통하여 발판을 구축하려고 대단히 맹렬한 외교 경제 공세를 개시했다. 한편 남아메리카, 이탈리아, 그리고 프랑스의 공산당들은 자기들의 세력을 급속한 속도로 크게 증강시키고 있었다.

---

14) 허버트 P. 빅스 '지역 통합:미국의 아시아 정책에 나타난 일본과 남한의 문제,' 프랭크 보드윈 편 '유례 없는 관계' 앞의 책 p. 179.

1957년 10월 8일 나는 이 대통령에게 이런 문제들을 대강 설명하고 아이젠하워 대통령에게 이해와 지지를 밝히는 편지를 보내는 것이 적절할 것이라고 권하는 편지를 띄웠다. 10월 17일 이 대통령은 다음과 같은 회답을 보내왔다. "당신이 말한 것은 아주 정당하기 때문에 우리에게 깊은 감명을 주었소." 그는 세계 정세에 대한 자신의 견해를 다음과 같이 설명했다.

미국이 우수한 무기와 장비를 갖춘 세계 최강의 부국으로 버티고 있는 동안에도 공산당에 의해 코너에 몰리는 위협을 받는다면 공산 세력이 미국을 앞지르게 될 때에는 어떻게 될 것인가를 생각하니 걱정이 안 될 수 없소. 미국은 공산주의의 팽창을 막기 위해 자기 자산의 상당량을 다른 나라에 내주어야 하기 때문에 미국의 자원이 감소 일로에 있는 데 반하여 공산당은 자기들 자신을 살찌우기 위해 다른 나라로 진출하고 있다는 사실을 우리는 깨달아야 하오. 다른 말로 바꾸면 미국의 경제 사정은 악화되는 반면에 소련은 자신의 위치를 경제적으로 향상시키고 있소.

이 박사가 '아이크'에게 보내기 위하여 내가 초안한 서한에서 나는 세계 문제에 대해 나 자신이 좋아하는 해결 방안을 제시함으로써 결론지었다. '가능하리라고 느껴지는 유일한 최종 해결 방안은 차라리 세계 정부를 빨리 발전시키는 일입니다. 세계 연방 공화국 헌법 제정을 위한 새로운 정부를 빨리 발전시키는 일입니다. 세계 연방 공화국 헌법 제정을 위한 새로운 제헌 회의 소집을 각하께서 추진시킬 입장에 있는지 잘 모르겠습니다만…… 성사시킬 가능성으로 볼 때 이런 호소를 할 수 있는 분은 이 지구상에 각하를 빼고는 없다고 본인은 믿고 있습니다.' 아무리 호소력을 지녔다 하더라도 이 대통령은 그런 꿈 같은 구상에 정신을 돌릴 입장이 못 되었다. 그는 전문을 보내왔다. "적절한 결론을 다시 초안해 보시오." 나는 다시 일반론에 입각하여 이렇게 결론을 맺었다. "철의 장막 뒤에 부당하게 묶여있는 인민들의 해방을 위한 정치적 목표는 모든 실제적 수단에 의해 재확인되고 지원받도록 해야 합니다."

11월 7일 이 대통령 비서실장은 그를 대신하여 내게 서신을 보내왔다.

이 대통령께서는 세계 정부의 구상은 사실상 소련 공산주의자들이 주장하는 것이라고 느끼고 계십니다. 왜냐하면 그들이 세계 정복을 맹세한 사람들이고 이런 계획을 지지할 기회만 있으면 뛰어들 것이기 때문입니다. 서방 국가들은 모두 갈라져서 제 생각만 하고 있는데 반하여 공산당은 단결되어 있습니다. 이집트 사태를 볼 때 박사님은 덜레스가 이집트 사람들에게 영국을 몰아내라고 한 말을 기억하실 것입니다. 그는 영국이 나가면 소련이 들어올 것이라는 사실을 고려하지 않았습니다. 이것은 분열을 가져오게 한 하나의 예입니다.

한국, 미국, 그리고 자유 세계가 당면한 문제의 성격은 이해하기 어려운 것이 아니었다. 부족한 것은 이에 대한 적절한 해결 방안이었다. 불행하게도 우리가 가지고 있지 못한 것은 미래의 조화와 번영을 가져다 줄 황금의 열쇠였던 것이다.[15]

---

15) 본장에 기록된 몇 가지 문제점에 대한 훌륭한 토의는 1961년 오하이오주 콜럼부스 소재 오하이오 주립 대학 출판부 간행 진 M. 리온즈의 '군사 정책과 경제 원조:한국의 경우'에 수록된 내용에서 찾을 수 있다.

22
격동의 건국기를 넘어서
(1959~1960년)

1959년 희망찬 새해가 밝았다. 한국은 국내 정치도 조용하고 정부의 행정은 능률적으로 개선되어갔으며 원조 계획은 전쟁으로 파괴된 폐허를 재건하며 성과를 드러내고 있었다. 한국과 관련된 내 자신의 임무도 견딜만 하게 많이 줄어들었다. 2월 들어 나는 서울의 이 대통령 부부를 방문하도록 정중한 초청장을 받게 되었는데 내용을 보니 이번에는 업무 때문이 아니라 3월 26일인 그의 84회 생일에 즈음하여 친선 방문차 다녀가라는 것이었다. 다행히 그날이 부활절 휴가라 나는 쉽게 대학의 잡다한 일로부터 잠시나마 벗어날 수 있었다.

26일 아침 느즈막히 반도 호텔로 차를 보내왔기에 경무대로 들어갔다. 응접실에는 이 박사 부부와 몇몇 친지들이 모여 있었다. 그는 간단한 의식을 통해 나에게 대통령 훈장을 수여했다. 또한 자신이 만족할 때까지 쓰고 다듬은 표창장을 읽어 내려갔다. 이 날이 내가 그를 마지막으로 만나는 날이 될 줄이야!

그때도 느꼈지만 언제나 곧은 자세에 다부지면서도 온화한 표정과 진정한 신사의 용모와 품격을 보이던 그의 모습이 선하다.

그날 오후 우리는 지난날 함께 겪었던 생생한 체험이나 벗이야기를 하면서 정원을 거닐었고 나는 조용히 입을 열어 그에게는 휴식이 필요하니 앞으로 닥칠 여러 가지 도전과 일의 부담을 다른 사람에게 넘기고 1960년에는 대통령직에서 물러나야 할 것이라고 넌지시 말했다.

"그것 참 더 바랄 것 없는 이야기구려. 그러나 투쟁은 누가 맡아 해줄 것이요?" 그는 대답했다.

그러고 나서 그는 민주당 내부에 일어나고 있는 일에 대해 잠시 이야기를 이어갔다. 조병옥(趙炳玉)과 장면(張勉)은 당의 주도권을 놓고 치열한 싸움에 여념

이 없었다. 흥미로운 것은 두 사람 모두 원하는 것이 부통령 지명이라는 점이었다. 아무도 대통령직을 놓고 이승만 박사와 맞설 생각은 없었다. 직접선거를 통해서는 이 박사를 이길 수 없다는 것을 충분히 알고 있었기 때문이다. 이 박사의 나이를 감안할 때 부통령직이야말로 진짜 탐나는 자리였다.

이 자리마저도 치열한 경쟁을 필요로 했다. 한국 헌법에 따르면 대통령과 부통령은 별도로 선출된다. 장면은 1956년에서 1960년까지 이미 부통령직을 지낸 바 있었다. 그는 이 대통령의 발탁으로 1948년에 파리에 파견되었던 중요한 국제연합 대표단을 이끌었고 초대 워싱턴 주재 대한민국 대사를 거쳤으며 국무총리를 역임한 바 있었지만 이승만은 그가 1956년에 부통령이 되려는 포부를 반대했고 1960년 선거에서도 마찬가지였다.

장면은 외교 활동 무대에서 미국이나 국제연합의 '타협적인' 자세에 반대하여 싸움을 꾸려나갈 만큼 독립 정신이 강한 사람이라고 이승만은 생각지 않았다. 그는 또한 장면이 일본과의 현안 문제를 유리하게 해결할 요구를 관철시키려고 힘을 기울일 것으로 생각지도 않았다. 또한, 그는 장면이 북한으로부터의 파괴 분자 침투를 막는데 필요한 강인한 기골의 인물이라고 보지도 않았다. 이런 노력은 남한 전역을 통해서 물샐 틈없는 경찰의 감독을 필요로 했기 때문이다.

이 박사는 조병옥 역시 대통령 자리에는 적합하지 않다고 생각했다. 조병옥은 한국에서 기독교계 학교의 교육을 받았고 30년대에는 독립 주창자로 일본 치하에 두 번이나 감옥 생활을 겪었다. 미 군정은 그를 남한의 경찰 책임자로 발탁했다. 이 박사는 1950년에 그를 국제연합 주재 특명 대사로 보낸 일이 있으며 1950년에서 1951년에 걸쳐 10개월간 내무장관이라는 중책을 맡기기도 했다. 뒤이어 조병옥은 야당인 민주당의 현역 간부로서 두 번에 걸쳐 국회의원에 당선되었다. 그의 애국심과 불굴의 투지는 이승만 대통령의 존경을 받고 있었다. 그의 능력을 의심하는 사람은 없었다. 그에게 부족한 것은 자기 절제였다. 조병옥은 술을 즐겼고 밤새 열리는 연회를 좋아했다. 그는 남이 다 아는 자신의 수입 범위를 훨씬 넘게 돈을 쓰며 풍성하게 남을 대접했다. 불행한 일이지만 그의 능력은 주정과 절제 없는 생활 속에 낭비되었다.

장면과 조병옥 두 사람이 이승만을 대신하여 제4대 대통령을 맡게 될 인물이었다.

　이 박사 자신은 없어서는 안 될 인물이라는 신화의 희생물이었을까? 프랭클린 루스벨트, 윈스턴 처칠, 아데나워, 드골, 그리고 근대사의 많은 국민적 지도자들과 마찬가지로 그도 분명히 자기의 높은 자리를 단념할 마음이 없었다. 자신의 신념을 지키기 위해서는 이 세상의 비난과 공격이 그에게 집중적으로 쌓이는 한이 있더라도 승산이 없어 보이는 싸움에 맞서서 투쟁을 계속해 나가려는 자기의 능력과 투지에 정말 대단한 자신감을 가지고 있었다. 그는 동맹국이나 일본과의 관계에 있어 대한민국이 처한 문제의 복잡성에 대하여 이해가 깊다고 확신했으며 자기의 정적들이 과연 그만한 이해를 가졌을지 믿음이 가지 않았다. 필요한 정책과 계획을 수행해 나갈 능력을 가진 다른 잠재적인 지도자가 한국에 있을 것이나 아직은 정치 무대에 모습을 보이지 않았다. 이 박사 생각에는 분명히 조병옥이나 장면은 이런 상황이 요구하는 인물은 못 되었다. 그리고 이승만이 대통령 경합에서 스스로 물러선다면 국민 앞에는 이들 가운데 한 사람이 남게 될 것이다. 보통의 경우라면 자기가 꼭 필요한 인물이 아닐는지 모르나 이 특수한 상황에서만은 자신이 필요하다고 그는 느꼈다. 이것이 그가 나에게 들려준 설명이었다. 그리고 나이가 들어 신경질이 늘어감에도 불구하고 이것이 내가 반박할 수 없었던 사태 분석의 일면이었다.

　그다음 나는 자유당 소속으로 부통령 선거에 함께 나갈 인물을 물색할 것을 역설했다. 그는 눈썹을 치켜올리며 크게 놀란 듯이 나를 바라보았다. "부통령직이라는 것은 그리 큰 뜻이 있는 자리가 아니오." 그는 말을 이었다. "그렇지만 그 자리는 내게 충직하고 내가 기대할 수 있는 인물을 앉혀야 하오." 나는 그가 앞으로 4년을 더 살 수 있을는지 모르지 않느냐고 말하고 싶지는 않았다.

　그의 마음을 스쳐가는 생각들을 나는 쉽게 짐작할 수 있었다. 1956년 선거에서 장면은 이 박사가 택한 후보자 이기붕(李起鵬)을 쉽게 패배시켰다. 그들이 함께 재직했던 4년 동안 이승만과 장면은 얼마나 사이가 나빴던지 같은 단상을 차지하고 앉은 공식 의전 석상에서조차 서로 이야기를 나누는 일이 거의 없었다. 장면은 미국 부흥 계획의 수정과 감독을 주장하는 이 박사의 노력에 반대하는 운동을 주도했고, 또한 인플레를 통제하지 못한 이 박사의 실책을 비판했다. 더 나아가 장면은 이 박사가 '합리적'으로 해주기만 한다면 일본과의 화해는 실제로 유리할 것이라는 주장을 공개적으로 발표했다. 이승만은 이기붕에게 장면을 패배시킬 또 한번의 기회를 주기로 결심했다.

이기붕은 1947년에서 1949년까지 이 박사의 개인 비서로 일했다. 그는 서울이 공산군 점령 아래 들어가기 직전과 점령 기간 그리고 그 뒤에도 계속해서 서울 시장직에 있었다. 나중에 그는 국방장관을 거쳐 민의원 의장이 되었다. 그는 또한 자유당을 이끌었다. 그의 충성심과 토론의 혼란 속에서도 냉정을 유지하는 태도는 유명했다. 더구나 그의 부인 박마리아는 이 박사 부부의 좋은 벗이었고 이화대학교 학장의 직위가 입증하듯이 매우 매력 있는, 사회적 지위와 지적 능력을 갖춘 부인이었다. 이기붕 부부는 이 박사 부부와 격의없이 지내는 유일한 한국 부부였다. 1957년 봄 이 박사 부부는 가계를 계승할 아들을 두는 유교 전통을 지키기 위해 이기붕 부부의 큰아들인 강석(康石)이란 이름의 18세 소년을 양자로 삼았다. 이런 사실들이 이승만이 이기붕을 부통령 후보로 지명한 주요 이유였다.

한국과 미국의 많은 인사들이 이런 선택을 현명치 못한 것으로 생각한 데에는 두 가지 이유가 있었다. 하나는 그가 몇 가지 공직을 차지하면서 많은 정적을 만들었고 따라서 도덕적으로 비열하고 정치적으로 잔인하다는 악명을 지녔다는 점이고 다른 하나는 이기붕 자신이 하체 마비 진행으로 고생을 하고 있다는 점이었다. 이런 요인으로 그는 대통령직이라는 격렬한 임무 수행에 부적합하지 않겠느냐고 내가 말을 꺼내자 이 박사는 '프랭클린 루스벨트는 어떠했느냐?'는 반응이었다. 그의 결심을 알고 나는 화제를 바꾸어 한담으로 되돌아갔다. 여하간에 선거는 아직 6개월이나 뒤의 일이고 그 사이에도 많은 일이 생길 수 있었다.

3월 말에 귀국한 나는 어떻게 하면 우리들의 홍보 계획을 효과적으로 펴나가느냐 하는 문제에 골몰하게 되었다. 우리의 월간지 〈코리안 서베이〉라든가, 학교마다 보내고 있는 '교육용 간행물' 그리고 1954년 이후부터 〈코리안 퍼시픽 프레스〉 대신 사용된 한국 홍보 조사처 발행의 각종 자료들은 각계의 좋은 반응을 얻고 있었다. 나는 한국에 관해 내가 쓸 수 있는 모든 논문이나 기사 거리를 언제든지 실을 수 있는 잡지와 신문란을 확보하고 있는 상태였다. 아무리 그래보아도 이 대통령의 여러 반공 정책과 계획에 대한 신문의 비난이 꾸준히 쏟아져 나오기 때문에 우리들의 영향력은 언제나 상쇄되기 마련이었다. 한국에 관한 미국 국민의 지배적인 희망은 지난 일들을 잊어버리고 한국과 계속 관련을 맺어 골치 아픈 일을 끝내자는 것이었다.

우리들의 홍보 활동을 괴롭히는 문제는 당시 주 이탈리아 대사로 근무하던 김영기(金永琦)가 내게 보낸 편지에 잘 설명되어 있다.

8월 18일 김대사는 로마에서 발행되어 유럽 전역에서 읽히는 유명한 영자신문 〈데일리 아메리칸〉 편집인 미카엘 키인으로부터 한 통의 편지를 받았다. 김대사는 키인에게 대한민국에 대하여 좀더 동정적인 신문 기사를 많이 실어주도록 간청한 바 있었는데 아래와 같은 회신을 받아 내게 보내면서 자신의 홍보 활동이 왜 그들에게 감동을 주지 못하는지 알리려고 했다.

이런 계획에는 성공을 가로막는 만만치 않은 난관이 있다고 생각합니다. 이 난관은 두 개의 주요한 범주로 구분됩니다. 그 첫째가 기술적인 난점이고 둘째가 정치적인 것입니다.

기술적으로는 이탈리아 신문들이 아시아의 사건과 문제점에 대해 형편없이 무관심하다는 것입니다. 이것은 일반적으로 이탈리아 사람들에게서 발견되는 아시아에 대한 무식을 반영하는 것입니다.

더구나 주요 뉴스나 핵심적인 사건이 채택되는 실제적 과정에서 굉장한 부정 행위가 존재합니다. 홍보를 원하는 단체나 개인은 신문 지면 확보를 위해 습관적으로 편집인과 기자들에게 상납을 합니다. 알기 쉬운 예가 이탈리아의 〈뉴욕타임스〉라고 불리는 〈일 메사게레〉지의 편집장이 전 수상 아민토레 팡파니로부터 정기적으로 매월 금전을 뇌물로 받았다고 하여 최근에 파면된 사실이며 팡파니 자신이 이 뇌물 수수 사실을 폭로했습니다.

원글 한국이 일본에 대항해서 이탈리아 신문 지면에 적절한 뉴스 기사를 싣는 단 한가지 효과적 방법은 그런 신문 지면을 사는 일입니다. ……

위에 지적한 두 번째 범주에 대하여 말씀드리겠습니다.

정치적으로 이탈리아 그리고 이탈리아 신문은 어떤 다른 아시아 국가들보다도 일본과 밀접한 관계에 있습니다. 이것은 제2차 세계대전의 중심국이었던 3국 동맹의 계속이며 또한 이탈리아의 학교 교과서가 다른 아시아 국가들의 내용을 모두 합친 것보다도 더 많은 지면을 지금까지 일본에게 돌리고 있다는 사실이 잘 말해 주고 있습니다.

나 역시 미국 신문을 상대로 이와 같은 아시아 문제에 대한 형편없는 무관심을 느꼈고 신문 지면을 넓게 차지할 가치가 있는 유일한 아시아 국가는 일본뿐이라고 강조하는 식의 비슷한 경향 역시 감지할 수 있었다. 한국에 대한 보도는 드물었을 뿐만 아니라 선동적인 것에 국한되었다.

나는 오래전 1949년 여름에 일어났던 한 사건을 잘 기억하고 있다. 나는 〈뉴욕타임스〉의 리처드 존스턴 기자, 시카고 〈뉴스〉지 기고문을 통해 다른 신문에도 널리 알려진 케이즈 비취, 그리고 AP 통신의 '특종 기자' 사라 파크와 함께 네 사람이 서울 반도 호텔 앞에 서 있었다. 우리들 바로 앞에서 두 경찰관이 달아나는 한 청년을 따라잡았다. 그가 뿌리치며 도망치려고 버둥거리자 한 경관이 보도 옆의 물통을 들어 그 청년에게 들어부었다. 우리는 아무도 그 청년이 왜 붙잡혔는지 알지 못했고 또 물어보려고도 하지 않았다. 존스턴과 미스 파크는 나와 계속해서 잡담을 나누고 있었다. 케이즈 비취는 반도 호텔의 기자실로 뛰어가서 이렇게 시작되는 기사를 써나갔다.

"오늘 나는 서울의 어떤 길가에 서서 두 야만적인 한국 경찰관이 작은 한국 소년에게 '물 세례'를 주는 장면을 보았다." 나는 리처드 존스턴에게 남한에서 석탄과 수력 발전에 상당한 증산이 있고 다른 경제 사회 여건도 개선된 사실을 어째서 기사로 다루지 않느냐고 물었다. 그는 화를 내며 고개를 흔들었다. "내가 그런 기사를 써 보내도 우리 편집인이 그것을 신문에 싣지 않고 설사 실린다 해도 아무도 읽지 않았다는 것을 당신도 나만큼이나 잘 알면서 그러시오." 이것은 외국 뉴스 보도의 심각함을 보여주는 하나의 예에 지나지 않는다.

우리가 남한에 대하여 밖으로 퍼뜨리고 싶은 뉴스는 나라 안이 이제는 조용하며 시민들은 질서를 잘 지키고 아이들은 학교 수업을 잘 받고 있다는 이야기였다.

사실상 학교 교육은 놀랄만큼 발전하고 있었다. 1959년까지 군사 분계선 남방의 온 국민이 적어도 기능상으로는 문맹을 면했다. 75개 이상의 각 단과 대학, 종합 대학교 그리고 전문 학교가 8만 명 이상의 학생을 수용했다. 6세에서

10세에 이르는 전체 아동의 95% 이상이 초등학교에 다녔다. 대한민국은 세계에서 문맹자가 퇴치된 국가의 하나가 된 것이다.

하지만 경제적으로 이 나라는 어려웠다. 미국 원조 계획은 아직도 기본 생산 시설의 건설보다 소비재 수입에 더 역점을 두었다. 비료 공장 건설의 매우 느린 과정보다는 비료 수입을 통해 눈에 보이는 결과를 추구했다. 제빙 공장과 통조림 공장의 부족으로 상업적인 어로 작업에 지장이 많았다. 공업 생산은 가까스로 발전하고 있었다. 거의 반수에 달하는 성인 인구가 직업이 없거나 심각한 불완전 취업 속에 허덕였다. 전쟁으로 인한 황폐는 온 누리를 지배했다. 경제 향상은 너무나 완만하여 눈에 뜨이지도 않았다.

세계의 신문들은 한국의 교육, 사회, 그리고 공업 등 여러 가지 사정에 무관심했으나 한국의 국내 정치에 대해서는 그만큼 무관심하지 않았다.

남한은 어째서 기능적 민주 국가로 미국의 기대에 어긋나게 되었는가를 설명해 달라는 〈프리 월드 포럼〉 편집인의 요청에 답하여 나는 1959년 9월호에 이렇게 썼다.

······대한민국은 정치 논쟁이 유난히 활발한 지역이다. 적대적인 비평가들은 이 사실에 대하여 괴상한 두 갈래 견해를 가지고 있다. 한편에서 이들은 모든 정적과 반대파들을 '독재적'으로 탄압한다고 이 대통령을 공공연히 비난한다. 다른 한편으로 그들은 신문과 국회가 그와 그의 행정부를 공격하는 것이 이 대통령이 '인기를 잃은' '증거'라고 예를 들면서 오직 독재적 방법으로만 그의 정권 유지도 가능하다고 결론짓는다.

한·미 관계의 철저한 연구에서 나타나는 하나의 뚜렷한 사실은 이 대통령을 반대하는 미국의 비평가들이 한·미간의 닮은 점에 대해 너무 지나치게 과소평가하는 경향이 있다는 점이다. 그들의 목적에 들어 맞을 때에는 한국의 관습이 미국의 정치 관습이나 자기들의 비현실적인 이상과 빗나가고 있다고 비판한다. 다른 한편으로 이들은 기적이 당연히 일어나야 하는 곳이 한국이라고 생각하고 있는 것 같다. 예를 들면 이 대통령이 어떤 선거에서 득표수가 5표에서 3표 꼴로 승리했을 경우, 그것이 만일 미국에서의 일이라면 '압도적 승리'라고 대서 특필할 것인데 이들 비평가에게는 한국에서 이런 정도의 표수는 국민 대중에 대한 그의 기본적인 인기 부족의 증거로 보이는 것이다.……

몇 가지 면에서 한국의 정치 형태는 미국의 것과 현저하게 비슷한 점이 있다. 나와 각별한 벗의 한 사람인 월터 정(鄭월터)은 현지의 매우 날카로운 관찰자로서 1956년 8월 31일사로 대통령 선거 운동이 매우 활발히 진행 중이라는 편지를 내게 써 보냈다. 이기붕이 1956년 부통령 선거에서 진 것은 신문 기자들이 이기붕을 이 박사의 '지명 후보자'라고 보도한 것을 이 대통령이 성급하게 부인한 것이 일부 작용했기 때문이었다. 이승만은 '내가 출마하지 않으니까 아무도 내 지명 후보가 될 수 없다. 만일 국민이 내게 투표하기를 원한다면 그렇게 해도 좋소. 나는 분명히 나를 위해서나 어느 누구를 위해서도 그들의 투표를 요구하고 있지 않소' 말했던 것이다. 그 결과 국민들은 일반적으로 이 박사가 사실상 이기붕이 당선되기를 원치 않는다고 생각했다. 월터 정의 편지에는 1960년 선거는 사정에 따라 다르다고 설명했다. 이기붕은 열심히 선거 운동에 뛰어들었고 이 박사는 그에 대한 자신의 지지 태도를 명백히 했다.

민주당 내부의 싸움은 매우 심각하다고 월터 정의 편지는 계속된다. 조병옥은 장면에게 '패했고', 따라서 가치 없는 대통령 지명을 할 수밖에 없었고 생명력을 가진 부통령 후보 지명은 장면에게 돌아갔다. 3월 15일로 예정된 선거를 앞두고 조병옥은 암으로 인하여 워싱턴의 월터 리드 병원으로 급히 옮겨졌으며, 그곳에서 2월 중순에 운명했다. 그리하여 이 대통령의 재선은 자동적으로 되었으나 부통령 싸움은 막상 막하로 치열했다.

1960년 3월 7일 이 대통령은 조병옥의 사망으로 인한 선거 정세에 대하여 나에게 이런 편지를 보내 주었다.

많은 신문에는 민주당에게 대통령 후보 지명을 허락하도록 선거법을 재정해야 한다는 제안이 있었으며 많은 인사들이 후보자가 되어 달라고 요청하기 위해 양유찬(梁裕燦) 대사에게 접근했소. 당신은 법률적인 관점에서 보아도 이 법은 바꿀 수 없다는 것을 알고 있으리라 믿소. 더구나 민주당은 다른 후보자를 지명할 생각이 없소. 표를 얻을 수 있는 유일한 인물은 장면이며 그때문에 그는 부통령 후보 지명을 받았던 것이오. 만일 그가 대통령 지명을 받았더라면 그는 표를 얻을 기회를 놓쳤을 것이오.

이틀 뒤에 나는 그에게 이런 편지를 썼다. '이 편지를 받으실 때쯤에는 이미 선거도 끝이 나고 대량 득표는 박사님에 대한 고귀한 선물이 될 것을 확신합니다. 그와 함께 박사님의 생신 축하를 겸하여 봄 날씨가 언제나 더할나위 없는 진해에 내려가 휴식을 취하실 차비가 되었겠지요.'

우리들 모두의 생각은 미래를 향해 있었다. 한국에서는 인플레가 적어도 억제된 상태였다. 경공업 특히 섬유 공업은 희망을 보이고 있었다. 쌀의 수확도 어느 때보다 풍작이 된 듯했다. 그러나 공업 생산은 아직도 뒤지고 실업률은 침울할 정도로 높았다. 우리의 관심사는 이미 프랑스어와 에스파냐어로 번역된 바 있는 〈코리안 서베이〉지를 이태리어와 그리스어 번역판으로도 낼 것을 요청한, 로마 주재 김대사의 편지에 쏠려 있었다.

한국에서는 대통령 선거에 모든 관심이 집중되었다. 3월 17일 이 대통령은 '대서 특필할 기사 거리를 찾아 우리의 가난한 소도시들을 누비고 다니는' 외국 기자들에 관하여 내게 편지를 써 보냈다. "……한국이나 미국이나 또 어디에서나 선거에서 서로 중상 모략하며 싸우는 일은 당연한 것으로 알고 있소. 그러나 '야당의 발언'은 진실로 받아들이고 정부가 하는 말은 거들떠 보지도 않는 일은 이 세상 어디에도 없을 것이오" 하고 그는 개탄했다. 3월 21일자 〈타임〉지는 선거에 관해 널리 퍼진 부정을 상세히 보도했다. 한국 신문들 역시 부정 행위에 대한 비난으로 가득 채워졌다. 민주당이 절대 다수를 차지하고 있는 것으로 알려졌던 두 개의 도시 마산과 대구에서 이기붕이 압도적 승리를 거두었다는 보도는 선거의 진실에 대한 의혹을 더욱 짙게 했다.

이런 상황에서도 이 대통령의 평온한 심정은 정성이 깃든 그의 4월 1일자 편지에 나타나 있다.

나의 생일을 친절히 기억해준 데 대하여, 그리고 보내준 선물에 대해서도 감사하는 바이오. 망치의 장미 나무 결은 참 아름다우며 윤기있는 마무리 솜씨 때문에 잡기도 편해서 좋소. 당신의 사려 깊은 마음씨에 감사하오.……

생일 축하를 되도록 간소하게 하라는 나의 청에도 불구하고 정부의 방문객들과 외교 사절들로 아침 나절은 여전히 붐볐소. 나는 당신이 작년에 우리와 함께 지낸 일을 회상하며 금년에는 그렇지 못한 것을 섭섭하게 생각하오. 봔푸리트 장군이 우리의 유일한 손님이었지만 우리는 한국식 점심 식사를 들었소.

불행히도 할 일이 많아서 한동안은 진해에 내려 갈 수 없을 것이오. 그러나 봄은 서울에도 찾아왔기에 여행 못 가는 것을 크게 섭섭히 생각지 않을 것이오. 지난 며칠 동안 내린 아주 따뜻한 비가 진달래, 개나리를 피게 했고 이제는 벚꽃이 피어나고 있는 중이오. 당신도 알다시피 이 곳 봄은 언제나 아름다운 계절이고 우리는 매일 산책에서 꽃들을 너무나 즐기고 있소.

한국은 경무대를 제외하고는 조용한 분위기가 아니었다. 고려 대학교 학생들이 선봉이 되어 대학생들이 거리로 나와 대중 시위를 벌이며 부통령직을 '훔쳤다'고 공격했다. 시위는 폭동으로 변했다. 국내외 신문들은 시위자들을 탄압하는 '경찰 만행' 기사를 대서 특필했다. 수천명의 시위자들이 경무대로 들어가는 언덕길을 밀고 올라갔다. 해산 명령을 듣지 않자 경찰은 앞 줄에 대고 발포한 결과 상당수가 죽고 수십명 이상의 부상자를 냈다.

'에버레디 작전'을 실행에 옮길 시기가 도래한 것이었다. 육군 참모 총장 겸 서울 지구 사령관 송요찬(宋堯讚) 장군은 휘하 부대에게 시위 군중으로부터 경무대를 방어하는 행위를 하지 말도록 명했다. 연합 참모 본부 의장 백선엽(白善燁) 장군은 이 대통령에게 올라가 군은 그의 정부를 지지하지 않을 것이라는 통고를 직접 전하는 언짢은 임무를 맡게 되었다.

4월 19일은 군의 지휘관들이 최종 결정을 내린 중대한 날이다. 같은 날(미국 시간 4월 18일) 나는 그의 사임 소식을 듣기 전에 사태 수습 방안에 대한 '완곡한 충고'를 담은 편지를 이승만 대통령에게 써 보냈다.

······내가 2, 3년 전 한국에서 들은 바에 따르면 한국 대학생들은 졸업하고 나서도 자기들의 교육을 활용할 수 있는 충분한 직장이 마련되지 않는다는 주된 이유 때문에 ······자기들끼리 굉장한 좌절감을 느끼고 있다고 합니

다. 우리가 다 알고 있는 바와 같이 이런 감정은 해외에서 교육을 받은 사람들 사이에도 역시 강합니다. 경무대에서 학생 단체의 지도자들과 박사님이 만나 대학 졸업생들의 이익을 증진시킬 수 있는 방안을 토의하는 회의를 소집한다면 아마도 일반적으로 좋은 인상이나 어떤 좋은 결과를 얻게 될 것입니다.

4월 25일 한국에서 항의 운동이 맹위를 떨치고 있을 때 나는 다시 한번 이 대통령에게 편지를 썼다.

……사태를 진정시키기 위하여 새로 부통령 선거를 해야 합니다. 그러나 내가 본 바의 기본적인 문제점은 낮은 생활 수준과 교육을 받은 사람들에게 합리적인 기회가 적다는 일반적인 좌절감 때문이며, 지금은 그 기회가 매우 넓어졌다고는 하지만 지금은 혼란 상태라는 점입니다. 이런 문제점은 세계 모든 '개발 도상국'에 현재 존재하고 있고 또 앞으로도 계속해서 존재할 그런 종류의 문제점입니다.

한국 사태는 내가 인식하고 있던 것보다 더 빠르게 진전되고 있었다.
4월 21일 미국 대사 매카나기는 이승만 대통령에게 외교 각서를 보냈는데, 그 사본은 혁명이 끝날 때까지 내게 입수되지 못했다. 그 핵심적인 구절은 이승만의 사임이 아니라 정치적 개혁을 요구하는 것이었다. '경찰과 군부는 정치에 개입해서는 안 된다'고 그 각서는 경고했다. '선거 불법 행위에 책임이 있는 관리와 정당 간부들'은 자리에서 물러나야 한다. '1958년 12월 24일에 채택된 국가 보안법 중 문제가 된 조항들'은 무효화시켜야 한다. 이런 제의들은 이의가 있을 수 없었다. 그러나 이것을 개선하기에는 시기가 너무 늦었다.
4월 27일은 비극이 절정에 이른 날이다. 이 대통령은 국회에 자신의 사퇴서를 제출했다. 이기붕은 선거 부정의 전적인 책임을 진다는 공식 성명을 발표하고 대통령과 국민에 대한 공식 사과문을 제출했다. 그날 밤 이기붕 일가는 눈물과 기도로 지새웠다. 그리고 4월 28일 이른 새벽 그들은 집단 자살을 했다.
이 박사 부인은 몰락의 와중에서도 조용히 자리에 앉아 슬픔을 혼자 삼켜가며 정중하고도 너그러운 편지를 써 보냈다.

4월 20일자 올리버 박사님의 훌륭한 편지를 고맙게 받았습니다. 그렇게도 신속하고 친절하게 편지를 보내주셨고 대통령도 박사님의 충고에 담긴 따뜻한 우정을 감사하고 있습니다. 지금쯤은 박사님도 대통령이 국회에 사표를 냈다는 소식을 듣게 되셨으리라 생각되며 박사님은 그의 심정을 이해하리라 믿습니다. 그분의 나라 사랑과 무엇보다도 한국에 대한 자신의 믿음을 박사님은 알고 계시고 또한 그는 아직도 자신의 신념에 대한 용기를 잃지 않고 있으며, 오늘의 도전에 맞설 용기가 있다는 것을 믿어 주시기 바랍니다.

오늘 우리는 이화장(梨花莊)으로 옮겨갑니다. 그리고 짐작하시겠지만 할 일이 산적하여 자연히 저의 편지를 이만 줄이고자 합니다. 박사님은 모든 것을 이해하여 주실 것으로 믿습니다.

1947년 이래로 한국을 위해 그렇게도 열심히 자신을 돌보지 않고 일해 온 한국 조사 정보처 워싱턴 사무소의 부편집인이자 나의 비서였던 오랜 동료 한 사람이 나에게 감동적으로 써 보낸 편지를 보면, 한국을 잘 알고 사랑한 미국인들에게 이런 사건들이 무엇을 의미하는지 잘 나타나 있다.

1884년 무렵 최초의 신교 선교사들이 한국에 온 이래 한국이 중세의 봉건 주의로부터 벗어나게 되었다는 점을 생각해 본다면 아마도 이런 종류의 정치적 소용돌이는 불가피한 것이었다고 하겠습니다. 20세기 중반으로 이어지기까지 얼마나 기나긴 장족의 발전을 거듭해야 했습니까? 그리고 이 박사의 생애는 그런 힘찬 과도기를 말하는 하나의 상징이었습니다. 재래식 사고방식을 가진 몇몇 수구파들이 그에게 매달린 것은 조금도 이상스러울 것이 없습니다.

뚜렷한 사실은 이 박사와 여러 인사들이 지금까지 잘 해 나왔다는 점입니다. 개혁을 반대하는 고루한 동양적 저항과 동양 사회에 보편화되었던 전통적인 탄압적 관습들을 생각할 때 국민들의 목덜미를 잡아끌며, "자네들은 꼭 이러이런 방법으로 해 나가야 해" 말하고 싶었을 대통령의 심정을 박사님은 이해하실 수 있을 것입니다.

그러나 네 번째 입후보 계획에 접하고 우리 모두는 몹시 놀랐고…… 더구나 야당이 새로운 대통령 후보를 선택할 시간 여유를 가지도록 선거를 충분히 늦추는 일을 달갑게 생각하지 않는다는 말을 듣고 우리는 더욱 놀랐습니다.

〈코리안 서베이〉지의 마지막 호에 나는 고별사를 썼다.

한국 사태에서 가장 큰 희망은 한국 국민이 스스로 보여준 품격이다.
그들은 용기와 훌륭한 성격으로 역사상 가장 황폐가 심한 전쟁을 참고 견디었다. 그들은 민주주의에 대한 자신의 애착과 자기 수양 능력을 과시했다. 그들은 열심히 일에 몰두하며 연구심이 강하고 희망적이다. 우리의 도움과 지도로 유망한 장래가 약속되어 있는 것이다.
그러나 건설과 발전의 진정한 작업은 앞으로 태산같다. 공업화를 촉진시켜야 한다. 이것이 생활 수준 향상을 위한 유일한 길이다. 그리고 문제의 핵심은 바로 여기에 있다. 세계의 번영은 세계의 평화 못지 않게 중요하다.

제1 공화국의 끝마무리에 대한 마지막 기록으로 1960년 5월 1일 이승만 대통령이 나에게 써보낸 편지 전문을 여기에 공개한다. 그가 한국을 떠나려고 하던 때의 일이므로 이것이 내가 그로부터 받은 마지막 편지였다.

4월 28일자 당신의 좋은 편지가 아내와 나 자신에게 큰 위안이 되었소. 우리는 그 편지에 대해 고마운 뜻을 전하고 싶소. 벗들이 자기들 자신을 입증하는 것은 이와 같은 시기의 일로서 우리는 그들의 격려의 말을 고맙게 여기고 있소.
우리가 이화장으로 옮긴 지도 벌써 1주일이 지났으며 차차 새 집과 정원에 익숙해져 가고 있는 중이오. 한번 물러나기로 결심한 이상 경무대를 되도록 빨리 떠나려 했소. 그 뒤부터 나의 아내는 가구들을 어디에 두어야 할지 고민에 빠졌으나 지금은 훌륭한 솜씨로 그 일을 처리했소.

시간의 흐름은 최근에 일어났던 비극을 기억에서 지워버리는데 도움이 되고 있다는 것을 알아 주기 바라오. 여느 시민과 같이 우리는 다만 정의는 승리한다는 온전한 생각을 가지고 미래를 개척해 나갈 것이오.

우리는 언제나 감사한 마음으로 당신의 헌신적 노력을 기억하고 있을 것이며, 당신이 도모하는 모든 사업에 크나큰 성공이 함께 하기를 기원하오.

옮긴이의 글

우리가 한 시대를 살아가면서 자신의 운명이, 왜? 그리고 어떻게 남의 나라 사람들 흥정 속에 좌우되어 왔으며, 이 나라 건국의 이면사 그 진상은 어떤 것이었는지, 차분한 마음으로 자기의 좌표를 정립해 보는 의미에서도 이 격동기의 X파일들을 살펴보고 그 뒤안길을 더듬어 볼 필요가 있다고 생각합니다. 그런 의미에서 이 책은 하나의 귀한 자료가 되리라 믿습니다.

저자 로버트 올리버 박사는 그동안 미국에서 계속 편지로 격려를 아끼지 않았고, 특히 방한시마다 몇 번이나 저를 만나서 용기를 일깨워주었습니다.

올리버 박사가 1942년 이승만 박사의 애국심과 독립 정신에 매료되어 그와 인연을 맺은 뒤로 지금까지 변치 않고 그 평생의 뜻을 받들어 나가고 있다는 사실은, 우리에게 크고 깊은 교훈을 줍니다.

제가 처음 이승만 박사를 뵈었던 이야기부터 시작하는 것이 좋을 것 같습니다. 1954년 6월 진해(鎭海)에서 열린 제1차 아시아 자유회의에서의 일입니다. 통역 장교로 국방부에 근무하고 있던 저는 다른 10명의 통역 장교들과 함께 그 회의에 파견 근무를 나가게 되었습니다. 평상복 차림이어야 한다고 해서 친척 형님의 마카오 양복을 빌려 입고 진해로 내려갔습니다.

회의장소는 해군 경비부 사령관 관저였고 한반도 지도 모양으로 넓게 가꾸어진 연못에는 난생 처음 보는 큰 금붕어들이 우아하게 노닐고 있었습니다.

그 연못가의 잘 다듬어진 넓은 잔디밭으로 각국 대표들이 모여들었고, 곧 주최국 이승만 대통령의 연설이 시작되었습니다.

저는 그 대표들 좌석의 뒷켠에서 그 분의 연설을 들을 수 있었습니다.

"이제 우리 아시아인들은 떨쳐 일어섰습니다. 이제는 우리가 이 일을 하겠다, 저것을 하겠노라 하고 당당히 말하고 또 그것을 실천에 옮길 수 있는 새 시대가 열린 것입니다."

대강 그러한 내용의 즉석 연설이 이어져 나갔습니다. 저는 각국 대표들의 표정과 반응이 어떠한지를 가끔씩 살피면서 관심 있게 바라보고 있었습니다.

임영신(任永信), 이범녕(李範寧), 최덕신(崔德新), 황성수(黃聖秀) 등 우리나라 대표들이 연단 맞은편에 앉아 있었고, 타이완의 곡정강(谷正綱) 대표와 필리핀 대표, 홍콩·마카오·류큐(琉球) 등의 대표들, 그리고 옵저버 자격으로 참석한 타이의 국회 부의장, 베트남과 일본 등의 인사들도 자리하고 있었습니다.

프랑스 식민지였다가 풀려난 베트남에서 온 사람은 영어가 썩 귀에 안 들어오는지 더러 고개를 갸우뚱하는 것 같았지만 그곳에 모인 청중들 모두는 힘찬 이승만 대통령의 연설에 서서히 끌려들어가고 있었습니다.

얼마나 시간이 흘렀는지 청중은 꼼짝않고 이 박사의 이야기에 완전히 압도되어 가고 있었습니다.

이승만 대통령의 연설은 갈수록 조리 있는 화두로 고조되어 청중들은 감동으로 더 귀를 기울이기 시작했습니다.

옆에서 눈을 지긋이 감고 마치 복음을 듣고 있는 듯 얼굴에 홍조를 띠우고 있는 황성수 대표의 모습이 눈에 들어왔습니다.

1년 전 1953년 7월 27일 통일을 눈앞에 두고 국제 정치의 역학 구도 속에 강대국의 음모로 전쟁 당사국인 대한민국을 제외시킨 채 성사된 정전협정에 대한 한스러움이 응어리졌을 이승만 박사는, 이러한 아시아인의 모임을 주도하며 '아시아인에 의한, 아시아인을 위한, 아시아인의 아시아'를 열정적으로 역설했던 것입니다.

《이승만 없었다면 대한민국 없다》에서 올리버 교수는 충직하고 정직하게 건국 대통령 이승만 박사의 진면목을 드러내 보였습니다.

미국의 정치 사회 과학 아카데미 회지 1981년 5월호 제455권에 실린 《이승만 없었다면 대한민국 없다》에 대한 미 육군 감찰감 조지 팍스 모트 씨의 독후감과 서평을 올리버 박사가 오래 전에 내게 보내왔습니다. 그런데 그것은 이 나라 지식인, 정치인뿐만 아니라 정치학도, 사학도들에게 이 박사를 다시 생각하고 재평가 하는데 도움이 될 내용이었습니다.

이 책을 발견하게 된 사연은 이렇습니다.

스칼라피노 교수와 공동으로 《한국 공산주의 연구》를 펴낸 팬실베이니어 대학의 이정식(李庭植) 교수가 안식년을 맞아 고려대학교 초청으로 한국에 온 것은 1970년의 일이었습니다.

스칼라피노 교수의 연구 조교 생활을 그만두고 귀국한 김병연(金炳燕) 씨와 함께 이정식 교수를 만난 것이 내가 이 책에 매달리게 된 단초(端初)가 되었습니다.

국내에서의 출판을 목적으로 이교수가 가져온 이승만 박사의 《대외비 서간집》은 나의 눈을 뜨게 했습니다.

우여 곡절 끝에 그 서간집이 햇볕을 보게 된 것은 그런 일이 있은 지 또 한 세월이 흐른 1978년이었습니다. 모트 씨의 이 서간집과 그 해설이 줄기가 되는 《이승만 없었다면 대한민국 없다》에 대한 서평 전문은 다음과 같았습니다.

조국의 해방을 위한 한 평생의 투쟁, 나라 사랑의 일편단심, 미국의 역대 대통령과 국무성, 국제연합, 그리고 수많은 군 장성들과의 얽힌 사연, 세평(世評)에 오른 완고함과 이른바 전횡적이라고 비난받았던 권력 행사 등 그동안 이승만에 관한 많은 저술이 있었다.

그러나 그 대부분은 내용이 그릇되거나 사실을 왜곡한 것이었다. 이제 여기에 마르크스주의자들의 동북 아시아 정복을 막고 그들을 물리치려고 최선의 노력을 기울였던 한 인간에 대한 모든 풍문과 그릇된 보도, 그리고 과장된 중상 모략 등을 바로잡아 줄 소중한 전기물(傳記物)이 나왔다.

이승만이 보기에 어떠한 형태로든 자기에게 공산주의자들과의 합작을 강요하거나 압력을 가하는 자들은 모두가 자유 세계의 공적(公敵)일 뿐 아니라 자신에게 맞서는 적수(敵手)이기도 했다.

표면상으로는 그의 맹방(盟邦)이었던 모든 서구 열강 국가들의 주장이라 할지라도 이들과 타협하기를 완강히 거부함으로써 그는 아무와도 타협할 수 없는 완고하고 늙은 폭군이라는 세평을 들었다. 그러나 훗날의 모든 역사는 그가 예견한 바가 대부분이 옳았고 정당했음을 입증했다.

오늘의 현실을 바라볼 때 이승만은 "내가 여러분에게 그렇게 되리라고 이미 말한 바 있지 않소?"라고 말할 것만 같다.

그러면서도 그는 스스로의 마음을 달랠 길이 없었고 그 당시에 이미 세계 열강의 안목이 그러했기를 바랬던 것이다. 이 책에 담겨 있는 30여 년에 걸친 사건들, 여기에 엮어진 이야기들보다 더 흥미로운 정치적 대립 관계를 밝혀줄 전형적인 사례 연구서는 다시 없을 것이다. 올리버 박사는 비록 이승만의 고문으로서 그를 위해서나 한국을 위해서 하나의 문필가로 일했거나, 이승만과 주고받은 교신(交信)을 편집하는 일에 그쳤다 하더라도 역사의 기록을 위하여 가치 있는 큰 일을 이룩했다. 아니 그 이상의 몫을 다했다.

그는 자신의 자료들을 골라내고 사건이나 결정 사항들을 순서대로 정리하여 제삼자의 판단을 바로잡으면서 자신의 정직한 판단을 가미하는 기념비적 사업을 수행했다. 그는 무조건 정당화하려고 하지도 않고 기록을 바로잡는 일 이외에는 이승만을 위한 변명자의 역할도 하지 않았다.

그는 이 시대를 통하여 내내 직접적으로 혹은 편지 왕래를 통하여 매일같이 그와 접촉했었다. 그의 자료의 진위(眞僞)는 의심할 여지가 없으며 그 자료들은 원천적인 것이다.

1960년 이후 30년이란 세월이 흐르면서 생생하던 기록이 익어가는 동안 위기의 절박감은 과거사가 되어갔으며, 매일같이 계속하던 대립의 열기도 점차 식어버렸다. 이제 새삼 올리버 박사가 그의 문서철을 다시 펴서 사건들을 되살리는 데는 분명 남다른 용기가 필요했을 것이다.

이 작업은 평온하게 되살아나는 감정의 일단이라기보다는, 30년이 지났어도 변함없는 자유 세계의 정치적 경륜(經綸)에 대한 새로운 좌절과 분노였을 것이다. 그러나 유일하게 자격을 갖춘 저자가 이 일을 그토록 오랫동안 미루어 온 사실은, 새로운 변화의 조짐을 보였던 미국의 외교 정책에서 한국의 경륜을 산교훈으로 삼을 수 있도록, 오히려 유리하게 작용할 수 있게 해 주었다.

이승만은 페어플레이, 명예, 극기심, 그리고 도덕적 의무를 갖춘 18세기적 감각의 신사였다. 이것은 친구나 동지들에게 신념을 가지고 써 보낸 여러 편지의 문맥 속에 역력히 나타나 있다. 그는 또한 철저한 실용주의자였고 냉철한 현실주의적 정치 활동가였다. 기본 원칙에서는 절대로 타협하지 않았다.

그는 한때 "콜레라(전염병)와 타협할 수는 없다"라고 썼다. 대한민국 초대 대통령이 되기 전 한국으로 돌아가게 될 무렵 나와 알고 지낼 때에 일찍이 "코브라(독사)와 타협할 수는 없지 않은가"라고 말한 적도 있다. 한편 그가 수련을 쌓았던 윌슨 대통령 계열의 민주당파였을 당시 그는 민주주의의 딜레마를 다음과 같이 적고 있다.

"민주주의 최대의 약점은 일반 선거로 선출된 지도자들이 광범위한 대중의 인기에 의존해야 한다는 것이다. 그들은 대중의 지지 없이는 아무 일도 할 수 없다. 이것이 그들을 소심하게 한다. 그들은 어떤 코스가 옳은가를 스스로에게 묻는 대신, 어떤 프로그램이 최대의 득표를 할 것인가를 묻는다. 그러므로 민주주의 국가의 정책은 의지할 것이 못된다. 지도자들은 오늘 약속한 것을 형편에 따라 내일 포기할 수도 있다."

한미 관계의 초기부터 이승만과 미국 정치 지도자들은 하나의 중대한 이슈, 즉 "미국은 또 하나의 전쟁을 원치 않는다"는 문제를 놓고 상반된 입장에 서 있었다.

'경찰 활동'의 구상이라든가 마르크스주의의 '봉쇄' 등은, 인도나 유엔과 같은 솔직하지 못한 우방들이 은근히 부추기는 가운데 서구 진영이 이 시대를 통해 선택한 방법이었다. 이승만에게는 이것이 재난이요 맹목(盲目)이요 치명적인 매일 매일의 좌절이었다. 판문점에서의 우유부단, 유엔의 행동과 태도의 변화, 전적인 유화 정책(宥和政策)의 불행한 노선, 그리고 힘이 아닌 '평화적 해결' 외교 등 모든 상황은 결국 허약한 서방 정책을 대표하는 낱말이 되었다. 또 끈질기게 밀어붙이기만 하면 마침내는 공산당의 목표가 달성되고 만다는 인상을 심었다.

마르크스주의자들의 목표만큼 끈질기고 일관되고 변함없는 것은 없다. 이승만은 이것을 뼈저리게 알고 있었다. 그에게 타협은 없었다.

1945년 10월 수십 년의 망명 생활 끝에 그는 드디어 조국으로 돌아왔다. 그의 환국 직후 미 육군 점령군의 감찰감이었던 나는 남한 전역을 처음으로 순회하며 연설을 하고 다니던 이승만 박사 부처를 여러 곳에서 만날 수 있었다. 어떤 경우에는 만명 이상의 군중이 땡볕 아래 그의 연설을 들으며 꼼짝도 않고 귀기울이고 있는 광경을 목격하곤 했다. 그는 성실과 권위와 용기, 그리고 확고 부동한 태도로 그들에게 나라를 다시 찾아야 한다고 호소했다. 그러한 장면은 다만 여러 경우 가운데 하나였지만 굉장히 인상적이었다. 그는 국민을 굳건하게 자기 편으로 만들었고 그들의 충성된 마음을 끝까지 저버리지 않았다.

한국전쟁이 몰고온 거센 정치적 소용돌이에 맞서 이승만은 그의 고집과 근지로 1954년 파괴된 남한의 재건을 위한 물질적 원조를 얻음과 동시에 미국으로 하여금 한국의 방위와 경제 원조를 공약하도록 밀어붙였다.

그러나 그는 미국이 공산 분자들을 한반도에서 완전히 몰아내도록 확신시키지는 못했다. 그리고 우리가 지금도 대가를 지불하고 있는 '지난 세대의 죄악'은 대단히 안타깝지만 앞으로도 언제든지 되풀이될 수 있는 모양새를 하고 있다.

올리버 박사의 확신은 만일 국제연합이 한국에서 끈질기게 승리를 쟁취했던들 월남전(越南戰)은 결코 일어나지 않았을 것이라는 것이다.

또 하나의 결론은 한국에서 중공군의 승리를 허용함으로써 마오쩌둥(毛澤東)으로 하여금 중국 본토 지배를 공고히 할 수 있도록 했다는 것이다.

이승만 박사의 많은 편지를 통하여 정직하고 유능하고 헌신적이며 지칠 줄 모르는 한 애국자이며 정치가인 인물의 초상화가 그려진다. 미국 건국의 아버지들이라면 그에게 친근감을 느꼈음직 하지만 그의 시대 정치인들은 아주 명백하게 그러지 못했다.

여기에서 모트 씨는 《이승만 없었다면 대한민국 없다》라는 표제로 번역 출간되는 이 책자에 자신의 독후감이 한국인 독자들에게 읽히게 되리라고는 상상도 못했을 것입니다.

다시 이야기를 50년 전으로 거슬러 올라가봅니다. 1945년 8월 15일은 연합국에 대한 일본 천황의 무조건 항복 때문에 한반도가 일제로부터 해방된 날입니다. 옹진반도(甕津半島)에 건설 중이던 일본 항공기지 비행장 공사에 학도 동원으로 징용되어 고생하던 우리들은 그 이른바 '옥음 방송(玉音放送)'을 듣고 해방의 날을 맞이했습니다.

그보다 며칠 전 우리들은 소련군의 대일전 참전 소식을 들었고 그래도 여전히 나는 일본의 패전이 가까웠음을 실감하지 못한 어리석은 틴 에이져였습니다.

그것은 지금의 3천만 북한 동포의 심정과 처지를 짐작케 하는 대목입니다.

나는 해주(海州)에서 소련군의 진주를 목격했고 그들이 야영지에서 업드려 잠을 자며 흘레바라고 하는 목침만한 크기의 검은 빵도 맛보고 소련 여자 군인들의 스커트 차림도 보았습니다.

그해 10월 무렵 나는 먼 발치에서 김일성(金日成)이 연설하는 모습도 보았습니다.

"우리의 은인 스탈린 동무와 해방군 붉은 군대에게 감사하며 우리는 장차 소련의 공산주의도 아니고 미국의 민주주의도 아닌 우리의 주의 주장으로 독립할 것이다."

대충 이러한 이야기를 그가 한 것으로 기억합니다.

그러한 그들이 오늘날에는 연합국의 승리이야기는 한마디도 없고 오로지 김일성의 항일 투쟁만으로 우리가 해방되었다고 역사를 왜곡 날조하고 있습니다.

한국 논단 10월호에서 일본 산케이(産經)신문 서울 지국장 구로다 가쓰히로(黑田勝弘) 씨는 최근 대한민국 대통령의 광복절 기념사를 살펴보고 우리나라가 연합국 특히 미국의 덕택으로 해방되었다는 구절을 전혀 찾아 볼 수 없었다고 지적하고 있습니다.

그런 일은 그렇다 칩시다. 사실은 1948년 8월 15일이야말로 우리에게는 '광복절' 못지않게 잊어서는 안 될 '건국의 날'임을 우리는 너무나 등한히 하고 있는 것입니다. 해방의 날로부터 꼭 3년 동안 우리는 미국과 소련이 뒤집어 씌우려던 신탁통치 음모를 반대했습니다. 하루속히 남한만이라도 주권을 찾아야 한다고 우남 이승만(雩南 李承晩) 박사의 영도 아래 투쟁한 결과 근대 국가의 자유 민주 체제를 두루 갖춘 대한민국 정부를 수립하게 되었던 것입니다. 우리 모두가 이 시점에서 분명히 알아야 할 사실입니다.

1948년 5월 31일 제헌 의회 전체회의에서 초대 의장에 선출된 이승만 박사는 당신의 자주 독립 투쟁을 끈질기게 괴롭혀온 미 군정 3년의 책임자 하지 장군의 남북 협상 방조(幫助)라든가, 서재필(徐載弼) 박사로의 지도자 교체 공작 등을 접어두고, 자리를 같이한 그를 가리키며 말했습니다.

"오늘 이 자리가 있게 되기까지 어느 누구보다도 더 공이 있고 치하를 받을 사람이 있다면 그것은 바로 하지 장군입니다. 본인은 이 자리에서 하지 장군이 우리와 함께 기쁨을 나누고 있음을 잘 아는 바입니다."

그는 또 방청석을 향하여 이렇게 말했습니다.

"많은 미국인들을 이 자리에서 보게 되니 기쁩니다. 가장 어려운 시기에 여러분들은 우리와 함께 있어 주었습니다. 때로는 아마 오해도 받고 비난도 받았을 것이나 이 모든 유쾌치 못한 경험은 머지않아 마땅히 잊혀질 것입니다. 그러나 한 가지 위대한 사실만은 역사 속에 남아 찬연히 빛날 것입니다. 그것은 여러분이 우리의 독립 회복을 도우러 왔고 여러분은 그것을 성취시켰다는 사실입니다. 우리 국민은 자자 손손 깊은 감사의 일념으로 이 사실을 기억할 것입니다."

대한민국이 열리는 그날의 감격을 우리 또한 어찌 잊을 수 있겠습니까.

2008년 8월 15일
박일영

지은이 로버트 올리버(Robert T. Oliver)

위스콘신 대학교 Ph.D. 시러큐스 대학 교수 이승만 대통령 정치고문(1942~1960), 펜실베이니아 주립대학교 명예교수. 지은책 《아시아에서의 미국의 역할》《한국의 비극》《이승만과 국제연합》 《한국전쟁 기원》《중국의 수사학 전통 공자와 맹자》《고대 인도차이나와 중국의 통신과 문화》

옮긴이 박일영(朴日泳)

황해도 송화 태생. 서울대학교 문리과대학 연세대학교 대학원 수학. 제1차 아시아자유회의 참가, 민주공화당 정구영의장보좌역, 대한염업공사 상임감사, 월간지 Buyers Guide 편집인, 숭의여자대학 교수 역임. 지은책 《나의 회고록》 옮긴책 존 듀이 《철학의 개조》《민주주의와 교육》

나라세우기X파일
이승만 없었다면 대한민국 없다
로버트 올리버 지음/박일영 옮김

1판 1쇄 발행/2008년 8월 15일
1판 8쇄 발행/2024년 3월 1일
발행인 고윤주
발행처 동서문화사
창업 1956. 12. 12. 등록 16-3799
서울 중구 마른내로 144 동서빌딩 3층
☎ 546-0331~2 Fax. 545-0331
www.dongsuhbook.com
잘못 만들어진 책은 바꾸어 드립니다.
*
이 책의 한국어 문장권 의장권 편집권은 저작권법에 의해 보호받으므로
무단전재 무단복제 무단표절 할 수 없습니다.
*
사업자등록번호 211-87-75330
ISBN 978-89-497-0494-4 03340